westermann

Hans A. Bühler, Bernd Harhoff, Axel Israng

Allgemeine Wirtschaftslehre für Sozialversicherungsfachangestellte

Fachangestellte für Arbeitsmarktdienstleistungen

12. Auflage

Bestellnummer 04421

Zusatzmaterialien zu Allgemeine Wirtschaftslehre für Sozialversicherungsfachangestellte

Für Lehrerinnen und Lehrer:

Lösungen: 978-3-427-04423-9
Lösungen Download: 978-3-427-04422-2

BiBox Einzellizenz für Lehrer/-innen (Dauerlizenz)
BiBox Klassenlizenz Premium für Lehrer/-innen und bis zu 35 Schüler/-innen (1 Schuljahr)
BiBox Kollegiumslizenz für Lehrer/-innen (Dauerlizenz)
BiBox Kollegiumslizenz für Lehrer/-innen (1 Schuljahr)

Für Schülerinnen und Schüler:

BiBox Einzellizenz für Schüler/-innen (1 Schuljahr)
BiBox Klassensatz PrintPlus (1 Schuljahr)

Zu diesem Produkt sind digitale Zusatzmaterialien kostenlos online für Sie erhältlich. Sie können diese ganz einfach über die Eingabe des nachfolgenden Codes im Suchfeld unter www.westermann.de abrufen.

BVE-04421-012

Sollten Sie zu diesem Produkt bereits eine BiBox mit Material erworben haben, so sind die Zusatzmaterialien selbstverständlich dort bereits integriert.

Druck und Bindung: Westermann Druck GmbH, Georg-Westermann-Allee 66, 38104 Braunschweig

ISBN 978-3-427-**04421**-5

Vorwort

Die Zeit verweilt lange genug für denjenigen, der sie nutzen will.
Leonardo da Vinci

Die heutige Zeit ist die Zeit der Kommunikation und Information, die Zeit der elektronischen Medien und des Internets und die Zeit, in der es nichts Älteres gibt als die Nachricht von gestern. Deshalb ist das Buch in seiner Grundstruktur so gestaltet, dass es zunächst die Grundstrukturen und Grundfragen der Allgemeinen Wirtschaftslehre aufgreift, dabei sich natürlich aber auf Aktuelles stützt. Die wirtschaftlichen und sozialen Rahmenbedingungen der Gesellschaft sind jedoch einem ständigen Wandel unterworfen und Daten, Zahlen, Statistiken sind – kaum gedruckt – schon veraltet. In dieser Zeit ist ein Buch, das sich mit wirtschaftlichen Inhalten auseinandersetzt, einem permanenten Aktualisierungsdruck ausgesetzt. Zudem ist es auch die Zeit des knappen Geldes. Im Rahmen der Lernmittelfreiheit müssen Bücher in Schulen länger als nur ein Jahr benutzt werden. Wir haben den Anspruch, die wirtschaftlichen Tatbestände und Verflechtungen möglichst aktuell und realistisch darzustellen. Es ist uns aber auch bewusst, dass dieser Anspruch in einem Schulbuch aus den oben aufgeführten Gründen nicht dauerhaft aufrechterhalten werden kann. Das bedeutet vor allem bei Zahlen, Daten und Statistiken für Selbstlernende die Gefahr der Fehlinformation. Wir versuchen, dies zu vermeiden, indem wir über Entwicklungen, die im Buch noch nicht berücksichtigt wurden, über das Internet informieren. Folgendes Zeichen **Web** kann man bei bestimmten Themen und Übungsaufgaben am Seitenrand finden. Es verweist auf die Internetseite des Verlags (www.westermann.de), auf der unter Eingabe der Bestellnummer des Titels im Suchfeld zusätzliche Informationen (wie Statistiken und ein ausführliches Fachwortverzeichnis) oder Übungen (weiterführende Aufgaben und interaktive Prüfungsvorbereitung) zu finden sind.

Wir sind bestrebt, kontinuierlich die Entwicklung des Buches voranzutreiben, sodass es ein fester Bestandteil für die Schülerinnen und Schüler beim Lernen und Erarbeiten der Allgemeinen Wirtschaftslehre wird. Dabei wünschen wir Ihnen viel Erfolg.

Für Anregungen, die die Konzeption dieses Buches weiterentwickeln, sind wir unseren Leserinnen und Lesern ausdrücklich dankbar. Auch Hinweise auf etwaige Fehler – welche nie vollkommen auszuschließen sind – nehmen wir gerne auf.

Heilbronn, im Sommer 2024 | Die Autoren

Inhaltsverzeichnis

1 Grundfragen der Wirtschaft

1.1 Grundentscheidungen und -tatbestände des Wirtschaftens

Ihren Ausbildungsbetrieb haben Sie bereits etwas kennengelernt. Die vielfältigen Arbeiten und zum Teil komplexen Betriebsabläufe sind notwendig, damit der Betrieb seine Aufgaben korrekt und zuverlässig erledigen kann. Haben Sie sich schon einmal Gedanken darüber gemacht, wie viel Leistungen fremder Unternehmungen erbracht werden müssen, damit Ihr Ausbildungsbetrieb seine Aufgaben erfüllen kann?

Jedes Unternehmen ist von einer Vielzahl anderer Unternehmensleistungen abhängig. Das gilt auch für die Körperschaften des öffentlichen Rechts (gesetzliche Sozialversicherung).

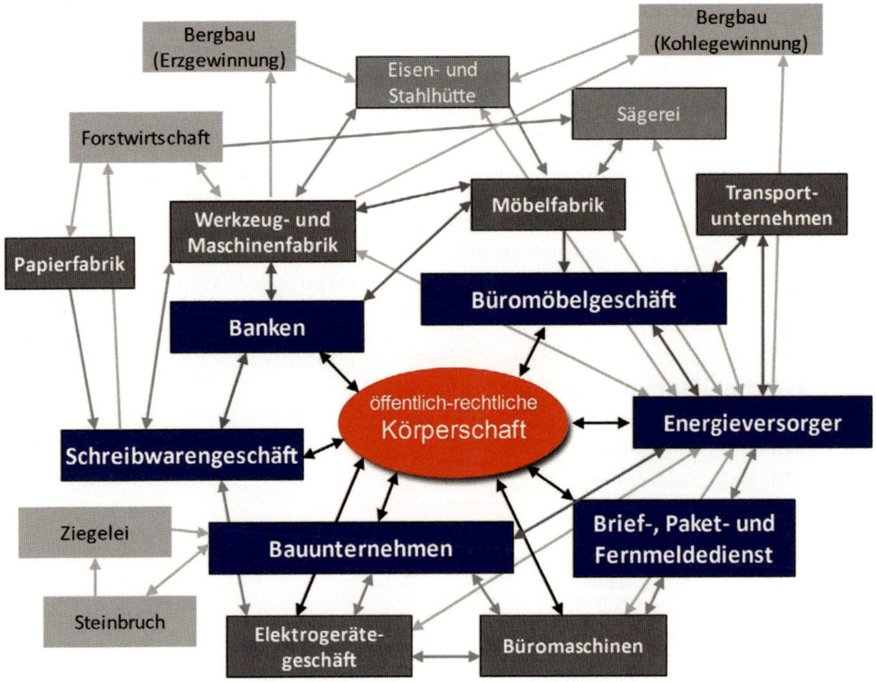

Dieses Schaubild stellt die komplexen Unternehmensverflechtungen vereinfacht dar. Die schwarzen Pfeile symbolisieren die unmittelbaren Beziehungen und die grauen Pfeile die mittelbaren. Die abgestuften grauen Pfeile weisen zudem darauf hin, dass es dahinter weitergeht: Jedes dieser Unternehmen ist wiederum von einer Vielzahl anderer Unternehmen abhängig. Um in diesem komplexen Beziehungsgeflecht kein Chaos entstehen zu lassen, müssen diese Wirtschaftsverflechtungen koordiniert werden.

Wenn in Ihrem Ausbildungsbetrieb ein Schreibtischstuhl oder Computer kaputtgeht oder jemand kündigt, dann wird möglichst zeitnah ein entsprechender Ersatz benötigt. Ansonsten könnten sich Probleme ergeben. In einer funktionierenden Wirtschaft muss dafür gesorgt sein, dass die benötigten Mittel rechtzeitig, in der notwendigen Menge, der entsprechenden Qualität und am richtigen Ort bereitstehen. Welche Folgen eine Lieferkettenunterbrechung mit sich bringt, hat die Coronapandemie gezeigt.

Ein Grundproblem jeder Wirtschaft ist die **Bedarfsbefriedigung** aller Wirtschaftssubjekte.

> Unter **Bedarfsbefriedigung** versteht man die Befriedigung eines nach Art, Menge, Qualität und Priorität[1] bestimmten individuellen und gesellschaftlichen Gegenwarts- und Zukunftsbedarfs mit vorhandenen knappen Mitteln.

Die Bedarfsbefriedigung stützt sich auf vier Voraussetzungen:

1. **Die Festlegung des Produktionsziels**
   Man muss wissen, was produziert werden soll.
2. **Die Entscheidung darüber, welche volkswirtschaftlichen Ressourcen[2] für die Produktion benötigt werden**
   Die volkswirtschaftliche Ausstattung mit Geld, Arbeitskräften und Naturleistungen muss erfasst und dann darüber entschieden werden, wie man den volkswirtschaftlichen Bedarf **am kostengünstigsten** befriedigen kann.
3. **Entscheidung über den Produktionsstandort**
   Der optimale Standort ist der, bei dem die Differenz zwischen standortbedingten Erträgen und standortbedingten Aufwendungen am größten ist.
4. **Entscheidung darüber, wer die produzierten Güter bekommt**
   Die erzeugten Güter müssen nun so auf die Individuen und gesellschaftlichen Gruppen verteilt werden, dass die Güterknappheit am wirkungsvollsten überwunden wird.

> Jede Volkswirtschaft hat folgende Fragen zu beantworten:
> - **Welche Güter** sollen produziert werden?
> - **Wie** sollen diese Güter produziert werden?
> - **Wo** sollen diese Güter produziert werden?
> - **Wer** soll diese Güter erhalten?

EXKURS *Bedürfnisse*

> **Bedürfnisse** sind Mangelempfindungen, verbunden mit dem Wunsch, diese zu beseitigen.

---

1 Priorität (lat.): Vorrang, Bedeutung
2 Ressource: natürliche oder gesellschaftliche Quellen (Hilfsmittel) der Produktion; Rohstoff

Bedürfnisse ändern sich ständig. In der ersten Hälfte des letzten Jahrhunderts hatten die meisten Bürger nicht das Verlangen, ein Auto zu besitzen. Sie hatten ganz andere Sorgen und Autos konnten sich in dieser Zeit nur wohlhabende Bürger leisten. Der Normalbürger war deshalb nicht unzufrieden; er kannte es nicht anders. Heute ist das Auto trotz Umweltdiskussionen ein selbstverständlicher Bestandteil unseres Lebens. So besitzen viele Jugendliche bereits mit 18 Jahren einen Führerschein.
Neben dem Alter können z.B. Wohnort, technischer Fortschritt, Zeitgeist oder soziales Umfeld Faktoren für eine Bedürfnisänderung sein.

> → Aufgrund bestimmter **Einflussfaktoren** können sich die Bedürfnisse ändern.

Manchmal ist es schwer zu sagen, warum man genau dieses Bedürfnis hat. Es gibt **primäre Bedürfnisse**, wie das Bedürfnis nach Nahrung, nach Schutz gegen Kälte, nach sozialem Kontakt, nach Sexualität usw. Aus diesen primären Bedürfnissen lassen sich andere Bedürfnisse ableiten.

Beispiel:

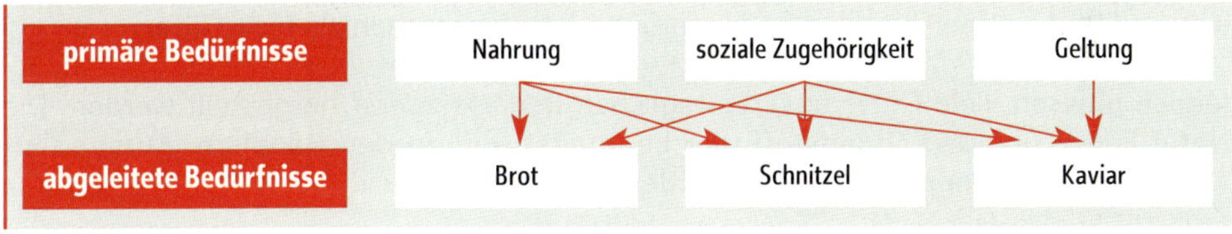

Verschiedene primäre Bedürfnisse sind zuständig für **abgeleitete Bedürfnisse**. Abgeleitete Bedürfnisse können über Zuhilfenahme primärer Bedürfnisse verstärkt werden, z. B. durch die Werbung.[1]

Beispiel: Werbeanzeige

> *... die Freiheit entdecken.*
> Alle reden von der Freiheit, alle wollen die Freiheit.
> Warum nehmen Sie nicht einfach, was Sie wollen?!
> Zum Beispiel das *Modell tango ...*

In dieser Werbeanzeige wird das primäre Bedürfnis „Freiheit“ eingesetzt, um ein Bedürfnis nach dem Modell „tango“ abzuleiten.

Weil man die Einfluss nehmende Stärke der jeweiligen primären Bedürfnisse meist nicht kennt, ist es schwer, die Ursprünge der Bedürfnisse zu bestimmen.

> → **Primäre Bedürfnisse** sind von vornherein da; sie sind nicht vermehrbar oder beschränkbar. Aus ihnen lassen sich unendlich viele sekundäre Bedürfnisse ableiten.

---

1 *Siehe Kapitel 4.9 „Public Relations“.*

Güter

Möglicherweise bekommen Sie inzwischen schon ein regelmäßiges Einkommen und vielleicht liebäugeln Sie bereits mit einer größeren Anschaffung wie einem Auto. Wenn ja, dann werden Sie erkannt haben, dass sie dafür auf einiges verzichten müssen.

In unserem Kulturkreis ist der Wunsch nach einem eigenen Auto, einem Smartphone, einem Kinobesuch oder einer Reise inzwischen selbstverständlich. Alles, womit man ein Bedürfnis befriedigen kann, wird als **Gut** bezeichnet.

➔ **Mittel**, mit denen der Mensch seine **Bedürfnisse befriedigen** kann, heißen **Güter**.

Nur in seltenen Fällen stehen uns die Güter zur Bedürfnisbefriedigung von Natur aus im Überfluss zur Verfügung. Denken wir an das Sonnenlicht, an das Wasser der Bergquelle für Wanderer oder an den Parkraum für die Bewohner in ländlichen Gegenden; in diesen Fällen braucht nichts zusätzlich getan zu werden, man muss nur „*zugreifen*". Solche jederzeit und im Überfluss vorhandenen Güter bezeichnet man als **freie Güter**.

Jedoch müssen viele Güter unseres täglichen Bedarfs zuerst hergestellt werden. Die Natur liefert uns den Grundstoff, der bearbeitet und zu den Händlern transportiert werden muss, bevor er konsumiert werden kann.

Ein Merkmal dieser Güter ist, dass nicht jeder sie erwerben kann, sondern nur diejenigen, die sie sich leisten können und die rechtlichen Voraussetzungen mitbringen. Wir haben es mit **wirtschaftlichen Gütern** zu tun.

➔ Güter, die erst geschaffen werden müssen, sind **wirtschaftliche Güter**; solche, die von Natur aus im Überfluss vorzufinden sind, sind **freie Güter.**

Ob es sich um ein freies oder um ein wirtschaftliches Gut handelt, hängt immer von der Situation ab; denn so müssen die Parkräume in den Städten erst geschaffen werden, während sie auf dem Land möglicherweise vorhanden sind.

➔ Welches Gut ein freies, welches ein wirtschaftliches ist, lässt sich nur in der **konkreten Situation** beurteilen.

Die Ökonomie interessiert sich besonders für die wirtschaftlichen Güter, die den Gang und die Entwicklung einer Volkswirtschaft beeinflussen. Wirtschaftliche Güter lassen sich durch folgende drei Merkmale kennzeichnen:

- Sie eignen sich zur **Bedürfnisbefriedigung**,
- sind relativ **knapp** und
- sind **erwerb- oder übertragbar**.

Die Vielzahl und Unübersichtlichkeit der in einer modernen Volkswirtschaft geschaffenen Güter erfordern eine Systematisierung.
Wirtschaftliche Güter sind zunächst nach ihrer Art in Sachgüter, Dienstleistungen und Rechtsverhältnisse zu unterscheiden.
Sachgüter wie Maschinen, Schreibtische, Automobile, Lebensmittel sind lagerfähig und werden im Allgemeinen für einen anonymen Markt produziert. Nicht alle diese Güter dienen direkt der Bedürfnisbefriedigung; Maschinen, Werkzeuge werden eingesetzt, um Güter für den Konsum zu erstellen.

- Güter, die der unmittelbaren Bedürfnisbefriedigung dienen, sind **Konsumgüter**.
- Güter, die im Produktionsprozess der Herstellung anderer Güter dienen, nennt man **Produktionsgüter**.

Manche Güter sind leicht einem dieser beiden Güterarten zuzuordnen: Baukräne sind Produktionsgüter und Surfbretter Konsumgüter. Schwieriger wird es zum Beispiel bei Autos, Computern oder Elektrizität. Eine Zuordnung ist erst möglich, wenn man weiß, wofür diese Güter konkret eingesetzt werden. Werden auf dem Computer Spiele gespielt oder wird er für die Privatpost genutzt, so ist er ein Konsumgut, wird dagegen mit ihm übers Wochenende für die Lokalzeitung ein Sportartikel geschrieben, so ist er ein Produktionsgut.

Produktions- und Konsumgüter sind weiter nach ihrer Nutzungsdauer zu unterteilen. Güter wie Lebensmittel, Elektrizität, Schmierstoffe gehen bei ihrer Verwendung verloren oder wandeln sich um. Handelt es sich um Konsumgüter, so spricht man von **Verbrauchsgütern**, handelt es sich um Produktionsgüter, nennt man sie produktive Verbrauchsgüter (oder nicht dauerhafte Güter). Güter, die sich bei ihrer Verwendung weder verbrauchen noch umwandeln, sondern über längere Zeit Leistungs- und Nutzungseinheiten abgeben (z. B. Autos, Maschinen, Gebäude), bezeichnet man als **Gebrauchsgüter**, soweit sie dem Konsumgüterbereich angehören. Sind sie dagegen dem Produktionsgüterbereich zugehörig, spricht man von produktiven Gebrauchsgütern (oder: dauerhaften Gebrauchsgütern).

	Konsumgüter			Produktionsgüter	
Art / Dauer	Sachgüter	Dienstleistungen	Art / Dauer	Sachgüter	Dienstleistungen
Gebrauchsgüter	• Spülmaschine • Waschmaschine • Privat genutzter Computer • usw.		Produktive oder dauerhafte Gebrauchsgüter	• Maschinen • Lastwagen • Büromöbel • Computer • usw.	
Verbrauchsgüter	• Lebensmittel • Waschmittel • Benzin • usw.	private • Anlageberatung • Steuerberatung • Vorsorgeberatung • usw.	Nicht dauerhafte Güter	• Druckerpapier • Diesel für Lkw • Strom • usw.	• Rechts-, • Finanz- • Steuerberatung • usw.

Ökonomisches Prinzip

Sollten Sie mit dem Gedanken spielen, ein Auto zu kaufen, dann müssen Sie wissen, dass solch ein Gut in der Anschaffung und im Unterhalt teuer ist. Möglicherweise müssen Sie dafür in Zukunft auf manch anderes verzichten.

Nicht nur bei teuren Gütern fragen wir uns, ob der persönliche Nutzen, den wir aus diesem Kauf ziehen, den Preis rechtfertigt. Es entspricht dem allgemeinen **Vernunftsprinzip** (Rationalprinzip), ein bestimmtes Ziel mit kleinstem Mitteleinsatz zu erreichen. Auf die Wirtschaft übertragen, spricht man vom **ökonomischen Prinzip.** Man versucht, knappe Güter so einzusetzen, dass vorhandene Bedürfnisse optimal befriedigt werden können. Dieses Überlegen, dieses Abwägen bezeichnet man als Wirtschaften.

> **Wirtschaften** heißt, mit knappen Mitteln so intelligent umzugehen, dass Bedürfnisse optimal befriedigt werden.

Wirtschaften ist also nicht Selbstzweck, sondern dient dem Ziel, die Güterknappheit zu bewältigen. Dabei unterscheidet man zwei Handlungsweisen:

- Maximalprinzip,
- Minimalprinzip.

Beim Maximalprinzip versucht man, mit vorhandenen Mitteln einen möglichst großen Erfolg zu erreichen.

Mitteleinsatz (fest) — Ziel → **maximaler Erfolg (variabel)**

> **Maximalprinzip:** Mit feststehenden Mitteln wird versucht, ein möglichst großes (maximales) Ergebnis zu erreichen.

Beispiel aus der Sozialversicherung:

Beitragseinnahmen sind fest vorgegeben. — Ziel → **durch Vorbeugungs- und Rehabilitationsmaßnahmen maximalen Gesundheitszustand der Bevölkerung erreichen**

Beim Minimalprinzip verhält es sich umgekehrt: Ein bestimmter Erfolg soll mit möglichst geringem Aufwand erreicht werden.

minimaler Mitteleinsatz (variabel) ← Ziel — **bestimmter Erfolg (fest)**

Minimalprinzip: Ein feststehendes Ergebnis (Ziel) soll mit möglichst wenig (minimalen) Mitteln erreicht werden.

Beispiel aus der Sozialversicherung:

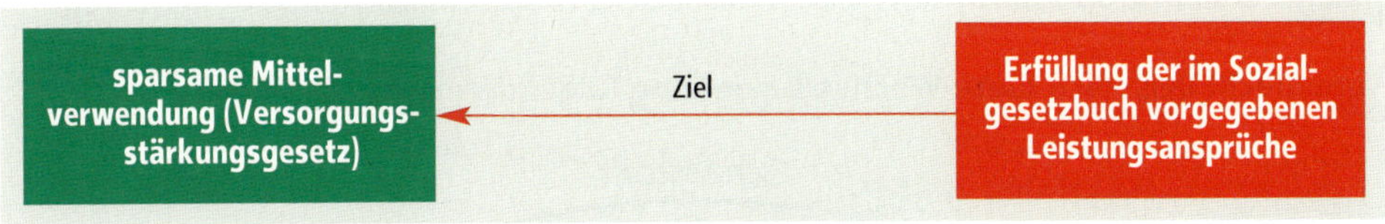

Ganz allgemein geht es um ein optimales Verhältnis von Mitteleinsatz zu Ergebnis, sodass ein möglichst großer Überschuss an Erfolg über den Mitteleinsatz erreicht wird. Wirtschaftliches Handeln ist also ein ständiges Abwägen zwischen Aufwand (Mitteleinsatz) und Ertrag (Ergebnis). Dabei entspricht der Aufwand dem Nutzen, der entgeht, weil mit der getroffenen Entscheidung das eingesetzte Mittel einer alternativen Nutzung entzogen wird.

Nicht nur private, sondern auch andere Wirtschaftseinheiten wie Unternehmen, Staat oder Sozialversicherungen versuchen, wirtschaftlich zu handeln. Meist nach dem **Minimalprinzip**, weil sie vorgegebene Ziele mit möglichst geringem Kostenaufwand zu erreichen versuchen. Allerdings handelt man innerhalb von Unternehmensabteilungen eher nach dem **Maximalprinzip**. Besonders dann, wenn die Abteilung zu Beginn des Rechnungsjahres budgetiert[1] wurde.

Mit dem **Wirtschaftlichkeitsprinzip (ökonomisches Prinzip)** kann die Mittelknappheit nicht überwunden, lediglich die Verschwendung verhindert werden.

Anwendbar wird dieses Prinzip erst, wenn man die wirtschaftlichen Ziele kennt. Aber auch dann wird aus dem Wirtschaftlichkeitsprinzip noch keine Handlungsstrategie. Wir Menschen handeln nicht immer rational, sondern lassen uns auch von anderen Motiven wie Machtstreben, Gewöhnung, Tradition usw. leiten.

Ökologie

Nicht nur die Autos belasten unsere Umwelt. So hat z. B. der Jeansproduzent Levis ermittelt, dass für nur eine 501 Jeans 3 500 Liter Wasser, 111 kWh Energie benötigt und dabei 32 kg CO_2 freigesetzt werden. Die verwendeten Chemikalien sind in dieser Auflistung unberücksichtigt. Durch die Verlagerung der Modeproduktion nach Asien gehören Flüsse wie der Buriganga in Bangladesch, Yamuna in Indien oder Ciliwung in Indonesien mittlerweile zu den dreckigsten Flüssen weltweit.

Wir müssen uns im Klaren sein, dass unser Wohlstand auf Kosten der Umwelt erkauft wird.

---

1 *Budgetvorgabe: Kernstück der betrieblichen Planungsrechnung. Im Wege einer Vorgaberechnung werden den einzelnen Abteilungen Sollkosten vorgegeben, die nicht überschritten werden dürfen. Am Ende der Rechnungsperiode haben die einzelnen Abteilungen darüber Rechenschaft abzulegen.*

Wenn wir den PC einschalten, die Heizung hochdrehen, zum Essen in die nächste Stadt fahren, uns noch schnell einen Coffee-To-Go-Einwegbecher holen oder eine Denim Stretch-Jeans im Destroyed Look kaufen, hinterlassen wir einen mehr oder weniger großen Fußabdruck in der Natur. Verbunden damit sind eine Vielzahl hausgemachter Probleme: Klimaerwärmung mit regional extremer Trockenheit bzw. Unwetter, Luftbelastung in unseren Städten oder Mikroplastik in den Meeren. Diese Liste ließe sich noch lange weiterführen.

Vereinfacht lässt sich diese **Wechselbeziehung** folgendermaßen darstellen:

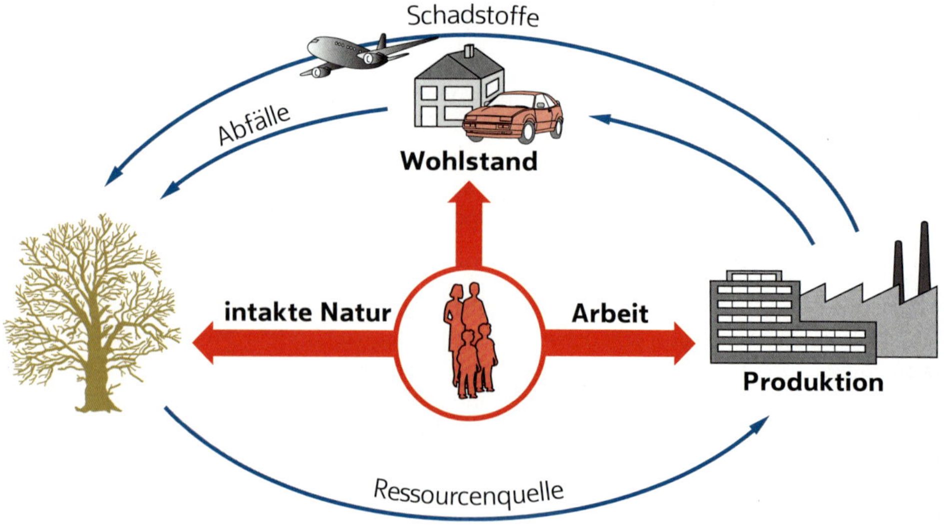

An der Darstellung kann man erkennen, wie widersprüchlich unsere Bedürfnisse zum Teil sind. Die Befriedigung von Mobilität, sozialer Anerkennung und sicherem Arbeitsplatz geht häufig auf Kosten einer intakten Natur: Straßen werden gebaut, Luft und Boden belastet, Rohstoffe vernichtet. Wenn unterschiedliche Bedürfnisse nicht gleichzeitig befriedigt werden können, sich also gegenseitig ausschließen, besteht ein konfliktäres Verhältnis zwischen den Bedürfnissen.

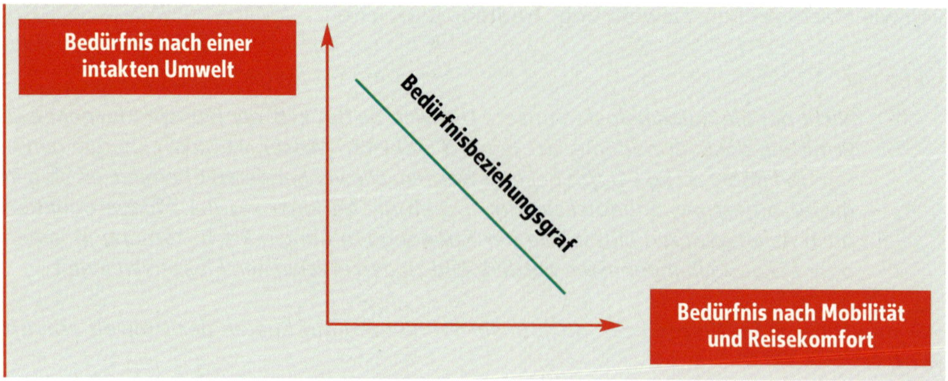

Da beide Bedürfnisse vorhanden sind, muss ein Kompromiss gefunden werden, der jedoch nie alle zufriedenstellen kann.

Um den Konflikt zu mindern, könnte man beispielsweise versuchen,

1. Rohstoffe so zu nutzen, dass ihr wirtschaftlicher Nutzen maximal ist, oder

2. unter Beibehaltung des Lebensstandards den Ressourcenverbrauch zu minimieren.

Wir sollten uns immer wieder bewusst machen, dass wir Teil der Natur sind und ihr Erhalt für uns überlebenswichtig ist. Diese Erkenntnis ist bei den meisten Menschen heute angekommen. Nicht zuletzt haben auch Umwelt-Bewegungen dazu beigetragen. Uneinigkeit gibt es nur über den richtigen Weg. Viele lieb gewordene Gewohnheiten stehen auf dem Prüfstand und müssen möglicherweise reduziert oder aufgegeben werden.

Zusammenfassung

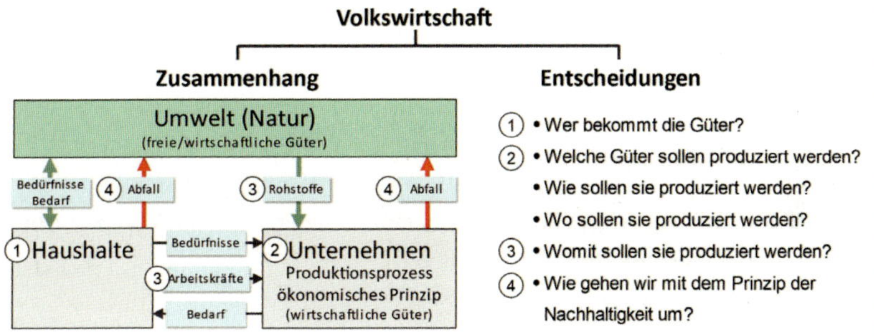

Prüfen Sie Ihr Wissen

1. Was versteht man unter Bedarfsbefriedigung?
2. Schildern Sie anhand eines Beispiels die Auswirkung einer Lieferkettenunterbrechung auf die Bedarfsbefriedigung.
3. Jede Volkswirtschaft verfolgt das Ziel, die Bevölkerung optimal mit den notwendigen Gütern zu versorgen (optimale Bedarfsbefriedigung). Welche Entscheidungen müssen getroffen werden, um dieses Ziel zu erreichen?
4. Welche Rollen spielen primäre und abgeleitete Bedürfnisse bei der individuellen Bedarfsbefriedigung?
5. Aufgrund bestimmter Einflussfaktoren können sich die Bedürfnisse der Menschen ändern. Welche Einflussfaktoren sind gemeint und wie könnten sie sich auf die Bedürfnisse auswirken?
6. Erklären Sie den Zusammenhang zwischen Gütern, Bedürfnissen und Bedarf.

7. Wodurch unterscheiden sich Sachgüter von Dienstleistungen?
8. Entscheiden Sie in folgenden Beispielen, ob es sich um Konsum- oder Produktionsgüter, Sachgüter oder Dienstleistungen handelt:

   Fabrikhalle, Personenkraftwagen, Haarschnitt durch einen Friseur bzw. Friseurin, Zement, Hochofen, Prothesen, Brillen, Steuerberatung, Taschenrechner, Brot, zahnärztliche Behandlung, Krankenwagen, Arbeitsleistung einer Sozialversicherungsfachkraft, Sanierungsarbeiten an einem Wohnhaus, Benzin, Bluetooth-Lautsprecher, Marktanalyse eines Forschungsinstituts im Auftrag einer Automobilfirma, Blinddarmoperation.
9. Ist „Luft“ noch ein freies Gut?
10. Warum besteht die Notwendigkeit zu wirtschaften?
11. Finden Sie Beispiele aus Ihrem Betrieb, bei denen das Minimal- oder Maximalprinzip angewandt wird.

Weiterführende Aufgaben

Wählen Sie von drei Sichtweisen eine aus und versuchen Sie, diese möglichst vollständig zu bearbeiten.

1. Privater Bereich

1.1. Kaufen Sie sich die neue Hose aufgrund eines primären oder eines sekundären Bedürfnisses?

1.2. Suchen Sie eine Werbeanzeige oder -sendung, die Ihnen besonders gefällt, und bestimmen Sie die Zielgruppe und welcher primären bzw. sekundären Bedürfnisse sie sich bedient.

1.3. Welche Bedürfnisse haben Sie heute schon gehabt und mit welchen Gütern wurden sie erfüllt. Erstellen Sie dazu folgende Tabelle.

Bedürfnis	Gut	Güterart
Frühstücken	Kaffee, Brötchen	Sach-, Konsumgut

1.4. Erläutern Sie, welches Prinzip bei der Befriedigung Ihrer wirtschaftlichen Bedürfnisse dominiert, das Minimal- oder das Maximalprinzip (z. B. beim Kauf eines bestimmten Gutes oder bei der Verwendung des Taschengelds)?

1.5. Schildern Sie anhand von Beispielen aus Ihrem privaten Umfeld den Konflikt zwischen ökologischen und ökonomischen Bedürfnissen.

1.6. Versuchen Sie aus den in Aufgabe 1.5 geschilderten Beispielen, eine allgemeingültige Verhaltensregel abzuleiten.

1.7. Erstellen Sie eine Collage, die das wesentliche Ergebnis der beiden vorangegangenen Aufgaben enthält und ausdrückt.

1.8. **Alte leben nachhaltiger: Jüngere nehmen weniger Rücksicht aufs Klima**

Alte Umweltsau gegen jungen Klimaschützer? Von wegen: In einer Studie des Wuppertal Instituts zeigen sich die Älteren durch die Bank umweltbewusster als die junge Generation.

Ältere Menschen sind eher bereit als jüngere, Abstriche fürs Klima zu machen. Das ist ein zentrales Ergebnis einer Studie des Wuppertal Instituts für Klima, Umwelt und Energie, die der F.A.Z. vorab vorliegt. [...] Durch die Bank zeigen sich die Älteren umweltbewusster als die junge Generation. Besonders deutlich wird das bei der Aussage „Ich achte im Alltag sehr darauf, Ressourcen zu schonen". Diesem Satz stimmen nur 43 Prozent der Befragten in der Alterskohorte von 19 bis 29 Jahren zu. Doch je älter die Befragten sind, desto stärker fällt ihre Zustimmung aus. Unter den 40- bis 49-Jährigen beträgt sie 62 Prozent, jenseits von 60 Jahren stimmen sogar 70 Prozent zu.

Quelle: „Jüngere nehmen weniger Rücksicht aufs Klima" (Auszug; FAZ.NET vom 16.11.2020 von Christoph Schäfer)

a) Worin liegen Ihrer Meinung nach die Gründe dafür, dass bei vielen Jugendlichen der Umweltgedanke nicht so ausgeprägt ist?

b) Wie könnte man dies ändern?

2. Betrieblicher Bereich

2.1. Normalerweise verbindet man mit dem Arbeitsplatz seines Ausbildungsbetriebes bestimmte Wunschvorstellungen (Bedürfnisse). Beschreiben Sie solche Wünsche und bestimmen Sie, ob es sich dabei um primäre oder sekundäre Bedürfnisse handelt.

2.2. Begründen Sie, ob ein Stift, den Sie für das Ausfüllen unterschiedlicher Formulare benötigen, ein Konsum- oder ein Produktionsgut ist.

2.3. Entwickeln Sie eine Anzeige für eine Zeitung, in der Sie für Ihren Ausbildungsbetrieb werben. Die Anzeige sollte Folgendes enthalten: Bedürfnisse (primäre und sekundäre), Güter, ökonomisches Prinzip und ökologische Notwendigkeit.

2.4. Zeigen Sie an konkreten Beispielen, welches ökonomische Prinzip an Ihrem aktuellen betrieblichen Arbeitsplatz dominiert.

2.5. Schildern Sie einen Zielkonflikt zwischen ökonomischer und ökologischer Notwendigkeit aus Ihrem Ausbildungsbetrieb.

2.6. Welche Bereiche in Ihrem Ausbildungsbetrieb könnte man ökonomisch oder ökologisch verbessern?

3. Volkswirtschaftlicher Bereich

3.1. Jede Volkswirtschaft hat folgende Aufgaben zu erfüllen:
- Festlegung der Produktionsziele,
- Bestimmung über Produktionsressourceneinsatz,
- Entscheidung über den Produktionsstandort,
- Verteilung der Güter.

Wer übernimmt in der Bundesrepublik Deutschland diese Aufgaben?

3.2. Welche volkswirtschaftlichen Ziele werden mit den in 3.1 beschriebenen Aufgaben verfolgt?

3.3. Sehen Sie einen Widerspruch in den in 3.1 genannten volkswirtschaftlichen Aufgaben und den umweltpolitischen Zielen?

3.4. Versuchen Sie dieses in Aufgabe 3.3 beschriebene Spannungsverhältnis anhand einer Collage auszudrücken.

3.5. Beschreiben Sie Bedürfnisse, die durch eine Förderung regenerativer Energien befriedigt werden können, und ordnen Sie diese einer Güterart zu.

3.6. Aufgrund des Kriegs in der Ukraine und der damit verbundenen Energiekrise waren die Energiekosten im Herbst 2022 sehr hoch. Im Frühjahr 2023 haben sie sich auf einem etwas niedrigeren Niveau eingependelt. Beurteilen Sie solch eine Entwicklung unter ökonomischen und ökologischen Gesichtspunkten.

1.2 Merkmale von Wirtschaftsordnungen

Um Chaos im Wirtschaftsprozess zu vermeiden, muss sich in den hochindustrialisierten Ländern wie z. B. der Bundesrepublik Deutschland jeder an bestimmte Regeln halten. Solche Ordnungselemente sind zum Teil historisch gewachsen oder entstehen aus aktuellen Situationen heraus. Ihre Gesamtheit bezeichnet man als Wirtschaftsordnung.

Unter **Wirtschaftsordnung** versteht man die Gesamtheit der Ordnungselemente, die den Aufbau, Ablauf und das Zusammenwirken der Wirtschaftssubjekte in einer arbeitsteiligen Volkswirtschaft regeln.
Darunter fallen zum Beispiel:

- rechtliche Vorschriften (Unternehmensrecht, Wettbewerbsrecht, Eigentumsrecht, Währungsrecht),
- Koordinierungsmechanismen (Markt- oder Planwirtschaft),
- Zielsetzungen (gesellschaftliche oder individuelle),
- Verhaltensweisen (frei oder dirigistisch),
- Einrichtungen (Sozialversicherung, Bankensystem, Ämter usw.)

Welche der genannten Ordnungselemente in einer Volkswirtschaft dominieren, hängt von der jeweils vor herrschenden Gesellschaftsordnung ab. Sie gibt den Rahmen für die Wirtschaftsordnung vor.

Beispiel:

Eine liberale Gesellschaft, die von der christlichen Soziallehre beeinflusst ist, behandelt den Menschen sowohl als Individuum mit dem Recht auf Eigenständigkeit als auch als Sozialwesen mit Pflichten gegenüber der Gesellschaft. Dieses Individualitätsprinzip und die Sozialpflichtigkeit des Einzelnen werden auch die Wirtschaftsordnung prägen. Gemeineigentum an Produktionsmitteln und zentrale Wirtschaftsplanung sind nicht mit dem Individualitätsprinzip vereinbar, ebenso wenig eine unkontrollierte Freiheit der Wirtschaftssubjekte mit der Verantwortung des Einzelnen gegenüber der Gesellschaft.

Die **Wirtschaftsordnung** ist eine Teilordnung der **gesellschaftlichen Ordnung**.

Theoretisch lassen sich zwei Grundformen von Wirtschaftsordnungen unterscheiden:

- die **Marktwirtschaft** und
- die **Zentralverwaltungswirtschaft.**

Diese beiden Wirtschaftsordnungen sind Extreme, zwischen denen die existierenden Wirtschaftsordnungen einzuordnen sind.

Allein aufgrund der Änderung von **Eigentumsordnung** und **Koordinationsmechanismus** könnte man vier Wirtschaftsordnungen bilden:[1]

Eigentumsordnung / Koordinationsmechanismen	Privateigentum an Produktionsmitteln	Gemeineigentum an Produktionsmitteln
Dezentrale Planung Markt/Preis	kapitalistische Marktwirtschaft	sozialistische Marktwirtschaft
Zentrale Planung	kapitalistische Zentralverwaltungswirtschaft	sozialistische Zentralverwaltungswirtschaft

Den reinen Kapitalismus (freie Marktwirtschaft) gibt es nicht. Der **Staat** wird immer mehr oder weniger stark Einfluss auf den Wirtschaftsablauf nehmen, um unerwünschte Entwicklungen einer freien Marktwirtschaft zu vermeiden bzw. zu korrigieren. Dies kann er subtil über eine globale Steuerpolitik tun oder massiv, indem er zum Beispiel die freie Preisbildung außer Kraft setzt oder Teile der Schlüsselindustrie verstaatlicht. So wurde z. B. am 20. März 2009 vom Bundestag ein Gesetz zur Enteignung von Banken beschlossen, was die staatliche Übernahme der durch die Finanzkrise schwer angeschlagenen Hypo Real Estate ermöglichte.

Oft sind staatliche Eingriffe auch aus **strukturpolitischen Gründen** notwendig. Wie zum Beispiel im Frühjahr 2020, als die Regierung aufgrund des Corona-Lockdowns über den Wirtschaftsstabilisierungsfond (WSF) zahlreiche Unternehmen unterstützte, damit diese die Krise ohne Massenentlassungen möglichst erfolgreich bewältigen konnten. In diesem Zusammenhang beteiligte der Staat sich zudem an der Fluggesellschaft Lufthansa.

In der Bundesrepublik Deutschland wird das Wirtschaftsleben durch eine Vielzahl von **Gesetzen** geregelt, bekannte Beispiele sind

- das Gesetz gegen Wettbewerbsbeschränkungen (GWB) und
- das Gesetz gegen unlauteren Wettbewerb (UWG).

Wenn der Staat in das Wirtschaftsgeschehen eingreift, verfolgt er immer volkswirtschaftlich relevante Ziele wie Vollbeschäftigung, Wirtschaftswachstum oder Preisniveaustabilität. Dabei greift die Regierung meist nur indirekt in die Pläne der Wirtschaftssubjekte ein, z. B. über Steuervariationen oder Investitionshilfen. Aus diesem Grund definiert man die Wirtschaftsordnung in der Bundesrepublik Deutschland als Marktwirtschaft, weil trotz staatlicher Eingriffe die Koordination der Wirtschaftsprozesse weiterhin dem Markt überlassen bleibt.

1 *Nach Baßeler, Utecht „Grundlagen und Probleme der Volkswirtschaft", Schäffer-Poeschel Verlag Stuttgart 2010, 19. Auflage, S. 30.*

Die **Art der Wirtschaftsordnung** wird bestimmt durch das staatliche Verhalten, d. h. die Art und Weise, wie die Wirtschaftsprozesse koordiniert sind und wie die Eigentumsfrage geregelt ist.

Zusammenfassung

1. Unter **Wirtschaftsordnung** versteht man die Gesamtheit der Einflüsse, die den Aufbau, Ablauf und das Zusammenwirken der Wirtschaftssubjekte in einer arbeitsteiligen Volkswirtschaft bestimmen.
2. Jede Wirtschaftsordnung ist eine **Teilordnung der gesellschaftlichen Ordnung**.

Prüfen Sie Ihr Wissen

1. Definieren Sie den Begriff „Wirtschaftsordnung".
2. Erläutern Sie die Aussage, dass jede Wirtschaftsordnung eine Teilordnung der gesellschaftlichen Ordnung sei.
3. Was ist richtig? **Wesentliche** Aufgabe jeder Wirtschaftsordnung ist es,
   a) Entscheidungen über Art und Menge der zu produzierenden Güter zu treffen,
   b) das Grundgesetz zu garantieren,
   c) Entscheidungen über Ort und Zeitpunkt der Produktion zu treffen,
   d) soziale Missstände abzuschaffen,
   e) die Einzelpläne der Haushalte und Unternehmen gegenseitig abzustimmen.
4. Unterscheiden Sie die Wirtschaftsordnungen kapitalistische (freie) Marktwirtschaft und sozialistische Zentralverwaltungswirtschaft anhand folgender Kriterien: Eigentum an Produktionsmitteln, Koordination der Wirtschaftsabläufe.
5. Bestimmen sie anhand der unter Aufgabe 4 genannten Kriterien die Wirtschaftsordnung der Bundesrepublik Deutschland.
6. Gibt es Bereiche in der Bundesrepublik Deutschland, in denen der Staat massiv in den Wirtschaftsprozess eingreift?

1.3 Soziale Marktwirtschaft

1.3.1 Geistige Voraussetzungen

Das soziale Elend des 19. Jahrhunderts und die Auswirkungen der Weltwirtschaftskrise noch in Erinnerung, setzten sich in den 1930er-Jahren liberal orientierte Wirtschafts-

theoretiker zusammen und entwickelten eine freiheitliche und gleichzeitig sozial verpflichtende Wirtschaftsordnung.
Die bekanntesten Vertreter waren Franz Böhm, Walter Eucken und Hans Grossmann-Doerth.
Den schädlichen Auswüchsen der freien Marktwirtschaft sollte ein **Ordnungsrahmen** entgegengesetzt werden, innerhalb dessen sich das wirtschaftliche Geschehen abspielen sollte. Es war Aufgabe des Staates, diesen Ordnungsrahmen festzusetzen und zu überwachen. Weil das liberale Gedankengut nach wie vor aufrechterhalten wird, aber gleichzeitig ordnungspolitische Maßnahmen des Staates befürwortet werden, bezeichnet man die Verfechter dieses Konzepts auch als **Ordoliberalisten**[1].

Das **Wirtschaftskonzept der Ordoliberalisten** enthält folgende Prinzipien:

Marktwirtschaftliche Prinzipien	**Regulierende Prinzipien**
• vollständige Konkurrenz und freie Preissetzung • Gewerbefreiheit und freier Zugang von und zu den Auslandsmärkten • Vertragsfreiheit • Privateigentum an Produktionsmitteln • Währungsstabilität	• Verhinderung von Monopolen • staatliche Preissetzung auf Märkten mit anomaler Reaktion • staatliche Regelungen und Begrenzungen der Nutzung produktiver Ressourcen (z. B. die menschliche Arbeit) und Schutz der Naturquellen vor Raubbau • staatliche Einkommensverteilung

Aufbauend auf diesen Grundlagen, wurde die **soziale Marktwirtschaft**[2] vor allem von Alexander Rüstow, Wilhelm Röpke und **Alfred Müller-Armack** entwickelt.

Die soziale Marktwirtschaft unterscheidet sich vom Ordoliberalismus durch größere Wirklichkeitsnähe und stärkere **Betonung sozialpolitischer Ziele.** Im Gegensatz zum Ordoliberalismus orientiert sich die moderne Wettbewerbspolitik nicht mehr an der *„atomistischen Marktstruktur"*[3], sondern geht von einer heute dominanten oligopolistischen Marktform[4] aus. Erfordern es wirtschaftliche, gesellschaftliche und technische Verhältnisse, so wird in der sozialen Marktwirtschaft zunehmende Wirtschaftskonzentration akzeptiert oder sogar unterstützt.
Es war vor allem der damalige Bundeswirtschaftsminister und spätere Bundeskanzler **Ludwig Erhard**, der der sozialen Marktwirtschaft in der Bundesrepublik Deutschland zum Durchbruch verhalf.

Alfred Müller-Armack, 1963

1 *Ein bekannter Ordoliberalist war Walter Eucken.*
2 *Der Begriff stammt von dem ehemaligen Staatssekretär Alfred Müller-Armack.*
3 *Atomistische Marktform: Markt mit sehr vielen Anbietern*
4 *Oligopolistische Marktform: Markt mit wenig Anbietern*

1.3.2 Beziehungen zwischen Grundgesetz und sozialer Marktwirtschaft

Text des Bundesverfassungsgerichts zur Vereinbarkeit von Grundgesetz und sozialer Marktwirtschaft, BVerfGE, Bd. 4, S. 17:

> „... der Verfassungsgeber hat sich nicht ausdrücklich für ein bestimmtes Wirtschaftssystem entschieden. Dies ermöglicht dem Gesetzgeber die ihm jeweils sachgemäß erscheinende Wirtschaftspolitik zu verfolgen, sofern er dabei das Grundgesetz beachtet ...
> Das Grundgesetz garantiert weder die wirtschaftspolitische Neutralität der Regierung und Gesetzgebungsgewalt, noch eine nur mit marktkonformen Mitteln zu steuernde soziale Marktwirtschaft."[1]

Das Grundgesetz schreibt keine bestimmte Wirtschaftsordnung vor. Allerdings fordert es indirekt, dass die Wirtschaftsordnung der Bundesrepublik Deutschland eine Kombination von individueller Freiheit und gesellschaftlich notwendiger Freiheitsbeschränkung enthalten muss.

Artikel 2 (1) GG:

> Jeder hat das Recht auf die freie Entfaltung seiner Persönlichkeit, soweit er nicht die Rechte anderer verletzt und nicht gegen die verfassungsmäßige Ordnung oder das Sittengesetz verstößt.

Auf den wirtschaftlichen Bereich übertragen, bedeutet dies einen **freien Handlungsspielraum** für jedes Wirtschaftssubjekt. Jedoch weist der Artikel auch darauf hin, dass der individuelle Freiraum dort endet, wo Rechte anderer verletzt werden.

Artikel 12 (1) GG:

> Alle Deutschen haben das Recht, Beruf, Arbeitsplatz und Ausbildungsstätte frei zu wählen. Die Berufsausübung kann durch ein Gesetz oder aufgrund eines Gesetzes geregelt werden.

Die Freiheitsrechte der Arbeitsplatzwahl und der Berufsausübung werden nur insoweit verfassungsrechtlich garantiert, soweit sie nicht gegen bestehende Gesetze verstoßen. Anders ausgedrückt, für bestimmte Berufe braucht man eine entsprechende Qualifikation, um sie ausüben zu dürfen. Auch kann aus diesem Artikel nicht das „Recht auf Arbeit" abgeleitet werden. Dies würde dem Freiheitsgedanken zuwiderlaufen, denn kein Unternehmen kann gezwungen werden, mehr Arbeitskräfte als nötig einzustellen. Die Freiheitsrechte der Artikel 2 und 12 reiben sich an dem Gleichheitsgrundsatz des Artikels 3 GG. Forderungen wie Chancengleichheit in Beruf und Ausbildung schließen eine Einschränkung der individuellen Freiheit derjenigen ein, die aufgrund bestehender physischer, psychischer, finanzieller oder geschlechtlicher Ungleichheit Vorteile hätten. In diesem Zusammenhang spielt der sozialpolitische Aspekt einer **Einkommens- und Vermögensumverteilung** eine besondere Rolle. Dabei darf der Gleichheitsgedanke nicht mit *„Gleichmacherei"* verwechselt werden. Jeder hat die Möglichkeit der persönlichen Entfaltung.

---

1 siehe auch Urteil des Ersten Senats vom 20. Juli 1954 (1 BvR 459, 484, 548, 555, 623, 651, 748, 783, 801/52, 5, 9/53, 96, 114/54) unter https://opinioiuris.de/entscheidung/818

Artikel 14 GG:

(1) Das Eigentum und das Erbrecht werden gewährleistet. Inhalt und Schranken werden durch die Gesetze bestimmt.

(2) Eigentum verpflichtet. Sein Gebrauch soll zugleich dem Wohle der Allgemeinheit dienen.

Artikel 15 GG:

Grund und Boden, Naturschätze und Produktionsmittel können zum Zwecke der Vergesellschaftung durch ein Gesetz, das Art und Ausmaß der Entschädigung regelt, in Gemeineigentum oder in andere Formen der Gemeinwirtschaft überführt werden. ...

Das Privateigentum an Produktionsmitteln wird im *Artikel 14 (1) GG* garantiert. Gleichzeitig wird jedoch die Sozialpflichtigkeit des Eigentums betont *(14 (2) GG)*. Außerdem kann das Eigentumsrecht entschädigungsfrei begrenzt werden, wie im Mitbestimmungsgesetz (MitbestG), Betriebsverfassungsgesetz (BetrVG) und Raumordnungsgesetz (ROG).

Artikel 20 (1) GG:

Die Bundesrepublik Deutschland ist ein demokratischer und sozialer Bundesstaat.

Die vielen individuellen Freiheitsrechte schließen zwar eine zentrale staatliche Lenkung des wirtschaftlichen Geschehens aus, aber ebenso schließt der Artikel 20 (1) GG ein extrem freiheitliches Wirtschaftssystem aus. Der Staat hat die Aufgabe, soziale Korrekturen durchzuführen (Sozialstaatspostulat des Grundgesetzes). Diese Forderung kann man aus den Artikeln 20, 28 und 79 des Grundgesetzes ableiten. Es ist allerdings nicht eindeutig festgelegt, inwieweit der Staat sozial aktiv sein muss.

Das **Grundgesetz** lehnt eine freie Marktwirtschaft ebenso ab wie eine Zentralverwaltungswirtschaft. Eine Wirtschaftsordnung, die auf dem Boden des Grundgesetzes steht, gewährleistet die individuelle Freiheit ebenso wie die Beseitigung sozialer Missstände. Dabei lässt das Grundgesetz Freiräume für deren Auslegung.

1.3.3 Konzeption der sozialen Marktwirtschaft

Die soziale Marktwirtschaft ist eine Mischung zwischen der Freiheit der Wirtschaftssubjekte und dem **Sozialstaatspostulat**[1] des Grundgesetzes.

➔ **Ziel der sozialen Marktwirtschaft** ist, Elemente der wirtschaftlichen Freiheit und der sozialen Gerechtigkeit zu verbinden.

Elemente der wirtschaftlichen Freiheit im Konzept der sozialen Marktwirtschaft

Die wirtschaftliche Freiheit ist eine Grundbedingung des Systems der sozialen Marktwirtschaft. Durch sie erhofft man sich eine hohe wirtschaftliche Leistungsfähigkeit und daraus resultierend einen hohen Grad der Bedarfsbefriedigung.

1 Sozialstaatspostulat: Forderung gegenüber dem Staat, sozial aktiv zu sein

Elemente der wirtschaftlichen Freiheit:

- Privateigentum an Produktionsmitteln,
- Autonomie der Wirtschaftssubjekte,
- das erwerbswirtschaftliche Prinzip,
- Steuerung des Wirtschaftsgeschehens über den Markt,
- Tarifautonomie.

Privateigentum an Produktionsmitteln

In der Bundesrepublik Deutschland ist Privateigentum an Produktionsmitteln verfassungsrechtlich garantiert. Dies betrifft nicht nur private, sondern auch öffentliche Haushalte und Verbände. Sie alle unterwerfen sich den Spielregeln des Marktes.

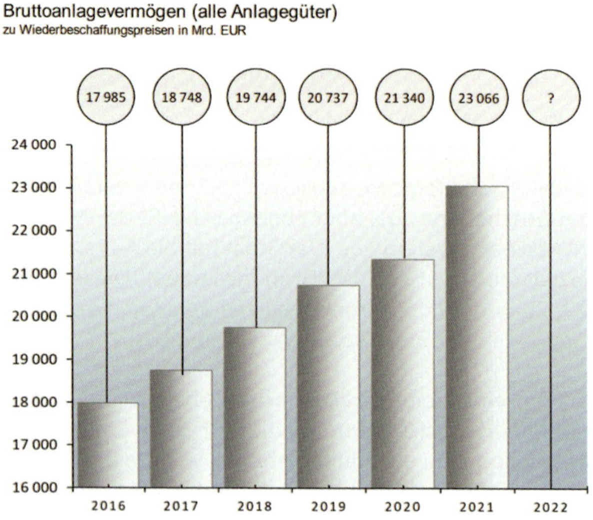

Datenquelle: Statistisches Bundesamt (Destatis), 2023 - Volkswirtschaftliche Gesamtrechnungen Inlandsproduktberechnung
Detaillierte Jahresergebnisse - Fachserie 18 Reihe 1.4 Seite 181

Autonomie der Wirtschaftssubjekte

Wirtschaftssubjekte sind diejenigen, die am Wirtschaftsprozess beteiligt sind. Sie können frei und eigenverantwortlich wirtschaftliche Entscheidungen treffen.
So entscheiden Unternehmen selbst, wie viel, wann, was und mit welchen Mitteln produziert wird, ob die Produktionskapazität vergrößert oder verkleinert wird.
Die Haushalte entscheiden frei darüber, wo und für wen sie arbeiten und wofür sie ihr Einkommen verwenden.

Erwerbswirtschaftliches Prinzip

Nicht Bedarfsdeckung ist Ziel der Unternehmen, sondern Gewinnmaximierung. In einer Bäckerei wird das Brot nicht gebacken, um der Gesellschaft etwas Gutes zu tun, sondern weil man sich davon einen persönlichen Vorteil erhofft. Dieses „egoistische" Verhalten ist bei einem funktionierenden Wettbewerb die Triebfeder aller wirtschaftlichen Aktivitäten.

Steuerung des Wirtschaftsgeschehens über den Markt

Der Vorteil der Marktwirtschaft, die schnelle Anpassungsfähigkeit an wirtschaftliche Veränderungen, soll eine möglichst hohe Bedarfsbefriedigung gewährleisten. Der Markt hat in der sozialen Marktwirtschaft dieselbe Aufgabe wie in der freien Marktwirtschaft: die Koordinierung der Einzelpläne. Damit übernimmt er die Steuerung des Wirtschaftsgeschehens.[1]

Tarifautonomie der Sozialpartner[2]

Die Tarifautonomie ist ein Merkmal der sozialen Marktwirtschaft. Sie verkörpert ein Stück Demokratie.
Abhängig Beschäftigte erkannten schon vor über 100 Jahren, dass sie nur gemeinsam Forderungen durchsetzen konnten. Deshalb schlossen sie sich zu Gewerkschaften zusammen. Diese **Koalitionsfreiheit** ist im Artikel 9 Abs. 3 des Grundgesetzes verankert.

Artikel 9 (3) GG:

> Das Recht, zur Wahrung und Förderung der Arbeits- und Wirtschaftsbedingungen Vereinigungen zu bilden, ist für jedermann und für alle Berufe gewährleistet. Abreden, die dieses Recht einschränken oder zu behindern suchen, sind nichtig, hierauf gerichtete Maßnahmen sind rechtswidrig. [...]

Als Sozialparteien stehen sich auf der einen Seite die Gewerkschaften und auf der anderen Seite die ebenfalls zu Verbänden zusammengeschlossenen Arbeitgeber gegenüber.

Wirtschafts- und sozialpolitische Maßnahmen des Staates im Konzept der sozialen Marktwirtschaft

Um die Nachteile einer freien Marktwirtschaft zu vermeiden, übernimmt der Staat eine ordnungspolitische Funktion. Ihm fällt es zu, einen Weg zwischen wirtschaftlicher Freiheit und sozialer Gerechtigkeit zu finden, der die wirtschaftliche Leistungsfähigkeit möglichst nicht einschränkt.

Wirtschaftspolitische Maßnahmen des Staates

Der Staat hat die Aufgabe, gesamtwirtschaftliche Ungleichgewichte und Fehlentwicklungen zu vermeiden bzw. zu korrigieren. Dazu reicht eine Wettbewerbsordnung alleine nicht aus, es müssen zusätzliche Maßnahmen ergriffen werden. Dies geschieht nach dem Grundsatz der **Globalsteuerung**. Globalsteuerung heißt, das Verhalten der Wirtschaftssubjekte wird nur indirekt beeinflusst, z. B. über finanzielle Anreize. Es werden nur die Rahmenbedingungen verändert, die Steuerung des Wirtschaftsgeschehens ist Aufgabe des Marktes. Solche **marktkonformen**[3] Maßnahmen verändern die Marktbedingungen, heben aber die Marktfunktionen[4] nicht auf.

Als wirtschaftspolitische Aufgaben fallen dem Staat zu,

- den Wettbewerb funktionsfähig zu halten,

---

1 Siehe Kapitel 3.2 „Preisbildung".
2 Siehe Kapitel 7.5 „Kollektiver Arbeitsvertrag (Tarifvertrag)".
3 Marktkonträre Maßnahmen sind Maßnahmen, die den Markt ausschalten, wie z. B. Lohn- bzw. Preisstopp.
4 Siehe Kapitel 3.2 „Preisbildung".

- den Wirtschaftsablauf so zu steuern, dass die volkswirtschaftlichen Ziele[1] erreicht werden,
- die Forderungen autonomer Verbände so zu beeinflussen, dass die wirtschaftspolitischen Ziele verwirklicht werden können.

Staatliche Wettbewerbspolitik[2]

Die Väter der sozialen Marktwirtschaft hatten das Ideal, dass auf einem Markt möglichst viele Anbieter miteinander konkurrieren. Diesen Zustand zu erhalten oder herzustellen sollte Aufgabe der staatlichen Wettbewerbspolitik sein. Deshalb drängten sie auf ein Gesetz, das die Konzentration und Machtbildung verhindern sollte. 1957 verabschiedete man das „**Gesetz gegen Wettbewerbsbeschränkung**“ (GWB oder Kartellgesetz), das man auch als das *Grundgesetz der sozialen Marktwirtschaft* bezeichnet. Dieses Gesetz konnte allerdings die Kapitalkonzentration nur ungenügend aufhalten. Deshalb wurde es mehrfach geändert.

Inzwischen hat sich in der Wettbewerbspolitik ein Auffassungswandel vollzogen: Realität ist nicht mehr die **atomistische**[3], sondern die **oligopolistische Marktform**[4]. Man hat erkannt, dass aufgrund des technischen Fortschritts und der starken internationalen Konkurrenz nur kapitalkräftige Unternehmen auf einem globalen Markt bestehen können. Nicht mehr vollständiger Wettbewerb, sondern funktionsfähiger Wettbewerb ist die Devise. Sinken die Kosten und Preise bei gleichzeitig verbesserter Produktqualität und Produktionssteigerung, so kann man die Anzahl der Anbietenden vernachlässigen, denn die an den Wettbewerb (Markt) gestellten Forderungen werden erfüllt.

Staatliche Konjunkturpolitik[5]

In marktwirtschaftlichen Systemen ändert sich die Wirtschaftslage ständig. Verschlechtert sie sich, so wirkt sich das nachteilig auf weite Bereiche des gesellschaftlichen und wirtschaftlichen Lebens aus. Nachfragerückgang und die oft damit verbundene Arbeitslosigkeit sind große Herausforderungen für die Wirtschaftspolitik.

Um diese Probleme vermeiden bzw. mindern zu können, stehen dem Staat konjunkturpolitische Instrumente zur Verfügung.

1 *Siehe Kapitel 8.1 „Ziele und Probleme der Wirtschaftspolitik“.*
2 *Siehe Kapitel 6.3.2 „Wettbewerbskontrolle und Grenzen der nationalen Kontrollinstrumente“.*
3 *Atomistische Marktform: Markt mit sehr vielen kleinen Anbietern*
4 *Oligopolistische Marktform: Markt mit wenigen Anbietern*
5 *Siehe Kapitel 8 „Grundzüge der Wirtschaftspolitik“.*

Rolle der Europäischen Zentralbank (EZB)[1]

Voraussetzung für eine funktionierende Marktwirtschaft ist ein stabiler Geldwert. Aufgrund unterschiedlicher Einflüsse schwankt der Geldwert ständig. Oberste Aufgabe der Europäischen Zentralbank (EZB) mit Sitz in Frankfurt am Main ist es, den Geldwert stabil zu halten. (Vertrag über die Europäische Union – Maastrichter Vertrag – Artikel 105: „Das vorrangige Ziel des Europäischen Systems der Zentralbanken, ESZB, ist es, die Preisstabilität zu gewährleisten. Soweit dies ohne Beeinträchtigung des Zieles der Preisstabilität möglich ist, unterstützt das ESZB die allgemeine Wirtschaftspolitik in der Gemeinschaft, [...]").

Staatliche Einflussnahme auf Entscheidungen autonomer Verbände

Die Wirtschaftspolitik der Bundesregierung orientiert sich an den im Gesetz zur Förderung der Stabilität und des Wachstums der Wirtschaft (StabG) vorgegebenen wirtschaftspolitischen Zielen. Jedoch können z. B. überzogene Forderungen der Tarifparteien die Erreichung dieser Ziele gefährden. Letztendlich entscheiden die Tarifparteien autonom, dennoch versucht die Bundesregierung über Appelle und Lohnleitlinien[2] die Sozialparteien zu einem sozialen und wirtschaftlich angemessenen Verhalten zu bewegen. Im Falle einer Gefährdung der wirtschaftspolitischen Ziele ist die Bundesregierung verpflichtet, den Gebietskörperschaften (Länder, Gemeinden), Gewerkschaften und Arbeitgeberverbänden Orientierungsdaten zur Verfügung zu stellen.
Gerade weil die Entscheidungen der Tarifparteien große Einflüsse auf die gesamtwirtschaftlichen Ziele haben, muss die Tarifautonomie immer wieder ihre Funktionsfähigkeit unter Beweis stellen.

Krise und strategische Neuorientierung der Gewerkschaften

Es bedurfte nicht erst der Finanz- und der Wirtschaftskrise, damit sich die deutschen Gewerkschaften ihrer Krise als Organisationen bewusst wurden. ...
Wie können sie verhindern, in eine „strategische Lähmung" zu verfallen?
... Gewerkschaften sind - wie alle Organisationen - strategische Akteure, die sich nicht nur flexibel an ihre Umwelt anpassen, sondern diese über „strategische Wahlhandlungen" auch prägen können. In diesem Sinne haben sie sich in den vergangenen Jahren durchaus als „lernende Organisationen" präsentiert. ... Man hat sich als Gewerkschaft noch nicht neu erfunden. ... Die Revitalisierungsprozesse der jüngeren Zeit konzentrierten sich vornehmlich auf den Wiederaufbau von Organisationsmacht, weil dies die einzige Machtressource ist, auf die die Gewerkschaften unmittelbar selbst Einfluss nehmen können - durch Organisationsreformen, Mitgliederwerbung und partizipatorische Strategien, die den Mitgliedern mehr Einfluss auf das Gewerkschaftshandeln einräumen sollen. Hiervon erhoffen sie sich langfristig auch wieder einen Zugewinn an institutioneller Macht, haben aber erkannt, dass sie letztere nicht ohne eine wieder erstarkte Organisationsmacht erlangen werden. ...

Quelle: Ulrich Brinkmann, Oliver Nachtwey, 23.03.2010 Bundeszentrale für politische Bildung: https://www.bpb.de/apuz/32848/krise-und-strategische-neuorientierung-der-gewerkschaften?p=all; abgerufen am 12.01.2024

---

1 Siehe Kapitel 8.3 „Geldpolitik der Zentralbank".
2 Die Lohnleitlinien richten sich meist nach der durchschnittlichen gesamtwirtschaftlichen Produktivitätsentwicklung.

Sozialpolitische Maßnahmen des Staates

Wettbewerbswirtschaft bedeutet auf der einen Seite eine starke wirtschaftliche Leistungsfähigkeit und einen hohen Grad an Bedarfsbefriedigung, aber auf der anderen Seite auch Unternehmensaufgaben, Arbeitslosigkeit, Einkommenseinbußen und ungleiche Vermögensverteilung.
Nach dem Grundgesetz Artikel 20 Absatz 1 ist die Bundesrepublik Deutschland ein sozialer Bundesstaat (Sozialstaat). Der Sozialstaat ist verpflichtet, den Menschen zu helfen, deren Mittel zur Selbsthilfe nicht mehr ausreichen.

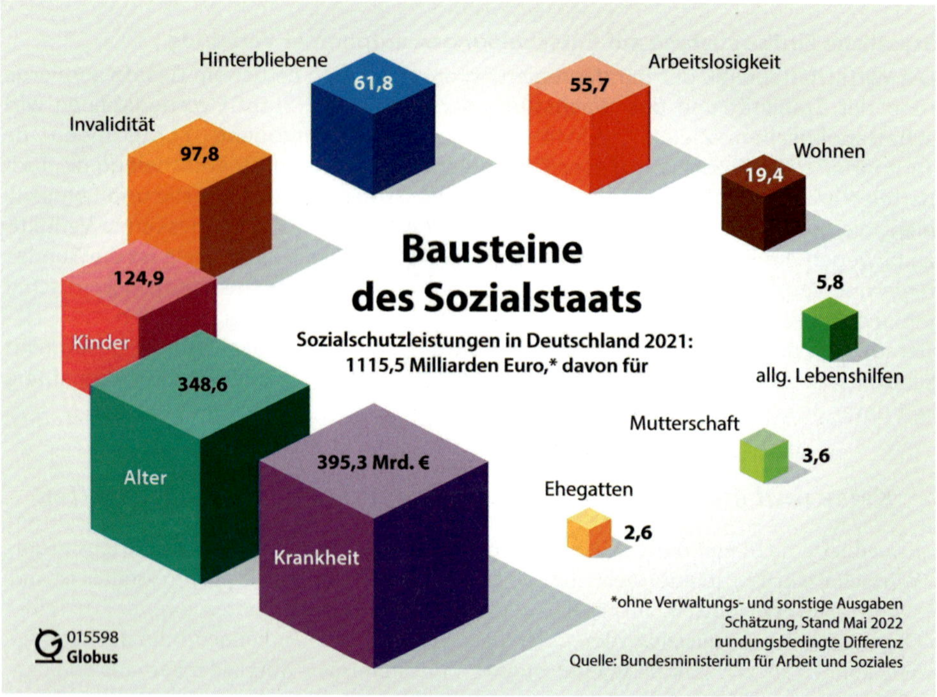

Unter **Sozialpolitik** versteht man „all jene Maßnahmen, Leistungen und Dienste, die darauf abzielen,

- dem Entstehen sozialer Risiken und Probleme vorzubeugen,
- die Voraussetzungen dafür zu schaffen, dass die Bürgerinnen und Bürger befähigt werden, soziale Probleme zu bewältigen,
- die Wirkungen sozialer Probleme auszugleichen und
- die Lebenslage einzelner Personen oder Personengruppen zu sichern und zu verbessern."

Quelle: Gerhard Bäcker, Gerhard Naegele u. a. 2007: Sozialpolitik und soziale Lage in Deutschland. Band 1: Grundlagen, Arbeit, Einkommen und Finanzierung, VS Verlag für Sozialwissenschaften (Wiesbaden), S. 44

Die Grundrechte (Artikel 1–19 des Grundgesetzes) erhalten zwar durch den Artikel 20 Absatz 1 des Grundgesetzes eine soziale Dimension, aber das Grundgesetz legt nirgends eindeutig fest, was soziale Grundrechte sind.

Sozialgesetzbuch (SGB)

Erstes Buch (I). Allgemeiner Teil[1]

Erster Abschnitt. Aufgaben des Sozialgesetzbuchs und soziale Rechte

§ 1. **Aufgaben des Sozialgesetzbuchs.** (1) Das Recht des Sozialgesetzbuchs soll zur Verwirklichung sozialer Gerechtigkeit und sozialer Sicherheit Sozialleistungen einschließlich sozialer und erzieherischer Hilfen gestalten. Es soll dazu beitragen,

ein menschenwürdiges Dasein zu sichern,

gleiche Voraussetzungen für die freie Entfaltung der Persönlichkeit, insbesondere auch für junge Menschen, zu schaffen,

die Familie zu schützen und zu fördern,

den Erwerb des Lebensunterhalts durch eine frei gewählte Tätigkeit zu ermöglichen und besondere Belastungen des Lebens, auch durch Hilfe zur Selbsthilfe, abzuwenden oder auszugleichen.

(2) Das Recht des Sozialgesetzbuchs soll auch dazu beitragen, daß die zur Erfüllung der in Absatz 1 genannten Aufgaben erforderlichen sozialen Dienste und Einrichtungen rechtzeitig und ausreichend zur Verfügung stehen.

§ 2. **Soziale Rechte.** (1) Der Erfüllung der in § 1 genannten Aufgaben dienen die nachfolgenden sozialen Rechte. Aus ihnen können Ansprüche nur insoweit geltend gemacht oder hergeleitet werden, als deren Voraussetzungen und Inhalt durch die Vorschriften der besonderen Teile dieses Gesetzbuchs im einzelnen bestimmt sind.

(2) Die nachfolgenden sozialen Rechte sind bei der Auslegung der Vorschriften dieses Gesetzbuchs und bei der Ausübung von Ermessen zu beachten; dabei ist sicherzustellen, daß die sozialen Rechte möglichst weitgehend verwirklicht werden.

§ 3. **Bildungs- und Arbeitsförderung.** (1) Wer an einer Ausbildung teilnimmt, die seiner Neigung, Eignung und Leistung entspricht, hat ein Recht auf individuelle Förderung seiner Ausbildung, wenn ihm die hierfür erforderlichen Mittel nicht anderweitig zur Verfügung stehen.

(2) Wer am Arbeitsleben teilnimmt oder teilnehmen will, hat ein Recht auf

1. Beratung bei der Wahl des Bildungswegs und des Berufs,
2. individuelle Förderung seiner beruflichen Weiterbildung,
3. Hilfe zur Erlangung und Erhaltung eines angemessenen Arbeitsplatzes und
4. wirtschaftliche Sicherung bei Arbeitslosigkeit und bei Zahlungsunfähigkeit des Arbeitgebers.

§ 4. **Sozialversicherung.** (1) Jeder hat im Rahmen dieses Gesetzbuchs ein Recht auf Zugang zur Sozialversicherung.

(2) Wer in der Sozialversicherung versichert ist, hat im Rahmen der gesetzlichen Kranken-, Pflege-, Unfall- und Rentenversicherung einschließlich der Alterssicherung der Landwirte ein Recht auf

1. die notwendigen Maßnahmen zum Schutz, zur Erhaltung, zur Besserung und zur Wiederherstellung der Gesundheit und der Leistungsfähigkeit und
2. wirtschaftliche Sicherung bei Krankheit, Mutterschaft, Minderung der Erwerbsfähigkeit und Alter.

Ein Recht auf wirtschaftliche Sicherung haben auch die Hinterbliebenen eines Versicherten.

§ 5. **Soziale Entschädigung bei Gesundheitsschäden.** Wer einen Gesundheitsschaden erleidet, für dessen Folge die staatliche Gemeinschaft in Abgeltung eines besonderen Opfers

---

1 *Stand: Zuletzt geändert durch Art. 12 Abs. 2a G v. 24.03.2011 I 453*

oder aus anderen Gründen nach versorgungsrechtlichen Grundsätzen einsteht, hat ein Recht auf

1. die notwendigen Maßnahmen zur Erhaltung, zur Besserung und zur Wiederherstellung der Gesundheit und der Leistungsfähigkeit und
2. angemessene wirtschaftliche Versorgung.

Ein Recht auf angemessene wirtschaftliche Versorgung haben auch die Hinterbliebenen eines Beschädigten.

§ 6. Minderung des Familienaufwands. Wer Kindern Unterhalt zu leisten hat oder leistet, hat ein Recht auf Minderung der dadurch entstehenden wirtschaftlichen Belastungen.

§ 7. Zuschuß für eine angemessene Wohnung. Wer für eine angemessene Wohnung Aufwendungen erbringen muß, die ihm nicht zugemutet werden können, hat ein Recht auf Zuschuß zur Miete oder zu vergleichbaren Aufwendungen.

§ 8. Kinder- und Jugendhilfe. Junge Menschen und Personensorgeberechtigte haben im Rahmen dieses Gesetzbuchs ein Recht, Leistungen der öffentlichen Jugendhilfe in Anspruch zu nehmen. Sie sollen die Entwicklung junger Menschen fördern und die Erziehung in der Familie unterstützen und ergänzen.

§ 9. Sozialhilfe. Wer nicht in der Lage ist, aus eigenen Kräften seinen Lebensunterhalt zu bestreiten oder in besonderen Lebenslagen sich selbst zu helfen, und auch von anderer Seite keine ausreichende Hilfe erhält, hat ein Recht auf persönliche und wirtschaftliche Hilfe, die seinem besonderen Bedarf entspricht, ihn zur Selbsthilfe befähigt, die Teilnahme am Leben in der Gemeinschaft ermöglicht und die Führung eines menschwürdigen Lebens sichert. Hierbei müssen Leistungsberechtigte nach ihren Kräften mitwirken.

§ 10. Teilhabe behinderter Menschen. Menschen, die körperlich, geistig oder seelisch behindert sind oder denen eine solche Behinderung droht, haben unabhängig von der Ursache der Behinderung zur Förderung ihrer Selbstbestimmung und gleichberechtigten Teilhabe ein Recht auf Hilfe, die notwendig ist, um

1. die Behinderung abzuwenden, zu beseitigen, zu mindern, ihre Verschlimmerung zu verhüten oder ihre Folgen zu mildern,
2. Einschränkungen der Erwerbsfähigkeit oder Pflegebedürftigkeit zu vermeiden, zu überwinden, zu mindern oder eine Verschlimmerung zu verhüten sowie den vorzeitigen Bezug von Sozialleistungen zu vermeiden oder laufende Sozialleistungen zu mindern,
3. ihnen einen ihren Neigungen und Fähigkeiten entsprechenden Platz im Arbeitsleben zu sichern,
4. ihre Entwicklung zu fördern und ihre Teilhabe am Leben in der Gesellschaft und eine möglichst selbstständige und selbstbestimmte Lebensführung zu ermöglichen oder zu erleichtern sowie
5. Benachteiligungen auf Grund der Behinderung entgegenzuwirken.

Der § 1 des Sozialgesetzbuchs I (SGB I) fordert zwar soziale Gerechtigkeit und Sicherheit, aber indem der § 2 SGB I auf bestehende Gesetze verweist, zieht der Gesetzgeber die Forderungen des § 1 im Wesentlichen wieder zurück und macht sie zu einer Ermessenssache. Ein einklagbares Recht auf soziale Absicherung gibt es nicht.

Sozialpolitik ist also nichts Feststehendes, Unveränderliches, sondern immer das Ergebnis einer sozialen Übereinkunft der Gesellschaftsmitglieder. Deutlich wird dies auch durch das SGB II. Nach den in § 1 definierten Aufgaben und Zielen der Grundsicherung für Arbeitsuchende soll zwar die Grundsicherung gewährleistet sein, aber sie soll gleichzeitig die Eigenverantwortung stärken und dazu beitragen, dass sie ihren Lebensunterhalt unabhängig von der Grundsicherung aus eigenen Mitteln und Kräften bestreiten können. Von den Empfängern der Grundsicherung wird nach § 2 SGB II erwartet, dass sie alle Möglichkeiten zur Beendigung oder Verringerung ihrer Hilfebedürftigkeit ausschöpfen. Die Leistungen werden nach dem Prinzip **Fördern und Fordern** gewährt. Wer Arbeitsangebote ablehnt, muss mit Kürzung der Bezüge rechnen.

In der Übersicht werden die **Beziehungen zwischen den Forderungen des Grundgesetzes, des Sozialgesetzbuchs und einigen staatlichen sozialen Maßnahmen** aufgezeigt:

Grundgesetz	Sozialgesetzbuch I	Leistungsarten
Art. 1 Abs. 1 Die Würde des Menschen ist unantastbar. Sie zu achten und zu schützen ist Verpflichtung aller staatlichen Gewalt.	**§ 1** Es soll dazu beitragen, ein menschenwürdiges Dasein zu sichern. **§ 7** Zuschüsse für angemessene Wohnung **§ 9** Sozialhilfe	Wohngeld Sozialhilfe Bürgergeld
Art. 2 Abs. 1 Jeder hat das Recht auf die freie Entfaltung seiner Persönlichkeit, ...	**§ 1** Es soll dazu beitragen, gleiche Voraussetzungen für die freie Entfaltung der Persönlichkeit, insbesondere auch für junge Menschen, zu schaffen. **§ 3** Bildungs- und Ausbildungsförderung **§ 8** Kinder- und Jugendhilfe	Ausbildungsförderung Kinder- und Jugendhilfe
Art. 3 Abs. 1 Alle Menschen sind vor dem Gesetz gleich.	**§ 1** Es soll dazu beitragen, besondere Belastungen des Lebens abzuwenden oder auszugleichen. **§ 4** Sozialversicherung **§ 5** Soziale Entschädigung bei Gesundheitsschäden **§ 10** Eingliederung Behinderter	Gesetzliche Kranken-, Pflege-, Unfall- und Rentenversicherung; Versorgung bei Gesundheitsschäden. Eingliederung Behinderter
Art. 6 Abs. 1 Ehe und Familie stehen unter dem besonderen Schutze staatlicher Ordnung.	**§ 1** Es soll dazu beitragen, die Familie zu schützen und zu fördern **§ 6** Minderung des Familienaufwands **§ 7** Zuschuss für eine angemessene Wohnung	Minderung des Familienaufwands durch Kindergeld[1] und Wohngeld
Art. 12 Abs. 1 Alle Deutschen haben das Recht, Beruf, Arbeitsplatz und Ausbildungsstätte frei zu wählen.	**§ 1** Es soll dazu beitragen, den Erwerb des Lebensunterhalts durch eine frei gewählte Tätigkeit zu ermöglichen. **§ 3** Bildungs- und Arbeitsförderung **§ 10** Teilhabe behinderter Menschen	Ausbildungsförderung, Arbeitsförderung; Hilfe für Schwerbehinderte

1 *ab 2025 Kindergrundsicherung*

Grundgesetz

Art. 20 (1) Die Bundesrepublik Deutschland ist ein demokratischer und sozialer Bundesstaat.

Art. 28 (1) Die verfassungsmäßige Ordnung in den Ländern muss den Grundsätzen des republikanischen, demokratischen und sozialen Rechtsstaates im Sinne dieses Grundgesetzes entsprechen [...].

Sozialpolitische Maßnahmen

- soziale Hilfen und Dienste,
- gesetzliche Kranken-, Pflege-, Unfall-, Renten- und Arbeitslosenversicherung,
- Wiedereingliederung Behinderter,
- betriebliche Mitbestimmung,
- Vermögensbildungspolitik,
- Gesetze zum Schutz sozial Schwächerer, z. B. Jugendarbeitsschutzgesetz, Mutterschutzgesetz.

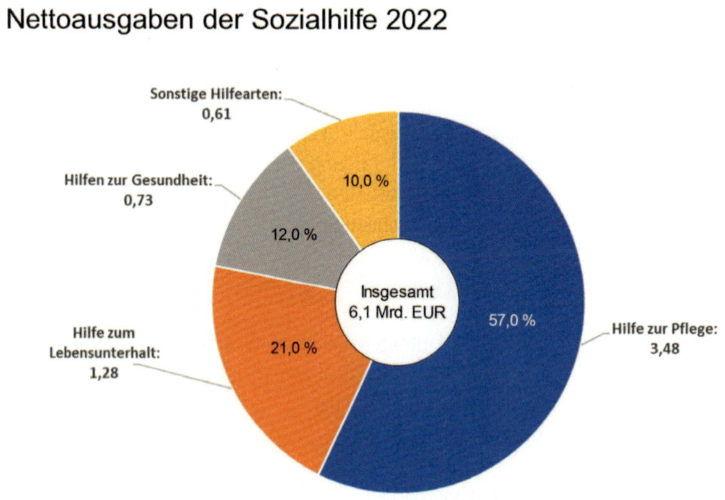

Datenquelle: https://www.destatis.de/DE/Themen/Gesellschaft-Umwelt/Soziales/_Grafik/_Interaktiv/nettoausgaben-sozialhilfe.html, Statistisches Bundesamt (Destatis) vom 27.11.2023

Soziale Hilfen und Dienste

In der Bundesrepublik Deutschland gibt es ein engmaschiges Netz an sozialem Schutz gegen die Wechselfälle des Lebens. Aber es gibt immer wieder Situationen, die eine starke wirtschaftliche und gesellschaftliche Benachteiligung zur Folge haben, weil sie nicht durch Leistungen eines Sozialversicherungsträgers aufgefangen werden. Hier hilft der Staat, indem er beispielsweise Kindergeld[1] nach dem **Bundeskindergeldgesetz**

1 ab 2025 Kindergrundsicherung

(BKGG), Mietzuschüsse nach dem **Wohngeldgesetz (WoGG)** oder Grundsicherungsleistungen für erwerbslose Hilfsbedürftige (Bürgergeld) gewährt.

Gesetzliche Kranken-, Pflege-, Unfall-, Renten- und Arbeitslosenversicherung
Für die in der **gesetzlichen Krankenversicherung** Pflichtversicherten übernimmt nach **Sozialgesetzbuch V (SGB V)** die jeweilige Krankenkasse Kostenanteile für Arzt, Pflege, Medikamente und Krankenhausplatz, die eventuell bei einem Krankheitsfall anfallen.

Versicherte haben u. a. Anspruch auf Leistungen:

- zur Verhütung von Krankheiten und von deren Verschlimmerung sowie zur Empfängnisverhütung, bei Sterilisation und bei Schwangerschaftsabbruch,
- zur Früherkennung einer Krankheit,
- zur Behandlung einer Krankheit,
- zur medizinischen Rehabilitation sowie auf unterhaltssichernde und andere ergänzende Leistungen, die notwendig sind, um eine Behinderung oder Pflegebedürftigkeit abzuwenden, zu beseitigen, zu mindern, auszugleichen, ihre Verschlimmerung zu verhüten oder ihre Folgen zu mildern.

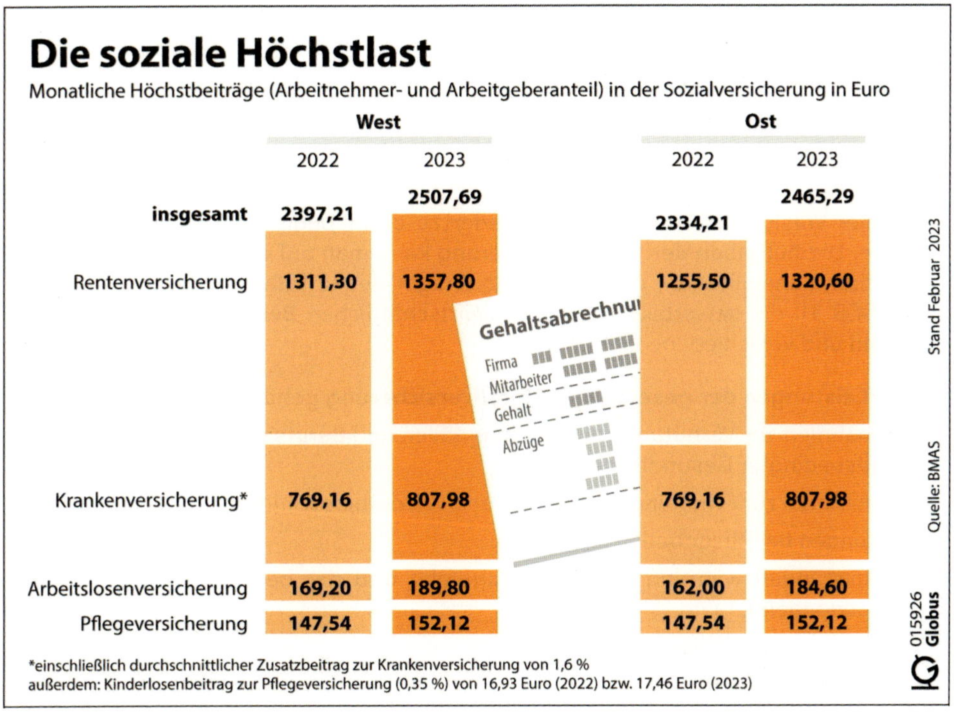

Seit dem 26. Mai 1994 ist das Gesetz zur sozialen Absicherung des Risikos der Pflegebedürftigkeit (PflegeVG) in Kraft. Der versicherte Personenkreis umfasst diejenigen, die in der gesetzlichen Krankenversicherung versichert sind (Pflicht- und freiwillig Versicherte).

SGB XI § 2

> (1) Die Leistungen der Pflegeversicherung sollen den Pflegebedürftigen helfen, trotz ihres Hilfebedarfs ein möglichst selbständiges und selbstbestimmtes Leben zu führen, das der Würde des Menschen entspricht. Die Hilfen sind darauf auszurichten, die körperlichen, geistigen und seelischen Kräfte der Pflegebedürftigen, auch in Form der aktivierenden Pflege, wiederzugewinnen oder zu erhalten.

Zu den **Leistungen der gesetzlichen Pflegeversicherung**[1] gehören nach SGB XI § 4 (1)

- Dienst-, Sach- und Geldleistungen für den Bedarf an körperbezogenen Pflegemaßnahmen,
- pflegerische Betreuungsmaßnahmen und
- Hilfen bei der Haushaltsführung sowie Kostenerstattung.

Fast jeder Beruf birgt mehr oder weniger hohe **Unfallrisiken** in sich. Da ein Unfall für den Betroffenen schwerwiegende Konsequenzen haben kann, hat der Gesetzgeber versucht, das Betriebsunfallrisiko durch **Gesetze und Verordnungen zu** mindern:

- Arbeitsstättenverordnung (ArbStättV),
- Arbeitssicherheitsgesetz (ASiG),
- Gefahrstoffverordnung (GefStoffV),
- Produktsicherheitsgesetz (ProdSG),
- Jugendschutzgesetz (JuSchG),
- Mutterschutzgesetz (MuSchG).

Trotz aller Vorsicht kommt es immer wieder zu berufsbedingten Erkrankungen und Unfällen. Die Aufgaben der Unfallversicherung kann man auf drei Begriffe reduzieren: Prävention, Rehabilitation, Entschädigung. Träger der **Unfallversicherung** sind nach § 114 SGB VII die gewerblichen und landwirtschaftlichen **Berufsgenossenschaften,** der **Bund** und verschiedene **Unfallkassen**.

Zu den **Leistungen der gesetzlichen Unfallversicherung gehören u. a.**

- Maßnahmen zur Verhütung von Arbeitsunfällen und Berufskrankheiten und Abwehr arbeitsbedingter Gesundheitsgefahren,
- Maßnahmen zur Erhaltung, Besserung und Wiederherstellung der Erwerbsfähigkeit,
- Leistungen bei Pflegebedürftigkeit,
- Geldleistungen während der Heilbehandlung und der beruflichen Rehabilitation (Verletztengeld),
- häusliche Krankenpflege.

---

1 *Alle Pflegeleistungen sind detailliert aufgeführt in der Broschüre „Pflegeleistungen zum Nachschlagen" des Bundesministeriums für Gesundheit: https://www.bundesgesundheitsministerium.de/fileadmin/user_upload/BMG_Ratgeber-Pflegeleistungen_zum_Nachschlagen_2023_bf.pdf*

Arbeits- und Wegeunfälle im Jahr 2021
in 1 000

	Arbeitsunfälle		Wegeunfälle	
	meldepflichtige	je 1 000 Vollarbeitende	meldepflichtige	je 1 000 Versicherungsverhältnisse
insgesamt	806 217	19,78	170 853	3,37
mit tödlichem Ausgang	510		227	

Quelle: Deutsche Gesetzliche Unfallversicherung - https://www.dguv.de/de/zahlen-fakten/au-wu-geschehen/index.jsp, abgerufen 12.01.2024

Wenn abhängig Beschäftigte aus Altersgründen oder Erwerbsminderung (Invalidität) aus dem Arbeitsleben ausscheiden, soll es für sie kein Schritt in eine existenzbedrohende Zukunft sein. Deshalb unterliegen sie fast alle der **gesetzlichen Rentenversicherungspflicht.** 16 Deutsche Rentenversicherungen (DRV) sind dafür zuständig. Darunter auch DRV Bund und DRV Knappschaft-Bahn-See.

Zu den **Leistungen der gesetzlichen Rentenversicherung gehören**

- Leistungen zur medizinischen und beruflichen Rehabilitation,
- Übergangsgeld,
- Rente wegen Erwerbsminderung,
- Altersrente oder Hinterbliebenenrente.

GESETZLICHE RENTE: SKEPSIS WÄCHST!!

Eine Wettbewerbswirtschaft birgt für alle abhängig Beschäftigte die Gefahr der unverschuldeten Arbeitslosigkeit in sich. Besonders groß ist diese Gefahr in weniger guten Wirtschaftszeiten. Aufgabe der Arbeitsmarkt- und Beschäftigungspolitik ist, die Arbeitslosigkeit zu verhindern bzw. zu beseitigen. Die in der **gesetzlichen Arbeitslosenversicherung** Versicherten erhalten Leistungen nach § 3 **SGB III**. Darunter fallen Leistungen der **aktiven Arbeitsförderung** wie zum Beispiel:

- Arbeitsvermittlung und Beratung oder
- Unterstützung bei der Berufswahl und Berufsausbildung und

Entgeltersatzleistungen wie zum Beispiel:

- Arbeitslosengeld bei Arbeitslosigkeit oder
- Insolvenzgeld bei Zahlungsunfähigkeit des Arbeitgebers.

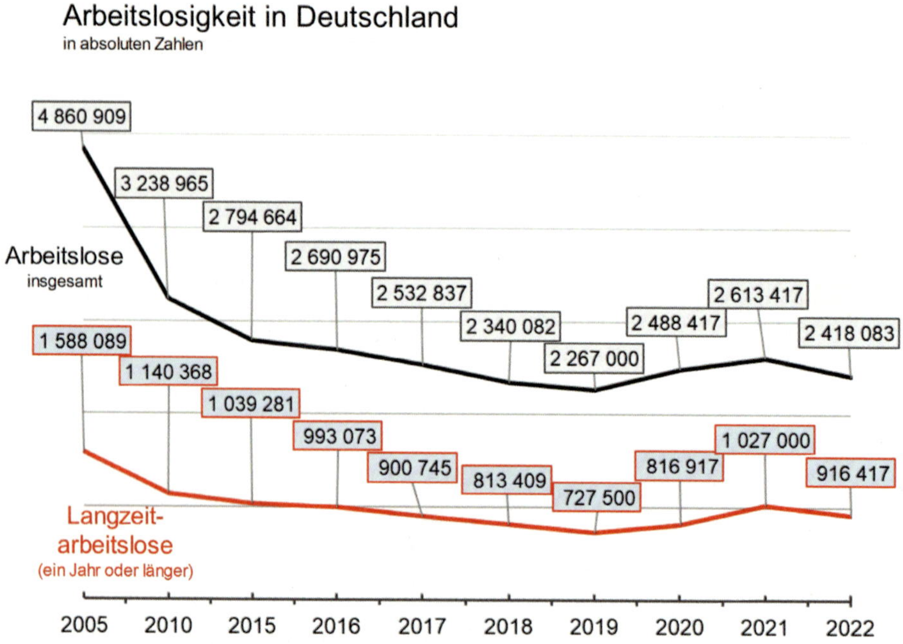

Datenquelle: Statistisches Bundesamt, Statistisches Jahrbuch 2019, S. 376
für das Jahr 2019: Bundesagentur für Arbeit - https://www.arbeitsagentur.de/news/arbeitsmarkt-2020 vom 12.07.2020 und https://de.statista.com/statistik/daten/studie/666199/umfrage/anzahl-der-langzeitarbeitslosen-in-deutschland/ vom 12.07.2020
2020-22: https://www.destatis.de/DE/Themen/Wirtschaft/Konjunkturindikatoren/Arbeitsmarkt/arb110.html#241568

Unter bestimmten Voraussetzungen können nicht nur abhängig Beschäftigte, sondern auch Arbeitgebende, wenn es um die Qualifizierung von Personal mit besonderem Förderbedarf geht, unterstützt werden. Zum Beispiel durch:

- Förderung der Ausbildung,
- Förderung von Weiterbildung,

- Eingliederungszuschuss bei Neueinstellung von Arbeitslosen,
- Förderung der Arbeitsaufnahme,
- Förderung von Menschen mit Behinderungen,
- Förderung der Beschäftigung von geflüchteten Menschen,
- Förderung von Langzeitarbeitslosen.

Erwerbsfähige[1] Arbeitslose oder wenig Verdienende, die ihren Lebensunterhalt nicht selbst finanzieren können, erhalten nach SGB II und dem Grundsatz Fördern und Fordern seit dem 01.01.2023 Bürgergeld. Nach § 4 SGB II (1) gibt es für Arbeitssuchenden folgende Leistungsformen:

- Dienstleistungen,
- Geldleistungen und
- Sachleistungen.

Web

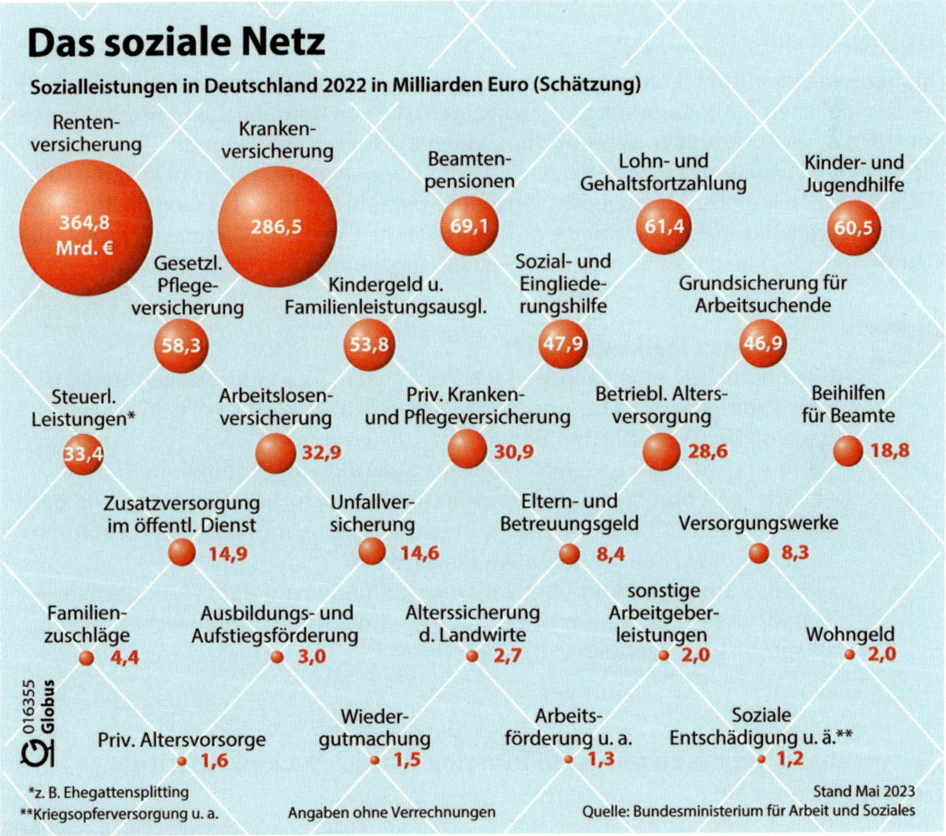

1 *§ 8 SGB II Erwerbsfähigkeit*
(1) Erwerbsfähig ist, wer nicht wegen Krankheit oder Behinderung auf absehbare Zeit außerstande ist, unter den üblichen Bedingungen des allgemeinen Arbeitsmarktes mindestens drei Stunden täglich erwerbstätig zu sein.

Nach dem Grundsatz des **Forderns** werden diese Leistungen nach § 2 SGB II nur gewährt, wenn die erwerbsfähigen Hilfebedürftigen und die mit ihnen in einer Bedarfsgemeinschaft lebenden Personen alle Möglichkeiten ausschöpfen, ihre Hilfebedürftigkeit zu beenden oder zu verringern. Ist eine Erwerbstätigkeit auf dem allgemeinen Arbeitsmarkt in absehbarer Zeit nicht möglich, hat der erwerbsfähige Hilfebedürftige eine ihm angebotene zumutbare Arbeitsgelegenheit zu übernehmen. Weigert er sich, muss er mit Kürzungen seiner Bezüge rechnen.

Wiedereingliederung Behinderter

Die Rehabilitation (Wiedereingliederung) von Behinderten ist eine Leistung, die die verschiedenen Sozialversicherungen gemeinsam erbringen. Nach § 1 SGB IX ist es das Ziel, behinderten Menschen die Selbstbestimmung und volle, wirksame und gleichberechtigte Teilhabe am Leben in der Gesellschaft zu fördern, Benachteiligungen zu vermeiden oder ihnen entgegenzuwirken. Die einzelnen Sozialversicherungsträger sind bei der **Rehabilitation** gemeinsam verantwortlich (§§ 9 und 12 SGB IX).

Betriebliche Mitbestimmung[1]

Die betriebliche Mitbestimmung ist ein zentrales gesellschaftspolitisches Thema. Ziel der betrieblichen Mitbestimmung ist, diejenigen, die von betrieblichen Entscheidungen betroffen sind, auch an der betrieblichen Willensbildung zu beteiligen.
Die Arbeitgeberverbände erhoben gegen das Mitbestimmungsgesetz von 1976 Verfassungsklage. Das Bundesverfassungsgericht bestätigte daraufhin das verfassungsmäßige Recht auf Mitbestimmung, indem es zwar die grundgesetzliche Eigentumsgarantie *(Art. 14,1)* anerkannte, aber gleichzeitig die Sozialpflichtigkeit des Eigentums *(Art. 14,2)* hervorhob.

In der **sozialen Marktwirtschaft**

- bestimmen die einzelnen Wirtschaftssubjekte ihre individuellen **Bedarfs- und Produktionsziele;** der Staat versucht über seine Wirtschaftspolitik den volkswirtschaftlichen Bedarf zu realisieren.
- gibt es privates und auch öffentliches Eigentum an Produktionsmitteln.
- schafft der Markt die **kostengünstigste Faktorkombination;** wo der Markt diese Aufgabe nur sehr schlecht erfüllen kann, greift der *Staat* mit strukturpolitischen Maßnahmen lenkend ein.
- wird das **Sozialprodukt** über Tarifverhandlungen auf dem Markt (entsprechend dem Leistungsprinzip) und vom Staat (entsprechend dem Bedarfsprinzip) verteilt.

Festveranstaltung zum 60. Jubiläum des Walter Eucken[2] Instituts

Freiburg, 16. Januar 2014

... Hier in Freiburg haben unabhängige Geister ... ein Kapitel der Freiheitsgeschichte der Bundesrepublik Deutschland geschrieben. .... Denn Freiheit in der Gesellschaft und Freiheit in der Wirtschaft, sie gehören zusammen. ...

---

1 *Siehe Kapitel 6.1.7 „Aktiengesellschaft".*

2 *Walter Eucken war Vordenker der sozialen Marktwirtschaft. Seine Ideen beeinflussten wesentlich Ludwig Erhard und Alfred Müller-Armack bei der Gestaltung einer Wirtschaftsordnung in der jungen Bundesrepublik Deutschland.*

Gedanken und Begriffe Walter Euckens können uns bei dieser doppelten Aufgabe helfen. Er suchte nach einer Wirtschafts- und Sozialordnung, die „wirtschaftliche Leistung und menschenwürdige Daseinsbedingungen gleichermaßen gewährleistet", nach einer Ordnung, die auf die Freiheit des Menschen ausgerichtet ist. Und er fand vieles, was diese Freiheit ... bedroht. Da schreibt er, dass „die Gewährung von Freiheit eine Gefahr für die Freiheit werden kann, wenn sie die Bildung privater Macht ermöglicht; ...". Klingen diese Worte nicht sehr vertraut, wenige Jahre nachdem Banken und politische Versäumnisse die Wirtschaft vieler Staaten und damit auch Millionen Menschen in eine tiefe Krise stürzten, und dann ... mit Milliarden der Steuerzahler gestützt und gerettet werden mussten? ...
Und dann denkt da ein Freiburger Ökonom gemeinsam mit seinen Mitstreitern über die Entmachtung all dieser Mächtigen nach. Er entwirft eine Ordnung, in der der Staat so viel wie irgend möglich dem freien Spiel des Wettbewerbs überlässt – aber keinesfalls das Setzen der Regeln selbst. Eine Ordnung, die den Einzelnen weder einer staatlichen Bevormundung unterwirft noch einem Markt, auf dem die Starken so groß werden können, dass sie selbst die Regeln bestimmen. Eine Ordnung, die auf „das Anliegen der sozialen Gerechtigkeit" zielte und – zur Erfüllung dieses Anliegens – auf den höchstmöglichen wirtschaftspolitischen Wirkungsgrad. ...
Euckens Denken jedenfalls war ebenso gegen das „Laissez-faire" des 19. Jahrhunderts wie gegen die totalitären Anmaßungen des 20. Jahrhunderts gerichtet. ...
Dies könnte nun das Happy End sein: Soziale Marktwirtschaft, sie hat sich durchgesetzt, und gut! Und es ist ja auch so: Deutsche Unternehmen verkaufen weltweit erfolgreich ihre Produkte, wir genießen ... nicht nur einen materiellen Wohlstand, sondern auch einen sozialen Standard, den es so nur in wenigen Ländern der Welt gibt.
Und doch halten viele Deutsche die marktwirtschaftliche Ordnung zwar für effizient, aber nicht für gerecht. Mit Marktwirtschaft assoziieren sie – laut einer aktuellen Umfrage – „gute Güterversorgung" und „Wohlstand", aber auch „Gier" und „Rücksichtslosigkeit". ...
Für manche ist schon die Notwendigkeit, das eigene Leben frei zu gestalten, mehr Zumutung als Glück. Freiheit, sie hat nicht nur die schöne, die Chancen eröffnende Seite. Sie löst auch aus Bindungen, sie weckt Unsicherheit und Ängste. Immer ist der Beginn von Freiheit von machtvollen Ängsten begleitet. ...
Im Grunde aber finden allzu viele den Wettbewerb eher unbequem. Es ist anstrengend, sich permanent mit anderen messen zu müssen. ... Das ist menschlich verständlich, aber es lohnt, zu erklären, was Wettbewerb vor allem ist, jedenfalls dann, wenn er fair ist: Dann ist er eine öffnende Kraft. ...
Ungerechtigkeit gedeiht nämlich gerade dort, wo Wettbewerb eingeschränkt wird: durch Protektionismus, Korruption oder staatlich verfügte Rücksichtnahme auf Einzelinteressen, dort, wo die Anhänger einer bestimmten Partei bestimmen, wer welche Position erreichen darf, oder wo Reiche und Mächtige die Regeln zu ihren Gunsten verändern und damit willkürlich Lebenschancen zuteilen. ...
Darum ist es so wichtig, dafür zu sorgen, dass Wettbewerb nicht einigen wenigen Mächtigen nutzt, sondern möglichst vielen Menschen Chancen bietet. ...
Wie freiheitlich eine Wirtschaftsverfassung ist, bemisst sich am Ende nicht allein daran, was in den Geschäften zu kaufen ist, sondern daran, ob sie allen Bürgerinnen und Bürgern die Chance auf ein selbstverantwortliches Leben eröffnet und ob sie möglichst vielen möglichst viele Optionen bietet.
Auch gut gemeinte Eingriffe des Staates können dazu führen, dass Menschen auf Dauer ausstatt eingeschlossen werden. Wann etwa ist staatliche Fürsorge geboten, wann führt sie dazu, dass Empfänger keinen Sinn mehr darin erkennen können, sich selbst um ein eigenes Auskommen zu bemühen? ... Ich stelle mir eine aktivierende Sozialpolitik vor wie ein Sprungtuch, das Stürze abfedert, das denjenigen, die es brauchen, dazu verhilft, wieder aufzustehen und für sich selbst einzustehen. ...

Wir sehen das ganz besonders klar beim Thema Bildung: Kinder aus bildungsfernen Elternhäusern machen fünfmal seltener Abitur als Kinder höher gebildeter Eltern. Wir haben uns an diesen Zustand gewöhnt. Aber dümmer sind doch diese Kinder bestimmt nicht. ... Ins Ziel muss jeder allein kommen. Aber beim Laufenlernen, da müssen wir mehr helfen als bislang.
Nicht weniger, aber besser gestalteter Wettbewerb, das macht unsere Marktwirtschaft gerechter. .... Ordnungspolitik ist heute mehr denn je eine Aufgabe, die weit über den Rahmen des Nationalstaates hinausgeht. ...
Das Leitbild der Sozialen Marktwirtschaft, das zum Selbstverständnis unseres Landes gehört, das könnte auch global inspirieren. Es ist nämlich ein lernfähiges System, das zwar nicht alle Ziele vorgibt, aber beständig zukunftsfähig ist. Es lässt sich messen an dem Anspruch, dem Einzelnen Raum zu geben, selbst zu entscheiden, tätig und erfindungsreich zu sein. Es fordert uns heraus, in der Freiheit der Anderen auch unsere eigene Freiheit zu reflektieren. Es ist kein perfektes Modell, aber eines, das Offenheit zulässt, eines, mit dem wir verlieren, aber vor allem gewinnen können, und zugleich eines, das sozialen Ausgleich schafft. ...

Quelle: Ansprache des damaligen Bundespräsidenten Joachim Gauck bei der Festveranstaltung zum 60. Jubiläum des Walter Eucken Instituts in Freiburg, https://www.bundespraesident.de/SharedDocs/Reden/DE/Joachim-Gauck/Reden/2014/01/140116-Walter-Eucken_Institut.html, abgerufen 12.07.2020

Unter der sozialen Marktwirtschaft darf man sich nichts Feststehendes vorstellen. Bewusst haben sich die Gesetzgebenden aus der Interpretation unserer Wirtschaftsordnung herausgehalten. Das macht die soziale Marktwirtschaft zu etwas Formbarem, etwas Veränderlichem, etwas, das sich gegenüber den wandelnden gesellschaftlichen Wertevorstellungen und den sich verändernden Problemstellungen (ökonomischer, ökologischer und sozialer Art) bewähren muss. Aus diesem Grunde kann man heute sicher sein, dass die soziale Marktwirtschaft, so wie sie derzeit in der Bundesrepublik Deutschland existiert, nicht mehr den Ideen ihrer Väter entspricht. Der ehemalige Bundespräsident Joachim Gauck hat in seiner Ansprache die Notwendigkeit der Veränderung bei gleichzeitiger Besinnung auf bestehende Werte hervorgehoben.

Die Soziale Marktwirtschaft

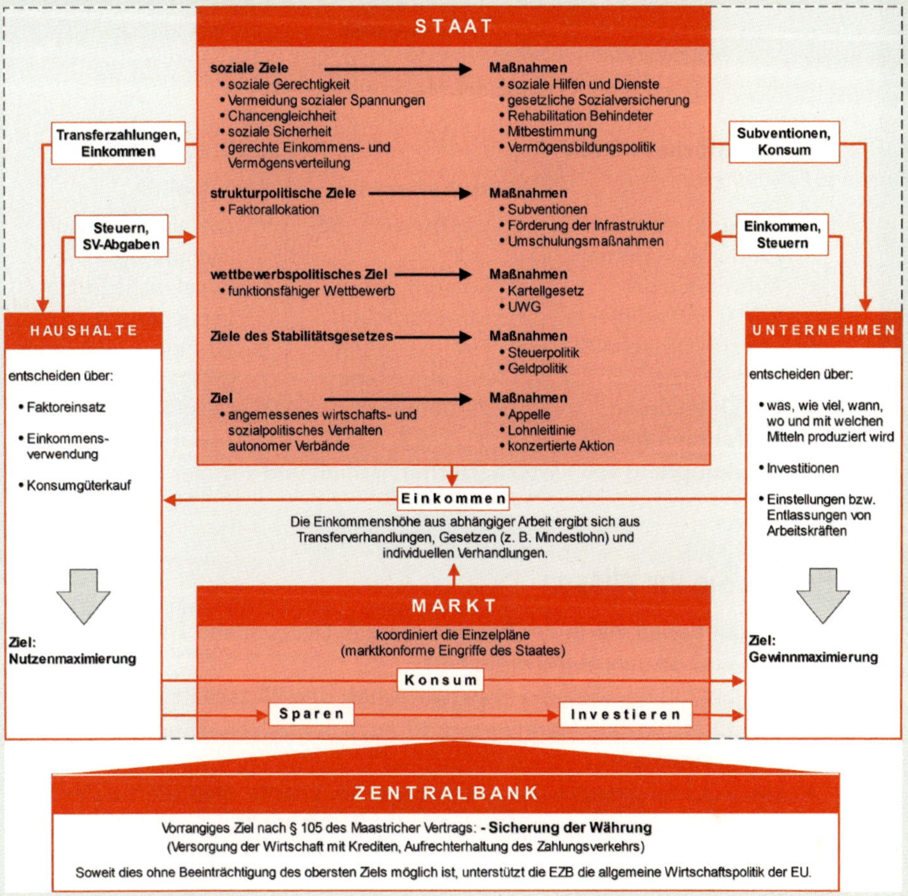

Zusammenfassung

Grundgesetz
(Sozialstaatspostulat)
Soziale Marktwirtschaft

wirtschaftliche Freiheit	**Eingriffe des Staates**	
	Wirtschaftspolitik	**Sozialpolitik**
• Privateigentum an Produktionsmitteln • Autonomie der Wirtschaftssubjekte • erwerbswirtschaftliches Prinzip • Marktsteuerung • Tarifautonomie	• Wettbewerbspolitik • Konjunkturpolitik • Strukturpolitik • Einflussnahme auf autonome Verbände	• soziale Hilfen und Dienste • gesetzliche Sozialversicherung • Vermögensbildungspolitik • Gesetze zum Schutz sozial Schwächerer

Ziel: Verknüpfung von wirtschaftlicher Freiheit und sozialer Gerechtigkeit

Prüfen Sie Ihr Wissen

1. Warum haben wir in der Bundesrepublik Deutschland keine freie, sondern eine soziale Marktwirtschaft?
2. Wer lenkt in der sozialen Marktwirtschaft den Wirtschaftsprozess?
3. Enthält die soziale Marktwirtschaft auch zentralverwaltungswirtschaftliche Elemente?
4. Aus welchen Artikeln des Grundgesetzes könnte man die Existenzberechtigung der sozialen Marktwirtschaft ableiten?
5. Nennen Sie Elemente der wirtschaftlichen Freiheit im Konzept der sozialen Marktwirtschaft.
6. Nennen Sie wirtschafts- und sozialpolitische Maßnahmen des Staates.
7. Erklären Sie den Begriff funktionsfähiger Wettbewerb.
8. Welche Rolle spielt die Europäische Zentralbank (EZB) im Konzept der sozialen Marktwirtschaft?
9. Die gesetzliche Sozialversicherung übernimmt in der sozialen Marktwirtschaft wichtige Aufgaben. Beschreiben Sie die Rolle der gesetzlichen Krankenkassen bzw. der Bundesagentur für Arbeit im Konzept der sozialen Marktwirtschaft.
10. In Art. 3 Abs. 1 des Grundgesetzes steht, dass alle Menschen vor dem Gesetz gleich sind. Versuchen Sie einen Zusammenhang zwischen diesem Artikel und den Leistungen der gesetzlichen Sozialversicherungen herzustellen.
11. Welche Gefahren brächte ein Verdrängungswettbewerb für die Existenz der sozialen Marktwirtschaft mit sich?
12. Diskutieren Sie, ob Maßnahmen wie zum Beispiel die sogenannte Mietpreisdeckelung mit der Wirtschaftsordnung der Bundesrepublik Deutschland vereinbar wären.

Weiterführende Aufgaben

Wählen Sie von den drei Sichtweisen eine aus und versuchen Sie, diese möglichst vollständig zu bearbeiten.

1. Private Sichtweise

1.1. Existiert in der sozialen Marktwirtschaft Konsumsouveränität[1]?

1.2. Diskutieren Sie, ob die soziale Marktwirtschaft das Auseinanderdriften von Arm und Reich fördert.

1.3. Ist eine Ungleichverteilung von Einkommen und Vermögen in der sozialen Marktwirtschaft in Deutschland nicht systemimmanent[2]?

1.4.

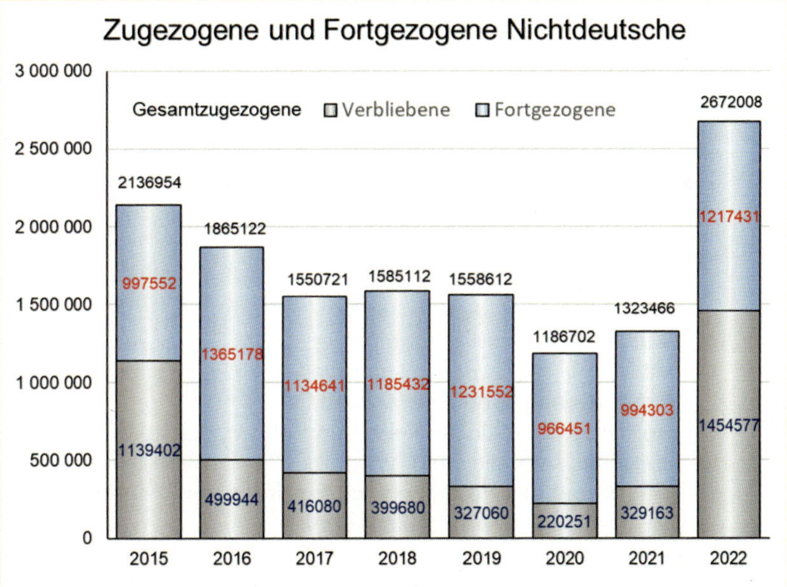

Quelle: Statistisches Bundesamt - https://www.destatis.de/DE/Themen/Gesellschaft-Umwelt/Bevoelkerung/Wanderungen/Tabellen/wanderungen-alle.html 24.04.23

Versetzen Sie sich in eine von Deutschland angeworbene ausländische Fachkraft, die seit Kurzem in Deutschland lebt und arbeitet. Schreiben Sie Ihren Angehörigen einen Brief, in dem Sie das wirtschaftliche System in Deutschland und die Unterschiede bei der sozialen Absicherung beschreiben.

2. Betriebliche Sichtweise

2.1. Benachteiligt die soziale Marktwirtschaft inländische Unternehmen gegenüber ausländischer Konkurrenz z. B. aus den USA oder Asien?

---

1 *Es werden diejenigen Güter produziert, die den Bedürfnissen der Konsumenten (Nachfragende) entsprechen.*

2 *immanis (lat.): dem Wesen nach, der Erscheinung nach – in diesem Zusammenhang: es ist dem System eigen*

2.2. Welche Regel(n) unserer Wirtschaftsordnung könnte ein deutsches Unternehmen motivieren, im Ausland zu produzieren?

2.3. Wenn die Möglichkeit bestünde, wie würden dann Arbeitgeber(-verbände) bzw. Arbeitnehmende (Gewerkschaften) jeweils die soziale Marktwirtschaft aus ihrer Sicht verändern?

Das Spannungsverhältnis kann bei der Präsentation der Ergebnisse über folgende Methoden verdeutlicht werden: Rollenspiel, Pro- und Kontra, Diskussion.

3. Volkswirtschaftliche Sichtweise

3.1. Milton Friedman, ein US-amerikanischer Wirtschaftswissenschaftler, behauptet in seinem Buch „Kapitalismus und Freiheit", dass es einen engen Zusammenhang zwischen Wirtschaftsordnung und Freiheit gebe. Diskutieren Sie diese These.

3.2. In wirtschaftlich schwierigen Zeiten wird häufig im sozialen Bereich gespart. So wurde im Jahr 2000 z. B. die originäre Arbeitslosenhilfe gestrichen oder es wurden Leistungen der gesetzlichen Krankenversicherung und der Sozialhilfe eingeschränkt.
Verstößt dieser Abbau der Sozialleistungen nicht gegen das Sozialstaatspostulat?

3.3. Aus Anlass des *60. Jubiläums des Walter Eucken Instituts in Freiburg hat der damalige Bundespräsident Joachim Gauck* eine Rede gehalten. Ausschnitte dazu finden Sie im Buch Seite 41 f.
Wo liegen Gemeinsamkeiten und Widersprüche bezüglich der Gestaltung der sozialen Marktwirtschaft in den Vorstellungen von Joachim Gauck und den Vorstellungen des Rates der Evangelischen Kirche und der Deutschen Bischofskonferenz?

Für eine Zukunft in Solidarität und Gerechtigkeit

Vorwort des Rates der Evangelischen Kirche in Deutschland
und der Deutschen Bischofskonferenz
zur wirtschaftlichen und sozialen Lage in Deutschland

[...] Die Arbeitslosigkeit in Deutschland hat einen Höchststand nach dem Zweiten Weltkrieg erreicht. **Der Sozialstaat ist an Belastungs- und Finanzierungsgrenzen gestoßen.** Die traditionelle Sozialkultur [...] hat sich an vielen Stellen aufgelöst.
[...] Dem Egoismus auf der individuellen Ebene entspricht die **Neigung der gesellschaftlichen Gruppen, ihr partikulares Interesse dem Gemeinwohl rigoros vorzuordnen.** Manche würden der regulativen Idee der Gerechtigkeit gern den Abschied geben. **Sie glauben fälschlich, ein Ausgleich der Interessen stelle sich in der freien Marktwirtschaft von selbst ein.**

[...] **Verteilt werden kann nur das, was in einem bestimmten Zeitraum an Gütern und Dienstleistungen erbracht worden ist.**
[...] **Der dynamische Charakter des marktwirtschaftlichen Systems [...] wirkt sich gegenwärtig zugunsten anderer Anbieter in der globalisierten Wirtschaft aus.** Daraus entsteht ein Anpassungsdruck auf die deutsche Volkswirtschaft, der sich auch im Abbau von Arbeitsplätzen niederschlägt. [...] Es besteht dringlicher Handlungsbedarf.

[...] **Eine Wirtschafts- und Sozialordnung kommt nicht ohne rahmengebende rechtliche Normierungen und Institutionen aus. [...] Dieser Einsicht hat das Konzept der Sozialen Marktwirtschaft Rechnung getragen. [...] Die Freiheit des Marktes und der soziale Ausgleich waren dabei die beiden tragenden Säulen.** Die Kirchen sehen im Konzept der Sozialen Marktwirtschaft weiterhin [...] den geeigneten Rahmen für eine zukunftsfähige Wirtschafts- und Sozialpolitik. **Das Leistungsvermögen der Volkswirtschaft und die Qualität der sozialen Sicherung sind wie zwei Pfeiler einer Brücke.** Die Brücke braucht beide Pfeiler. Heute ist die Gefahr groß, daß die Wettbewerbsfähigkeit auf Kosten der sozialen Sicherung gestärkt werden soll.

[...] **Eine wesentliche Bedingung für den Erfolg der Sozialen Marktwirtschaft war ihre beständige Verbesserung. Das setzt Reformfähigkeit voraus. Heute dagegen sind Besitzstandswahrung und Strukturkonservatismus weit verbreitet und zwar auf allen Seiten. [...] Auch die Verteidigung von Besitzständen an Subventionen und steuerlichen Vorteilen verhindert Reformen.**

[...] **Grundlegend muß die Erneuerung der wirtschaftlichen Ordnung auf ihre Weiterentwicklung zu einer sozial, ökologisch und global verpflichteten Marktwirtschaft zielen. Die Erwartung, eine Marktwirtschaft ohne solche Verpflichtungen, eine gewissermaßen adjektivlose, reine Marktwirtschaft könne den Herausforderungen besser gerecht werden, ist ein Irrglaube.**

Quelle: Klaus Engelhardt: Für eine Zukunft in Solidarität und Gerechtigkeit, Auszug. https://www.ekd.de/24153.htm, abgerufen 13.07.2020

---

partikular *– Teil, Minderheit;* ***regulativ*** *– regelnd, ausgleichend;* ***global*** *– alles umfassend, den Globus betreffend, weltumspannend;* ***Normierung*** *– allgemein als verbindlich angesehene Regel;* ***Institutionen*** *– Einrichtungen;* ***Konsolidierung*** *– Festigung, Sicherung;* ***adjektivlos*** *– eigenschaftslos, merkmalslos*

1.4 Produktionsfaktoren

In einem kleinen Land irgendwo in Zentralasien leben 50 000 Menschen. Wie schon seit Urzeiten arbeiten die Arbeitsfähigen auf den Reisfeldern. Der Reisanbau sichert allen die zum Leben notwendige Menge Reis. Die Technik des Pflanzens und Erntens hat sich seit Jahrhunderten nicht gewandelt, sie besteht hauptsächlich aus mühsamer Handarbeit.

Den bescheidenen Bewohnerinnen und Bewohnern genügt wenig Reis täglich, um satt zu sein. Bevor sie diesen Reis essen können, müssen die Menschen viel Arbeit leisten. Die Natur hat den nahrhaften Boden geliefert, wild und urwüchsig. Nun musste das Land gerodet, kultiviert und anschließend die Schösslinge gesetzt werden. Die Kräfte der Natur lassen nun den Reis reifen. Aber auch in dieser Zeit müssen Menschen die Felder überwachen: Schutzzäune gegen den Wind errichten, die Wasserversorgung der Felder überprüfen, die Felder vor Wildschäden schützen. Ist der Reis endlich reif, so wird er geerntet und zu den Verbrauchern transportiert. Diese waschen ihn und sortieren die schlechten Reiskörner aus. Bevor sie ihn essen können, müssen sie ihn kochen.

Die einzelnen Stufen der Reisproduktion kann man tabellarisch darstellen:

Stufen der Reis-produktion	Naturleistung	Arbeitsleistung
1	urwüchsiges Land, fruchtbarer Boden	
2		Rodung und Kultivierung des Landes
3		Setzen der Schösslinge
4	Wachsen und Reifen des Reises	Überwachung der Reisfelder
5		Ernten des Reises
6		Transport zu den einzelnen Haushalten
7		Waschen und Kochen des Reises

Zur Produktion des nahrungsmittelgutes Reis benötigt man zwei Faktoren:
1. die menschliche Arbeitsleistung (Arbeit) und
2. die Leistungen der Natur (Boden).

Die beiden Faktoren Arbeit und Boden nennt man **Produktionsfaktoren**. Um überhaupt produzieren zu können, müssen beide Produktionsfaktoren immer vorhanden sein.

→ Unter **volkswirtschaftlichen Produktionsfaktoren** versteht man Grundelemente, mit denen eine Volkswirtschaft für ihre Gütererstellung ausgestattet ist.

Folgende Grundelemente standen unserem asiatischen Land zur Verfügung:

1. *Arbeit: 25 000 Arbeitskräfte mit niedrigem technischen Bildungsstand*
2. *Boden: ein fruchtbares Land, ein günstiges Klima, Wasser*

Die beiden Produktionsfaktoren Arbeit und Boden sind schon von vornherein vorhanden. Weil sie nicht erst erschaffen werden müssen, nennt man sie auch **ursprüngliche oder natürliche Produktionsfaktoren**.

Bisher wurde davon ausgegangen, dass auf den Reisfeldern die ganze Arbeit von Hand gemacht werden würde. Selbstverständlich stehen dafür Arbeitsgeräte zur Verfügung, wie Hacken, Pflüge, Körbe, Töpfe. Ein Pflug erleichtert die Arbeit wesentlich. Diese Arbeitsgeräte leisten einen bedeutenden Beitrag hinsichtlich der Reisherstellung.

Neben den beiden Produktionsfaktoren Arbeit und Boden gibt es also noch einen dritten Produktionsfaktor, das **Kapital** (Geräte, Maschinen, Produktionsgebäude usw.).

Um z. B. einen Pflug bei der Reisproduktion einsetzen zu können, musste man zuerst das passende Holz im Wald finden, es schlagen, nach Hause transportieren und anschließend bearbeiten. Aus einfachen Hochöfen wurde das notwendige Eisen gewonnen, aus dem die Schar geschmiedet wurde. Zum Schluss mussten die einzelnen Teile noch zusammengefügt werden.

Der Produktionsfaktor Kapital (z. B. Pflug) muss erst aus den beiden anderen Produktionsfaktoren Arbeit und Boden geschaffen werden. Deshalb nennt man ihn auch **abgeleiteten Produktionsfaktor**.

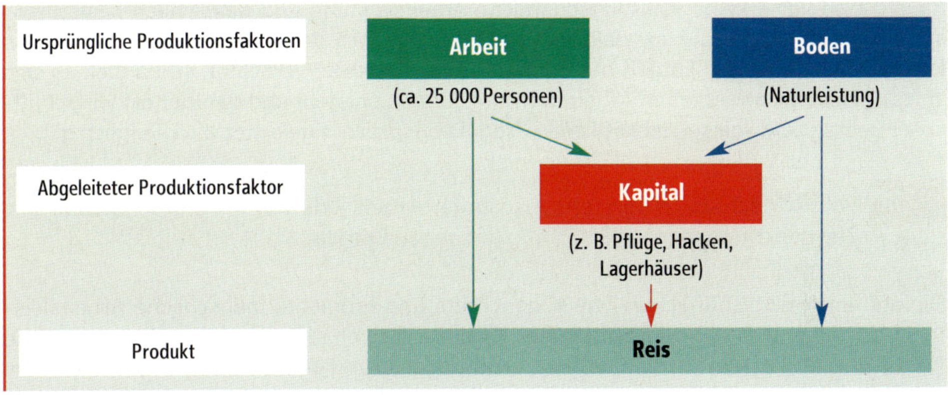

→ Die volkswirtschaftlichen Produktionsfaktoren sind **Arbeit, Boden** und **Kapital**.

1.4.1 Produktionsfaktor Arbeit[1]

Vielfältige menschliche Arbeitsleistungen sind notwendig, bis in unserem Ausgangsbeispiel der Reis zum Verzehr bereitsteht – also von der Urbarmachung des Bodens bis zum Kochen des Reises. Dabei ist nicht die Arbeitskraft Mensch als solche gefragt, sondern die Arbeitsleistung als ein „Tun“, das genau die notwendigen Arbeitsvorgänge (wie Rodung des Landes, Setzen der Schösslinge, Transport ...) exakt und kompetent erledigt.

> Unter dem Produktionsfaktor Arbeit versteht man zunächst die erbrachte menschliche Arbeitsleistung und nicht die Arbeitskraft Mensch.
> Die Arbeitskraft ist lediglich der „Träger“ von Arbeitsleistung.

Obwohl jede dieser aufgeführten Tätigkeiten mit menschlicher Arbeitsleistung verbunden ist, stellt nicht jede dieser erbrachten Arbeitsleistungen Arbeit im volkswirtschaftlichen Sinne dar. Von diesen sechs aufgezählten Arbeitsleistungen (siehe „Die einzelnen Stufen der Reisproduktion ...“) sind nur die ersten fünf genannten Arbeit im volkswirtschaftlichen Sinne, weil sie auf Produktion und Verkauf des Reises und damit auf Einkommenserzielung gerichtet sind. Hingegen ist das Waschen und Kochen des Reises – soweit das im Privathaushalt erfolgt – keine volkswirtschaftliche Arbeitsleistung und damit auch keine Inanspruchnahme des Produktionsfaktors Arbeit. Wird jedoch das Waschen und Kochen des Reises von einer gegen Entgelt beschäftigten Haushaltshilfe verrichtet, so handelt es sich volkswirtschaftlich wieder um Arbeit, weil Einkommen entsteht und darüber ein wirtschaftlicher Beitrag zum volkswirtschaftlichen Produktionsprozess geleistet wird. Folglich gilt:

> Volkswirtschaftlich versteht man unter Arbeit jede auf ein wirtschaftliches Ziel gerichtete menschliche Tätigkeit gegen Entgelt.

Die auf einen wirtschaftlichen Zweck gerichtete und erbrachte menschliche Arbeitsleistung, der (eigentliche) Produktionsfaktor Arbeit ist die volkswirtschaftliche Ressource, die für die Herstellung von Waren und Dienstleistungen grundlegend notwendig ist. Von dem Volumen (Menge) und der Qualität der volkswirtschaftlichen Arbeitsleistung sind – unter Einbindung der weiteren Produktionsfaktoren[2] – die wirtschaftliche Leistungsfähigkeit und die Wertschöpfung einer Volkswirtschaft abhängig.

Einige Elemente und Eigenschaften, die den Produktionsfaktor Arbeit bestimmen, wie beispielsweise Altersaufbau, Erwerbsverhalten, Bildungsniveau u. a. m., werden nachfolgend eingehender beleuchtet.

---

1 *Der Begriff Arbeit hat seinen Ursprung im mittelhochdeutschen, gotischen, niederländischen Sprachraum. Arbeit bedeutete schwere körperliche Anstrengung, Mühsal, Plage. Arbeit war eine unwürdige, mühselige Tätigkeit. Erst mit Luther verlor das Wort Arbeit seinen herabsetzenden Sinn und erhielt stattdessen einen sittlichen Wert: Arbeit als Beruf des Menschen. Arbeit als sinnstiftende Tätigkeit zur Entfaltung der menschlichen Persönlichkeit. Vgl. Etymologie der deutschen Sprache, Duden.*

2 *Vgl. Abschnitt 1.4.3 und 1.4.4*

Quantitative Faktoren des Produktionsfaktors Arbeit

Bevölkerungsentwicklung

Die Basis für den Produktionsfaktor Arbeit ergibt sich aus der Bevölkerungszahl und deren Entwicklung in einer Volkswirtschaft.

Entwicklung der Bevölkerung, Erwerbspersonen und Erwerbstätige

Jahr	Bevölkerung in 1 000	Erwerbspersonen[1] in 1 000	Erwerbsquote der Bevölkerung in %[2]	Erwerbstätige in[3] 1 000
1955	50 186	24 165	48,1	23 230
1965	58 619	27 034	46,1	26 887
1975	61 829	26 974	43,6	26 334
1985	61 024	29 683	48,6	27 707
1995	81 661	40 774	49,9	37 546
2000	82 188	42 175	51,3	39 038
2005	82 464	43 312	52,5	38 741
2010	81 752	43 493	53,2	40 547
2015	82 176	44 943	54,69	42 993
2020[4]	83 161	46 372	55,76	44 915
2022[4]	83 797	46 776	55,82	45 572

vgl. Statistisches Jahrbuch 1999, 2001, 2002, 2009, 2011, 2013, 2014, 2019 Statistisches Bundesamt, Wiesbaden

In den 90er- und 2000er-Jahren stagnierte die Bevölkerungsentwicklung, seit 2015 wächst die Bevölkerungszahl an. Sie wird wesentlich beeinflusst durch:

- das regenerative Verhalten und
- die Wanderungsbewegungen mit dem Ausland.

Das regenerative Verhalten ergibt sich aus dem Saldo der Geburtenrate (Geburtenziffer) und den Sterbefällen (Sterblichkeit).

---

1 Personen mit Wohnsitz in Deutschland, die eine auf Erwerb gerichtete Tätigkeit ausüben oder suchen; sie setzen sich aus Erwerbstätigen und Erwerbslosen zusammen.

2 Anteil der Erwerbspersonen an der Bevölkerung insgesamt.

3 Personen im Alter von 15 Jahren und älter, die mindestens eine Stunde für Entgelt irgendeiner beruflichen Tätigkeit nachgehen oder in einem Arbeitsverhältnis stehen oder selbstständig tätig sind.

4 2020, 2022 vorläufige Ergebnisse.

Für Deutschland sind seit 1950 folgende Veränderungen je 1 000 Einwohner fest- zustellen:

Entwicklung des Geburtenüberschusses bzw. -defizits in Verhältniszahlen

Jahr	Geborene (Geburtenziffer)	Gestorbene (Sterblichkeit)	Überschuss an Geborenen (+) bzw. Gestorbenen (–)
	je 1 000 Einwohner		
1933[1]	19,8	11,4	+ 8,4
1950	16,3	10,9	+ 5,4
1960	17,3	12,0	+ 5,3
1970	13,5	12,6	+ 0,9
1972	11,4	11,3	– 0,9
1980	11,0	12,1	– 1,1
1990	11,4	11,6	– 0,2
2000	9,3	10,2	– 0,9
2003	8,6	10,3	– 1,8
2006	8,2	10,0	– 1,8
2009	8,1	10,4	– 2,3
2012	8,4	10,8	– 2,4
2015	9,0	11,3	– 2,3
2017	9,5	11,3	– 1,8
2019	9,4	11,3	– 1,9
2021	9,6	12,3	– 2,7
2022	8,8	12,7	– 3,9

vgl. die Statistischen Jahrbücher 1996, 1997, 1999, 2009, 2011, 2014, 2019, 2022 https://www.destatis.de/DE/ZahlenFakten/GesellschaftStaat/Bevoelkerung/Wanderungen/Tabellen/WanderungenAlle.html

Ab 1972 gab es erstmals keinen Geburtenüberschuss mehr, das heißt, die Geburtenziffer sank unter die Rate der Sterblichkeit. Die absolute Bevölkerungszahl sank nur tendenziell und diese Überalterung führte und führt zu weitreichenden Folgen[2] für den Produktionsfaktor Arbeit.

Altersaufbau der Bevölkerung in Deutschland 2022

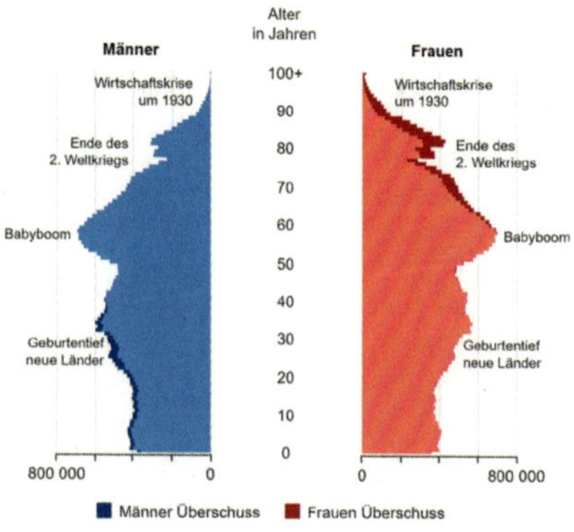

Stand: 31.12.2022. Ergebnisse auf Basis Zensus 2011

---

1 *Als Vergleichsgröße wurden die Werte von 1933 mit aufgenommen.*
2 *Vgl. Kapitel 7 und 8.*

Trotz sinkender Geburtenrate ist die Bevölkerungszahl durch die Wanderungsbewegungen gestiegen, weil die Zuzüge (Zuwanderungen) höher waren als die Fortzüge (Abwanderungen).

Wanderungsbewegungen zwischen Deutschland und dem Ausland

Jahr	Zuzüge in 1 000	Fortzüge in 1 000	Überschuss Zuzüge (+) Überschuss Fortzüge (–)
1980	767,8	466,3	+ 301 500
1989	1 185,5	581,0	+ 604 500
1993	1 277,4	815,3	+ 462 100
1997	840,6	747,0	+ 93 664
2000	841,1	674,0	+ 167 120
2003	768,9	626,3	+ 142 645
2008	682,1	737,9	– 55 800
2011	958,2	678,9	+ 279 330
2013	1226,4	797,8	+ 428 607
2015	2 137,0	997,6	+ 1 139 400
2017	1 550,7	1 134,6	+ 416 100
2019	1 553,6	1 231,6	+ 384 685
2021	1 323,5	994,3	+ 393 342

vgl. Statistisches Bundesamt, Wiesbaden, Statistisches Jahrbuch 2011 S. 65; Destatis 2022 Fachserie 1 Reihe 1.2

Altersaufbau – Erwerbsbevölkerung

Mit steigender Bevölkerungszahl steigt auch die Erwerbsbevölkerung, die Basis für die Zahl der Erwerbspersonen und damit ein wesentliches Element des mengenmäßigen Arbeitsvolumens ist. Allerdings kann die Größe der Erwerbsbevölkerung einer Volkswirtschaft nicht direkt aus ihrer Bevölkerungsanzahl abgeleitet werden, denn die Erwerbsfähigkeit ist vor allem vom Alter abhängig:

- Kinder müssen aus der Bevölkerungszahl herausgerechnet werden, schließlich ist in der Bundesrepublik nach dem Gesetz zum Schutze der arbeitenden Jugend – *Jugendarbeitsschutzgesetz* – Kinderarbeit unter 15 Jahren verboten.
- Ebenfalls unberücksichtigt sollten die älteren Bevölkerungsgruppen bleiben, weil mit zunehmendem Alter die körperliche und geistige Leistungsfähigkeit abnimmt.

Diese beiden Personenkreise zählen nicht zur Erwerbsbevölkerung. Schwierig ist allerdings die Grenzziehung zwischen erwerbsfähigem und nicht erwerbsfähigem Alter. Der Beginn des erwerbsfähigen Alters dürfte wegen der gesetzlichen Altersgrenze und der kindlichen Entwicklungsreife unbestritten bei 15 Jahren liegen. Schwieriger ist es, das Ende des erwerbsfähigen Alters festzulegen, weil strittig ist, ob die Altersgrenzen der Rentenversicherung oder die physische Altersgrenze, die häufig mit 75 Lebensjahren angesetzt wird, zugrunde gelegt werden soll. Für letztere läge gegenwärtig die Erwerbsbevölkerung bei rund 63 Millionen.

Die Erwerbsbevölkerung ergibt sich aus der Bevölkerungszahl, korrigiert um
- die Anzahl der Kinder unter 15 Jahren und
- die altersbedingt Nichterwerbsfähigen.

Erwerbsverhalten – Erwerbspersonen

Erwerbsbevölkerung und Erwerbspersonen dürfen aus vielerlei Gründen nicht gleichgesetzt werden.

- Etwa 20 % der Wohnbevölkerung gehören zur Altersklasse der 15- bis 25-Jährigen und damit rechnerisch zur Erwerbsbevölkerung. Aber wegen unserer Bildungs- und Studiengänge, die über das 15. Lebensjahr hinausreichen, zählen Personen, die Schulen, Hochschulen oder Fachhochschulen besuchen, nicht zu den Erwerbspersonen.
- Das gesetzliche Rentenalter liegt weit unter der physischen Altersgrenze. Der größte Teil der Rentner ist rein rechnerisch noch erwerbsfähig, aber eben nicht mehr erwerbstätig. Sie stehen somit dem Arbeitsmarkt nicht mehr zur Verfügung.
- Die Erwerbsbevölkerung muss weiter korrigiert werden um die Erwerbsbereitschaft. Diese Erwerbsneigung ist sehr unterschiedlich. So zeigen sich hier geschlechtsspezifische Unterschiede: Bei den Männern zeigt sich im Alter zwischen 25 und 60 Jahren eine sehr hohe Erwerbsneigung, hier stimmen Erwerbspersonen und Wohnbevölkerung fast überein. Bei Frauen in der Altersklasse zwischen 30 und 55 Jahren liegt die Erwerbsneigung bezogen auf die Wohnbevölkerung bei knapp 50 %; ab dem 55. Lebensjahr fällt sie stark ab. Alter und Geschlecht sind die wichtigsten Größen, von denen die Erwerbsneigung abhängt, andere Faktoren wie Entlohnung, Chance, den gewünschten Arbeitsplatz zu bekommen, Bewertung der Freizeit, beeinflussen ebenfalls das Erwerbsverhalten.

→ Die rechnerische Größe **Erwerbsbevölkerung** ist um das alters- und geschlechtsspezifische Erwerbsverhalten der Bevölkerung zu bereinigen. Das ergibt dann den Personenkreis der **Erwerbspersonen**.

Unter den Erwerbspersonen versteht man folglich

- die tatsächlich Beschäftigten, gleichgültig ob sie selbstständig oder nicht selbstständig beschäftigt sind, und
- die Erwerbslosen.

→ Erwerbspersonen = Erwerbstätige + Erwerbslose

Erwerbslose sind Personen ohne Arbeits- oder Beschäftigungsverhältnis, die jedoch arbeiten möchten, unabhängig davon, ob sie den zuständigen Agenturen für Arbeit arbeitslos gemeldet sind oder nicht. Andererseits zählen Erwerbslose, die an einer Maßnahme der Arbeitsmarktpolitik teilnehmen, sowie geringfügig Beschäftigte im Rahmen des Sozialgesetzbuchs (SGB) nicht zu den Erwerbslosen, sondern zu den Erwerbstätigen.[1] Insoweit sind die Begriffe Erwerbslose und Arbeitslose nicht deckungsgleich, sondern der Begriff Erwerbslose ist der umfassendere.

---

1 *Vgl. SGB III, IV.*

Wohnbevölkerung und Erwerbspersonen in der Bundesrepublik Deutschland aufgegliedert nach Alter und Geschlecht

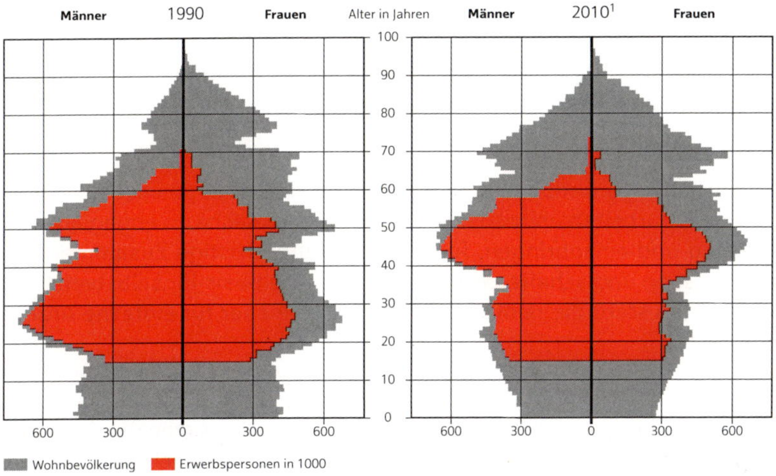

Arbeitszeit

Die Anzahl dieser Erwerbspersonen stellt die vorhandene „Menge“ an Arbeitskräften, nicht aber den Produktionsfaktor Arbeit. Zunächst stehen die Arbeitskräfte nämlich vor der Entscheidung „Freizeit oder Arbeit“. Erst die Bereitschaft zu arbeiten und damit eine Arbeitsleistung zu erbringen, macht den Produktionsfaktor aus. Folglich müsste die Anzahl der Erwerbspersonen rechnerisch noch „multipliziert“ werden mit der individuellen Arbeitszeit[2], zu der die Erwerbspersonen bereit sind zu arbeiten. Natürlich lässt sich diese Rechnung nicht durchführen, weil die personenbezogene Zeitkomponente nicht bekannt ist; allenfalls kann mit der jährlichen Durchschnittsarbeitszeit operiert werden.

➔ Erwerbspersonen „multipliziert“ mit der Arbeitszeit ergäbe die volkswirtschaftlich vorhandene mengenmäßige (quantitative) **Arbeitsleistung**.

Die Einwohnerzahl einer Volkswirtschaft sowie deren Entwicklung, der Altersaufbau dieser Bevölkerung, deren Erwerbsverhalten und ihre – individuell unterschiedliche – Arbeitszeitbereitschaft sind die **quantitativen** Merkmale der volkswirtschaftlichen Arbeitsleistung.

Zukünftig werden aber die **qualitativen** Bestimmungsfaktoren wie Bildung und Ausbildung, Werthaltung und Erfahrung sowie Bereitschaft zur Mobilität immer wichtiger.

Qualitative Faktoren des Produktionsfaktors Arbeit

Bildung

Zunehmend komplexer werdende Arbeitsabläufe verlangen nach ständig steigenden Qualifikationen, die nur durch entsprechende Bildung, Ausbildung und Weiterbildung erreicht werden. Die Struktur des Bildungssystems, seine Bildungsinhalte und seine

1 *Geschätzt.*
2 *Z. B. der gewünschten Jahresarbeitszeit in Stunden.*

Lernmethoden und die Qualifikation der Lehrkräfte entscheiden damit wesentlich über das zukünftige Leistungspotenzial des Produktionsfaktors Arbeit. Deshalb sind Ausgaben für sachliche und personelle Investitionen in das Bildungssystem die wichtigsten Zukunftsinvestitionen. Neben der Bereitstellung eines hochwertigen Bildungssystems ist gleichgewichtig die Aufklärung der Bevölkerung über Bildungschancen, um die Bildungsbereitschaft zu fördern und eine effiziente und begabungsgerechte Nutzung des Bildungsangebots zu erreichen.

Wertvorstellung – Erfahrung

Auch Werthaltungen (Grundüberzeugungen) zur Arbeit, z. B. positive Einstellungen wie Bereitschaft mitzuarbeiten, mitzudenken, sich für eine Sache zu engagieren, Erfahrungen mitzuteilen und einzubringen, fördern eine längerfristige Zusammenarbeit, mindern die Fluktuation und schaffen Identifikation – eine Basis für selbstverantwortliches Handeln. Dagegen steht die reine Job-Mentalität, die eher für einfache Arbeitsabläufe geeignet ist.

Mobilität

Hier ist nicht nur die regionale oder geografische Mobilität gemeint, sondern vielmehr die berufliche Mobilität, das heißt die Bereitschaft, sich beruflich anzupassen, zu verändern, sich neuen Berufsfeldern zu öffnen.

Produktionsfaktor Arbeit – Potenzial aus quantitativen und qualitativen Einflussfaktoren

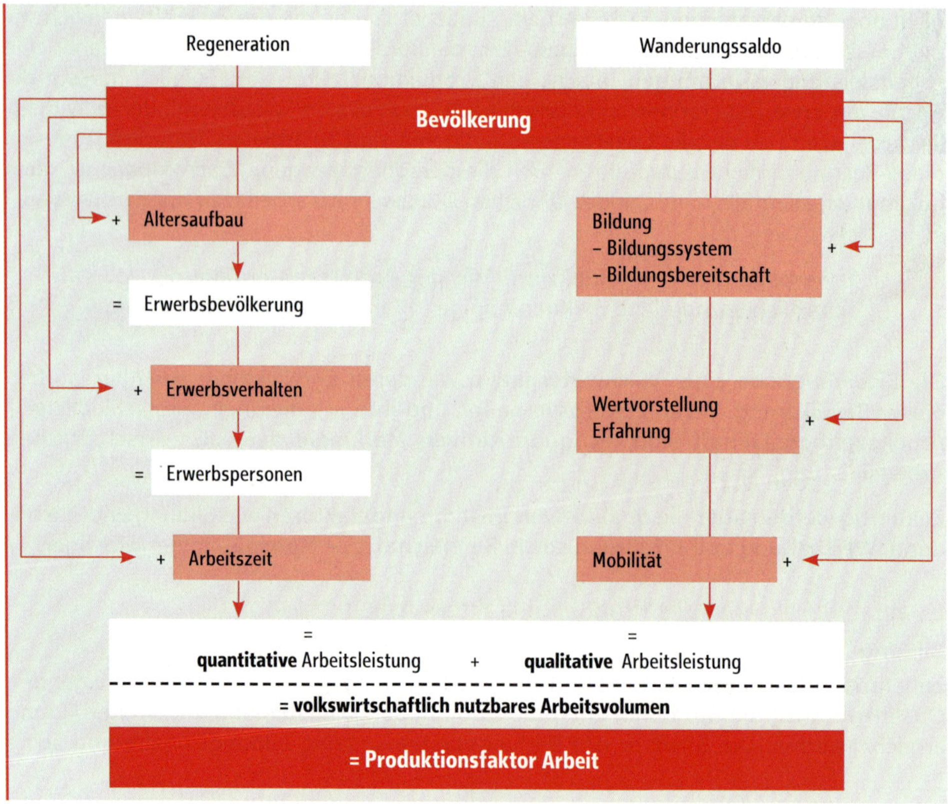

In einer Zeit, in der nicht nur einfache Routinetätigkeiten, sondern vermehrt auch zusammenhängende Aufgaben in Produktion und Verwaltung mittels elektronischer Datenverarbeitung automatisiert werden, tritt die quantitative Seite des Produktionsfaktors Arbeit mehr und mehr in den Hintergrund zugunsten der qualitativen Komponenten. Diese werden letztlich auch über die weltweite Konkurrenzfähigkeit der Volkswirtschaften entscheiden.

Zusammenfassung

1. Arbeit kann nach verschiedenen Merkmalen eingeteilt werden:

Merkmale	**Arbeitsarten**
Weisungsgebundenheit	nicht selbstständige Arbeit selbstständige Arbeit
Art der Arbeitsleistung	körperliche Arbeit geistige Arbeit
Ausbildung	gelernte Arbeit angelernte Arbeit ungelernte Arbeit
Stellung zum Arbeitsverfahren	schöpferische Arbeit leitende Arbeit ausführende Arbeit

2. Für die Leistungsfähigkeit einer Volkswirtschaft ist nicht ausschließlich die vorhandene Menge der Arbeitsleistung maßgebend, sondern zukünftig vor allem deren qualitatives Leistungspotenzial.

Prüfen Sie Ihr Wissen

1. Erklären und begründen Sie, warum nicht jede körperliche oder geistige Tätigkeit, selbst wenn sie einen Nutzen stiftet, Arbeit im volkswirtschaftlichen Sinne ist.
2. Untersuchen Sie am Beispiel Ihres Ausbildungsbetriebs, wo leitende, körperliche und ausführende Arbeit geleistet wird.
3. In jedem Produktionsprozess werden Produktionsfaktoren gebraucht oder verbraucht. Begründen Sie, ob der Produktionsfaktor Arbeit gebraucht oder verbraucht wird.
4. Warum ist es aussagekräftiger, von den Erwerbspersonen statt von der Erwerbsbevölkerung auszugehen, wenn nach dem Arbeitskräftepotenzial einer Volkswirtschaft gefragt ist?
5. Grenzen Sie die Begriffe Erwerbslose und Arbeitslose voneinander ab.
6. Überlegen Sie, ob und wie sich
   - teilweise Rückkehr von G8 zu G9 (neun statt acht Jahre Gymnasium),

- Straffung der Studiengänge,
- Erhöhung des Rentenalters

auf den Produktionsfaktor Arbeit auswirken.

7. Erklären und begründen Sie, warum die Leistungsfähigkeit moderner Volkswirtschaften viel weniger von der Quantität als von der Qualität des Produktionsfaktors Arbeit abhängig ist.

1.4.2 Arbeitsteilung und ihre Folgen

Gesellschaftliche und betriebliche Arbeitsteilung

Zwei Azubis einer Krankenkasse bummeln in ihrer Mittagspause durch die Einkaufsstraße ihrer Stadt. Vor einem Schaufenster mit Pullovern bleiben sie stehen und unterhalten sich: „Mann! Ist das ein stylishes Teil." „Hast du mal auf den Preis geschaut?" „Na ja, knapp 150,00 €, das geht doch. Du musst mal überlegen, was da alles an Arbeit drin steckt. Baumwolle anbauen, ernten, färben, Strickmaschine bauen und Pullover stricken. Dabei hab' ich mit Sicherheit noch einiges vergessen."

An diesem kleinen Beispiel kann man schon sehen, dass die Arbeit zwischen mehreren Personen und Betrieben aufgeteilt wird. Im Normalfall wird jeweils die Person, die eine Arbeit am besten erledigen kann, diese auch verrichten.

Die **Arbeitsteilung** hat ihren Ursprung im Altertum und war in erster Linie abhängig vom Geschlecht und Alter der Personen. Das heißt, der Mann war zuständig für die Jagd, den Feldbau, den Hausbau usw., wogegen die Frau für den Haushalt zuständig war (Essen kochen, Kleidung nähen, Kinder erziehen).

Den Alten fiel oft gar keine oder nur noch geringe Arbeit zu, das heißt, sie waren durch die eigene Familie versorgt (keine Notwendigkeit der gesetzlichen Rentenversicherung).

Mit der Zeit entwickelte sich bei manchen Personen eine gewisse Begabung für die Herstellung von ganz bestimmten Gütern. So gab es z. B. Menschen, die besonderes Geschick zeigten im Umgang mit Ton und damit in der Herstellung von allen möglichen Gefäßen, oder solche, die in der Lage waren, bessere Bogen und Lanzen herzustellen als andere. Dies führte dazu, dass die Menschen untereinander die Güter austauschten, die sie in der Lage waren, bestens herzustellen. Die ersten **Berufe** waren entstanden.
Mit der Zeit wurden aber die einzelnen Anforderungen an die Berufe immer höher. Nehmen wir z. B. einen Schmied, der sowohl Waffen als auch Hufeisen, Kupfer-, Silber- und Goldschmuck herstellte. Diese Arbeiten waren unterschiedlich. So kam es zu einer weiteren Spezialisierung (Berufsspaltung). Es entstanden Berufe wie Goldschmied, Kupferschmied, Waffenschmied, Hufschmied, Kunstschmied usw.

Arbeitsteilung im Haushalt, Berufsbildung und Berufsspaltung bezeichnet man als die **gesellschaftliche Arbeitsteilung**.

Mit zunehmender **Spezialisierung** der Berufe machten sich die Menschen Gedanken darüber, wie die Arbeitsproduktivität weiter gesteigert werden könnte.
So kam es, dass die Arbeit des Einzelnen immer weiter zerlegt wurde.
Dies bedeutete, dass z. B. ein Möbelschreiner nicht mehr einen Schrank allein erstellte, sondern dass mehrere Personen daran arbeiteten (die eine stellte die Rückwand her, eine zweite die Seitenwände, eine dritte Boden und Oberteil, eine vierte die Türen und eine oder zwei weitere setzten die Teile zum Schrank zusammen). Eine andere Möglichkeit, die Arbeit zu teilen, besteht dort, wo jeder nur noch eine bestimmte Maschine bedient, d. h., es entstehen dann Berufsbezeichnungen wie Schleifer, Hobler, Fräser, Dreher.
Mit der Erfindung der Dampfmaschine (J. Watt, 1765) und der folgenden Eingliederung der Maschinen in den Arbeitsprozess wurde es möglich, die Arbeitsvorgänge immer weiter zu zergliedern, bis dann Anfang des 20. Jh. zum ersten Mal ein **Fließband** in der Produktion eingesetzt wurde (H. Ford, 1913), an dem alle einzelnen Arbeitsvorgänge in sinnvoller Reihenfolge hintereinandergeschaltet waren.
Der nächste Schritt ist der, dass der Mensch (annähernd) ganz von der Maschine ersetzt wird, dann spricht man von **Automation**.

Arbeitszerlegung, Fließbandfertigung und Automation bezeichnet man als die **betriebliche Arbeitsteilung**.

Auch im Bereich der **Sozialversicherung** gibt es die betriebliche Arbeitsteilung. Dies erkennt man schon an der Organisationsstruktur einer Krankenkasse, hier gibt es verschiedene Abteilungen, die für unterschiedliche Aufgaben (Arbeiten) zuständig sind (vgl. Organisations- und Geschäfts-Arbeitsverteilungsplan einer Krankenkasse):

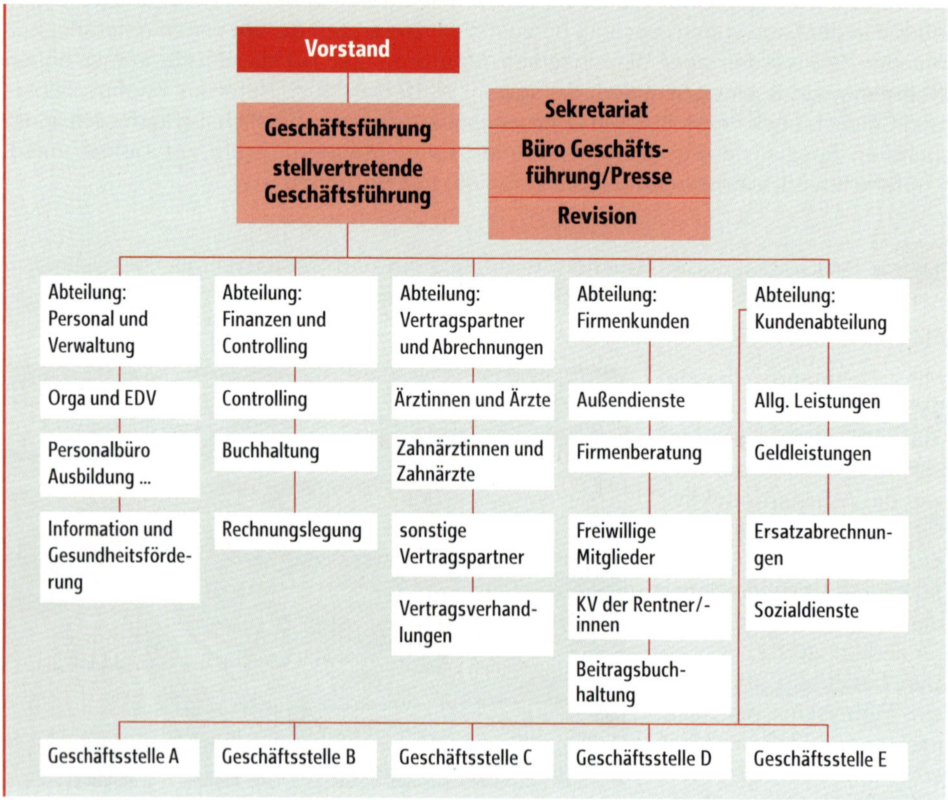

Aus diesem Organisationsplan ist zu erkennen, dass die unterschiedlichen Abteilungen verschiedene Aufgaben (Arbeiten) zu bewältigen haben. So werden beispielsweise in der Abteilung Personal und Verwaltung die Arbeiten der EDV und Organisation, die des Personalbüros mit Aus-, Fort- und Weiterbildung, Einstellungen, Reisekostenabrechnungen usw. und die der Information und Gesundheitsförderung wahrgenommen. Aber auch diese Arbeiten (Aufgaben) sind nicht in der Hand eines Mitarbeiters oder einer Mitarbeiterin, sondern in den Händen verschiedener Mitarbeiter und Mitarbeiterinnen. Dasselbe gilt für alle anderen Abteilungen.

Wie sehen die Folgen der Arbeitsteilung für die Produktionsbetriebe und für die Sozialversicherer aus?

Werden in den Produktionsbetrieben verstärkt Automaten und Roboter eingesetzt, die immer mehr Menschen ersetzen, so erhalten die Sozialversicherer von solchen Betrieben immer weniger Beiträge, da durch diese Maßnahmen immer mehr Mitarbeitende „freigesetzt" werden. Die „freigesetzten" Mitarbeitenden werden z. T. arbeitslos, z. T. gehen sie vorzeitig in Rente und teilweise werden sie auch wieder Arbeit finden.

Sollen die Leistungen der Sozialversicherer gleich bleiben, so müssen die wenigen noch vorhandenen Mitarbeitenden – bei ständig steigenden Kosten der Leistungen – für ihre „freigesetzten" Kollegen die Beiträge mitfinanzieren, d. h., die Beitragssätze der Sozialversicherer müssen steigen. In Deutschland gibt es Produktionsbetriebe, deren Personalkostenanteil an den gesamten Kosten unter 20 % liegt.
In den Produktionsbetrieben sinkt der Arbeitgeberanteil zur Sozialversicherung, d. h., die Lohnnebenkosten sinken. Deshalb fordern seit einigen Jahren die Gewerkschaften und einige Politiker eine Maschinensteuer, die das „Loch" in den Kassen der Sozialversicherer „stopfen" soll. Diese Maßnahme würde aber wieder zu höheren Kosten der Unternehmen führen, was bedeuten könnte, dass noch mehr Unternehmen in Länder abwandern, die solche Kosten oder Sozialversicherungskosten nicht oder nicht in diesem Umfang haben.

Welche anderen Formen der Arbeitsteilung, Arbeitsorganisation oder Arbeitszeitorganisation gibt es?

Mit zunehmender Arbeitslosigkeit in den letzten Jahren gab es immer wieder Forderungen nach Arbeitszeitmodellen, die es ermöglichen sollten, so vielen Menschen wie möglich einen Arbeitsplatz zu gewähren, aber auch, um Betriebe flexibler zu gestalten – sprich bei schlechter Auftragslage kürzere Arbeitszeiten – bei guter Auftragslage längere Arbeitszeiten zu fahren.

Weitere mögliche Ansätze sind

- Teilzeitarbeit, bei der drei bis fünf Stunden tägliche Arbeitszeit an einem Arbeitsplatz somit für zwei oder mehrere Mitarbeitende Arbeit schaffen würde;
- Jobsharing – d. h., zwei oder mehrere Mitarbeitende teilen sich einen Arbeitsplatz;
- Gleitzeit, bei der innerhalb eines vorgegebenen Arbeitszeitrahmens die Beschäftigten ihre tägliche Arbeitszeit selbst bestimmen können;
- Sabbatjahr, Sabbatmonat, Sabbatwoche, wofür Beschäftigte während mehrerer Jahre Stunden ansammeln können, die dann dazu ausreichen, ein ganzes Jahr, einen Monat, eine Woche lang bei vollen Bezügen auszusetzen;
- Mobilarbeitszeit, sodass Beschäftigte nur noch an zwei bis vier Tagen je Woche, an zwei bis drei Wochen je Monat oder an drei bis zehn Monaten je Jahr arbeiten;
- Arbeit auf Abruf, sodass Beschäftigte nur dann arbeiten, wenn sie vom Unternehmen auch tatsächlich gebraucht werden – sie stehen auf Abruf bereit (sehr oft bei Saisongeschäften oder Aushilfstätigkeiten).

Beispiele für Arbeitszeitmodelle

Wenn die Mitarbeitenden sich selbst kontrollieren

Noch sind es erst wenige Firmen, die ihren Beschäftigten die Kontrolle über die Arbeitszeit überlassen. Das funktioniert, wenn sich Unternehmensführung wie Mitarbeitende auf Arbeitsziele verständigen und die erreichten Ergebnisse daran messen. Dies führt zu höherer Produktivität, weil Leerzeiten nicht mit Verlegenheitsbeschäftigungen vertrödelt werden und Beschäftigte beginnen, wie Unternehmerinnen und Unternehmer zu denken.

Ämter offen wie Geschäfte

Stadtverwaltung Arnsberg: Als der Leasingvertrag für die Zeiterfassungsanlage auslief, bestand Einigkeit zwischen Verwaltungsspitze und Personalrat im Rahmen der Verwaltungsmodernisierung durch Stadtdirektor Jochen Vogel, die Stechuhr kurzerhand abzuschaffen und das alte Gleitzeitmodell (Kernarbeitszeit mit Puffern am Anfang und Ende) durch Moderneres zu ersetzen. Das revolutionäre Motto: „Nicht die Dauer, sondern die Qualität der Arbeit ist entscheidend."

Schichteinteilungen

- Jeder Beschäftigte (450 im Flexi-Modell) führt ein handschriftliches Arbeitszeitkonto.
- Inhalt: Es werden nur Abweichungen nach oben und unten von der wöchentlichen Soll-Arbeitszeit von 38,5 Stunden festgehalten. Eine Begründung für Zusatzstunden wird nur bei mehr als 30 Stunden im Monat verlangt. Es darf auch 30 Stunden weniger gearbeitet werden. So ergibt sich ein Zeitkorridor von 60 Stunden im Monat.
- Zeitausgleich: Pro Monat darf ein Tag freigenommen werden. Die Amtsleitung darf diesen Rahmen erweitern.
- Kundenorientierung: vier neue, dezentrale Stadtbüros helfen seit 1996 den Bürgerinnen und Bürgern, Wege zur Stadtverwaltung und Zeit zu sparen. Die Büros sind von Montag bis Freitag von 8:30–16:00 Uhr durchgehend und samstags von 9:00–12:00 Uhr geöffnet. Außerdem hat von Montag bis einschließlich Donnerstag je ein Stadtbüro bis 18:00 Uhr Sprechstunden, das sind vier Dienstleistungsabende pro Woche.
- Organisation: Alle Vollzeitmitarbeitenden in den Büros haben wöchentlich zehn sogenannte Arbeitszeitmodule von 3,75 Stunden zu belegen (eine Stunde Zeitausgleich wird für ungünstige Arbeitszeiten am Samstag gewährt), Teilzeitkräfte entsprechend weniger. Die Besetzung der Stadtbüros (zwischen zwei und fünf Mitarbeitende) ist entsprechend den gemessenen Kundenströmen vorgegeben. Die Beschäftigten regeln in diesem Rahmen ihren Arbeitseinsatz selbst.

Der Erfolg: Die Stadt spart ca. 30 000,00 € Leasinggebühren für das Zeiterfassungssystem und eine Halbtagskraft, die sie verwaltete. Das Flexi-Modell sorgt außerdem dafür, dass saisonale Arbeitsspitzen problemlos aufgefangen werden, und bewirkt eine Personalreduzierung von 10 % schon im ersten Jahr.

Zeitkonto für Bildung

E-Plus: Der Mobilfunkanbieter in Düsseldorf setzte auf eine Standardarbeitszeit von 40 Stunden pro Woche und richtete Langzeit-Zeitkonten für Mehrarbeit ein. Wichtige Eckpunkte des Modells von Personalleiter Werner Vonderau: Die 2 000 Mitarbeitende (Durchschnittsalter 33 Jahre, 65 % Akademiker) teilten ihre Arbeitszeit selbst ein und erfassten nur Überschreitungen vom 8-Stunden-Tag im eigenen Computer. Der Vorgesetzte verschaffte sich alle 14 Tage einen Überblick über den Verbrauch von Arbeitszeit. Die vorgearbeitete Zeit konnte in der Woche durch freie Nachmittage, im Monat mit Brückentagen oder längeren Wochenenden genommen werden. Mehrarbeit bis 80 Stunden pro Jahr musste an fünf Brückentagen genommen werden. Studiensemester, Sabbatical-Wochen, zusätzliche Freizeitwochen oder Teilzeitarbeit mit Vollbezahlung dienten dem Abbau größerer Guthaben.

Der Erfolg: Ohne das Flexi-Modell hätte E-Plus in der Aufbauphase zusätzliche Mitarbeitende einstellen müssen. Die vorhandene Mannschaft arbeitete den „Bauch" ab und nahm frei, wenn weniger zu tun war. Die E-Plus GmbH wurde im Oktober 2014 aufgelöst.

EXKURS ***Volkswirtschaftliche (nationale) Arbeitsteilung***

Wo kommt mein neuer Mantel her? Wer hat alles dazu beigetragen, dass ich ihn kaufen konnte?

Bevor man einen Mantel tragen kann, müssen Farmer, Webereien, Importeure, Schneidereien, Maschinenfabriken, Stromerzeuger, Transportunternehmer und der Handel zusammenarbeiten. Man kann dabei die Betriebe, die gleiche oder ähnliche Funktionen erfüllen, einem Wirtschaftsbereich zuordnen (vgl. Schaubild „Horizontale und vertikale Arbeitsteilung").

Im **primären Wirtschaftsbereich** findet man alle Betriebe, die ihre Produkte direkt der Natur abgewinnen. Hier spricht man auch von der Wirtschaftsstufe der **Urproduktion**. Da auf dieser Stufe ein Produzent unmöglich alle Produkte an- oder abbauen kann, ist es erforderlich, diese Wirtschaftsstufe weiter zu untergliedern, d. h., es sind auf dieser Stufe mehrere Produktionsbetriebe tätig, wie z. B. Landwirtschaftsbetriebe, Bergbaubetriebe (Kohle, Erz, Öl, Erdgas, Kies, Sand, ...), Fischereibetriebe, jagd- und forstwirtschaftliche Betriebe.

> Der **primäre Wirtschaftsbereich** umfasst die Gewinnung der Rohstoffe aus der Natur.

Im **sekundären Wirtschaftsbereich** findet man dann alle Betriebe, die sich mit der Be- und Verarbeitung sowie der Veredelung von Rohstoffen befassen. Diese Wirtschaftsstufe, die **Rohstoffverarbeitung**, wird horizontal, also auf gleicher Ebene in zwei Bereiche und diese wiederum in ihre verschiedenen Sparten untergliedert:

1. **die Produktionsmittelbetriebe** wie Maschinenfabriken, Automatenfabriken, Büromöbelfabriken, Baugerätefabriken usw. und
2. **die Konsumgüterbetriebe** wie Textilfabriken, Autofabriken, Lebensmittelfabriken, Genussmittelfabriken usw.

Horizontale und vertikale Arbeitsteilung

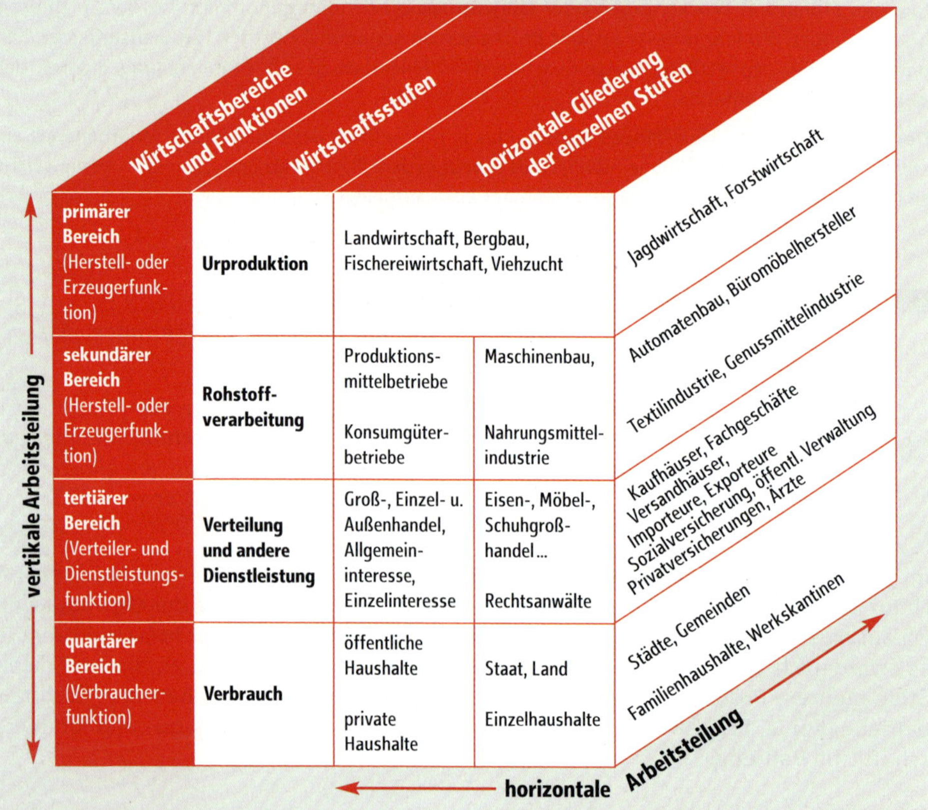

> Der **sekundäre Wirtschaftsbereich** umfasst die Be- und Verarbeitung sowie die Veredelung von Rohstoffen.

Im **tertiären Wirtschaftsbereich** findet man die Betriebe, die für die **Verteilung** der Waren zuständig sind, und alle anderen **Dienstleistungsbetriebe**. Auch hier lässt sich eine horizontale Gliederung vornehmen (vgl. Schaubild „Horizontale und vertikale Arbeitsteilung").
Der Dienstleistungsbereich lässt sich nicht unbedingt auf die dritte nachgeordnete Stufe stellen, d. h., er wirkt schon in den ersten und zweiten Wirtschaftsbereich mit ein (z. B. Transport, Banken, Versicherungen).

> Der **tertiäre Wirtschaftsbereich** umfasst die Verteilung und den Transport von Gütern sowie alle anderen Dienstleistungen.

Auch im **Sozialversicherungsbereich** besteht die horizontale Arbeitsteilung. Nicht *ein* Verwaltungsapparat ist für die fünf Sozialversicherungszweige zuständig, sondern *vier*, nämlich die Krankenkassen (inklusive Pflegeversicherung), Deutsche Rentenversicherung, Agentur für Arbeit (Arbeitsämter) und die Berufsgenossenschaften.

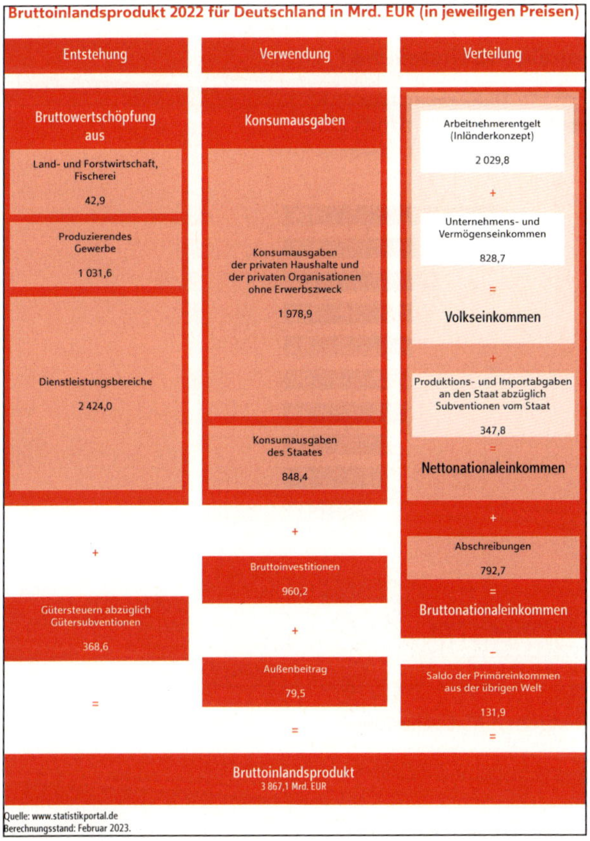

Messgröße für das Wirtschaftswachstum

Das Bruttoinlandsprodukt (BIP) misst die wirtschaftliche Leistung einer Volkswirtschaft während eines bestimmten Zeitraums. Gemessen wird der Wert sämtlicher im Inland hergestellten Waren und Dienstleistungen (Wertschöpfung). Vorleistungen für die Produktion anderer Waren und Dienstleistungen gehen nicht in die Berechnung ein. Das BIP wird in laufenden Preisen und preisbereinigt (real) berechnet. Die Veränderungsrate des realen BIP dient als Messgröße für das Wirtschaftswachstum einer Volkswirtschaft. Das BIP wird in Deutschland über die Entstehungs- und Verwendungsseite berechnet. In der Entstehungsrechnung wird die Wertschöpfung aller Produzenten als Differenz zwischen dem Wert der produzierten Waren und Dienstleistungen einerseits und dem Vorleistungsverbrauch andererseits berechnet. Die Verwendungsseite geht von den Größen Konsum, Investitionen und Außenbeitrag aus.

Quelle: dpa Picture-Alliance GmbH, Frankfurt, dpa-Infografik

Vor- und Nachteile der nationalen Arbeitsteilung

Vorteile	Nachteile
• Zeitersparnis für einzelnes Wirtschaftsunternehmen • Kosteneinsparung • Spezialisierung bringt bessere Ergebnisse • Platzeinsparung und Konzentration auf bestimmte Gebiete • Produktion wird übersichtlicher	• gesamte Volkswirtschaft wird krisenanfälliger • einzelne Betriebe geraten in ein Abhängigkeitsverhältnis (Zulieferer, Abnehmer)

Internationale Arbeitsteilung

Warum internationale Arbeitsteilung?

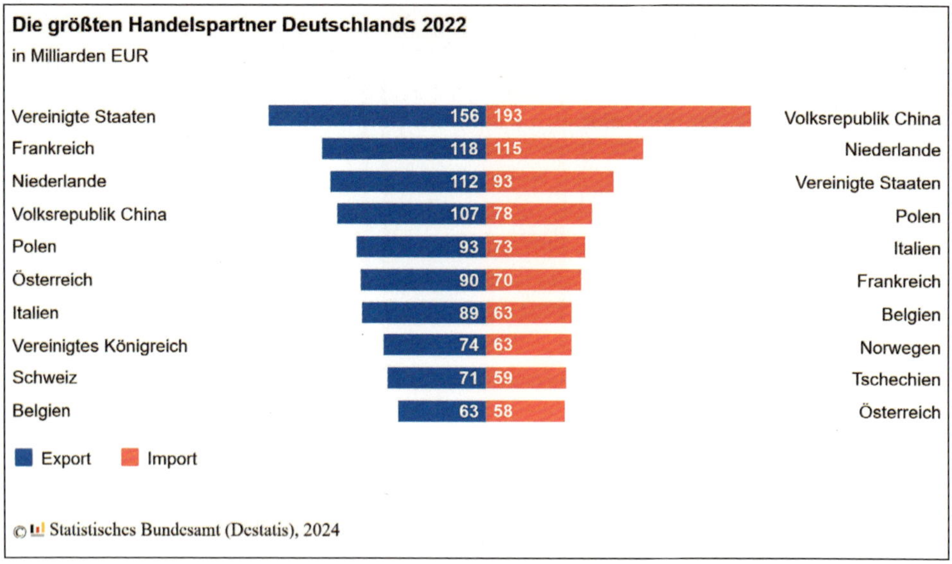

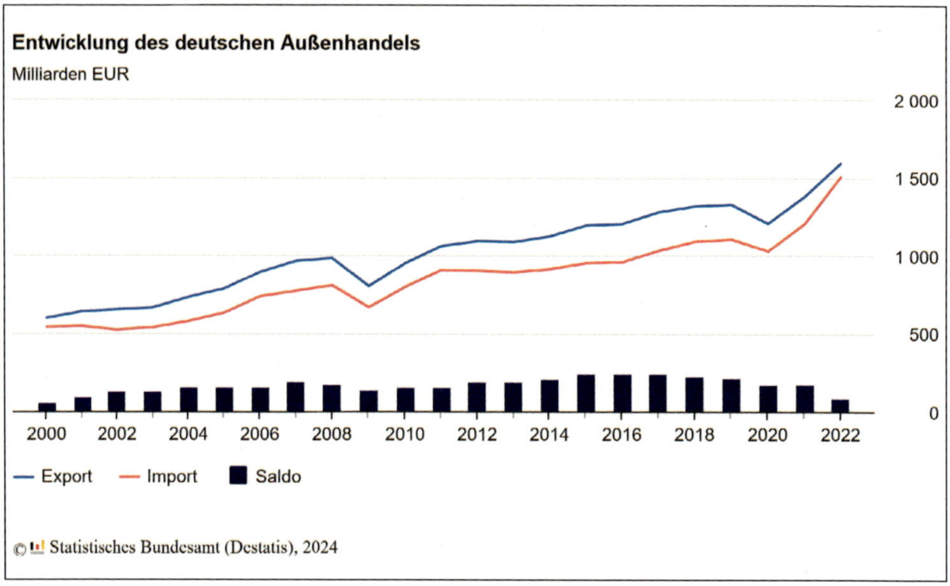

Verschiedene Gründe sprechen für die Notwendigkeit von **Außenhandel, internationalem Warenaustausch oder internationaler Arbeitsteilung**.

1. Es spricht für einen Warenaustausch zwischen den Ländern, dass nicht jede Volkswirtschaft alle Güter selbst erzeugen kann (z. B. Rohstoffe wie Erdöl, Erdgas, Eisenerze, Kupfererze).
2. Es ist nicht jede Volkswirtschaft in der Lage, alle Güter in ausreichender Menge herzustellen (z. B. Agrarprodukte wie Weizen, Mais, Wolle, Früchte).
3. Es gibt Volkswirtschaften, die Güter kostengünstiger herstellen können als andere, sodass sie diese Güter den anderen Volkswirtschaften dann günstiger anbieten können, als diese die Güter selbst zu produzieren in der Lage wären (z. B. Maschinen, Autos, Elektrogeräte, landwirtschaftliche Geräte und Maschinen, optische Geräte).
4. Ein Warenaustausch kann auch dann für ein Land von Vorteil sein, wenn es seine Güter billiger als ein anderes erzeugen kann, sich aber auf ein oder mehrere Produkte spezialisiert und damit Warenaustausch betreibt.
   Dies bewies David Riccardo (1772–1823) anhand des Beispiels von der Wein- und Tuchproduktion in England und Portugal:
   Für die Herstellung einer bestimmten Menge Wein werden
   - in England 120 Arbeitsstunden
   - in Portugal 80 Arbeitsstunden

   benötigt, für die Erzeugung einer wertmäßig gleichen Menge Tuch wendet man
   - in England 100 Arbeitsstunden
   - in Portugal 90 Arbeitsstunden

   auf.

Land	**Autarkie**			**Außenhandel**	**Vorteil**
	Tuch	Wein	gesamt		
England	100 Std.	120 Std.	220 Std.	100 + 100 = 200 Std.	20 Std.
Portugal	90 Std.	80 Std.	170 Std.	80 + 80 = 160 Std.	10 Std.

Obwohl Portugal sowohl Wein als auch Tuch kostengünstiger herstellen kann (ges. 170 Std.), hat es doch einen Vorteil (10 Std.), wenn es sich auf das Gut spezialisiert, das es im Vergleich zu dem anderen Gut am billigsten herstellen kann (Wein), und damit auf dem internationalen Markt handelt (gegen englisches Tuch eintauscht).

Vor- und Nachteile der internationalen Arbeitsteilung

Vorteile	**Nachteile**
• optimaler Einsatz der Produktionsfaktoren • politische Annäherung und kultureller Austausch • eventuell bessere Qualität • billigerer Bezug	• Krisenempfindlichkeit (Kriege, Missernten, Änderungen der Verbrauchergewohnheiten) • Inlandsproduzenten könnten durch starke ausländische Konkurrenz ihre Existenz verlieren (Elektroindustrie Bundesrepublik Deutschland – Japan) • wirtschaftliche und politische Abhängigkeit

Zusammenfassung

Geschichtliche Entwicklung der Arbeitsteilung

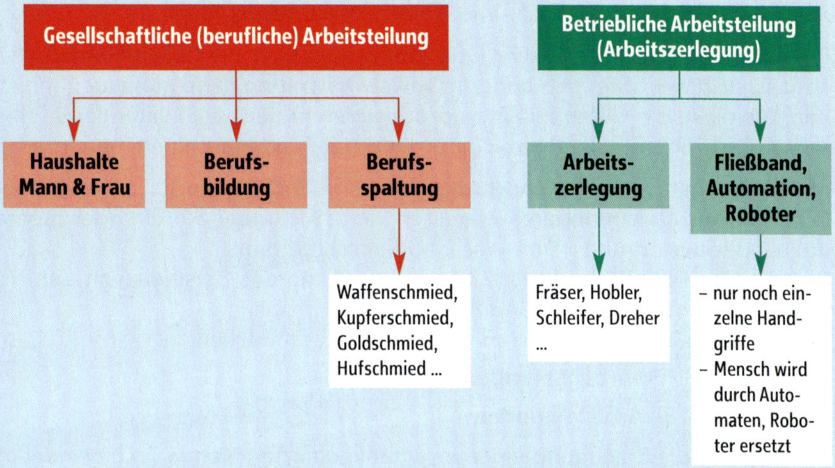

1. Die Unterteilung der Wirtschaft in einen primären, sekundären und tertiären Sektor bezeichnet man als die **vertikale Arbeitsteilung**.

2. Die **horizontale Arbeitsteilung** zeigt an, dass im gleichen Wirtschaftsbereich und auf gleicher Wirtschaftsstufe kein Betrieb in der Lage ist, alle Tätigkeiten zu erfüllen.

3. **Internationale Arbeitsteilung** besteht dort, wo ein Land (eine Volkswirtschaft) nicht in der Lage ist, alle Produkte selbst zu produzieren (Bodenschätze), die Produkte in ausreichendem Maße zu produzieren (agrarische Produkte) oder andere Länder kostengünstiger produzieren können.

Prüfen Sie Ihr Wissen

1. Ordnen Sie die nachfolgenden Begriffe der horizontalen bzw. vertikalen Arbeitsteilung sowie den Wirtschaftsbereichen zu:

a) Rohstoffverarbeitung	i) öffentl. Verwaltung
b) Nahrungsmittelindustrie	j) Landwirtschaft
c) Konsumgüterindustrie	k) Kaufhäuser
d) Sozialversicherungen	l) Versandhandel
e) Urproduktion	m) Bergbau
f) Maschinenbau	n) Optiker
g) Dienstleistungen	o) Apotheken
h) Rechtsanwälte	p) Betriebskantine

2. Nennen Sie je zwei Vor- und Nachteile der nationalen Arbeitsteilung.

3. Erklären Sie die Aussage: „Die Arbeitsteilung wirkt auch international."
4. Nennen Sie je zwei Vor- und Nachteile der internationalen Arbeitsteilung.
5. Nennen Sie drei mögliche Ansätze der Arbeitsorganisation bzw. der Arbeitszeitorganisation.
6. Warum wird internationale Arbeitsteilung bzw. Außenhandel betrieben? Nennen Sie mindestens drei Gründe.
7. Erklären Sie, warum der Warenaustausch für ein Land auch dann von Vorteil sein kann, wenn es alle seine Güter billiger als sein Handelspartner herstellen kann.
8. Erläutern Sie anhand der Organisationsstruktur einer Krankenkasse auf Seite 61 die betriebliche Arbeitsteilung in einer Krankenkasse.
9. Welche Folgen bringt die betriebliche Arbeitsteilung durch Automation und Roboter in einem Industriebetrieb für den Industriebetrieb und für die Krankenkasse?
10. Untersuchen Sie im Rahmen eines Projekts, welche Formen der Arbeitsorganisation oder Arbeitszeitorganisation in den Unternehmungen Ihres Berufsschulbereichs praktiziert werden.
11. Vergleichen Sie den derzeitigen Stand der gesellschaftlichen und betrieblichen Arbeitsteilung in einem Industrieland und einem Entwicklungsland.

1.4.3 Produktionsfaktor Natur

Der volkswirtschaftliche Produktionsfaktor **Natur** umfasst alle Naturleistungen, die man zur Gütererstellung benötigt. Dazu gehören Klima, Luft, Wasser, Tiere und Erde (Boden). Den Boden kann man nutzen zum:

- Anbau von Nahrungsmitteln und Rohstoffen → **Anbaufaktor,**
- Abbau von Bodenschätzen, wie Kohle, Erze, Erdöl → **Abbaufaktor,**
- Bau von Gebäuden, die zur Produktionserstellung notwendig sind → **Standortfaktor**.

Den einzelnen Nationen sind in der Nutzung des Produktionsfaktors Natur meist Grenzen gesetzt. Natürliche Faktoren wie z. B. Berge, Meere, Rohstoffvorkommen, Bodenqualität, Klima und unnatürliche Faktoren wie z. B. die Staatsgrenzen beschneiden den Handlungsspielraum. Zwar können fehlende Rohstoffe importiert werden, doch die Weltrohstoffreserven und die politische bzw. wirtschaftliche Situation eines Landes beschränken auch diese Möglichkeit.

Der Boden als Anbaufaktor

In der Land- und Forstwirtschaft wird der Boden zum Anbau von Nahrungsmitteln (Getreide, Reis, Obst usw.) und Rohstoffen (Weintrauben, Baumwolle, Bäume usw.) genutzt.

Die Bundesrepublik Deutschland ist 357 592 km^2 groß. Die Fläche teilt sich wie folgt auf:

Flächenaufteilung im Jahr 2022

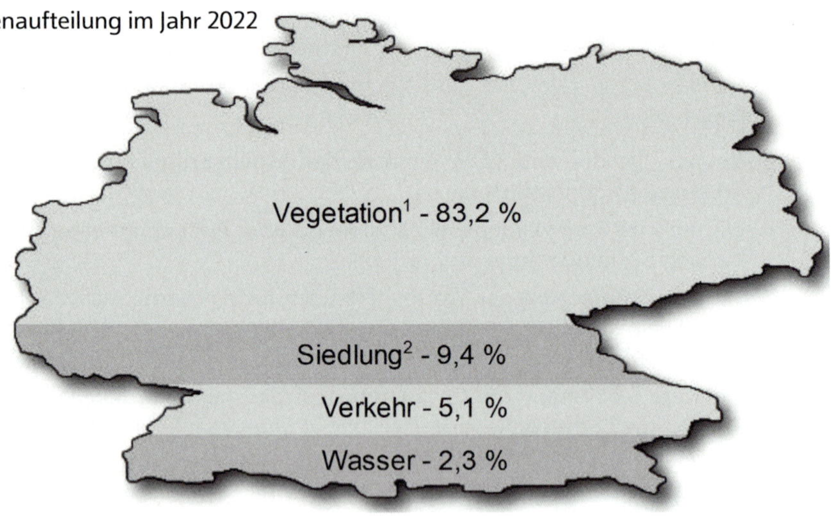

Datenquelle: Statistisches Bundesamt, https://www.destatis.de/DE/Themen/Branchen-Unternehmen/Landwirtschaft-Forstwirtschaft-Fischerei/Flaechennutzung/Tabellen/bodenflaeche-insgesamt.html, abgerufen 15.01.2024

Obwohl die **landwirtschaftlich genutzte Fläche** in der Bundesrepublik Deutschland abnimmt, bleiben aufgrund des Einsatzes von modernen Maschinen, Dünge- und Schädlingsbekämpfungsmitteln die Ernteerträge nahezu gleich.

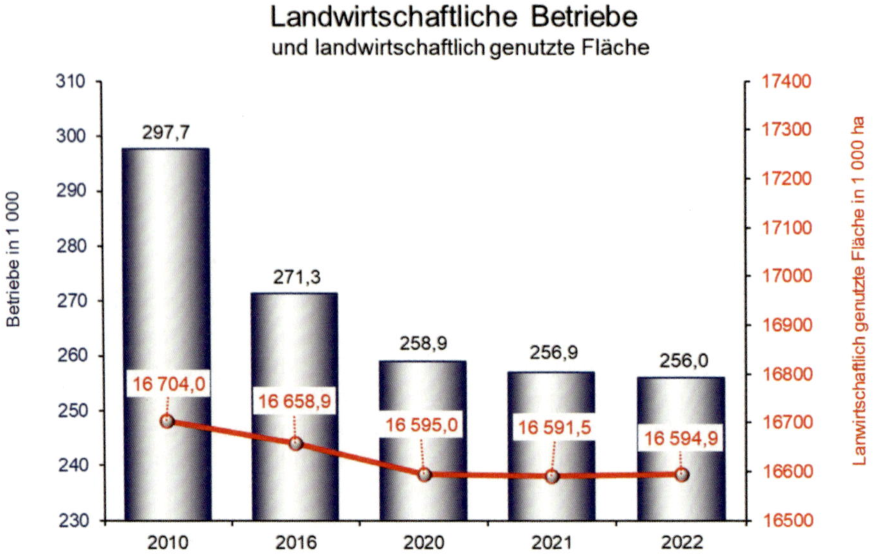

Datenquelle: Statistisches Bundesamt, https://www.destatis.de/DE/Themen/Branchen-Unternehmen/Landwirtschaft-Forstwirtschaft-Fischerei/Feldfruechte-Gruenland/Tabellen/flaechen-hauptnutzungsarten.html, abgerufen 15.01.2024

---

1 *Landwirtschaft, Wald, Heide, Moor usw.*
2 *Wohnbau-, Industrie und Gewerbefläche, Sport-, Freizeit- und Erholungsfläche usw.*

Der Selbstversorgungsgrad der Bundesrepublik Deutschland mit Nahrungsmitteln beträgt ca. 70 %.

Der Boden als Abbaufaktor

Die Bundesrepublik Deutschland ist ein hoch industrialisiertes Land. Um die Bevölkerung mit den entsprechenden Gütern versorgen zu können, werden große Mengen Energie und Rohstoffe benötigt. Allerdings gibt es in der Bundesrepublik Deutschland relativ wenig **Bodenschätze.**

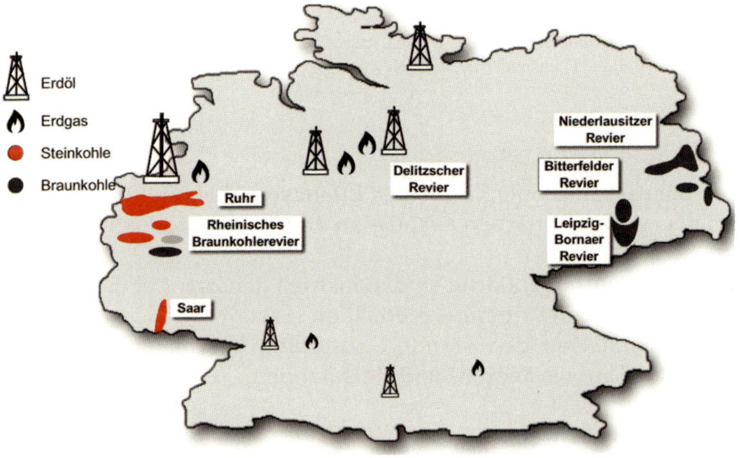

Wirtschaftlich gewinnbare Energiereserven gibt es in Deutschland im Ruhrgebiet (Steinkohle) und Rheinland (Braunkohle), in der Gegend zwischen Borna und Bitterfeld (Braunkohle) und vor allem gibt es die riesigen Braunkohlevorkommen in der Niederlausitz. Zwischen Ems und Salzwedel existieren Erdgas- und Erdölvorkommen. Ansonsten gibt es in Deutschland nur noch einen nennenswerten Rohstoff: das Salz.

Wie lange reicht das Öl noch?

04.10.2023

Vor 50 Jahren prophezeiten Experten, der Erde würde noch vor der Jahrtausendwende das Öl ausgehen. Das Gegenteil ist passiert: Nie waren die weltweiten Erdöl-Reserven größer. Woran das liegt - und warum der Großteil nicht verbrannt werden sollte.

- Konventionelle Ölfelder sind noch lange nicht erschöpft
- Die Fracking-Technik hat die Ölreserven deutlich erhöht
- Die bekannten Ölreserven waren noch nie so groß wie heute

[...]

Nachschub aus der Tiefe

Die nachgewiesenen **Ölreserven** haben sich seit 1960 fast verfünffacht. Möglich macht das der technische Fortschritt, etwa beim Fracking. Inzwischen können selbst extreme Tiefsee-Vorkommen wie das Libra-Feld vor der Küste Brasiliens erschlossen werden. Es liegt 7000 Meter tief unter Wasser und Gestein. Der „Peak Oil", also der Höhepunkt der weltweiten Erdölförderung, nach dem es mit der Produktion nur noch bergab geht, verschiebt sich deshalb immer weiter in die Zukunft. Tatsächlich gibt es seit den 1970er-Jahren eine Art „Erdölkonstante": Trotz ständig steigendem Verbrauch reichte das Öl stets für die nächsten 40 Jahre oder mehr.

Klimawandel: Auf dem Weg ins Treibhaus
... Öl in Mengen und zu günstigen Preisen ist für Wirtschaft und Konsumenten zwar kurzfristig eine gute Nachricht. Aber nicht fürs Klima. Denn um die Erderwärmung im Vergleich zur vorindustriellen Zeit bei 1,5 Grad Celsius zu stoppen, darf die Menschheit dem Weltklimarat IPCC zufolge noch höchstens 260 Gigatonnen CO2 in die Atmosphäre blasen. Beim aktuellen Verbrauch ist dieses Budget in ungefähr sechs Jahren erschöpft. Das 1,5-Grad-Celsius-Ziel aus dem Pariser Klimaabkommen ist nach Meinung vieler Experten deshalb nicht mehr zu erreichen.

Quelle: Allgemeiner Deutscher Automobil-Club e.V. (ADAC), https://www.adac.de/verkehr/tanken-kraftstoff-antrieb/benzin-und-diesel/wie-lange-reicht-das-oel/, abgerufen 21.01.2024

Der Boden als Standortfaktor

Knapp 84 % der Gesamtbodenfläche der Bundesrepublik Deutschland machen die Landwirtschafts- und Waldflächen aus, die an der Gesamtproduktion mit 3 % beteiligt sind.
Nur ca. 5 % der Gesamtbodenfläche sind industriell genutzt. Auf dieser kleinen Fläche werden jedoch 43 % der Gesamtgüterproduktion erzeugt.
Die Unternehmen müssen den Standort sorgfältig auswählen, denn er hat einen erheblichen Einfluss auf die Kosten- und Umsatzhöhe.

Kriterien der **Standortwahl** sind

- für Industrieunternehmen:
  - **Rohstoffvorkommen (materialorientiert)**
    Das Unternehmen wählt den Standort, an dem die Beschaffung der Roh-, Hilfs- und Betriebsstoffe am billigsten oder aufgrund ihres Produktionsgegenstands schon vorbestimmt ist, z. B. Kohlebergwerke, Steinbruchunternehmen, Weinbau.
  - **Arbeitskräfte (arbeitsorientiert)**
    Für arbeitsintensiv produzierende Betriebe ist entscheidend, ob genügend Arbeitskräfte mit der notwendigen Qualifikation vorhanden sind, die zu einem annehmbaren Lohn arbeiten.
  - **Steuern, Abgaben und Bodenpreise (abgabenorientiert)**
    Die Höhe der Gewerbesteuer, die von Gemeinde zu Gemeinde variiert, die Auflagen, die eventuell im Hinblick auf den Umweltschutz geleistet werden müssen, die Bodenpreise usw. schlagen sich auf die Unternehmenskosten nieder.
- für Industrieunternehmen und vor allem für Einzelhandelsgeschäfte:
  - **Absatzmarkt (absatzorientiert)**
    Vor allem die Einzelhändler suchen Standorte, die möglichst nahe beim Verbraucher liegen.
- für Industrieunternehmen und Großhandelsgeschäfte:
  - **Verkehrstechnische Einrichtungen (verkehrsorientiert)**
    Autobahnen und Landstraßen, Tankstellennetze, Wasserwege, Eisenbahnverbindungen sind wichtige Kriterien für Unternehmen, die oft große Gütermengen weite Wegestrecken transportieren müssen.

Gefahr für die Natur

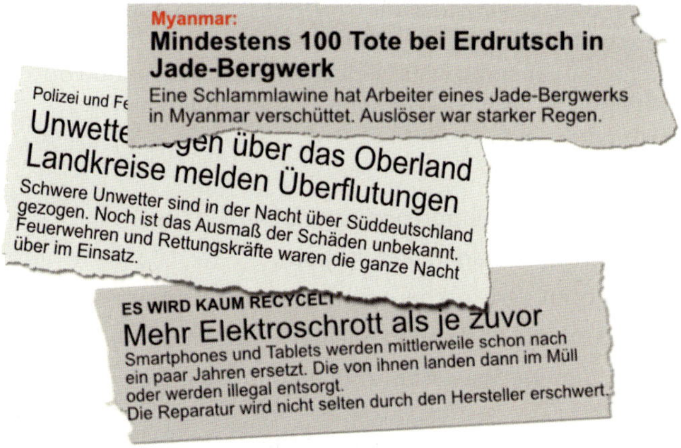

Myanmar:
Mindestens 100 Tote bei Erdrutsch in Jade-Bergwerk
Eine Schlammlawine hat Arbeiter eines Jade-Bergwerks in Myanmar verschüttet. Auslöser war starker Regen.

Polizei und Fe
Unwette ...gen über das Oberland Landkreise melden Überflutungen
Schwere Unwetter sind in der Nacht über Süddeutschland gezogen. Noch ist das Ausmaß der Schäden unbekannt. Feuerwehren und Rettungskräfte waren die ganze Nacht über im Einsatz.

ES WIRD KAUM RECYCELT
Mehr Elektroschrott als je zuvor
Smartphones und Tablets werden mittlerweile schon nach ein paar Jahren ersetzt. Die von ihnen landen dann im Müll oder werden illegal entsorgt.
Die Reparatur wird nicht selten durch den Hersteller erschwert.

Solche Schlagzeilen und Meldungen findet man immer wieder in den Zeitungen. Unseren Wohlstand müssen wir manchmal teuer bezahlen. Industrie und Haushalte belasten die Umwelt so stark, dass dies nicht ohne Folgen bleiben kann. Ausdünnung der Ozonschicht, Bodenerosion, Ozon- und Feinstaubbelastung in den Städten, Zunahme der Allergien, Meere und Binnengewässer drohen zu kippen, Waldsterben, Treibhauseffekt usw. sind nur einige Begriffe, die inzwischen fester Bestandteil unserer Sprache geworden sind. Immer mehr Menschen fordern zu einem Umdenken auf.

Emissionen ausgewählter Treibhausgase nach Quellkategorien

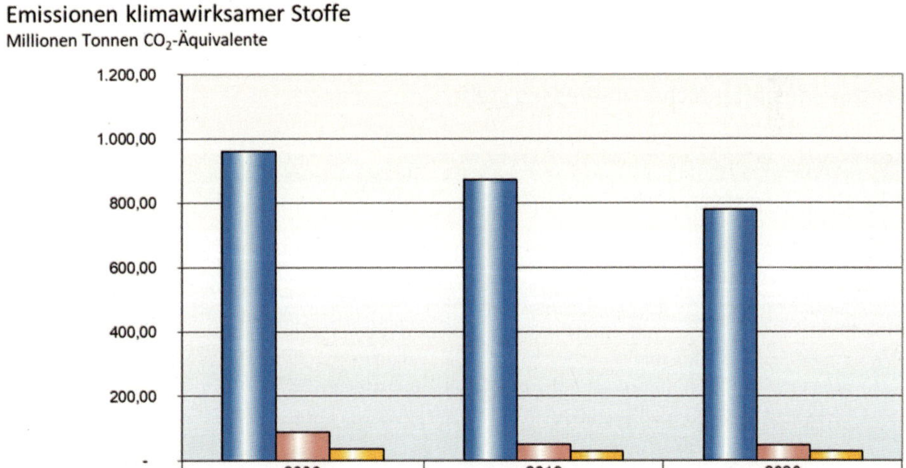

	2000	2019	2020
Kohlendioxid (CO2)	959,78	873,82	780,60
Methan (CH4)	87,83	50,00	49,05
Distickstoffmonoxid (N2O)	36,80	29,55	28,50

Datenquelle: Statistisches Bundesamt - https://www.destatis.de/DE/Themen/Gesellschaft-Umwelt/Umwelt/UGR/energiefluesse-emissionen/Tabellen/treibhausgase.html - vom 29.04.2023

Schutz der Natur

Dem Staat kommen beim Schutz unserer Umwelt wichtige Aufgaben zu. Mit den ihm zur Verfügung stehenden Mitteln muss er den schwierigen Spagat versuchen, *die Wirtschaft am Laufen zu halten*, Arbeitsplätze und Einkommen zu sichern und die damit oft verbundene Umweltbelastung zu verhindern bzw. zu minimieren.
Maßnahmen des Staates sind

- Aufklärung,
- Erhebung von Steuern, Gebühren und Abgaben,
- Umweltschutzgesetze, Auflagen und Verbote,
- Kombination zwischen Verursacherprinzip und Gemeinlastprinzip,
- finanzielle Förderung der Forschung, die der Erhaltung unserer Umwelt dient,
- Umweltaktionen und -wettbewerbe, z. B. an den Schulen.

Umweltschäden gehen zu unser aller Lasten. Manche Menschen machen sie krank und sie verursachen direkte und indirekte Kosten; z. B. klagen Waldbesitzer über das Waldsterben, Sozialversicherungsträger finanzieren ärztliche Behandlungen für umweltbedingte Krankheiten und in bestimmten Gebieten wird durch Bodenerosion die landwirtschaftliche oder touristische Einnahmequelle zerstört.

Aufklärung ist wichtig. Wird das Umweltbewusstsein des Einzelnen sensibilisiert, sind viele staatlichen Maßnahmen überflüssig. Umweltaufklärung soll bei den Menschen eine Verhaltensänderung bewirken. So gibt es beispielsweise in Rheinland-Pfalz eine Landeszentrale für Umweltaufklärung, mit deren Hilfe sich die Bürger über alle möglichen Umweltthemen informieren können. Auch in den Schulen ist schon seit Langem die Umweltproblematik und der Umweltschutz Unterrichtsinhalt. Private Bewegungen und Organisation leisten wertvolle Beiträge zur Verhaltensänderung. Bei aller Kritik über Zeitpunkt, extreme Forderungen und Maßnahmen haben die Umwelt-Bewegungen mit dazu beigetragen, dass die Umweltproblematik wieder deutlich stärker im Zentrum des öffentlichen Interesses steht.

Wo Einsicht nicht aufkommen will, sind

- **Steuern, Gebühren**, **Abgaben** und **Verbote** Instrumente für die Durchsetzung umweltschützender Maßnahmen.
  So gibt es z. B. Förderprogramme für den Einbau umweltfreundlicher Heizungsanlagen oder für den Kauf umweltfreundlicher Autos. Eine erzieherische Maßnahme war z. B. auch die drastische Erhöhung der Wasser- und Abfallgebühren in einigen Gemeinden. Als letztes Mittel können auch Verbote ausgesprochen werden wie z. B. das Dieselfahrverbot in manchen deutschen Innenstädten.
- strenge **Umweltschutzgesetze** (§§ 324–330d Strafgesetzbuch, Bundes-Immissionsschutzgesetz, Abfallbeseitigungsgesetz usw.) und die Kontrolle, dass sie auch eingehalten werden, eine Maßnahme. Dass diese nicht immer zum Erfolg führt, zeigt folgendes Diagramm:

Umweltstraftaten gesamt: Bekannt gewordene Fälle nach einzelnen Delikten im Jahr 2020

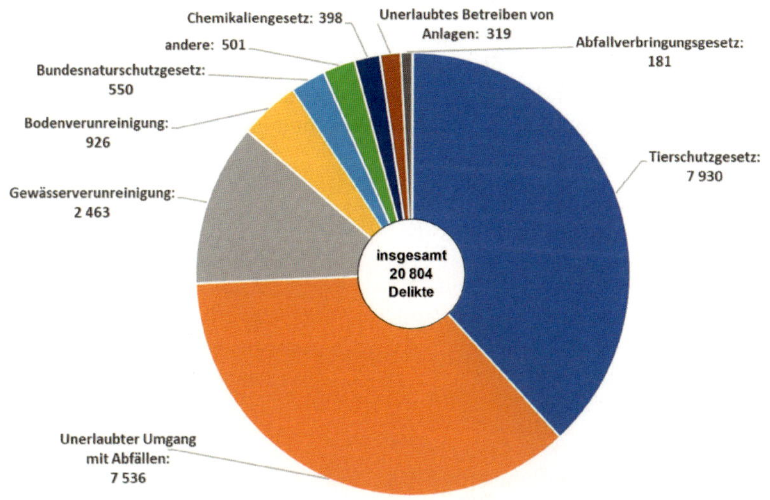

Quelle: Werte vom Umweltbundesamt. Umweltdelikte 2021 Auswertung von Statistiken von Stephan Sina, Laurens Duin, Jenny Tröltzsch Ecologic Institut, Berlin, Texte 98/2023 Seite 31

Die Aufklärungsquote liegt im Schnitt zwischen 65 % und 70 %. Wer nach § 330 Strafgesetzbuch eine schwere Umweltgefährdung begeht, kann mit einer Freiheitsstrafe zwischen sechs Monaten und zehn Jahren bestraft werden. Zusätzlich müssen alle Umweltsünder noch für die Kosten der Umweltschädenbeseitigung aufkommen.
Umweltschutz ist teuer. Wer soll diese Kosten übernehmen? Es gibt zwei Prinzipien: das **Verursacherprinzip** und das **Gemeinlastprinzip**.
Nach dem **Verursacherprinzip** müssen diejenigen die Umweltschutzkosten tragen, die die Schäden verursachen. Beispielsweise müssen Unternehmen Kläranlagen oder Emissionsfilter einbauen, Haushalte finanzieren die Müllbeseitigung über Müllgebühren bzw. über teurere Konsumgüter (Grüner Punkt) usw.

> Das **Verursacherprinzip** besagt, dass diejenigen, die die Umweltschäden verursacht haben, auch die Kosten für deren Beseitigung tragen müssen.

Für das Verursacherprinzip spricht vor allem das Argument der **Umwelterziehung**. Steigt der Literpreis für Benzin weiter an, so wird man sich überlegen, ob diese oder jene Fahrt unbedingt notwendig ist. Unternehmen, die eine Abgasreinigungs- oder eine Kläranlage einbauen müssen, werden sich Gedanken machen, ob es nicht umweltfreundlichere Produktionsalternativen gibt.
Solange Unternehmen und Haushalte die entstehenden Umweltkosten auf die Allgemeinheit abwälzen können, werden sie ihr Verhalten wenig ändern. Unternehmen handeln hier nach dem ökonomischen Prinzip. Laut **Statistischem Bundesamt** waren 2020 durchschnittlich 13,5 % **aller Investitionen Umweltinvestitionen**[1].

Web

Wer ist für das Waldsterben verantwortlich? Diese Frage zeigt, dass sich das Verursacherprinzip nicht immer anwenden lässt. Oft ist der Verursacher nicht individuell feststellbar. Manchmal will man aber auch aus wirtschaftlichen und politischen Gründen bewusst Personen nicht mit Umweltschutzkosten belasten. Geht z. B. der Einbau umweltfreundlicher Heizungssysteme über die Finanzkraft eines Betriebes, **unterstützt** der Staat über Steuermittel diese **umweltfreundlichen Investitionen**. Hier spricht man vom **Gemeinlastprinzip**, d. h., die Allgemeinheit ist beteiligt an der Finanzierung der Umweltinvestitionen.

> Das **Gemeinlastprinzip** besagt, dass die Allgemeinheit für die Beseitigung der Umweltschäden aufkommt.

Zusammenfassung

1.

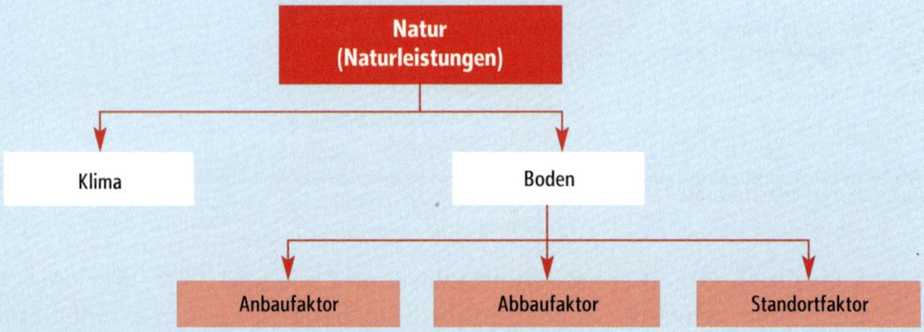

2. Das **Verursacherprinzip** besagt, dass diejenigen, die die Umwelt schädigt, auch die Kosten für deren Beseitigung tragen müssen.
3. Das **Gemeinlastprinzip** besagt, dass die Allgemeinheit für die Beseitigung der Umweltschäden aufkommt.

---

1 *Quelle: Statistisches Bundesamt - Broschüre Fachserie 19 Reihe 3.1 Umwelt S. 5 - https://www.destatis.de/DE/Themen/Gesellschaft-Umwelt/Umwelt/Umweltoekonomie/Publikationen/Downloads-Umweltoekonomie/investition-umweltschutz-prod-gewerbe-2190310207004.pdf?__blob=publicationFile vom 26.04.2023*

Prüfen Sie Ihr Wissen

1. Definieren Sie den Begriff „Produktionsfaktor Natur".
2. Boden ist Teil des Produktionsfaktors Natur. Auf welche Art kann man den Boden wirtschaftlich nutzen?
3. Welche Bedeutung hat der Boden als Abbaufaktor in der Bundesrepublik Deutschland?
4. Welcher Standortfaktor könnte für welche Branche wichtig sein? Ordnen Sie diese zu.

Unternehmen	Standortfaktoren
a. Einzelhandelsunternehmen	1. Rohstoffvorkommen
b. Spedition	2. Infrastruktur
c. Unternehmen, das Schmuck herstellt	3. Kundennähe
d. Kraftwerk	4. Fachkräfte
e. Kohlebergwerk	5. Sonstiges

5. Welche Gefahren drohen der Umwelt in einem hoch technisierten Land wie der Bundesrepublik Deutschland?
6. Beschreiben Sie aktuelle Umweltprobleme und bestimmen Sie die jeweiligen Hauptverursacher.
7. Was versteht man unter Verursacherprinzip?
8. Welche Möglichkeiten hat der Staat, Umweltbelastung zu mindern?
9. Nennen Sie ein Ihnen bekanntes Umweltgesetz und beschreiben Sie seinen wesentlichen Inhalt.

Weiterführende Aufgaben

Wählen Sie von drei Aufgaben eine aus und versuchen Sie, diese möglichst vollständig zu bearbeiten.

1. Privater Bereich

1.1. Welchen Beitrag könnten Sie leisten, den Produktionsfaktor Natur möglichst zu schonen, sodass er in der heutigen Form auch noch anderen Generationen zur Verfügung steht?

1.2. *Die Energiewende gründet sich auf folgende Maßnahmen und entsprechenden Gesetzen: Atomausstieg, Förderung der Ökoenergie, Ökofonds, Windkraft, Gebäudesanierung, Stromnetzausbau usw.*
Beschäftigen Sie sich mit einer Maßnahme Ihrer Wahl und beschreiben Sie die Maßnahme selbst, die umweltschonende Wirkung und deren Nachhaltigkeit.

1.3. Suchen Sie in Ihrem Betrieb oder in Ihrer Schule Bereiche, in denen man Energie einsparen könnte, und machen Sie Vorschläge, was man entsprechend ändern müsste.

1.4. Aufgrund der aktuellen Umweltproblematik ist die Förderung alternativer Antriebstechniken und die Diskussion darüber in vollem Gange. Welche persönlichen und ökologischen Folgen erwarten Sie von dieser Entwicklung?

2. Betrieblicher Bereich

2.1.

Landwirtschaftliche Flächenverluste

Ohne Landwirtschaft kann die Ernährung der Weltbevölkerung nicht sichergestellt werden. Damit die Landwirtschaft diesen Auftrag erfüllen kann, ist sie auf eine ausreichende und verfügbare Ressource „Boden“ angewiesen. Das Reduzieren von Flächenverlusten ist daher nicht nur aktiver Natur- und Umweltschutz. Es ist vielmehr Grundvoraussetzung für einen lebenswichtigen Teil der Wirtschaft. Weltweit gehen jeden Tag Agrarflächen in erheblichem Umfang verloren. Das Umweltbundesamt geht von jährlichen Verlusten von zehn Millionen Hektar aus. Hier gilt es gegenzusteuern.

Landwirtschaftliche Fläche geht in Deutschland aus verschiedenen Gründen verloren. [...]

Quelle: Bundesministerium für Ernährung und Landwirtschaft, https://www.bmel.de/DE/themen/landwirtschaft/flaechennutzung-und-bodenmarkt/flaechenverluste-landwirtschaft.html, abgerufen 19.08.2020

2.1.1. Beschreiben Sie das Grundproblem unserer Wirtschaft und Gesellschaft, das hier angesprochen wird.

2.1.2. Wie würde sich eine ungebremste Weiterentwicklung der oben beschriebenen Vernichtung von Acker- und Grünflächen auf unsere Lebensqualität auswirken?

2.1.3. Wie könnte sich ein abruptes Verbot weiterer Vernichtung von Acker- und Grünflächen auf unsere Lebensqualität auswirken?

2.1.4. Diskutieren Sie Möglichkeiten, dieses Dilemma zu vermeiden bzw. zu mindern.

3. Volkswirtschaftlicher Bereich

3.1.

3.1.1. Ermitteln Sie die Arten der Energieerzeugung in Deutschland und deren Anteil an der Gesamtenergieerzeugung.

3.1.2. Erarbeiten Sie die Vor- und Nachteile jeder Art von Energieerzeugung.

3.1.3. Versuchen Sie, aus den Ergebnissen von 3.1.2 eine sinnvolle Lösung für die Gegenwartsversorgung mit Energie zu finden.

3.1.4. Wie sollte man Ihrer Meinung nach in der Zukunft Energie erzeugen und welchen Beitrag könnten Sie leisten, um diese Entwicklung zu fördern?

3.2.

Kohleausstieg und Strukturwandel

Mit der Energiewende hat sich Deutschland ein großes Ziel gesetzt: eine grundlegende Umstellung der Energieversorgung – weg von nuklearen und fossilen Brennstoffen, hin zu regenerativen Energien. Deutschland ist eines der wenigen Länder weltweit, das verbindlich sowohl aus der Kernenergie als auch aus der Kohleenergie aussteigt. Dieser Transformationsprozess bringt wesentliche Veränderungen im Energiebereich, aber auch in Gesellschaft und Wirtschaft mit sich. Wir berücksichtigen dabei die energiepolitischen Aspekte und nehmen zugleich die Regionen und Beschäftigten in den Blick. [...]

Quelle: Bundesministerium für Wirtschaft und Klimaschutz, https://www.bmwk.de/Redaktion/DE/Artikel/Wirtschaft/kohleausstieg-und-strukturwandel.html, abgerufen 21.01.2024

Der Kernenergieausstieg ist bereits vollzogen. Ein zusätzlicher Ausstieg aus der Kohleenergie würde bedeuten, dass knapp ein Drittel unserer bisherigen Energieerzeugung wegbricht und durch regenerative Energien, Öl und Gas aufgefangen werden müsste. Wie im Text schon erwähnt, wird dies eine Herausforderung für Gesellschaft und Wirtschaft.

Diskutieren Sie die Auswirkungen dieser Entscheidung auf Gesellschaft und Wirtschaft.

1.4.4 Produktionsfaktor Kapital und Kapitalbildung

Im allgemeinen Sprachgebrauch versteht man unter Kapital Geld bzw. Vermögen. In unserem Eingangsbeispiel wurden jedoch nur jene Hilfsmittel als Kapital bezeichnet, die an der Produktion von Gütern beteiligt sind, wie z. B. bei einem Bäcker der Backofen und die Knetmaschine, bei einem Zahnarzt der Bohrer und die Zange, bei den einzelnen Sozialversicherungsträgern die Gebäude und deren Ausstattung, Kliniken und Berufsförderungswerke.

Die an der Produktion beteiligten Güter nennt man Produktionsmittel. Da die Produktionsmittel nicht von vornherein vorhanden sind, sondern erst produziert werden müssen, nennt man Kapital „**produzierte Produktionsmittel**".

> Im volkswirtschaftlichen Sinne versteht man unter **Kapital** „produzierte Produktionsmittel".

Erst die Verwendung entscheidet darüber, ob ein Gut ein Kapitalgut oder ein Konsumgut ist. So ist z. B. der Hammer in einer Schreinerei volkswirtschaftliches Kapital, der Hammer im Werkzeugkasten eines Haushalts ist ein Konsumgut.

Kapitalbildung

1. Phase
Reis ist die Hauptnahrung der 50 000 Menschen, die in einem kleinen asiatischen Land leben. Alle Arbeitsfähigen (25 000) arbeiten auf den Reisfeldern. Der Reis muss mühsam von Hand gepflanzt und geerntet werden. Die Ernte sichert jedem 100 Gramm Reis täglich.

2. Phase
Von einem europäischen Industrieland wird dem asiatischen Land im Rahmen der Entwicklungshilfe eine Fabrik zur Herstellung von Bodenbearbeitungsmaschinen zur Verfügung gestellt. Die technische Betreuung, die Schulung und die Rohstofflieferungen übernimmt das Industrieland. Für den Aufbau der Fabrik benötigt man 5 000 Arbeitskräfte, die man von den Reisfeldern holt. Diese Arbeitskräfte sollen nach dem Aufbau in der Fabrik angelernt werden.
Bis die Fabrik aufgebaut ist und die Arbeitskräfte angelernt sind, vergeht ein Jahr.

3. Phase
Die Bodenbearbeitungsmaschinen werden nun auf den Reisfeldern eingesetzt. Durch die bessere Bodenbearbeitung kann eine Jahresproduktion von 2 200 Tonnen Reis erzielt werden.

In der ersten Phase dieses Beispiels genügt jedem 100 Gramm Reis täglich, um nicht hungern zu müssen. Der Einsatz von technischen Hilfsmitteln (Kapital) könnte den Ernteertrag und somit die Ernährungssituation erheblich verbessern. Durch die finanzielle Unterstützung beim Bau einer Bodenbearbeitungsmaschinenfabrik bietet ein europäisches Land nun diese Möglichkeit an. Das geht nicht ohne Opfer. Für den Aufbau und für die Arbeit in der Fabrik müssten 5 000 Bauern von den Reisfeldern abgezogen werden.
20 000 Arbeitskräfte können nicht so viel leisten wie 25 000 Arbeitskräfte, der Ernteertrag wird zurückgehen. Das zeigt folgende Tabelle:

	1. Phase	**2. Phase**
Produktionsfaktoren	(**25 000** Arbeitskräfte) Arbeit/Boden	(**20 000** Arbeitskräfte) Arbeit/Boden (Kapital wird erst gebildet)
Produktion/Periode (360 Tage)	1 800 t	1 440 t

Produktion je Arbeitskraft/Periode	72 kg	72 kg
Konsum je Person/Periode	36 kg	28,8 kg
Konsum je Person/täglich	100 g	80 g

Für die Bildung des Produktionsfaktors Kapital muss jeder täglich auf 20 Gramm Reis verzichten. Dieser Konsumverzicht müsste auch dann geleistet werden, wenn man die Bodenbearbeitungsmaschinen gleich von ausländischen Anbietern kaufen und nicht selbst erstellen würden; denn das Geld (Devisen) für die Maschinen (Geldkapital) erhalten sie nur durch entsprechende Reisverkäufe an das Ausland.

➔ **Kapitalbildung** ist nur über **Konsumverzicht** möglich.

Man ist nur dann bereit, auf Konsum zu verzichten, wenn man sich durch den zusätzlichen Kapitaleinsatz eine Verbesserung der Güterversorgung erhofft.
In einem so hoch industrialisierten Land wie der Bundesrepublik Deutschland mit seinen arbeitsteiligen Wirtschaftsprozessen leisten die Haushalte den für die Kapitalbildung notwendigen Konsumverzicht, indem sie Teile ihres Einkommens sparen.

➔ **Sparen** ist die durch Konsumverzicht entstandene Ansammlung von **Geldkapital**, welches zur Kapitalbildung verwendet werden kann.

Sparende und Investierende sind meist nicht dieselben Personen. Sie handeln aus unterschiedlichen Motiven heraus.

Man kann drei Formen des Konsumverzichts unterscheiden:
- freiwilliges Sparen,
- Zwangssparen,
- horten.

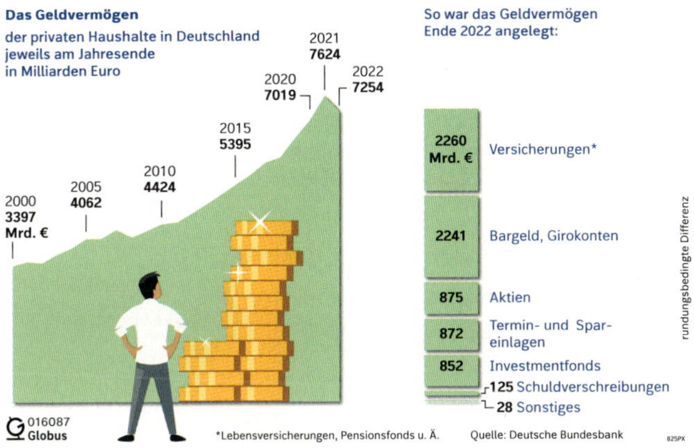

Freiwilliges Sparen unterliegt der freien Entscheidung des Einzelnen.
Wie viel die Haushalte sparen, hängt von

- der Einkommenshöhe,
- dem Zinsniveau,
- der Inflationsrate ab.

Nur solche Geldanlagen zählen zum Sparen, bei denen die Gelder der Kapitalbildung zur Verfügung gestellt werden. Legt z. B. jemand sein Geld in schon lange auf dem Markt gehandelten Aktien an, so spart er nur dann volkswirtschaftlich, wenn der Aktienverkäufer die Gelder investiv verwendet; jede andere Verwendung hätte nur den Charakter einer Einkommensumschichtung.
Das **Zwangssparen** räumt dem Individuum keine freie Entscheidung darüber ein, ob und wie viel es sparen möchte.

Man unterscheidet:

- das gesetzliche Zwangssparen,
- das inflationäre Zwangssparen.

Beim **gesetzlichen Zwangssparen** werden den Bürgern Teile ihres Einkommens aufgrund gesetzlicher Vorschriften abgezogen. Dies trifft für die Steuern und Sozialversicherungsabgaben zu.
Auch hier gilt, dass die abgezogenen Gelder nur dann Sparcharakter haben, wenn diese zur Kapitalbildung verwendet werden.
Wenn z. B. Kostensteigerungen im Gesundheitswesen oder eine Zunahme der Arbeitslosengeldleistungen über höhere Krankenversicherungs- bzw. Arbeitslosenversicherungsabgaben finanziert werden sollen, so haben diese Abgaben zwar für den Abgabenleister Zwangssparcharakter, für den Abgabenbezieher jedoch Einkommenscharakter. Es findet nur eine Einkommensumverteilung statt.

Inflatorisches Zwangssparen herrscht, wenn die Inflation stärker als das Einkommen steigt. Dadurch entsteht eine reale Einkommensminderung. Die Haushalte können weniger konsumieren. Durch die gestiegenen Preise erzielen die Unternehmen höhere Gewinne, die sie nun für die Kapitalbildung verwenden können.
Geld horten diejenigen, die das Geld bewusst dem Geldkreislauf entziehen. Das Geld kann er z. B. in einer Kasse oder einem Geldstrumpf zu Hause aufbewahren. Gründe für die Zurückhaltung von Geldern könnten absehbare oder vermutete Kurs-, Zins- oder Preisänderungen sein – vielleicht auch nur ein großes Misstrauen gegenüber Banken. Indem die Haushalte Geld horten, leisten sie zwar einen Konsumverzicht, allerdings kann von den gehorteten Geldern kein Kapital gebildet werden.
Sparen und Investieren (Kapitalbildung) stehen also in engem Zusammenhang.[1]

Die Investitionen kann man gliedern in:

- **Erweiterungsinvestitionen** (Vergrößerung der Produktionskapazität),
- **Rationalisierungsinvestitionen** (Verbesserung der Produktionskapazität),
- **Lagerinvestitionen.**

1 *Siehe Kapitel 2.1 „Leistungs- und Zahlungsströme im Wirtschaftskreislauf".*

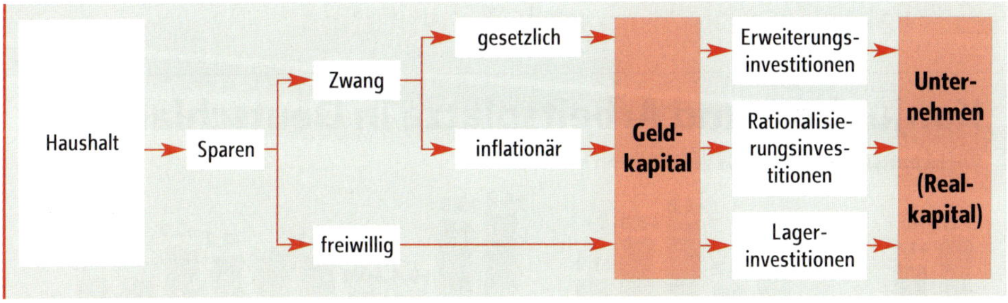

Oft verschwimmen diese Investitionsarten ineinander. Wird z. B. ein Computer der älteren Generation durch einen modernen mit entsprechender Software ersetzt, so ist das eine Ersatz-, Erweiterungs- und Rationalisierungsinvestition.
Die Investitionsneigung steigt oder sinkt mit der damit verbundenen Gewinnchance.

Zusammenfassung

1. Unter **Kapital** versteht man produzierte Produktionsmittel.
2. **Kapitalbildung** ist nur über Konsumverzicht möglich.
3. Konsumverzicht ist nur dann **Sparen**, wenn die Gelder investiv verwendet werden.

Prüfen Sie Ihr Wissen

1. Definieren Sie den Begriff „Kapital“.
2. Warum bezeichnet man den Produktionsfaktor Kapital als „abgeleiteten Produktionsfaktor“?
3. Leistet jede Form von Konsumverzicht einen Beitrag zur Kapitalbildung?
4. Leistet Karin einen Beitrag zur Kapitalbildung, wenn sie das modische T-Shirt, das ihr so gut gefällt, nicht kauft?
5. Warum ist Kapitalbildung in einer modernen Volkswirtschaft wichtig?
6. Wo findet die Kapitalbildung statt?
7. Unternehmen benötigen für ihre Investitionen Geld. Wenn die Haushalte weniger sparen und dafür mehr ausgeben, dann steht den Unternehmen weniger Geld auf dem Kapitalmarkt zur Verfügung. Müssen sie dann auf ihre Investitionen verzichten oder gibt es eine andere Möglichkeit der Geldbeschaffung?
8. Erklären Sie, was man unter gesetzlichem Zwangssparen versteht.

1.5 Faktorkombination und -substitution

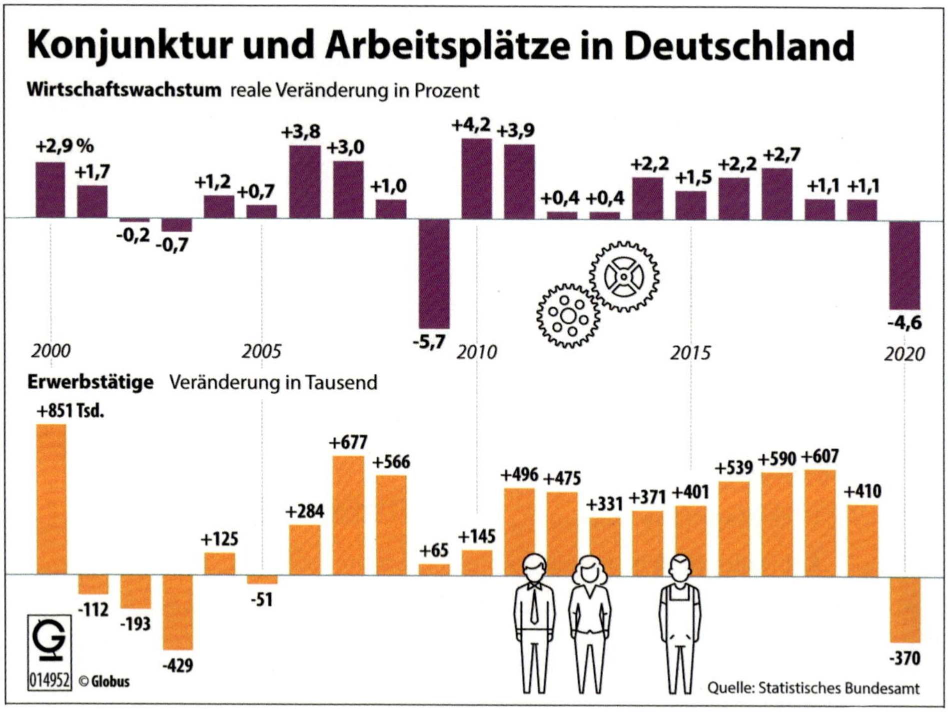

Kombination der Produktionsfaktoren

Für die Büroarbeit benötigt man neben den entsprechenden Kompetenzen auch Schreibgerät, Computer, Telefon, Formulare usw.

> Jede Leistungserstellung erfolgt durch eine **Kombination von Produktionsfaktoren.**

Wenn nun Unternehmen Rationalisierungsinvestitionen durchführen, also Teile des Produktionsfaktors Arbeit durch den Produktionsfaktor Kapital ersetzen, so kann das an relativ hohen Lohn- und Gehaltskosten oder an mangelnder Effizienz liegen. Es können jedoch nur solche Unternehmen Rationalisierungsinvestitionen durchführen, deren Güter sowohl von Menschen (Arbeit) als auch von Maschinen (Kapital) hergestellt werden können. Voraussetzung ist also die **Substituierfähigkeit**[1] der Produktionsfaktoren.

Substitution der Produktionsfaktoren

> Unter **Substituierbarkeit** der Produktionsfaktoren versteht man den Ersatz eines Produktionsfaktors durch einen anderen.

1 substituieren (lat.), ersetzen, austauschen

Beispiel:
Eine Schuhfabrik kann, um 1 000 Paar Schuhe wöchentlich herzustellen,

- acht Arbeitskräfte und eine Maschine oder
- vier Arbeitskräfte und zwei Maschinen oder
- zwei Arbeitskräfte und vier Maschinen oder
- eine Arbeitskraft und acht Maschinen einsetzen.

In dem Beispiel wurden nicht alle Kombinationsmöglichkeiten aufgeführt, man könnte Arbeitskräfte noch stundenweise beschäftigen oder Maschinen mit geringerer Leistungskapazität einsetzen. Es wird unterstellt, dass der Austausch von Produktionsfaktoren nicht sprunghaft, sondern stetig verläuft. Die im Beispiel aufgezählte Faktorkombinationsfolge kann in einer Faktorkombinationsfunktion ausgedrückt werden: **Ertrag** = f (Kapitaleinsatz; Arbeitseinsatz). Überträgt man die möglichen Kombinationen von Arbeits- und Kapitaleinsatz, die alle einen bestimmten Ertrag (1 000 Paar Schuhe) ermöglichen, auf ein Koordinatensystem, dessen Abszisse den jeweiligen Kapitaleinsatz und dessen Ordinate den jeweiligen Arbeitseinsatz anzeigt, ergibt sich folgender Graf:

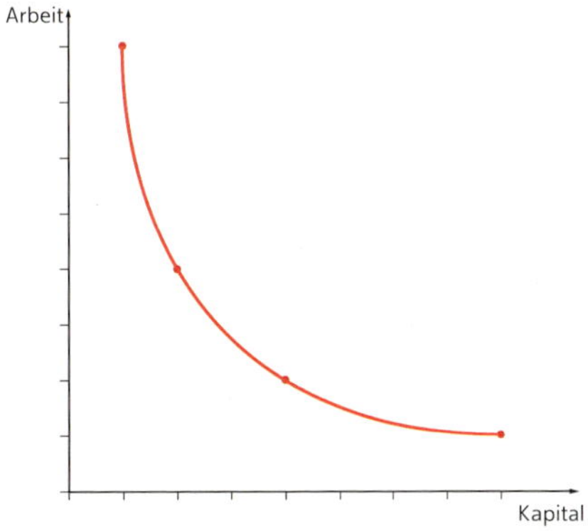

Der Graf hat einen konvexen Verlauf. Dies kommt durch die unterschiedlichen Austauschverhältnisse zustande. Wird nur eine Maschine eingesetzt, so werden acht Arbeitskräfte benötigt. Durch den Einsatz einer weiteren Maschine können vier Arbeitskräfte ersetzt werden. Jeder weitere Maschineneinsatz wird immer weniger Arbeitskräfte ersetzen können.

Diesen Grafen nennt man **Isoquante.**[1] Jeder Punkt auf der Isoquante gibt eine **Kombination** der beiden Produktionsfaktoren Arbeit und Kapital an, mit der man 1 000 Paar Schuhe fertigen kann.

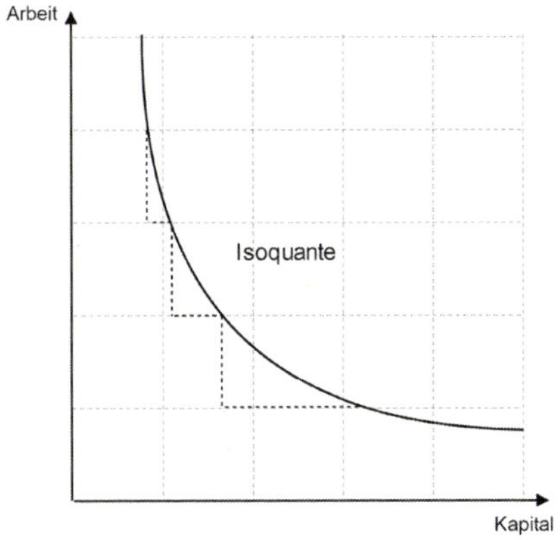

Eine **Isoquante** ist eine Kurve, deren Verlauf alle Kombinationsmöglichkeiten zweier Produktionsfaktoren aufzeigt, die einen gleichen Ertrag erbringen.

Je weiter die Isoquante vom Achsenkreuz entfernt ist, desto höher ist der Ertrag, den sie darstellt. Eine dreidimensionale Darstellung kann das am besten veranschaulichen:

---

1 *iso- (gr.) Vorsilbe: gleich-*

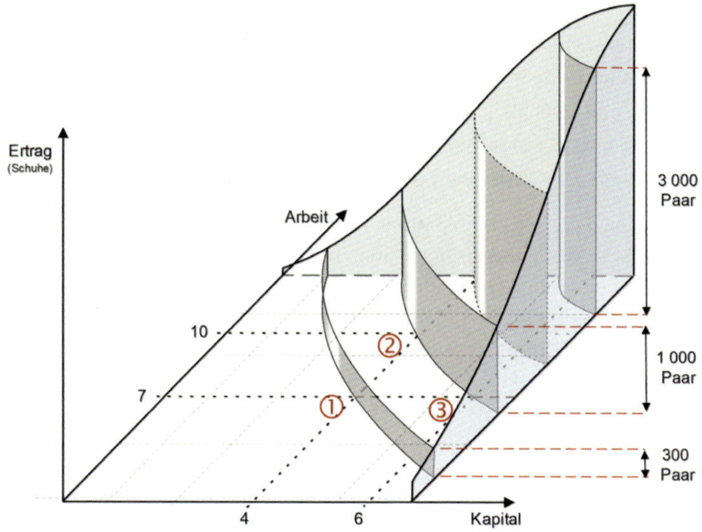

Die Isoquante muss man sich als eine Scheibe innerhalb eines Ertragsgebirges vorstellen. Die Grafik zeigt nur eine Auswahl von vier Isoquanten. Da jede Ausbringungsmenge eine eigene Isoquante erzeugt, die sich direkt an die vorherige und nachfolgende anfügt, gibt es innerhalb des Ertragsgebirges so viele Isoquanten wie Ausbringungsmengen. Die Höhe der Isoquante entspricht der jeweiligen Menge, so verlaufen sie alle parallel zueinander und können sich nicht überschneiden.

Man kann der Grafik entnehmen, dass 7 Arbeits- und 4 Kapitaleinheiten (1) eine der möglichen Kombinationen ist, um 300 Paar Schuhe zu fertigen. Um 1 000 Paar zu fertigen, könnte man entweder mehr Arbeitskräfte (2) oder mehr Kapitaleinheiten (3) einsetzen oder irgendeine andere Kombination auf dieser Isoquante wählen. Für welche Kombination man sich letztendlich entscheidet, hängt auch von den jeweiligen Kosten ab.

Minimalkostenkombination

Um die täglich anfallenden Rechnungen bearbeiten zu können, kann eine Versicherung:

A: acht Bürokräfte und eine Kapitaleinheit oder
B: fünf Bürokräfte und zwei Kapitaleinheiten oder
C: drei Bürokräfte und drei Kapitaleinheiten oder
D: zwei Bürokräfte und vier Kapitaleinheiten oder
E: eine Bürokraft und acht Kapitaleinheiten einsetzen.

Eine Bürokraft bekommt in der für die Bearbeitung notwendigen Zeit 90,00 € Gehalt. Mit dem Einsatz einer Kapitaleinheit sind Kosten in Höhe von 120,00 € verbunden.

Jede der im Beispiel aufgeführten Faktorkombinationen kann die täglich anfallende Arbeit bewältigen. Rational Handelnde werden jedoch nur die kostengünstigste Kombination wählen, d. h., sie handeln nach dem ***Minimalprinzip***.[1] *Da die Gehaltskosten niedriger sind als die Kapitalkosten, könnte man meinen, dass die Kombination A die günstigste sei. Man muss aber beachten, dass die Substitutionsraten unterschiedlich hoch sind; so könnte im Vergleich zur Kombination A nur eine zusätzliche Kapitaleinheit drei Angestellte ersetzen. Die Kombination B wäre gegenüber der Kombination A 150,00 € billiger.*

	Kombinationsmöglichkeiten		Kosten für		
	Bürokraft	Kapital	Bürokraft	Kapital	Gesamtkosten
A	8	1	720,00 €	120,00 €	840,00 €
B	5	2	450,00 €	240,00 €	690,00 €
C	**3**	**3**	**270,00 €**	**360,00 €**	**630,00 €**
D	2	4	180,00 €	480,00 €	660,00 €
E	1	8	90,00 €	960,00 €	1.050,00 €

Man wird sich für die Faktorkombination C entscheiden, denn die Gesamtkosten sind bei C am geringsten.
Unterstellt man jetzt, dass das Gehalt einer Bürokraft aufgrund eines neuen Tarifvertrags von 90,00 € auf 105,00 € steigt, während die Kapitalkosten aufgrund neuer Techniken und größeren Konkurrenzkampfes von 120,00 € auf 90,00 € sinken, wird die Faktorkombination neu berechnet werden.

Das Unternehmen muss sich nun überlegen, ob die Kombination von drei Bürokräften und drei Kapitaleinheiten noch die kostengünstigste ist.
Ein nach Kostengesichtspunkten handelndes Unternehmen ersetzt (substituiert) jetzt eine Bürokraft durch eine Kapitaleinheit.

Die **Minimalkostenkombination** ist diejenige Kombination von Produktionsfaktoren, bei der ein bestimmter Ertrag mit den geringsten Kosten erzielt wird. Voraussetzung dafür ist die Möglichkeit der **Faktorsubstitution**.

In der Praxis ist die Faktorsubstitution meist ein sehr langwieriger Prozess. Abhängig Beschäftigte können nicht ohne Weiteres entlassen werden und der Einsatz von Maschinen setzt eine äußerst sorgfältige Planung voraus.
Der **Vorteil der Faktorsubstitution** liegt in der kostengünstigen Produktion, die sich auch auf die Verbraucherpreise niederschlägt.

1 *Siehe Kapitel 1.1 „Grundentscheidungen und -tatbestände des Wirtschaftens", Ökonomisches Prinzip.*

Wird ein Produktionsfaktor aus irgendwelchen Gründen teurer, lohnt es sich, ihn durch einen billigeren zu ersetzen.
In den vergangenen Jahren war es meist der Produktionsfaktor Arbeit, der im Vergleich zum Kapital immer teurer wurde und die Unternehmen veranlasste, Rationalisierungsinvestitionen durchzuführen. Die freigesetzten Arbeitskräfte können nun in den Wirtschaftsbereichen Arbeit finden, in denen noch Arbeitskräftemangel herrscht. Das System der Faktorsubstitution könnte zu einer optimalen Verteilung und Verwendung der Produktionsfaktoren in einer Volkswirtschaft führen (Faktorallokation), sodass der volkswirtschaftliche Nutzen optimal wäre. Voraussetzung dafür ist allerdings, dass

1. keine **Fehlsubstitutionen** durchgeführt werden,
2. die **Nachfrage nach Arbeitskräften** groß genug ist, um alle Arbeitsuchenden beschäftigen zu können,
3. die **Arbeitsuchenden** entsprechend mobil sind,
4. eine totale **Arbeitsmarktübersicht** vorhanden ist.

Eine wichtige Rolle spielen dabei die **Agenturen für Arbeit**, denen die Vermittlung, die Umschulung und die Berufsberatung Arbeitsuchender unterliegt.
In weniger guten Wirtschaftszeiten können sich bei der Arbeitsvermittlung Probleme ergeben. Hinzu kommt, dass Arbeitslose weniger Sozialversicherungsabgaben und keine direkten Steuern zahlen.
Da die verschiedenen **Sozialversicherungsträger** konstante, durch die Arbeitslosigkeit zum Teil sogar noch höhere Leistungen zu erbringen haben, können sich daraus Finanzierungsprobleme entwickeln.
In diesem Zusammenhang sollen die mit der Arbeitslosigkeit verbundenen gesundheitlichen und sozialen Probleme nicht unerwähnt bleiben.
Es wurde schon darauf hingewiesen, dass die Substituierfähigkeit von Produktionsfaktoren nicht prinzipiell unterstellt werden darf. Ein Speditionsunternehmen, das für jeden Lkw zwei Personen benötigt, kann beispielsweise durch den Kauf eines neuen Lkw keine Person einsparen; im Gegenteil, es müssen zusätzlich zwei Personen eingestellt werden. Die Produktionsfaktoren stehen in einem festen Verhältnis zueinander. Man nennt sie deshalb limitationale Produktionsfaktoren[1].

→ **Limitationale Produktionsfaktoren** sind Produktionsfaktoren, die nur in einem festen Mengenverhältnis zueinander eingesetzt werden können.

Da eine Substituierung bei limitationalen Produktionsfaktoren nicht möglich ist, ist auch keine Minimalkostenkombination möglich.

1 *limitatio (lat.), Festsetzung*

Erwerbstätige nach Wirtschaftssektoren
in Deutschland in %

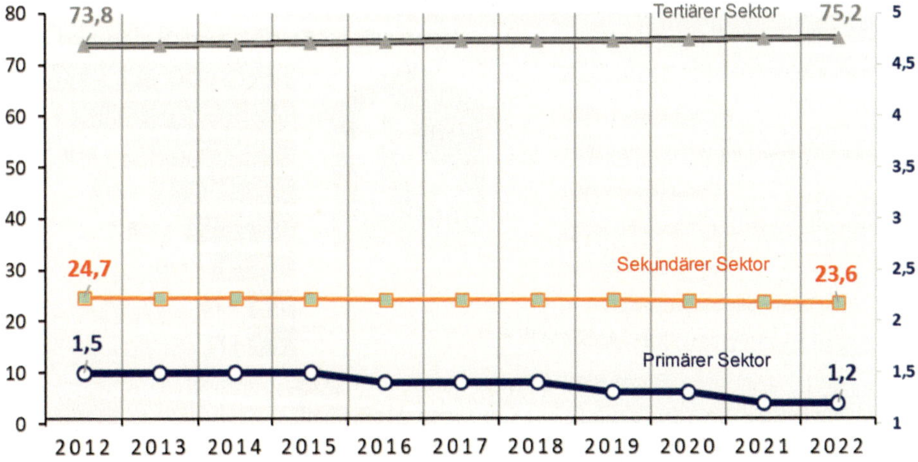

Quelle: Statistisches Bundesamt - https://www.destatis.de/DE/Themen/Wirtschaft/Konjunkturindikatoren/Lange-Reihen/Arbeitsmarkt/lrerw13a.html - vom 26.05.2023

Anhand der Grafik kann man sehen, dass die Beschäftigtenzahlen im primären (Landwirtschaft, Bergbau) und sekundären (Industrie, Energiewirtschaft, Baugewerbe) Sektor abnehmen und im tertiären (Dienstleistung) Sektor zunehmen werden. Innerhalb der Sektoren ist die Faktorzusammensetzung je nach Branche unterschiedlich. Es gibt

- **arbeitsintensiv produzierende Unternehmen**, in denen der Anteil der menschlichen Arbeit gegenüber den übrigen Produktionsfaktoren überwiegt, z. B. Handwerk, Handel, nicht rationalisierte Landwirtschaft. In der Kostenstruktur dominieren die Lohnkosten.
- **kapitalintensiv produzierende Unternehmen**, z. B. Raffinerien. In ihrer Kostenstruktur überwiegen die (fixen) Kapitalkosten, wie Abschreibungen, kalkulatorische Zinsen.
- **materialintensive Unternehmen**, die wertvolle Rohstoffe verarbeiten, z. B. Metallhütten, Textil- und Schmuckwarenindustrie, oder normale Materialien veredeln, z. B. Eisenhütten. In der Kostenstruktur dominieren die Materialkosten.

Auch hier ist ein Trend zu immer kapitalintensiverer Produktion zu beobachten.

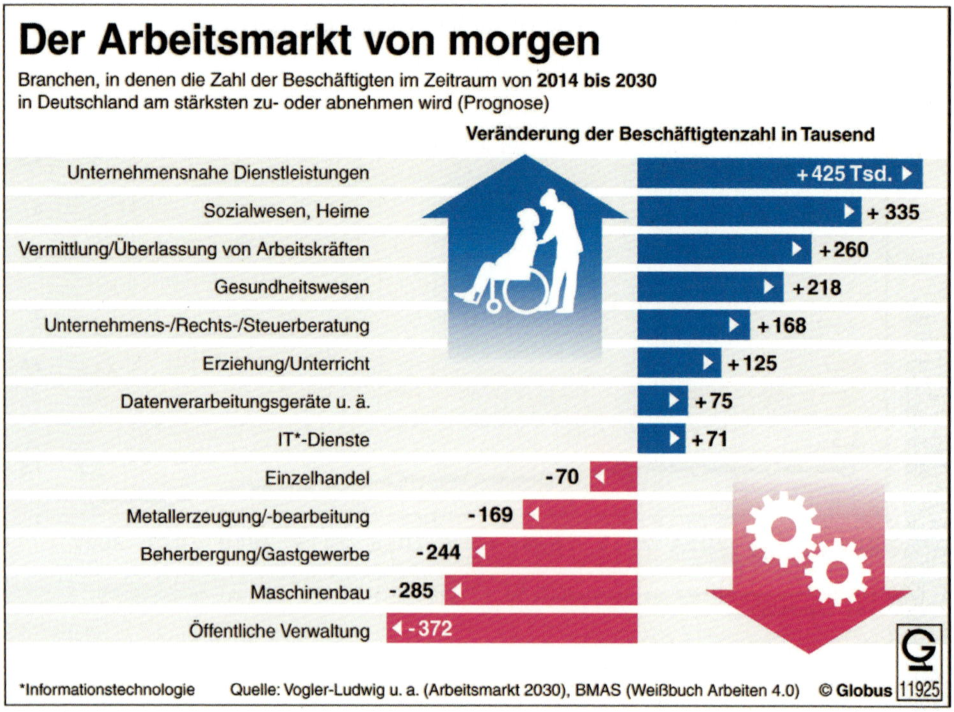

Beispiele einer massiven Verlagerung der Beschäftigtenstruktur konnte man seit 1990 in den neuen Bundesländern beobachten. Tausende Arbeitnehmende verloren aufgrund von Rationalisierungsmaßnahmen ihren Arbeitsplatz.

Nach dem Statistischen Bundesamt wurden in den neuen Bundesländern allein 1992 37,9 % aller Arbeitsplätze abgebaut. Mit dem Mikrochip begann die sogenannte „dritte industrielle Revolution". Das Internet, noch lange nicht ausgereizt, führt zu neuen Möglichkeiten der Kundenbetreuung. Onlinebanking[1] ließ die Beschäftigtenzahlen bei den Banken schrumpfen. Die Sozialversicherungsträger machen eine ähnliche Entwicklung durch. Der Vertrieb von Waren und Dienstleistungen über das Internet hat den Handel verändert. Ein Ende dieser Entwicklung ist noch nicht absehbar und sie wird noch weitere Bereiche erfassen. Die neuen Möglichkeiten der Informationsgewinnung stärken den Wettbewerb. Ziel ist, auf sich ändernde Kundenwünsche flexibel zu reagieren und die Kosten niedrig zu halten.

Wir befinden uns mitten in der „dritten industriellen Revolution". Eine Veränderung der wirtschaftlichen Ziele und der Wirtschaftsstruktur sind die Folge.

Die Anforderungen an die Arbeitskräfte ändern sich. Für sie ist es wichtig, Trends frühzeitig zu erkennen und sich entsprechend zu qualifizieren. Dies ist das beste Mittel gegen Arbeitslosigkeit. Arbeitslosigkeit bedeutet für die Sozialversicherungsträger weniger Einnahmen, aber gleichbleibende oder gar höhere Ausgaben. Die dadurch entstehende angespannte Haushaltslage der Sozialversicherungsträger kann sich nur

1 *Siehe Kapitel „Zahlungsverkehr".*

durch eine Abnahme der Arbeitslosenzahlen beruhigen. Die Bundesagentur für Arbeit kann für den notwendigen permanenten Qualifizierungswandel der Arbeitnehmenden wertvolle Hilfe leisten.

Permanente Weiterqualifizierung schützt vor Arbeitslosigkeit.
Die Sozialversicherungen sind besonders von der Arbeitskräftesubstitution betroffen.

Zusammenfassung

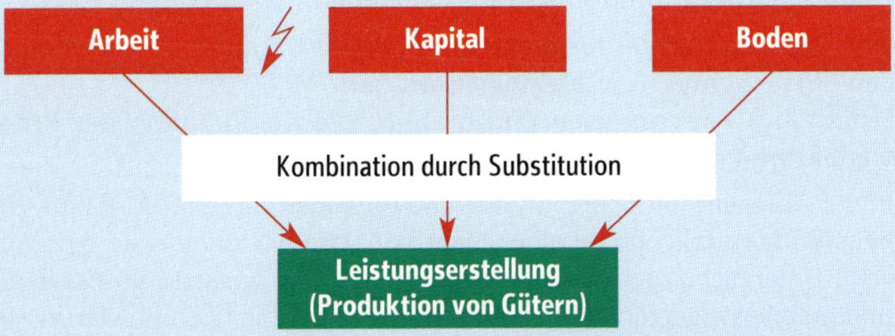

Nicht alle Produktionsfaktoren lassen sich substituieren. Bei ihnen ist die Kombination fest vorgegeben und kann nicht verändert werden. Deshalb spricht man von **limitationalen Produktionsfaktoren**.

Prüfen Sie Ihr Wissen

1. Was verstehen Sie unter Substitution und Kombination von Produktionsfaktoren?
2. Erläutern Sie die beiden Begriffe anhand eines konkreten Beispiels aus Ihrem Ausbildungsbetrieb.
3. Kann man eine Kombination von Produktionsfaktoren durch eine Substitution ersetzen?
4. Finden Sie mögliche Vor- und Nachteile der Faktorsubstitution.
5. Definieren Sie den Begriff „Isoquante“.
6. Erklären Sie, warum die Isoquante meist einen konvexen Verlauf hat.
7. Die Beschäftigungsstruktur hat sich in den einzelnen Wirtschaftsbereichen im Zeitablauf ständig verändert.
   a) In welchem Wirtschaftsbereich sind heute die meisten und in welchem Wirtschaftsbereich die wenigsten Menschen beschäftigt?
   b) Begründen Sie diesen Wandel.
   c) Wenn man unterstellt, dass diese Entwicklung anhält, welche Forderungen muss man dann an den einzelnen Arbeitnehmenden stellen?
   d) Sind durch den schnellen Wandel der Berufe auch die Leistungen einzelner Sozialversicherungsträger betroffen? Begründen Sie.

Weiterführende Aufgaben

Wählen Sie von den beiden folgenden Aufgaben eine aus und versuchen Sie, diese möglichst vollständig zu bearbeiten.

1. Unternehmensbereich

1.1. Eine Versicherung kann, um die täglich anfallenden Arbeiten zu erledigen, einsetzen:

- *sechs Bürokräfte und zwei Kapitaleinheiten oder*
- *vier Bürokräfte und drei Kapitaleinheiten oder*
- *zwei Bürokräfte und vier Kapitaleinheiten oder*
- *eine Bürokraft und fünf Kapitaleinheiten.*

Eine Bürokraft erhält für diese Arbeit 80,00 € Gehalt und die Kosten für den Einsatz einer Kapitaleinheit betragen 100,00 €.
Ermitteln Sie rechnerisch und grafisch die Kombination der Produktionsfaktoren mit den geringsten Kosten.

1.2. In der Abteilung Stepperei arbeiten 40 Personen für je 40,00 €/Std. (Personenstundensatz) mithilfe einer Maschine, deren Stundensatz bei 250,00 € liegt. Untersuchungen haben ergeben, dass eine zusätzliche Maschine fünf (n) Personen ersetzen könnte. Eine weitere Maschine könnte vier (n = n – 1) Personen ersetzen usw. Mit jeder weiteren Maschine könnte man n (n = n – 1) Personen ersetzen. Mehr als fünf Maschinen können aufgrund der räumlichen Gegebenheiten nicht eingesetzt werden. Der Personenstundensatz sinkt mit jeder Maschine um 2,00 €. Ermitteln Sie die Minimalkostenkombination.

1.3. Eine Spedition verfügt über einen Fuhrpark mit drei Lkw-Typen:

7 Auflieger	**7,00 €/ km**	**Ladefläche:** 13,60 x 2,48 x 2,65 m Innenladehöhe **Nutzlast:** bis 26 Tonnen	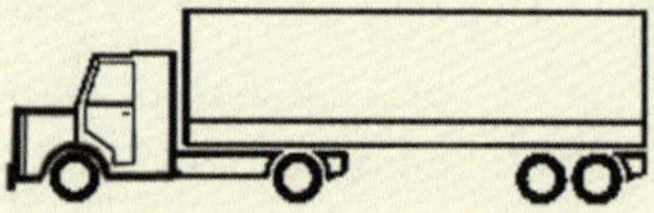
3 Abroll-kippzüge	**8,50 €/ km**	**Ladevolumen:** 20–40 m^3	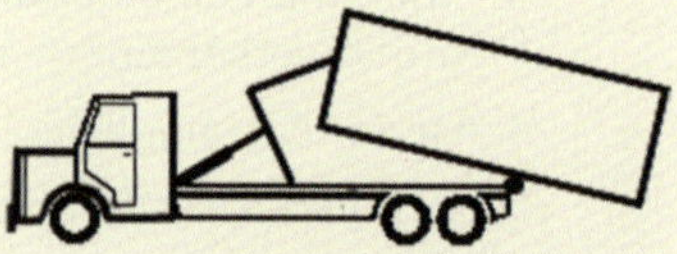
4 Kippauf-lieger	8,00 €/ km	**Ladefläche:** 13,60 x 2,40 x 1,50 x m **Nutzlast:** bis 25 Tonnen **Nutzvolumen:** 50 m^3	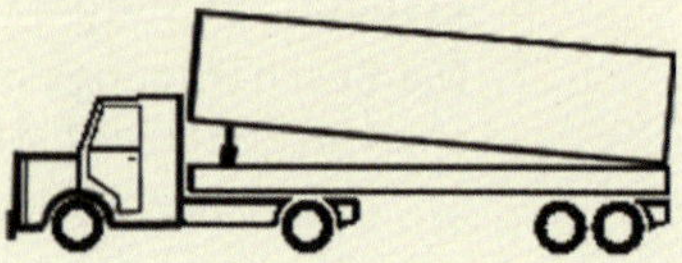

Für jedes Fahrzeug werden zwei Personen benötigt, die sich notfalls beim Fahren abwechseln und auch beim Be- und Entladen helfen.
Für alle Fahrzeuge ist eine Pauschale von 200,00 € unabhängig von der gefahrenen Strecke und der Fracht zu bezahlen. Eine Person arbeitet regulär 8 Std./Tag und bekommt pro Arbeitsstunde brutto 15,00 €. Überstunden werden mit einem Aufschlag von 20 % entlohnt.
Begründen Sie, wo in diesem Beispiel die Minimalkostenkombination wäre.

2. Volkswirtschaftlicher Bereich

2.1. Befinden wir uns bereits wieder in einer neuen industriellen Revolution?

2.2. Welchen volkswirtschaftlichen Nutzen bringen Rationalisierungsmaßnahmen, die mit Personalabbau verbunden sind?
Methoden: Diskussion, Rollenspiel, Pro und Kontra, Think-Pair-Share.

2.3. Suchen Sie Daten und Informationen über die aktuelle Arbeitslosigkeit und Arbeitslosenstruktur und deren Gründe.
Mögliche Adressen: https://www.arbeitsagentur.de,
https://www.destatis.de

2.4. Beschreiben Sie ein Zukunftsszenario mit folgendem Inhalt: Wie wird der Arbeitsplatz von morgen aussehen, was wird von den Beschäftigten verlangt und was wird mit den Personen geschehen, die diese Erwartungen nicht erfüllen können?

2 Wirtschaftskreislauf

2.1 Leistungs- und Zahlungsströme im Wirtschaftskreislauf

Konrad Freund arbeitet in einem großen Textilunternehmen in der Vertriebsabteilung. Seine Tätigkeit ist anspruchsvoll. Entsprechend hoch ist sein Gehalt. Monatlich bekommt er 2 100,00 € ausbezahlt. Um einen besseren Überblick über seine Finanzen zu haben, notiert er sich sämtliche Ausgaben in einem Haushaltsbuch.

Vergangenen Monat hat er folgende Eintragungen vorgenommen:

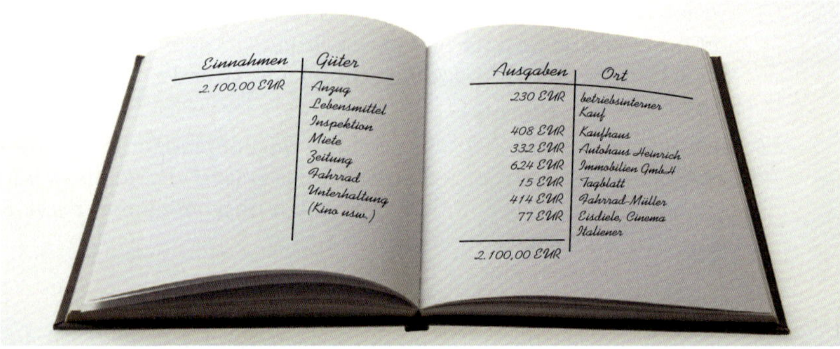

Dem Haushaltsbuch kann man entnehmen, dass Herr Freund seine gesamten Einkünfte für Konsumgüter ausgegeben hat. Diese Transaktionen kann man modellhaft auch in Form eines Kreislaufs darstellen. Dazu fassen wir zuerst alle im Haushaltsbuch aufgeführten Einkaufsorte unter dem Oberbegriff **„Unternehmen"** zusammen. Dieser Sammelbegriff wird dem **„Haushalt"** Konrad Freund gegenübergestellt und mittels Beziehungspfeile der Sachverhalt beschrieben.

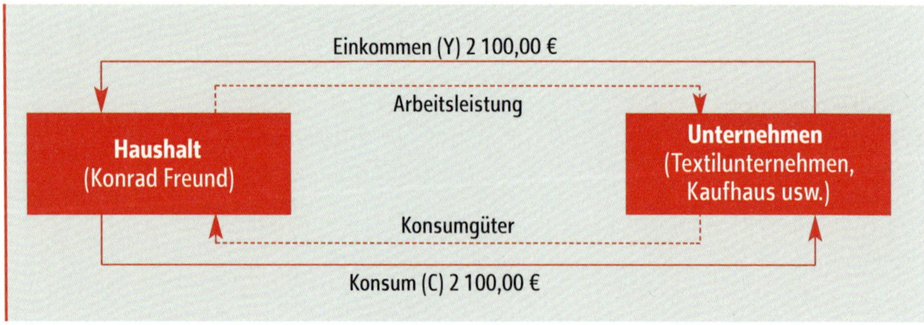

Weil Herr Freund dem Textilunternehmen seine Arbeitsleistung zur Verfügung stellt, bekommt er ein Leistungseinkommen ausbezahlt. Dieses Einkommen gibt er im Austausch gegen Konsumgüter an die Unternehmen zurück.
*Die gestrichelten Pfeile stellen den **Güterkreislauf** dar, die durchgehenden Pfeile den **Geldkreislauf.** Der Geldstrom fließt in umgekehrter Richtung zum Güterstrom.*

In der weiteren Darstellung des Wirtschaftskreislaufs wird nur der **Geldkreislauf** betrachtet.
Wenn man nun unterstellt, dass

1. alle Haushalte einer Volkswirtschaft (Nation) sich wie Herr Freund verhalten, d. h., sie geben ihr gesamtes Einkommen für Konsumgüter aus und sparen nichts,
2. alle Unternehmen dieser Volkswirtschaft innerhalb einer Periode sämtliche produzierten Güter verkaufen und sich keine Lager bilden,
3. sich die Produktionsgüter (Maschinen, Werkzeug, Gebäude usw.) nicht abnutzen,
4. es keinen Staat gibt und
5. die Volkswirtschaft geschlossen ist (kein Außenhandel),

dann sieht der Geldkreislauf einer ganzen Volkswirtschaft wie der von Herrn Freund aus, nur sind das Einkommen und die Konsumausgaben entsprechend höher:

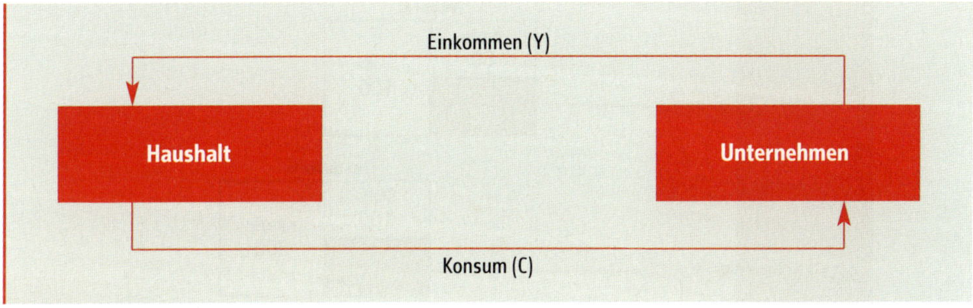

Der Wirtschaftskreislauf ist die modellhafte **Darstellung[1] der Geldströme innerhalb einer Volkswirtschaft.**

Unter den oben genannten Bedingungen verändern sich die Stromgrößen „Einkommen" und „Konsum" im Zeitablauf nicht – es handelt sich um eine stationäre[2] Wirtschaft.

In einer **stationären Wirtschaft** sparen die Haushalte nicht und die Unternehmen führen keine Investitionen durch. Die wirtschaftlichen Einheiten verändern sich über den Zeitablauf nicht.

Mithilfe der Symbole **„C"** für den Konsum und **„Y"** für das Einkommen kann man diesen Sachverhalt in Form einer Gleichung darstellen:

$$Y = C$$

1 Unter einem Modell versteht man eine sehr vereinfachte Hilfskonstruktion, die die wesentlichen Merkmale eines Teils der Wirklichkeit wiedergibt.
2 stationär: bleibend, unveränderlich

Beispiel:

In einer Volkswirtschaft gibt es vier Unternehmen:

1. Ein Schäfer, der seine Schafwolle für 50 Geldeinheiten an die Weberei verkauft.
2. Eine Weberei, die von dieser Wolle Stoffe webt und diese für 100 Geldeinheiten an eine Textilfabrik verkauft.
3. Eine Textilfabrik, die aus diesen Stoffen Kleider schneidert und diese an ein Einzelhandelsgeschäft liefert.
4. Ein Einzelhandelsgeschäft, das diese Kleider an die Haushalte verkauft.

Alle arbeitsfähigen Einwohner dieser Volkswirtschaft arbeiten in diesen vier Unternehmen.

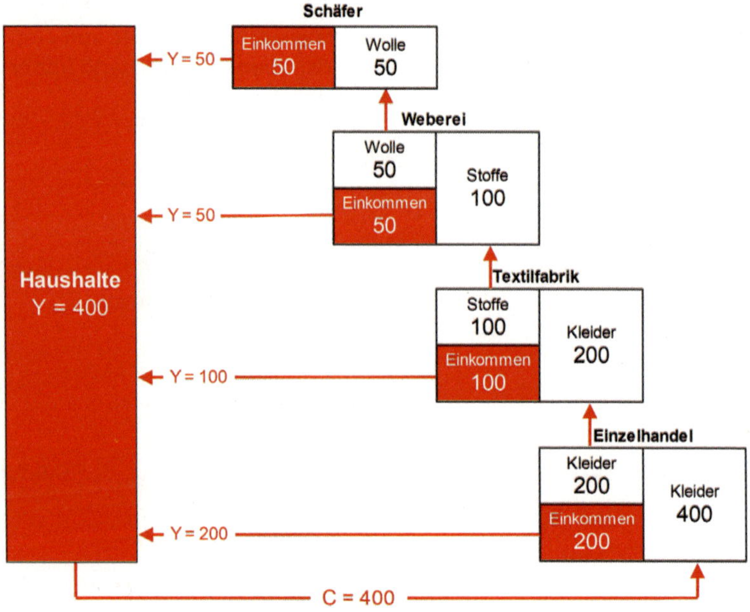

Das für den Konsum der Kleider notwendige Geld wird während der Produktion erschaffen. Der Wert des Einkommens muss zwangsläufig immer genau dem Wert der Konsumgüter entsprechen. Dadurch, dass die Haushalte ihr gesamtes Einkommen für Kleider ausgeben, schaffen sie sich selbst wieder Einkommen in gleicher Höhe. Wenn man die zuvor unterstellten Bedingungen auch auf diesen Wirtschaftskreislauf anwendet, so kennt diese Volkswirtschaft weder ein Hoch noch ein Tief, sie ist stationär.

Die obige Darstellung kann man vereinfachen, indem man die Unternehmen in einem Unternehmenssektor zusammenfasst.

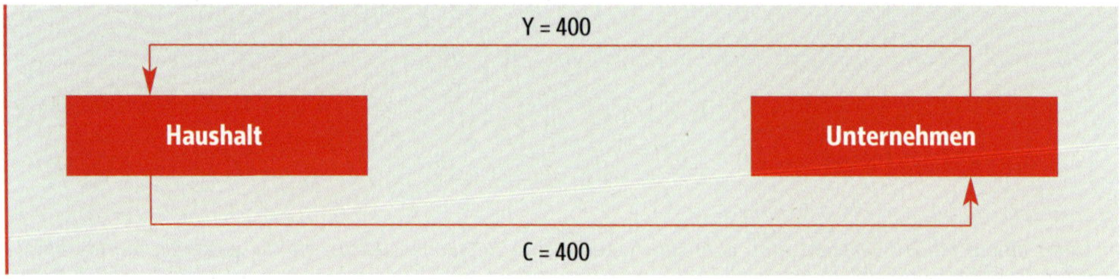

2.1.1 Sektoren im Wirtschaftskreislauf

Der Sektor Haushalt im Wirtschaftskreislauf

Unter dem Sektor Haushalt versteht man *private Personen* oder *Personengruppen*. Man unterscheidet

- Einpersonenhaushalte und
- Mehrpersonenhaushalte (Mehrpersonenhaushalt: Gruppe, die in Bezug auf die Einkommensverwendung überwiegend gemeinsam wirtschaftet[1]).

In einer modernen Industriegesellschaft wie die der Bundesrepublik Deutschland haben die Haushalte hauptsächlich die volkswirtschaftlichen Aufgaben zu konsumieren, zu sparen und Steuern zu zahlen. Das dafür notwendige Einkommen beziehen sie zum einen über die Bereitstellung von Produktionsfaktoren wie Arbeitsleistung, Vermietung und Verpachtung, Geld- und Vermögensanlagen und zum anderen über Transferzahlungen. Selbstständige gehören ebenso zu den Haushalten wie abhängig Beschäftigte oder Rentner.

Unter dem **Sektor Haushalte** versteht man private Personen oder Personengruppen und bestimmte Produzenten. Das heißt, in diesem Sektor sind Lohn-, Gehalts-, Renten- und Gewinneinkommenbeziehende.

Die wesentlichen **volkswirtschaftlichen Funktionen der Haushalte** sind:

- dem Produktionsbereich Produktionsfaktoren zur Verfügung stellen,
- Einkommenserzielung,
- über die Konsumgüternachfrage die Produktionsziele festlegen,
- über die Ersparnisbildung Mittel für die Investitionen bereitstellen,
- über die direkten Steuern staatliche Leistungen finanzieren.

In unserem Beispiel steht das Y (Einkommen) nicht nur für Lohn- und Gehaltseinkommen, sondern für alle Arten von Einkommen[2].

Der Sektor Unternehmen im Wirtschaftskreislauf

Im Sektor Unternehmen werden Güter erzeugt und gegen Entgelt verkauft. Ziel unternehmerischer Tätigkeit ist Gewinnerzielung oder Kostendeckung. Das Europäische System Volkswirtschaftlicher Gesamtrechnungen (ESVG) zählt zu den Unternehmen:

1 *Vgl. Alfred Stobbe: „Volkswirtschaftliches Rechnungswesen", 7. Auflage, Springer-Verlag, S. 382*
2 *vgl. Kapitel 2.1.2*

Nichtfinanzielle Kapitalgesellschaften	Kapitalgesellschaften (AG, GmbH); Personengesellschaften (OHG, KG); rechtlich unselbstständige Eigenbetriebe des Staates; private Organisationen ohne Erwerbszweck (Krankenhäuser, Pflegeheime); Wirtschaftsverbände
Finanzielle Kapitalgesellschaften	Banken, Versicherungen, Pensionskassen

➔ Die wesentlichen **volkswirtschaftlichen Funktionen der Unternehmen** (Kapitalgesellschaften) sind

- Herstellung von Sachgütern oder Dienstleistungen,
- Verkauf dieser Leistungen gegen Entgelt,
- Schaffung von Einkommen.

Der einfache Wirtschaftskreislauf mit Abschreibung

Zu den Aufgaben von Konrad Freund gehört auch, die Kunden zu besuchen. Der zu diesem Zweck zur Verfügung gestellte ältere Geschäftswagen muss immer häufiger zur Reparatur. Aus diesem Grund wurden Kundentermine verlegt oder ganz gestrichen. Die Geschäftsleitung findet diesen Zustand untragbar und hat entschieden, Herrn Freund einen neuen Geschäftswagen zur Verfügung zu stellen.

Durch die intensive Nutzung des Geschäftswagens wird dieser reparaturanfällig. Dieser Produktionsgüterverschleiß wird in der Kostenrechnung unter dem Begriff „Abschreibung“ erfasst. Die Unternehmen schreiben den jeweiligen Wertverlust vom bisherigen Wert ab und gewinnen so einen Überblick über ihre aktuelle Vermögenssituation.

➔ Den bei der Güterherstellung entstehenden Produktionsgüterverschleiß fasst man unter dem Begriff **Abschreibung** zusammen.

Die abgenutzten (abgeschriebenen) Produktionsgüter müssen ersetzt werden, um die vorhandene Produktionsleistung aufrechterhalten zu können. Neben den Konsumgüterunternehmen gibt es folglich auch noch Produktionsgüterunternehmen, die diese Ersatzproduktionsgüter (Ersatzinvestitionen) herstellen.

Wenn ein Textilunternehmen ein neues Auto kauft, so mindert der Wert dieses Autos zwar das Einkommen des Textilunternehmens, schafft aber in gleicher Höhe Einkommen in dem Produktionsgüterunternehmen, welches das Auto herstellt.

Beispiel:
Neben dem Textilunternehmen gibt es in dieser Volkswirtschaft noch drei weitere Unternehmen.

Unternehmen	Aufgabe		Abschreibung	
Textilunternehmen	verkauft Konsumgüter an Haushalte im Wert von	3 000	Auto Maschinen	200 400
Weberei	beliefert das Textilunternehmen mit Stoffen im Wert von verkauft Stoffe an Haushalte im Wert von	50 2 000	Auto Maschinen	100 200
Automobilunternehmen	verkauft Autos an • Textilunternehmen • Weberei • Maschinenbau • Haushalte	 200 100 150 2 000	Maschinen	100
Maschinenbau-unternehmen	verkauft Produktionsmaschinen an • Textilunternehmen • Weberei • Automobilunternehmen	 400 200 100	Auto	150

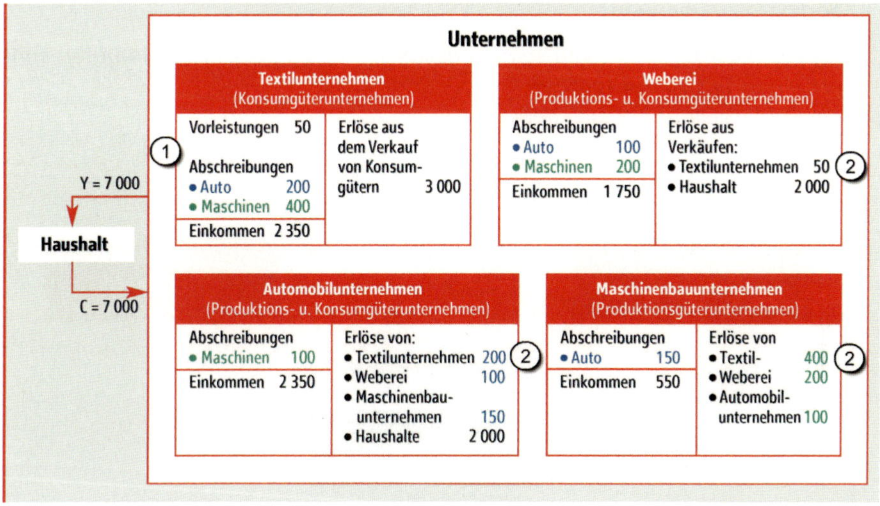

Das Textilunternehmen verkaufte an die Haushalte Güter im Wert von 3 000. Von der Weberei, dem Automobilunternehmen und dem Maschinenunternehmen kaufte es Güter im Wert von 650 (1). Die dadurch bedingte Einkommensminderung bei dem Textilunternehmen entspricht der Einkommensmehrung bei den drei anderen Unternehmen (2).

Die mit der **Ersatzbeschaffung für abgenutzte** (abgeschriebene) **Produktionsgüter** verbundene Einkommensminderung bei dem investierenden Unternehmen bewirkt beim Verkäufer der Ersatzgüter eine entsprechende Einkommensmehrung.

Die Ersatzbeschaffung für abgenutzte Produktionsgüter spielt sich nur innerhalb des Unternehmenssektors ab. Das Gesamteinkommen (Y) und der Gesamtkonsum (C) dieser Volkswirtschaft bleiben davon unberührt.
Obwohl die unrealistische Annahme, dass sich die Produktionsgüter im Zeitablauf nicht verschleißen, aufgehoben ist, gilt die folgende Gleichung nach wie vor – die Wirtschaft ist stationär:

$$Y = C$$

Wirtschaftskreislauf einer geschlossenen evolutorischen[1] Wirtschaft ohne Staat

Konrad Freund erhält für seine verantwortungsvolle Tätigkeit 2 100,00 € Gehalt. Sein Einkommen könnte sich bald erhöhen, wenn ihm tatsächlich die Leitung des neuen Zweigwerks übertragen werden sollte. Aufgrund der hohen Nachfrage hat sich die Unternehmensleitung für den Bau dieses Werks entschieden.
Herr Freund, der schon mit dieser Beförderung rechnet, möchte sich jetzt unbedingt ein neues Auto kaufen. Er entschließt sich, monatlich 250,00 € auf sein Sparkonto zu überweisen.

Herr Freund kauft nicht von seinem gesamten Einkommen Konsumgüter, sondern einen Teil davon spart er.
Sein Geldkreislauf hat sich geändert

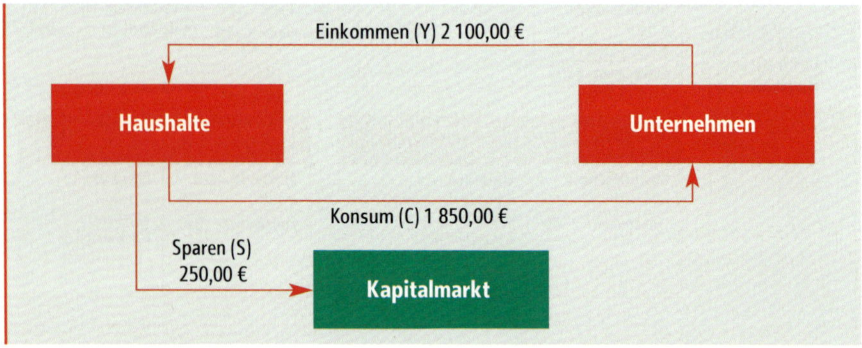

Im einfachen Wirtschaftskreislauf wurde die Sparneigung ignoriert. Jetzt kommt man der Realität näher, da durch den Sektor **„Bank (Kapitalmarkt)“**[2] der Sparwille der Haushalte berücksichtigt wird.

---

1 *evolutorisch: sich entfaltend*

2 *Die Banken als Dienstleistungsunternehmen und Arbeitgeber von vielen Lohnabhängigen müssen dem Unternehmensbereich (finanzielle Kapitalgesellschaften) zugeordnet werden. Das Zinseinkommen der Haushalte für ihr Sparen, das Lohneinkommen der im Bankbetrieb Beschäftigten und das Gewinneinkommen der Banken-Unternehmer sind in dem Einkommensstrom enthalten, der von den Unternehmen den Haushalten zufließt. Der Begriff Bank steht in unserem Kreislauf symbolisch für die Umwandlung von Geld- in Realkapital. Hinweis: Um Verwechslungen mit den Banken als Unternehmen zu vermeiden, haben wir diese Kapitalumwandlung mit dem Begriff „Banken“ (Kapitalmarkt) umschrieben.*

Sparen bedeutet, dass Einkommensteile nicht für den Konsum verwendet werden.

Mit den gesparten Geldern können nun Nettoinvestitionen gebildet werden.

Nettoinvestitionen sind Investitionen, die über die bloße Ersatzbeschaffung für abgenutzte Anlagen hinausgehen. Indem das Textilunternehmen ein zusätzliches Zweigwerk errichtet, führt es Nettoinvestitionen durch. Dieses neue Werk wird die Produktionskapazität des Textilunternehmens vergrößern.

Nettoinvestitionen führen zu einer Vergrößerung der Produktionskapazität.

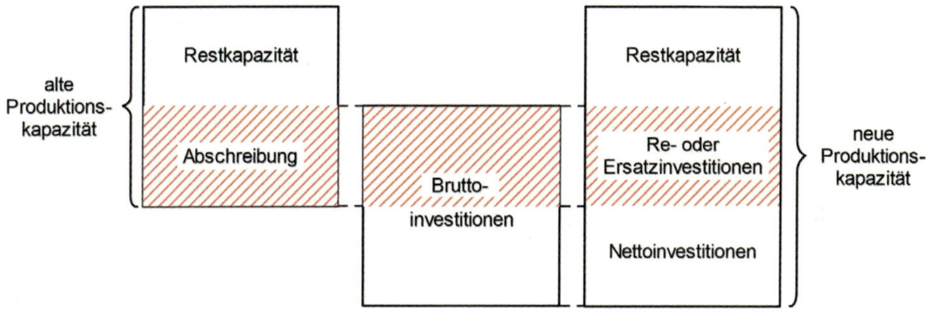

Gründe für die Durchführung von Nettoinvestitionen können sein:

- hohe Güternachfrage,
- Weckung neuer Bedürfnisse,
- optimistische Zukunftserwartung,
- Rationalisierung.

Um Nettoinvestitionen durchführen zu können, müssen die Haushalte durch das Sparen **Konsumverzicht** üben.[1]

Der Wirtschaftskreislauf muss nun folgendermaßen erweitert werden:

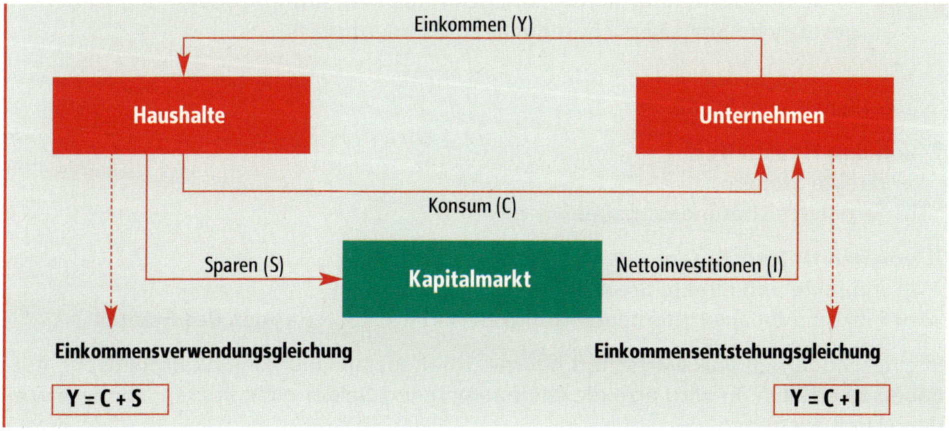

1 *Siehe Kapitel 1.4.4*

Löst man jetzt die Einkommensentstehungsgleichung nach **I** und die Einkommensverwendungsgleichung nach **S** auf:

$$\mathbf{I} = Y - C$$
$$\mathbf{S} = Y - C$$

dann gilt: $\mathbf{S} = I$

Wenn die gesamten freiwilligen Ersparnisse (S) gleich den geplanten Nettoinvestitionen (I) sind, befindet sich die Volkswirtschaft im **Gleichgewicht**. Die durch das Sparen verringerte Nachfrage nach Konsumgütern wird durch die höhere Nachfrage nach Produktionsgütern (Nettoinvestitionen) wieder ausgeglichen – die Wirtschaft ist evolutorisch.

> In einer **evolutorischen** (sich entwickelnden) **Wirtschaft** vergrößert sich der Kapitalbestand der Volkswirtschaft aufgrund von Nettoinvestitionen.

Wirtschaftskreislauf einer geschlossenen evolutorischen Wirtschaft mit Staat

Entscheidungen über die Einkommensverwendung werden den Haushalten zum Teil vom Staat in Form von Steuern (z. B. Einkommensteuer) und Sozialversicherungsabgaben abgenommen.

Der Sektor Staat im Wirtschaftskreislauf

Im Sektor Staat sind alle öffentlichen Haushalte enthalten:

- **Gebietskörperschaften**
  (**Bund, Länder, Gemeinden** einschließlich kommunaler Zweckverbände und ihre Einrichtungen wie z. B. Altenheime, Feuerwehren, Krankenhäuser) und
- **Sozialversicherungshaushalte**
  (Allgemeine Rentenversicherung, knappschaftliche Rentenversicherung, gesetzliche Kranken- und Unfallversicherung, landwirtschaftliche Alterskassen, Bundesagentur für Arbeit, Zusatzversicherungseinrichtungen für Arbeitnehmer).

> Im **Sektor Staat** sind alle öffentlichen Haushalte (Bund, Länder, Gemeinden, gesetzliche Sozialversicherungen) zusammengefasst.

Gelder fließen zum Staat:

1. von den Haushalten
   a) direkte Steuern
   b) Sozialversicherungsabgaben

2. von den Unternehmen
   a) indirekte und direkte Steuern
   b) Einkommen aus Unternehmertätigkeit und Kapitalvermögen des Staates

In einer modernen Volkswirtschaft hat der Staat sozial- und konjunkturpolitische Aufgaben zu erfüllen. Er wird also die eingenommenen Gelder nicht sparen, sondern wieder gezielt ausgeben.

Gelder fließen vom Staat:

1. zu den Haushalten
   a) Löhne und Gehälter
   b) Transferzahlungen

2. zu den Unternehmen
   a) Konsumausgaben
   b) Subventionen

Ausgaben	**Staat**	**Einnahmen**
Transferzahlungen .... (T)		Steuern .... (S_t)
Einkommenszahlungen .... (Y)		Sozialversicherungsabgaben .... (S_v)
Subventionen .... (S_b)		Faktoreinkommen .... (Y)
Konsum .... (C)		

Die Gelder, die dem Staat zufließen, sind dem Wirtschaftskreislauf nicht entzogen, sondern sie fließen in vielfältigen Formen wieder an die Haushalte und Unternehmen zurück.

→ Der **Staat verteilt** seine Einnahmen nur **um**.

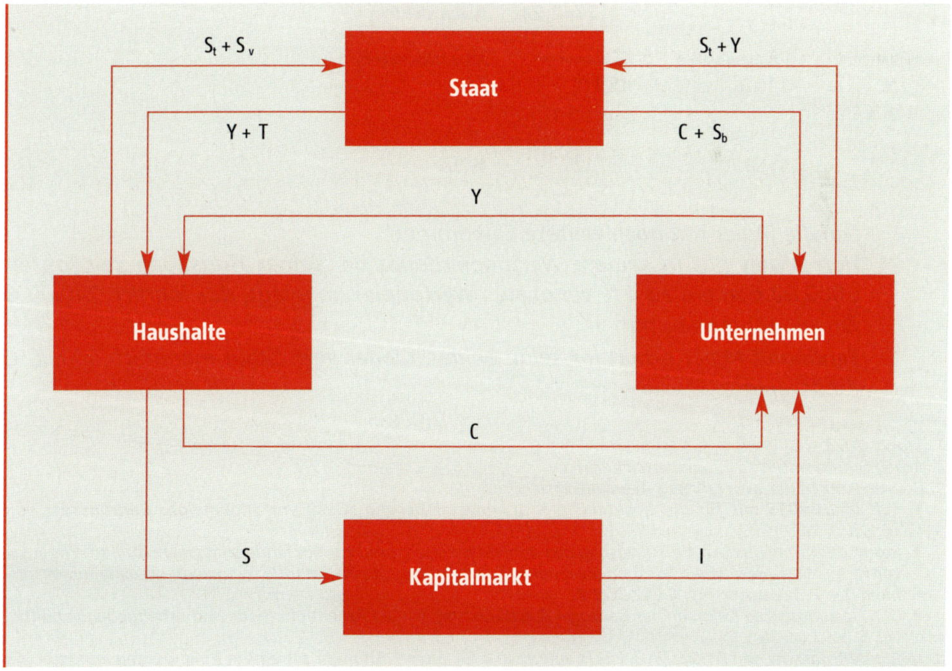

2.1.2 Einkommen

Ferdinand Maier ist verheiratet, seine Frau arbeitet nicht, sie haben zwei minderjährige, schulpflichtige Kinder unter 16 Jahren. Er ist Sachbearbeiter mit einem Monatsgehalt von 3800,00 €. So sieht seine Gehaltsabrechnung aus:

Gehaltsabrechnung (vereinfacht)[1]
Monat: September Jahr: ...

Pers.-Nr.	Name	StKl.	Ki.-Freibetrag	Konfession	Kostenstelle
2345	Maier, Ferd.	III	2	ev.	23-7890

Steuerpflichtig	Sozialab.pflich.	Betrag in €	Bezeichnung
3800,00	3800,00	3800,00	Gehalt
40,00	40,00	+ 40,00	Vermögensw. Leistungen des Arbeitgebers (freiwillig)
3840,00	3840,00	**3840,00**	**steuer- und sozialabgabenpflichtiger Lohn**
		- 250,00	Lohnsteuer
		- 0,00	Solidaritätszuschlag (seit 01.01.21 Mehrzahl der Arbeitnehmenden befreit)
		- 0,00	Kirchensteuer (8 %)
		- 773,76	Sozialversicherung[2]
		2816,24	**Nettogehalt**
		- 40,00	vermögenswirksame Anlage Bausparvertrag
		- 34,00	vermögenswirksame Anlage Wertpapiervertrag
		2742,24	**Auszahlung**

Krankenvers.	Pflegevers.[4]	Rentenvers.	Arbeitslosenvers.
16,2 % (= 14,6 % + 1,6%)[3]	3,15 %	18,6 %	2,6 %
(311,04	55,68	357,12	49,92)[2]

Familie Maier hat noch weitere Einkommen:
Herr Maier hat in seinem Wertpapierdepot bei seiner Hausbank seit Jahren 6000,00 € in ein zu 4 % verzinstes Wertpapier angelegt, das jährlich 240,00 € Zinseinnahmen bringt.
Ferdinand Maier erhält für seine beiden Kinder vom Staat monatlich 500,00 € Kindergeld[5].

---

1 *Stand: 2023*
2 *Arbeitnehmeranteil zur Sozialversicherung.*
3 *Beitragssatz in der gesetzlichen Krankenversicherung:*
- *Seit 01.01.2015 gilt für die gesetzliche Krankenversicherung (GKV) ein allgemeiner Beitragssatz von 14,6 %, § 241 SGB V.*
- *Reicht der Krankenkasse die Zuweisung aus dem Gesundheitsfond zur Kostendeckung nicht aus, so erhebt sie von ihren Mitgliedern einen kassenindividuellen Zusatzbeitrag (durch Satzung festgelegt) als einkommensabhängigen Prozentsatz, vgl. § 242 SGB V.*
- *Den Gesamtbeitrag (allgemeiner Beitrag + Zusatzbeitrag) tragen Arbeitnehmende und Arbeitgebende hälftig, vgl. § 249 I 1 SGB V.*

4 *(Allg.) Beitragssatz seit 01.07.23: 3,4 % (Kinderlose 4 %). Eltern mit mehr als einem Kind werden entlastet. Ab dem zweiten Kind um 0,25 % pro Kind, bis auf max. 1 % Entlastung, d. h. ab fünf und mehr Kindern beträgt der Arbeitnehmeranteil zur Pflegeversicherung 0,7 %, vgl. § 55 SGB XI.*
5 *Kindergeld wird aus Steuermitteln finanziert, die Auszahlung erfolgt üblicherweise durch die örtlich zuständigen Familienkassen der Bundesagentur für Arbeit, im öffentlichen Dienst wird das Kindergeld durch den Arbeitgeber ausbezahlt. Für jedes Kind werden 250,00 € pro Monat gezahlt.*

Außerdem erhält die Familie noch staatliche Zuschüsse: 43 € Arbeitnehmersparzulage jährlich für den vermögenswirksamen Bausparvertrag und weitere 80,00 € jährliche Sparzulage für den vermögenswirksamen Wertpapiersparvertrag – also zusammen 123,00 €.

Übersicht Vermögensbildung:

Nach dem Vermögensbildungsgesetz erhalten Arbeitnehmer als vermögenswirksame Leistung (VwL) die Arbeitnehmersparzulage. Ferner wird die Wohnungsbauprämie unbeschränkt steuerpflichtigen Personen ab dem 16. Lebensjahr gewährt. Diese staatlichen Zuschüsse sind steuer- und sozialabgabenfrei.

Anlageart	**Förder-Höchstbetrag pro Jahr**	**Förderhöhe**	**max. Prämie pro Jahr**	**Einkommensgrenzen (zu versteuerndes Einkommen, ab 2024)**
Vermögenswirksame Leistungen nach dem 5. Vermögensbildungsgesetz (5. VermBG)				
Anlage in Vermögens-Beteiligungen (§ 2 Abs. 1, 5. VermBG)	400 € (Ehep. 800 €)	20 %	80 €* (Ehep. 160 €)	40 000 € (Ehep. 80 000 €)
Anlage in Wohnungsbau (§ 2 Abs. 1 Nr. 5, 5. VermBG)	470 (Ehep. 940 €)	9 %	~ 43 €* (Ehep. 86 €)	40 000 € (Ehep. 80 000 €)
Vermögensbildung nach dem Wohnungsbauprämiengesetz (WoPG)				
Bausparbetrag	700 € (Ehep. 1.400 €)	10,0 %	70 €** (Ehep.140 €)	40 000 € (Ehep. 80 000 €)

** Um die maximale Sparzulage von 123 € zu erhalten, sind also zwei Anlageverträge notwendig.*
*** Zusätzlich könnte durch Bausparen noch die staatliche Wohnungsbauprämie in Höhe von maximal 70 € jährlich beansprucht werden (sofern über den VwL-Sparbetrag von 470 € hinaus, weitere 700 € angespart werden) – dann beliefe sich der maximale staatliche Zuschuss pro Jahr auf 193 €.*
(Quelle: 5. Vermögensbildungsgesetz, Wohnungsbauprämiengesetz, Stand 2023)

Viele Familien haben, vergleichbar den Maiers, mehrere Einkommensarten. Die bedeutendste Einkommensart ist aber für die Mehrheit der Haushalte das **Arbeitseinkommen**. Es gehört zu den Faktoreinkommen, das sind Einkommen, die die Haushalte für die Bereitstellung von Produktionsfaktoren[1] auf dem Markt beziehen.

Das **Arbeitseinkommen** ist für die Mehrzahl der Erwerbspersonen das eigentliche und entscheidende Einkommen, es resultiert aus dem „Vermögen", eine Arbeitsleistung **(Arbeitsvermögen)** zur Verfügung zu stellen.

Aus den Vermögensarten **Geldvermögen, Sachvermögen, Arbeitsvermögen** fließen ihren Besitzern die entsprechenden Einkommen zu.

1 *Vgl. Kapitel 1.4 „Produktionsfaktoren".*

Zusammenhang zwischen Vermögen[1] und Einkommen

➔ Vermögen ist die Quelle jeglichen Faktor-Einkommens.
Einkommen ermöglicht seinerseits wieder Vermögensbildung.

Faktoreinkommen

Arbeitseinkommen

Die erbrachte Arbeitsleistung wird durch Arbeitseinkommen entlohnt. Die Höhe hängt von Menge und Qualität der Arbeitsleistung ab.

➔ Einkommen, das Entgelt für die Bereitstellung des Produktionsfaktors Arbeit ist, wird als **Arbeitseinkommen** bezeichnet.

Die vermögenswirksamen Leistungen, die Ferdinand Maier (siehe Gehaltsabrechnung) von seinem Arbeitgeber im Rahmen des Arbeitsverhältnisses als Zuschuss zu seinem vermögenswirksamen Wertpapiersparvertrag erhält, ist keine leistungsbezogene Gehaltskomponente.

Das Bruttoarbeitseinkommen wird durch diverse Abzüge gekürzt. Aber unter gesamtwirtschaftlichen Gesichtspunkten – als auch unter einzelbetrieblichen – gehören zum Arbeitseinkommen neben den Bruttolöhnen und -gehältern alle vom Arbeitgeber zu

---

1 *Vermögen wird hier nicht nur in seiner materiellen Bedeutung verstanden, sondern als Kraft, Fähigkeit, etwas Bestimmtes zu tun – oder zu erreichen.*

diesen Löhnen erbrachten gesetzlichen und freiwilligen Sozialleistungen[1]. Der größte Posten der Sozialleistungen ist dabei in der Regel der gesetzliche Arbeitgeberanteil zur Sozialversicherung[2].

Zusammenhang Nettoarbeitseinkommen und betriebliche Kosten der Arbeitskraft

Arbeitnehmerseite

Nettoarbeitseinkommen (Nettogehalt)
+ Arbeitnehmerbeiträge Sozialversicherung
+ Lohn- und Kirchensteuer (ab 2021 Soli i. d. R. entfallen)
= *Bruttoarbeitseinkommen* (*Bruttogehalt*)

Arbeitgeberseite

Bruttoarbeitseinkommen (*Bruttogehalt*)
+ Arbeitgeberbeiträge Sozialversicherung
+ Urlaubsgeld u. sonstige freiwillige Leistungen
+ betriebliche Altersversorgung
+ Entgeltfortzahlung bei Krankheit
+ ...
= **Kosten der Arbeitskraft**

Kapitaleinkommen

Familie Maier bezieht nicht nur Arbeitseinkommen, sondern aus ihrem angelegten Geldvermögen erhält sie Zinsen[3]. Diese Zinseinnahmen erhält sie dafür, dass sie bereit war, Geld zu sparen und es dem Kapitalmarkt zu Investitionszwecken zur Verfügung zu stellen.

➔ Einkommen, das Entgelt für die Bereitstellung des Produktionsfaktors Kapital ist, wird als **Kapitaleinkommen** bezeichnet.

Übersicht Kapitaleinkommen

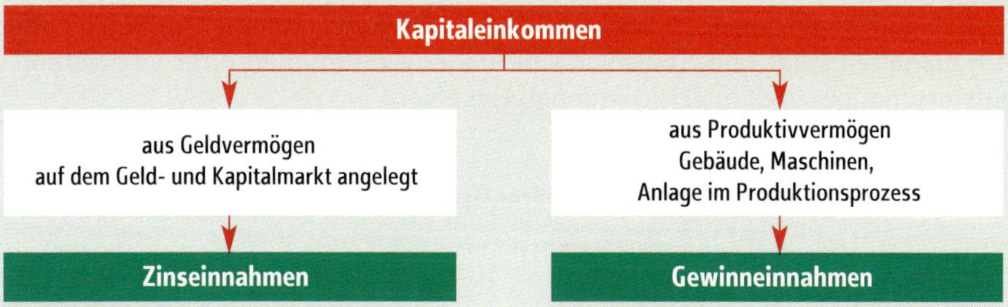

Kapitaleinkommen müssen wie Arbeitseinkommen versteuert werden.

1 *Zum Beispiel bezahlte Feiertage, Entgeltfortzahlung im Krankheitsfall, Urlaubsgeld, betriebliche Altersversorgung. Solche Personalzusatzkosten, die nur teilweise gesetzlich festgelegt sind – ein großer Teil ist tariflich und auch freiwillig vereinbart, sind sehr schwer einem einzelnen Arbeitnehmer differenziert als Eurobetrag zuordenbar. Branchenbezogene Durchschnittswerte sind leichter berechenbar, so betragen gegenwärtig im Dienstleistungsbereich der Banken und Versicherungen die Personalzusatzkosten bereits ca. 100 % des eigentlichen Gehalts.*

2 *In unserem Beispiel (Stand: 2023) beläuft sich der Arbeitgeberbeitrag auf 783,36 €. Unter Vernachlässigung weiterer vom Arbeitgeber zu tragenden Sozialleistungen kostet Ferdinand Maiers Arbeitsleistung den Arbeitgeber mindestens 4623,36 € im Monat, das zugehörige Nettoeinkommen beträgt allerdings nur 2816,24 €.*

3 *In unserem Beispiel (240 € pro Jahr, ergibt 240/12 =) 20,00 € monatlich.*

Bodeneinkommen

Wird der Faktor Boden für den Produktionsprozess bereitgestellt, so erzielt dieser Produktionsfaktor ebenfalls ein Entgelt. Entweder als Pacht für die landwirtschaftliche Nutzung oder als Miete für die gewerbliche oder private Nutzung. Volkswirtschaftlich bezeichnet man das Bodeneinkommen als Grundrente, in der sich – wie bei den anderen Produktionsfaktoren – die Ertragskraft, die Qualität sowie die Markteinflüsse aus Angebot und Nachfrage widerspiegeln. Das Bodeneinkommen ist wie das Arbeits- und Kapitaleinkommen der Steuerpflicht unterworfen.

> Einkommen, das Entgelt für die Bereitstellung des Faktors Boden ist, wird als **Grundrente** bezeichnet.

> Das **Faktoreinkommen** setzt sich aus der **Summe aller leistungsabhängigen Einkommen** (also den Faktorentgelten einer Volkswirtschaft) zusammen. Es wird auch als **Volkseinkommen** bezeichnet.

Transfereinkommen

Neben den Leistungseinkommen aus Arbeit und Kapital bezieht Familie Maier für ihre beiden Kinder monatlich Kindergeld und erhält ferner staatliche Zuschüsse als Arbeitnehmersparzulage zu ihrem Bausparvertrag als auch zu ihrem vermögenswirksamen Wertpapiersparvertrag. Das Kindergeld sowie die Arbeitnehmersparzulage zum Bausparvertrag und zum Wertpapiersparvertag sind staatliche Zuwendungen, die keine wirtschaftliche Leistung voraussetzen.

> **Transfereinkommen** sind leistungsunabhängige und von öffentlichen Haushalten übertragene Einkommen (Übertragungseinkommen).

Beispiele für weitere Transfereinkommen sind Wohnungsbauprämie, Sozialrenten aller Art, Pensionen, Krankengeld, Sozialgeld. Diese Transfereinkommen zahlen die öffentlichen Haushalte (Staat und Sozialversicherungen) im Rahmen ihrer sozialstaatlichen Verantwortung, geregelt in verschiedenen Gesetzen.

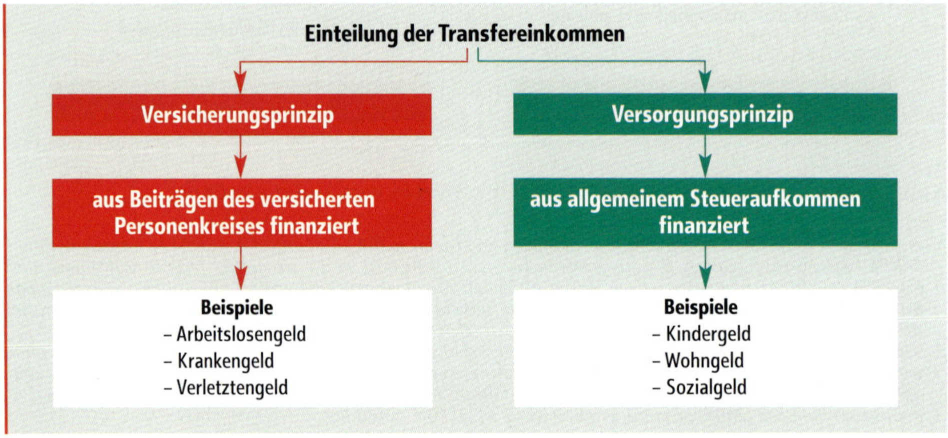

Verfügbares Einkommen

Wegen der staatlichen Transferzahlungen – aber auch wegen anderer Faktoreinkommen – darf das Nettoarbeitseinkommen des Haushalts nicht mit dem verfügbaren Einkommen[1] gleichgesetzt werden. In Einzelfällen kann es betragsmäßig dem Nettogehalt entsprechen. In den unteren Einkommensklassen ist das verfügbare Einkommen wegen der hohen Transfereinkommen teilweise höher als das Bruttogehalt.

> Das **verfügbare Einkommen** ist das Einkommen, das die Haushalte für Konsum und Sparen verwenden.

Wie bei Familie Maier so kann für die meisten Haushalte festgestellt werden, dass sie mehrere Einkommen beziehen. Weil aber die Transfereinkommen keine originären Einkommen sind, sondern über Steuern und Sozialabgaben zunächst den Faktoreinkommen entzogen werden, um sie danach – unter sozialpolitischen Gesichtspunkten – wieder zu verteilen, führt dies zu einer staatlich gewollten Korrektur der ursprünglichen Einkommensverteilung. Diese nicht unerhebliche Einkommensumverteilung wird heute immer weniger allgemein akzeptiert als noch vor Jahren.

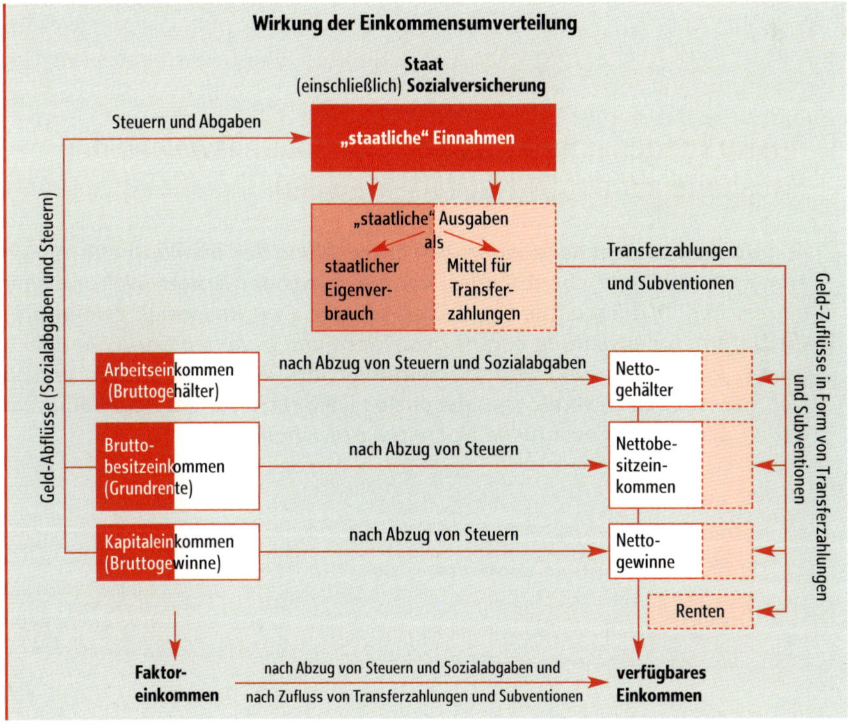

---

1 *Das monatlich verfügbare Einkommen (Stand 2023) der Familie Maier setzt sich zusammen aus dem Nettogehalt 2816,24 €, den monatsanteiligen Zinseinnahmen von 20,00 €, dem Kindergeld 500,00 € sowie der – ebenfalls monatsbezogen gerechneten – staatlichen Sparzulage von 10,25 € und ergibt somit 3346,49 €.*
Zinseinnahmen sind einkommensteuerpflichtig. Für natürliche Personen gibt es bestimmte Freibeträge, soweit diese nicht überschritten werden, bleiben die Zinsen steuerfrei.
Die Arbeitnehmersparzulage steht natürlich nicht monatlich zur Verfügung. Diese staatlichen Zuschüsse werden erst bei Ablauf der Sperrfristen ausbezahlt. Trotzdem gehören sie rechnerisch zum verfügbaren Einkommen.

Der Staat greift im Rahmen der vielfältigen Beziehungen nicht nur finanziell in die erzielten Einkommen ein, sondern er beeinflusst Einkommens- und Vermögensbildung auch durch andere Reglementierungen, beispielsweise durch Eingriffe in die Vertragsfreiheit oder durch Bereitstellung eines kostenlosen Bildungsangebots.

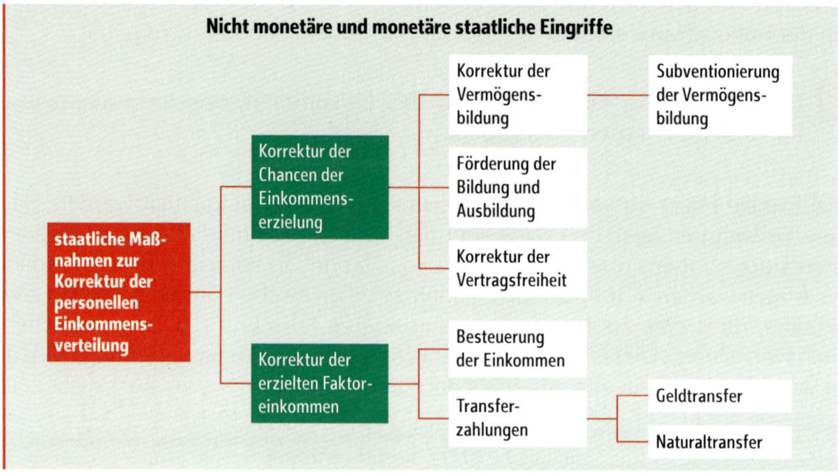

2.1.3 Auswirkungen unterschiedlicher Verhaltensweisen der Haushalte auf den Wirtschaftskreislauf

Konrad Freund sieht der zukünftigen Entwicklung der Textilbranche mit Skepsis entgegen. Ausländische Anbieter, vor allem aus der Dritten Welt, machen der heimischen Textilindustrie das Leben schwer. Den Bau eines Zweigwerks hat die Unternehmensleitung bereits gestrichen und es gehen Gerüchte über Kurzarbeit, Rationalisierung und Stellenabbau um. Wie viele andere entschließt sich Herr Freund deshalb, sein gespartes Geld nicht für ein neues Auto auszugeben, sondern für eventuelle Notzeiten aufzuheben.

Wofür die Bürger 2023 sparen

Befragung von Bundesbürger Herbst 2023 - Mehrfachnennungen (in %)

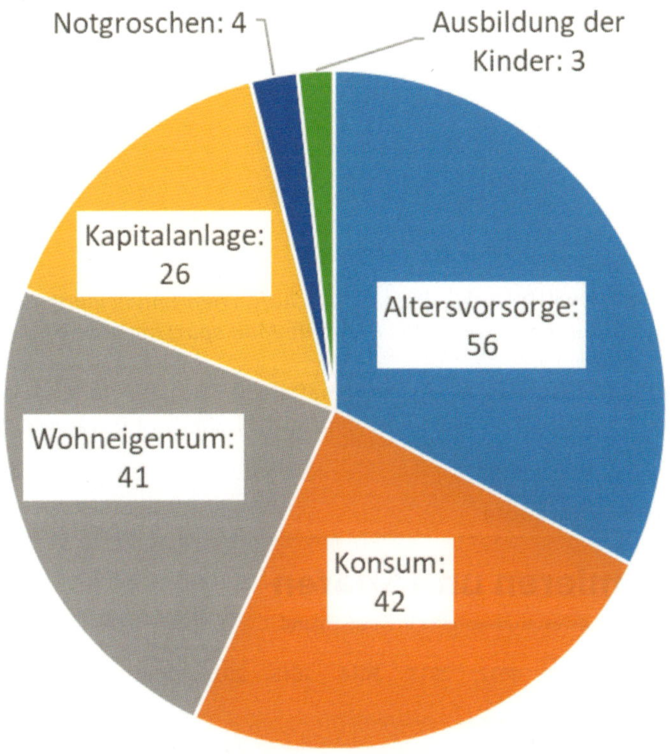

Quelle: Statista: https://de.statista.com/statistik/daten/studie/161823/umfrage/sparmotive-der-bundesbuerger/ vom 30.11.2023

In den Haushalten wird die Entscheidung, ob bestimmte Teile des Einkommens für Konsumgüter ausgegeben oder gespart werden, durch folgende Faktoren bestimmt:

- subjektive Einschätzung der wirtschaftlichen Entwicklung,
- persönlicher Nutzen,
- Art der angebotenen Güter,
- Preise der angebotenen Güter,
- Einkommenshöhe,
- Kaufkraft[1],
- Verzinsung der gesparten Einkommensteile.

Den prozentualen Anteil des Einkommens, der für Konsum ausgegeben wird, nennt man **Konsumquote**, den prozentualen Sparanteil nennt man die **Sparquote**.

1 *Siehe Kapitel 8.2 „Geldwert“.*

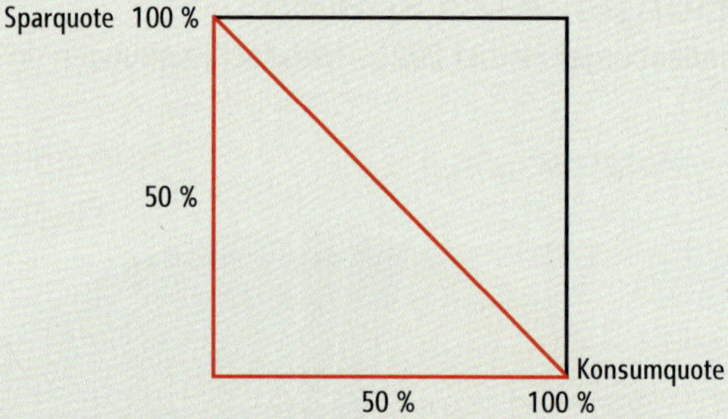

Wenn man der zukünftigen wirtschaftlichen Entwicklung nicht mehr vertraut, bestimmt die Vorsicht das Handeln: Man spart mehr und konsumiert weniger.

Entsprechend müsste in einer Wirtschaftslage, die von hoher Arbeitslosigkeit und nachlassender Investitionsneigung geprägt ist, die Sparquote steigen und die Konsumquote sinken.

Konsum- und Sparquote

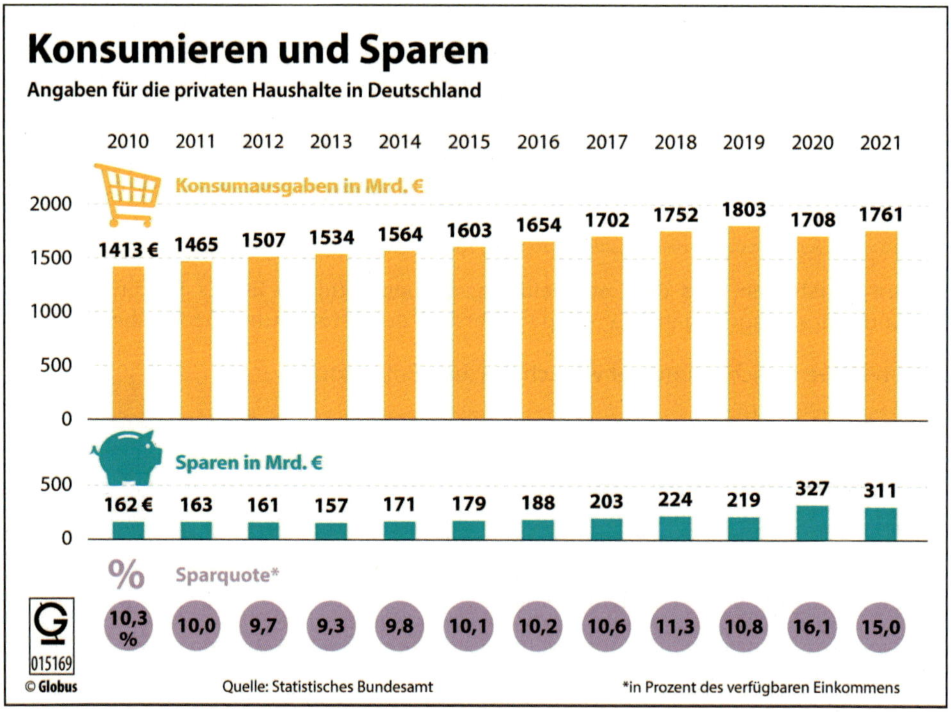

2021 standen den Haushalten insgesamt 2 072 Mrd. Euro zur Verfügung. 311 Mrd. Euro davon wurden gespart (Sparquote 15,01 %) und 1 761 Mrd. Euro konsumiert (Konsumquote 84,99 %).

Bei der Entwicklung der Spar- und Konsumquote dieses Haushaltstyps von 2010 bis 2021 ist Folgendes zu beachten:

- Die Konsum- und Sparanteile sind Durchschnittswerte.
- Das durchschnittlich zur Verfügung stehende Einkommen ist in den letzten Jahren gestiegen.
- Es hat sich eine Verschiebung innerhalb der Einkommensarten ergeben.
- Zahlungsverpflichtungen verhindern ein zusätzliches Sparen.
- Niedrige Zinsen machen das Sparen unattraktiv.
- Bürger, die am Existenzminimum leben, können nicht mehr sparen.

Meistens sind Sparende und Investierende unterschiedliche Personen. Die Sparmotive unterscheiden sich deshalb stark von den Investitionsmotiven.

In unserem Beispiel hat die schlechte wirtschaftliche Lage das Textilunternehmen veranlasst, das geplante Zweigwerk nicht zu bauen.

Schätzen die Unternehmen die wirtschaftliche Entwicklung günstig ein, so werden sie **mehr investieren**. Schätzen die Unternehmen die wirtschaftliche Entwicklung ungünstig ein, so werden sie **weniger investieren**.

Für Unternehmen ist die einzige Investitionsmotivation die erhoffte Rentabilität der Investition.
Die Sparneigung kann entgegengesetzt der Investitionsneigung verlaufen. Allein diese Tatsache zeigt, dass eine gleichgewichtige Volkswirtschaft reiner Zufall wäre.

Zusammenhang zwischen Sparen und Nettoinvestitionen
(Sparen der privaten Haushalte und Nettoinvestitionen der Unternehmen)

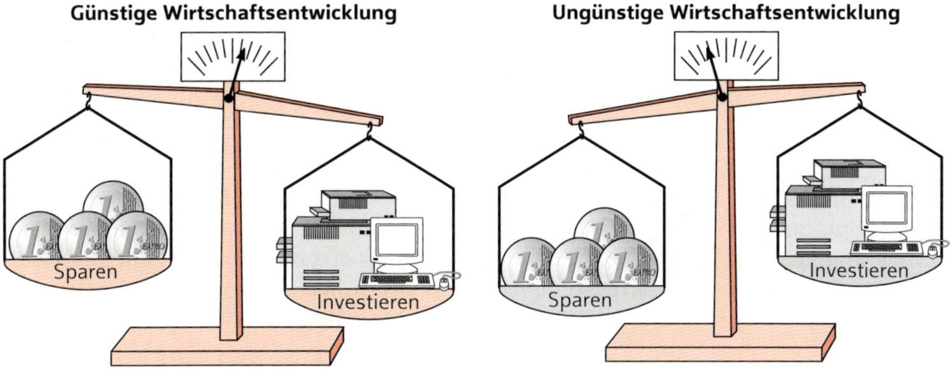

Sparen[1] und Nettoinvestitionen in Deutschland (in Mrd. €)

Datenquelle: Statistisches Bundesamt, Volkswirtschaftliche Gesamtrechnungen vom 17.03.2023, https://www.destatis.de/DE/Themen/Wirtschaft/Volkswirtschaftliche-Gesamtrechnungen-Inlandsprodukt/Publikationen/Downloads-Inlandsprodukt/investitionen-pdf-5811108.pdf?__blob=publicationFile

Wenn die Haushalte mehr sparen, ohne dass sich ihr Einkommen wesentlich erhöht hat, bedeutet dies zwangsläufig weniger Konsum. Die Unternehmen verkaufen dann weniger und ihre Lagerbestände steigen. Diese Lagerbestände werden volkswirtschaftlich wie Investitionen behandelt (ungeplante Investitionen). Auch sie vergrößern das Vermögen der Unternehmen. Die Identitätsgleichung S = I muss nun erweitert werden:

Sparen	=	Investitionen (geplant)
		Investitionen (ungeplant) = Lagerbildung

Insgesamt gesehen wird sich die Wirtschaft abwärts entwickeln. Unternehmen werden weniger produzieren und Kapazitäten abbauen, indem sie Kurzarbeit einführen bzw. Arbeitnehmende entlassen. Diese Entwicklung kommt erst dann wieder zum Stillstand, wenn die **freiwilligen Ersparnisse** mit den **geplanten Investitionen** übereinstimmen. Dann besteht wieder ein Gleichgewicht, wenn auch bei Unterbeschäftigung.

1 *gesamtwirtschaftliches Sparen*

Ist die Sparneigung größer als die Investitionsneigung, so ergibt sich eine Abwärtsbewegung in der **Wirtschaftsentwicklung**.

Umgekehrt, wenn die Investitionsneigung der Unternehmen größer als die Sparneigung der Haushalte ist, ergibt sich eine Aufwärtsbewegung in der Wirtschaft. Dieser Aufschwung kommt zustande, weil die Unternehmen auf die erhöhte Konsumgüternachfrage mit dem Ausbau ihrer Produktionskapazitäten reagieren.
Bei Unterbeschäftigung würden neue Arbeitskräfte eingestellt werden, dadurch würde das Gesamteinkommen real steigen. Wenn Vollbeschäftigung erreicht ist, müssten die Unternehmen sich die fehlenden Spargelder über **höhere Güterpreise** beschaffen, sodass die Haushalte mit ihrem Einkommen weniger Güter konsumieren können (Zwangssparen). Das würde nur noch zu einer nominalen (inflationären) Steigerung des Gesamteinkommens führen.

Sparen (freiwillig)	=	Investitionen
Sparen (Zwang) = Preissteigerung		

Diese Aufwärtsentwicklung wäre erst dann beendet, wenn die freiwilligen Ersparnisse wieder mit den geplanten Investitionen übereinstimmten.
Die Dynamik der Identitätsgleichung zeigt folgende Grafik:

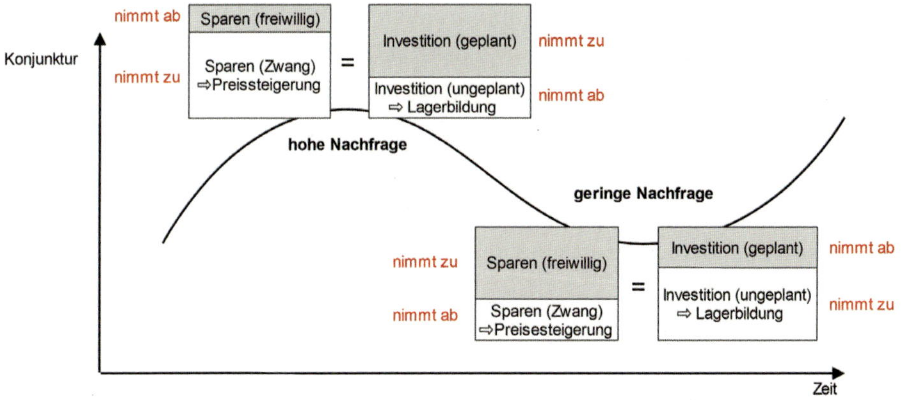

In einer **geschlossenen Volkswirtschaft** (ohne Außenhandel) ist in jedem Abrechnungszeitraum der Wert der Investitionen gleich dem Wert der Ersparnisse.

Über den Zins leistet der Kapitalmarkt einen Beitrag zur Angleichung der Höhe der freiwilligen Ersparnisse und der geplanten Investitionen. Wird mehr gespart als investiert, sinken die Zinsen. Sparen wird nun unattraktiver, Investieren attraktiver. Umgekehrt, wenn die Investitionsneigung größer als die Sparneigung ist, steigen die Zinsen. Investitionen werden nun unattraktiver, Sparen attraktiver.

2.1.4 Auswirkungen einer Erhöhung der Sozialversicherungsabgaben auf den Wirtschaftskreislauf

Eine **Erhöhung der Sozialversicherungsbeiträge** bedeutet

- für die Unternehmen höhere Kosten und
- für die Haushalte niedrigere verfügbare Einkommen.

Gelingt es den Unternehmen, die höheren Kosten auf die Preise abzuwälzen, so können die Haushalte mit dem ihnen zur Verfügung stehenden Einkommen weniger Güter kaufen – die Beitragserhöhung hat **Zwangssparcharakter**.[1]

Können Unternehmen die höheren Kosten nicht auf die Preise abwälzen, so mindert sich das Gewinneinkommen des Unternehmerhaushalts.

Auch das Einkommen des Arbeitnehmerhaushalts wird durch diese Beitragserhöhung vermindert.

Um nun die **Auswirkungen auf den Wirtschaftskreislauf** bestimmen zu können, ist es wichtig zu wissen, wofür diese zusätzlichen Gelder verwendet werden.

Als Verwendungsmöglichkeiten sind denkbar:

- Deckung der gestiegenen Kosten im Gesundheitswesen,
- Bildung von Vermögen (z. B. Kauf von Grundstücken),
- Bildung von Rücklagen (z. B. nach §§ 80, 82, 83 SGB IV).

Dienen diese zusätzlichen Gelder nur zur Deckung der gestiegenen Kosten im Gesundheitswesen oder bildet man damit Vermögen, indem beispielsweise von privaten Haushalten Grundstücke gekauft werden, so fließen diese Gelder vom Sektor „Staat“ wieder zu dem Sektor „Haushalte“ zurück. Es hat nur eine Einkommensumverteilung stattgefunden. Am Gesamteinkommen des Sektors „Haushalte“ hat sich nichts geändert. Möglicherweise ändert sich aufgrund der Einkommensumverteilung das Nachfrageverhalten der Haushalte.

Dem Gesamteinkommen des Sektors „Haushalte“ sind die Beitragserhöhungen dann entzogen, wenn die Sozialversicherungen die Gelder zur Bank bringen und zum Zwecke der Rücklagenbildung anlegen. Nun hat die Beitragserhöhung für die Haushalte Zwangssparcharakter. Die Gelder sind jedoch dem Wirtschaftskreislauf nicht entzogen.

Anders ist es jedoch, wenn Beitragserhöhungen in der Rentenversicherung in Form von Offenmarktpapieren angelegt werden müssen. Nun sind diese Gelder dem Wirtschaftskreislauf entzogen. Dies hat einen Dämpfungscharakter auf die weitere Wirtschaftsentwicklung.

---

1 *Siehe Kapitel 1.4.4*

Zusammenfassung

1. Der Wirtschaftskreislauf ist die modellhafte Darstellung der Geldströme in einer Volkswirtschaft.
2. In einem geschlossenen Wirtschaftskreislauf gibt es die Sektoren Haushalte und Unternehmen, Staat und Kapitalmarkt.
3. Der Sektor Kapitalmarkt hat eine regulierende Funktion. Über den Zins gleicht er Sparen (S) und Investitionen (I) aus.
4. Einkommen wird im Unternehmenssektor und im Sektor Staat geschaffen.
5. Das verfügbare Einkommen verwenden die Haushalte für Konsum (C) und Sparen (S).
6. 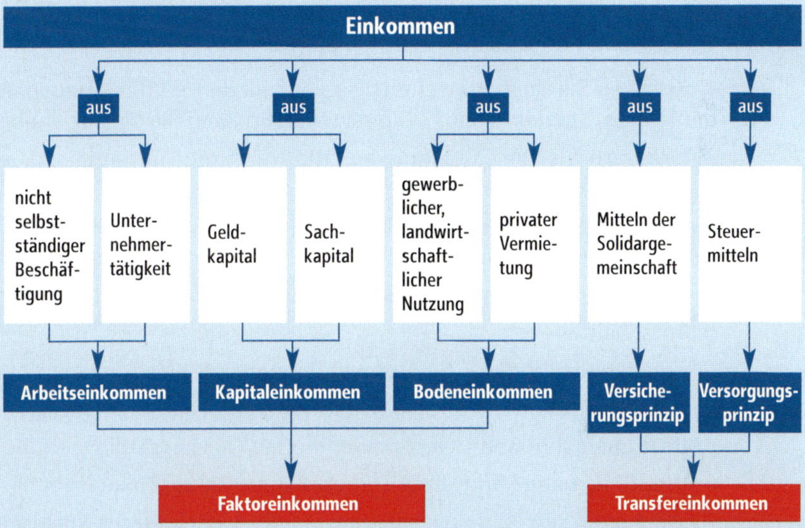

7. Alle Einkommen entstehen zunächst als Einkommen der Produktionsfaktoren; sie werden als **Leistungseinkommen** bezeichnet. Die Verteilung dieser Einkommen ist ein reines Marktergebnis und abhängig davon, wie „leistungsfähig" die zur Verfügung gestellten Produktionsfaktoren der Haushalte sind.
8. Stark ungleiche Verteilung des Einkommens behindert Neuinvestitionen, weil kein Absatzmarkt für zusätzliche oder neue Produkte vorhanden ist. Das ist auf die niedrige Konsumquote zurückzuführen.
9. Der hohe Sparanteil der „reichen" Bevölkerung kommt nicht der Volkswirtschaft zugute, weil er mangels Nachfrage nicht als Investition genutzt werden kann.
   Ungleichverteilung belastet den sozialen Frieden in der Gesellschaft.

10. Ist die Sparneigung größer als die Investitionsneigung, entwickelt sich die Wirtschaft nach unten.
Ist die Sparneigung kleiner als die Investitionsneigung, entwickelt sich die Wirtschaft nach oben.

11. Je nach der Verwendung der Gelder von Beitragserhöhungen in der gesetzlichen Sozialversicherung kann dies
a) Umverteilungscharakter,
b) Zwangssparcharakter oder
c) Dämpfungscharakter
haben.

12. Nettoinvestitionen setzen **volkswirtschaftliches Sparen** voraus.

Prüfen Sie Ihr Wissen

1. Zeichnen Sie einen Wirtschaftskreislauf mit den Sektoren Haushalte, Unternehmen, Staat und Bank/Kapitalmarkt. Erklären Sie die Beziehungspfeile.
2. Erläutern Sie die Zusammensetzung und die Aufgaben der einzelnen Sektoren des Wirtschaftskreislaufs.
3. Warum bleibt das Volkseinkommen unberührt, wenn Unternehmen Ersatzinvestitionen durchführen?
4. Welcher Zusammenhang besteht zwischen Sparen und Nettoinvestitionen?
5. Entscheiden Sie:
Ersatzinvestitionen = Bruttoinvestitionen (+/–) Nettoinvestitionen
Nettoinvestitionen = Bruttoinvestitionen (+/–) Ersatzinvestitionen
Bruttoinvestitionen = Nettoinvestitionen (+/–) Ersatzinvestitionen
6. Welche Gründe könnten Unternehmen veranlassen zu investieren?
7. Wie wirken sich Nettoinvestitionen auf die wirtschaftliche Entwicklung aus?
8. Warum schaffen Nettoinvestitionen Einkommen?
9. Bilden Sie die Einkommensentstehungs- und Einkommensverwendungsgleichung. Erklären Sie die einzelnen Symbole.
10. In welchem Sektor des Wirtschaftskreislaufs ist die gesetzliche Sozialversicherung enthalten?
11. Warum gehört der Unternehmerlohn, obwohl im Gewinn enthalten, zum Arbeitseinkommen?
12. Warum kann man das Kapitaleinkommen nicht ausschließlich den Unternehmerhaushalten zuordnen?
13. Grenzen Sie Faktor- und Transfereinkommen gegeneinander ab.
14. Warum können steigende Sozialeinkommen nur über steigendes Wirtschaftswachstum oder über steigende Abgabenlast finanziert werden?
15. Überlegen Sie, welche Gründe die Korrektur der Faktoreinkommen rechtfertigen.

16. Welche Auswirkungen hätte eine Zunahme der Arbeitslosigkeit auf die einzelnen Sektoren im Wirtschaftskreislauf?
17. Wie würde sich eine Erhöhung der Beitragszahlungen für die gesetzliche Sozialversicherungen auf die einzelnen Sektoren im Wirtschaftskreislauf auswirken?
18. Nennen Sie mögliche Spargründe.
19. Begründen Sie, warum die Höhe der freiwilligen Ersparnisse in einer Volkswirtschaft selten mit der Höhe der geplanten Investitionen übereinstimmt.
20. Warum stimmen die Ersparnisse und die Investitionen in jedem Abrechnungszeitraum dennoch überein?
21. Welche wirtschaftliche Folge ergibt sich, wenn die Sparneigung größer als die Investitionsneigung ist? Begründen Sie.
22. Wie wirkt sich eine Erhöhung der Sozialversicherungsbeiträge auf die Sektoren „Haushalte“ und „Unternehmen“ aus?
23. Welche Möglichkeiten haben die Sozialversicherungsträger, die Gelder aus Erhöhungen von Sozialversicherungsbeiträgen zu verwenden?
24. Erläutern Sie, wie sich die verschiedenen Verwendungsmöglichkeiten (Aufgabe 23) auf den Wirtschaftskreislauf auswirken.

Web

2.2 Bruttoinlandsprodukt

Entwicklung des Bruttoinlandsprodukts[1]

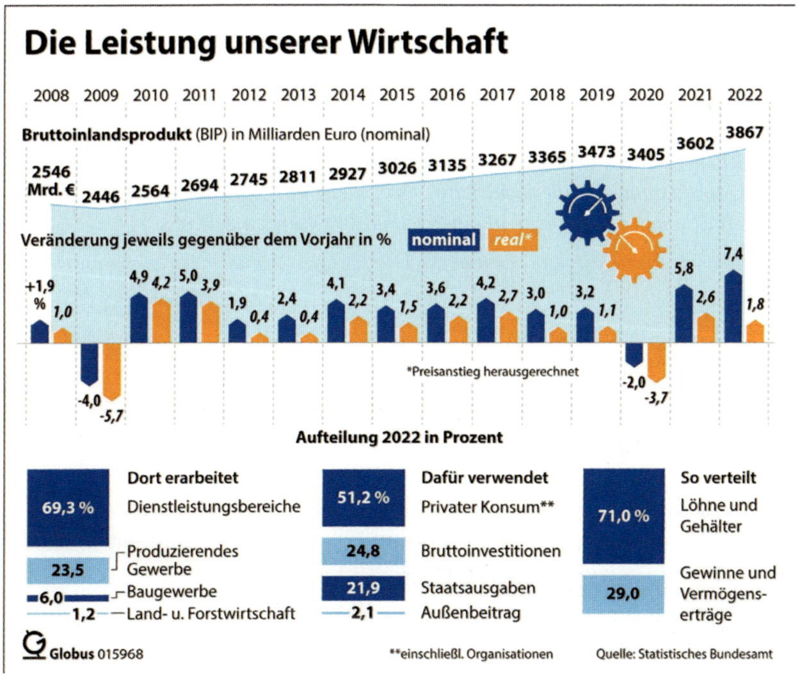

1 *in jeweiligen Preisen*

Zweck der Volkswirtschaftlichen Gesamtrechnung (VGR)

So wie ein Unternehmen seine Einnahmen und Ausgaben kontrolliert, damit es seine wirtschaftliche Situation richtig einschätzen kann und notwendige Informationen für sein betriebswirtschaftliches Handeln gewinnt, ist es auf volkswirtschaftlicher Ebene notwendig, Informationen über die Wirtschaftslage zu gewinnen, damit die richtigen wirtschaftspolitischen Entscheidungen getroffen werden können. Wichtige Informationen liefern dabei die Inlandsprodukt- bzw. Inlandseinkommensberechnung.

Die VGR dient dem Zweck, die Lage bzw. die Entwicklung einer Volkswirtschaft zu erkennen. Sie ist die **„Buchhaltung der Volkswirtschaft“.**

In der VGR drückt man die Beziehungen, die zwischen den einzelnen Sektoren bzw. innerhalb der einzelnen Sektoren des Wirtschaftskreislaufs bestehen, mithilfe der Statistik in Zahlen aus, die sich jeweils auf einen bestimmten Zeitabschnitt und eine konkrete Volkswirtschaft beziehen.

In der VGR werden die **geldlichen Ströme**, die zwischen bzw. in den einzelnen Sektoren des volkswirtschaftlichen Wirtschaftskreislaufs fließen, für einen bestimmten Zeitraum gegliedert und aufgezeichnet. Die VGR ist eine **Kreislaufanalyse**.

Die VGR dient insbesondere dazu,
- die wirtschaftliche Leistung einer Volkswirtschaft aufzuzeigen,
- das Verständnis für gesamtwirtschaftliche Zusammenhänge zu fördern,
- Aussagen über die Wirtschaftslage bzw. -entwicklung zu bestätigen oder zu widerlegen,
- Grundlage für wirtschaftspolitische Vorschläge und Entscheidungen zu sein.

Die Volkswirtschaftlichen Gesamtrechnungen haben die Aufgabe, für einen bestimmten Zeitraum ein möglichst umfassendes, übersichtliches, hinreichend gegliedertes, quantitatives Gesamtbild des wirtschaftlichen Geschehens in einer Volkswirtschaft zu geben.

Quelle: Statistisches Bundesamt, Wiesbaden, Volkswirtschaftliche Gesamtrechnungen – Wichtige Zusammenhänge im Überblick 2019, S. 3

Grundlage der VGR

Eine Volkswirtschaft besteht aus den innerhalb der Grenzen eines Landes ansässigen produzierenden Wirtschaftseinheiten. Sie erstellen das Inlandsprodukt.

Das **Inlandsprodukt** wird durch die innerhalb der Grenzen eines Landes ansässigen Wirtschaftseinheiten (gleichgültig ob In- oder Ausländer) innerhalb einer Abrechnungsperiode erstellt.

Das betriebliche Rechnungswesen oder genauer die dem Zweck der VGR angepasste **Gewinn-und-Verlust-Rechnung** dieser Wirtschaftseinheiten ist die Grundlage für die Erfassung der volkswirtschaftlichen Leistung.

> Die dem Zweck der VGR angepassten Gewinn- und Verlustkonten der im Inland produzierenden Wirtschaftseinheiten nennt man **Produktionskonten**, die die Grundlage für die Berechnung der volkswirtschaftlichen Leistung sind.

Da sich die Gewinn-und-Verlust-Rechnung des Betriebs immer auf eine vergangene Periode bezieht, ist auch die VGR eine Ex-post-Analyse.[1]

Beispiel:

In dem Land Y gibt es zwei produktive Sektoren,

- den Staat, der Dienstleistungen produziert, und
- vier Unternehmen, die untereinander, zu den Haushalten und dem Staat in Beziehung stehen, wie die Tabelle zeigt:

Unternehmen	Vorleistung	Abschreibung		Nettoinvestition	indirekte Steuer	Verkäufe		Einkommen
1. Textil	50	Auto Maschine	200 400	– –	329,00	Haushalte Staat	2 000 1 000	2 021,00
2. Weberei	–	Auto Maschine	100 200	–	245,00	Textilunternehmen (Vorleistung) Haushalte Staat	 50 920 1 080	1 505,00
3. Automobil	–	Maschine	100	980	329,00	Textilunternehmen Weberei Maschinenbauunternehmen Haushalte Staat	200 100 150 1 000 1 000	2 021,00
4. Maschinenbau	–	Auto	150	–	214,20	Textilunternehmen Weberei Automobilunternehmen (Nettoinvestition)	400 200 100 980	1 315,80
	50		1 150	980	1 117,20		9 180	6 862,80

1 *ex post (lat.) hinterher, im Nachhinein*

Der Wirtschaftskreislauf des Landes Y

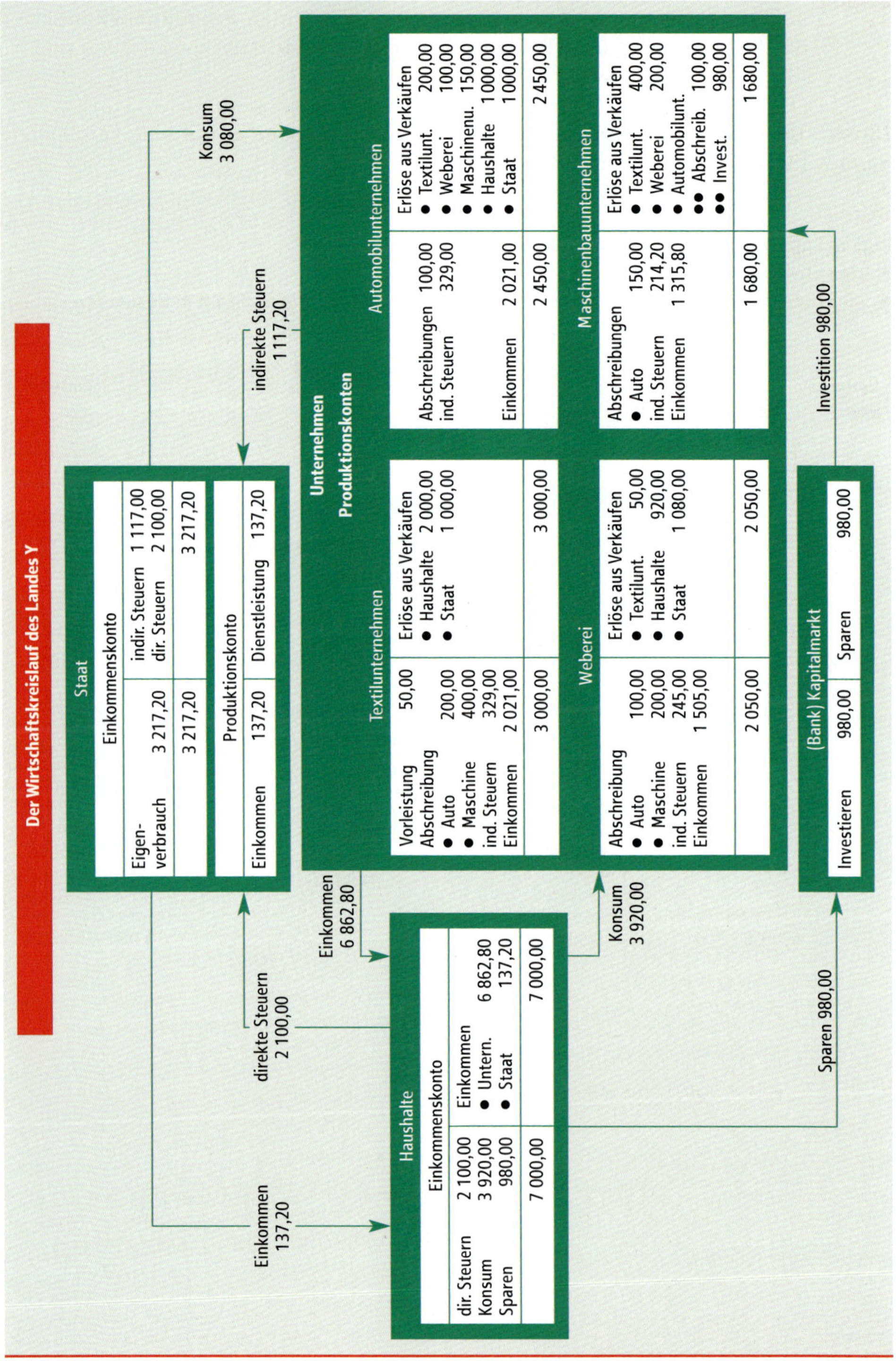

Im Land Y ist der Sektor Haushalte unproduktiv. Die Haushalte erhalten Einkommen von den Unternehmen (6 862,80) und dem Staat (137,20[1]).

Dieses Einkommen verwenden sie (nach Abzug der direkten Steuer) für

- den Kauf von Konsumgütern (3 920,00) und
- das Sparen (980,00; Sparneigung 20 %).

Auch der Staat bezieht Einkommen aus

- 30 % Einkommensteuer (direkte Steuer): 2 100,00 und
- 15 % Verbrauchsteuern (indirekte Steuer[2]): 1 117,20.

Die gesamten Einnahmen gibt er für Gehälter (137,20) und Konsumgüter (3 080,00) aus. Das Land Y hat keinerlei wirtschaftliche Beziehungen zum Ausland.

*Im Land Y gibt es **zwei Sektoren, die Einkommen beziehen:***
– den Staat (Einkommen- und Mehrwertsteuer) und
– die Haushalte (Löhne, Gehälter und Gewinne).
Diese Einkommen sind auf der rechten Seite eines Einkommenskontos aufgelistet. Die linke Seite des Einkommenskontos zeigt die Verwendung des Einkommens.

*Es gibt auch **zwei produzierende Sektoren:***
– den Staat (Dienstleistungen) und
– die Unternehmen (Konsum- und Investitionsgüter).
Die Güterproduktion und ihre Verwendung wird in „Produktionskonten" auf der rechten Seite ausgewiesen. Die linke Seite des Produktionskontos zeigt die geldliche Verteilung der Güterproduktion.[3]
Um die wirtschaftliche Leistungsfähigkeit des Landes Y beurteilen zu können, muss man wissen, wie viel überhaupt produziert worden ist. Dazu fasst man die fünf Produktionskonten in einem „Nationalen Produktionskonto" zusammen.

Nationales Produktionskonto

Vorleistungen	50,00	Verkäufe von Vorleistungen	50,00	Brutto-produktionswert
Abschreibungen	1 150,00	Verkäufe von Ersatzinvestitionen	1 150,00	
indir. Steuern	1 117,20	Verkäufe von Nettoinvestitionen	980,00	
Einkommen	7 000,00	Verkäufe von Konsumgütern	7 000,00	
		Dienstleistungen	137,20	
	9 317,20		9 317,20	

In dem Bruttoproduktionswert von 9 317,20 ist eine Leistung allerdings doppelt gezählt – der Produktionswert ist zu hoch.

1 *Der Betrag von 137,20 entspricht der Höhe der staatlichen Dienstleistungen.*
2 *auch Gütersteuer genannt*
3 *Der Staat produziert Kollektivgüter, z. B. innere und äußere Sicherheit, Ausbildungsmöglichkeiten. Diese Güter werden vom Staat mithilfe von Beamten, Arbeitern und Angestellten meist unentgeltlich den Bürgern zur Verfügung gestellt. Zwar zahlt der Bürger Steuern, jedoch kann man keinen Zusammenhang zwischen den Steuern und den zur Verfügung gestellten Gütern herstellen, da die Güter nicht von jedem genutzt werden. Da die staatlichen Dienstleistungen nun nicht verkauft werden, haben sie keinen Marktwert. Man bewertet diese Dienstleistungen nun mit den für die Herstellung notwendigen Kosten (Löhne, Gehälter). Normalerweise müsste die staatliche Produktion den Haushalten als Konsum und den Unternehmen als Vorleistung angelastet werden. Da dies aber aufgrund eines fehlenden Aufteilungsschlüssels nicht möglich ist, nimmt man an, dass der Staat seine Produkte selbst verbraucht (staatlicher Konsum).*

Zählt man die jeweilige Produktionsleistung der beiden Unternehmen zusammen, so ergibt sich eine Gesamtproduktionsleistung von 3 050,00. Die Produktionsleistung der Weberei ist in diesem Wert allerdings doppelt enthalten. In Wirklichkeit gab es nur eine Gesamtproduktionsleistung von 3 000,00 (Summe der Wertschöpfungen).

Vorleistungen sind Leistungen von Unternehmen, die diese anderen Unternehmen für deren Produktion zur Verfügung stellen. Um Mehrfachzählungen bei der Ermittlung der gesellschaftlichen Produktionsleistung zu vermeiden, müssen sie vom Bruttoproduktionswert abgezogen werden.

Nationales Produktionskonto

Abschreibungen	1 150,00	**Bruttoinlandsprodukt**		Netto-
indir. Steuern	1 117,20	**zu Marktpreisen**	9 267,20	produkti-
Einkommen	7 000,00			onswert
	9 267,20		9 267,20	

In diesem Bruttoinlandsprodukt zu Marktpreisen sind enthalten: die Bruttoinvestitionen (2 130,00), die Konsumgüter (7 000,00) und die Dienstleistungen (137,20).

Das **Bruttoinlandsprodukt zu Marktpreisen** ist die Summe aller Güter und Dienstleistungen, die innerhalb einer Abrechnungsperiode in einem Land (Volkswirtschaft) erschaffen werden.

Im Bruttoinlandsprodukt enthalten sind die Ersatzinvestitionen (Abschreibungen), die keine zusätzlichen Werte erschaffen, sondern nur abgenutzte Anlagen ersetzen. Zieht man diese vom Bruttoinlandsprodukt zu Marktpreisen ab, so bleibt übrig:

Nationales Produktionskonto

indir. Steuern	1 117,20	**Nettoinlandsprodukt**	
Einkommen	7 000,00	**zu Marktpreisen**	8 117,20

Das **Nettoinlandsprodukt zu Marktpreisen** gibt den Wert der Gütermenge an, die im Hinblick auf die alte Abrechnungsperiode neu hinzugekommen ist. In diesem Wert sind allerdings noch die indirekten Steuern enthalten (z. B. Mehrwertsteuer sowie Zölle und ähnliche Abgaben, welche auf die Verkaufspreise abgewälzt werden).

International gesehen schwanken die Mehrwertsteuersätze zwischen 15 % und 25 %. Würde man das Nettoinlandsprodukt zu Marktpreisen zugrunde legen, würde bei gleicher quantitativer Leistung ein Land mit hohem Mehrwertsteuersatz mehr leisten als ein Land mit niedrigerem. Um die Leistungen verschiedener Länder miteinander vergleichen zu können, macht es Sinn, diesen Wert von der Mehrwertsteuer zu bereinigen. Wenn man vom Nettoinlandsprodukt die indirekten Steuern abzieht, erhält man:

Nationales Produktionskonto

Wertschöpfung	Volkseinkommen	7 000,00	**Nettoinlandsprodukt zu Faktorpreisen**	7 000,00

Das **Nettoinlandsprodukt zu Faktorkosten** ist gleich dem Wert der im Vergleich zum alten Abrechnungszeitraum neu erschaffenen Gütermenge (Wertschöpfung). Dieser Wert entspricht dem **Volkseinkommen**.

Übersicht: Inlandsprodukt der Bundesrepublik Deutschland in Mrd. €
(2022 in jeweiligen Preisen)

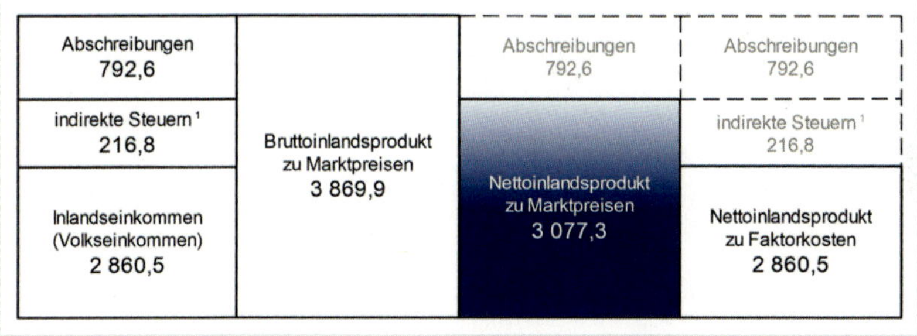

Datenquelle: Statistisches Bundesamt, Wiesbaden, Volkswirtschaftliche Gesamtrechnung – Wichtige Zusammenhänge im Überblick 2022, S. 9

Zieht man vom Nettoinlandsprodukt zu Faktorkosten (Inlandseinkommen) die direkten Steuern ab, so erhält man das verfügbare Einkommen[2].

Das **verfügbare Einkommen** ist das Einkommen, das den Haushalten für ihre Konsum- bzw. Sparentscheidung zur Verfügung steht.

1 *Produktions- und Importabgaben abzüglich Subventionen = 347,7 – Saldo der Primäreinkommen aus der übrigen Welt = 130,9*
2 *Nach Zahlen des Statistischen Bundesamtes (VGR 2022 S. 19) betrug im Jahr 2022 das verfügbare Einkommen der Gesamtwirtschaft 3 151,74 Mrd. €.*

2.3 Entstehung und Verwendung des Bruttoinlandsprodukts

Vereinfachte Darstellung des Wirtschaftskreislaufs

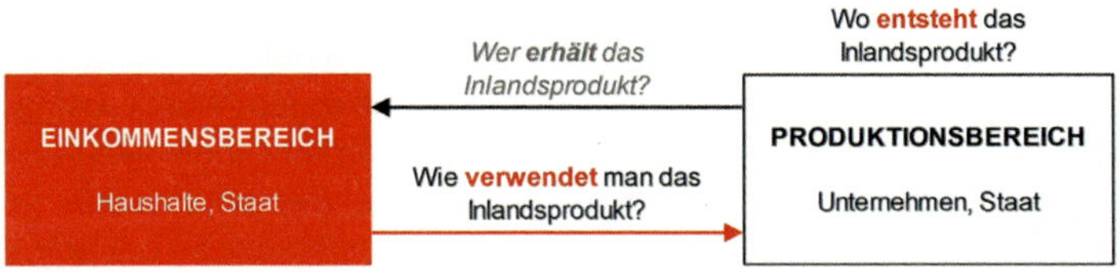

Die Fragen zeigen die unterschiedlichen Betrachtungsmöglichkeiten des Inlandsprodukts. Der Ansatz ist jeweils ein anderer, das Ergebnis ist immer gleich. Je nach Ansatz unterscheidet man folgende Ermittlungsarten:
Entstehungsrechnung, Verteilungsrechnung, Verwendungsrechnung.
Im weiteren Verlauf betrachten wir nur die Entstehungs- und Verwendungsrechnung.

Entstehungsrechnung

Ansatzpunkt bei der Entstehungsrechnung sind die Produktionsbeiträge der einzelnen Wirtschaftsbereiche.
Folgende Tabelle zeigt die verschiedenen **Wirtschaftsbereiche** der Bundesrepublik Deutschland mit den Zahlen unseres Beispiels und denen der Bundesrepublik Deutschland aus dem Jahr 2022[1] in Mrd. €.

Wirtschaftsbereiche	**Zahlen** in Mrd. €		
	Beispiel Land Y	Bundesrepublik Deutschland[2]	
1. Land- und Forstwirtschaft, Fischerei			41,8
2. Wert auf Höhe von Produzierendes Gewerbe bzw	9 130,00		821,3
3. Baugewerbe			211,3
4. Dienstleistungsbereiche			
4.1 Handel, Gastgewerbe, Verkehr		501,0	
4.2 Information und Kommunikation, Grundstücks- und Wohnungswesen		470,0	
4.3 Öffentliche und sonstige Dienstleister	137,20	1 172,0	2 427,8
Bruttowertschöpfung			3 502,2
+ Gütersteuern (indirekte Steuern) – Gütersubventionen			367,7
Bruttoinlandsprodukt	9 267,20		3 869,9

1 *Datenquelle: Statistisches Bundesamt, Wiesbaden2022, Volkswirtschaftliche Gesamtrechnung – Wichtige Zusammenhänge im Überblick 2022, S. 9, Stand Mai 2023*
2 *in jeweiligen Preisen, vorläufige Zahlen*

Verwendungsrechnung

Ansatzpunkt bei der Verwendungsrechnung sind die konsumierten und investierten Güter. Folgende Tabelle zeigt die Verwendung des Inlandsprodukts in der Bundesrepublik Deutschland. In der rechten Spalte sind die Werte des Beispiels und in der linken die Werte der Bundesrepublik Deutschland aus dem Jahr 2022[1] in Mrd. €.

Verwendungsart	**Zahlen** in Mrd. €:	
	Beispiel Land Y	Bundesrepublik Deutschland[2]
1. **Konsum:** Private Konsumausgaben	3 920,00	1 982,7
Konsumausgaben des Staates[3]	3 217,20	849,3
2. **Bruttoinvestitionen:** Bruttoanlageinvestitionen, Vorratsveränderung und Nettozugang an Wertsachen	2 130,00	962,0
3. Auf Höhe von Außenbeitrag	0,00	75,9
Bruttoinlandsprodukt zu Marktpreisen	9 267,00	3 869,9

> Das Inlandsprodukt kann man auf verschiedene Arten berechnen: **Entstehungsrechnung** und **Verwendungsrechnung**.

Nominales und reales Inlandsprodukt

Die Messzahl für wirtschaftliches Wachstum ist das Inlandsprodukt. Da das Inlandsprodukt eine wertmäßige Erfassung der volkswirtschaftlichen Leistung ist, können bei gleicher Leistung Preissteigerungen das Inlandsprodukt vergrößern (nominales Inlandsprodukt).

> Das **nominale Inlandsprodukt** ist die Summe aller Güter und Dienstleistungen, bewertet zu den Preisen des Berichtsjahres[4], in dem sie in einer Volkswirtschaft erwirtschaftet wurden.

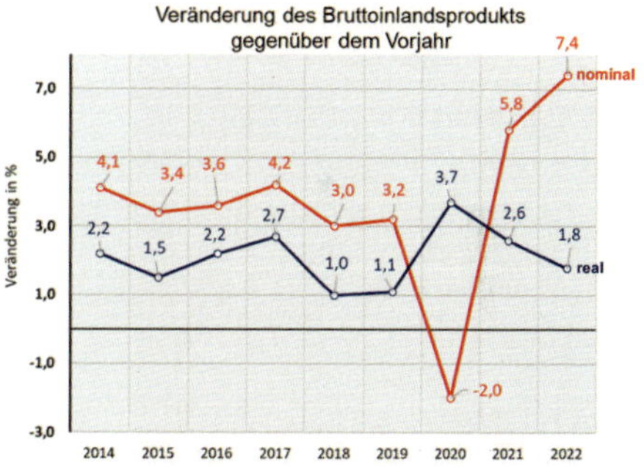

Quelle: Werte wurden der Globus-Grafik in diesem Buch auf Seite 119 entnommen.

---

1 *Datenquelle: Statistisches Bundesamt, Wiesbaden 2022, Volkswirtschaftliche Gesamtrechnung – Wichtige Zusammenhänge im Überblick 2022, S. 9, Stand Mai 2023*
2 *in jeweiligen Preisen, vorläufige Zahlen*
3 *Normalerweise müsste die staatliche Produktion den Haushalten als Konsum und den Unternehmen als Vorleistung angelastet werden. Da dies aber aufgrund eines fehlenden Aufteilungsschlüssels nicht möglich ist, nimmt man an, dass der Staat seine Produkte selbst verbraucht (staatlicher Konsum).*
4 *Berichtsjahr ist das Jahr, für das das Inlandsprodukt berechnet wird.*

Damit die Inlandsproduktentwicklung nicht durch Preissteigerungsraten verfälscht wird, bewertet man die Leistungen des Berichtsjahres mit den Preisen eines Basisjahres[1] (reales Inlandsprodukt).

> Das **reale Inlandsprodukt** ist die Summe aller Güter und Dienstleistungen bewertet zu den Preisen eines Basisjahres, die in einer Volkswirtschaft innerhalb des Berichtsjahres erwirtschaftet wurden.

Entstehung und Verwendung des Bruttoinlandsproduktes 2022

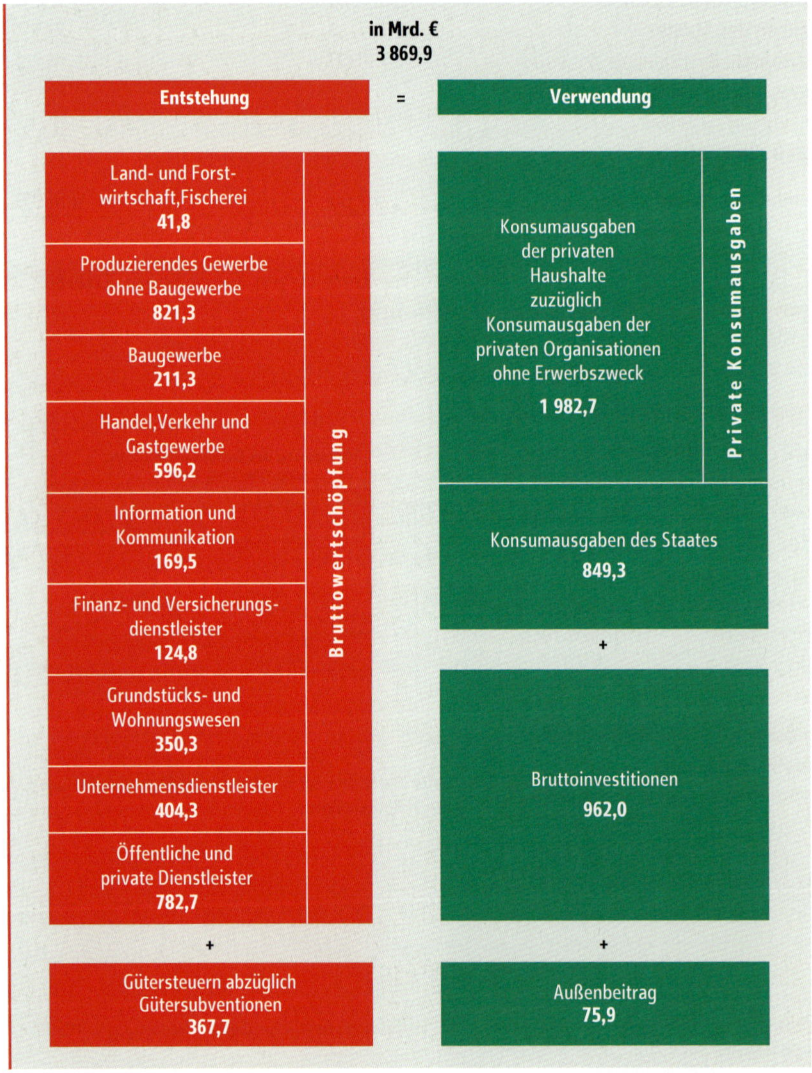

Datenquelle: Statistisches Bundesamt, Volkswirtschaftliche Gesamtrechnung – Wichtige Zusammenhänge im Überblick, 2022, S. 9, Stand Mai 2023

1 *Basisjahr ist das Jahr, auf das sich die Inlandsproduktberechnung bezieht.*

Die VGR der Bundesrepublik Deutschland

Das Statistische Bundesamt führt in der Bundesrepublik Deutschland eine Volkswirtschaftliche Gesamtrechnung durch. Es ist unmöglich, alle Wirtschaftssubjekte jährlich nach den relevanten Sachverhalten zu befragen. Aus diesem Grund greift man auf Statistiken zurück, die zu anderen Zwecken erhoben wurden (z. B. für steuerliche Zwecke).

1999 wurde begonnen, die Volkswirtschaftliche Gesamtrechnung in Deutschland auf das **Europäische System Volkswirtschaftlicher Gesamtrechnung (ESVG)** umzustellen. Allen Mitgliedstaaten schreibt die ESVG-Verordnung verbindlich vor, dass die Definition des ESVG eingehalten werden muss, damit europaweit vergleichbare Ergebnisse für politische und wirtschaftliche Entscheidungen zur Verfügung stehen. Das damals gültige ESVG 1995 wurde 2014 durch das ESVG 2010 ersetzt. Die damit verbundenen konzeptionellen Neuerungen führten zu einer Generalrevision der Daten bis zurück zum Jahr 1991. Diesen langen Zeitraum hat man gewählt, um statistikbedingte Brüche zu vermeiden und konsistent lange Zeitreihen zu erhalten. Man wollte mit der Überarbeitung des ESVG 2010 vor allem auch das 2009 überarbeitete System of National Accounts[1] (SNA) berücksichtigen.

Nach dem ESVG 2010 gibt es fünf inländische institutionelle Sektoren, die in Teilsektoren untergliedert sind:

	Sektoren[2]	Teilsektoren
1	nichtfinanzielle Kapitalgesellschaften	
2	finanzielle Kapitalgesellschaften	• Zentralbank • Sonstige monetäre Finanzinstitute • Investmentfonds • Sonstige Finanzinstitute • Kredit- und Versicherungshilfstätigkeit • Versicherungsgesellschaften • Altersvorsorgeeinrichtungen
3	Staat	• Bund • Länder • Gemeinden • Sozialversicherung
4	Private Haushalte	• Selbständigenhaushalte • Arbeitnehmerhaushalte • Nichterwerbstätigenhaushalte • Haushalte von Vermögenseinkommensempfängern • Haushalte von Renten- und Pensionsempfänger • Sonstige Nichterwerbstätigenhaushalte
5	Private Organisationen ohne Erwerbszweck	

Quelle: Europäisches System Volkswirtschaftlicher Gesamtrechnungen ESVG 2010, Europäische Union 2014, ISBN 978-92-79-31241-0, Seite 36

Zusammen bilden sie die inländische Volkswirtschaft.

1 *weltweites System Volkswirtschaftlicher Gesamtrechnungen*
2 *Sektoren und Teilsektoren fassen jeweils die institutionellen Einheiten zusammen, die ein gleichartiges wirtschaftliches Verhalten aufweisen.*

Kritik an der Inlandsproduktberechnung

Auf einen wichtigen Kritikpunkt wurde schon hingewiesen: die Schwierigkeit, vollständige und aktuelle Daten zu bekommen. Gleichzeitig enthalten alle statistischen Zahlen gewisse Messfehler.
Staatliche Leistungen korrekt zu bewerten ist schwierig, da sie meist nicht dem Wettbewerb unterliegen und unentgeltlich den Bürgern zur Verfügung gestellt werden. Aus diesem Grund setzt man sie mit den Einkaufspreisen gleich. Die erbrachte Leistung wird dadurch unterbewertet.
Bestimmte wichtige volkswirtschaftliche Leistungen werden in der Inlandsproduktberechnung nicht berücksichtigt, wie die täglich anfallenden Arbeiten im Haushalt.
Andere Leistungen, die beispielsweise natürliche Ressourcen zerstören oder Gesundheitsschäden hervorrufen, werden voll erfasst. Normalerweise müsste man die beim Produktionsprozess verursachten Umwelt- und Gesundheitskosten vom Inlandsprodukt abziehen. Paradox ist, dass die Beseitigung dieser Schäden zusätzlich in die Inlandsproduktberechnung eingeht.

Zusammenfassung der **Kritikpunkte**
- Schwierigkeiten, an aktuelles Zahlenmaterial zu kommen
- statistische Fehler
- Staatliche Leistungen werden zu Einkaufspreisen bewertet.
- Bestimmte Leistungen (z. B. Hausarbeit) werden nicht erfasst.
- Leistungen, die negative Folgen für die Umwelt haben, werden voll berücksichtigt.
- Die Beseitigung dieser negativen Folgen vergrößert zusätzlich das Inlandsprodukt.

Umwelt und Bruttoinlandsprodukt

Die oben genannten letzten beiden Kritikpunkte wiegen schwer, denn die Öffentlichkeit interessiert sich zunehmend für die Wechselwirkung von Ökonomie und Ökologie. Verlangt wird ein schonender Umgang mit der Natur, die auch für künftige Generationen Lebensgrundlage sein soll. Dies entspricht auch dem Leitbild der **Nachhaltigkeit**.

Nachhaltiges Wirtschaften bedeutet, dass bei allen ökonomischen Aktivitäten versucht wird, so schonend wie möglich mit der Umwelt umzugehen.

So spricht man z. B. von einer nachhaltigen Fischerei, wenn nicht mehr Fische gefangen werden als nachwachsen. Gefragt ist also ein Informationssystem darüber, wie sich ökonomisches Handeln auf die Umwelt auswirkt: ein **Ökosozialprodukt**. Aus diesem Grund hat das Statistische Bundesamt eine **Umweltökonomische Gesamtrechnung (UGR)** entwickelt.

Mit der Umweltökonomischen Gesamtrechnung wird versucht, die Wechselwirkungen zwischen wirtschaftlichem Handeln und der Umwelt darzustellen.

Die Umweltökonomischen Gesamtrechnungen (UGR) beziehen sich auf das international vereinbarte *System of Environmental-Economic Accounting* (SEEA). Soweit sinnvoll und möglich verwenden UGR und VGR einheitliche Konzepte, Definitionen und Klassifikationen was eine ökologische Sichtweise auf die Ergebnisse der VGR und der sich daraus ergebenden politischen Entscheidungen erleichtert.

Umweltökonomische Gesamtrechnung (UGR)

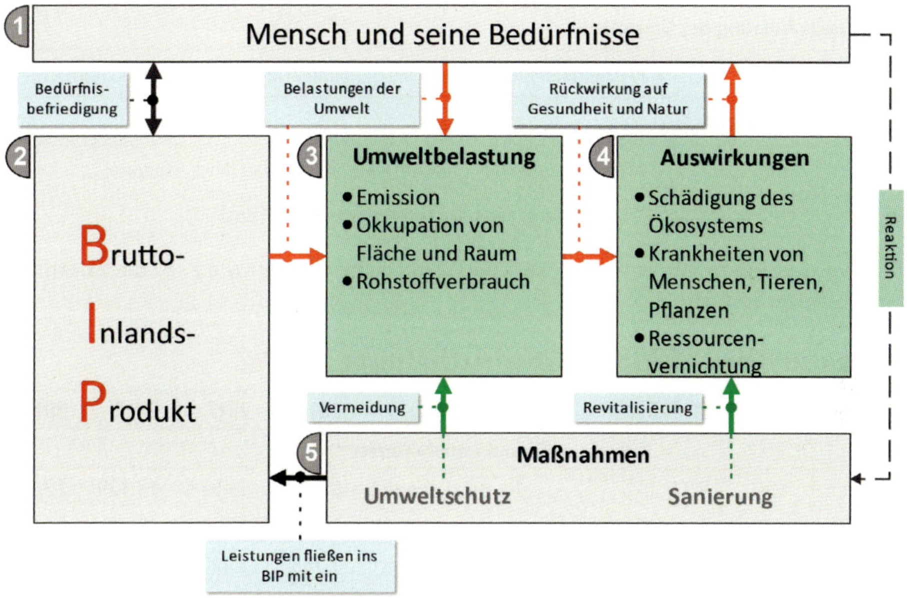

Die Umwelt ist im Wirtschaftskreislauf nicht nur Anbieter von Ressourcen und Standorten, sie ist auch Empfänger der beim Produktionsprozess entstehenden Schadstoffe und Abnehmer der Abfallprodukte unserer Wohlstandsgesellschaft.
Diese Umweltleistungen gehen nicht in die VGR ein.

Umwelt als Ressourcenquelle	
Energie	• Energieverbrauch als Verbrauch von Primärenergie (Petajoule [PJ])
Rohstoffe	• Rohstoffverbrauch gemessen als Entnahme von verwerteten abiotischen Rohstoffen aus der inländischen Umwelt zuzüglich importierter abiotischer Güter (Mill. Tonnen)
Wasserentnahme	• Wasserverbrauch als Entnahme von Wasser aus der Umwelt (Mill. m^3)
Umwelt als Senke für Rest- und Schadstoffe	
Treibhausgase	• Belastung der Umwelt durch die Emissionen von Treibhausgasen, hier: Kohlendioxid (CO_2), Methan (CH_4), Distickstoffmonoxid = Lachgas (N_2O), teilhalogenierte Fluorkohlenwasserstoffe (H-FKW), Tetrafluormethan (CF_4), Hexafluorethan (C_2F_6), Oktafluorpropan (C_3F_8) und Schwefelhexafluorid (SF_6) (Mill. Tonnen CO_2-Äquivalente)

Luftschadstoffe	• Belastung der Umwelt durch die Emission von Schwefeldioxid (SO_2), Stickoxiden (NO_x), Ammoniak (NH_3) und flüchtige Kohlenwasserstoffe ohne Methan (NMVOC) (Tsd. Tonnen)
Wasserabgabe	• Belastung der Umwelt durch die Abgabe von genutztem Wasser an die Umwelt (Mill. m^3)
Abfall	• Belastung der Umwelt durch die Ablagerung von Abfall (Tsd. Tonnen)
Strukturelle Nutzung der Umwelt	
Fläche	• Flächeninanspruchnahme als Siedlungs- und Verkehrsfläche (km^2)
Nutzung ökonomischer Faktoren	
Arbeit	• Arbeitsvolumen als geleistete Arbeitsstunden (Mrd. Stunden)
Kapital	• Kapitalnutzung aus Abschreibungen (Mrd. Euro)

In den vergangenen Jahren haben sich wirtschaftliche Größen wie z. B. die Energieeffizienz stark verändert.

Einsatz von Umweltfaktoren für wirtschaftliche Zwecke

Merkmal	Maßeinheit	2000	2015	2016	2017	2018[1]	2019[1]
		Produktionsfaktoren					
Primärenergieverbrauch	Petajoule	14 401	13 262	13 491	13 523	13 129	12 779
	Basis 2015 (%)[3]		100,00	101,73	101,97	99,00	96,36
Rohstoffentnahme und Import[2]	Millionen Tonnen	1 413	1 253	1 266	1 322	1 317	...
Wasserentnahme aus der Natur	Millionen Kubikmeter (m^3)	44 929	.	28 482	.	.	...
Treibhausgase	Millionen Tonnen	1 101	1 076	1 079	1 049	1 014	...
Wasserabgabe an die Natur	Millionen Kubikmeter (m^3)	44 766	.	28 368	.	.	...
Siedlungs- und Verkehrsfläche	Quadrat-Kilometer (km^2)	43 939	49 066	49 254	49 505	49 819	49 983
	Basis 2015 (%)[3]		100,00	100,38	100,89	101,53	101,87

Quelle: Statistisches Bundesamt - Volkswirtschaftliche Gesamtrechnung: August 2020 - https://www.destatis.de/DE/Themen/Geselischaft-Umwelt/ Umwelt/UGR/ueberblick/Tabellen/produktionsfaktoren-schadstoffe.html?view=main[print]

---

[1] *Zum Teil vorläufig.*
[2] *Verwertete Entnahme abiotischer Rohstoffe und importierte abiotische Güter.*
[3] *eigen Zahlen*
. = Zahlenwert unbekannt
... = Angabe fällt später an

Der Tabelle kann man entnehmen, das mit Ausnahme der Siedlungs- und Verkehrsflächen der Verbrauch aller anderen Umweltfaktoren seit 2015 leicht gesunken ist.

Die UGR muss den Umweltzustand und die Entwicklung erfassen. Diese Aufgabe übernimmt ein umweltökonomisches Berichtssystem.

Faktoren des umweltökonomischen Berichtssystems	
Rohstoffverbrauch	Wie viele Ressourcen werden entnommen und wie viele verbraucht?
Emissionen	Wie viel Schadstoffe wurden von wem im Produktionsprozess ausgestoßen?
Verbleib und Entsorgung von Emissionen	Recyceln oder in die Umwelt abgeben? Wohin kommen die verbrauchten Ressourcen?
Sonstige Nutzungen	Umweltnutzungen sind nur dann von Belang, wenn bestimmte Kriterien erfüllt werden, wie z. B. Knappheit der Ressourcen (Boden).
Immissionen	Welche Emissionen werden unrecycelt an die Umwelt abgegeben und führen somit zu Immissionen?
Extrembelastungen	In welcher Art, wo und wie häufig treten Extrembelastungen auf?
Störfaktorkalender	Welche vom Menschen verursachten Störfaktoren (Ölpest durch Tankerunfall, Chemieverseuchung usw.) können erfasst werden?
Maßnahmen für Umweltschutz	Welche Umweltschutzmaßnahmen (z. B. Umweltinvestitionen) werden mit welcher Effizienz ergriffen?

Quelle: Statistisches Bundesamt, Wiesbaden, Stand 12.12.2019, https://www.destatis.de/DE/Themen/Gesellschaft-Umwelt/Umwelt/UGR/ueberblick/Tabellen/produktionsfaktoren-schadstoffe.html, abgerufen 24.07.2020

Wie in der VGR wird auch in der UGR die Wirtschaft in Produktions- (Unternehmen, öffentliche und private Haushalte) und Konsumbereiche (private Haushalte) unterschieden. Verursachungsgemäß werden die Umweltbelastungen diesen Sektoren zugeordnet, um so einen besseren Überblick zu gewinnen, welcher Sektor womit und wie stark die Natur belastet.

Um zu erkennen, wie sich die Umweltindikatoren[1] entwickeln, werden deren Werte regelmäßig ermittelt. Der Trend, der sich aus diesen Werten ergibt, dient der Bestätigung vergangener Maßnahmen bzw. dient als Grundlage für weitere umweltpolitische Maßnahmen.

1 Indikator: Anzeiger; Siehe auch Kapitel 8.4 Konjunkturelle Schwankungen

Ausgewählte Indikatoren 2017

Klima und Energie					Natur und Landschaft				Umwelt und Gesundheit					Ressourcen und Effizienz				
Kohlendioxidemissionen	Kohlendioxidemissionen des Verkehrs	Energieverbrauch	Endenergieverbrauch der privaten Haushalte	Erneuerbare Energien	Naturschutzflächen	Waldzustand	Säure- und Stickstoffeintrag	Stickstoffüberschuss	Luftqualität und Stickstoffdioxid	Verkehrsleistung - ÖPNV	Güterverkehrsleistung - Bahn und Binnenschiff	Nitrat im Grundwasser	Schwermetalleintrag	Flächenverbrauch	Ökologische Landwirtschaft	Abfallaufkommen	Energieproduktivität	Rohstoffproduktivität
↘ (positiv)	↗ (negativ)	↘ (positiv)	⇨ (konstant)	↗ (positiv)	↗ (positiv)	⇨ (konstant)	⇨ (konstant)	⇨ (konstant)	↘ (positiv)	↗ (positiv)	↗ (positiv)		↘ (positiv)	↘ (positiv)	↗ (positiv)	↘ (positiv)	↗ (positiv)	↗ (positiv)

Trend der letzten 10 Jahre
⇨ konstant ↘↗ positiv ↘↗ negativ

Quelle: Bund/Bund/Länder-Arbeitsgemeinschaft „Klima, Energie, Mobilität – Nachhaltigkeit" (Hrsg.): Umweltbezogene Nachhaltigkeitsindikatoren 2018, Informationen zur Umweltqualität in den Bundesländern, S. 70 f.

Am Beispiel des Indikators Rohstoffproduktivität wird die Vorgehensweise kurz erläutert.
Die Rohstoffproduktivität ist ein Indikator, der das Verhältnis von Rohstoffeinsatz zum Bruttoinlandsprodukt (in Euro, preisbereinigt) ausdrückt. Darin enthalten sind alle Primärrohstoffe, die benötigt werden, um die Güter herzustellen, die in der deutschen Volkswirtschaft produziert oder in diese importiert werden.

- Nach dem Umweltbundesamt[1] stieg die Gesamtrohstoffproduktivität von 2010 bis 2018 um 8 %.
- Die Gesamtrohstoffproduktivität soll nach der Nachhaltigkeitsstrategie von 2010 bis 2030 pro Jahr um durchschnittlich 1,6 % wachsen.
- Mit einem jährlichen Wachstum von im Schnitt 1 % liegt die aktuelle Entwicklung unter diesem Ziel.
- Der Indikator bezieht auch Rohstoffe ein, die für die Herstellung der importierten Güter benötigt wurden.

1 *Bundesministerium für Umwelt, Naturschutz und nukleare Sicherheit (BMU), https://www.umweltbundesamt.de/indikator-gesamtrohstoffproduktivitaet#die-wichtigsten-fakten [28.07.2020]*

Gesamtrohstoffproduktivität
Summe von Bruttoinlandsprodukt und Importen im Verhältnis zum Primärrohstoffeinsatz (RMI)

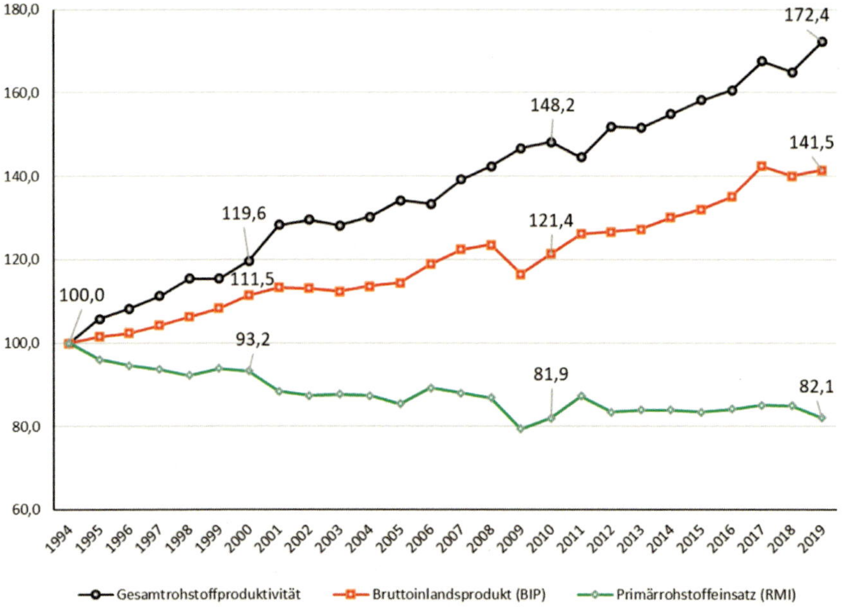

Quelle: Umweltbundesamt - https://www.umweltbundesamt.de/daten/ressourcen-abfall/rohstoffe-als-ressource/rohstoffproduktivitaet#entwicklung-der-rohstoffproduktivitat - von 12.06.2023

Für die Berechnung der Gesamtrohstoffproduktivität (GRSP) wird der Primärrohstoffeinsatz (RMI = Raw Material Input) mit der gesamten Wertschöpfung ins Verhältnis gesetzt, die mit diesen Rohstoffen geschaffen wurden, also mit der Summe aus Bruttoinlandsprodukt (BIP) und dem Wert der Importe (I).

$$GRSP = \frac{BIP + I}{RMI} * 100 \rightarrow GRSP_{2019} = \frac{141,5}{82,1} * 100 = 172,35 \approx 172,4$$

Die Gesamtrohstoffproduktivität erhöhte sich in Deutschland zwischen 1994 und 2019 um 72,4 %. Grund dafür war nicht eine Verringerung des Rohstoffeinsatzes, sondern der starke Anstieg des Bruttoinlandsproduktes (BIP) und der Importwerte in diesem Zeitraum. Zwar blieb der Einsatz von Primärrohstoffen im Zeitraum 2012 bis 2016 weitgehend konstant, aber in Relation zu den erschaffenen Gütern, nahm der Rohstoffeinsatz stetig ab.

Zusätzliche Informationen gewinnt man, wenn man den Beitrag einzelner Branchen zum BIP ins Verhältnis zu den von ihnen verursachten Umweltbelastungen setzt. So sind die energieversorgenden Betriebe im Jahr 2016 für 46,4 %[1] der direkten CO_2-Emissionen verantwortlich, ihr Beitrag an der Wertschöpfung beträgt jedoch nur 1,7 %.

1 *Statistisches Bundesamt, Statistisches Jahrbuch 2019, S. 336, 474*

Allerdings muss berücksichtigt werden, dass der erzeugte Strom für die Produktion unerlässlich ist. Das heißt, dass ein Teil der von den elektrizitätserzeugenden Betrieben verursachten Emissionen anderen Gütern zugeordnet werden muss. Man unterscheidet deshalb zwischen **direkten Emissionen** und über die Wertschöpfungskette verursachten **indirekten Emissionen**.

Eine direkte Emission (Emission ohne Beachtung der Wertschöpfungskette) entsteht durch private Haushalte und Produktionsbereiche bei der Nutzung von Gütern, z. B. ein Auto wird gefahren, eine Wohnung wird geheizt. Eine indirekte Emission (Emissionen unter Beachtung der Wertschöpfungskette) entsteht bei der Herstellung dieser Güter im In- und Ausland.

Diesen Unterschied macht folgende Grafik nochmals deutlich:

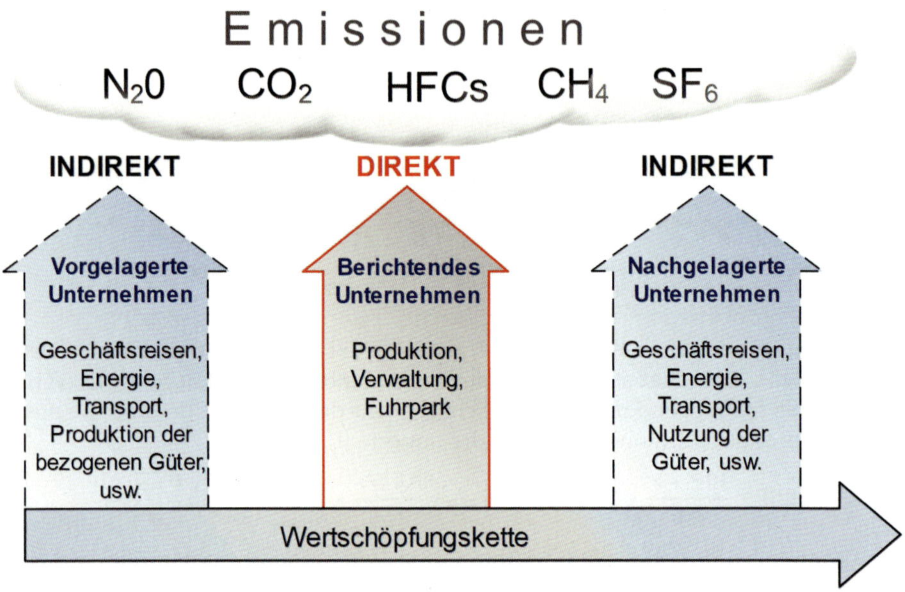

Um die mit der Herstellung eines Produktes verbundene Gesamtbelastung der Natur zu erhalten, muss man die dadurch verursachten direkten und indirekten Emissionen berücksichtigen.

Zusammenfassung

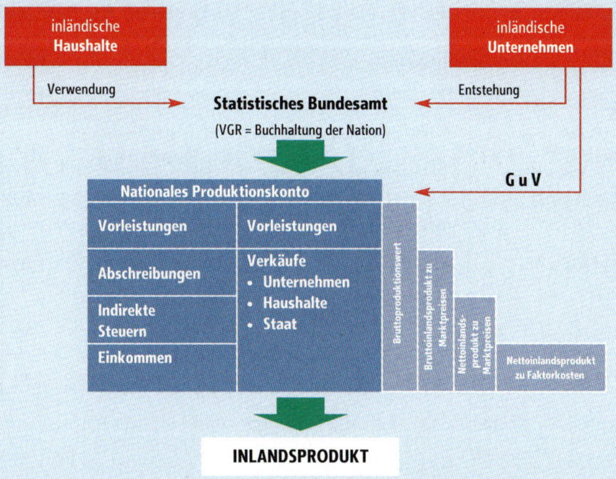

Die ökologischen Auswirkungen der Ökonomie werden durch eine Umweltökonomische Gesamtrechnung (Ökosozialprodukt) ermittelt.

Prüfen Sie Ihr Wissen

1. Warum wird eine Volkswirtschaftliche Gesamtrechnung erstellt und wer erstellt sie in der Bundesrepublik Deutschland?
2. Was versteht man unter Inlandsprodukt?
3. Woher bekommt man die notwendigen Informationen für die Erstellung von Produktionskonten?
4. Erklären Sie den Begriff Wertschöpfung.
5. Warum ist der Bruttoproduktionswert immer größer als die tatsächlich erbrachte Wirtschaftsleistung?
6. Worin liegen die Schwierigkeiten bei der Ermittlung des Bruttoinlandsprodukts?
7. Welchen Sinn hat eine umweltökonomische Gesamtrechnung (UGR)?
8. Was verstehen Sie unter indirekter Emission?
9. Zwischen 1994 und 2015 stieg die Rohstoffproduktivität um ca. 56,4 %. Interpretieren Sie diese Aussage.

Weiterführende Aufgaben

1. Angenommen, in einer Volkswirtschaft gäbe es nur zwei Unternehmen.

Unternehmen A
Produktionskonto

Materialeinkauf von B	150	Materialverkauf an B	100
Abschreibung	50	Verkauf	
Indirekte Steuern	10	– Staat	52
		– Haushalt	140
Löhne	50		
Gewinn	32		
	292		292

Unternehmen B
Produktionskonto

Materialeinkauf von A	100	Materialverkauf an A	150
Indirekte Steuern	40	Verkauf	
Löhne	170	– Haushalt	200
		– Unternehmen A	50
Gewinn	90		
	400		400

In dieser Volkswirtschaft gibt es einen einheitlichen Einkommensteuersatz von 10 %.
Sollte sich ein Überschuss im Staatshaushalt ergeben, so wird er den Transferzahlungen zugewiesen. Damit wäre der Staatshaushalt ausgeglichen.

a) Zeichnen Sie den Wirtschaftskreislauf dieser Volkswirtschaft und beschriften Sie die Beziehungspfeile mit den entsprechenden Symbolen und Werten.
b) Wie hoch ist die Sparquote?
c) Beurteilen Sie die Höhe der Sparquote in Bezug auf die Entwicklung dieser Volkswirtschaft.
d) Bilden Sie das Nationale Produktionskonto.
e) Ermitteln Sie das
   - Nettoinlandsprodukt zu Marktpreisen,
   - Volkseinkommen,
   - Nettoinlandsprodukt zu Faktorkosten.
f) Wie ermittelt man das verfügbare Einkommen?

2. Nach den Schätzungen des IWF lag Luxemburg 2022 mit einem BIP pro Kopf von 127 580 US-$ klar vor Deutschland mit einem BIP pro Kopf von 46 150 US-$. Begründen Sie, was das Volkseinkommen und das aus ihm gewonnene Pro-Kopf-Einkommen bezüglich Lebensqualität eines Volkes aussagt.
3. Kann man die wirtschaftliche Leistungsfähigkeit von Ländern mithilfe des Inlandsprodukts miteinander vergleichen? Begründen Sie.
4. Bis 1999 war das Bruttosozialprodukt Ausdruck der wirtschaftlichen Leistungsfähigkeit Deutschlands und danach das Bruttoinlandsprodukt.

   Unterscheiden Sie die beiden Größen und suchen Sie Gründe für den Wechsel.

5. Für unbezahlte wertschöpferische Tätigkeiten wie Kochen, Einkaufen, Pflege oder Heimwerkerarbeiten wurden im Jahr 2013 ca. 89 Mrd. Stunden geleistet, für bezahlte Erwerbstätigkeiten rund 66 Mrd. Stunden. Legt man für diese Stunden den damaligen gesetzlichen Mindestlohn von 8,68 €/Std. zugrunde, so ergibt sich eine Wertschöpfung durch unbezahlte Hausarbeit von 772,52 Mrd. €.
   a) Warum nimmt man diese Leistung nicht in die volkswirtschaftliche Gesamtrechnung auf?
   b) Beeinflussen diese Leistungen indirekt die Höhe des Bruttoinlandsprodukts?
   c) Gibt es noch weitere volkswirtschaftliche oder gesellschaftliche relevante Leistungen, die im Bruttoinlandsprodukt nicht berücksichtigt werden?
6. Um die Leistung eines Unternehmens oder einer Branche einordnen zu können, stellt das Statistische Bundesamt in seiner UGR die wirtschaftliche Leistung und die Anzahl der Erwerbstätigen in Bezug zu den Emissionen dieses Unternehmens oder dieser Branche.
   a) Erläutern Sie den Sinn dieser Maßnahme.
   b) Suchen Sie weitere vom Statistischen Bundesamt (www.destatis.de) untersuchte ökologische und ökonomische Bezugspunkte.
   c) Fertigen Sie eine Collage, die den Zusammenhang von VGR und UGR ausdrückt.

2.4 Grundzüge des Steuersystems

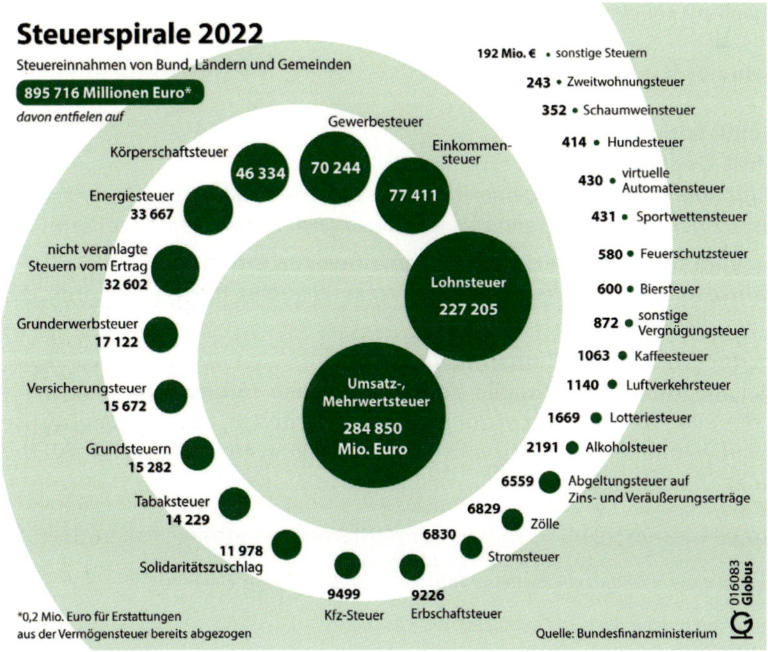

Steuern gehören zu unseren ständigen „Begleitern". Nicht nur unser Arbeitseinkommen wird um die Steuern gemindert, bei jedem Kauf ist der Preis der gekauften Ware um die Umsatzsteuer erhöht, selbst die Zinseinnahmen aus dem Ersparten werden besteuert.

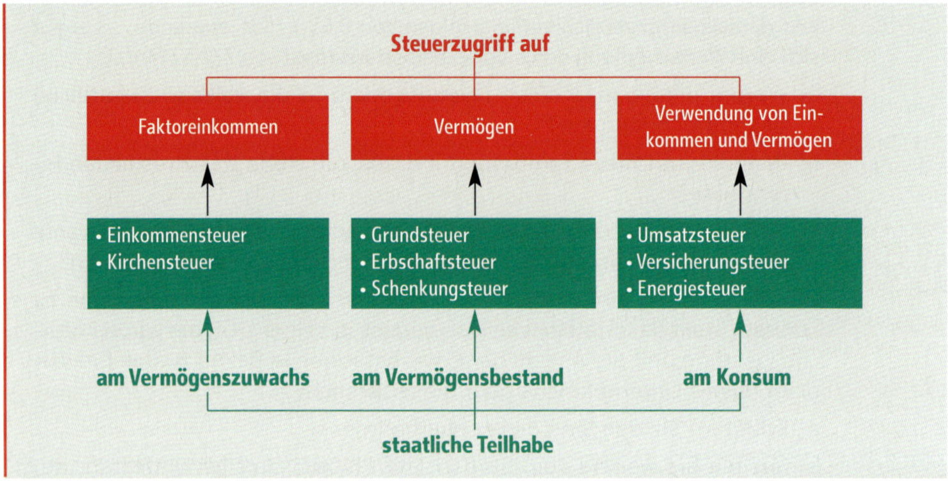

Steuern schmälern einerseits das verfügbare Einkommen von Haushalten und erhöhen andererseits den Preis der Güter. Steuern beeinflussen das Verhalten der Wirtschaftssubjekte. Das geschieht durch unterschiedliche Steuern in unterschiedlichem Umfang, beispielsweise durch ungleiche Steuertarifgestaltung bei der Kraftfahrzeugsteuer[1]. Dort wird das Ziel verfolgt, Anreize zum Kauf abgasentgifteter Automobile zu bieten und den Kauf nichtentgifteter zu verleiden.
Steuern sind nach § 3 Absatz 1 der Abgabenordnung: „ ... Geldleistungen, die nicht eine Gegenleistung für eine besondere Leistung darstellen und von einem öffentlich-rechtlichen Gemeinwesen zur Erzielung von Einnahmen allen auferlegt werden, bei denen der Tatbestand zutrifft, an den das Gesetz die Leistungspflicht knüpft; die Erzielung von Einnahmen kann Nebenzweck sein."

Nach dieser Abgabenordnung

- sind Steuern **Geldleistungen,**
- sind Steuern **ohne Gegenleistung** zu erbringen,
  (*Gebühren, die für eine konkrete Gegenleistung wie für eine beglaubigte Zeugniskopie oder für die Ausfertigung eines Reisepasses erhoben werden, sind keine Steuern.*)
- werden Steuern **vom öffentlich-rechtlichen Gemeinwesen erhoben,**
  (*Zu den Gemeinwesen, die Steuern kraft Gesetzes erheben dürfen, gehören der Bund, die Länder und die Kommunen.*)
- **dienen** Steuern **der** (staatlichen) **Einnahmenerzielung,**
- sind in der Regel **alle steuerpflichtig**, die einen steuerlichen Tatbestand erfüllen.
  (*Tatbestände, die eine steuerliche Leistungspflicht begründen, sind beispielsweise die Erzielung von Einkommen, der Kauf und die Übertragung eines Grundstücks oder die Tätigung eines Umsatzes.*)

---

1 *Die neue Kfz-Steuer gilt seit 01.01.2021:*
- *Besteuerung der vor diesem Datum zugelassenen Pkw ändert sich nicht.*
- *Für Erstzulassung ab diesem Datum gilt ein neuer Tarif. Der Tarif besteht aus einer*
  - *Hubraumsteuer (wie bisher) und*
  - *CO_2-Steuer (Höhe jetzt abhängig vom CO_2-Austoß pro Kilometer.)*
- *E-Autos bleiben steuerfrei.*

➔ Steuern sind Zwangsabgaben, die aufgrund staatlicher Vorgaben zu entrichten sind, sobald ein steuerlicher Tatbestand zutrifft.

2.4.1 Einteilung der Steuern

Aus nahezu **50 Steuerquellen** bedient sich der Staat, um zu Einnahmen zu kommen. Die Übersicht „Steuerspirale" zeigt, dass dahinter kein systematisches Steuerkonzept steckt. Um „Licht" in das Dickicht des Steuerdschungels zu bringen, versucht man die Vielzahl der Steuern nach bestimmten Einteilungskriterien zu systematisieren. Von den vielen Einteilungsmöglichkeiten sollen hier nur einige aufgeführt werden, die Steuereinteilung nach

- dem **Steuergegenstand,**
- der **Erhebungsart,**
- dem **Steuerempfänger.**

Einteilung nach dem Steuergegenstand (Steuerobjekt)

Hier werden die Steuern eingeteilt nach den unterschiedlichen Objekten und Sachverhalten oder Vorgängen, die besteuert werden:

Steuergegenstand (Sachverhalt, der besteuert wird)	**Steuerart** (Beispiele)
Besitz/Einkommen (Steuern, die Einkommen, Ertrag oder Vermögen besteuern) →	Einkommensteuer Körperschaftsteuer Kirchensteuer Erbschaftsteuer
Verkehrsvorgang (Steuern, die z. B. auf Vorgänge wie Kauf und Verkauf basieren) →	Umsatzsteuer Kraftfahrzeugsteuer Grunderwerbsteuer Versicherungsteuer
Verbrauchsteuern/Zölle (steuerliche Belastung von Gebrauch und Verbrauch von Gütern/Waren) →	Mineralölsteuer Tabaksteuer Biersteuer Ein- und Ausfuhrzölle

Einteilung nach der Erhebungsart

Fragt man danach, wer die Steuern dem Finanzamt schuldet und wer mit den Steuern finanziell belastet ist, so unterscheidet man direkte und indirekte Steuern:

- *Direkte Steuern*
  Eine direkte oder unmittelbare Steuer liegt vor, wenn *Steuerschuldner* und *Steuerträger* identisch sind.
  Steuerschuldner ist, wer gesetzlich verpflichtet ist, die Steuer zu entrichten.
  Steuerträger ist, wer nach dem Willen des Gesetzgebers die Steuer wirtschaftlich zu tragen (aufzubringen) hat.
  Zu den direkten Steuern zählen Einkommensteuer und Gewerbesteuer.

- *Indirekte Steuern*
  Bei den indirekten oder mittelbaren Steuern sind **Steuerschuldner** und **Steuerträger** unterschiedliche Personen. Typisches Beispiel ist die Umsatzsteuer. Beim Kauf von Gütern trägt der Verbraucher die Umsatzsteuer; sie ist im Preis enthalten, denn der Verkaufspreis ist der um den Umsatzsteuersatz erhöhte Warenwert. Der Unternehmer ist der Steuerschuldner, er hat die eingenommene Umsatzsteuer an das Finanzamt abzuführen. Die Verbrauchsteuern, wie Tabaksteuer, Mineralölsteuer, Biersteuer, sind ebenfalls indirekte Steuern. Sie werden in den Verkaufspreis einkalkuliert und so auf den Verbraucher „abgewälzt".

Einteilung nach dem Steuerempfänger

Hier werden die Steuern danach eingeteilt, wem (Bund, Länder, Gemeinden) die Steuer zusteht:

Steuerempfänger nach Artikel 106 Grundgesetz

Bund	Bund und Länder gemeinsam	Länder	Gemeinden
Bundessteuern, z. B.: Mineralölsteuer Versicherungsteuer Branntweinsteuer Kraftfahrzeugsteuer Stromsteuer	**Gemeinschaftsteuern, z. B.:** Einkommensteuer, Körperschaftsteuer, Umsatzsteuer	**Ländersteuern, z. B.:** Grunderwerbsteuer Biersteuer Erbschaftsteuer	**Gemeindesteuern, z. B.:** Gewerbesteuer[1] (teilweise auf Bund und Länder umzulegen) Grundsteuern, eigene Steuern (Getränkesteuer, Vergnügungsteuer, Hundesteuer)
Anteil an Gemeinschaftsteuern[2]	**Gewerbesteuerumlage[1]**	**Anteil an Gemeinschaftsteuern[2]**	**Anteil am Aufkommen der Einkommensteuer (ggw. 15 %)** **Umsatzsteuer (ggw. 2,2 %)** ...
Anteil an der Gewerbesteuerumlage (50 %)		**Anteil an der Gewerbesteuerumlage (50 %)**	

2.4.2 Auswirkungen der Steuern auf Konsum und Ersparnis

Auswirkungen direkter Steuern

Unterstellt, es läge die Situation vor, dass keine direkten Steuern wie Einkommensteuer erhoben würden, dann könnten die Haushalte ihr gesamtes Einkommen für Konsum und Sparen oder für Investitionen verwenden. Folglich wäre das gesamte Einkommen gleich dem verfügbaren Einkommen.
Wird jetzt von den Haushalten Lohn- oder Einkommensteuer erhoben (direkte Besteuerung), so mindert das deren verfügbares Einkommen und beeinflusst damit die Konsumnachfrage und Ersparnisbildung.

1 *Gemeinden führen einen Teil des Gewerbesteueraufkommens als Gewerbesteuerumlage an Bund und Länder ab.*
2 *Die Anteile an den Gemeinschaftsteuern werden durch Gesetz festgelegt.*

Von einer solchen Besteuerung sind die Haushalte – je nach Höhe ihres Einkommens – unterschiedlich betroffen:

Haushalte mit niedrigem Einkommen benötigen den größten Teil ihres Einkommens für Konsumzwecke. Oft reicht das Einkommen dieser Haushalte nicht für alle Konsumwünsche und es sind Konsumeinschränkungen nötig. Folglich haben sie eine hohe Konsumrate und eine niedrige Sparrate. Eine Besteuerung geht demzufolge weitestgehend zulasten des Konsums.

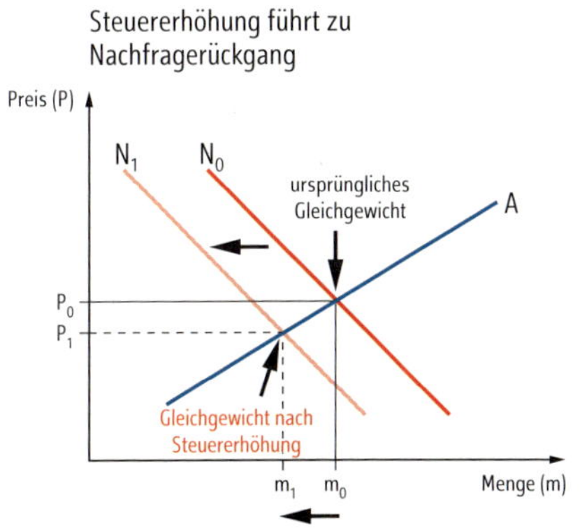

Abb. 1

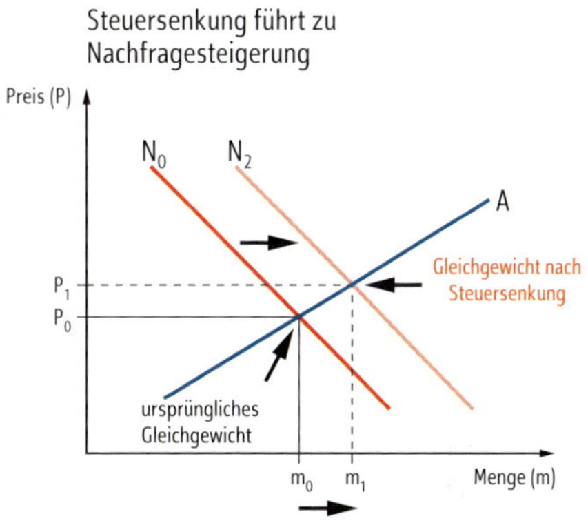

Abb. 2

Bei gegebener Angebotskurve (A) und gegebener Konsumneigung (N_0) führt (eine Steuereinführung bzw.) eine Steuererhöhung zu einem Rückgang des Konsums auf N_1 (Abb. 1), eine Steuersenkung (oder eine Abschaffung der Steuer) führt dagegen zu einer Erhöhung des Konsums auf N_2 (Abb. 2).

➔ Bei hoher Konsumrate wirkt die Erhöhung direkter Steuern konsumsenkend, die Senkung direkter Steuern führt hingegen zu höherem Konsum.

Haushalte mit hohem Einkommen haben dagegen relativ konstanten Konsum, bei ihnen geht eine Besteuerung weitestgehend zulasten der Sparneigung. (Eine Senkung erhöht nicht zwingend die Sparneigung, teilweise wird sie auch zur Konsumsteigerung führen.)

➔ Je höher die **Sparrate**, desto eher mindert eine Erhöhung direkter Steuern die Sparneigung. Dagegen kann ein Senkung direkter Steuern die Sparneigung erhöhen.

Auswirkungen indirekter Steuern

Die Auswirkungen indirekter Steuern sollen aus Gründen der Vereinfachung am Beispiel der Energiesteuer, einer sogenannten „Stücksteuer", erklärt werden. Diese Steuer (Verbrauchsteuer) wird als fester Betrag auf die Mengeneinheit erhoben, beispielsweise 65,45 Cent pro Liter unverbleites Benzin. Diese Steuer treibt den Verkaufspreis in die Höhe. Sie berücksichtigt nicht die Leistungsfähigkeit des mit der Steuer Belasteten.

In nachfolgender Abbildung wird die Wirkung solcher Verbrauchsteuern vereinfachend dargestellt:
Wir gehen von einer normalen Nachfragesituation N_0 und einer Angebotssituation A_0 aus, mit dem Gleichgewichtspreis von P_0 und der Gleichgewichtsmenge m_0.

Wirkung der Steuererhebung

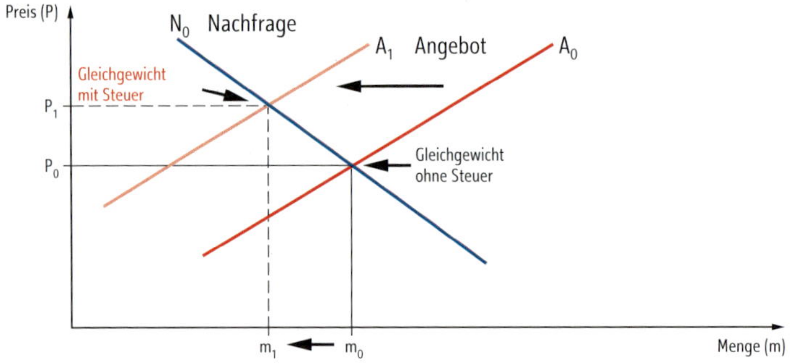

Abb. 3

Der Energieanbieter wird die Steuer auf den Energienachfrager (Konsumenten) überwälzen wollen, dafür wird er den Preis erhöhen, das bedeutet eine Verschiebung der Angebotskurve von A_0 nach A_1. Diese Preiserhöhung (Abb. 3) hat bei gleichbleibender Nachfragefunktion eine Absatzminderung (von m_0 nach m_1) zur Folge. Ob es dem Anbieter gelungen ist, die Steuer voll auf den Verbraucher abzuwälzen, ist aus der Darstellung nicht ersichtlich. Das Ausmaß der Steuerüberwälzung soll am Beispiel elastischer und unelastischer Nachfrage erläutert werden[1]. Vollkommen elastisch ist eine Nachfrage, wenn beim Versuch einer Preiserhöhung die Nachfrage auf null sinken würde.

Vollkommen elastische Nachfrage

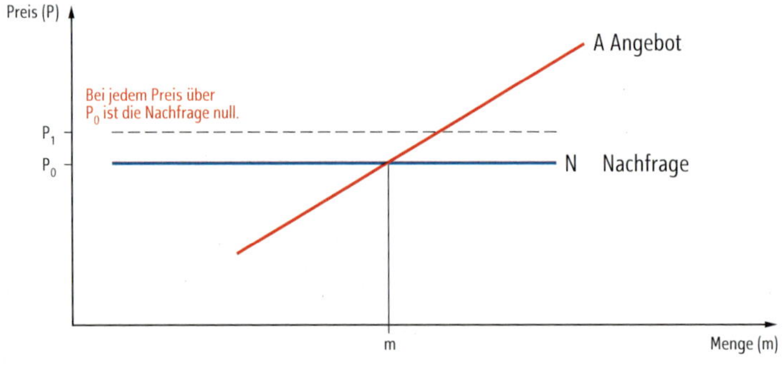

Abb. 4

Die Abbildung zeigt, dass bei vollkommen elastischer Nachfrage eine Preiserhöhung über den Preis P_0 zum kompletten Nachfrageausfall führen würde, weil zum Preis P_1 keine Nachfrage existiert. Der Versuch, eine Steuererhöhung mittels Preisanhebung auf den Nachfrager zu überwälzen, wird also scheitern. Bei vollkommen elastischer Nachfrage sind Steuererhöhungen von den Anbietern selbst zu tragen. Und jene, die bei gestiegener Steuerlast nicht mehr anbieten können, sind aus dem Markt ausgeschieden. Für die im Markt verbleibenden

1 *Siehe Kapitel 3.2 „Preisbildung".*

Unternehmer ergibt sich eine Gewinnminderung. Solche Situationen sind bei der Nachfrage nach Luxusgütern anzutreffen. Zu den Gütern mit relativ elastischer Nachfrage zählen z. B. Auslandsreisen in ferne Länder, Flugreisen, exklusive Restaurantmahlzeiten.

> **Je elastischer die Nachfrage** ist, desto schwieriger wird die Steuerüberwälzung.

Dagegen ist eine Nachfrage unelastisch, wenn sich trotz Preiserhöhung die Nachfrage nur wenig oder gar nicht verändert. Die Nachfrage nach Lebensmitteln des Grundbedarfs ist relativ unelastisch. Vollkommen unelastisch ist eine Nachfrage, wenn Preisveränderungen keinerlei Nachfrageänderungen bewirken.

Vollkommen unelastische Nachfrage

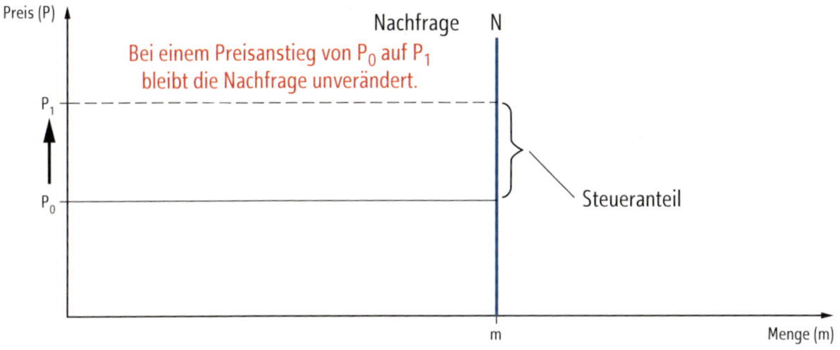

Abb. 5

Der Abbildung ist zu entnehmen, dass die steuerbedingte Preiserhöhung ohne jede Mengenänderung voll auf den Abnehmer abgewälzt wurde, indem der Preis von P_0 auf P_1 heraufgesetzt wurde. Zu Gütern mit relativ unelastischer Nachfrage zählen Benzin, Heizöl, Eier, Trinkwasser usw.

> **Je unelastischer die Nachfrage** ist, desto leichter wird die Steuerüberwälzung.

Vollkommen elastische Nachfrage und vollkommen unelastische Nachfrage sind Grenzfälle. In der Regel liegt die Elastizität dazwischen. An diesen Grenzfällen kann aufgezeigt werden, wie sich eine Steuerüberwälzung in Form von Preiserhöhungen auf die Nachfrage auswirkt.

> Alle **indirekten Steuern** können grundsätzlich über den Preis auf den Abnehmer abgewälzt werden.
> **Möglichkeit und Umfang der Überwälzung** hängen vom Elastizitätsverhältnis des Angebots zur Nachfrage ab.

Werden Staatsausgaben, beispielsweise für den Umweltschutz oder für den Sozialbereich, über eine **Erhöhung der indirekten Steuern** wie der Umsatzsteuer finanziert, dann hat das Konsequenzen:

1. Langfristig wird diese Steuererhöhung voll überwälzt, damit tragen die Konsumenten die Finanzierungslast.
2. Konsumenten mit hoher Konsumrate haben größere Konsumopfer zu tragen als jene mit niedriger Konsumrate.
3. Haushalte mit niedrigem Einkommen haben eine hohe Konsumrate. Folglich tragen diese Haushalte eine relativ höhere Finanzierungslast als jene mit hohem Einkommen.

Finanziert man diese staatlichen Ausgaben dagegen über eine **Erhöhung** gewinnabhängiger, also **direkter Steuern**, so entstehen ebenfalls unbeabsichtigte Folgen:

1. Untersuchungen haben gezeigt, dass zumindest in gewissem Umfang auch direkte Steuern überwälzbar sind. Diese Überwälzung ist besonders während der Hochkonjunktur möglich und führt zu Preissteigerungen.
2. Gelingt die Steuerüberwälzung zum Beispiel während eines Konjunkturtiefs nicht, dann führt die Gewinnschmälerung zu nachlassender Investitionsneigung mit Nachfragerückgang und schließlich negativen Folgen für den Arbeitsmarkt.

Zusammenfassung

1. **Steuereinteilung**
   a) nach dem **Steuergegenstand**
   - Besitzsteuern
   - Verkehrsteuern
   - Verbrauchsteuern
   - Zölle

   b) nach der **Erhebungsart**
   - direkte Steuern
   - indirekte Steuern

   c) nach dem **Steuerempfänger**
   - Bund
   - Länder
   - Gemeinden

2.

3. Mit der Variation der Steuersätze (Steuervariation) kann das Konsumverhalten unmittelbar beeinflusst werden.
4. Steuervariationen bergen allerdings auch die Gefahr unerwünschter Ankündigungseffekte in sich.

Prüfen Sie Ihr Wissen

1. Welchen Zielen dient die Steuererhebung?
2. Welche Steuern fallen
   a) beim Kauf von Skatkarten,
   b) bei der Bezahlung der Benzinrechnung an der Tankstelle,
   c) bei der Lohn- und Gehaltszahlung,
   d) bei der Entgegennahme eines Geschenks an?
3. Erklären Sie anhand der Lohn- bzw. Einkommensteuer, der Umsatzsteuer und der Energiesteuer den Unterschied zwischen direkten und indirekten Steuern.
4. Begründen Sie, warum die Erhöhung direkter Steuern bei Haushalten mit niedrigem Einkommen regelmäßig zu einem Rückgang des Konsums führt, dagegen kaum bei Haushalten mit hohem Einkommen?
5. Kann die Erhöhung der gewinnabhängigen Steuern Auswirkungen auf das Investitionsverhalten haben? Begründen Sie Ihre Ansicht.
6. Allgemein wird behauptet, dass indirekte Steuern leichter als direkte Steuern überwälzt werden können.
   a) Setzen Sie sich mit der Behauptung auseinander und belegen oder widerlegen Sie diese.
   b) In welchen wirtschaftlichen Situationen wird es für den Unternehmer schwierig, indirekte Steuern auf den Verbraucher zu überwälzen?

3 Markt und Preis

3.1 Merkmale des Marktes

Wir alle sind schon einmal ohne konkrete Kaufabsichten in der Stadt herumgeschlendert und haben den Trubel und die Vielfalt der Schaufensterauslagen genossen. Wir lassen uns hier von einem Buch beeindrucken, registrieren da ein neues Smartphone und bemerken dort einen modischen Pullover. Immer laufen ähnliche Gedankenketten ab: Gefällt es mir? Kann ich es gebrauchen? Wie teuer ist es? Soll ich es kaufen? Wird es woanders billiger angeboten?

Immer wenn sich die Situation ergibt, dass auf der einen Seite etwas angeboten und auf der anderen Seite etwas nachgefragt wird, ist ein Markt entstanden.
Der Begriff Markt kommt von dem lateinischen Wort **„mercatus“**, was so viel wie „Handel“ bedeutet. Wenn man in früherer Zeit etwas kaufen oder verkaufen wollte, dann ging man zum Marktplatz. Noch heute gibt es solche konkreten Handelsplätze, z. B. Wochenmarkt, Jahrmarkt, Börse oder Auktionen.

→ Als **Markt** wird der Ort bezeichnet, an dem Angebot und Nachfrage zusammentreffen.

Wie man dem Eingangsbeispiel entnehmen kann, wird ein bestimmtes Gut meist in mehreren Geschäften angeboten und von mehreren Personen nachgefragt.

→ Unter **Nachfrage** versteht man die Summe aller Nachfragenden, die kaufwillig und kauffähig sind.

→ Unter **Angebot** versteht man die Summe aller Anbietenden, die verkaufswillig und lieferfähig sind.

Um die unterschiedlichen Interessen[1] von Nachfragenden und Anbietenden auszugleichen, muss es einen Regulator[2] geben. Diese Aufgabe übernimmt der Preis.

---

1 Kaufinteressenten möchten möglichst günstig kaufen, Anbietende möchten möglichst teuer verkaufen.
2 Regulator: regulieren, automatisch regeln

Man kann immer wieder beobachten, wie Preise für bestimmte Konsumgüter kurz nach Weihnachten sinken oder die Benzinpreise kurz vor den Ferien steigen. Der Preis ist immer das Ergebnis der Angebots- und Nachfragesituation auf dem Markt.

Der **Preis**, der sich frei auf dem Markt bildet, ist das Ergebnis des Aufeinandertreffens von Angebot und Nachfrage.

3.1.1 Das Verhalten der Marktteilnehmer

Bestimmungsgründe der Nachfrage

Walter Schmidt wurde zum Abteilungsleiter befördert. Mit dem Hinweis, dass die Müllers von gegenüber sich ein neues Auto gekauft hätten, drängt ihn seine Frau, auch eines zu kaufen.
„In deiner neuen Position kannst du nicht mehr mit diesem alten Auto herumfahren – wir machen uns ja lächerlich. Außerdem kannst du es dir ja jetzt leisten“, meint sie vorwurfsvoll. „Also gut“, gibt er nach, „aber nur einen Sportwagen.“ „Auf keinen Fall“, erwidert seine Frau, „eine große Limousine, die stellt wenigstens was dar.“ Nun mischt sich auch noch ihr Sohn Tobias in das Gespräch: „Sportwagen, große Limousine, alle viel zu teuer in Anschaffung und Unterhalt. Außerdem, noch nie etwas von Umweltproblemen gehört? Solche Autos passen nicht mehr in die heutige Zeit. Dazu kommt, dass wir danach wieder kein Geld für den Urlaub haben. Für mich kommt nur ein Kleinwagen infrage.“

Wir wissen nicht, für welches Auto sich die Familie Schmidt entschieden hat, aber aus ihrem Gespräch kann man erkennen, was bei dem Kauf eines Gutes wichtig ist.

Für Familie Schmidt sind verschiedene Gesichtspunkte wichtig:

- ***der subjektive Nutzen*** – wir machen uns ja lächerlich (Statussymbol) ... passen nicht in die heutige Zeit
- ***das verfügbare Einkommen*** – Gehaltserhöhung aufgrund neuer Position
- ***der Preis des Autos*** – Sportwagen, große Limousine zu teuer in ...
- ***die Preise vergleichbarer Autos*** – ... Kleinwagen
- ***die Unterhaltskosten*** – ... zu teuer in ... und Unterhalt
- ***Preise der Güter, die ebenfalls von dem Haushalt nachgefragt werden*** – ... kein Geld für den Urlaub

Bestimmungsgründe der Nachfrage sind der Nutzen, das Einkommen, der Preis des Gutes, der Preis anderer Güter.

Nutzen

Der Nutzen kann von mehreren Faktoren bestimmt werden.

Alter	Alte Menschen haben andere Bedürfnisse als junge.
Mentalität	Der sportliche, häusliche oder rationelle Typ wird bei einem Güterkauf jeweils andere Kriterien anlegen.
Geschlecht	Frauen legen beim Güterkauf oft andere Maßstäbe an als Männer.
Milieu	Die Umwelt, in der man lebt, beeinflusst die persönliche Wertvorstellung und damit auch das Kaufverhalten.
Geltungsbedürfnis	Je ausgefallener das Gut, desto höher der Nutzen.
Sättigungsgrad	Mit zunehmender Sättigung nimmt der Nutzen ab.

Einkommen

Allgemein kann man sagen, dass mit zunehmendem Einkommen die Ausgaben für Konsumgüter steigen. Schwieriger zu beantworten ist jedoch die Frage, welche Konsumgüter jetzt verstärkt nachgefragt werden, weil mit zunehmendem Einkommen sich auch die Bedürfnisse ändern werden. *Güter niedriger Ordnung* werden ersetzt durch *Güter höherer Ordnung*.

Mithilfe der **Einkommenselastizität** kann man diesen Zusammenhang beschreiben. Konkreter: Die Einkommenselastizität gibt an, um wie viel Prozent die Nachfrage nach einem Gut zunimmt, wenn das Einkommen um 1 % steigt.

→ Mit dem Begriff der **Einkommenselastizität** drückt man das Verhältnis von relativer Einkommensveränderung zu relativer Nachfrageveränderung nach einem bestimmten Gut bzw. einer Produktgruppe aus.

Preis des Gutes

Es ist normal, dass die Nachfrage nach einem Gut zunimmt, wenn der Preis dieses Gutes sinkt, und die Nachfrage abnimmt, wenn der Preis dieses Gutes steigt.

Preise anderer Güter

Wie im vorangegangenen Beispiel schon kurz angedeutet, können sich Preisänderungen des einen Gutes mehr oder weniger stark auf die Nachfrage nach anderen Gütern auswirken. So könnte bei jemandem, der gern Urlaub in fernen Ländern macht, ein drastischer Anstieg der Flugpreise bewirken, dass er deshalb nicht mehr so häufig ins Theater oder ins Kino geht.

Die **Kreuzpreiselastizität** drückt aus, wie sich die Preisänderung eines Gutes auf die Nachfrage nach anderen Gütern auswirkt.

Bei gleichartigen Gütern kann man eine hohe Kreuzpreiselastizität beobachten.

Beispiel:

Eine Tankstelle erhöht den Benzinpreis, ein Teil der bisherigen Kundschaft tankt nun woanders.

Schwieriger ist, die Kreuzpreiselastizität unter nicht gleichartigen Gütern zu beurteilen, z. B. wie sich Benzinpreiserhöhungen auf den Kauf großvolumiger Autos auswirken.

Bestimmungsgründe des Angebots

Der Vorstand der Plastic-Entwicklungs- und Verwertungs-AG tritt zu einer Sitzung zusammen, um zu entscheiden, ob sie neben Öltanks auch Schiffsrümpfe für Segelboote bauen sollen. „Der Bau von Tanks erfordert Techniken, die man gut für den Schiffbau verwenden kann", meint das Vorstandsmitglied von Servin, „eine Umstellung kommt nicht sehr teuer, weil wir bereits die Maschinen und die Leute dafür haben." Vorstandsmitglied Wendehals schließt sich der Meinung an: „Vieles spricht dafür, dass der Markt für Öltanks stagniert und für Freizeitboote expandiert. Bei Freizeitbooten rechne ich mit einem guten Umsatz. Außerdem, der zunehmende Druck nach umweltfreundlicher Energie zwingt uns zu Alternativen. Wir hätten dann noch ein zweites Standbein und wären nicht völlig von der Öltankherstellung abhängig."

Die Beweggründe des Angebots werden zuerst von der Zielsetzung des Unternehmens bestimmt.
Aus diesem Beispiel kann man vier Beweggründe ableiten:

- ***die Kosten*** – ... eine Umstellung kommt uns nicht sehr teuer
- ***der erwartete Gewinn*** – ... rechne ich mit einem gutem Umsatz
- ***die Nachfrageentwicklung*** – ... Markt für Freizeitboote expandiert[1]
- ***Risikostreuung*** – ... hätten dann noch ein zweites Standbein

Generell dürften bei erwerbswirtschaftlichen Unternehmen drei Größen das Angebot beeinflussen:

- die Kosten,
- der erwartete Gewinn,
- die Marktsituation.

> Bestimmungsgründe des Angebots sind die **Kosten**, der erwartete **Gewinn**, die **Marktsituation**.

Kosten

Von den Größen, die das Angebot bestimmen, sind die Kosten ein wichtiger Faktor. Denn die Differenz zwischen Stückkosten und Marktpreis ist der Gewinn oder der Verlust.
Kostenarten sind

- Personalkosten,
- Materialkosten,
- Anlage- und Kapitalkosten,
- Fremdleistungskosten,
- Kosten der menschlichen Gemeinschaft.

Personalkosten sind Kosten, die mit dem Personaleinsatz verbunden sind, wie Löhne, Gehälter, Sozialversicherungsabgaben.
Materialkosten sind die Kosten für Roh-, Hilfs- und Betriebsstoffe, Lagerhaltungskosten, Kosten des innerbetrieblichen Materialtransports.

---

1 *expandieren: sich ausdehnen*

Anlage- und Kapitalkosten sind unter anderem Abschreibungen auf Maschinen und Gebäude, Fremdkapitalzins, Disagio.
Unter **Fremdleistungskosten** sind alle die Kosten zu verstehen, die einem Unternehmen für Leistungen entstehen, die es von außen bezieht, z. B. Kosten für Patente, Miete und Pacht, Versicherungen, Energie.
Kosten der menschlichen Gemeinschaft sind z. B. Steuern, Gebühren, Abgaben.

Kosten kann man auch in **fixe und variable Kosten** unterscheiden. Fixe Kosten sind von der **Beschäftigung**[1] unabhängig, z. B. fallen Wartungskosten, Miete oder Pacht immer an, egal wie viel produziert wird. Variable Kosten (z. B. Materialkosten) ändern sich mit der Beschäftigung.

Beispiel: Mögliche Kosten und Umsatzstruktur eines Unternehmens

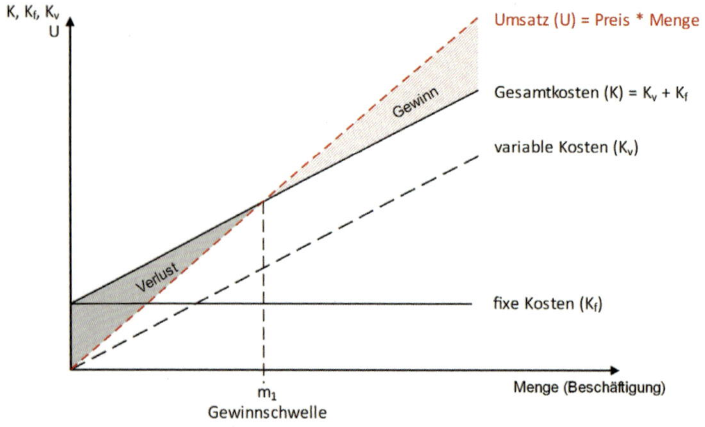

Im obigen Beispiel ist das Unternehmen gezwungen, mindestens die Menge m_1 herzustellen, weil erst beim Verkauf dieser Menge die Gesamtkosten gedeckt werden können. Diesen Punkt nennt man **Gewinnschwelle**, da hier die Kosten dem Umsatz entsprechen. Verkauft man mehr, erzielt man Gewinn, verkauft man weniger, erzielt man Verlust. Die Gewinnschwelle ist nicht absolut fest, sondern sie ist vom Marktpreis abhängig. Steigt der Marktpreis, verläuft die Umsatzkurve steiler und die Gewinnschwelle verlagert sich in dem Schaubild nach links. Bei sinkendem Marktpreis ist es umgekehrt.

Gewinn

Das am häufigsten genannte wichtigste Ziel eines erwerbswirtschaftlich orientierten Unternehmens ist Gewinnerzielung. Die Aussicht auf Gewinn ist Motivation genug, ein Gut zu produzieren und auf dem Markt anzubieten. Zwischen Gewinn und Nachfragemenge besteht ein Zusammenhang.

Der Gewinn errechnet sich folgendermaßen:

Gewinn = (Marktpreis · verkaufte Menge) – Kosten = U – K

---

1 Ausbringungsmenge des Betriebs (Leistung)

Die Gewinnhöhe wird von
- den Kosten,
- dem Marktpreis,
- der Nachfrage bestimmt.

Marktsituation

Die Marktsituation enthält das aktuelle und das zukünftige Nachfrage- und Angebotsverhalten. Die momentan gute Marktstellung eines Unternehmens kann morgen durch neue Konkurrenten, durch geändertes Nachfrageverhalten, durch technische Entwicklung usw. schon wieder verloren sein.

Vor allem schnelllebige Märkte sind mit hohem Risiko behaftet (z. B. Textil-, Spiel-, Freizeitindustrie). Hier müssen die Verantwortlichen den Markt genau beobachten, Entwicklungen frühzeitig erkennen und schnell und richtig darauf reagieren.

3.1.2 Marktarten

Märkte werden je nach Gesichtspunkt anders eingeordnet. Solche Einordnungskriterien könnten sich anhand folgender Fragen ergeben:

- Welche Güter werden auf diesem Markt gehandelt?
- Ist der Markt vollkommen oder unvollkommen?
- Kann jeder auf diesem Markt anbieten oder nachfragen?

Faktormärkte und Sachgütermärkte

Aus dem Anzeigenteil einer Zeitung

Stellenanzeigen

Interessieren Sie sich für den **Außendienst? Dann bewerben Sie sich bei uns!**

... **Geld** – verdienen Sie sofort
... **Ich** zeige Ihnen wie
... Geeignet für **jedermann**
... **Pkw** – nicht erforderlich ☎ 12 34 56

Kapitalmarkt + Beteiligungen

Möchten Sie für Ihr Geld eine höhere Verzinsung als 1 %? Wir suchen Investoren für die Realisierung eines vielversprechenden Geschäftskonzepts. Interesse? Dann rufen Sie uns an. Tel. 1114

Immobilienmarkt

Suche schöne **3–4 ZW** Alt- oder Neubau in F-Bornheim und Umgebung. Hausmeistertätigkeiten können übernommen werden. Angebote unter Chiffre ABC 1

Verkaufsanzeigen

Alte Möbel aus dem 19. Jh. und ein altes Klavier Jugendstil zu vk. Preis VB ☎ 9 87 65

Im Anzeigenteil von Zeitungen oder auf entsprechenden Internetseiten findet man Stellenanzeigen, in denen Arbeitskräfte gesucht und Arbeitsplätze angeboten werden. Unter der Rubrik Kapitalmarkt werden Gelder für günstige Zinsen und Geldanlagemöglichkeiten angeboten. Häuser und Grundstücke werden unter der Überschrift Immobilienmarkt gehandelt.

Da hier Produktionsfaktoren gehandelt werden, nennt man sie **Faktormärkte**.
Neben diesen Faktormärkten gibt es noch **Sachgütermärkte**, auf denen verschiedene Konsumgüter wie Autos, Kinderwagen, Kühlschränke und Produktionsgüter wie Maschinen, Rohstoffe gehandelt werden.
Ob ein Gut dem Konsumgüter- oder dem Produktionsgütermarkt zugeordnet werden muss, bestimmt die konsumtive oder produktive Verwendung des gehandelten Gutes.

Faktormärkte

Marktarten	Handelsobjekt	Anbietende	Nachfragende	Marktort
a) **Arbeitsmarkt**	Arbeitskräfte	Privathaushalte	Unternehmen, Staat, Privathaushalte	Agentur für Arbeit, Zeitungen, Internet
b) **Geld- und Kapitalmarkt**	kurz- und langfristige Anlage- und Kreditmöglichkeiten	Privathaushalte Unternehmen	Privathaushalte Unternehmen Staat	Banken und sonstige Kreditgeber, Börse, Zeitungen, Internet
c) **Immobilienmarkt**	Grundstücke und Gebäude	Privathaushalte Unternehmen Staat	Privathaushalte Unternehmen Staat	Immobilienmakler, Zeitungen, Internet

Sachgütermärkte

Marktarten	Handelsobjekt	Anbietende	Nachfragende	Marktort
a) **Konsumgütermarkt**	alle für den Endverbraucher bestimmten Güter	Unternehmen	Privathaushalte	Massenmedien, Einzelhandel, Wochenmärkte
b) **Produktionsgütermarkt**	alle für die Produktion bestimmten Güter	Unternehmen	Unternehmen	Messen, Werbeanzeigen, Fachzeitschriften, Internet

Unvollkommene und vollkommene Märkte

„Ich brauchte seinerzeit einen neuen Regenschirm. Es war zu überlegen, wie ich in meiner Rolle als Abnehmer die in der freien Marktwirtschaft mir obliegende Pflicht am besten treffen könnte. In Köln gibt es, so nahm ich an, etwa 50 Läden, in denen man einen Regenschirm kaufen kann. Diese müsste ich

pflichtgemäß alle aufsuchen ... Dann gibt es schätzungsweise 200 Sorten Regenschirme für Herren. Da es ein schwarzer Regenschirm mit gebogener Krücke sein sollte, mag sich die Sortenzahl auf 100 ermäßigen.
Nun aber geht es mir um einen möglichst dauerhaften Regenschirm, dessen Stoff, Stock und Mechanik lange halten und auch bei starkem Wind brauchbar bleiben. Ich fand bald heraus, dass, allein um die Güte der Regenschirmstoffe auf Haltbarkeit und Wasserdurchlässigkeit zu prüfen, ein Kursus nötig sei, den ein Freund auf vier Wochen schätzte ... Auch die Mechanik sei, so meinte er, in ihrer Qualität verschieden, und man müsse schon etwas davon verstehen, wenn man eine sachkundige Auswahl treffen wolle. Diese Überlegungen führten dahin, dass ich, um mich und meine Familie mit dem nötigen Hausrat und der nötigen Bekleidung zu versehen, meinen Beruf aufgeben und dazu noch einen Assistenten anstellen müsse. Dies bedenkend, verzichtete ich auf jede Konkurrenzprüfung, ging in den nächsten Laden und kaufte unter 10 vorgelegten Schirmen einen ohne lange Prüfung und zahlte dafür, was gefordert wurde."

Quelle: Eugen Schmalenbach: Der freien Wirtschaft zum Gedächtnis, Aufsatz von 1931, Westdeutscher Verlag, Köln-Opladen 1949

Eugen Schmalenbach hat am Beispiel eines Regenschirmkaufs die Unvollkommenheit dieses Marktes geschildert.

Merkmale des **unvollkommenen Marktes**

1. Es gibt **keine gleichartigen (homogenen) Güter**.	– Es gibt schätzungsweise 200 Sorten Regenschirme.
2. Es gibt **keine Markttransparenz**.	– In Köln gibt es etwa 50 Läden, in denen man Regenschirme kaufen kann.
3. Es gibt **Präferenzen**[1], z. B. räumliche.	– Ich ging in den nächsten Laden und kaufte ...
4. Unrationales Handeln	– ... unter zehn vorgelegten Schirmen einen ohne lange Prüfung und zahlte dafür, was gefordert wurde.

Marktunvollkommenheiten erschweren es, allgemeine Verhaltensweisen vorherzusagen und aussagefähige Marktpreisbildungstheorien zu erstellen. Deshalb geht man von dem Modell des vollkommenen Marktes aus.

Merkmale des **vollkommenen Marktes**

1. Die auf dem Markt gehandelten Güter sind vollkommen gleichartig (homogen).
2. Man hat eine vollkommene Marktübersicht (Markttransparenz).
3. Man kann unendlich schnell auf Marktveränderungen reagieren.
4. Man handelt rational.
5. Es gibt keine
- persönlichen Präferenzen
  (keine Bevorzugung aus persönlichen Gründen; man kauft nicht, weil die Verkäuferin/der Verkäufer besonders höflich ist),
- sachliche Präferenzen
  (keine Bevorzugung bestimmter Güter oder Marken.

1 *Präferenz: Begünstigung, Bevorzugung*

- räumliche Präferenzen
  (es gibt nur Punktmärkte; die Anbieter sind nicht über ein großes Gebiet verteilt),
- zeitliche Präferenzen
  (alle Anbietende können sofort liefern).

Dem vollkommenen Markt kommen real die Waren-, Devisen- und Wertpapierbörsen am nächsten.

Offene und geschlossene Märkte

Sind Märkte für jeden zugänglich, so spricht man von **offenen Märkten.**
Märkte, in denen der Zutritt erschwert wird oder unmöglich ist, nennt man **geschlossene Märkte**.

Erschwert oder unmöglich wird der Marktzutritt z. B. durch

- ein Monopol,
- bestehenden Rechtsschutz (patentrechtlicher Schutz, Konzession) oder
- wirtschaftspolitisches Verbot (per Gesetz)

Zusammenfassung

Prüfen Sie Ihr Wissen

1. Erläutern Sie den Begriff „Markt“.
2. Anhand welcher Kriterien wird sich ein Haushalt beim Güterkauf orientieren?
3. Erklären Sie anhand eines Beispiels den Einfluss von Alter und/oder Geschlecht auf den Güterkauf.
4. Was versteht man unter Einkommenselastizität?

5. Begründen Sie, ob sich eine Preiserhöhung bei einem Gut auf die Nachfrage nach anderen Gütern auswirken könnte.
6. Nennen Sie die Bestimmungsgründe des Angebots.
7. Welche der folgenden Kostenarten sind fix, welche variabel?
   - Gehalt eines Betriebsrats
   - Benzin für den Geschäftswagen
   - Abschreibungen auf Anlagen
   - Roh- und Hilfsstoffe
   - Löhne und Gehälter
   - Leasingrate für Lkw
   - Miete für Lagerhalle
   - Abschreibung auf Gebäude
8. Beschreiben Sie den Einfluss von Kosten auf das Angebotsverhalten des Unternehmens.
9. a) Erklären Sie den Begriff „Gewinn-Schwelle".
   b) Die aktuelle **Nachfrage** nach dem Produkt *Halter-0023* beträgt 2 350 Stück. Da Fertigungskapazitäten benötigt werden, überlegt man, ob dieses Produkt weiterhin **angeboten** werden soll.

   Die Kostenanalyse ergab:
   - Fixe Kosten: 1 198,50 €
   - *variable* Stückkosten: 0,75 €

   Der Verkaufspreis beträgt: 1,26 €/Stück . Als verantwortliche Person stellen Sie sich nun folgende Fragen?

9.1. Lohnt es sich unabhängig von den vorhandenen Kapazitäten, dieses Produkt weiterhin anzubieten?

9.2. Wäre eine Werbekampagne sinnvoll? Diese würde zwar die fixen Kosten auf 1 741,75 € erhöhen, aber auch die Verkaufszahl auf 3 011 Stück steigern. Alle anderen Bedingungen blieben gleich.

9.3. Ab welcher Mindestverkaufsmenge würde sich die Werbekampagne lohnen?

9.4. Wie hoch wären die Kosten an der Gewinnschwelle?

9.5. Visualisieren Sie die in den Aufgaben 9.2-9.4 beschriebenen Probleme über eine Grafik. (Hinweis: Verwenden Sie ein Koordinatensystem. Jeder cm entspricht 500 Einheiten.)

10. Welchen Einfluss übt die Konkurrenz auf die Angebotsmenge eines Unternehmens aus?
11. Nennen Sie zu jeder der genannten Marktarten das Handelsobjekt und die Marktorte.
    - Arbeitsmarkt
    - Geld- und Kapitalmarkt

- Produktionsgütermarkt
- Mineralölmarkt
- Immobilienmarkt
- Automarkt

12. Ordnen Sie folgende Annoncentexte den Marktarten zu:
    a) Suche möbl. Zimmer
    b) Mitarbeitende im Außendienst gesucht
    c) Hausschwester für die Bereiche Pflegedienst und Hauswirtschaft sucht neues Tätigkeitsfeld
    d) Für steuerbewusste Geldanlage. Indirekter Grundbesitz mit guter Rendite und steuerlichen Vorteilen.
    e) Teppichboden fast geschenkt
    f) Pkw, 90 kW, Bj. 2005, 58 000 km, Preis VHS
    g) Schöne antike Bauernschränke
    h) Verkaufe alte Vitrine
    i) Junge Frau sucht Halbtagsbeschäftigung im Raum Stuttgart
    j) Barkredite sofort bis 60 000,00 €, ohne Bürgen, zu Bankbedingungen
13. Begründen Sie anhand von mindestens zwei Beispielen aus dem Text, ob es sich in der folgenden Situation um einen vollkommenen oder einen unvollkommenen Markt handelt:

    Mein Brot kaufe ich nur in der Bäckerei Schimmelpilz, weil ich Herrn Schimmelpilz persönlich kenne und weil er Brotsorten anbietet, die es sonst nirgends gibt. Seine Verkäuferin kennt mich gut und ist immer besonders freundlich zu mir. Meine Frau meint, dass das Brot im Supermarkt billiger sei, aber die bereits genannten Vorteile und die Tatsache, dass die Bäckerei für mich bequem zu erreichen ist, lassen mich auch weiterhin nur bei Schimmelpilz mein Brot kaufen.
14. Unterscheiden Sie offene von geschlossenen Märkten und nennen Sie jeweils dazu ein Beispiel.

3.2 Preisbildung

Wie kommen Preise zustande? Wer bestimmt, wie hoch ein Preis sein kann? Ein Preis sollte idealerweise alle anfallenden Kosten decken und einen Gewinn enthalten. Aber kann diese Forderung immer durchgesetzt werden?
Pauschal könnte man diese Fragen folgendermaßen beantworten: Je vollkommener der Markt, desto stärker dominiert der Marktpreis. Umgekehrt, je unvollkommener der Markt, desto stärker dominieren die Kosten und die Gewinnerwartungen die Preisbildung. Dabei sind strategische Entscheidungen wie Einführungspreise oder bewusst niedrigere Preise, um Kunden zu gewinnen und Konkurrenten fernzuhalten, nicht berücksichtigt.

3.2.1 Polypolpreisbildung

Der polypolistische Markt ist gekennzeichnet durch eine große Teilnehmerzahl. Es besteht eine **atomistische Konkurrenz**[1].

Unterstellt man nun noch die Bedingungen eines vollkommenen Marktes, ist die Marktmacht eines Polypolisten sehr gering. Solche Märkte gibt es in Wirklichkeit nicht – es ist eine Modellbetrachtung.

Wie bereits gesagt, in diesem Modell haben Anbietende keine Marktmacht und sind daher von den Gesetzen des Marktes abhängig. Verlangt ein Polypolist einen Preis, der über dem Marktpreis liegt, werden ihm die Kunden „weglaufen". Setzt er seinen Preis unter dem Marktpreis fest, hat er zwar mehr Nachfrage, aber aufgrund seines geringen Marktanteils hat das keine weiteren Auswirkungen auf den Markt.
Auch eine Erhöhung der Angebotsmenge hat keine merklichen Auswirkungen auf das Gesamtangebot.

Da der Preis für Polypolisten tabu ist, können sie ihren Umsatz nur über eine entsprechend höhere Angebotsmenge ausweiten – man nennt sie deshalb **Mengenanpassende**.

Beispiel:

Auf einer Warenbörse erhält der Makler am 1. März Kaufaufträge.

1. Adelmann will 200 kg kaufen, doch höchstens 2,50 € je kg bezahlen.
2. Baier will 100 kg kaufen, aber höchstens 7,50 € je kg bezahlen.
3. Clemens will 100 kg kaufen und ist bereit, 10,00 € je kg zu zahlen.
4. Dehlen möchte 50 kg kaufen und ist bereit, 12,50 € je kg zu zahlen.
5. Erichsen zahlt für 150 kg sogar bis zu 13,75 € je kg.

Zur selben Zeit erhält der Makler folgende Angebote:

1. Faul bietet 100 kg an, möchte aber mindestens 13,75 € je kg erzielen.
2. Gehring bietet 50 kg an und gibt als Preisuntergrenze 11,25 € je kg an.
3. Haller möchte mindestens 10,00 € je kg für seine 100 kg erzielen.
4. Illig bietet 100 kg an und will je kg mindestens 7,50 € bezahlt haben.
5. Jochens will für seine 100 kg mindestens 5,00 € je kg.

Alle Preise gelten ab Börse. Der Makler nimmt nur Angebote entgegen, wenn die Ware sofort lieferbar ist. Die einzelnen Angebote unterscheiden sich qualitativ nicht voneinander.[2]

In diesem Beispiel wird ein vollkommener Markt unterstellt.

Nachfragekurve

Wie viel Kilogramm werden zu welchem Preis nachgefragt?

---

1 *Atomistische Konkurrenz: Sehr viele kleine Unternehmen mit atomistischen Marktanteilen stehen in Konkurrenz zueinander. Der sich bildende Marktpreis kann von keinem Unternehmen beeinflusst werden.*

2 *Zwar stehen sich auf diesem Markt nur fünf Anbietende und fünf Nachfragende gegenüber, was eher auf ein zweiseitiges Oligopol als auf ein Polypol hinweist, aber aus Gründen der Übersichtlichkeit ist eine Beschränkung der Teilnehmerzahl notwendig.*

Kaufaufträge:

Preis in € je kg	Adelmann	Baier	Clemens	Dehlen	Erichsen	insgesamt
2,50	200 kg	100 kg	100 kg	50 kg	150 kg	**600 kg**
7,50		100 kg	100 kg	50 kg	150 kg	**400 kg**
10,00			100 kg	50 kg	150 kg	**300 kg**
12,50				50 kg	150 kg	**200 kg**
13,75					150 kg	**150 kg**

Erichsen, der bereit ist, 13,75 € je kg zu zahlen, kauft natürlich die Ware auch zu jedem niedrigeren Preis. Dieses Verhalten kann man allen Nachfragern unterstellen. Das Nachfrageverhalten kann man in einer Kurve ausdrücken, die folgendes Aussehen hat:

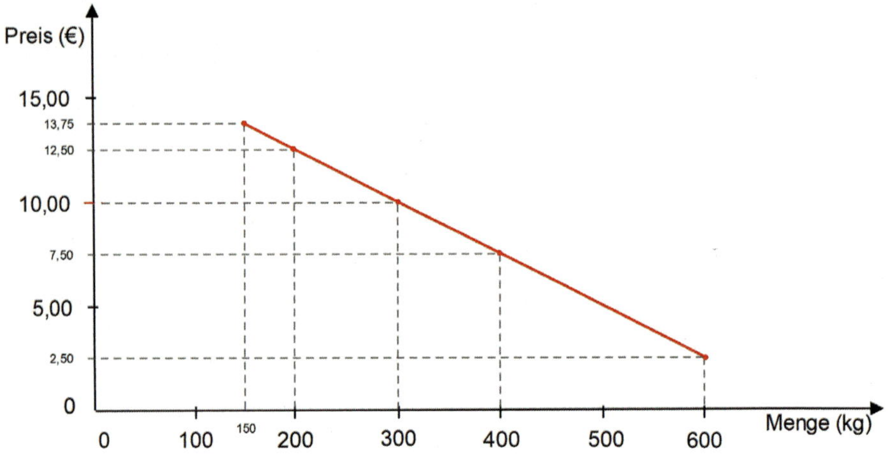

Der Verlauf dieser Nachfragekurve zeigt ein **typisches Nachfrageverhalten**. Je billiger die Ware ist, desto mehr wird nachgefragt.

> Die **Nachfragekurve** zeigt, welche Mengen eines Gutes zu welchem Preis jeweils nachgefragt werden.
> Es ist eine normale Nachfragereaktion, dass umso mehr nachgefragt wird, je billiger ein Gut angeboten wird.

Diese Aussage gilt jedoch nur bedingt.

Sollte das Einkommen eines Haushalts stark ansteigen, so werden für ihn die Preise der bisher nachgefragten Güter im Verhältnis günstiger. Nach unserer Theorie müsste nun die Nachfrage nach diesen Gütern zunehmen. Nimmt die Nachfrage jedoch ab, weil dafür vermehrt Güter höherer Ordnung nachgefragt werden, so handelt es sich um eine **inverse (umgekehrte) Nachfragereaktion**.

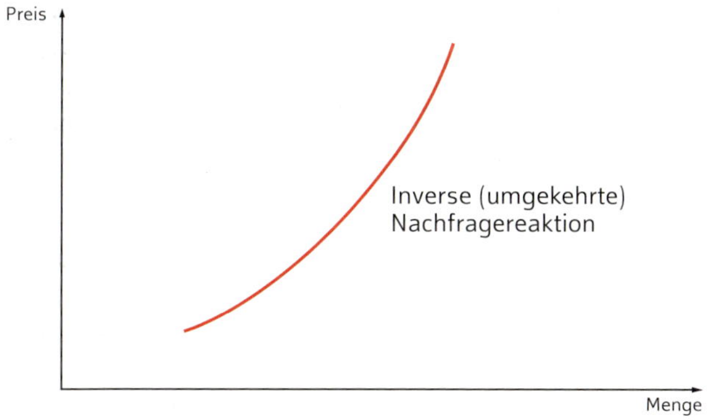

Dieselbe inverse Nachfragereaktion ergibt sich auch dann, wenn teuer mit hochwertig gleichgesetzt oder aus Prestigegründen das teure Produkt dem preiswerten vorgezogen wird. Ein hoher Preis kann Kaufargument sein; man kauft, weil sich dieses Gut nur wenige leisten können.
Im weiteren Verlauf der Abhandlung wird eine normale Nachfragereaktion unterstellt.

Der Steigungsgrad einer Nachfragekurve sagt viel über das Nachfrageverhalten bei Preisveränderungen aus.

Man unterscheidet drei Arten.

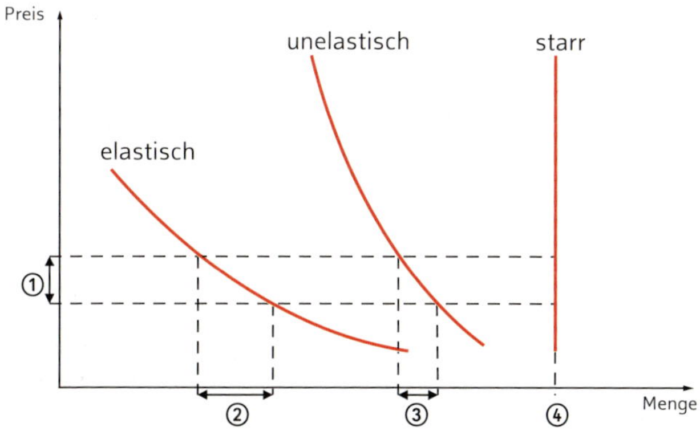

Preisänderungen ① wirken sich bei

1. starrer Nachfrage ④
nicht auf die Nachfragemenge aus. Dies ist meist bei Gütern der Fall, die für die Existenz notwendig sind, wie z. B. Heilmittel, Arztkosten, Brot.

2. unelastischer Nachfrage ③
nur geringfügig auf die nachgefragte Menge aus.

3. elastischer Nachfrage ②
stark auf die nachgefragte Gütermenge aus.

Angebotskurve

Welche Angebote werden in unserem Beispiel gemacht?

Verkaufsaufträge

Preis in € je kg	Faul	Gehring	Haller	Illig	Jochens	insgesamt
5,00					100 kg	**100 kg**
7,50				100 kg	100 kg	**200 kg**
10,00			100 kg	100 kg	100 kg	**300 kg**
11,25		50 kg	100 kg	100 kg	100 kg	**350 kg**
13,75	100 kg	50 kg	100 kg	100 kg	100 kg	**450 kg**

Man kann unterstellen, dass alle, die ein bestimmtes Gut zu einem bestimmten Preis auf dem Markt verkaufen wollen, jeden Preis, der über ihrem Angebotspreis liegt, auch akzeptieren.

Das heißt, Illig wird nicht auf seinen 7,50 € beharren, sondern er wird auch jeden Preis akzeptieren, der darüber liegt.

Im Gegensatz zur Nachfrage steigt mit zunehmendem Preis das Angebot.

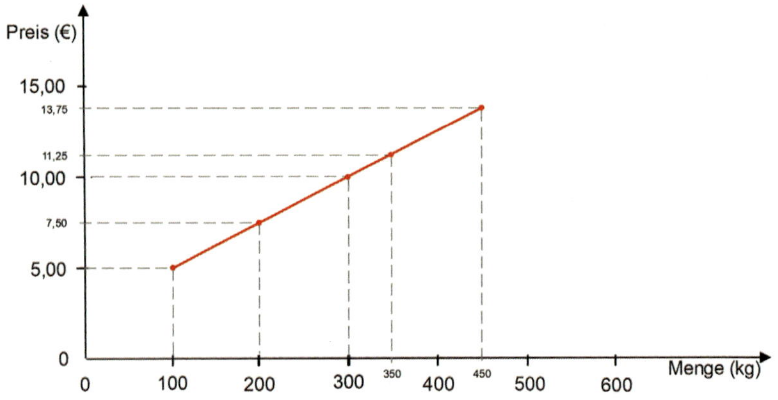

Die **Angebotskurve** zeigt, welche Mengen eines Gutes zu welchem Preis jeweils angeboten werden.
Es ist eine normale Angebotsreaktion, dass umso mehr angeboten wird, je teurer die Ware auf dem Markt verkauft werden kann.

Gelegentlich können auch auf der Angebotsseite **inverse Reaktionen** beobachtet werden.

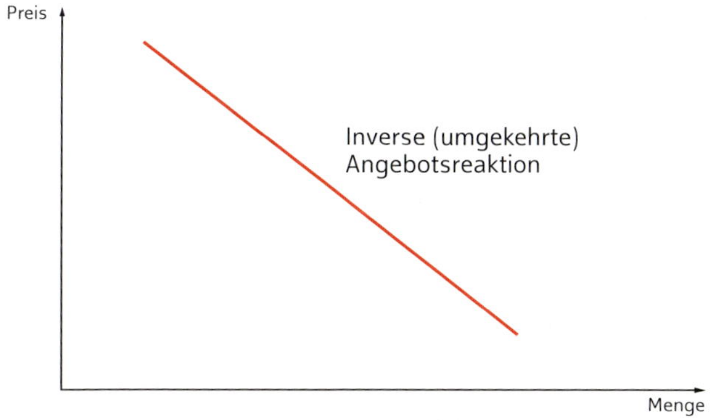

Ein typisches Beispiel dafür findet man auf dem Arbeitsmarkt. Sinkt der Lohn, werden abhängig Beschäftigte versuchen, mehr zu arbeiten, um ihren bisherigen Lebensstandard aufrechterhalten zu können.
Im weiteren Verlauf der Abhandlung werden jedoch normale Angebotsreaktionen unterstellt.

Gleichgewichtspreis

Tragen wir jetzt die Nachfrage- und Angebotskurve aus unserem Beispiel in ein Koordinatensystem ein.

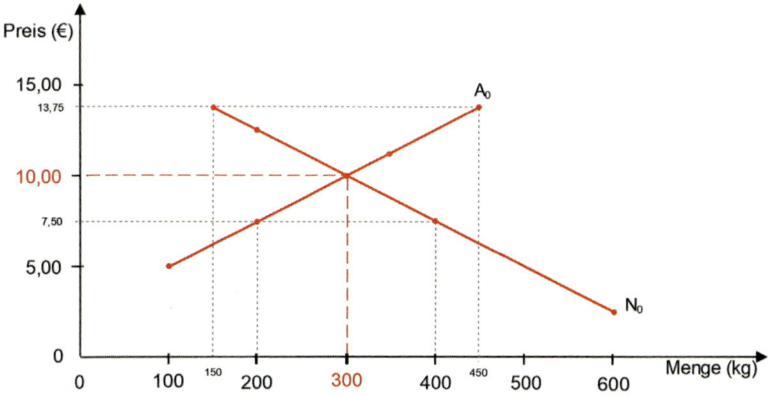

Die beiden Kurven schneiden sich an dem Punkt 10,00 €/300 kg. Nur an diesem Schnittpunkt stimmt die nachgefragte Menge mit der angebotenen Menge überein.

Den sich aus dem Schnittpunkt ergebenden Preis nennt man Gleichgewichtspreis.

➔ Der Gleichgewichtspreis gleicht Angebot und Nachfrage aus, er „räumt den Markt".

Was würde passieren, wenn ein anderer Preis festgelegt werden würde?

(1) *Bei einem Preis unter 5,00 € würde kein Geschäft zustande kommen, weil zu diesem Preis keine Waren angeboten werden.*

(2) *Bei 7,50 € besteht ein Nachfrageüberhang von 200 kg.*

(3) *Bei 13,75 € besteht ein Überangebot von 300 kg.*

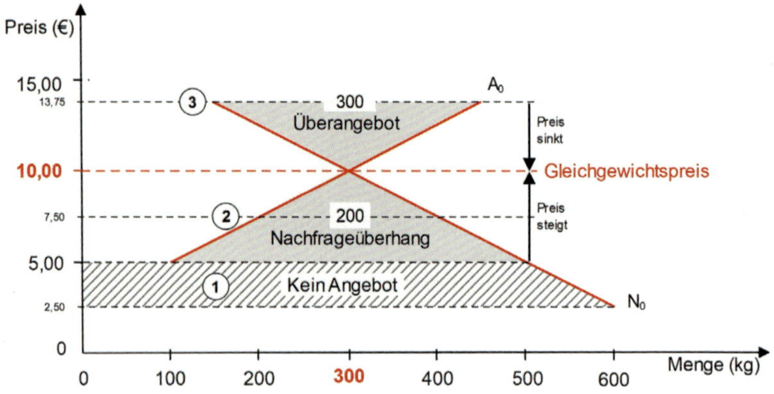

Alle Preise, die über dem Gleichgewichtspreis liegen, haben ein **Überangebot** zur Folge. Die Anbieter können die Waren nur verkaufen, wenn sie die Preise senken.

Liegen die Preise unter dem Gleichgewichtspreis, so entwickelt sich ein **Nachfrageüberhang**. Der große Nachfragedruck lässt die Preise steigen. Denn ein rational Handelnder erkennt, dass die Waren auch zu höheren Preisen verkaufen werden können. Die Preisentwicklung tendiert also immer zum Gleichgewichtspreis.

Die Preisbildung auf einem vollkommenen polypolistischen Markt ist ein dynamischer Anpassungsprozess mit der Tendenz zum Gleichgewichtspreis.

Einzelne Anbietende haben keinerlei Einfluss auf die Gleichgewichtspreisbildung. Ihre Umsätze können sie nur über eine entsprechende Produktionsmengenausweitung vergrößern. Man nennt sie deshalb auch **Mengenanpassende**.

Markt- oder Preismechanismus

Während sich bei den Kaufaufträgen nichts geändert hat (siehe Eingangsbeispiel), bieten Faul und Gehring aufgrund der ungünstigen Kostenstruktur keine Waren mehr an. Haller bietet zwar noch 150 kg an, jedoch nur zu einem Preis von 20,00 € je kg. Auch Illig verlangt für insgesamt 100 kg nun 12,50 € kg, Jochen für seine 100 kg jetzt 7,50 € je kg.

Ermittelt wird nun die neue Angebotskurve.

Verkaufsaufträge:

Preis in € je kg	Faul	Gehring	Haller	Illig	Jochens	insgesamt
7,50					100 kg	**100 kg**
12,50				100 kg	100 kg	**200 kg**
20,00			150 kg	100 kg	100 kg	**350 kg**

Würde man den Preis von 10,00 € beibehalten, so entwickelte sich ein Nachfrageüberhang von 200 kg. Der Nachfrage von 300 kg steht nur noch das Angebot von 100 kg (Jochens) gegenüber. Der Nachfrageüberhang erlaubt, die Preise zu erhöhen. Der neue Gleichgewichtspreis beträgt 12,50 €. Bei diesem Preis entspricht das Angebot von 200 kg exakt der Nachfrage.

Grafische Darstellung

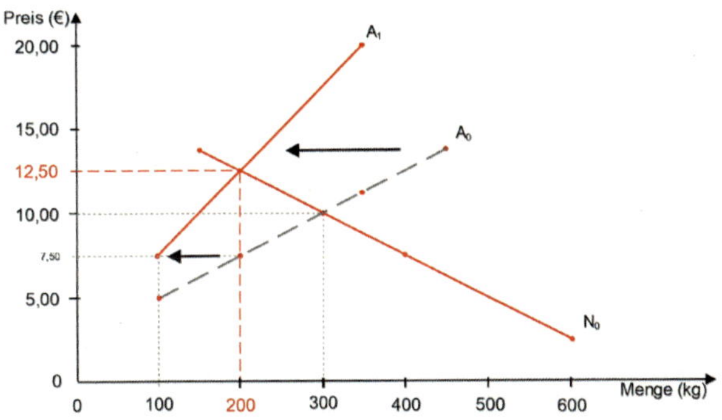

Die Angebotskurve verläuft steiler und hat sich nach links verschoben.

Jede **Veränderung des Angebots** oder **der Nachfrage** führt zu einem neuen Gleichgewichtspreis:

- Bei gleichbleibendem Angebot (A_0) führt eine Zunahme der Nachfrage (N_1) zu einem höheren Gleichgewichtspreis (P_1).
- Bei gleichbleibendem Angebot (A_0) führt eine Abnahme der Nachfrage (N_2) zu einem niedrigeren Gleichgewichtspreis (P_2).

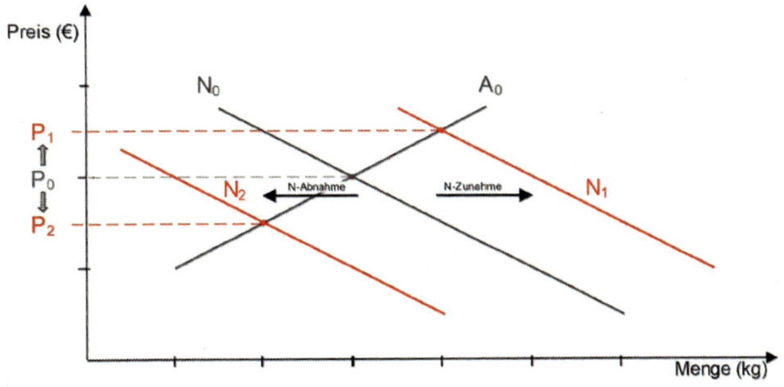

Gründe für solche **Nachfrageveränderungen** nach einem Gut könnten
- Veränderung des Einkommens,
- Veränderung der Bedarfsstruktur,
- die Preisentwicklung bei anderen Gütern,
- die Preisentwicklung des Gutes sein.

Bei gleichbleibender Nachfrage (N_0) führt eine **Zunahme des Angebots** (A_1) zu einem niedrigeren Gleichgewichtspreis (P_2). Bei gleichbleibender Nachfrage (N_0) führt eine **Abnahme des Angebots** (A_2) zu einem höheren Gleichgewichtspreis (P_1).

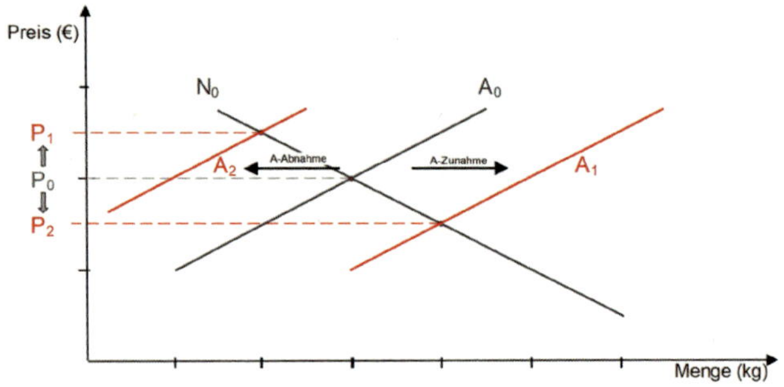

Gründe für solche **Angebotsveränderungen** könnten
- der technische Fortschritt, der zu Angebotsausweitungen führt,
- die Produktionskostenentwicklung,
- die Einschätzung der zukünftigen Nachfrageentwicklung sein.

Unter **Marktmechanismus** versteht man das automatische Anpassen des Preises an veränderte Angebots- oder Nachfragestrukturen.

3.2.2 Preis- oder Marktfunktionen

„Aufgrund der Wohnungsknappheit sind die Immobilienpreise bedenklich angestiegen. So, kostete ein Reihenhaus
vor 8 Jahren ca. 200 000 € und
heute ca. 350 000 €."
„Aufgrund der hohen Nachfrage und der Zinspolitik der EZB sind die Bauzinsen und die Materialkosten angestiegen. Wegen der damit verbundenen Verunsicherung über die wirtschaftliche Entwicklung und die berufliche Zukunft konnte man bedeutende Auftragsrückgänge registrieren. Die Folge war eine Insolvenzenwelle im Bau- und Immobiliensektor.
Auch die Interbau AG wurde von dieser Entwicklung hart getroffen. In den letzten Jahren investierte das Unternehmen bedenkenlos und schuf damit, auf die neue Situation bezogen, Überkapazitäten. Der Auftragserlös deckt gerade noch die Gesamtkosten."

Sagt in einer freien Marktwirtschaft den Produzenten niemand, wie viel, was, wann und wo sie produzieren sollen?

Sollte sich die oben beschriebene Entwicklung fortsetzen, dann wird auf dem Immobilienmarkt ein Preiskampf einsetzen. Die rentablen, wirtschaftlich gesunden Unternehmen werden mit Preissenkungen versuchen, die verbleibende Nachfrage auf sich zu ziehen. Der Markt kann darauf unterschiedlich reagieren:

Reaktionen, Folgen	Funktionen	Erklärung
Unternehmen, die diesem Preisdruck nicht standhalten können, werden vom Markt gehen (Unternehmensaufgabe, Konkurs, Produktionsumstellung).	**Marktausschaltungsfunktion**	Nur Unternehmen, die wirtschaftlich arbeiten, können auf dem Markt bestehen.
Dieser normale marktwirtschaftliche Prozess schafft wieder einen Ausgleich zwischen Angebot und Nachfrage.	**Marktausgleichsfunktion**	Der Preis gleicht Angebot und Nachfrage aus.
Da die Interbau AG den Marktpreis nicht beeinflussen kann, muss sie versuchen, ihre Produktionskosten zu senken, um wieder in die Gewinnzone zu kommen.	**Erziehungsfunktion**	Der Preis erzieht Unternehmen, wirtschaftlich zu handeln.
Ein weiterer Nachfragerückgang hätte eine erneute Preissenkung zur Folge.	**Signalfunktion**	Der Preis signalisiert die Knappheit des Gutes.
Die Interbau AG befände sich dann in einer wirtschaftlich bedenklichen Lage. Die Anteilseigner müssten überlegen, ob sie die Produktion nicht einstellen sollen. Die freigesetzten Arbeitskräfte und der Liquidationserlös könnten dann zu den Unternehmensbereichen geleitet werden, die aufgrund einer hohen Nachfrage noch Produktionsfaktoren benötigen.	**Lenkungsfunktion**	Der Preis (Löhne, Zinsen) lenkt die Produktionsfaktoren in die Bereiche, in denen sie benötigt werden.
Da die Produktionsfaktoren auf dem Markt nach ihrem Knappheitsgrad entlohnt werden, findet eine marktwirtschaftliche Verteilung des Einkommens auf die einzelnen Produktionsfaktoren statt.	**Verteilungsfunktion**	Der Preis sorgt für eine Einkommensumverteilung von weniger gefragten Produktionsfaktoren zu gefragten.
Die Preishöhe zwingt den Unternehmer, seinen Produktionsplan an der Nachfrage auszurichten. Der Preis koordiniert die Einzelpläne der Haushalte und der Unternehmen.	**Koordinierungsfunktion**	Der Preis koordiniert den Markt.

Die **Aussagekraft des Gleichgewichtspreises** ist beschränkt, da es sich beim vollkommenen polypolistischen Markt um eine Modellbetrachtung handelt. Der Gleichgewichtspreis ist ein Konstrukt, das eher den Wunsch als die Realität widerspiegelt. Die unterstellte unendlich schnelle Anpassungsreaktion der Marktteilnehmer auf Marktveränderungen gibt es in Wirklichkeit nicht. Ohne die zukünftige Wirtschaftsentwicklung zu kennen, plant die Geschäftsleitung eines Unternehmens ihr Produktionsprogramm. Erst später wird sich herausstellen, ob sie die volkswirtschaftliche Entwicklung richtig vorhergesehen hat. Der Markt befindet sich also eher in einem ununterbrochenen Ungleichgewicht. Die Bildung eines Gleichgewichtspreises wäre zufällig. Trotzdem liefert das Modell der vollkommenen Konkurrenz wichtige Erkenntnisse im Hinblick auf die Preisbildung.

Zusammenfassung

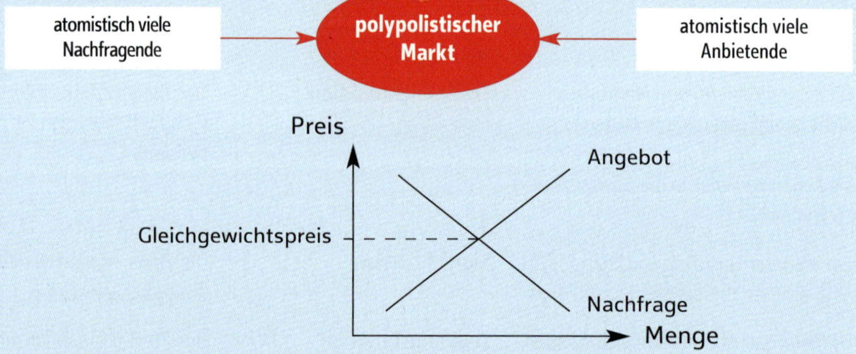

Einzelne **Nachfragende** haben keine Marktmacht und können den Gleichgewichtspreis nicht beeinflussen.

Einzelne **Anbietende** haben keine Marktmacht und können den Gleichgewichtspreis nicht beeinflussen. Umsatzsteigerung über Mengensteigerung
→ Mengenanpassende

Der Gleichgewichtspreis passt sich jeder Angebots- oder Nachfrageveränderung an (Preismechanismus).
Preise über dem Gleichgewichtspreis haben ein Überangebot und Preise darunter einen Nachfrageüberhang zur Folge.

Der Gleichgewichtspreis hat folgende Funktionen (Aufgaben):
- Signalfunktion
- Marktausschaltungsfunktion
- Marktausgleichsfunktion
- Erziehungsfunktion
- Lenkungsfunktion
- Koordinierungsfunktion
- Verteilungsfunktion

Prüfen Sie Ihr Wissen

1. Definieren Sie die Marktform vollkommenes Polypol.
2. Zeichnen und erklären Sie einen „normalen“ Nachfragekurvenverlauf.
3. Welche Kriterien beeinflussen das Nachfrageverhalten?
4. Kann Eitelkeit Grund für ein inverses Nachfrageverhalten sein?
5. Verhalten wir uns nicht alle ein wenig invers bei der Nachfrage nach Konsumgütern?
6. Interpretieren Sie die Nachfragekurven.

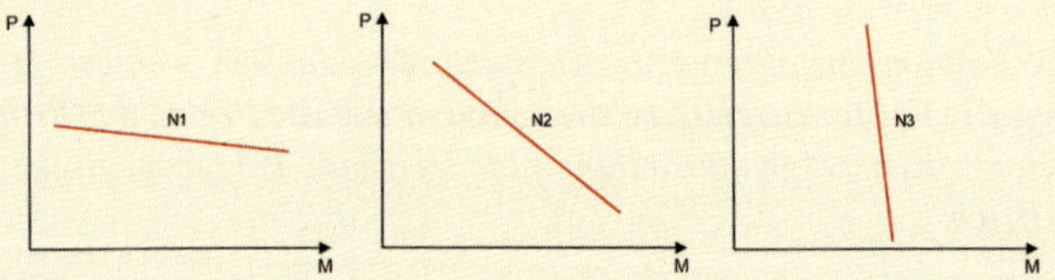

7. Unter welchen Bedingungen nennt man ein Angebotsverhalten normal?
8. Welche Bedeutung hat der Gleichgewichtspreis?
9. Auf einer Warenbörse gingen folgende Kauf- und Verkaufsaufträge ein:

Verkaufsaufträge	**Kaufaufträge**
200 kg für mindestens 20,00 €/kg	250 kg bis maximal 20,00 €/kg
200 kg für mindestens 30,00 €/kg	200 kg bis maximal 32,50 €/kg
200 kg für mindestens 40,00 €/kg	150 kg bis maximal 42,50 €/kg
100 kg für mindestens 45,00 €/kg	200 kg bis maximal 50,00 €/kg

   a) Welchen Gleichgewichtspreis würde man festsetzen? Ermitteln Sie ihn grafisch (beide Kurven verlaufen linear).

   b) Beschreiben Sie, was passieren würde, wenn man den Preis auf 30,00 €/kg festsetzen würde?

   c) Das bisherige Nachfrageverhalten ($p = -0{,}05x + 60$ für $200 \leq x \leq 800$) ändert sich aufgrund bestimmter Einflussfaktoren auf: Preis = $-0{,}05x + 70$.

   Wie reagiert der Gleichgewichtspreis auf diese Änderung und wie nennt man diese Reaktion?

   d) Was müsste bei c) geschehen, damit der Preis sich nicht verändert?

10. Was versteht man unter dem Begriff „Marktautomatismus“?
11. *Nach dem letzten Krieg war die Zweiradindustrie zunächst vollbeschäftigt, weil sie ein Fortbewegungsmittel produzierte, das bei den damaligen Einkommensverhältnissen und dem enormen Nachholbedarf für breite Bevölkerungsschichten erschwinglich war. Die Preise blieben lange Zeit stabil und die angebotenen oder*

abgesetzten Mengen schwankten nur gering. Mit zunehmendem Einkommen einerseits und dem Nachlassen des Nachholbedarfs andererseits war die Möglichkeit gegeben, höherwertige Konsumgüter anzuschaffen. Das wirkte sich in der Fahrzeugbranche in der Weise aus, dass ***die Nachfrage auf dem Zweiradmarkt ab- und auf dem Markt für Kleinwagen zunahm.***

Die Kleinwagenanbietenden sahen sich einer unerwarteten Nachfrage gegenüber, ***die ihnen Preiserhöhungen gestattete.*** *Die Zweiradindustrie* ***hatte Preissenkungen hinzunehmen*** *und erlitt* ***Erlöseinbußen.***

Die ertragswirksamen ***Preisänderungen zogen Produktionsänderungen*** *nach sich. Die Produzenten von Fahrrädern und Motorrollern drosselten ihre Produktion bzw. gaben die Produktion von Zweirädern ganz auf, die von Kleinwagen weiteten sie aus.*

Da die Produktionsfaktoren in der Zweiradproduktion weniger gefragt waren, ***sanken die Faktorentgelte relativ ebenso wie die Preise des Produkts,*** *während in der Kleinwagenherstellung eine steigende Faktornachfrage die Entgelte hinauftrieb.*

Erklären Sie anhand einzelner Passagen dieses Beispiels die Funktionen des Preises.

12. Die Top 3 der teuersten Fußballer der Welt waren 2023:

1. Romelu Lukaku	Ablösesumme	333,36 Mio. Euro
2. Neymar	Ablösesumme	310,00 Mio. Euro
3. Christiano Ronaldo	Ablösesumme	247,00 Mio. Euro.

Erklären Sie anhand dieses Beispiels zwei Marktfunktionen.

3.2.3 Preisbildung des unvollkommenen Polypols

- *„Wegen ihrer unpersönlichen Atmosphäre und den Menschenmassen mag ich die großen Einkaufsmärkte nicht. Für mein Geld verlange ich persönliche Beratung und Höflichkeit."*
- *„Ich werde mir nie ein Elektroauto kaufen. Die modernen Motoren sind schadstoffarm, haben eine große Reichweite und man muss nicht immer eine Ladesäule suchen."*
- *„Als ich diesen Pullover gesehen habe, musste ich ihn haben. Der Preis war mir in diesem Moment vollkommen egal."*
- *„Früher hatte ich auch mal eine überregionale Zeitung abonniert. Mich störte aber, dass sie immer erst mit der Post um die Mittagszeit kam und wie bei den meisten überregionalen Zeitungen oft nicht die neuesten Ereignisse enthielt."*

Die meisten Märkte sind unvollkommen. Die obigen Zitate drücken diese Unvollkommenheit aus. Die Bäckerei in der Nähe einer Schule besitzt gegenüber anderen Bäckerläden einen räumlichen Vorteil. Ihre Waren kann sie teurer anbieten als ihre Konkurrenten. Schülerinnen und Schüler werden trotzdem bei ihr kaufen, denn sie fahren nicht extra in die Stadt, nur weil dort das Brötchen 5 Cent billiger ist.

Alle Anbietenden suchen **Marktunvollkommenheiten**, um sie zu ihrem Vorteil zu nutzen. Durch diese Marktunvollkommenheiten haben sie einen Vorteil gegenüber der Konkurrenz erworben, was ihnen erlaubt, einen höheren Preis zu verlangen – man spricht deshalb auch vom **akquisitorischen** (erworbenen) **Kapital.**

Unter **akquisitorischem Kapital** versteht man die Summe der Marktunvollkommenheiten, die jemand nutzt, um die Nachfrage möglichst an sein Produkt zu binden.

Das akquisitorische Kapital schafft einen Preisspielraum, innerhalb dessen man sich wie ein Monopolist verhalten kann. Oberhalb dieses Preisspielraums verhalten sich Nachfragende wie auf einem normalen Markt: Sie wechseln zur Konkurrenz.

Nachfragekurve eines unvollkommenen Marktes:

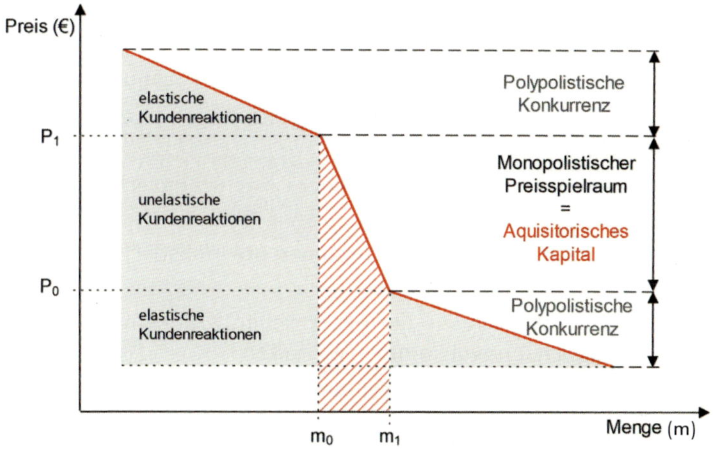

Bei einem Preis unter $\mathbf{P_0}$ wird die Nachfrage stark zunehmen. Aufgrund des äußerst günstigen Preises wird das Gut auch von solchen Verbrauchern gekauft, die es sonst nicht nachfragen würden. Die Nachfrage ist elastisch.

Zwischen $\mathbf{P_0}$ und $\mathbf{P_1}$ besteht ein monopolistischer Preisspielraum. Wie der Ausdruck schon andeutet, kann der Anbietende den Preis innerhalb dieser Bandbreite nach monopolistischer Manier festsetzen. Preisänderungen haben nur geringe Nachfrageänderungen zur Folge. Die Nachfrage ist unelastisch bis starr.
Auf einem vollkommenen Markt kann ein Polypolist den Marktpreis nicht beeinflussen. Auf einem unvollkommenen Markt kann er den Preis innerhalb des Preisspielraums so festsetzen, dass er den maximalen Gewinn erzielt.
Bei einer Preisfestsetzung über $\mathbf{P_1}$ ist die Nachfragereaktion heftig. Der Preisspielraum wurde überreizt. Es besteht wieder ein polypolistischer Markt. Die Nachfrage ist elastisch.

Zusammenfassung

1. Das Ausnützen von Marktunvollkommenheiten schafft akquisitorisches Kapital. Man erlangt dadurch einen Marktvorteil gegenüber der Konkurrenz.
2. Wegen der **Marktunvollkommenheiten** kann man innerhalb eines Rahmens (akquisitorisches Kapital) einen höheren Preis verlangen als die Konkurrenz.

Prüfen Sie Ihr Wissen

1. Beschreiben Sie das unvollkommene Polypol.
2. Welche Möglichkeiten gibt es, den Markt möglichst unvollkommen zu halten oder zu machen?
3. Warum kann ein unvollkommener Markt einen Vorteil gegenüber der Konkurrenz schaffen?
4. Erklären Sie mithilfe eines Beispiels den Begriff „akquisitorisches Kapital".
5. Zeichnen Sie eine typische Nachfragekurve auf einem unvollkommenen Markt und erklären Sie den Verlauf.
6. Wie kann man bei sehr elastischem Nachfrageverhalten Marktunvollkommenheiten nutzen?
7. Kann man auf einem unvollkommenen polypolistischen Markt die Preise wie ein Monopolist festsetzen?
8. Ist es auch im Interesse der gesetzlichen Krankenversicherungen, den Markt möglichst unvollkommen zu halten?
9. Es ist gar nicht so leicht, Produkte unterschiedlicher Produzenten miteinander zu vergleichen. Vor allem bei technischen Geräten hat jeder seine eigenen Bezeichnungen und versucht die Einzigartigkeit seines Produkts hervorzuheben. Damit will man sich zum einen von der Konkurrenz abheben und zum anderen den Preis rechtfertigen. Suchen Sie weitere Beispiele von Marktunvollkommenheiten aus einem Wirtschaftsbereich Ihrer Wahl.

3.2.4 Preisbildung des Angebotsmonopols

Neben dem vollkommenen Polypol ist das Angebotsmonopol eine weitere extreme Marktform. Ein echtes Monopol gibt es sehr selten. Denn für das Gut, das es anbietet, darf es keine Substitutionsgüter geben. Dies ist zum Beispiel bei der örtlichen Wasserversorgung, bei der gesetzlichen Arbeitslosenversicherung und gesetzlichen Rentenversicherung der Fall.

Die **Marktmacht des Angebotsmonopolisten** wird durch die Nachfrageelastizität bestimmt. Bei sehr elastischer Nachfrage ist die Marktmacht gering, bei starrer groß. Eine große Marktmacht ermöglicht es ihm, seinen Preis nach Belieben festzusetzen. Allerdings muss bei der Preisfestsetzung beachtet werden, dass zu hohe Umsatzerlöse Konkurrenten auf den Markt ziehen könnten. Da es kaum reine Angebotsmonopole gibt, ist diese Marktform eher eine Modellbetrachtung.

Beispiel:

Die Firma Weiner & Co. hat die Exklusivrechte für den Vertrieb eines amerikanischen Produkts in der Bundesrepublik Deutschland erworben.

Bevor sich die Geschäftsleitung um diese Rechte bemühte, hatten sie ein Marktforschungsinstitut beauftragt, die Verkaufsmöglichkeiten des in Amerika so erfolgreichen Produkts in der Bundesrepublik Deutschland zu testen.

Zudem hatte sie versucht, den möglichen Verkaufsmengen die anfallenden Gesamtkosten zuzuordnen:

Preis (€)	Verkaufsmenge (Stück)	Gesamtkosten (€)
8,00	200 000	1 650 000,00
7,00	300 000	1 800 000,00
6,00	400 000	1 950 000,00
5,00	500 000	2 100 000,00
4,00	600 000	2 250 000,00
3,00	700 000	2 400 000,00

Das Produkt soll zu einem Preis von 6,00 €/Stück auf dem deutschen Markt angeboten werden.

Da die Firma Weiner & Co. die alleinigen Vertriebsrechte für die Bundesrepublik Deutschland hat, braucht sie keine Konkurrenz zu fürchten – es besteht ein Angebotsmonopol. Die aus dem Preis-Mengenverhältnis zu entwickelnde Nachfragekurve hat folgendes Aussehen:

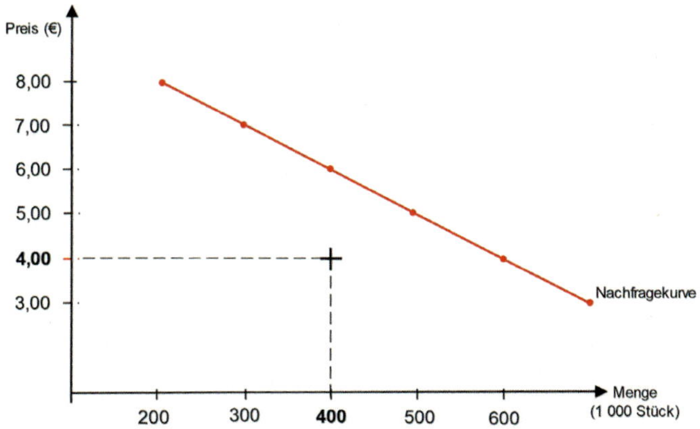

Würden Weiner & Co. eine Menge von 400 000 Stück zu einem Preis von 4,00 €/Stück anbieten (siehe Kreuz unterhalb der Nachfragekurve), erzielten sie einen Umsatz von 1 600 000,00 €. Aufgrund der

Nachfragesituation würden sie damit auf einen großen Teil des möglichen Umsatzes verzichten, denn sie könnten (1) entweder zu dem Preis von 4,00 € 600 000 Stück verkaufen, was einem Umsatz von 2 400 000,00 € entspräche, oder sie könnten (2) die 400 000 Stück zu einem Preis von 6,00 €/Stück verkaufen, was ebenfalls einem Umsatz von 2 400 000,00 € ergäbe. Einen noch höheren Umsatz könnten sie erzielen, wenn sie 500 000 Stück zum Preis von 5,00 € verkaufen würden (3).

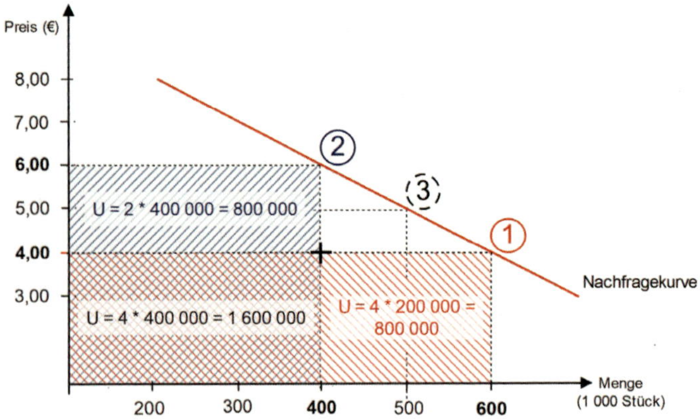

Das Angebotsmonopol kann sowohl die Angebotsmenge als auch den Preis variieren.

Die Nachfrage (Nachfragekurve) bestimmt das Preis- und Mengenverhalten des Angebotsmonopols. Wichtig ist der Punkt auf der Nachfragekurve, der die Preis- und Mengenkombination mit dem maximal erzielbaren Gewinn darstellt.

Die Nachfragekurve ist gleichzeitig die **Angebotskurve des Monopols.**

Um die Preis-/Mengenkombination ermitteln zu können, mit der der maximale Gewinn erzielt werden kann, benötigt man die Gesamtkosten (siehe Eingangsbeispiel).

Rechnerische Lösung

Preis je Stück (€)	Menge (Stück)	Umsatz (€)	Gesamtkosten (€)	Gewinn/Verlust (€)
8,00	200 000	1 600 000,00	1 650 000,00	- 50 000,00
7,00	300 000	2 100 000,00	1 800 000,00	+ 300 000,00
6,00	**400 000**	**2 400 000,00**	**1 950 000,00**	**+ 450 000,00**
5,00	500 000	2 500 000,00	2 100 000,00	+ 400 000,00
4,00	600 000	2 400 000,00	2 250 000,00	+ 150 000,00
3,00	700 000	2 100 000,00	2 400 000,00	- 300 000,00

Obwohl der Umsatz bei einem Preis von 5,00 € und einer angebotenen Menge von 500 000 Stück am größten ist, ist es aufgrund der Gesamtkostenstruktur günstiger, 400 000 Stück zu einem Preis von 6,00 € anzubieten.

Grafische Lösung

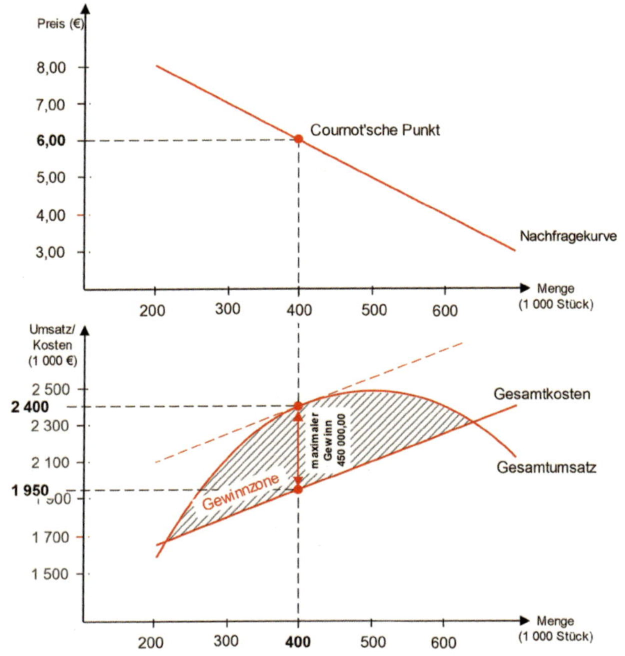

Der gewinnmaximale Punkt auf der Nachfragekurve, auch **Cournot'scher Punkt**[1] genannt, wird durch Übertrag der Angebotsmenge auf die Nachfragekurve ermittelt, bei der der Abstand zwischen Gesamtkostenkurve und Umsatzkurve am größten ist.

Auch die **Preisbildung des Angebotsmonopols** ist eine Modellbetrachtung, die sich auf **Annahmen** stützt:

1. Das Angebotsmonopol hat einen 100%igen Marktanteil.
2. Zu dem gehandelten homogenen Gut gibt es keine Substitutionsgüter.
3. Das Angebotsmonopol handelt nur mit einem Gut.
4. Beide Marktseiten handeln rational, d. h., das Angebotsmonopol versucht, den maximalen Gewinn zu erwirtschaften.

Man könnte aufgrund dieser Annahmen folgern, dass der monopolistische Markt durch Güterunterversorgung und zu hohe Preise gekennzeichnet ist, aber in der Realität muss man dieses Urteil aus mehreren Gründen einschränken:

1. Nachfrage

Der Preisbildungsspielraum ist stark von der Nachfrageelastizität abhängig.

1 Augustin Cournot, französischer Mathematiker und Nationalökonom, hat die Monopolpreisbildung als Erster entwickelt.

2. **Latente Konkurrenz**
   Werden bei einem Angebotsmonopol zu hohe Gewinne erzielt, muss es damit rechnen, dass Konkurrenten auf den Markt drängen.

3. **Substitutionsgüter**
   Aufgrund des internationalen Handels gibt es heutzutage zu fast allen Gütern Substitutionsgüter.

4. **Fixe Kosten**
   Je höher der Fixkostenanteil an den Gesamtkosten ist, desto stärker ist das Angebotsmonopol gezwungen, seine Produktionskapazität auszulasten (Gesetz der Massenproduktion). Bei der Preiskalkulation werden die fixen Gesamtkosten auf die einzelnen Produkte verteilt. Je mehr produziert wird, desto kleiner sind die fixen Stückkosten.

Monopole haben eine **große wirtschaftliche Macht**. Da sie keine Konkurrenten haben, können sie nur über das Nachfrageverhalten in ihrer Preispolitik beeinflusst werden. Aufgrund ihrer Möglichkeit, den Preis nach Belieben festsetzen zu können, erzielen sie bei unelastischer oder starrer Nachfrage einen Gewinn, der ihrer tatsächlichen Leistung nicht entspricht. Der Preis verliert dadurch einen Großteil seiner wichtigen marktwirtschaftlichen Funktionen.

Zusammenfassung

Modell

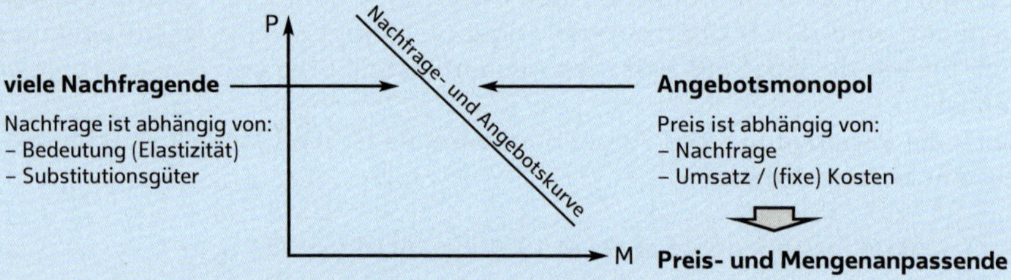

Ziel: Preis bei vorhandener Nachfrage so festzusetzen, dass der Gewinn maximal ist → **Cournot'scher Punkt.**

Einschränkung: Neben der Nachfrage und dem Zwang zur Kapazitätsauslastung muss bei der Preisbildung möglicherweise noch die latente Konkurrenz beachtet werden.

Prüfen Sie Ihr Wissen

1. Wann spricht man von einem echten Angebotsmonopol?
2. Gibt es echte Angebotsmonopole überhaupt?
3. Begründen Sie den Verlauf der Angebotskurve bei einem Monopolisten.
4. Warum nennt man den Monopolisten auch „Preis- und Mengenanpasser"?

Prüfen Sie Ihr Wissen

5. Zeichnen Sie in ein Koordinatensystem die Angebotskurve eines Monopolisten bei sehr elastischem Nachfrageverhalten und begründen Sie seine Preisgestaltungsmöglichkeiten.
6. Die Funktion **Preis = – 0,01 × Menge + 110** drückt das Preis- und Nachfrageverhalten eines Monopolisten aus. Ermitteln Sie den Cournot'schen Punkt.
7. Beschreiben Sie, wie man den Cournot'schen Punkt bei der Monopolpreisbildung ermittelt.
8. Welche Gegebenheiten muss ein Monopolist bei der Preisfestsetzung beachten?
9. Erläutern Sie, was die Marktmacht des Monopolisten zusätzlich einschränkt.

Weiterführende Aufgaben

1. Die Firma Apple hatte mit dem iPhone und dem iPad Neuland betreten und kolossale Erfolge erzielt. Für kurze Zeit hatte Apple eine monopolartige Stellung für diese Produkte, die es deshalb teuer verkaufen konnte. Aber schon bald boten Konkurrenten wie Samsung oder HTC ähnliche und preiswertere Produkte an.
   Wie nennt man dieses Phänomen der nachträglich auftretenden Konkurrenz und kann man davon ausgehen, dass es dies prinzipiell in allen Bereichen, Branchen gibt?
2. Gilt das „Gesetz der Massenproduktion" für alle Monopolisten?
3. Kann das „Gesetz der Massenproduktion" zu einer Monopolisierung führen?
4. Warum sind Monopole in einer Marktwirtschaft unerwünscht?
5. Zu den begründeten Prinzipien unserer Wirtschaftsordnung gehört die vollständige Konkurrenz in dem Sinne, dass jeder Anbietende den Preis nach den Möglichkeiten des Marktes festsetzt.
   Warum haben die geistigen Väter unserer Wirtschaftsordnung dies als das wesentliche Prinzip bezeichnet?

3.2.5 Preisbildung des Angebotsoligopols

Das unbestimmte Zahlwort „*wenige*" erschwert eine exakte Definition dieser Marktform. Wenige, das können zwei (Duopol) oder mehr sein.
Oligopole entstehen aufgrund des fortschreitenden Konzentrationsprozesses, der weltweit zu beobachten ist.

> In modernen Wirtschaften ist das **Angebotsoligopol** die **vorherrschende Marktform**.

Das Angebotsoligopol hat folgende **Kennzeichen:**

1. Es gibt wenige, relativ große Anbietende (Oligopolisten).
   Dies trifft in der Bundesrepublik Deutschland z. B. für folgende Märkte zu: Automobilmarkt, Mineralölmarkt, Markt für Rundfunk und Fernsehen, Stahlmarkt, Markt für Computer und Flugzeuge; aber auch benachbarte Fleischereifachgeschäfte, Tankstellen, Friseure usw. stehen oft in oligopolistischer Konkurrenz.
2. Die Marktanteile der Oligopolisten sind unterschiedlich groß.
   Von einem Teilangebotsoligopol spricht man, wenn neben wenigen großen noch weitere kleine Anbietende auf dem Markt auftreten. Die kleinen Oligopolisten sind vom Preis- und Mengenverhalten der großen abhängig.

> Je größer der Marktanteil eines Oligopolisten ist, desto größer ist sein Einfluss auf die Preisgestaltung.

Sind die angebotenen Güter gleichartig, spricht man von einem homogenen[1] Oligopol (Benzinmarkt), unterscheiden sie sich in Form, Farbe und Technik, handelt es sich um ein heterogenes[2] Oligopol (Automobilmarkt).

Je homogener die angebotenen Produkte sind, desto stärker ist der Oligopolist von der Preisgestaltung seiner Konkurrenten abhängig.

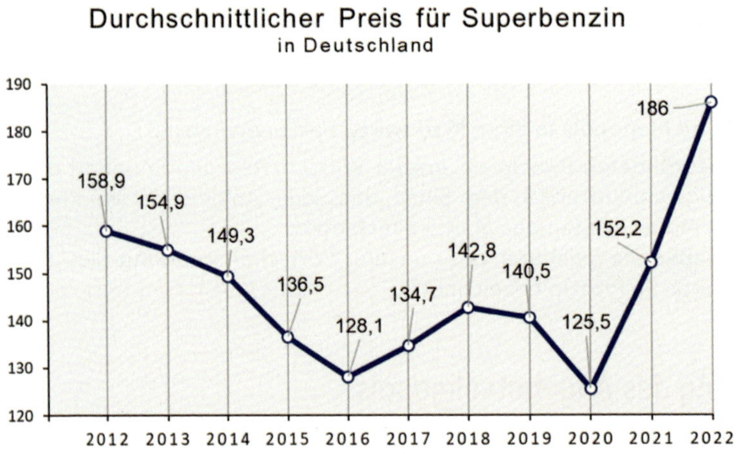

Quelle: https://www.adac.de/verkehr/tanken-kraftstoff-antrieb/deutschland/kraftstoffpreisentwicklung/#teuerstes-tankjahr-2022, abgerufen am 26.01.2024

---

1 *homogenis (gr.), gleichartig, gleich beschaffen*
2 *heterogenis (gr.), verschiedenartig*

Auffallend auf dem Benzinmarkt ist, dass die Preisunterschiede zwischen den Anbietenden sehr gering sind. Deshalb hatte sich auch schon das Bundeskartellamt mit folgender Frage beschäftigt:
Ist die Entwicklung des Benzinpreises
1. das Ergebnis von Marktveränderungen (z. B. gestiegene Benzinnachfrage aufgrund der Ferien),
2. das Ergebnis von Kostenveränderungen oder
3. das Ergebnis einer ungerechtfertigten Ausnutzung von Marktmacht?

Der Mineralölmarkt ist ein typischer angebotsoligopolistischer Markt. Nur wenige Konzerne dominieren diesen Markt. Da es sich beim Benzin um ein fast homogenes Gut handelt, muss jeder Anbieter bei der Preisfestsetzung auf die Reaktion seiner Konkurrenten achten. Böte ein Oligopolist sein Benzin billiger als seine Konkurrenten an, würden die Autofahrer verstärkt bei ihm tanken, sodass die Konkurrenten gezwungen wären, ebenfalls den Preis zu senken. Sollte sich daraus ein Preiskampf entwickeln, so könnte er in einem **ruinösen Wettbewerb** enden.

Was würde passieren, wenn auf dem Benzinmarkt ein Oligopolist sein Benzin um 5 Cent/Liter teurer als seine Konkurrenten anböte? Viele seiner Kunden würden nun zur Konkurrenz wechseln, sodass er mit Umsatzeinbußen rechnen müsste.

Es ist also für den Angebotsoligopolisten immer ein Risiko, den Preis zu verändern.

Aus diesem Grund kann man auf einigen **funktionierenden** oligopolistischen Märkten das Phänomen der **Preisstarrheit** beobachten. D. h., dass sich der Marktpreis über längere Zeit wenig verändert.

→ Der Angebotsoligopolist muss bei seiner Preisfestsetzung sowohl die Reaktion der Konkurrenten als auch die Reaktion der Nachfragenden beachten.

Die Preisbildungskriterien beim Angebotsoligopol sind schwer zu bestimmen, weil sie von folgenden Faktoren abhängig sind:

1. **Zahl der Oligopolisten**: Das unbestimmte Zahlwort „wenige“ (oligo = wenige) deutet darauf hin, dass es mehr als einen gibt. Die tatsächliche Zahl der Anbietenden unterscheidet sich von Markt zu Markt. Mit der Anzahl verändern sich auch die Preisbildungskriterien.

2. **Größe des Marktanteils**: Hat ein Oligopolist z. B. einen Marktanteil von 70 %, so verläuft die Preisbildung anders als auf einem Markt, auf dem alle gleich große Marktanteile haben.

3. **Güterart**: Wie homogen sind die angebotenen Güter?

Allgemeingültige Aussagen wie bei der Polypol- oder Monopolpreisbildung sind beim Angebotsoligopol nicht möglich.

→ Beim Angebotsoligopol gibt es keine allgemeingültige Preisbildungstheorie.

Da die einzelnen Angebotsoligopolisten in der Preisbildung stark voneinander abhängig sind und sie einen ruinösen Wettbewerb scheuen, kann man auf diesen Märkten das System der Preisführerschaft beobachten. Bei der Preisführerschaft bestimmt abwechselnd ein Oligopolist die Preishöhe, während die anderen verzögert folgen.

Bei der Methode der Preisführerschaft erhöht abwechselnd ein Oligopolist den Preis und die anderen folgen ihm sukzessive.

Man nimmt an, dass Preisführerschaften abgesprochen sind und dass diese Preise über dem Gleichgewichtspreis liegen.

Zusammenfassung

1. Das **Angebotsoligopol** ist die vorherrschende Marktform in der Bundesrepublik Deutschland.
2. Der **Angebotsoligopolist** muss bei seiner Preisfestsetzung sowohl die **Reaktion der Konkurrenten** als auch die **Reaktion der Nachfragenden** beachten.
3. Es gibt keine **allgemeingültige Preisbildungstheorie**. Die Gründe dafür sind, dass sich
   - die Zahl der Anbietenden,
   - die Marktanteile und
   - die Art der angebotenen Güter unterscheiden.
4. Beim Angebotsoligopol kann man die Methode der **Preisführerschaft** beobachten.

Prüfen Sie Ihr Wissen

1. Charakterisieren Sie den typischen angebotsoligopolistischen Markt und bestimmen Sie seine Bedeutung für die Bundesrepublik Deutschland.
2. Wie geht die Preisfestsetzung auf angebotsoligopolistischen Märkten vor sich?
3. Was verstehen Sie unter einem ruinösen Wettbewerb und wie kommt er auf einem oligopolistischen Markt zustande?
4. Erklären Sie die Methode der Preisführerschaft.
5. Besteht ein Zusammenhang zwischen ruinösem Wettbewerb und Preisführerschaft?
6. Der Mineralölmarkt ist ein typischer oligopolistischer Markt.

   Widerspricht die Preisbildung an den Tankstellen nicht den Erklärungen der Oligopolpreisbildung im Hinblick auf die Preisstarrheit?

Weiterführende Aufgaben

1. Schätzen Sie die Anzahl der Bäckereien, Metzgereien in Ihrem Wohn- bzw. Schulort.
   a) Bestimmen Sie die Marktform (Begründung!).
   b) Entspricht die Preisbildung dieser Einzelhändler dieser Marktform?
2. Ein und dasselbe Gut wird in unterschiedlichen Geschäften, Regionen zu völlig unterschiedlichen Preisen angeboten.
   Erarbeiten Sie die Gründe für diese Preisdifferenzierung.
3. Der Benzinpreis ist seit 2020 in Deutschland stark gestiegen.
   a) Wo liegen Ihrer Meinung nach die Ursachen dieser Entwicklung?
   b) Könnte der Staat das Problem des teuren Benzinpreises nicht dadurch entschärfen, indem er damit verbundene Steuern senkt oder streicht?

3.2.6 Märkte und Preisbildung der gesetzlichen Krankenkassen

Die gesetzlichen Krankenkassen sind ein Bindeglied zwischen Versicherten und Leistungserbringern. Entsprechend ist die Marktzuordnung:

Eine Vielzahl von **Pflichtversicherten** kann nur aus wenigen Krankenkassen eine wählen. Zwischen Versicherungspflichtigen und den gesetzlichen Krankenkassen besteht also eine **angebotsoligopolistische Beziehung** (**Marktform**).
Die einzelnen Krankenkassen sind auf die Versicherten angewiesen. Aus diesem Grund ist die Aufklärungsarbeit hinsichtlich ihrer Leistungen ein wichtiger Teil ihrer Arbeit. Obwohl ca. 90 % der Versicherungsleistungen bei allen Kassen gleich sind, gibt es doch Nischen[1], die die Kassen nutzen, um zusätzliche Leistungen anzubieten. Die Versicherungsleistungen der Kassen sind also nicht 100 % homogen. Da es sich zusätzlich auch um keinen Punktmarkt handelt, die Markttransparenz unvollkommen ist, es Präferenzen gibt und die Beteiligten nicht unbedingt rational handeln, kann man diesen angebotsoligopolistischen Markt als unvollkommen bezeichnen.

Zwischen Versicherungspflichtigen und Krankenkassen besteht **eine unvollkommene angebotsoligopolistische Marktform.**

1 Siehe Kapitel 4.3

Die Beziehungen zu den **Leistungserbringern – Ärzte und Zahnärzte** – sind teilweise per Gesetz vorgegeben. Das Gesetz gibt mit § 77 SGB V jedoch nur einen Rahmen vor, der von den gleichberechtigten Partnern, Bundes- und Landesverbänden der Krankenkassen auf der einen Seite und den Kassenärztlichen Bundes- und Landesvereinigungen auf der anderen Seite, per Vertrag konkretisiert werden muss.

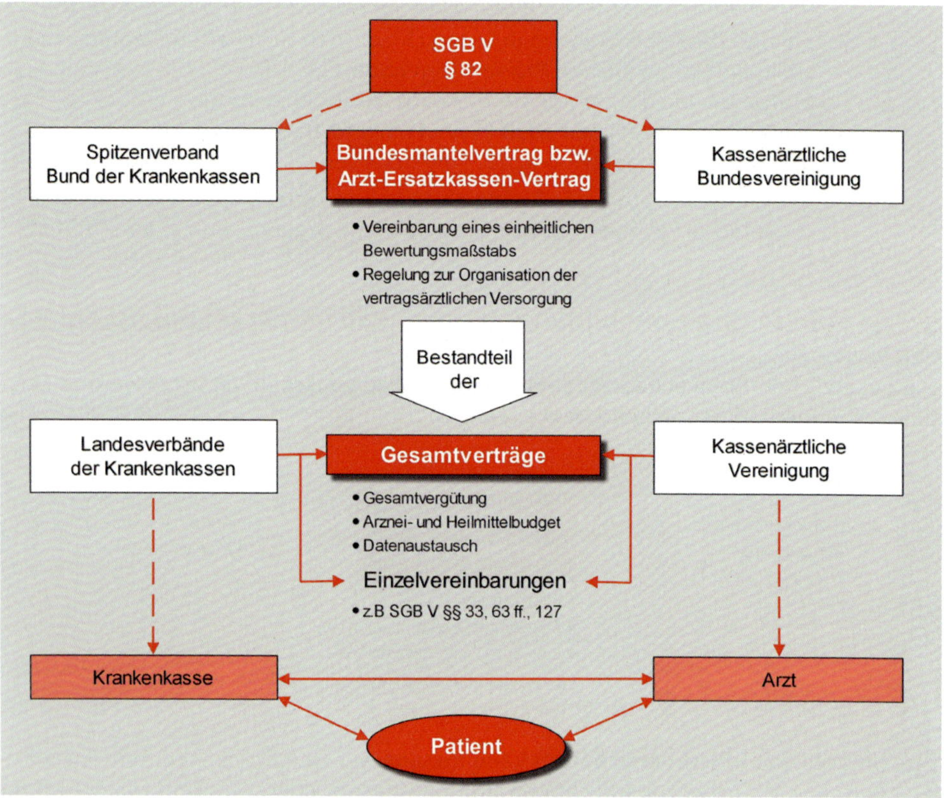

Da hier die Vereinigungen der Ärzte zusammen mit den Verbänden der Krankenkassen gleichberechtigt die Vergütungsart und -höhe aushandeln, könnte man diesen Markt als **bilateralen**[1] **monopolistischen Markt** bezeichnen.

Anders ist es bei den Krankenhäusern. Die Leistungen der allgemeinen Krankenhäuser werden über das aG-DRG-System (Diagnosis Related Groups) nach § 17b Krankenhausfinanzierungsgesetz (KHG) vergütet. Die „Diagnosebezogenen Fallgruppen" sind Grundlage für ein leistungsorientiertes Vergütungssystem. Dabei werden unterschiedliche Diagnosen mit vergleichbarem Aufwand zu einer Gruppe zusammengefasst. Die Zuordnung zu einer bestimmten Gruppe erfolgt anhand bestimmter Kriterien (Hauptdiagnose, diagnostische und therapeutische Leistungen, Alter des Patienten, Schweregradeinstufungen usw.). Für jede Gruppe wird ein Relativgewicht bestimmt, das jährlich variieren kann. Dieses Relativgewicht wird mit einem in Euro ausgedrückten **Basisfallwert** multipliziert. Im DRG-System ist das sich aus der Multiplikation ergebende Produkt der

1 *bilateral: zweiseitig, von zwei Seiten ausgehend, zwei Partner betreffend*

„Preis“ für den Behandlungsfall. Auf diesen Basisfallwert – er gilt für das jeweilige Bundesland (Landesbasisfallwert) – müssen sich die Kassen und die Landeskrankenhausgesellschaften einigen. Der Erlös eines Krankenhauses wird nur durch die Zahl der Behandlungsfälle bestimmt. Zwangsläufig werden dadurch auch Fälle generiert, die medizinisch unnötig sind oder vielleicht auch ambulant erbracht werden könnten. Um dem entgegenzuwirken, wird das System der starren Vergütung nach Fallzahlen nach der Krankenhausreform durch eine sogenannte Vorhaltevergütung erweitert bzw. abgelöst. Das bedeutet, dass Krankenhäuser unabhängig von der tatsächlichen Inanspruchnahme ihrer Leistungen einen festen Betrag (die Vorhaltevergütung) für bestimmte Leistungen erhalten.

Die Deutsche Krankenhausgesellschaft[1] (DKG) ist zusammen mit der Deutschen Krebsgesellschaft e.V. (GKV-Spitzenverband) und dem Verband der privaten Krankenversicherung verantwortlich für das Entgeltsystem im Krankenhaus. Da ein Austausch der Verhandlungspartner unmöglich ist, könnte man auch diese Marktform als **bilateral und monopolistisch** bezeichnen.

Den Markt zwischen Krankenkasse auf der einen Seite und Ärzten bzw. Krankenhäusern auf der anderen Seite kann man der **bilateralen monopolistischen Marktform** zuordnen.

Zusammenfassung

Die **gesetzlichen Krankenkassen** sind ein **Bindeglied** zwischen Versicherten und Leistungserbringern.

Prüfen Sie Ihr Wissen

1. Welche Marktform finden Jugendliche vor, die nach ihrem Schulabschluss einen Ausbildungsvertrag unterschrieben haben und nun eine gesetzliche Krankenversicherung abschließen müssen?
2. Welche Möglichkeiten haben die einzelnen Krankenkassen, um Mitglieder zu werben?
3. Ist die Beziehung zwischen Versicherten und Krankenkassen uneingeschränkt als unvollkommener oligopolistischer Markt zu bezeichnen? Begründen Sie.
4. Warum wird der Markt zwischen Krankenkassen und Ärzten dem bilateralen monopolistischen Markt zugeordnet?

1 Zusammenschluss von Spitzen- und Landesverbänden der Krankenhausträger

4 Betrieblicher Leistungsprozess

4.1 Zielsystem der Unternehmung

MERCEDES-BENZ

Unsere Strategie
Seit mehr als 130 Jahren bewegen wir Menschen und Güter. Herausragende, faszinierende Fahrzeuge zu bauen – das können wir am besten und damit begeistern wir unsere Kunden – heute und in Zukunft.
Die Welt verändert sich mit hoher Dynamik. Nachhaltigkeit, Umwelt- und Klimaschutz zählen zu den drängendsten Themen unserer Zeit. Diesen Herausforderungen stellen wir uns. Wir wollen mit unserem Handeln Maßstäbe für eine nachhaltige Mobilität von Morgen setzen.

Wir sind davon überzeugt, dass individuelle Mobilität auch in Zukunft ein Grundbedürfnis der Menschen bleiben wird. Wir gehen davon aus, dass der Markt für nachhaltigen Luxus im automobilen Bereich weiter wächst. Auch der Personen- und Gütertransport bleibt eine tragende Säule unserer Wirtschaft. Wir erwarten, dass diese Nachfrage weltweit weiter zunehmen wird. Wachstums- und Gewinnchancen sehen wir zusätzlich bei Finanzdienstleistungen, im Flottenmanagement sowie bei digitalen, vernetzten Mobilitätslösungen.

Unser Ziel
Wir bauen die begehrenswertesten Autos der Welt

Acht Fakten, die Sie über unsere Mercedes-Benz Strategie wissen sollten

Wir konzentrieren uns auf die traditionellen Stärken von Mercedes-Benz:

Spitzen-Technologie und die Spitze des Marktes

- Die Kombination aus Markenstärke und Spitzentechnologie hat uns von Beginn an erfolgreich gemacht. Seit über 130 Jahren bauen wir Produkte für die weltweit anspruchsvollsten Kunden.
- Im Top-End Segment sind wir heute Weltmarktführer, mit einem Absatz von rund 300.000 Fahrzeugen pro Jahr. Dank herausragender Ingenieursleistungen, wie dem weltweit ersten zertifizierten System zum automatisierten Fahren nach Level 3, zeigen wir immer wieder, dass wir auch Innovationsführer sind.
- Unsere Finanzkraft unterstützt unsere Innovationskraft. Wir investieren 7 Mrd. Euro pro Jahr für Forschung & Entwicklung.

Unsere Strategie ist nicht weniger Wachstum – sondern profitableres Wachstum

- Bis 2026 wollen wir pro Jahr etwa fünf Prozent mehr Absatz erzielen. Unser Fokus liegt auf Wachstum in den Segmenten, die hohe und stabile Renditen versprechen: Top-End und Core.
- Prognosen zeigen, dass die Zahl wohlhabender Kunden weiter wächst. Damit steigen auch unsere Absatzchancen bei Fahrzeugen aus dem Core und Top-End Segment – das gilt nicht nur für Asien, sondern auch für Europa und für die USA.

- Studien belegen, dass Luxusmarken krisenfester sind und schneller in der Lage, sich von Konjunktureinbrüchen zu erholen. So schützen wir unser Unternehmen und unsere Arbeitsplätze auch in herausfordernden Zeiten.

Wir bleiben im Kompaktsegment. Wir erhöhen die Attraktivität dieser Fahrzeuge

- Wir stärken unsere Produktsubstanz im Entry Segment. Gleichzeitig reduzieren wir die Varianten und damit die Komplexität. Von heute sieben kompakten Modellen gehen wir auf vier. Unser hochflexibles Produktionsnetzwerk richten wir auf „electric only" aus.
- Das Absatz-Volumen in unserem Einstiegssegment reduzieren wir nicht. Die Werksauslastung bleibt also unverändert, die unverzichtbare Rolle von Werken wie Rastatt, Kecskemét und Beijing ebenso.
- Unsere künftigen Modelle aus dem Entry Segment werden auf Basis der neuen MMA-Plattform echte Innovationstreiber sein. Ein Beleg: Das Betriebssystem MB.OS führen wir Mitte der Dekade zuerst im Entry Segment ein.

Unsere Strategie fokussiert den modernen Luxus von morgen – und der ist nachhaltig

- Luxus und Nachhaltigkeit gehören zusammen. Gerade anspruchsvolle Kunden möchten auch auf diesem Gebiet Vorreiter sein. Unsere Dekarbonisierungs-Strategie ist eine der ambitioniertesten in der gesamten Autoindustrie.
- Für uns liegt die Lösung nicht im Verzicht, sondern im technologischen Fortschritt. So arbeiten wir daran, grünen Stahl in unsere Fahrzeuge zu bringen, grünen Strom nicht nur zu beziehen, sondern auch selbst zu produzieren, den Einsatz von Rohstoffen wie Kobalt zu minimieren und die Energiedichte unserer Batterien zu maximieren, beispielweise durch Feststoffbatterien.
- Unser VISION EQXX unterstreicht diesen Kurs. Mit diesem Konzeptfahrzeug haben wir die Effizienz von Elektrofahrzeugen auf ein komplett neues Level gehoben. Er schafft unter Realbedingungen mehr als 1.200 Kilometer mit einer Akkuladung.

Unsere Kernkompetenz ist das Begehrenswerte. Auf dem Weg in eine vollelektrische Zukunft ist das noch wichtiger

- Im Volumensegment ist der Preisdruck am größten. Mit unseren Kostenstrukturen können wir keinen Preiskampf gewinnen. Das gilt gerade am Hochlohnstandort Deutschland, wo wir 10 Prozent unseres Absatzes erzielen, aber 67 Prozent unserer Beschäftigten tätig sind.
- In der Transformation zur E-Mobilität kommt hinzu, dass der Antrieb für ein Elektroauto mehrere Tausend Euro mehr kostet als ein vergleichbarer Verbrenner. Das liegt vor allem an den hohen Kosten der Batterie. Diese Lücke können wir in den nächsten Jahren voraussichtlich reduzieren, aber nicht schließen.
- Gerade weil wir uns für eine klare Abkehr vom Verbrennungsmotor entschieden haben, besinnen wir uns ebenso klar auf das, was Mercedes-Benz immer ausgezeichnet hat: hochwertige Produkte mit dem besonderen Etwas. So können wir auch die umfangreichen Investitionen in die Elektrifizierung und Digitalisierung stemmen.

Selbst wenn wir uns auf die Spitze des Marktes fokussieren: Unsere Innovationen verbessern den Straßenverkehr insgesamt

- Unsere technischen Innovationen waren nie nur für elitäre Kreise gedacht. Sie werden von diesen aber zunächst finanziert. Airbag, ESP oder ABS waren zunächst in der S-Klasse verbaut – heute sind sie in allen Fahrzeugsegmenten selbstverständlich.
- Mercedes-Benz wird auch in der Zukunft für den technischen Fortschritt stehen.
- Mithilfe der Pionierarbeit und des Erfindergeists unserer Ingenieurinnen und Ingenieure werden wir den Straßenverkehr noch sicherer, komfortabler und nachhaltiger machen.

Unsere Produkte sind exklusiv, unser Unternehmen ist inklusiv. Unser Engagement endet nicht am Werktor

- Wir tragen Verantwortung für mehr als 165.000 Kolleginnen und Kollegen aus 145 Nationen. Und für Hunderttausende weitere Menschen in indirekter Beschäftigung – zum Beispiel bei unseren rund 40.000 direkten Zulieferern und Partnern.
- Wir haben den klaren Anspruch, dass Menschen- und Arbeitnehmerrechte nicht nur bei uns, sondern auch bei Lieferanten und Partnern eingefordert werden.
- Wir machen uns stark für Bildung und Ausbildung. Im Rahmen unserer Initiative Turn2Learn investieren wir bis 2030 mehr als 1,3 Milliarden Euro in die Qualifizierung und Weiterbildung unserer Mitarbeiterinnen und Mitarbeiter.
- Mit dem Erlös aus der Versteigerung des Mercedes-Benz 300 SLR Uhlenhaut-Coupés haben wir ein weltweites Förderprogramm eingerichtet, das Projekt- und Bildungsstipendien in den Bereichen Umwelt und Dekarbonisierung für junge Menschen ermöglicht.

Mit unserer nachhaltigen Geschäftsstrategie sichern wir den langfristigen Erfolg von Mercedes-Benz

- Die Erwartungen an Mercedes-Benz sind vielfältig: Unsere Kundinnen und Kunden erwarten Top-Produkte. Alle Kolleginnen und Kollegen erwarten zukunftssichere Jobs. Unsere Aktionärinnen und Aktionäre erwarten angemessene Renditen. Die Gesellschaft erwartet auch Engagement jenseits des Werktors.
- Alle diese Ansprüche sind legitim. Der beste Weg sie einzulösen, ist unser stolzes Unternehmen wirtschaftlich erfolgreich aufzustellen – nachhaltig und profitabel.

Quelle: https://group.mercedes-benz.com/unternehmen/strategie/, abgerufen am 26.01.202

BMW GROUP STRATEGIE

UNSERE STRATEGIE

Die Welt um uns herum verändert sich – und wir von der BMW Group sehen uns in der Verantwortung, sie mitzugestalten. Denn die nachfolgenden Generationen sind mehr denn je auf individuelle und nachhaltige Mobilität angewiesen. Um unseren Beitrag zu einem lebenswerten Planeten zu leisten, brauchen wir feste Ziele, an denen wir orientieren können. Erfahren Sie hier, wie wir diese Ziele definieren und werden Sie Teil unserer gemeinsamen Reise in die Zukunft.

POSITIONIERUNG

Wir stehen für erstklassige individuelle Mobilität und leisten unseren Beitrag zu einer nachhaltigen Entwicklung unseres Planeten. Wir bringen Ökonomie, Ökologie und Gesellschaft in Einklang. So genießen unsere Kunden herausragende Produkte und zeigen Verantwortung.

AUSRICHTUNG

Wir bieten begeisternde Produkte – heute und für zukünftige Generationen. Hohe Ertragskraft sichert unsere unternehmerische Eigenständigkeit. Mit unserer starken Innovationskraft und Leidenschaft gestalten wir die Zukunft nachhaltiger Mobilität.

STRATEGISCHE STOSSRICHTUNG

Wir fokussieren uns auf unsere Kunden und erfüllen ihre weltweit unterschiedlichen Ansprüche. Wir verbinden zukunftsweisende Technologien, emotionale Produkte und individuelle Kundenbetreuung zu einem einzigartigen Gesamterlebnis.

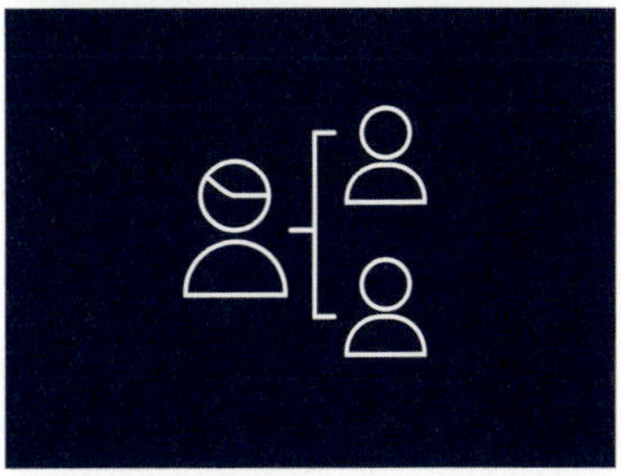

ZUSAMMENARBEIT

Wir bringen Höchstleistung. Unsere Werte sind das Fundament für unsere Zusammenarbeit. Wir arbeiten Hand in Hand intern und mit unseren externen Partnern. So erzielen wir maximale Wirksamkeit und führen das Unternehmen zum gemeinsamen Erfolg.

Quelle: https://www.bmwgroup.com/de/unternehmen/strategie.html, abgerufen am 27.01.2024

Wie die obigen Beispiele zeigen, planen Unternehmungen ihr zukünftiges Geschäftsjahr oder ihre zukünftigen Geschäftsjahre. Planung bedeutet hierbei, dass Ziele vorgegeben sind, die erreicht werden sollen, denn ohne die Vorgabe eines oder mehrerer Ziele weiß niemand, „wohin die Reise gehen soll".

Ein Beispiel zu dieser Aussage: Sie wollen in den Ferien 14 Tage Urlaub im Süden machen. Der Süden ist noch kein klares Ziel, Sie müssen das Ziel genauer definieren. Sie legen also das Ziel fest, indem Sie sich für Südfrankreich entscheiden, da Sie Ihre Französischkenntnisse verbessern wollen. Jetzt kommt die Planung, das heißt, die Antwort auf die Frage: „Wie komme ich an mein Urlaubsziel?" Sie haben mehrere Möglichkeiten, erstens Flug nach Marseille, Kosten 270,00 € pro Person, zweitens Fahrt mit dem Auto, „Spritkosten" ca. 300,00 €, drittens Fahrt mit dem Zug, Kosten ab Heilbronn ca. 165,00 € pro Person.

Da Sie mit zwei Freunden in Urlaub fahren wollen, entscheiden Sie sich für die Autofahrt, da Sie sich die „Spritkosten" teilen können und mit dem Auto am Urlaubsort auch beweglicher sind.

Damit sind Sie aber immer noch nicht am Ziel, Sie müssen noch die Route festlegen. Ihre Freunde wollen über die Alpen Richtung Süden fahren, Sie würden lieber auf der Route du Soleil fahren.

Die Frage, mit wessen Auto gefahren werden soll, muss auch noch geklärt werden (Entscheidung nach: geringstem Verbrauch, Sicherheit, Reparaturanfälligkeit usw.).

Sie sehen schon anhand dieses einfachen Beispiels mit nur einer Zielvorgabe, wie viele Möglichkeiten – oder Pläne – letztendlich zum vorgegebenen Ziel führen können.

Die Zielvorgaben in Unternehmungen sind vielfältiger – allein in den kurzen Abschnitten über Daimler und BMW findet man:

1. Wachstumsziele (profitabel wachsen)
2. Verantwortung für mehr als 165.000 Kolleginnen und Kollegen.
3. Bis 2026 soll jährlich 5% mehr Absatz erzielt werden.
4. Eine nachhaltige Geschäftsstrategie sichert den langfristigen Erfolg (Arbeitsplätze sichern, Top-Produkte für die Kunden, angemessene Rendite für die Aktionärinnen und Aktionäre) Hohe Ertragskraft (bei BMW).
5. Bei den Innovationen möchte man ganz vorne sein und die Zukunft nachhaltiger Mobilität gestalten.
6. Kundinnen und Kunden für die neuen Produkte und Serviceleistungen begeistern.

Diese Ziele sind zum Teile noch ungenau, sie müssen konkretisiert werden, damit letztendlich auch kontrolliert werden kann, ob die Ziele erreicht wurden. So müsste das Ziel „Wir tragen Verantwortung für mehr als 165.000 Kolleginnen und Kollegen" noch Angaben enthalten, wie z.B. deren Arbeitsplätze gesichert werden könnten. Die Wachstumsziele sind im Text näher erläutert.

Was ist ein Zielsystem? Ein Zielsystem beinhaltet alle aufeinander abgestimmten Ziele einer Unternehmung, wobei diese Ziele auch Kompromisse enthalten können. Ein

Zielkompromiss könnte dadurch zustande kommen, dass die Unternehmensleitung die Kosten senken will, indem sie Arbeitsplätze abbaut, während der Betriebsrat aber lieber Arbeitsplätze erhalten will. Man einigt sich deshalb darauf, die natürliche Fluktuation zu nutzen, sprich, diese Arbeitsplätze nicht mehr zu besetzen.

Um eine genaue Vorstellung des Zielsystems und der Ziele einer Unternehmung zu erhalten, sollte man sich die möglichen Arten von Zielen näher anschauen.

Zuerst hat jede Unternehmung ein oder mehrere **Leitziele**. Ein Leitziel könnte zum Beispiel sein: „Wir sind eine Unternehmung, die Markenartikel für einen anspruchsvollen Kundenstamm produziert, keine Massenwaren für den gewöhnlichen Markt." Auf die Krankenkassen übertragen könnte ein Leitziel lauten: „Wir sind die Krankenkasse, die die meisten Zusatzleistungen bietet, ohne dabei einen Zusatzbeitrag zu erheben." Diese Leitziele sollen über einen sehr langen Zeitraum Gültigkeit haben. An ihnen werden dann alle anderen Ziele ausgerichtet.

Als Nächstes kommen dann die **strategischen Ziele**. Sie sollen so ausgerichtet sein, dass sie die mittel- bis langfristige Geschäftspolitik einer Unternehmung festlegen. Ein solches strategisches Ziel könnte lauten: „Wir wollen unseren Marktanteil in den nächsten fünf Jahren um 15 % vergrößern." Damit ist festgelegt, dass der Vertrieb in den nächsten fünf Jahren angehalten ist, mehr zu verkaufen, die Produktion mehr herstellen muss und die Beschaffung mehr Roh-, Hilfs- und Betriebsstoffe einkaufen muss. Für eine Krankenkasse könnte ein solches strategisches Ziel lauten: „Wir wollen die Altersstruktur unserer Mitglieder in den nächsten zehn Jahren so verändern, dass zukünftig 20 % mehr Mitglieder im Alter unter 30 Jahren sind." Damit ist festgelegt, dass in den nächsten zehn Jahren mehr jugendliche Mitglieder geworben werden müssen.

Nun folgen die **operativen Ziele**. Sie werden immer für das nächste Geschäftsjahr festgelegt und orientieren sich an den strategischen Zielen. Abgeleitet von dem oben genannten strategischen Ziel könnte ein operatives Ziel lauten: „Im nächsten Geschäftsjahr muss der Marktanteil um 3 % vergrößert werden." Oder auf das strategische Ziel der Krankenkasse bezogen: „Im nächsten Geschäftsjahr muss der Anteil an unter 30-Jährigen um 2 % zunehmen." Wichtig bei der Festlegung von Zielen ist dabei, dass diese immer in Zusammenarbeit mit den Personen erstellt werden, die für die Erreichung der Ziele zuständig sind, dass Ziele nicht zu hoch gesteckt werden, da sie sonst die Mitarbeitenden nicht motivieren, sondern eher demotivieren, und dass Ziele **operationalisiert** – sprich messbar gemacht – werden, damit am Ende kontrolliert werden kann, ob die Ziele auch erreicht wurden.

Eine weitere Unterscheidung der Ziele in Unternehmungen lässt sich dahin gehend treffen, dass Ziele monetärer Art oder nicht monetärer Art sind.

Beispiele:

monetäre Ziele

- Umsatzsteigerung um 2,5 Mio. €
- Gewinnsteigerung auf 10 Mio. €
- Produktionskosten um 2 Mio. € senken
- Werbeaufwand um 5 Mio. € steigern
- Leistungen auf 250 Mio. € beschränken
- Personalkosten um 100 000,00 € kürzen

nicht monetäre Ziele

ökonomische Ziele

- Marktanteil um 5 % steigern
- Kapitalrendite auf 15 % nach Steuern steigern
- 20 % Beteiligung am Zulieferer erwerben
- Verbesserung der Eigenfinanzierung
- Beitragssatz auf 12,5 % senken
- Beratung verbessern

nicht ökonomische Ziele

- Sicherung der Arbeitsplätze
- politischen Einfluss gewinnen
- Umweltbelastungen vermindern
- Umsatzbeteiligung der Mitarbeitenden
- mehr Mitspracherecht für Mitarbeitende
- Neugestaltung und Verbesserung der Aufenthaltsräume
- zusätzliche Leistungen (über SGB hinaus) erbringen

Monetäre Ziele sind also solche Ziele, die in Geldeinheiten messbar sind.

Nicht monetäre Ziele sind entweder ökonomische Ziele, die einen wirtschaftlichen Hintergrund haben, oder nicht ökonomische Ziele, die sozialer, politischer, ethischer, soziologischer oder auch ökologischer Art sein können.

Des Weiteren lassen sich Ziele nach ihrer Rangordnung, nach dem Ausmaß der Zielerreichung, nach den Beziehungen zwischen den Zielen und nach dem zeitlichen Bezug der Ziele unterscheiden.

Beispiele:

Zielarten

Rangordnung

- **Oberziel**
- **Zwischenziel**
- **Unterziel**
  Das Unterziel lässt sich aus dem Zwischenziel ableiten, das Zwischenziel lässt sich aus dem Oberziel ableiten: „**Oberziel:** Gewinn um 10 % erhöhen, **daraus abgeleitet:** Umsatzsteigerung um ... %, Produktionssteigerung um ... %, **daraus abgeleitet:** Produkt x steigern um ... %, Produkt y steigern um ... %."

Ausmaß der Zielerreichung

- **unbegrenzt**
  keine Begrenzung nach oben oder unten: „Gewinnmaximierung", „Kostenminimierung"
- **begrenzt**
  absolut vorgegeben: „Gewinn + 10 % gegenüber dem Vorjahr"

Beziehung zwischen den Zielen

- **komplementäre**
  Zielerreichung von Ziel 1 führt automatisch zur Zielerreichung von Ziel 2: „Bei gleichem Umsatz Ziel 1 Kosten senken, Ziel 2 Gewinn erhöhen."
- **konkurrierende**
  Zielerreichung von Ziel 1 vermindert die Chance Ziel 2 kompl. zu erreichen: „Ziel 1 Serviceleistungen erhöhen, Ziel 2 gesamte Kosten des Services reduzieren."
- **antinome**
  Zielerreichung von Ziel 1 schließt Zielerreichung von Ziel 2 aus: „Ziel 1 weniger Benzin verbrauchen, Ziel 2 die Lkw sollen mehr km fahren."
- **indifferente**
  Zielerreichung von Ziel 1 hat keinen Einfluss auf Zielerreichung von Ziel 2: „Ziel 1 Verbesserung des Essens in der Kantine, Ziel 2 Senkung der Kosten in der Produktion."

Zeitlicher Bezug der Ziele

- **Fristen**
  kurzfristig: „6 Monate bis 1 Jahr"
  mittelfristig: „1 Jahr bis 3 Jahre"
  langfristig: „3 Jahre bis 10 Jahre"
- **Zeitpunkt**
  „1. Juli 20.."
- **Zeitraum**
  „sechs Monate"
- **statische**
  innerhalb eines bestimmten Zeitraums unverändert
- **dynamische**
  von Zeitraum zu Zeitraum steigend: „I. Quartal + 15 % gegenüber I. Quartal Vorjahr"
- **dauernde**
  immer gültige Ziele: „Gewinnmaximierung"
- **vorübergehende**
  Bis zu einem bestimmten Zeitpunkt erreicht, dann erledigt: „Bis 1. Juli 20.. 1 Mio. flüssige Mittel für bestimmte Investitionen ansammeln."

Alle diese Arten von Zielen können in einer Unternehmung anfallen. Sie ergeben zusammen und aufeinander abgestimmt das **Zielsystem der Unternehmung**.
Bei einigen dieser Ziele ist es denkbar, dass Probleme oder besser Zielkonflikte auftreten. Solche Zielkonflikte können darauf beruhen, dass die einzelnen Entscheidungsträger nicht nur ihre betrieblichen Zielvorgaben verfolgen, sondern auch im privaten Bereich sich Ziele gesetzt haben und diese mit entsprechender Intention verfolgen (Individualkonflikt).
Ein weiterer Konflikt kann auftreten, wenn Ziele von der Unternehmensleitung nicht klar und operational vorgegeben sind, da diese Ziele keine geeignete Grundlage für die Arbeit und das Handeln der Mitarbeitenden abgeben (hierarchisch bedingter Zielkonflikt).
Die dritte Konfliktmöglichkeit ist dann gegeben, wenn verschiedene Abteilungen das gleiche Oberziel der Unternehmung verfolgen, dies aber mit unterschiedlichen Zwischen- oder Unterzielen erreichen möchten.

Beispiel:

Der Produktionsleiter will eine schlanke Produktion mit wenigen Produkten, um die Produktionskosten niedrig zu halten, der Vertriebsleiter will eine möglichst breite Produktpalette, um möglichst viele Kunden anzusprechen (innerorganisatorischer Konflikt).

Anhand eines Falls soll nun ein Zielsystem für eine Unternehmung erstellt werden: In der Firma Schwarz GmbH, einem Hersteller für elektrische Haushaltgeräte und -maschinen, bestehen zwei Leitziele:

1. Wir produzieren anspruchsvolle Markenartikel für den modernen Haushalt.
2. Wir sind in Technik und Design der Konkurrenz immer einen Schritt voraus.

Die strategischen Ziele lauten: Marktanteil in den nächsten fünf Jahren um 15 % vergrößern, Qualität ständig verbessern, Produktionskosten in den nächsten fünf Jahren um 10 % abbauen, Lohnkosten abbauen, neue Produkte entwickeln, ständige Gewinnmaximierung. Einige dieser Ziele sind die logische Folgerung aus den Leitzielen (vgl. Pfeile im Schaubild). So dürfte es wohl einfach sein, seinen Marktanteil zu vergrößern, wenn man der Konkurrenz in Technik und Design immer einen Schritt voraus ist.
Aus den strategischen Zielen können jetzt die operativen Ziele abgeleitet werden (vgl. Pfeile im folgenden Schaubild). Aus den operativen Zielen können dann weitere Teilziele abgeleitet werden (vgl. Pfeile im folgenden Schaubild). Der Einfachheit halber sollen hier jedoch nur aus einem operativen Ziel die Teilziele abgeleitet werden, da ansonsten die Übersicht verloren geht.

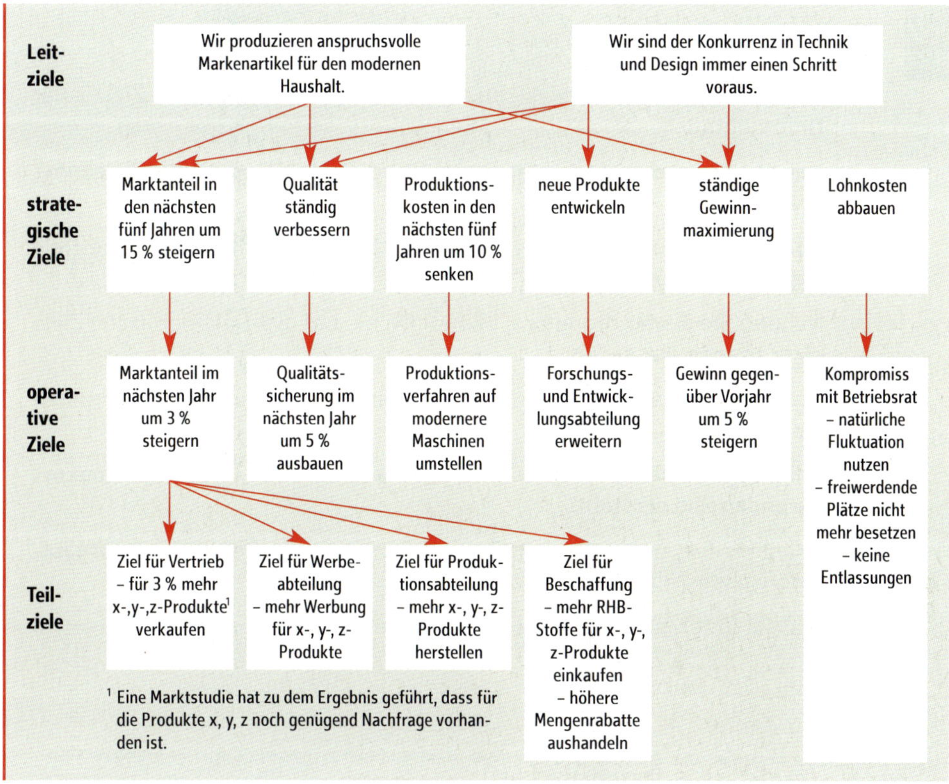

Sind letztendlich alle Ziele aufeinander abgestimmt, sodass ihre Erreichung zum Gesamterfolg der Unternehmung beiträgt, so spricht man von einem Zielsystem. Durch die Beschränkung, aus nur einem operativen Ziel die Teilziele abzuleiten, sollte jetzt auch klar sein, dass das gesamte Zielsystem einer Unternehmung noch wesentlich umfangreicher ist.

Zusammenfassung

1. Unternehmungen werden durch **Zielsetzung** und **Planung** gelenkt.
2. **Nicht monetäre Ziele** können ökonomischer oder nicht ökonomischer Art sein. Ökonomische Ziele haben immer einen wirtschaftlichen Hintergrund. Nicht ökonomische Ziele können sozialer, politischer, ethischer, soziologischer oder ökologischer Art sein.
3. Ziele lassen sich nach ihrer **Rangordnung**, nach dem **Ausmaß der Zielerreichung**, nach den **Beziehungen zwischen den Zielen** und nach ihrem zeitlichen Bezug einteilen.
4. **Zielkonflikte** können Individualkonflikte, hierarchisch bedingte Konflikte oder innerorganisatorische Konflikte sein.
5. In einem Zielsystem sind alle **Ziele** einer Unternehmung so **aufeinander abgestimmt**, dass ihre Erreichung zum **Gesamterfolg** der Unternehmung beiträgt.

Prüfen Sie Ihr Wissen

1. Nennen Sie je **zwei** Leitziele, strategische Ziele und operative Ziele einer Unternehmung.
2. Nennen Sie je **zwei** Leitziele, strategische Ziele und operative Ziele einer Krankenkasse.
3. Nennen Sie je **vier** monetäre, ökonomische und nicht ökonomische Ziele einer Unternehmung.
4. Nennen Sie je **vier** monetäre, ökonomische und nicht ökonomische Ziele einer Krankenkasse.
5. Erklären Sie, was man unter einem begrenzten und einem unbegrenzten Ziel versteht.
6. Erklären Sie, was man unter einem komplementären und einem konkurrierenden Ziel versteht.
7. Erläutern Sie, unter welchen Bedingungen man von einem innerorganisatorischen Zielkonflikt spricht.
8. Was ist unter einem Zielsystem zu verstehen (kurze Erklärung)?

Web

4.2 Betriebliche Produktionsfaktoren

Paul Maier arbeitet bei der Poly & Esther GmbH, einem Hersteller für Kunststoffformteile. Als das Unternehmen einige seiner Maschinen durch modernere ersetzt, übernimmt Paul Maier die ausrangierten Maschinen.

Er will sich selbstständig machen, da er den Beruf des Formenbauers von Grund auf gelernt, sein Wissen ständig erweitert und auch schon zwei Erfindungen gemacht hat, die er patentieren lassen will.

Die Maschinen stellt er in einer alten Lagerhalle auf, die er gemietet hat.

Bald merkt Paul Maier jedoch, dass er allein mit der Produktion, Produktionsplanung, Unternehmensleitung, Verwaltungs- und Schreibarbeit überfordert ist. Er fordert deshalb bei der örtlichen Agentur für Arbeit zwei qualifizierte Formenbauer, einen Buchhalter und eine Sekretärin an, da er sich künftig nur noch der Produktionsplanung und Unternehmensleitung widmen will.

Bevor Paul Maier die erste Form herstellen konnte, war ein sorgfältiger Planungsprozess notwendig. Er musste

1. Produktionsräume finden, 2. Maschinen kaufen und nach einem Fertigungsorganisationsplan aufstellen, 3. Werkzeuge beschaffen,	*Betriebsmittel*	*planende (dispositive) Arbeit*
4. die Lieferung von Roh-, Hilfs- und Betriebsstoffen organisieren, die optimale Bestellmenge und den optimalen Bestellzeitpunkt ermitteln und Lagerräume dafür schaffen,	*Werkstoffe*	
5. Mitarbeitende einstellen, →	*ausführende Arbeit*	
6. Aufträge beschaffen,		
7. ein Vertriebssystem aufbauen, z. B. mit einem Spediteur zusammenarbeiten, →	*Dienstleistungen*	
8. eine Rechtsform für seine Unternehmung finden (vgl. Kapitel 6.1, Seite 252),		
9. seine Patente anmelden. →	*Rechte*	

Um das Ziel der betrieblichen Leistungserstellung (hier Formteile herstellen) zu erreichen, sind betriebliche Produktionsfaktoren notwendig:

dispositive Arbeit	Planung, Leitung, Organisation und Kontrolle des betrieblichen Leistungsprozesses
ausführende Arbeit	Ausführung des Produktionsplans, also die Arbeiten, die auf Anweisung des Unternehmers oder Geschäftsführers gemacht werden müssen (Facharbeiter, Buchhalter, Sekretärin, ...)
Betriebsmittel	Grundstücke und Gebäude, Maschinen, maschinelle Anlagen, Werkzeuge (bei den Sozialversicherungsträgern würden z. B. EDV-Anlagen, Schreibtische, SGB darunterfallen)
Werkstoffe	Hierzu gehören Roh-, Hilfs- und Betriebsstoffe: • Rohstoffe bilden den Hauptbestandteil eines fertigen Produkts (Stoff bei einem Mantel). • Hilfsstoffe sind Nebenbestandteile eines fertigen Produkts (Knöpfe, Schulterpolster, Faden ...). • Betriebsstoffe werden bei der Leistungserstellung verbraucht (Strom für die Nähmaschine ...).

	Da die Sozialversicherungsträger Dienstleistungen und keine Sachgüter produzieren, gibt es bei ihnen keine Roh- und Hilfsstoffe, sondern nur Betriebsstoffe. Darunter fallen z. B. Strom für die EDV-Anlage und die Beleuchtung, Benzin für die Dienstfahrzeuge, Büromaterial wie Bleistifte, Papier, Radiergummi ...
Rechte	Hierzu gehören Patente, Lizenzen, Gebrauchsmuster, Nutzungsrechte wie Miete und Pacht.

Die **betrieblichen Produktionsfaktoren** sind die dispositive Arbeit (Planung, Leitung, Organisation und Kontrolle), die ausführende Arbeit, Betriebsmittel, Werkstoffe und Rechte.

Ausführende Arbeit, Betriebsmittel, Werkstoffe und Rechte sind am betrieblichen Leistungsprozess beteiligt. In welchem Verhältnis sie beteiligt sind, hängt von der dispositiven Tätigkeit der Unternehmensführung oder der Geschäftsführung ab, er führt die betrieblichen Produktionsfaktoren durch seine in erster Linie planende und organisatorische Tätigkeit zusammen. Da die ausführende Arbeit von der dispositiven Arbeit abhängig ist, ist es sinnvoll, diese beiden Produktionsfaktoren nicht unter einem Begriff „Arbeit" zusammenzufassen, sondern als eigenständige betriebliche Produktionsfaktoren getrennt zu lassen.
Während die dispositiven Aufgaben eines Würstchenverkäufers relativ übersichtlich und von ihm selbst zu bewältigen sind, sind die Planung, Leitung, Organisation und Kontrolle großer Unternehmungen oft nur noch durch einen Stab von Mitarbeitenden (Spezialisten) möglich. Den Typ des Unternehmers, der das Unternehmen selbst leitet, alle Entscheidungen selbst trifft und sich von niemandem in seine Unternehmenspolitik hineinreden lässt, findet man heute nur noch in kleinen und mittleren Familienunternehmungen.
Das System Unternehmung lässt sich mit seinen eingehenden betrieblichen Produktionsfaktoren wie folgt darstellen:

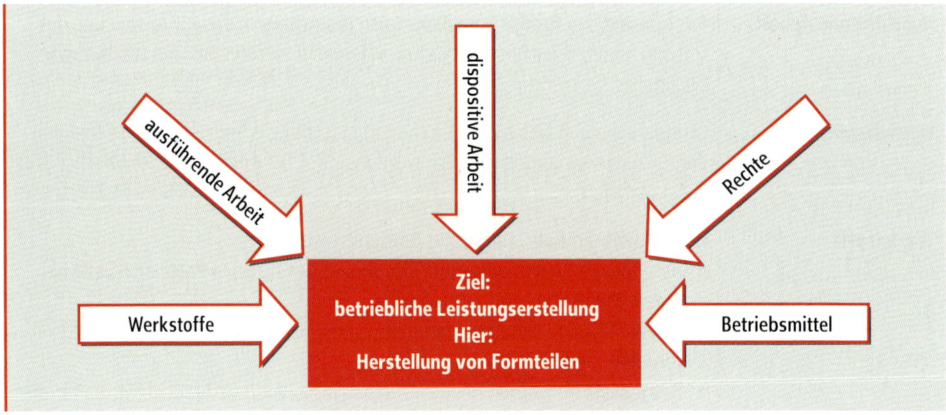

Zusammenfassung

1. Die betriebswirtschaftlichen Produktionsfaktoren sind:
   a) dispositive Arbeit, b) ausführende Arbeit, c) Betriebsmittel, d) Werkstoffe, e) Dienstleistungen, f) Rechte.

2. Unter dispositiver Arbeit versteht man die Leitung, Planung, Organisation und Kontrolle in einer Unternehmung.

3. Betriebsmittel sind Grundstücke und Gebäude, Maschinen, maschinelle Anlagen und Werkzeuge.

4. Werkstoffe sind Roh-, Hilfs- und Betriebsmittel.

5. Rechte sind Patente, Lizenzen, Gebrauchsmuster, Nutzungsrechte wie Miete und Pacht.

6. Die betriebswirtschaftlichen Produktionsfaktoren – ausführende Arbeit, Betriebsmittel, Werkstoffe und Rechte – werden durch den dispositiven Produktionsfaktor ins „beste" Verhältnis gebracht.

Prüfen Sie Ihr Wissen

1. Warum sollten dispositive Arbeit und ausführende Arbeit nicht zum Begriff „Arbeit" zusammengefasst werden?

2. Nennen Sie vier Beispiele für
   a) Werkstoffe, b) Betriebsmittel, c) Rechte.

3. Welche Aufgaben übernimmt der dispositive Produktionsfaktor?

4. Welche Werkstoffe und Betriebsmittel gehen in die Dienstleistungserstellung der Sozialversicherungsträger ein?

5. Welche Rechte gehen in die Dienstleistungserstellung der Sozialversicherungsträger ein?

6. Welchem betriebswirtschaftlichen Produktionsfaktor würden Sie die eingehenden Beitragseinnahmen der Sozialversicherungsträger zuordnen?

7. Welche Aufgaben hat der dispositive Produktionsfaktor beim Sozialversicherungsträger?

4.3 Dienstleistungsprogramm der Sozialversicherung

Schlagzeilen aus der Presse

Quelle: Heilbronner Stimme vom 13. Mai 2023, Seite 9

Nachfolger für den Sozialversicherungsausweis

Er nennt sich Versicherungsnummernachweis und ist seit Beginn des Jahres der Nachfolger des Sozialversicherungsausweises, der jedem Arbeitnehmer mit Aufnahme der ersten Tätigkeit automatisch zugeschickt wird. Wer das neue Dokument haben möchte, kann dieses kostenfrei online bei der Deutschen Rentenversicherung Bund (DRV) beantragen. [...]

Quelle: Heilbronner Stimme vom 19. Juni 2023, Seite 7

So verändert sich der Pflegebeitrag ab Juli

Reform Ab dem 1. Juli zahlen viele Beschäftigte höhere Beiträge bei der Pflegeversicherung. Grund ist die Pflegereform, die die gestiegenen Kosten in der Branche abfedern und die Finanzierung fairer gestalten soll. [...]

Quelle: Heilbronner Stimme vom 6. Mai 2023, Seite 7

Arbeitsunfall beim Kaffeeholen

Recht Wer beim Kaffeeholen im Büro stürzt, hat einen Arbeitsunfall. Das entschied das Hessische Landessozialgericht (AZ: L 3 U 202/21) in einem Urteil, auf das der Deutsche Anwaltsverein (DAV) hinweist. [...]

Quelle: Heilbronner Stimme vom 23. Oktober 2023, Seite 9

Erleichterungen beim Kinderkrankengeld

Gesundheit Minister Karl Lauterbach hat Erleichterungen für Eltern beim Kinderkrankengeld angekündigt. "Wir setzen durch, dass Eltern nicht mehr am ersten Tag, an dem das Kind krank ist, zum Arzt laufen müssen, um das Kinderkrankengeld in Anspruch zu neh- men", [...]

Das soziale Netz in Deutschland besteht, wie man aus den obigen Schlagzeilen unschwer erkennen kann, aus der Rentenversicherung, der Krankenversicherung, der Pflegeversicherung, der Arbeitslosenversicherung und der Unfallversicherung. Dieses soziale Sicherungssystem sehen die Fünf Weisen in einer Krise. Sie sind der Meinung, dass die Leistungen der Sozialversicherer immer stärker ausgedehnt wurden, somit nicht mehr finanzierbar sind und gleichzeitig die Wettbewerbsfähigkeit und die Leistungskraft der deutschen Wirtschaft bedrohen. Zur Begründung geben sie an, dass

„heute noch zwei Arbeitnehmende das Altersruhegeld für einen Rentner erwirtschaften", das Verhältnis sich aber in ca. 40 Jahren auf 1:1 verschlechtern wird. Schlussfolgerung der Fünf Weisen: „Die sozialen Sicherungssysteme lassen sich so, wie sie historisch gewachsen sind und wie sie heute funktionieren, nicht mehr fortführen." Eigeninitiative und Eigenvorsorge sind notwendig.

Um dieser Aussage folgen zu können, sollte man sich zuerst einmal das soziale Netz nach dem Versicherungsprinzip näher betrachten. Die Sozialversicherungen in Deutschland funktionieren nach dem **Solidaritätsprinzip**, dies bedeutet, dass alle, die in diese Versicherungszweige einbezahlen, einen Anspruch auf deren Leistung haben, dass aber auch ein sozialer Ausgleich zwischen den Versicherten stattfindet, weil die Beiträge nach den Einkommen erhoben werden. Für die Rentenversicherung gelten noch zwei weitere Prinzipien:

1. Das **Äquivalenzprinzip**, das heißt, dass die Renten sowohl beitrags- als auch leistungsbezogen sind. Sie spiegeln die Lebensarbeitsleistung des einzelnen Versicherten sowie auch die allgemeine Einkommensentwicklung wider.
2. Das Prinzip des **Generationenvertrags**, dies bedeutet, dass die jeweils Aktiven (Arbeitenden) die Renten der Inaktiven (Rentner) finanzieren.

Dies ist eine Form der Leistungen oder Dienstleistungen der Sozialversicherer die weiteren sind der folgenden Übersicht zu entnehmen:

Übersicht über das Leistungs- und Dienstleistungsprogramm der Sozialversicherung

Versicherungszweige / Träger/ Leistungen	Rentenversicherung	Krankenversicherung	Pflegeversicherung	Arbeitslosenversicherung	Unfallversicherung
Träger	Deutsche Rentenversicherung	Ortskrankenkassen (AOK), Betriebskrankenkassen, Innungskrankenkassen, Ersatzkassen, Bundesknappschaft, Seekrankenkasse	Unter dem Dach der jeweiligen Krankenkasse	Bundesagentur für Arbeit, Regionaldirektionen der einzelnen Bundesländer, Agenturen für Arbeit	Berufsgenossenschaften
Geldleistungen (lt. SGB)	Grundrente, Altersruhegeld, Hinterbliebenenrente, Rente wegen Berufsunfähigkeit, Renten wegen Erwerbsunfähigkeit, Übergangsgeld	Krankengeld, Mutterschaftsgeld, Kostenerstattung für Aufwendungen im Ausland, Zahnersatz wird mit Versichertem abgerechnet (bestimmter Satz), Erstattung an Versicherte, die sich privatärztlich behandeln lassen (Erstattungshöhe entsprechend kassenärztlicher Höhe)	Pflegegeld (Höhe abhängig von den fünf Pflegegraden (1 = gering bis 5 = sehr schwer).	Arbeitslosengeld, Teilarbeitslosengeld, Bürgergeld[1], Unterhaltsgeld (für Teilnehmer an beruflichen Fortbildungsmaßnahmen), Weiterbildungskosten, Berufsausbildungsbeihilfen, Kurzarbeitergeld, Wintergeld (Zuschuss/Ausfall, ...),	Verletztengeld, Übergangsgeld, Renten, Hinterbliebenenrenten, Erstattung von Überführungskosten, Beihilfen (Einmalzahlung, wenn kein Anspruch auf Hinterbliebenenrente besteht)

1 Bürgergeld ersetzt Hartz 4

Versicherungszweige / Träger/Leistungen	Rentenversicherung	Krankenversicherung	Pflegeversicherung	Arbeitslosenversicherung	Unfallversicherung
				Insolvenzgeld, Förderung von Strukturanpassungsmaßnahmen, Förderung von Arbeitsbeschaffungsmaßnahmen, Eingliederungszuschüsse für Arbeitgeber, Förderung der beruflichen Eingliederung Behinderter (kann sowohl Geld- als auch Sachleistung sein)	
Sachleistungen (lt. SGB)	medizinische, berufsfördernde und ergänzende Leistungen zur Rehabilitation (Vorrang vor Rentenleistungen, Pflicht der Versicherten zur Teilnahme)	ärztliche Behandlung, zahnärztliche Behandlung, Versorgung mit Arznei-, Verband-, Heil- und Hilfsmitteln, häusliche Krankenpflege und Hausbehandlung, medizinische und ergänzende Leistungen zur Rehabilitation, Früherkennung von Krankheiten	häusliche Pflege, Pflegehilfsmittel (wie Pflegebetten, Rollstühle, Hebegeräte, Gehwagen und andere technische Hilfsmittel), Tagespflege und Nachtpflege, Kurzzeitpflege, vollstationäre Pflege, Pflegekurse für Angehörige und ehrenamtliche Pflegepersonen	Arbeitsvermittlung, Berufsberatung und Vermittlung von Ausbildungsstellen, Rehabilitationsmaßnahmen, Arbeitsmarkt- und Berufsforschung	Leistungen zur Heilbehandlung und Rehabilitation, Heilbehandlung, Erstversorgung, ärztliche Behandlung, zahnärztliche Behandlung, Versorgung mit Arznei-, Verband-, Heil- und Hilfsmitteln, häusliche Krankenpflege, Behandlung in Krankenhäusern und Rehabilitationseinrichtungen, Belastungserprobung und Arbeitstherapie

Diese Auflistung der Leistungen und Dienstleistungen der Sozialversicherer laut SGB ist nicht vollständig, enthält aber die wichtigsten Leistungen.

Das Dienstleistungsprogramm der gesetzlichen Sozialversicherer wird aber nicht nur durch das SGB festgelegt. So haben beispielsweise die gesetzlichen Krankenversicherungen die Möglichkeit, einige Leistungen in ihren Satzungen (lt. 2. GKV-NOG)[1] so zu regeln, dass diese „kundenfreundlicher" werden, da den Versicherten Wahlmöglichkeiten eingeräumt werden. So können sich bei vielen Krankenkassen die Versicherten entscheiden, ob sie mit ihrem Arzt eine privatärztliche Behandlung vereinbaren, selbst bezahlen und anschließend mit ihrer Krankenkasse abrechnen. Die Krankenkassen dürfen aber laut SGB die Erstattung nur bis zur Höhe einer kassenärztlichen Behandlung leisten.
Einige, bis jetzt noch wenige Krankenkassen, nutzen die „Kannregelung" des § 20 SGB V insofern, dass sie mit den Kassenärztlichen Vereinigungen (z. B. vier in Baden-Württemberg) Kooperationsverträge abgeschlossen haben, die es ermöglichen, bestimmte **Vorsorgemaßnahmen** zur Verhütung von Krankheiten den Versicherten

1 Gesetz zur Neuordnung von Selbstverwaltung und Eigenverantwortung in der gesetzlichen Krankenversicherung anzubieten. Dieser Kooperationsvertrag sieht vor, dass die Krankenkassen in bestimmten Bereichen wie Ernährung, Bewegung und Entspannung Leistungen erbringen, wenn diese vom Kassenarzt verordnet wurden:

- Ernährungsberatung,
- Bewegungsberatung,
- Diabetikerschulung,
- Rückenschulung,
- umweltmedizinischer Beratungsservice,
- Schulungen von Herz-Kreislauf-Patienten,
- Asthmatikerschulungen,
- als spezielle Leistungen für Jugendliche und Kinder werden Präventionsleistungen (Bonusprogramm) angeboten (z.B.: mit sport- und bewegungserzieherischem Schwerpunkt)

um nur einige der Angebote zu nennen.

Die meisten Krankenkassen sind einen Schritt weiter gegangen. Sie bieten ihren Versicherten und evtl. auch nicht Versicherten weitere Gesundheitsprogramme an. Gesundheitsprogramme, die nicht unbedingt notwendig wären und daher vom Arzt nicht verordnet werden, die aber von den Versicherten nachgefragt werden, weil sie etwas für ihre Gesundheit tun wollen. Diese Gesundheitsprogramme werden z.T. von der Krankenkasse bezahlt und beinhalten beispielsweise:

- Yoga, speziell Hatha Yoga
- Stressbewältigung,
- Abnehmen für Übergewichtige,
- gesunde Ernährung (Kochkurse),
- Drogensucht und Entziehung (RV, wenn die nicht zahlt KV).

Zu diesen ganzen Gesundheitsangeboten sehen sich die Krankenkassen, die ja seit einiger Zeit im Wettbewerb stehen, gezwungen, immer **„kundenfreundlichere“ Dienste oder Dienstleistungen** anzubieten. So wurden im Zeichen des Wettbewerbs sehr schnell wieder „kundenfreundlichere“ Öffnungszeiten geschaffen, die Öffnungszeiten sind freitags bis 16:00 Uhr verlängert, die Citybüros samstags von 9:00 bis 13:00 Uhr geöffnet, ist jeden Tag mindestens eine Person bis 18:00 Uhr telefonisch erreichbar, muss jede Beratung innerhalb von höchstens drei Tagen erledigt sein und zu guter Letzt werden auch Hausbesuche durchgeführt, wenn dies vom Versicherten verlangt wird oder wenn dieser nicht oder nur sehr schwer in die Geschäftsstelle der Krankenkassen kommen kann.

Auch die Agenturen für Arbeit spürten vor einigen Jahren den Druck des Wettbewerbs durch private Vermittler. Sie haben deshalb das Konzept Arbeitsamt 2000 entwickelt. Dieses Konzept hat das

Ziel, die Agenturen für Arbeit als modernen Dienstleistungsbetrieb darzustellen. Zwei weitere Ziele sind die Kundenfreundlichkeit und das Prinzip der „schlanken Organisation“. Dies bedeutet, dass die alten Organisationsstrukturen (Vermittlung, Leistung, Berufsberatung und Verwaltung) abgeschafft wurden und durch die zwei Bereiche Kundenbereich und Verwaltung ersetzt wurden. Im Kundenbereich gibt es Mitarbeiterteams, die für alle Fragen der Kunden (Arbeitsplatzsuche, Arbeitslosengeld usw.) zuständig sind. Das hat den Vorteil, dass die Kunden immer zu „ihrem Berater“ gehen können.
Zusätzlich wurden Teams gebildet, die zur Bekämpfung des Leistungsmissbrauchs und der illegalen Beschäftigung zuständig sind.

Zusammenfassung

1. Das Dienstleistungsprogramm der Sozialversicherung setzt sich aus
   a) den Leistungen nach SGB,
   b) den „Kannleistungen“ laut SGB und 2. GKV-NOG,
   c) den Mehrleistungen oder freiwilligen Dienstleistungen der Versicherer zusammen.
2. Die Leistungen und Dienstleistungen der Sozialversicherer laut SGB können sowohl Sachleistungen als auch Geldleistungen sein.
3. Das 2. GKV-NOG hat Freiräume geschaffen, die den Versicherten Wahlmöglichkeiten eröffnen.
4. Wenn der Versicherte bereit ist, seinen Beitrag zu leisten, kann er weitere Vorsorgemaßnahmen seiner Krankenkasse in Anspruch nehmen.
5. Auch die Agenturen für Arbeit wollen mehr „Kundennähe“ zeigen, was durch neue Organisationsstrukturen erreicht werden soll.

Prüfen Sie Ihr Wissen

1. Nennen Sie die fünf gesetzlichen Sozialversicherungen und deren Träger in Deutschland.
2. Warum sehen die „Fünf Weisen“ seit Jahren das soziale Sicherungssystem in der Krise?
3. Welches Prinzip gilt für alle Sozialversicherer?
4. Welche weiteren Prinzipien gelten für die Rentenversicherung?
5. Nennen Sie je drei Geldleistungen und Sachleistungen der:
   a) Rentenversicherung,
   b) Krankenversicherung,
   c) Pflegeversicherung,
   d) Arbeitslosenversicherung,
   e) Unfallversicherung.
6. Durch welche Regelung und in welcher Form können die Krankenkassen „kundenfreundlicher“ arbeiten?
7. Wodurch wird die „Kannregelung“ des § 20 SGB zur „kundenfreundlicheren“ Anwendung?
8. Welche zusätzlichen Angebote können die Krankenkassen durch die „Kannregelung“ des § 20 SGB V anbieten?

9. Welche weiteren Dienstleistungen bieten die Krankenkassen ihren Versicherten?
10. Welche Neuorganisation führten die Agenturen für Arbeit ein?
11. Durch welche Maßnahmen wurde in den Agenturen für Arbeit Kundennähe erreicht?

4.4 Betriebliche Kennzahlen

Schlagzeile

R. Stahl kann Zielvorgaben jetzt knacken

Waldenburg Noch hält R. Stahl-Chef Mathias Hallmann an seinem Zielkorridor für das Gesamtjahr fest: Von 274 Millionen soll der Umsatz auf 305 bis 320 Millionen Euro wachsen. Das ist angesichts des 20%-igen Wachstums im ersten Halbjahr eher zurückhaltend. Inzwischen erwartet der Explosionsschutzspezialist allerdings, dass [...]

Quelle: Heilbronner Stimme, 10. August 2023, Seite 9

Audi: Mehr Autos, aber weniger Gewinn

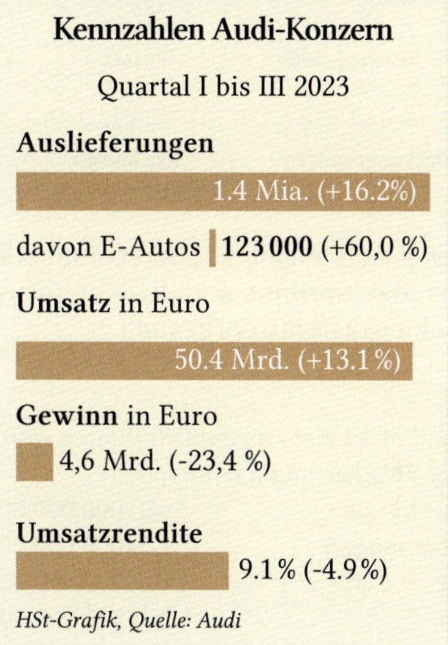

Auf Seite 182 wurde schon einmal das Wachstums- und Umsatzziel von Daimler und BMW angesprochen. Hier wird jetzt deutlich, dass sich auch R. Stahl Wachstums-, Absatz- und Renditeziele gesetzt hat und diese erreichen will. Aus den Texten geht auch hervor, wie wichtig den Unternehmen die Umsatzsteigerung ist. Rentabilität, Umsatz und Gewinnziel sind Kennzahlen, die den Unternehmen als Ziele, zur Planung, Unternehmenssteuerung und Unternehmenskontrolle dienen. Viele Unternehmungen haben sich ganze Kennzahlensysteme aufgebaut. Das wohl bekannteste ist das Kennzahlensystem der Firma DuPont.

Ein Kennzahlensystem ist die geordnete Gesamtheit von Kennzahlen, die in sachlich sinnvoller Beziehung zueinander stehen, sich ergänzen und als Gesamtheit dem Zweck dienen, die Unternehmung ausgewogen und möglichst vollständig zu erfassen.

Aus einem dieser Kennzahlensysteme sollen nun ein paar wenige Kennzahlen herausgegriffen werden.

Die Rentabilität ist wohl die wichtigste Kennzahl in den meisten amerikanischen, aber auch deutschen Unternehmungen. Die Rentabilität gibt Auskunft darüber, wie viel Prozent Gewinn das eingesetzte Kapital während des Geschäftsjahres erwirtschaftet hat. Diese Überprüfung zeigt, ob es nicht besser gewesen wäre, das Kapital bei der Bank zu einem bestimmten Zinssatz anzulegen.

Berechnung der Rentabilität

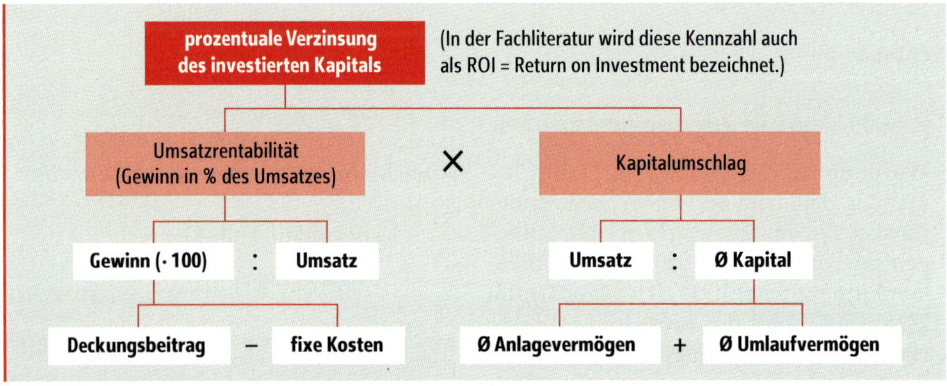

Mit dieser Aufstellung zur Berechnung des ROI, der Umsatzrentabilität, des Kapitalumschlags, des Gewinns und des Kapitals wird gleichzeitig die obere Ebene des DuPont-Kennzahlensystems dargestellt.

Beispiel:

In einem Betrieb der Kunststofffertigung wurden zum Jahresende die folgenden Zahlen der Bilanz oder der GuV-Rechnung entnommen:

Anlagevermögen	30 000 000,00 €	durchschnittliches AV und UV
Umlaufvermögen	20 000 000,00 €	
Umsatz	100 000 000,00 €	
Gewinn	8 500 000,00 €	(vor Abzug der FK-Zinsen)

Berechnet werden soll nun zuerst die **Umsatzrentabilität**:

$$\text{Umsatzrentabilität} = \frac{\text{Gewinn} \cdot 100\,\%}{\text{Umsatz}}$$

Beispiel:

$$\text{Umsatzrentabilität} = \frac{8\,500\,000 \cdot 100\,\%}{100\,000\,000} = 8{,}5\,\%$$

Diese Zahl sagt aus, dass mit jedem umgesetzten Euro 8,5 Cent Gewinn erwirtschaftet wurden.

Als nächste Kennzahl soll der **Kapitalumschlag** berechnet werden:

$$\text{Kapitalumschlag} = \frac{\text{Umsatz}}{\text{Ø Kapital}} \quad \text{mit Ø Kapital} = \text{Ø AV} + \text{Ø UV}$$

Beispiel:

$$\text{Kapitalumschlag} = \frac{100\,000\,000}{50\,000\,000} = 2$$

Diese Zahl sagt aus, dass jeder eingesetzte Euro zweimal in Form des Umsatzes an die Unternehmung zurückgeflossen ist oder dass mit jedem eingesetzten Euro 2,00 € eingenommen wurden.

Der **ROI** oder die prozentuale Verzinsung des investierten Kapitals ergibt sich dann als:

ROI = Kapitalumschlag · Umsatzrentabilität

Beispiel:

ROI = 8,5 % · 2 = 17 %

Diese Zahl sagt aus, dass mit jedem eingesetzten Euro 17 Cent verdient wurden oder dass sich das investierte (eingesetzte) Kapital mit 17 % verzinst hat.

Die Auflösung des Oberziels Verzinsung des investierten Kapitals (ROI) in nach unten immer kleinere Größen (Teil- bzw. Unterziele) gibt auch Auskunft über die weiteren Einflussfaktoren (Kosten) auf das Oberziel. Bei Zielabweichungen ist so eine Analyse der Haupteinflussfaktoren auf das Unternehmensergebnis möglich.

Die folgende Berechnung hätte zum selben Ergebnis geführt:

$$\textbf{ROI} = \frac{\textbf{Gewinn} \cdot \textbf{100 \%}}{\textbf{investiertes Kapital}}$$

Beispiel:

$$\text{ROI} = \frac{8\,500\,000 \cdot 100\,\%}{50\,000\,000} = 17\,\%$$

(In diesem Fall fehlen die Aussagen über die weiteren Einflussgrößen auf das Unternehmensergebnis.)

Die in der Schlagzeile angesprochene Eigenkapitalrendite darf natürlich nicht das gesamte investierte Kapital berücksichtigen, das heißt, vom investierten Kapital müssen noch die Fremdkapitalanteile abgezogen werden. Nehmen wir an, das durchschnittliche in der Abrechnungsperiode zur Verfügung stehende Fremdkapital betrug 10 000 000,00 €, das Betriebsergebnis nach Steuern und nach Abzug der FK-Zinsen war 5 650 000,00 €.

Die **Eigenkapitalrentabilität** berechnet sich dann wie folgt:

$$\textbf{Eigenkapitalrendite} = \frac{\textbf{Betriebsergebnis nach Steuern} \cdot \textbf{100 \%}}{\textbf{Eigenkapital}}$$

Beispiel:

$$\text{Eigenkapitalrendite} = \frac{5\,650\,000 \cdot 100\,\%}{40\,000\,000} = 14{,}125\,\%$$

Diese Zahl gibt Auskunft darüber, dass mit jedem eingesetzten Euro Eigenkapital 14,125 Cent nach Steuern erwirtschaftet wurden, die dem Unternehmer vom Gewinn übrig bleiben.

Die zweite, ebenso wichtige Kennzahl neben der Rentabilität ist die **Produktivität**. Diese beiden Kennzahlen gelten auch als Kennzahlen erster Ordnung. Die Produktivität gibt Auskunft über die erbrachten Leistungen je Mitarbeiter bzw. Mitarbeiterin, je Fertigungsstunde, je Maschinenstunde usw. Diese Kennzahl ist ein Quotient, der sich aus der Division zweier Größen ergibt.
Die **Mengenausbringung pro Kopf** oder der Pro-Kopf-Leistung ergibt sich aus der Division:

$$\text{Mengenausbringung pro Kopf} = \frac{\text{Netto-Betriebsleistung}^{1}}{\text{Anzahl aller Mitarbeitenden}}$$

Beispiel:

Die gesamte betriebliche Leistung betrug 25 800 Stück; Ausschuss 1 %; Anzahl aller Mitarbeitenden 258.

$$\text{Mengenausbringung pro Kopf} = \frac{25\,542\ (\text{Stück})}{258\ (\text{Mitarbeitende})} = 99\ (\text{Stück/Mitarbeiter})$$

Diese Zahl sagt aus, dass pro Mitarbeiter bzw. Mitarbeiterin 99 Stück gefertigt wurden.

Diese Aussage sollte aber noch verbessert werden, da in der Anzahl aller Mitarbeitenden auch die aus Verwaltung und Vertrieb enthalten sind. Des Weiteren sollte man davon ausgehen, dass die Anzahl von 25 800 Stück in verschiedenen Fertigungsstellen gefertigt werden und dass es sich dabei um unterschiedliche, wenn auch vergleichbare Produkte handelt. Angenommen, es existieren drei Fertigungsstellen A, B und C. In der Fertigungsstelle A wurden von 90 Mitarbeitenden 10 642 Stück (netto) gefertigt, in der Fertigungsstelle B von 65 Mitarbeitenden 8 514 Stück (netto) und in der Fertigungsstelle C von 45 Mitarbeitenden 6 386 Stück (netto).

Damit kann die Mengenausbringung je Produktionsmitarbeiter bzw. Produktionsmitarbeiterin berechnet werden.

	Fertigung A	**Fertigung B**	**Fertigung C**
Pro-Kopf-Leistung	$\frac{\text{10 642 Stück netto}}{\text{90 Arbeitendnde}}$	$\frac{\text{8 514 Stück netto}}{\text{65 Arbeitendnde}}$	$\frac{\text{6 386 Stück netto}}{\text{45 Mitarbeitendnde}}$
Pro-Kopf-Leistung	118,24 ... Stück/Arbeiter	130,9846 ... Stück/Arbeiter	141,9111 ... Stück/Arbeiter

Diese Aussage ist jetzt wesentlich genauer. Unter der Voraussetzung, dass die vergleichbaren Produkte auch vergleichbaren Fertigungen unterliegen, kann nun die Aussage getroffen werden, dass die Fertigungsstelle C am effizientesten arbeitet, da sie die meisten Produkte je Mitarbeiter herstellt. Zu untersuchen wäre noch der Grad der Automation jeder Fertigungsabteilung oder die maschinenmäßige Ausstattung. Zieht man von der Pro-Kopf-Leistung je Arbeiter (multipliziert mit dem Preis) den Pro-Kopf-Verbrauch an Material (in Euro) ab so würde man die **Pro-Kopf-Wertschöpfung** erhalten. Diese Zahl gibt darüber Auskunft, wie viel der einzelne Arbeiter zur betrieblichen Leistung (in Euro) beigetragen hat. Diese Kennzahl hat im Sozialversicherungsbereich wenig Bedeutung, daher soll hier nicht weiter darauf eingegangen werden.

---

1 gesamte betriebliche Leistung bereinigt um Ausschuss

Eine weitere Möglichkeit, die Produktivität zu bestimmen, wäre die mengenmäßige Ausbringung je Arbeiterstunde oder je Maschinenstunde oder der Produktionswert je Arbeiterstunde oder je Maschinenstunde.

Das obige Beispiel soll nun um weitere Angaben ergänzt werden: In der Unternehmung wurde durchschnittlich an 225 Tagen im Jahr gearbeitet: In der Abteilung A 7,5 Stunden/Tag, in der Abteilung B 8,5 Stunden/Tag und in der Abteilung C 9 Stunden/Tag.

	Fertigung A	**Fertigung B**	**Fertigung C**
$\frac{\text{Ausbringung}}{\text{Arbeitsstunde}}$	$\frac{\text{10 642 Stück netto}}{\text{90 Arb.} \cdot \text{225 Tage} \cdot \text{7,5 Std.}}$	$\frac{\text{8 514 Stück netto}}{\text{65 Arb.} \cdot \text{225 Tage} \cdot \text{8,5 Std.}}$	$\frac{\text{6 386 Stück netto}}{\text{45 Arb.} \cdot \text{225 Tage} \cdot \text{9 Std.}}$
$\frac{\text{Ausbringung}}{\text{Arbeitsstunde}}$	0,070070781 Stück Arbeiterstunde	0,06848868 Stück Arbeiterstunde	0,07007956 Stück Arbeiterstunde

Mit diesem Ergebnis steht die Fertigungsstelle A jetzt gleich gut da wie die Fertigungsstelle C. Jetzt liegt das schlechteste Ergebnis je Arbeiterstunde bei der Fertigungsstelle B. Dies zeigt, dass eine Kennzahl noch nicht ausreicht. Man sollte für die eigene Sicherheit immer mehrere Kennzahlen einer bestimmten Art – hier Produktivität – ermitteln, damit keine voreiligen Schlüsse gezogen werden. Mit den restlichen oben genannten Kennzahlen ist es wie mit der Pro-Kopf-Wertschöpfung je Arbeiter, deshalb soll hier nicht näher darauf eingegangen werden.

Ein weiterer Bereich ist die **Wirtschaftlichkeit**. Sie lässt sich nur schwer von dem Bereich der Produktivität trennen. Am sinnvollsten erscheint die Trennung in die mengenmäßige Wirtschaftlichkeit (Produktivität) und in die wertmäßige Wirtschaftlichkeit. Die wertmäßige Wirtschaftlichkeit soll hier im Weiteren als die „Wirtschaftlichkeit" behandelt werden. Wirtschaftlichkeit ist immer im Zusammenhang mit dem ökonomischen Prinzip zu sehen. Die Wirtschaftlichkeitskennzahlen geben darüber Auskunft, ob eine Unternehmung, ein Bereich, eine Abteilung oder eine Gruppe wirtschaftlich oder ökonomisch gearbeitet hat. Zu unterscheiden wären die Quotienten aus Ertrag und Aufwand, Leistung und Kosten oder Ist- und Sollkosten.

$$\text{Wirtschaftlichkeit} = \frac{\text{Ertrag}}{\text{Aufwand}}$$

Dieser Quotient sollte normalerweise immer größer als 1 sein, denn es wird nur dann ein Gewinn erwirtschaftet, wenn die Erträge größer sind als die Aufwendungen. Dieser Quotient gibt an, wie viel Euro für jeden aufgewendeten Euro zurückgeflossen sind.

$$\text{Wirtschaftlichkeit} = \frac{\text{Leistung (nominal)}}{\text{Kosten (nominal)}}$$

Diese Kennzahl berücksichtigt nur den Teil der betrieblichen Aufwendungen und Erträge, die durch die eigentliche betriebliche Tätigkeit entstanden sind. Das heißt, die Aufwendungen und Erträge werden um solche Aufwendungen und Erträge gekürzt, die nichts mit der eigentlichen betrieblichen Leistungserstellung zu tun haben (hierzu

gehören z. B. Mieterträge, Erträge aus dem Verkauf von Vermögensgegenständen, Verluste aus dem Verkauf von Vermögensgegenständen oder Wertpapieren ...).
Die Aussage ist ansonsten wie oben, eben nur betriebsbezogen.

$$\textbf{Wirtschaftlichkeit} = \frac{\textbf{Leistung (real)}}{\textbf{Kosten (real)}}$$

Diese Kennzahl entspricht der obigen, mit dem Unterschied, dass die Preissteigerungen herausgerechnet wurden, um die Wirtschaftlichkeit mit den vergangenen Geschäftsjahren zu vergleichen.

$$\textbf{Wirtschaftlichkeit} = \frac{\textbf{Istkosten}}{\textbf{Sollkosten}}$$

Diese Kennzahl gibt darüber Auskunft, ob die tatsächlich entstandenen Kosten (Istkosten) mit den geplanten Kosten (Sollkosten) identisch sind. Im idealen Planungsfall ist der Quotient 1. Ist der Quotient kleiner als 1, führt die Verrechnung der Sollkosten zu einer Überdeckung der entstandenen Istkosten. Ist der Quotient größer als 1, führt die Verrechnung der Sollkosten zu einer Unterdeckung der tatsächlich entstandenen Istkosten. Diese Zahl ist bei der Wahl mehrerer Produktionsmöglichkeiten von großer Bedeutung.

Beispiel:

GuV-Rechnung einer Unternehmung der Kunststofffertigung am 31.12.20.. (stark vereinfacht bzw. gekürzt)

GuV-Rechnung

RHuBetriebsstoffaufwendungen	1 050 000,00	Umsatzerlöse für FE	3 250 000,00
Aufwand für Handelswaren	600 000,00	Umsatzerlöse für Handelswaren	1 400 000,00
Fertigungslöhne	900 000,00	Bestandsveränderung	250 000,00
Gehälter	750 000,00	Mieterträge	200 000,00
Soz. Aufwendungen	371 700,00	Erträge aus Abgang AV	300 000,00
Abschreibungen	428 300,00	Erträge aus WP d. UV	300 000,00
Büromaterial (usw.)	100 000,00		
Verluste aus Abgang UV	750 000,00		
Verluste aus WP-Geschäften	550 000,00		
Gewinn	200 000,00		
	5 700 000,00		5 700 000,00

Die Preise für Roh-, Hilfs- und Betriebsstoffe sind gegenüber dem Vorjahr um durchschnittlich 2,5 % gestiegen, die Preise der Handelswaren nicht. Die Löhne und Gehälter sind gegenüber dem Vorjahr um durchschnittlich 3,25 % gestiegen. Die Aufwendungen für die gesetzliche Sozialversicherung stiegen um 1,05 % (AG- und AN-Anteil). Die restlichen Aufwendungen haben keine Preissteigerungen erfahren. Die Verkaufspreise für Fertigerzeugnisse und Handelswaren stiegen um durchschnittlich 2,5 %. Die Bestandsveränderungen wurden zu gleichen Werten wie im Vorjahr bilanziert. Die reale Wirtschaftlichkeit (Leistung/Kosten) war im Vorjahr 1,20. Die Sollkosten waren mit 4 100 000,00 € angesetzt. Bei der Berechnung wird auf volle 10,00 € gerundet.

Berechnung der Wirtschaftlichkeit

$$\text{Wirtschaftlichkeit} = \frac{\text{Ertrag}}{\text{Aufwand}} \rightarrow \frac{5\,700\,000}{5\,500\,000} = 1{,}0363636$$

Die Bedingung, dass der Quotient immer größer als 1 sein sollte, ist erfüllt. Für jeden aufgewendeten Euro sind 1,0363636 € an die Unternehmung zurückgeflossen.
„Sehr wenig." Das ist jedoch keine sehr aussagekräftige Äußerung, da sowohl in den Aufwendungen als auch Erträgen Anteile enthalten sind, die mit der betrieblichen Leistungserstellung nichts oder nur wenig zu tun haben.

$$\text{Wirtschaftlichkeit} = \frac{\text{Leistung (nom.)}}{\text{Kosten (nom.)}} \rightarrow \frac{4\,900\,000}{4\,200\,000} = 1{,}166666$$

Die Bedingung, dass der Quotient immer größer als 1 sein sollte, ist erfüllt. Für jeden aufgewendeten Euro sind 1,166666 € an die Unternehmung zurückgeflossen.
„Immer noch wenig." Aber das Betriebsergebnis ist deutlich besser als das Unternehmensergebnis.

Bereinigung der Aufwendungen und Erträge um die Preissteigerungen

RHuBetriebsstoffe + 2,5 %	gegenüber Vorjahr: 1 050 000/102,5 · 100 %	= 1 024 390,00 €
Löhne/Gehälter + 3,25 %	gegenüber Vorjahr: 1 650 000/103,25 · 100 %	= 1 598 063,00 €
Soz. Aufwendungen + 1,05/2 %	gegenüber Vorjahr: 371 700/100,525 · 100 %	= 369 760,00 €
Verkaufspreise FE u. HW + 2,5 %	gegenüber Vorjahr: 4 650 000/102,5 · 100 %	= 4 536 585,00 €

$$\text{Wirtschaftlichkeit} = \frac{\text{Leistung (real)}}{\text{Kosten (real)}} \rightarrow \frac{4\,786\,590}{4\,120\,510} = 1{,}1616498$$

Die Bedingung, dass der Quotient immer größer als 1 sein sollte, ist erfüllt. Für jeden aufgewendeten Euro sind im Vergleich mit dem Vorjahr 1,1616498 € an die Unternehmung zurückgeflossen. Es muss ergründet werden, warum, da das Vorjahresergebnis besser war.

$$\text{Wirtschaftlichkeit} = \frac{\text{Istkosten}}{\text{Sollkosten}} \rightarrow \frac{4\,200\,000}{4\,100\,000} = 1{,}0243902$$

Die Bedingung, dass der Quotient gleich oder kleiner als 1 sein muss, ist nicht erfüllt. Wurden die Sollkosten in der Kalkulation weiterverrechnet, so ist eine Unterdeckung der Kosten im Vergleich zum Plan entstanden. Für je 1,0243902 € entstandene

Istkosten wurde nur ein Euro Sollkosten kalkuliert, dies entspricht aber einer guten Planung.

Wirtschaftlichkeitsberechnungen können auch bei geplanten Investitionen oder bei größeren Projekten durchgeführt werden. Hierzu wären aber weitere Kennzahlen notwendig, die den Rahmen dieses Kapitels sprengen würden.

Die letzten Kennzahlen, die Sie noch kennenlernen sollten, kommen aus dem Bereich der Finanzierung. Sie sollen dazu dienen, die Liquidität einer Unternehmung – also deren Zahlungsfähigkeit – zu beurteilen. Es sind die sogenannten Liquiditätskennzahlen, die die Liquidität nach verschiedenen Graden beurteilen.

Liquidität 1. Grades (Barliquidität)

$$= \frac{\text{alle flüssigen Mittel am Bilanzstichtag} \cdot 100\ \%}{\text{kurzfristige Verbindlichkeiten}}$$

Liquidität 2. Grades (eingangsbedingte Liquidität)

$$= \frac{(\text{alle flüssigen Mittel am Bilanzstichtag} + \text{kurzfristige Forderungen}) \cdot 100\ \%}{\text{kurzfristige Verbindlichkeiten}}$$

Liquidität 3. Grades (umsatzbedingte Liquidität)

$$= \frac{(\text{alle flüssigen Mittel am Bilanzstichtag} + \text{kurzfristige Forderungen} + \text{Bestände}) \cdot 100\ \%}{\text{kurzfristige Verbindlichkeiten}}$$

Liquide Mittel 1. Grades = flüssige Mittel/Barmittel	**Liquide Mittel 2. Grades = eingangsbedingte Mittel**	**Liquide Mittel 3. Grades = umsatzbedingte Mittel**
Kasse, Bankguthaben, eingegangene Schecks, lombardfähige Wertpapiere	**Forderungen** aus Lieferungen und Leistungen, sonstige kurzfristige Forderungen	**Bestände** an: Fertigerzeugnissen, unfertigen Erzeugnissen, Handelswaren, Rohstoffen, Hilfsstoffen, Betriebsstoffen

⇐ Eingang (aus Forderung wird Barmittel)

⇐ Umsatz (aus Bestand wird Forderung)

Beispiel:

Bilanz einer Unternehmung der Kunststofffertigung zum 31. Dez. 20.. (stark reduziert und vereinfacht)

Aktiva	Bilanz zum 31. Dez. 20..		Passiva
Grundstücke und Gebäude	5 700 000,00	Eigenkapital	13 855 000,00
Maschinen	4 855 000,00	Gewinn	200 000,00
Betriebs- und		langfristige Verbindlichkeiten	
Geschäftsausstattung	1 700 000,00	Hypotheken	1 345 000,00
RHuBetriebsstoffe	1 150 000,00	Darlehen	500 000,00
unfertige Erzeugnisse	250 000,00	kurzfristige Verbindlichkeiten	
Fertigerzeugnisse	750 000,00	erhaltene Anzahlungen	550 000,00
Handelswaren	300 000,00	Verbindlichkeiten aus	
Forderungen aus		Lieferungen und Leistungen	1 850 000,00
Lieferungen und Leistungen	1 650 000,00	Dispositionskredit	210 000,00
Schecks	35 000,00		
Kasse	15 000,00		
Bankguthaben			
KSK	1 095 800,00		
VoBa	654 200,00		
Postbank	155 000,00		
	18 310 000,00		18 310 000,00

Liquidität 1. Grades

$$= \frac{(35\,000 + 15\,000 + 1\,095\,800 + 654\,200 + 155\,000) \cdot 100\,\%}{(550\,000 + 1\,850\,000 + 210\,000)} = 74{,}9042\,\%$$

Diese Prozentzahl sagt aus, dass die gesamten kurzfristigen Verbindlichkeiten der Unternehmung zu ca. 74,9 % durch die vorhandenen flüssigen Mittel (Barmittel) abgedeckt sind.

$$\text{Liquidität 2. Grades} = \frac{(1\,955\,000 + 1\,650\,000) \cdot 100\,\%}{2\,610\,000} = 138{,}12261\,\%$$

Diese Prozentzahl sagt aus, dass die gesamten kurzfristigen Verbindlichkeiten der Unternehmung zu ca. 138,12261 % durch die vorhandenen flüssigen Mittel (Barmittel) plus den kurzfristigen Forderungen abgedeckt sind.

Liquidität 3. Grades

$$= \frac{(1\,955\,000 + 1\,650\,000 + 1\,150\,000 + 250\,000 + 750\,000 + 300\,000) \cdot 100\,\%}{2\,610\,000} = 231{,}9923\,\%$$

Diese Prozentzahl sagt aus, dass die gesamten kurzfristigen Verbindlichkeiten der Unternehmung zu ca. 231,9923 % durch die vorhandenen flüssigen Mittel (Barmittel), die kurzfristigen Forderungen und die gesamten Vorräte abgedeckt sind.

Da aus der Bilanz die genauen Fristigkeiten der Forderungen und Verbindlichkeiten nicht zu ersehen sind, können die Liquiditätskennzahlen nur grobe Anhaltspunkte für die Beurteilung der Liquidität einer Unternehmung liefern. Zur genauen Beurteilung der Liquidität sollte es möglich sein, Einblick in den Finanzplan der Unternehmung nehmen zu können. Dieser Finanzplan besteht unter anderem aus mehreren Teilplänen. Einer dieser Teilpläne ist der Liquiditätsplan, der alle zukünftigen Einnahmen (Umsätze, Forderungseingänge, Verkauf von Anlagegütern, Zinserträge und sonstige

Einnahmen) und alle Ausgaben (Löhne und Gehälter, Roh-, Hilfs- und Betriebsstoffe, Anlagevermögen, Dividendenzahlungen, Zinsaufwendungen, Kredittilgungen, Steuern, Versicherungsprämien, Provisionsaufwendungen ...) terminlich und in ihrer Höhe genau erfasst. Anhand dieses Finanzierungs- oder Liquiditätsplans können freie Finanzmittel oder Liquiditätsengpässe genauer aufgezeigt werden.

Welche dieser Kennzahlen könnten nun in einem Sozialversicherungsbetrieb angewandt werden?

Die ganzen Rentabilitätskennzahlen entfallen, da die Sozialversicherungsbetriebe nicht unter Rentabilitätsgesichtspunkten arbeiten. Sie arbeiten vielmehr nach dem Kostendeckungsprinzip und dem Versorgungsprinzip, weil die soziale Sicherheit (gesundheitliche Versorgung, altersmäßige Versorgung usw.) im Vordergrund steht.
Bei den Produktivitätskennzahlen wäre es vorstellbar, dass die Pro-Kopf-Leistung je Mitarbeiter, die Pro-Kopf-Leistung je Gruppenmitglied, die Pro-Kopf-Leistung je Mitarbeiter eines Profitcenters (Geschäftsstelle) oder die Leistung je Arbeitsstunde (in den selben Bereichen) gemessen werden. Dies könnte dann folgendermaßen aussehen:

$$\text{Pro-Kopf-Leistung} = \frac{\text{bearbeitete Leistungsanträge}}{\text{Anzahl aller Mitarbeitenden}}$$

Diese Zahl würde Auskunft darüber geben, wie viele Leistungsanträge jeder Mitarbeiter bzw. Mitarbeiterin bearbeitet hat, auch der, der in der Verwaltung tätig ist und mit der Bearbeitung von Leistungsanträgen nichts zu tun hat.
Besser wäre es, die Pro-Kopf-Leistung der einzelnen Gruppen oder Profitcenter miteinander zu vergleichen, um so eventuell herauszufinden, ob die eine Gruppe oder das eine Profitcenter über- oder unterbesetzt ist.

Beispiel: Jahresleistung verschiedener Arbeitsgruppen

Arbeitsgruppen	Gruppe A	Gruppe B	Gruppe C
Pro-Kopf-Leistung	$\frac{\text{54 000 Leistungsanträge}}{\text{15 Mitarbeitende}}$	$\frac{\text{65 000 Leistungsanträge}}{\text{25 Mitarbeitende}}$	$\frac{\text{69 600 Leistungsanträge}}{\text{20 Mitarbeitende}}$
Pro-Kopf-Leistung	3 600 Leistungsanträge/ Mitarbeitende	2 600 Leistungsanträge/ Mitarbeitende	3 480 Leistungsanträge/ Mitarbeitende

Diese Kennzahlen geben Auskunft darüber, in welcher Gruppe am effektivsten gearbeitet wurde. Da das Ergebnis der Gruppen A und C nahezu gleich ist und das Ergebnis der Gruppe B doch deutlich von dem der beiden anderen Gruppen abweicht, könnte man zu dem Schluss kommen, dass sie überbesetzt ist oder langsamer arbeitet. Um aber der Gruppe B gerecht zu werden, müsste noch untersucht werden, ob die Leistungsanträge inhaltlich in etwa die gleichen waren wie die der Gruppen A und C oder ob tatsächlich für die Leistungsanträge der Gruppe B mehr Zeit notwendig war. Oder was wäre, wenn zehn Mitarbeitende der Gruppe B Halbtagskräfte sind? Wie sollte man dann vorgehen? Dann ermittelt man die Leistung je Arbeitsstunde. Die Arbeitsstunden sind den Arbeitszeitkonten entnommen.

Arbeitsgruppen	Gruppe A	Gruppe B	Gruppe C
Leistung / Arbeitsstunde	54 000 Leistungsanträge / 24 300 Stunden	65 000 Leistungsanträge / 32 425 Stunden	69 600 Leistungsanträge / 32 400 Stunden
Leistung / Arbeitsstunde	2,222 Leistungsanträge/ Arbeitsstunde	2,0046 Leistungsanträge/ Arbeitsstunde	2,1481 Leistungsanträge/ Arbeitsstunde

Diese Zahlen sagen nun aus, dass die meisten Leistungsanträge je Stunde immer noch in der Gruppe A bearbeitet wurden, nämlich 2,22 je Arbeitsstunde. Die Gruppe C hat mit knapp 2,15 Leistungsanträgen je Arbeitsstunde immer noch mehr Leistungsanträge bearbeitet als die Gruppe B, die ungefähr zwei Leistungsanträge je Arbeitsstunde erledigt hat. Diese Kennzahlen können jetzt für zukünftige Planungen oder Vorgaben als Maßstab herangezogen werden.

Aus dem Bereich der Wirtschaftlichkeitsberechnungen könnte höchstens die Kennzahl Istkosten/Sollkosten im Sozialversicherungsbereich Verwendung finden, nämlich dort, wo die Sozialversicherer in der Lage sind, ihre Kosten tatsächlich zu planen, im Verwaltungsbereich. Das heißt bei allen Konten der Kontenklasse 7 (Personalkosten, Sozialversicherungsbeiträge für Mitarbeitende, Aus-, Fort- und Weiterbildungskosten, alle sächlichen Verwaltungskosten, Fahrzeugkosten, Abschreibungen, Aufwendungen für die Selbstverwaltung usw.). Hier wäre es denkbar, dass die Sozialversicherer die entstandenen Istkosten den Sollkosten gegenüberstellen, um zu sehen, wie gut bzw. schlecht die Planung war.
Bei größeren Projekten (Bau eines neuen Verwaltungsgebäudes, Anschaffung einer neuen EDV-Anlage, Anschaffung einer neuen Telefonanlage oder Anschaffung des Fuhrparks) könnten ebenfalls Wirtschaftlichkeitsberechnungen durchgeführt werden. Diese führen zu der Entscheidung, ob das Anlagegut geleast oder gekauft wird.
Aus dem Bereich der Liquiditätskennzahlen werden sich die Sozialversicherer kaum bedienen. Sie haben einen Finanzplan oder Liquiditätsplan, der ihnen viel genauere Auskunft über Einnahmen und Ausgaben als die Liquiditätskennziffern liefern kann.

Zusammenfassung

1. **Kennzahlen** können sowohl der Zielsetzung als auch der Kontrolle und Steuerung dienen.
2. Kennzahlen können u. a. aus den Bereichen **Rentabilität, Produktivität, Wirtschaftlichkeit** und **Liquidität** ermittelt werden.
3. **Rentabilität** und **Produktivität** gehören zu den Kennzahlen erster Ordnung.
4. Die **Wirtschaftlichkeit** ergibt sich aus der Division zweier Größen: Ertrag/Aufwand, Leistung/Kosten oder Istkosten/Sollkosten.

5. Der Quotient, der die Wirtschaftlichkeit zum Ausdruck bringt, sollte immer größer als **1 oder wenigstens 1** sein.
6. Zum Vergleich der Wirtschaftlichkeit mit vorangegangenen Perioden müssen Preissteigerungen herausgerechnet werden, um die realen Leistungen oder Kosten zu erhalten.
7. **Wirtschaftlichkeitsberechnungen** können auch bei geplanten Investitionen oder bei größeren Projekten durchgeführt werden.
8. Eine **Liquiditätskennzahl** gibt Auskunft darüber, zu wie viel Prozent die kurzfristigen Verbindlichkeiten einer Unternehmung abgedeckt sind.
9. Zur Ermittlung der genauen Liquidität einer Unternehmung bedarf es des **Finanzplans** oder des **Liquiditätsplans**.
10. Die **meisten Kennzahlen** der Industrie bzw. des Handels lassen sich **in den Sozialversicherungsbetrieben nicht anwenden**.
11. Um unterschiedliche Arbeitsgruppen in ihren Leistungen miteinander zu vergleichen, könnte auch bei den **Sozialversicherungsbetrieben** mit **Produktivitätskennzahlen** gearbeitet werden.

Prüfen Sie Ihr Wissen

1. Wozu können Kennzahlen dienen?
2. Was versteht man unter einem Kennzahlensystem?
3. Erläutern Sie, welche Aussage eine Rentabilitätskennzahl hat.
4. Erklären Sie, wie die folgenden Kennzahlen ermittelt werden:
   a) Rentabilität des investierten Kapitals (ROI),
   b) Umsatzrentabilität,
   c) Eigenkapitalrentabilität.
5. Berechnen Sie aus den folgenden Angaben
   a) die Umsatzrentabilität,
   b) die Rentabilität des investierten Kapitals und
   c) die Eigenkapitalrentabilität.
   Ein Elektrogerätehersteller gab für das Unternehmen an:

ø Anlagevermögen	35 000 000,00 €
ø Umlaufvermögen	15 000 000,00 €
Umsatz	125 000 000,00 €
Gewinn	10 500 000,00 €
Gewinn nach Steuern	7 875 000,00 €
ø Fremdkapital	12 500 000,00 €
FK-Zinsen	681 250,00 €

6. Welche Aussagen kann man mit Produktivitätskennzahlen treffen?

7. Welche der beiden nachfolgenden Produktivitätskennzahlen ist genauer? Begründen Sie Ihre Entscheidung.
   a) Pro-Kopf-Leistung (Stück/Arbeiter)
   b) Ausbringung/Arbeitsstunde (Stück/Stunde)

8. Worauf beziehen sich Wirtschaftlichkeitsberechnungen?

9. Erklären Sie den Unterschied zwischen einer Wirtschaftlichkeitsberechnung (Leistungen und Kosten real) und einer Wirtschaftlichkeitsberechnung (Leistungen und Kosten nominal).

10. a) Welche Größe sollte der Quotient einer Wirtschaftlichkeitsberechnung mindestens haben?
    b) Warum sollte er immer diese Größe haben? Erklären Sie genau.

11. Die Sollkosten einer Unternehmung waren für das vergangene Geschäftsjahr mit 37 500 000,00 € veranschlagt. Die GuV-Rechnung weist eine Summe der Kosten in Höhe von 36 890 000,00 € aus.
    a) Berechnen Sie die Wirtschaftlichkeit.
    b) Welche Folgen hat die von Ihnen berechnete Zahl für die Unternehmung?

12. In welchen anderen Bereichen können Wirtschaftlichkeitsberechnungen durchgeführt werden?

13. a) Wozu werden Liquiditätskennzahlen ermittelt?
    b) Welche Aussagen können aufgrund von Liquiditätskennzahlen getroffen werden?

14. Welche Arten der Liquidität werden unterschieden?

15. Der Wert aller Barmittel beträgt in einem Handelsbetrieb 1 500 000,00 €. Die Forderungen aus Lieferungen lauten über 850 000,00 €. Die gesamten kurzfristigen Verbindlichkeiten betragen 1 600 000,00 €.
    Ermitteln Sie die Liquidität 1. und 2. Grades.

Web

16. Welche der in diesem Kapitel genannten Kennzahlen können im Sozialversicherungsbetrieb nicht angewendet werden und warum nicht?

4.5 Marktorientierung als Grundlage für unternehmerisches Handeln

> **„Die wichtigsten Leute bei RTL sitzen nicht in der Chefetage, sondern vor dem Fernseher."**
>
> **Was wirklich zählt, sind die Zuschauer.**
>
> Der Zuschauer entscheidet, was er im Fernsehen sehen will oder nicht. Eine einfache Tatsache, die wir zum Grundsatz unserer Arbeit gemacht haben.
>
> *Peter Ludes, Helmut Schanze (Hrsg.): Medienwissenschaften und Medienwertung, Opladen 1999, Auszug*

Die Fernsehprogramme der TV-Anbieter sind heute nahezu austauschbar. Aber diese Botschaft sagt uns, dass wir als Zuschauer die entscheidende Rolle spielen – RTL, das Sprachrohr der Zuschauer. Im Mittelpunkt dieser Überlegungen steht der (Fernseh-)Zuschauer; seine Bedürfnisse, seine Fernsehgewohnheiten. Die Verantwortlichen des Senders wollen sich bemühen, auch künftig diese Wünsche gezielt aufzugreifen, um die Spitzenposition vor den Wettbewerbern zu halten.

Dahinter steht nicht nur plakative Werbung, sondern eine abnehmerorientierte Unternehmensphilosophie, die alle Aktivitäten im Unternehmen konsequent an den Bedürfnissen der Kunden orientiert und die gesamte Unternehmensführung, alle betrieblichen Funktionen am Marktgeschehen ausrichtet. Wird das Unternehmen als Ganzes, mit allen Teilbereichen, am Markt ausgerichtet, spricht man von der **Marktorientierung der Unternehmung**. Ein solch marktorientiertes, unternehmerisches Denken und Handeln ist heute Ausdruck für das, was als **Marketing** umschrieben wird.[1]

Herausforderungen an eine marktorientierte Unternehmensführung

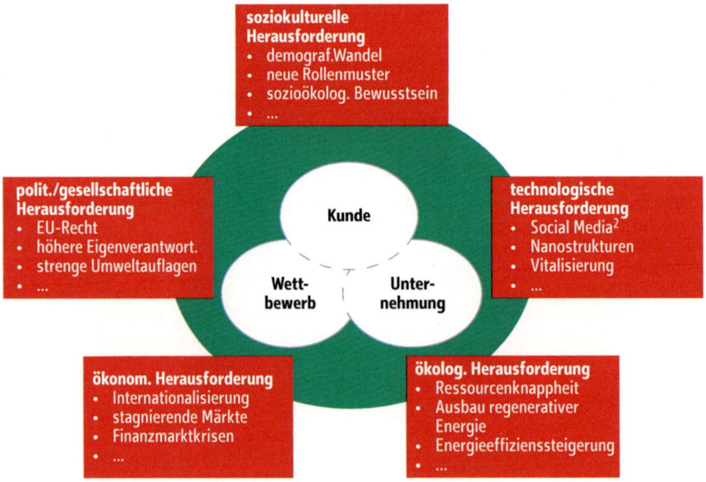

1 *Marketing kommt aus dem Englischen „market" (Markt) – to market a ...: Ausdruck für einen Denkstil, der danach fragt, was der Markt verlangt.*

2 *Social Media – digitale Medien, die ermöglichen im Internet zu kommunizieren, z. B. Facebook, Twitter, Instagram, Pinterest, TikTok u. a. m. Die Nutzung dieser Medien hat sich in den vergangenen zehn Jahr nahezu vervierfacht.*

Unter **Marketing** versteht man ein gesamtunternehmerisches Handeln, das alle Unternehmensbereiche an den Markt- und Kundenanforderungen orientiert.

Diese Marktorientierung war in der Vergangenheit zweitrangig. Vor allem nach dem Zweiten Weltkrieg und bis Ende der Sechzigerjahre des vorigen Jahrhunderts. In jenen Zeiten der mangelnden Güterversorgung, aber hohen Nachfrage (ungesättigter Markt) bestimmte der Anbieter die Marktbedingungen. Der Verkauf war nicht schwierig, da der großen Nachfrage nur ein unzureichendes Angebot gegenüberstand – die Strategie des Verteilens stand im Vordergrund. Es handelte sich um einen **Verkäufermarkt**. In der Unternehmensphilosophie[1] stand das Produkt im Mittelpunkt des Denkens; das Marketing beschränkte sich auf den Verkauf.

Verkäufermarkt

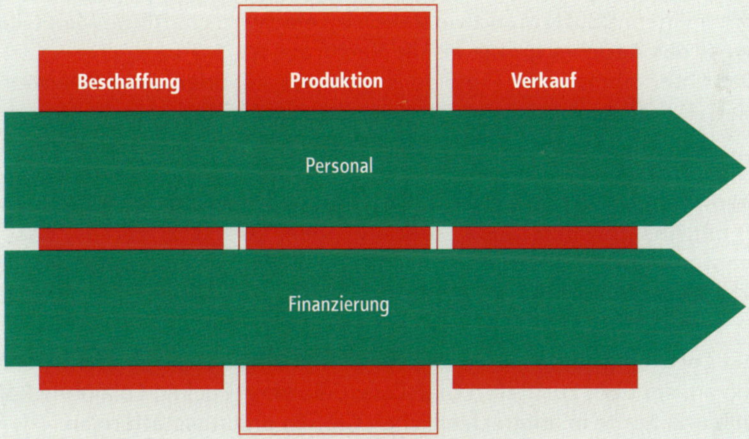

Produktion als Mittelpunkt unternehmerischen Handelns

Unter einem **Verkäufermarkt** versteht man eine wirtschaftliche Marktsituation, in der die Nachfrage größer als das Angebot ist.
Das unternehmerische Handeln ist von produktionsorientiertem Denken geleitet.

Doch der Verkäufermarkt hat sich längst zum **Käufermarkt** gewandelt. Die Anbieter stehen in einem gesättigten Markt – mit Angebotsüberhang – in hartem Wettbewerb um die Gunst des Käufers mit Produkten und Dienstleistungen, die sich nicht oder oft nur graduell voneinander unterscheiden.

1 *Werthaltung und Einstellung des Unternehmens nach außen (Kunden, Öffentlichkeit) und innen.*

Denn wo und wie kann der Kunde unterscheiden, ob

- das Markenwaschmittel A weißer wäscht als das Markenwaschmittel B?
- ein Smartphone mit moderner Konfiguration und Biometrie-Dienst[1] des Herstellers C besser ist als ein Smartphone mit gleicher Konfiguration und Biometrie-Dienst vom Hersteller D?

Und häufig existieren keinerlei gravierende Qualitätsunterschiede. Folglich wird sich der Wettbewerb weiter verschärfen, auch weil durch

- die Wirtschafts- und Währungsunion Handelsschranken beseitigt wurden,
- die fortschreitende Globalisierung der Konkurrenzdruck weiter steigt,
- große Fertigungskapazitäten und kapitalintensive Rationalisierung nur bei guter Kapazitätsauslastung niedrige Stückkosten erreicht werden. Das beste Beispiel dafür ist die PC-Branche, die gegenwärtig ihre Kunden über den Preis und ständige Neuentwicklungen der Software sucht.

Unter einem **Käufermarkt** versteht man eine wirtschaftliche Marktsituation, in der das Angebot größer als die Nachfrage ist.
Das unternehmerische Handeln ist von verkaufsorientiertem Denken dominiert. Dabei steht ein zielgruppenorientiertes Marketing im Vordergrund.

Auf solchen Käufermärkten benötigt das Unternehmen eine geeignete Marketingstrategie, um Absatzwiderstände zu überwinden. Das setzt voraus, dass alle Unternehmensfunktionen, Unternehmensebenen und Absatzinstrumente koordiniert, aufeinander abgestimmt und am Kunden ausgerichtet werden.

- So bietet Coca-Cola heute nicht – wie einst – nur ein einziges Produkt, mit einer Verpackung an, sondern zusätzlich Diät-Cola, Cola ohne Zucker, Cola ohne Coffein, ferner Fanta und Sprite in unterschiedlichen Größen und Ausstattungen.
- So versucht z. B. die IKK-Südwest mit einem besonderem Service zu punkten. Die herausragenden Anreize sind
  - die kostenfreie Service-Hotline 24 Stunden an 365 Tagen im Jahr,
  - die kostenfreie Medizin-Hotline auch an sieben Tagen in der Woche rund um die Uhr und
  - die Video-Telefonie per PC, Tablet oder Smartphone und der direkte Kontakt mit einem Kundenberater per Video-Chat.

Damit versucht die IKK-Südwest sich in diesem Service-Bereich von der Mehrheit der Gesetzlichen Krankenkassen (GKV) ab zuheben.

Eindeutige Tendenz ist: weg vom Massenmarketing hin zum zielgruppengerechten Marketing. Das heißt, für jeden Zielmarkt und für jeden Kunden soll das richtige Produkt, die richtige Leistung zur richtigen Zeit bereitgestellt werden.

1 *Biometrie-Dienst ermöglicht dem Nutzer, sich per Fingerabdruck oder per Gesichts-Scan zu identifizieren.*

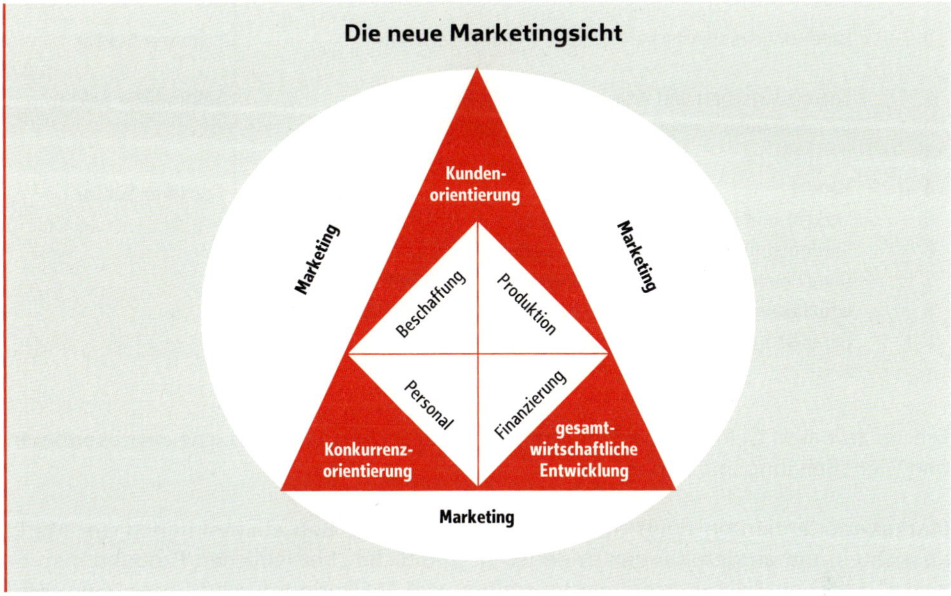

Eine solche Marketing-Strategie versucht, nicht nur auf Kundenwünsche zu reagieren, sondern zukünftige Bedürfnisse der Verbraucher möglichst früh zu erkennen, um bedarfsgerecht zu agieren. Diese Antizipation[1] ist über geeignete Werbestrategien auch darauf ausgerichtet, neue Märkte zu schaffen, die ohne solche Maßnahmen nicht entstehen würden, das wird an Beispielen wie dem E-Auto oder den Online-Bezahldiensten überdeutlich sichtbar.

4.5.1 Besonderheiten der Marktorientierung im Dienstleistungsbereich und der Sozialversicherung

Hier und in den weiteren Abschnitten bis 4.9 dieses Buches geht es jeweils um die Frage, ob die aus dem Konsum- und Investitionsgütermarketing bekannten Marketingaussagen und -erkenntnisse auch auf den Dienstleistungsbereich und die Sozialversicherung, die Teil des Dienstleistungsbereichs ist, übertragen werden können. Zur Abgrenzung des Dienstleistungsbereichs von anderen Wirtschaftssektoren wird häufig die Systematik des Statistischen Bundesamtes verwendet.

1 *Antizipation: Vorwegnahme, Vorgriff*

0	Land- und Forstwirtschaft, Tierhaltung und Fischerei	**Primärer Sektor**
1	Energiewirtschaft und Wasserversorgung, Bergbau	**Sekundärer Sektor**
2	Verarbeitendes Gewerbe	
3	Baugewerbe	
4	Handel	**Tertiärer Sektor**
5	Verkehr und Nachrichtenübermittlung	
6	Kreditinstitute und Versicherungsgewerbe	
7	Dienstleistungen von Unternehmen und freien Berufen	
8	Organisationen ohne Erwerbscharakter und private Haushalte	
9	Gebietskörperschaften und Sozialversicherungen	

Die im tertiären Sektor zusammengefassten Branchen und Bereiche repräsentieren den Dienstleistungsbereich.

Marketingorientierung heißt auch hier, dass sich alle Betriebsfunktionen am Markt ausrichten und an den Kunden orientieren. Sämtliche „betrieblichen Produktionsprozesse“ zur Dienstleistungserstellung sollten vom Marketing durchdrungen sein. Weil aber die Produktionsprozesse der Dienstleistungserstellung erheblich von denen der Sachgütererstellung abweichen, sollen zunächst die wesentlichen Besonderheiten des „Produktionsprozesses“ von Dienstleistungen erläutert werden.

4.5.2 Produktionsprozess der Dienstleistung

Der **„Produktionsprozess“** (Erstellungs- oder Herstellungsprozess) von **Dienstleistungen** erfolgt in zwei Phasen:

- In **Phase I** werden die (internen) Produktionsfaktoren – menschliche Arbeit, Informationen, Betriebsmittel u. a. – kombiniert, um die generelle Leistungsbereitschaft (Leistungspotenzial) herzustellen. Als Beispiel für die Leistungsbereitschaft einer Krankenversicherung kann die eingerichtete Kundenhalle, ein Internetportal, das Personal, die zugriffsbereite Datenbank usw. genannt werden.

- In **Phase II** wird die vorhandene Leistungsbereitschaft unter Zuführung weiterer interner Produktionsfaktoren (wie Art und Qualität der Kommunikation) mit den externen (Produktions-)Faktoren des Dienstleistungsnachfragers kombiniert.

  Die externen Faktoren bringt der Dienstleistungsnachfrager ein, zum Beispiel
  - in seiner Person selbst, weil er aktiv (Betriebsberatung) oder passiv (Krankenhausbehandlung) an dem Produktionsprozess mitwirken muss,
  - in Form seiner Güter (Geld für eine Vermögensanlage).

  Ohne die Einbringung des externen Faktors kann keine absatzfähige Dienstleistung erstellt werden.

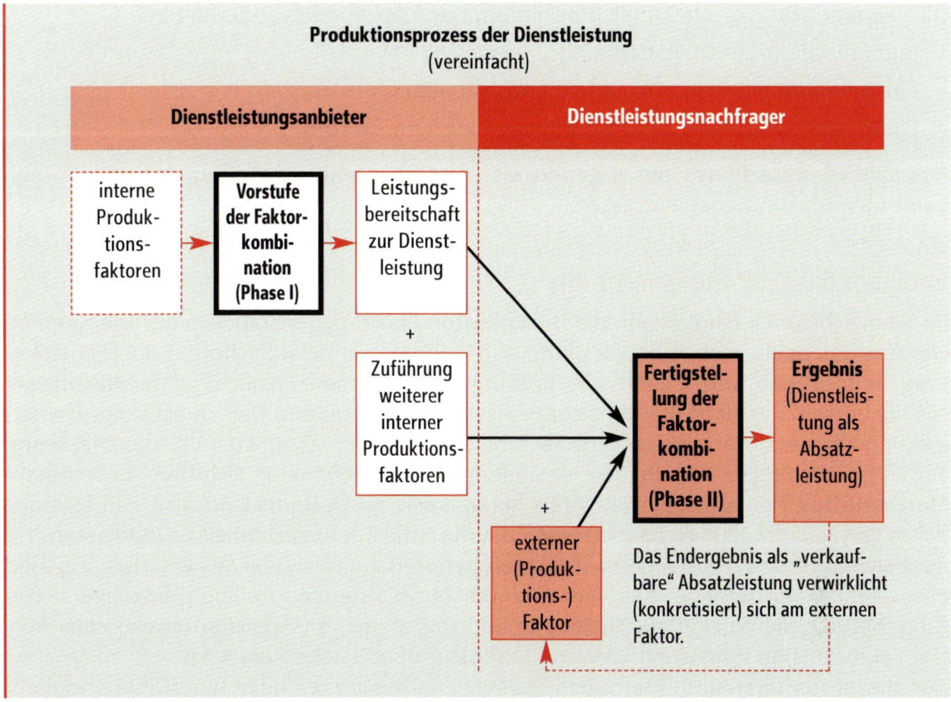

vgl. Corsten, Hans: Betriebswirtschaftslehre der Dienstleistungsunternehmungen, München, Wien 1988, S. 93 ff.

Die Erstellung von Dienstleistungen erfolgt in zwei Phasen:

- **„Vorkombination"** (Phase I) erstellt die Leistungsbereitschaft der Unternehmung.
- **„Endkombination"** (Phase II) erbringt die Absatzleistung der Unternehmung – das erfordert die Mitwirkung des Nachfragers.

Dienstleistungen werden erst im Moment des Verbrauchs erbracht und der Nachfrager ist häufig in den Produktionsprozess integriert.
Außerdem sind – im Gegensatz zum Sachgüterbereich – bei der Einbringung des externen Faktors die wechselseitigen Verknüpfungen häufig so eng, dass mitgliedschaftsähnliche Beziehungen entstehen.

	Beziehung zwischen Dienstleister und Kunden	
	mitgliedschaftsähnliche Beziehung	**keine feste Beziehung**
Art der Dienstleistung	Versicherung Kontoführung durch Bank Telefonanschluss BahnCard der Bahn AG Theaterabonnement Finanzamt	Öffentlicher Nahverkehr Taxiunternehmen Postzustellung Polizei

Die Dienstleistungserstellung (-produktion) hat folgende Besonderheiten:

- Immaterialität der Dienstleistung,
- Leistungsfähigkeit des Dienstleistungsanbieters,
- Einbringung und Berücksichtigung des externen Faktors.

Aus diesen Besonderheiten ergeben sich verschiedene marketingrelevante Folgen beim Absatz von Dienstleistungen.

Immaterialität der Dienstleistung

Im Vergleich zum Sachgut kann die Dienstleistung nicht gegenständlich wahrgenommen werden, das heißt, man kann vor dem Kauf – anders als beim Sachgut – die Dienstleistung weder sehen, vergleichen oder prüfen noch beurteilen. Folglich hat der Nachfrager ein höheres „Kaufrisiko" (Kaufunsicherheit) als bei Sachgütern. Die Qualität der Dienstleistung kann erst nach ihrem Verbrauch beurteilt werden. Deshalb muss das Marketing ein Vertrauenspotenzial aufbauen, das äußerlich wahrnehmbare, sichtbare, beurteilbare Merkmale des Dienstleistungsanbieters herausstellt, die geeignet sind, als Qualitätsstandards von Nachfragern erkannt zu werden, um so die Kaufunsicherheit zu reduzieren.

Zu diesen internen (Produktions-)Faktoren gehören zum Beispiel das Erscheinungsbild eines Restaurantbetriebs, das Verhalten der Mitarbeitenden in einem Sozialversicherungsbetrieb, die Wochenendbetreuung und -beratung von Versicherungskunden. Solche Faktoren sind marketingrelevante Einflussgrößen (siehe Kap. 4.5).

Aus dieser Immaterialität folgt auch, dass Dienstleistungen nicht lagerfähig und nicht transportfähig sind. So kann die ungenutzte Zeit eines Berufsberaters der Agentur für Arbeit oder eines Kundenberaters der gesetzlichen Krankenversicherung nicht gelagert werden, um sie bei Spitzenbelastungen abzurufen. Aus der fehlenden Lager- und mangelnden Transportfähigkeit folgt, dass Nachfrage einerseits und vorhandene Kapazität andererseits optimal abgestimmt werden müssen und demzufolge eine extrem flexible Kapazitätsplanung notwendig ist.

➔
- Die Dienstleistungen sind immateriell und nicht lagerfähig.
- Die Dienstleistungen können – anders als Sachgüter – vor dem Kauf nicht bis in alle Einzelheiten verglichen und beurteilt werden.
- Der Käufer einer Dienstleistung hat ein höheres Kaufrisiko als bei Sachgütern.
- Der Dienstleister muss Vertrauen aufbauen.

Leistungsfähigkeit des Dienstleistungsanbieters

Bei Sachgütern kann die Leistungsfähigkeit des Anbieters letztlich am Produkt erkannt werden, nicht so bei Dienstleistungsanbietern. Das ergibt sich nicht nur aus der Immaterialität, sondern auch aus der Individualität der Dienstleistungsangebote, die auf die individuellen Wünsche des Nachfragers auszurichten sind; denn Dienstleistungen sind häufig personenbezogen. Diese Individualität stellt enorm hohe Anforderungen an den Dienstleistungsbetrieb. Deshalb ergeben sich bezüglich der Leistungsfähigkeit des Dienstleisters besondere Anforderungen:

- Flexibler und differenzierter Personen- und Mitteleinsatz, um kundenbezogene Problemlösungen anbieten zu können. Zum Beispiel sachkundige Versicherungsberater, die über gut organisierten Datenbankzugriff schnell individuelle Beratungswünsche bearbeiten und gegebenenfalls Versicherungsprobleme aktuell lösen können.
- Spezifische Dienstleistungskompetenz des Anbieters hervorheben und auch werbemäßig herausstellen. Diese Kompetenz muss gleichzeitig zur Wettbewerbsprofilierung sichtbar werden. Letzteres dokumentiert sich in der Kommunikationspolitik, in den Räumlichkeiten und der Ausstattung des Dienstleistungs-Anbieters, aber auch am Erscheinungsbild seines Personals (vgl. Kap. 4.9).

Die Dienstleistungsnachfrager haben jeweils individuelle Wünsche, das erfordert vom Anbieter:

- große inhaltliche Flexibilität beim Angebot,
- hohe Kommunikationskompetenz.

Einbringung und Berücksichtigung des externen Faktors

Bei der Leistungserstellung von Dienstleistungen gehen externe Faktoren in den Dienstleistungsprozess ein. Dieser externe Faktor ist, anders als die internen Produktionsfaktoren, nicht in der Verfügungsgewalt des Anbieters, er kann deshalb nicht frei darüber disponieren. Der Kunde stellt einen Teil des Entstehungsprozesses dar, weil er sich oder seine Sachen einbringen muss.

Es entstehen gegenseitige Beziehungen, die sich bei der Sachgüterherstellung nicht ergeben. Daraus resultieren weitere Besonderheiten, die beim Dienstleistungsmarketing zu berücksichtigen sind:

- Wegen der Einbringung des externen Faktors können Dienstleistungen **nur teilweise standardisiert** werden.
- Die **Herstellung** von Dienstleistungen ist **stark marketingorientiert**: Bei der Herstellung der Dienstleistung (Produktionsprozess) ist der Kunde (Nachfrager) als externer Faktor häufig anwesend. Folglich müssen einerseits die *Bedürfnisse des Nachfragers* unmittelbar berücksichtigt werden, andererseits wird bei der Ausführung – falls sie im direkten Kundenkontakt entsteht – die *Qualität unmittelbar erfahrbar*. Der Erstellungsprozess der Dienstleistung ist also viel unmittelbarer von Marketingaktivitäten durchdrungen, als das beim Prozess der Sachgüterherstellung der Fall ist. Hierzu gehören zum Beispiel eine angenehme Raumgestaltung, offene und höfliche Gesprächsführung, aber auch vertrauenswürdige Mitarbeitende mit entsprechendem Einfühlungsvermögen, die spezifische Kundenwünsche berücksichtigen, und die Fähigkeit, die versprochene Leistung auf dem avisierten Niveau zu erfüllen.

Der Dienstleistungsnachfrager ist unmittelbar in den Produktionsprozess von Dienstleistungen integriert (externer Faktor), deshalb sind Dienstleistungen

- nur teilweise standardisierbar,
- in ihrer Qualität nur beim Produktionsprozess vom Kunden erfahrbar.

Zusammenfassung

1. Unter Marketing versteht man heute mehr als nur den Verkauf von Produkten.
2. Dienstleistungen weisen gegenüber Sachgütern verschiedene Besonderheiten auf:
   a) Dienstleistungen sind immateriell.
   b) Dienstleistungen können nicht gelagert werden.
   c) Beim Herstellungsprozess (Produktionsprozess) sind die Kunden (Nachfrager) unmittelbar beteiligt.
   d) Dienstleistungsqualität kann nicht vor dem Kauf überprüft werden.
3. Das Dienstleistungsmarketing muss die Besonderheiten der Dienstleistung bei der Marketing-Orientierung berücksichtigen:
   a) Dienstleistungen können nur teilweise standardisiert werden.
   b) Organisation und Mitarbeitende müssen jederzeit (ohne Verzögerung) flexibel reagieren, das erfordert Entscheidungsdelegation.
   c) Problemlösungskompetenz muss hervorgehoben werden und an Qualitätsmerkmalen identifizierbar sein.
   d) Kaufunsicherheit muss durch vertrauensbildende Maßnahmen minimiert werden.

Prüfen Sie Ihr Wissen

1. Beschreiben Sie, was man unter umfassender Marketing-Orientierung des Betriebs versteht.
2. Warum ist in Käufermärkten Marketing wichtiger als in Verkäufermärkten?
3. Beschreiben Sie, was man unter Immaterialität der Dienstleistung versteht.
4. Zeigen Sie den Unterschied des Erstellungsprozesses einer Dienstleistung zu dem eines Sachgutes auf.
5. Weshalb erschwert der externe Faktor den „Produktionsprozess" einer Dienstleistung?
6. Wodurch unterscheidet sich Dienstleistungsmarketing vom Sachgütermarketing?

4.6 Marktforschung als Grundlage für betriebliche Entscheidungen

Zielgruppe Unternehmer

Die Business-to-Business-Werbung umgarnt sie. Als Zielgruppe der Konsumwerbung sind sie hingegen noch unentdeckt. Dabei sind Deutschlands Unternehmer eine überaus kaufkräftige Konsumentengruppe. Worin sie sich von Otto Normalverbraucher unterscheiden.

Wenn ein nach „Fresh 'n Cool" duftender Herr an der Bar des Golfclubs einen Whiskey Marke Tullamore Dew oder ein australisches Fosters-Bier ordert, dazu eine Dunhill-Zigarre raucht, anschließend mit dem BMW entschwindet, um sich zu Hause in die Fachzeitschrift seiner Branche zu vertiefen – dann kann man bedenkenlos einen hohen Betrag darauf wetten, dass da ein Unternehmer von einer Freizeitaktivität zur nächsten eilt. Fehlt nur noch die dicke Zigarre, und schon wären die üblichen Klischees über Unternehmer erfüllt.

Indes, die klischeebildenden Konsumgewohnheiten von Unternehmern sind tatsächlich typisch. Dies zeigen breit angelegte Untersuchungen ihres Konsumverhaltens. Dennoch haben bisher erst wenige Anbieter diese überdurchschnittlich kaufkräftige Zielgruppe so richtig ins Visier genommen. Immerhin geben Selbstständige im Durchschnitt etwa ein Drittel mehr für den Konsum aus als der deutsche Durchschnittshaushalt. Und die Gesamtausgaben von 5,2 Milliarden € stehen für rund 10 % des Gesamtkonsums in Deutschland ...

Quelle: Impulse - das Unternehmer Magazin, Gruner & Jahr, 01.12.1997

Solche oder ähnliche Marktforschungsstudien zum Konsumverhalten von Unternehmen belegen zweierlei:

- In Bereichen des alltäglichen Konsums verhalten sich die Unternehmerhaushalte grundsätzlich wie der Durchschnittsbürger.
- Aber bei bestimmten – nicht nur höherwertigen – Konsumgütern ist ihr Verhalten dagegen erheblich abweichend, wie die Übersicht auszugsweise zeigt.

Konsumprodukt	Nachfragehäufigkeit Unternehmerhaushalt im Vergleich zum Normalverbraucher
Notebook für den privaten Gebrauch	6,5-mal häufiger
hochwertige Armbanduhren	3,5-mal häufiger
alkoholarmes Bier	2-mal häufiger

Weil die Unternehmer- oder Selbstständigenhaushalte konsumfreudiger sind als die Durchschnittshaushalte und immerhin 10 % der gesamten Konsumausgaben in Deutschland bestreiten, sind sie eine interessante Zielgruppe, deren spezifische Konsumgewohnheiten zu kennen und zu verstehen sich für Anbieter lohnt.

Nahezu alle Marktbereiche haben sich zu Käufermärkten gewandelt, deshalb ist eine aktive Geschäftspolitik ohne die Unterstützung der Marktforschung undenkbar geworden. Marktorientierte Entscheidungen richtig zu treffen und zu realisieren, verlangt

entsprechende Informationen über die Märkte. Dabei sollten die Absatzhelfer (Handelsvertreter, Kommissionäre, Unternehmensberater, Agenturen usw.) in die Analyse einbezogen werden, soweit sie von den Marketingentscheidungen tangiert sind oder sie beeinflussen.
Für gesicherte und zukunftsgerichtete Erkenntnisse müssen aber auch die weiteren Umfeldbedingungen und deren Veränderungspotenzial untersucht werden.

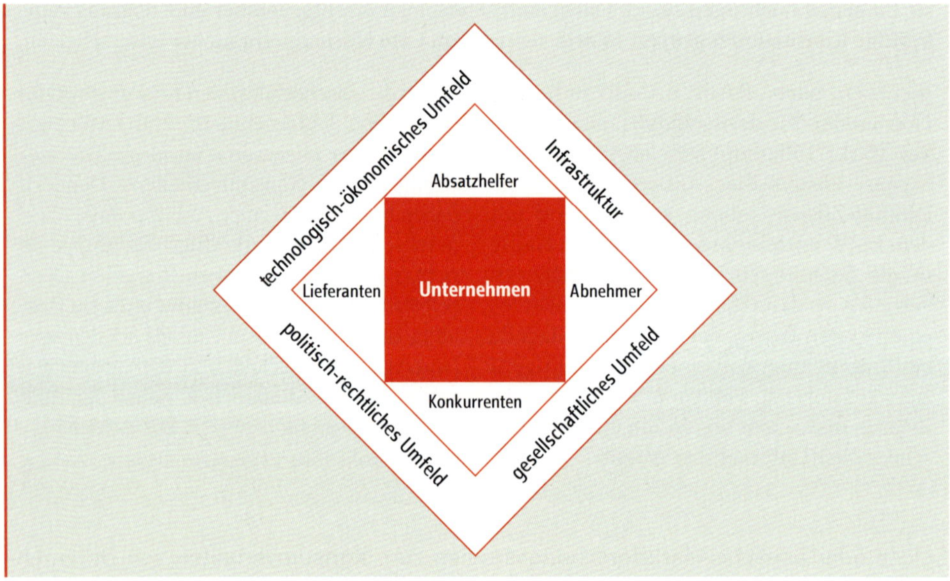

Dazu gehören:

- Das **technologisch-ökonomische Umfeld** mit den technologischen Neuerungen, gegenwärtig zum Beispiel der Informations- und Telekommunikationstechnologie, die tief greifende wirtschaftliche und gesellschaftliche Veränderungen auslösen und neue Wirtschaftszweige entstehen lassen. Ferner die gesamtwirtschaftlichen Rahmenbedingungen, wie zum Beispiel die Entwicklung des Bruttoinlandsprodukts, die Entwicklung von verfügbarem Einkommen oder die Höhe der Sparquote und anderes mehr.
- Die **Infrastruktur**, aber nicht nur die verkehrsmäßige, sondern auch Auf- und Ausbau der Telekommunikations- und Multimediastruktur der Volkswirtschaft.
- Das **politisch-rechtliche Umfeld** mit seinen gesetzlichen Rahmenbedingungen, beispielsweise zum Datenschutz oder zur Gentechnologie.
- Das **gesellschaftliche Umfeld**, d. h. die demografische Entwicklung der Bevölkerung, also zum Beispiel Zu- und Abwanderung, Altersstruktur, Haushaltsgröße, Schulabschluss. Dazu gehören auch die *Sozialstrukturen* und ihre Veränderungen, etwa Stellung der Familie, der Trend zu Singlehaushalten, kulturelle und soziale Einflüsse durch die Ausländer.

Einzubeziehen sind ferner die *Normen und Werte* und ihre Wandlungen. Welche Folgen ihre Missachtung haben kann, zeigte die einst von Shell geplante Versenkung der schrottreifen Ölplattform Brent Spar oder die zu erwartende Nachfrageverschiebung aufgrund des unzureichenden Angebots an E-Autos deutscher Autoersteller (vgl. Kapitel 4.9).

Die Marktforschung ist die planmäßige Untersuchung des Marktes mit dem Ziel, die Unternehmung mit allen notwendigen Marktinformationen zu versorgen. Die wichtigsten Methoden der Marktforschung sind Marktanalyse und Marktbeobachtung.

4.6.1 Marktanalyse und Marktbeobachtung

Mit Marktanalyse (einmalige Marktuntersuchung zu einem bestimmten Zeitpunkt) und Marktbeobachtung (laufende Marktuntersuchung) versucht man, die notwendigen Informationen und Daten für eine Marktprognose zu gewinnen. Ausgangspunkt dazu sind die Methoden der Primär- und Sekundärforschung.

Die **Sekundärforschung** („Schreibtischmethode") greift auf vorhandene interne und externe Datenbestände zu, analysiert sie neu und wertet sie aus. Um in Märkte erste Einblicke zu gewinnen und Strukturen zu erkennen, reichen Sekundärerhebungen. Sie sind wenig zeitaufwendig – im Vergleich zur Primärerhebung – und kostensparend, weil sie teilweise das eigene Personal durchführen kann.

Die Vorteile der **Primärforschung** liegen auf der Hand. Es werden originäre Daten zu einem bestimmten Zweck direkt am Markt bei den Nachfragern erhoben. Primärerhebungen sind sehr zeitaufwendig und kostenintensiv und ohne Experten von außen meist nicht in ausreichender Qualität durchführbar.

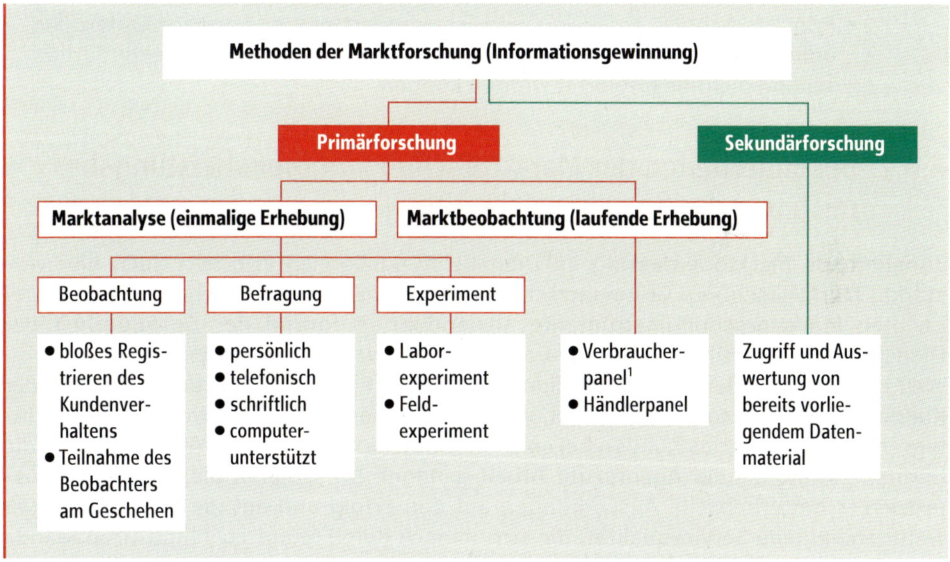

Wichtigste, aber auch schwierige Methode der Primärforschung ist die **Befragung**, die – wenn nicht Experten eingeschaltet sind – zu oft unprofessionell und fehlerhaft ist.

Das beginnt mit schlechter Fragestellung, etwa derart: „Ein Internetanschluss bietet unabhängige Informationsmöglichkeit und Lebensqualität. Wie ist Ihre Meinung zu die-

1 *Panel (engl.), geteiltes Feld; ein Panel ist eine durchgeführte Teilerhebung, die in regelmäßigen Abständen mit der gleichen Personenauswahl zum gleichen Untersuchungsgegenstand wiederholt wird.*

sem modernen Informationsmedium?" Kaum einer der Befragten wird den Internetanschluss negativ beurteilen, würde er doch zugeben, dass er altmodisch und abhängig ist. Solche Suggestivfragen sind ungeeignet.[1]

Fragebögen, die schnell zusammengestellt werden und vor ihrem eigentlichen Einsatz nicht auf ihre Aussagequalität getestet wurden, bringen unbrauchbare Ergebnisse:
Zur leichteren Auswertung werden Fragebögen häufig mit Antwortvorgaben versehen, deren Skalierung nicht immer brauchbar ist, so zum Beispiel:
„sehr zufrieden" – „absolut zufrieden" – „zufrieden" – „unzufrieden".
Drei von vier dieser Wahlmöglichkeiten liegen im positiven Bereich, folglich werden die Ergebnisse sehr positiv ausfallen.

Durch **Beobachtung** wird das Verhalten von Personen in bestimmten Situationen registriert (Benutzung des Informationsschalters in der Kundenhalle). Im Dienstleistungsbereich ist besonders das Kundenverhalten bei der Dienstleistungserbringung bedeutsam. Eine Sonderform der Beobachtung ist das **Experiment**. Damit werden Ursache-Wirkungs-Zusammenhänge von mindestens zwei Faktoren untersucht. Man versucht beispielsweise herauszufinden, ob die Freundlichkeit des Personals Auswirkungen auf die Inanspruchnahme von Dienstleistungen hat.

Marktforschung dient der Informationsgewinnung:
- Die Sekundärforschung versucht, durch Auswertung interner und externer Daten einen Markteinblick zu ermöglichen.
- Primärforschung analysiert und interpretiert neu gewonnene Daten. Sie untersucht und bearbeitet spezifische Probleme, die mit der Sekundärforschung nicht beantwortet werden können.

4.6.2 Besonderheiten der Marktforschung im Dienstleistungsbereich und der Sozialversicherung

Zunehmende Marktorientierung im Dienstleistungsbereich erfordert auch hier verstärkte Marktforschung. Grundsätzlich sind dabei die aus dem Sachgüterbereich bekannten Marktforschunginstrumente anwendbar. Aufgrund der Besonderheit der Dienstleistungserstellung[2] werden aber andere Schwerpunkte notwendig.
Weil bei der Dienstleistungsherstellung neben der Kontaktperson des Anbieters der Kunde (externer Faktor) integriert ist, verlangt dies besondere Kenntnisse über das Integrationsverhalten des Kunden bei solchen Interaktionsprozessen. Als Beispiel sei die Berufsberatung bei der Agentur für Arbeit genannt: Die Qualität dieses Interaktionsprozesses hat erhebliche Auswirkungen auf den Erfolg und auf die vom Nachfrager wahrgenommene Servicequalität, die sich danach durch Mund-zu-Mund-Propaganda (positiv oder negativ) verbreitet.
Noch wichtiger als im Sachgüterbereich ist die Zufriedenheitsforschung. Das gilt nicht nur für die gesetzlichen Krankenkassen, die ihre Kunden an sich binden wollen – dort haben die Kunden seit 1996 das Kassenwahlrecht. Die Kundenzufriedenheit ist auch bei den übrigen Zweigen der Sozialversicherung wichtig, weil sie imagebildende Wirkung in der Öffentlichkeit hat. Das erfordert zusätzlich ein gut funktionierendes Beschwerdesy-

1 *Schon Goethe sagte: „Wenn Du eine weise Antwort verlangst, mußt Du vernünftig fragen."*
2 *Insbesondere, weil Dienstleistungsproduktion und Dienstleistungskonsum simultan erfolgen (unacta-Prinzip).*

stem, das gleichzeitig als Informationsinstrument nachfragebezogener Qualitätsprüfung eingesetzt werden kann.

Besonderheiten der Marktforschung im Dienstleistungsbereich (Überblick)

Prozess der Dienstleistungserstellung	Marktforschung mit besonders gelagerten Schwerpunkten
Leistungsfähigkeit des Anbieters	• Analyse Mitarbeiterfähigkeiten • Analyse Mitarbeitermotivation
Einbindung des externen Faktors	• Analyse der Kommunikationssituation interner und externer Faktoren • Analyse des Kommunikationsverhaltens interner und externer Faktoren • Analyse der Integrationsfähigkeit des externen Faktors • Analyse des Integrationsverhaltens des externen Faktors • Standortforschung
Immaterialität der Dienstleistung	• Analyse des Images des Dienstleisters • Analyse des Images des Dienstleistungsprodukts • Analyse des Kundenverhaltens • Analyse der Kundenzufriedenheit • Analyse von Beschwerden

Zusammenfassung

1. **Marktorientierte Entscheidungen** verlangen genaue Kenntnisse über die Märkte und die Kunden, u. a. Antworten auf Fragen wie:
   a) Soll ein bestimmtes Produkt oder DL weiterentwickelt werden?
   b) Sollen neue Zielgruppen angesprochen werden?
2. Ausgangspunkt für die Marktforschung sind zunächst die **Sekundärerhebungen**, die auf vorhandenes Datenmaterial zurückgreifen und es entsprechend dem Untersuchungszweck auswerten.
3. **Primärforschung** ist wesentlich teurer als Sekundärforschung, sie wird für spezielle Problemstellungen und gegebenenfalls zur Vertiefung der Ergebnisse der Sekundärforschung eingesetzt.
4. Im **Dienstleistungsbereich** hat die Marktforschung grundsätzlich die gleiche Aufgabe wie im Sachgüterbereich.
5. Aufgrund der Besonderheit des Dienstleistungsbereichs steht hier im Vordergrund die Analyse
   a) der **Interaktionsprozesse bei der Dienstleistungserstellung,**
   b) der **Kundenzufriedenheit,**
   c) des **Images aus der Sicht der Kunden.**

Prüfen Sie Ihr Wissen

1. Welche Aufgaben hat die Marktforschung?
2. Warum darf Marktforschung den Untersuchungsbereich nicht nur auf den Kreis von Lieferanten, Absatzhelfern, Abnehmern, Konkurrenten beschränken?
3. Wo liegen die Unterschiede zwischen Primär- und Sekundärerhebung?
4. Was ist eine Befragung und welche Probleme sind mit ihr verbunden?
5. Wann reicht im Rahmen der Marktforschung eine Sekundärerhebung und wann ist eine Primärerhebung notwendig?
6. Warum kommt der Verhaltensanalyse und der Zufriedenheitsforschung im Dienstleistungsbereich besondere Bedeutung zu?
7. Welchem Zweck dient die Imageforschung?
8. Erklären Sie den Unterschied zwischen „Marktbeobachtung" und „Beobachtung im Rahmen der Marktanalyse".

4.7 Instrumente der Produktpolitik

Die Produktpolitik gehört zu den traditionellen Teilgebieten des Marketings. Sie umfasst alle produktbezogenen Marktaktivitäten mit der zentralen Frage: Wie muss die marktgerechte Gestaltung des „Produktionsprogramms" einschließlich des Serviceangebots aussehen, damit es nachgefragt wird?

Bei der Nachfrage nach Rhein-Kies oder Zement sind die Produktgestaltung, die Produkteigenschaft und die Produktqualität einfach zu beantworten. Das Produktangebot erschöpft sich in der Körnungsgröße beim Kies und in der Bindequalität beim Zement. Viel schwieriger gestaltet sich die Frage bei einem Automobilhersteller: Wird ein Auto eines bestimmten Herstellers nachgefragt, weil der Nachfrager

- ein Transportmittel sucht, um von A nach B zu kommen, ohne auf den öffentlichen Nahverkehr – sofern er existiert – angewiesen zu sein,
- sich ein bestimmtes Fahrverhalten von dem Auto dieses Herstellers verspricht,
- bei seinen Autofahrten die Umwelt mit möglichst wenig Schadstoffen belasten will,
- Status, Prestige und Lebensanschauung mit dem Auto dieser Marke verbindet?

Noch schwerer fällt die Antwort bei Produkten des Dienstleistungsbereichs wie bei Banken, Reisebüros, Versicherungen – insbesondere Sozialversicherungen.

4.7.1 Produktgestaltung

Ein Produkt wird heute als Marketingleistung betrachtet; es kann ein konkreter Gegenstand (Pkw), eine Dienstleistung (Reise), eine Organisation (Partei), ein Ort (Kurort) sein, mit dem eine Nutzenerwartung verbunden ist. Für den Kauf eines Produkts ist aber nicht allein sein Hauptnutzen (Gebrauchseigenschaft) entscheidend, sondern auch ein darüber hinausgehender Kundennutzen – ein sogenannter Zusatznutzen. Nachfolgende Darstellung zeigt diesen Zusammenhang.

Beispiel: Nachtcreme „Visage" für die Haut über 30

Hauptnutzen		Versorgung der Haut mit Feuchtigkeit	eigentliche Gebrauchseigenschaft
Zusatznutzen	**persönlicher Nutzen**	Kundin meint, dass ihre Haut mit Feuchtigkeit durch die Creme *„Visage"* besser versorgt wird als durch Konkurrenzprodukte.	Erwartungen und Vorstellungen, die der Käufer hegt
	soziologischer Nutzen	Kundin meint, dass die Benutzung der Creme *„Visage"* ihr Ansehen bei ihren Freundinnen steigert.	vermittelt Stellung des Einzelnen zu seiner Umwelt (Anpassung oder Abhebung von der Umwelt)
	„magischer" Nutzen	Durch die Creme *„Visage"* erhofft sich die Kundin eine langsamere Hautalterung und damit mehr Jugendlichkeit.	subjektive Nutzenvorteile, die der Käufer mit diesem Produkt verbindet

Quelle: Vgl. Blank, A., Murzin, M.: Handlungsfeld Marketing, Köln, München 1995, S. 42 f.

Bei der Produktgestaltung müssen also verschiedene Nutzenerwartungen, die die potenziellen Nachfrager haben, berücksichtigt und miteinander vereint werden.
Neben der eigentlichen Gebrauchseigenschaft spielen Handhabung, Produktimage, Design, Farbe, Produktname, Verpackung und anderes mehr eine wichtige Rolle.

➔ Die Produktgestaltung muss sich an den Wünschen und Bedürfnissen der Nachfrager orientieren, also Haupt- und Zusatznutzen beachten und erfüllen.

4.7.2 Produktdifferenzierung

Darunter versteht man – im weitesten Sinne – die *„Veränderung"* bereits eingeführter Produkte: Es wird das ursprüngliche Produkt durch abgewandelte, die neue Merkmale enthalten, ergänzt. Das ist beispielsweise dann der Fall, wenn ein Automobilhersteller die Limousine durch ein Coupé ergänzt. Im Getränkesektor hat etwa Coca-Cola die traditionelle Cola durch Cola Light und Cola Zero erweitert.
Produktdifferenzierungen werden vorgenommen, um die Bedürfnisse unterschiedlicher Marktsegmente (Kunden mit unterschiedlichen Ansprüchen) besser abdecken zu können.
Der Produktdifferenzierung im Konsumgüterbereich entspricht im Dienstleistungsbereich das Angebot von Zusatzleistungen. Diese Leistungsdifferenzierung besteht dann aus der **Kombination** einer **Grundleistung** mit **materiellen** und/oder **immateriellen Zusatzleistungen**.

Beispiele für solche Leistungsbündelung aus Grund- und Zusatzleistungen

Dienstleister	**Grundleistung** (Einstiegsprodukte)	**Cross-selling-Potenziale**[1]	
		Zusatzprodukte	**Trading-up**[2]
Touristik	Bahnreise Flug Unterbringung	Pauschalreise	Club-Reise
Kreditkartengesellschaften	Kreditkarte	Versicherungspaket	Reiseangebot
Banken	Girokonto (Kontokorrent)	Sparbuch Allzweckdarlehen	Hausfinanzierung, Vermögens- und Anlageberatung
Versicherungen	Kfz-Haftpflicht Hausrat	Unfall Rechtsschutz	Berufsunfähigkeitsversicherung Kapitallebensversicherung
Gesetzliche Krankenversicherung	gesetzlich vorgeschriebene Leistungen	Ausschöpfung der Mehrleistungen	Gesundheitssicherungsaktionen: Schwangerschaftsgymnastik, Koronarsport, Trimm-Trabs, Fahrrad-Turniere, Ernährungsberatung

Quelle: vgl. Benölken, H., Greipel, P.: Dienstleistungsmanagement – Service als strategische Erfolgsposition – Wiesbaden 1994, S. 91 f.

Eine solche Leistungsbündelung bietet insbesondere dem Leistungsanbieter die Möglichkeit, sich vom Preiswettbewerb abzukoppeln, weil für den Nachfrager damit der direkte Preisvergleich durch solche Servicepakete erschwert, in der Regel sogar unmöglich wird. Gleichzeitig kann aber der Nachfrager auch einen Nutzen aus solchen Paketen ziehen (sofern sie seinen Bedürfnissen entsprechen), weil der Zeit- und Abstimmungsaufwand gegenüber dem Einzelerwerb der Leistung entfällt. Besonders augenfällig wird das im Touristikbereich.[3]

➔ Produktdifferenzierung ist die Entwicklung und Vermarktung von Produktvarianten zusätzlich zum vorhandenen Produkt. Im Dienstleistungssektor entspricht das dem Angebot von Zusatz(dienst)leistungen.

4.7.3 Besonderheiten der Produktgestaltung im Dienstleistungsbereich und der Sozialversicherung

Wegen der Immaterialität der Dienstleistung spielt die Verpackungspolitik und Ähnliches keine oder nur eine untergeordnete Rolle.

---

1 Cross-selling, sog. „Quer-Verkauf", also der Versuch den Nachfrager, der nur einen Teil des Leistungsprogramms in Anspruch nimmt, auch für die Nutzung weiterer Leistungen zu gewinnen.
2 Trading-up, Veränderung des Leistungsangebots: erweitern, vertiefen, insbesondere qualitativ anheben.
3 Im Fachjargon wird der Bezug solcher Dienstleistungsbündel heute auch als „one-stop-shopping" bezeichnet.

Bestimmte Dienstleistungen (Konsumentenkredite, aber auch Krankengeld durch die gesetzlichen Krankenkassen) können heute in gewissem Umfang standardisiert werden, ohne dass die Individualität verloren geht. Damit kann eine laufende Leistungsbereitschaft mit gleichbleibender Qualität sichergestellt werden.
Im Rahmen der Leistungspolitik spielt neben dem eigentlichen Leistungsinhalt die Servicepolitik bei der Dienstleistungserbringung eine immer größere Rolle. Damit soll bei Inanspruchnahme der Kernleistung dem Nachfrager eine an sich nicht notwendige Ergänzung geboten werden. Das kann vor, während oder nach der Inanspruchnahme der Leistung erfolgen (zum Beispiel eine Information als Vorschau auf künftige neue Beratungsleistungen eines EDV-Softwareunternehmens: Gestaltung von Websites im Internet). Nach Inanspruchnahme der Leistung könnte es sich etwa um das Angebot handeln, einen Wartungsvertrag abzuschließen.

In der Sozialversicherung ist allerdings der produktpolitische Spielraum eingeschränkter als im übrigen Dienstleistungsbereich. **Produktgestaltung** ist so gut wie nicht möglich, weil das Leistungsprogramm der Kernleistungen in der Regel gesetzlich und damit politisch vorgegeben ist und nicht nach Belieben der Leistungsträger oder Leistungsempfänger geändert werden kann - allenfalls können die Leistungsträger im politischen Raum auf den Gesetzgeber einwirken. Aber wie im übrigen Dienstleistungssektor, so ist auch bei der Sozialversicherung der Leistungsprozess elementar in die Produktpolitik einbezogen (vgl. Abschnitt 4.5), somit hängt zum Beispiel eine erfolgreiche Berufsberatung bei der Agentur für Arbeit auch von der Kundenfreundlichkeit des Kontaktpersonals ab. Insoweit kann die Produktpolitik, weil sie mit der Erstellung unmittelbar verknüpft ist, von der Sozialversicherung gestaltet werden.

> Im Dienstleistungsbereich ist „Produktgestaltung" wegen der Immaterialität der Dienstleistung schwieriger:
> - Ein wichtiges Element ist das begleitende Serviceangebot, das dem Kunden einen Zusatznutzen erbringen kann.
> - Im Sozialversicherungsbereich ist die Erfüllung solcher zusätzlicher Nutzenerwartungen wegen des gesetzlich festgelegten Leistungskatalogs kaum möglich.

Mehr Möglichkeiten existieren im Bereich der **Produktdifferenzierung**:

- Etwa spezielle Hilfeleistungen und Beratungsleistungen für ältere Menschen, Jugendliche oder Ausländer.
- Ergänzende Beratungen zur Vorbeugung von Unfällen, wie überhaupt der Bereich der Vorbeugung ein an sich innovatives Feld für differenzierte Gestaltungsmöglichkeiten bietet.
- Berufsbegleitende Rehabilitation neben der klassischen Rehabilitation.

Zum Bereich der Produktdifferenzierung zählt hier auch die Handhabung der Öffnungszeiten.

> Im Dienstleistungsbereich vollziehen sich Produktdifferenzierungen durch das Angebot von Zusatzleistungen.

Zusammenfassung

1. Unter **Produktgestaltung** versteht man die Entwicklung und Einführung neuer Güter und Dienstleistungen.
2. **Produktdifferenzierung** heißt: Neben ein vorhandenes Produkt treten weitere mit gleichen Grundeigenschaften, die sich durch differenzierte neue Merkmale unterscheiden.
3. In der **Sozialversicherung** kann wegen der gesetzlich vorgeschriebenen Leistung kaum Produktpolitik betrieben werden:
   a) Geringen Spielraum gibt es bei der Produktgestaltung im Rahmen der Gestaltung des Leistungsprozesses.
   b) Mehr Spielräume existieren bei der sogenannten Produktdifferenzierung; hier können Zusatzleistungen, insbesondere im Bereich der Vorbeugung und Vorsorge angeboten werden.

Prüfen Sie Ihr Wissen

1. Erläutern Sie, was man im Marketing unter dem Begriff „Produkt" versteht.
2. Welche Bedeutung hat die Gestaltung von Produkten?
3. Warum ist es wichtig, bei der Produktgestaltung auch die zusätzlichen Nutzenerwartungen zu berücksichtigen?
4. Warum wird Produktdifferenzierung betrieben?
5. Welche Schwierigkeiten ergeben sich für die Sozialversicherungen, das Marketing-Instrument der Produktpolitik einzusetzen?

4.8 Möglichkeiten der Preisgestaltung

Eine zentrale Aufgabe der Preispolitik (Preisgestaltung) ist, die Höhe des Entgelts (Preises) für eine Leistung festzulegen. Aus der Vielzahl der Einflussfaktoren für dieses Entscheidungsproblem sollen die **Kosten**, das Verhalten der **Abnehmer** und das Verhalten der **Wettbewerber** (Konkurrenten) herausgegriffen werden. Es sind die drei wichtigsten Größen (Determinanten) der Preispolitik. Häufig wird auch vom **„magischen Dreieck der Preispolitik"** gesprochen, weil die Preisgestaltung für eine Leistung sich nicht einseitig an einer, sondern an allen Hauptdeterminanten gleichzeitig ausrichten soll, die aber nicht unbedingt kompatibel[1] sind.

1 *kompatibel: zusammenpassend, vereinbar*

Zentrale Aufgabe der Preisgestaltung bzw. der Preispolitik ist, den Verkaufspreis festzulegen. Im weiteren Sinne kann zur Preispolitik noch die Konditionenpolitik (Rabatte, Zahlungs- und Lieferbedingungen) gerechnet werden.

4.8.1 Kostenorientierte Preisgestaltung

Eine kostenorientierte Preisgestaltung versucht, alle entstehenden Kosten durch das geforderte Entgelt zu decken. Das soll nachfolgendes Zahlenbeispiel verdeutlichen.

Stark vereinfachtes Beispiel

Die erwartete Verkaufsmenge für ein Produkt beträgt 20 000 Stück.
Die *variablen Stückkosten* liegen bei 5,00 €; die produktionsbezogenen *fixen Kosten* belaufen sich auf 40 000,00 € und die Verwaltungs- und Vertriebskosten betragen 10 % der Fertigungskosten.

Als Gewinnzuschlag sollen 10 % der Gesamtkosten angesetzt werden:

	variable Stückkosten	5,00 €
+	fixe Kosten pro Stück (40 000,00 € : 20 000 Stück)	2,00 €
=	Fertigungskosten	7,00 €
+	Verwaltungs- und Vertriebskosten (10 % von 7,00 €)	0,70 €
=	Gesamtkosten	7,70 €
+	Gewinn (10 % von)	0,77 €
=	Nettoverkaufspreis pro Stück	8,47 €

Die auf Vollkostenbasis[1] ermittelten Preise sind nicht unproblematisch, weil bestimmte Kosten nicht in einem direkten Zusammenhang zum Produkt stehen. So kann in einem Mehrprodukt-Unternehmen nicht exakt ermittelt werden, welcher Anteil der Kosten der Gebäudeabschreibung zum Beispiel vom Produkt A verursacht worden ist. Ferner sind bei nachfragebedingten Absatzrückgängen die vorhandenen Kapazitäten nicht mehr voll ausgelastet, trotzdem bleiben die fixen Kosten in vollem Umfang erhalten – mit Folgen für die Preiskalkulation, vgl. auch Kap. 3.1.1).

Beispiel (Fortsetzung):

Die Konkurrenten unterbieten den Preis von 8,47 € erheblich, deshalb sinkt die nachgefragte Menge nach unserem Produkt von 20 000 auf 18 180 Stück.

Das erfordert eine neue Preiskalkulation:

	variable Stückkosten	5,00 €
+	fixe Kosten pro Stück (40 000,00 € : 18 180 Stück)	2,20 €
=	Fertigungskosten 7,20 €	
+	Verwaltungs- und Vertriebskosten (10 % von 7,20 €)	0,72 €
=	Gesamtkosten	7,92 €
+	Gewinn (10 % von)	0,79 €
=	Nettoverkaufspreis pro Stück	8,71 €

An sich müsste der Verkaufspreis von 8,47 € auf 8,71 € angehoben werden, was zu einem weiteren Rückgang der Nachfrage führen würde.

Bei einer vollkostenorientierten Preisgestaltung besteht die Gefahr, dass man sich aus dem Markt katapultiert[2] – siehe Beispiel – insbesondere dann, wenn versäumt wird, ungünstige Kostenstrukturen zu beseitigen. Eine solche Preisfestsetzung hat noch weitere Nachteile, zum einen garantiert sie ja nicht, dass der so ermittelte Preis auch am Markt durchsetzbar ist; andererseits werden eventuelle Preisspielräume nach oben am Markt nicht ausgeschöpft.

Eine Verbesserung ist die retrograde Kalkulation[3]. Ausgangspunkt ist der erzielbare Marktpreis pro Stück. Davon werden die variablen Stückkosten abgezogen. Der verbleibende Betrag ist der Beitrag (Deckungsbeitrag), den das Produkt zur Abdeckung der Fixkosten leistet. Errechnet wird die Absatzmenge, die notwendig ist, um die gesamten fixen Kosten abzudecken, deshalb wird diese Menge auch als Gewinnschwelle (Break-even-Point) bezeichnet. Jedes Stück, das mehr abgesetzt wird, bringt dann in Höhe seines Deckungsbeitrags einen Gewinnbeitrag.

Beispiel (Fortsetzung):

Angenommen der Marktpreis unseres Produkts beträgt aufgrund der Konkurrenzsituation lediglich noch 8,20 € pro Stück. Aus Konkurrenzgründen können auch weiterhin nicht mehr als 18 180 Stück abgesetzt werden.

	Nettoverkaufspreis pro Stück	8,20 €
–	variable Stückkosten	5,00 €
=	Deckungsbeitrag pro Stück	3,20 €

1 *Bei einer Vollkostenkalkulation sollen alle im Betrieb anfallenden Kosten auf die Kostenträger, das ist das Produkt oder die jeweilige Dienstleistung, verteilt werden.*

2 *Allenfalls in Märkten, in denen die Käufer wenig preisbewusst handeln und überhöhte Preise akzeptieren oder bei Preisunterbietungen seitens der Konkurrenz nicht abwandern, ist diese Preisgestaltung unproblematisch.*

3 *retrograd (lat.), rückwirkend, rückläufig*

$$\text{Break-even-Point} = \frac{\text{fixe Kosten}}{\text{Deckungsbeitrag}} = \frac{\text{54.000,00 €}^{1}}{\text{3,20 €/Stück}} = \underline{\underline{\text{16 875 Stück}}}$$

Bei einem Marktpreis von 8,20 € und unveränderter Kostensituation – siehe ersten Teil des Beispiels – ist eine Absatzmenge von 16 875 Stück notwendig, um die Gewinnschwelle zu erreichen. Weil wir aber mehr als 16 875 Stück absetzen können, heißt das, dass jedes darüber hinaus verkaufte Stück einen Beitrag zum Gewinn in Höhe von 3,20 € bringt. Bei 18 180 verkauften liegen 1 305 Stück über der Absatzmenge der Gewinnschwelle:

1 305 Stück · 3,20 €/Stück = 4 176,00 €.

Obwohl wir unseren Preis von 8,47 €/Stück nicht realisieren konnten, erwirtschaften wir noch einen Gewinn. Wir sind noch im Markt, müssen aber zur Stärkung und Verbesserung unserer Gewinnsituation unsere Kostenstruktur verändern, beispielsweise die fixen Kosten durch Optimierung der Prozessabläufe senken.

Kostenorientierte Preisgestaltung versucht den Preis zu ermitteln, der
- die betrieblichen Kosten deckt und darüber hinaus
- den angestrebten Gewinn erwirtschaftet.

4.8.2 Wettbewerbsorientierte Preisgestaltung

Für eine wettbewerbsorientierte Preisgestaltung gibt die eigene Marktsituation und die Stellung der Konkurrenten den preispolitischen Spielraum für die Preisgestaltung.

- **Anpassung** an den durchschnittlichen Marktpreis oder Anpassung an den Preis des Marktführers. Dieses Verhalten ist häufig auf Märkten mit oligopolistischer Anbieterstruktur zu finden, so zum Beispiel in Deutschland auf dem Kraftstoff- und Heizölmarkt.
- Konsequente **Unterbietung** des Marktpreises, zum Beispiel im Rahmen einer Verkaufsförderung oder auch bei Produkteinführung in einen vorhandenen Markt. Dabei könnte der Preis bis auf die variablen Kosten des Produkts abgesenkt werden, sodass durch den Erlös gerade noch die variablen Kosten der Produktion gedeckt sind. Das kann jedoch nur kurzfristig durchgehalten werden.
- **Preisüberbietung** ist dann möglich, wenn die eigenen Produkte einen echten Qualitätsvorsprung gegenüber Konkurrenzprodukten haben.

---

1 *Die gesamten fixen Kosten setzen sich zusammen aus den produktionsbezogenen Fixkosten mit 40 000,00 € und den im Verwaltungs- und Vertriebsbereich anfallenden Fixkosten in Höhe von 14 000,00 €, insgesamt 54 000,00 €.*

Wettbewerbsorientierte Preisgestaltung berücksichtigt den Marktpreis für die Preisgestaltung.

4.8.3 Abnehmerorientierte Preisgestaltung

Bei der abnehmerorientierten Preisgestaltung stehen die Wertvorstellungen der Käufer, die diese bezüglich dieses Produkts haben, im Mittelpunkt. Es geht darum, den höchstmöglichen Preis, den der Käufer zu zahlen bereit ist, herauszufinden. Folglich müssen die Preisobergrenzen, die Reaktionen der Käufer auf Preisänderungen und die Möglichkeiten der Preisdifferenzierung[1] ausgelotet werden. Besonders erfolgreich sind die Unternehmen dort, wo die Käufer keine Vorstellung von einem angemessenen Preis für die Leistung haben. Gezielt wird diese **Strategie der höchstmöglichen Abschöpfung**[2] bei der Einführung neuer Produkte verfolgt. Erst mit zunehmender Markterschließung wird der anfänglich hohe Preis gesenkt.

Abnehmerorientierte Preisgestaltung orientiert sich an den Erwartungen der Zielgruppe der Unternehmung.

In der Praxis werden häufig kosten-, wettbewerbs- und abnehmerorientierte Instrumente der Preisgestaltung miteinander verknüpft, vor allem dann, wenn Preise für mehrere Produkte und Dienstleistungen festzusetzen sind.

4.8.4 Besonderheiten der Preisgestaltung im Dienstleistungsbereich und der Sozialversicherung

Im Gegensatz zum Investitions- und Konsumgüterbereich ist im Dienstleistungsbereich weniger vom Preis als dem Entgelt für die erbrachte Leistung als vielmehr – je nach Branche – von Provision, Honorar, Gebühr, Prämie, Beitrag die Rede. Für Dienstleistungen ergeben sich von vornherein Besonderheiten (vgl. auch Kap. 4.5):

Dienstleistungen sind weder lager- noch transportfähig, deshalb

- ist ein direkter Preisvergleich nicht möglich. Und ein Preis-/Leistungsvergleich kann nur gemacht werden, wenn die Dienstleistung in Anspruch genommen wurde (durchgeführte Urlaubsreise, abgeschlossene Krankenbehandlung durch den Arzt).
- ist es äußerst schwierig zu ermitteln, welchen Preis mögliche Nachfrager für eine neue Dienstleistung zu zahlen bereit sind.

---

1 *Preisdifferenzierung liegt vor, wenn das gleiche Produkt zu verschiedenen Preisen angeboten wird. Man unterscheidet:*
- *räumliche Preisdifferenzierung (auf getrennten Märkten – Inland ↔ Ausland, Nord ↔ Süd – unterschiedliche Preise,*
- *zeitliche Preisdifferenzierung (Saisonpreise bei Urlaubsreisen, Wochenendtarif beim Telefon),*
- *mengenbezogene Preisdifferenzierung (mengenabhängige Preise – z. B. Großverbraucherpreise bei Elektroenergie, mengenabhängige Preisstaffeln, verbilligte Preise bei Gruppenfahrten bei der Bahn AG),*
- *verwendungsbezogene Preisdifferenzierung (unterschiedliche Steuerbelastung bei Dieselöl und leichtem Heizöl).*

2 *„skimming pricing“: Abschöpfungspolitik (zeitliche Preisdifferenzierung), von Kunden werden für Neuheiten anfänglich überhöhte Preise verlangt (Beispiele: Smartphones, Full-HD beim Fernseher, Sprachsteuerung bei Navigationsgeräten). Das funktioniert besonders bei Produkten, die ein Alleinstellungsmerkmal am Markt haben: Qualität, Innovation, Lifestyle u.a.*

Dienstleistungsanbieter müssen unabhängig von der aktuellen Nachfrage eine ständige Leistungsbereitschaft aufrechterhalten, deshalb

- ist der Anteil der fixen Kosten an den Gesamtkosten enorm hoch. Diese Fixkosten können aber – wie oben dargestellt – der einzelnen Dienstleistung nicht verursachungsgerecht zugerechnet werden, somit ist eine tragfähige, kostenorientierte Preisgestaltung kaum möglich,
- kann eine Konditionenpolitik in Form von Rabatten sowie variierenden Lieferungs- und Zahlungsbedingungen zur Steuerung der Kapazitätsauslastung nicht eingesetzt werden.

Dienstleistungen können nur unter Berücksichtigung oder Mitwirkung externer (Produktions-) Faktoren erstellt werden, deshalb

- ist eine einheitliche Preisfestsetzung schwierig, weil nachfragespezifische Belange berücksichtigt werden müssen (zum Beispiel unterschiedliche Beratungsintensität durch den Kundenberater der Krankenkasse),
- wird die unterschiedliche Qualität des externen Faktors bei der Preisgestaltung berücksichtigt (zum Beispiel das unterschiedlich hohe Versicherungsrisiko der Nachfrager nach Lebensversicherungen oder Krankenversicherungen),
- muss die Preisgestaltung – soweit möglich – die Selbstbeteiligung des Nachfragers berücksichtigen. (Selbst in der gesetzlichen Krankenversicherung ist dies heute indirekt durch die unterschiedlichen Varianten des Selbstbehalts eingeführt – allerdings nicht unter Marketinggesichtspunkten, sondern unter dem Aspekt der Kostendämpfung im Gesundheitswesen.)

Preisgestaltung im Dienstleistungsbereich nach kosten-, wettbewerbs- und abnehmerorientierten Gesichtspunkten ist

- einerseits schwieriger als im Konsum- und Sachgütermarketing, weil Dienstleistungen nicht als vorrätiges, verkaufsfähiges Endprodukt existieren, sondern unter Mitwirkung des Abnehmers erstellt werden,
- andererseits für den Anbieter einfacher, weil wegen der Differenziertheit der Dienstleistung dem Abnehmer kaum ein Preisvergleich möglich ist.

Die Träger der verschiedenen Sozialversicherungszweige besitzen keine Preisautonomie. Bemessungsgrundlagen und Beitragssätze für die Abrechnung der Beiträge[1] werden extern festgelegt und verbleiben somit grundsätzlich im politischen Einflussbereich. Damit ist der Gestaltungsspielraum den Sozialversicherungsträgern weitgehend entzogen.

Sozialversicherungen haben keinen Preisgestaltungsspielraum.

Ansonsten haben im gesamten Sozialversicherungsbereich die **nicht monetären immateriellen Gegenleistungen** ein entsprechendes Gewicht, weil die Leistungsnachfrager – wie im übrigen Dienstleistungsbereich – bei der Leistungserstellung mitwirken müssen. Diese Mitwirkung ist für die Nachfrager mit „Kosten“ verbunden, nämlich

1 *Beiträge: Preise (Entgelt), die für die Sozialversicherungsleistungen bezahlt werden müssen.*

dem Zeitaufwand für Informations-/Beratungsgespräche, den Mühen beim Ausfüllen von Formularen und Ähnlichem. Durch entsprechende Gestaltung der Leistungen, auch unter Nutzung moderner Informations- und Kommunikationsmöglichkeiten, können die Sozialversicherungsträger diese „Kosten" des Leistungsnutzers sehr wohl beeinflussen. Außerdem bleibt dadurch auch ein Spielraum der indirekten Preisgestaltung, um sich entsprechend vom Wettbewerber abzugrenzen.

→ Sozialversicherungen können versuchen die Kosten zu senken, die dem Abnehmer bei seiner Mitwirkung entstehen.

Zusammenfassung

1. **Preisgestaltung** für Produkte und Dienstleistungen orientiert sich hauptsächlich an den betrieblichen Kosten und am Verhalten der Konkurrenten und der Abnehmer.
2. Nicht das einzelne angebotene Produkt beziehungsweise die einzelne angebotene Dienstleistung muss kostendeckend sein, sondern aus dem Gesamtabsatz müssen alle Kosten gedeckt sein sowie, bei erwerbswirtschaftlichen Betrieben, ein Gewinn erzielt werden.
3. **Besonderheiten im Dienstleistungsbereich** und Konsequenzen für die Preisgestaltung

Besonderheiten bei Dienstleistungen (DL)	Folgen und Möglichkeiten für die Preisgestaltung
DL sind nicht lagerfähig. DL sind nicht transportfähig. (Immaterialität der DL)	• direkter Preis-/Leistungsvergleich oft nicht möglich • Preisobergrenzen nur schwierig zu ermitteln
Leistungsfähigkeit des DL-Anbieters	• Kostenzurechnung sehr schwierig • Preis- und Konditionenpolitik zur Steuerung der Auslastung ungeeignet
Berücksichtigung externer (Produktions-)Faktoren	• „Qualität" des externen Faktors als Basis für die Preiskalkulation (z. B. unterschiedliche Versicherungsrisiken der Nachfrager) • Preisfestsetzungen bei der Selbstbeteiligung des Nachfragers berücksichtigen

Prüfen Sie Ihr Wissen

1. Was versteht man unter dem „magischen Dreieck der Preisgestaltung“?
2. Welche Gefahr besteht bei rein kostenorientierter Preisfestsetzung?
3. Warum ist für eine Marktleistung oder für ein Produkt eine rein an den Kosten orientierte Preisgestaltung falsch?
4. Was muss bei einer wettbewerbsorientierten Preisgestaltung berücksichtigt werden?
5. Warum haben Dienstleistungsbetriebe (außer Sozialversicherung) im Vergleich zu Sachleistungsbetrieben in der Regel einen größeren Preisspielraum?
6. Welche Probleme bereitet die kostenorientierte Preisbildung im Dienstleistungsbereich, insbesondere in der Sozialversicherung?

4.9 Instrumente der Kommunikationspolitik

Die Lifestyle-Werbung
Phil Knight, der Gründer von Nike, sagte schon 1991:
„Wir verkaufen Träume. Sachen herzustellen hat keinen Wert.“
Mit Werbemaßnahmen und Werbeaussagen wird gern und häufig am Lebensstil, an den Wünschen, vielleicht auch an den Träumen des potenziellen Kunden angeknüpft statt an Sachaussagen.
Nach einer Untersuchung der Saarbrücker Werbeagentur Duke kommt solche Lifestyle-Werbung bei jüngeren Zielgruppen an, nicht aber bei der Zielgruppe der über Fünfzigjährigen. Sie bevorzugen eher Werbung mit Inhalten und ohne Übertreibungen.

Ob es sich um Werbung für ein Produkt – wie oben beschrieben –, um Werbung für eine Dienstleistung oder um Öffentlichkeitsarbeit (Public Relations) zur Imageverbesserung handelt, es geht jeweils um Kommunikation zwischen Anbietern und Nachfragern. Und, man kommuniziert immer, wie Paul Watzlawick[1] feststellte. Deshalb kommt es darauf an, **wie** man **was** kommuniziert.

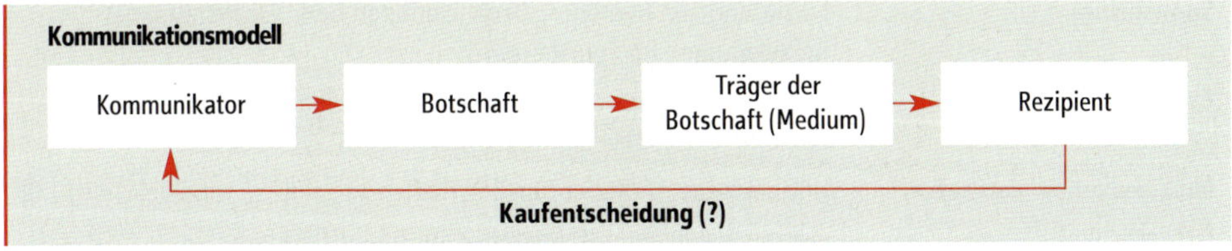

Wenn man das klassische Kommunikationsmodell zu Hilfe nimmt, dann ist das Ziel der „Werbung“, das Verhalten zu beeinflussen, um letztlich eine Kaufentscheidung zu erreichen. Dabei sind verschiedene Grundvoraussetzungen notwendig:

- **Der Kommunikator** muss glaubwürdig (mit Sachverstand, Status) auftreten, als Sympathieträger gelten und die Botschaft aktiv (dynamisch) vermitteln.

---

1 *Paul Watzlawick (1921–2007) Kommunikationswissenschaftler: „Man kann nicht* nicht *kommunizieren ...“*

- **Die Botschaft** muss Verstand und Gefühl ansprechen, damit sie ankommt, und sie muss haften bleiben.
- **Das Medium** muss nach Wirksamkeit ausgewählt werden; von persönlicher Kommunikation über Fernsehen, Funk, Print-Medien, Social Media.[1]
- **Der Rezipient** als der Nachfrager muss für die Botschaft empfänglich sein und sich von ihr beeinflussen lassen.

Aber alle Kommunikationsansätze reichen letztlich nicht - sind gar nutzlos -, falls die Maßnahmen nicht so gewählt sind, dass sie

- auf die **Bedürfnisse** (Nutzen, Wohlbefinden, Souveränität) der Kunden eingehen,
- die **Emotionen** (Charaktereigenschaften, Lebensstil, Sehnsucht) der Kunden ansprechen,
- **Identifikation** (Kleidergröße XXL zu tragen – obwohl M reichen würde – das ist der „coole Typ") vermitteln,
- mit positiv verankerten **Normen** im Einklang stehen[2].

➔ Die Kommunikationspolitik umfasst alle auf den Markt gerichteten Informationen.

Die wichtigsten Instrumente der Kommunikationspolitik sind nachfolgend zusammengefasst:

Kommunikationsinstrumente (unvollständige Übersicht)

Klassische Werbung	Medien-Werbung, um Botschaften zu übermitteln
Verkaufsförderung	zeitlich begrenzte Maßnahmen, um für Kunden zusätzliche Kaufanreize zu schaffen (Preisausschreiben am Weltspartag durch Banken)
Persönliche Kommunikation	direkter persönlicher Kundenkontakt (z. B. Beratungsgespräch)
Direktmarketing	individuelle Kundenansprache ohne persönliche Kommunikation (z. B. Standardwerbebrief einer Versicherung)
Messen/Ausstellungen	dienen der Information und Leistungspräsentation sowie dem Konkurrenzvergleich
Sponsoring	Förderung von Personen, Organisationen oder Veranstaltungen (insbesondere im Sportbereich)
Event-Marketing	Inszenierung eines außergewöhnlichen Ereignisses, das für den Kunden ein Erlebnis darstellen soll
Multimedia-Kommunikation	Nutzung neuer IT-Medien, um Botschaften interaktiv zu vermitteln (Web 2.0)
Öffentlichkeitsarbeit	vertrauensbildende Maßnahmen zur Imagestärkung
Corporate Identity	durch einheitliches Auftreten und koordinative Maßnahmen dafür sorgen, dass ein unverwechselbares Profil gegenüber der Öffentlichkeit entsteht

1 *Social Media erweitert den Internetnutzen vom reinen Konsum zur interaktiven Nutzung (Web 2.0) mittels entsprechender Plattformen (Netzwerke) wie Facebook, TikTok, X (ehemals Twitter) u. a. m.*

2 *Ein fast schon klassisches Beispiel, wie die Missachtung vorhandener Normen mit negativen Folgen „bestraft" wird, lieferte einst die Firma Shell. 1995 wollte Shell ihre alte Ölplattform Brent Spar in der Nordsee versenken. Hier wurde die in breiten Bevölkerungskreisen verwurzelte Norm, die Umwelt zu erhalten, verletzt. Dem damaligen Boykott-Aufruf, nicht mehr bei Shell zu tanken, sind viele gefolgt – Shell hatte einen Umsatz-Rückgang von nahezu 50 %.*

Aus dem weiten Feld der Kommunikationsinstrumente werden nachfolgend nur die Werbung und die Öffentlichkeitsarbeit herausgegriffen.

4.9.1 Werbung

Die klassische Werbung soll eine gestaltete Werbebotschaft über ausgewählte Medien an die vorgesehene Zielgruppe richten, um deren Verhalten zu beeinflussen. Dazu sind immer noch aktuell – und nicht veraltet – die vier Wahrnehmungsebenen der AIDA-Formel.

AIDA	**A**ttention	=	Aufmerksamkeit erregen (Wahrnehmung)
	Interest	=	Interesse wecken
	Desire	=	Kaufwünsche schaffen
	Action	=	Kaufentscheidung realisieren

- Die Werbemaßnahme muss sich aus den täglichen Werbeüberflutungen herausheben, damit sie überhaupt wahrgenommen wird.
- Sie muss so aufgebaut sein, dass die Bedürfnisse der Zielgruppe angesprochen werden.
- Beim Kunden müssen echte Kaufwünsche entstehen.
- Diese Kaufwünsche sollen schließlich in eine tatsächliche Kaufentscheidung münden.

Das Ziel muss letztlich sein, aus „gewonnenen" Interessenten wertvolle Kunden zu machen. Also ist es bei der Planung einer Werbemaßnahme nicht damit getan, dass ein Filmschauspieler oder Star der Sportszene einen Werbeslogan verkündet.

Ein Beispiel für den fehlerhaften Einsatz von Stars und einen wenig geeigneten Slogan zeigt die Kampagne – **„Keine Macht den Drogen"**:

- Zwar ist die Botschaft wahrgenommen, aber offensichtlich nicht angekommen; denn die Statistik – sofern man ihr „glauben" kann – zeigt steigenden Drogenkonsum (also das Gegenteil).
- Fraglich ist, ob komplexe gesellschaftliche Zusammenhänge und Erscheinungen auf einen Slogan reduziert werden können; denn längst wird das Gewollte mit Gegenparolen lächerlich gemacht (*„Keine Nacht ohne Drogen"*, *„keine Macht den Doofen"*) oder mit der Aussage *„Alte dürfen saufen, aber Junge nicht kiffen"* in seiner Doppelmoral entlarvt.

Werbung muss also fundiert sein und die Botschaft frei von Doppelmoral.

> Klassische Werbung ist die unpersönliche Kommunikation durch bestimmte Medien. Werbung will Zielpersonen beeinflussen und sie veranlassen, sich entsprechend der Werbebotschaft zu verhalten.

Werbung muss folglich strategisch geplant werden und mindestens folgende Entscheidungsprozesse durchlaufen:

- **Situation analysieren** und gleichzeitig untersuchen, ob klassische Werbung ein geeignetes Mittel ist.
- **Werbeziele festlegen**.
- **Zielgruppenbeschreibung und -festlegung** (Alter, Einkommen – Motive, Einstellungen – oder bestimmte Konsumentengruppen wie Kinogänger).
- **Strategie für die Werbung entwickeln.** Zunächst muss die Kernbotschaft gefunden wer-

den, anschließend muss bestimmt werden, welches Medium geeignet ist und in welchem Zeitrahmen mit welcher Intensität geworben wird. Denkbare Strategiearten können sein:

- *Informationsstrategie* (Aids-Aufklärungskampagne vom Bundesgesundheitsministerium.)
- *Abgrenzungsstrategie* („Das etwas andere Restaurant“ – Werbemaßnahme von McDonald's.)
- *Imagestrategie* („BMW – Freude am Fahren“, „AOK – Die Gesundheitskasse”; oder ein früherer Slogan vom Arbeitsamt – heute Bundesagentur für Arbeit – „Gut beraten“.)
- *Bekanntmachungsstrategie* (Eine Kombination aus Produktname und Produktinformation – BMW 4er Coupé: „THE 4 – ENJOY EVERY EDGE“.)

- **Erfolgskontrolle** soll die Wirksamkeit der Werbemaßnahme überprüfen, dabei ist zwischen kurzfristigem Erfolg (Umsatzerhöhungen) und langfristigem Erfolg (Zuwachs an Kundenstamm) zu unterscheiden. Die Werbeerfolgskontrolle ist sehr schwierig, weil der wirkliche Ursache-Wirkungs-Zusammenhang häufig nicht eindeutig festgestellt werden kann. Henry Ford soll einst zu dieser Problematik gesagt haben: *„Ich weiß, dass ich die Hälfte meines Werbeetats aus dem Fenster werfe, aber ich weiß leider nicht, welche Hälfte.“*

➔ Für die Werbeplanung kann man sich an folgenden Fragestellungen orientieren: Wer sagt was, in welcher Form, mit welcher Absicht, über welche Kanäle, zu wem, mit welcher Wirkung?

4.9.2 Öffentlichkeitsarbeit (Public Relations)

Public-Relations-Maßnahmen zielen darauf ab, der Öffentlichkeit ein **positives und glaubwürdiges Bild von der Einrichtung** (Betrieb/Verwaltung/Ministerium) zu vermitteln, es geht also um Imagewerbung. Mit einem vorteilhaften, positiven Image lassen sich viele Ziele leichter erreichen, so

- wird die Produktwerbung eher als glaubwürdig empfunden,
- lassen sich Produkte/Dienstleistungen einfacher verkaufen,
- können Nachwuchskräfte leichter gewonnen werden,
- identifizieren sich die Mitarbeitenden schneller mit der Einrichtung.

Vorzugsweise stützen sich Public-Relations-Maßnahmen darauf,

- gute Kontakte zu Presse, Funk und Fernsehen aufzubauen,
- Social-Media-Netzwerke kommunikativ zu nutzen
- die Einrichtung in Medien, Pressekonferenzen, Geschäftsberichten darzustellen,
- Betriebsbesichtigungen (z. B. Tag der offenen Tür) durchzuführen,
- wissenschaftliche Vorhaben zu unterstützen,
- Jubiläumsaktionen zu inszenieren.

Bei allen Aktionen kommt es darauf an, dass der Förderer nach dem Motto *„Tu Gutes und rede darüber“*[1] in Szene gesetzt wird.

---

1 *Ein gleichnamiges Werk wurde 1961 von Graf Zedtwitz-Arnim veröffentlicht. Allerdings ist die wirkliche Herkunft dieses geflügelten Wortes nicht eindeutig geklärt.*

→ Öffentlichkeitsarbeit versucht, die vertrauensbildenden Merkmale der Unternehmung bzw. des Betriebes herauszustellen.

4.9.3 Besonderheiten der Kommunikationspolitik im Dienstleistungsbereich und der Sozialversicherung

Im Rahmen der Werbung für Dienstleistungen taucht auch hier wieder das Problem der Immaterialität auf. Der Kunde muss sich die Dienstleistung vorstellen können, obwohl er sie nicht sehen und vor der Kaufentscheidung auch nicht beurteilen kann.

- Deshalb muss die Werbung einen hohen Informationsgehalt haben.
- Deshalb muss die Dienstleistung konkretisiert werden. Das wird versucht, indem in der Werbung Mitarbeitende agieren oder Dienstleistungsnutzende positiv berichten.
- Deshalb muss versucht werden, die mit der Dienstleistung erwartete Bedürfnisbefriedigung, zum Beispiel wirtschaftliche Absicherung bei Krankheit oder im Alter, in den Mittelpunkt der Werbemaßnahme zu stellen.
- Deshalb muss versucht werden, die hohe Leistungsbereitschaft des Anbieters zu zeigen. Das kann man vermitteln, indem zum Beispiel „Dienstleistungssequenzen“ dargestellt werden.

In der Sozialversicherung stößt die klassische Werbung als Absatzwerbung aber sehr schnell an Grenzen, weil – außer in der Krankenversicherung – kein Wettbewerb herrscht. Wie in der übrigen öffentlichen Verwaltung, so auch in der Sozialversicherung, sind die Werbeaktionen oft Imagewerbung und gehen damit in den Bereich der Public Relations über. Hier gibt es keine Besonderheiten gegenüber dem Sachgüterbereich. Eine Ausnahme bildet der Hinweis auf die besonders wichtige Rolle von Public-Relations-Maßnahmen im Bereich der Sozialversicherung, weil die Verwaltung in der Öffentlichkeit häufig ein negatives Image hat und die Bürger ein hohes Informationsbedürfnis haben, wofür ihre Beiträge (und auch Steuerabzüge) verwendet werden. Noch mehr als im Sachgüterbereich gilt hier, dass Ad-hoc-Aktionen wirkungslos verpuffen, stattdessen strategische Konzepte die Grundlage für erfolgreiche Maßnahmen sind.

Zusammenfassung

1. **Werbung** und **Public Relations** sind Elemente einer umfassenden Kommunikationspolitik.
2. Mit der Werbung soll letztlich eine **Verhaltens- und/oder Einstellungsänderung** beim Kunden und potenziellen Nachfrager erreicht werden.
3. Erfolgreiche Werbung braucht ein **zielgruppenbezogenes Konzept**.
4. Public Relations sind im **Dienstleistungsbereich** besonders wichtig, weil sie wegen der Immaterialität der Dienstleistung besonders auf vertrauensbildende Merkmale des Betriebs angewiesen sind.

Prüfen Sie Ihr Wissen

1. Was versteht man unter Kommunikationspolitik?
2. Aus welchen Phasen sollte ein durchdachtes Werbekonzept mindestens bestehen?
3. Beschreiben Sie die Werbewirkungsstufen des AIDA-Modells.
4. Warum muss Produktwerbung immer zielgruppenorientiert sein?
5. Welche Motivationsfelder sollen mit der Werbebotschaft angesprochen werden?
6. Unterscheiden Sie Werbung und Öffentlichkeitsarbeit.
7. Worin unterscheidet sich Dienstleistungswerbung von Sachgüterwerbung?
8. Warum haben Public-Relations-Maßnahmen im Dienstleistungsbereich einen besonders hohen Stellenwert?
9. Welche Probleme sind mit der Werbeerfolgskontrolle verbunden?

4.10 Marketing-Mix als Marketingkonzept

Dimensionen des Marketing-Mix

Marketing-Ziele sind in der Regel nur erreichbar, wenn die verschiedenen Marketing-Instrumente nicht isoliert, sondern aufeinander abgestimmt und richtig kombiniert

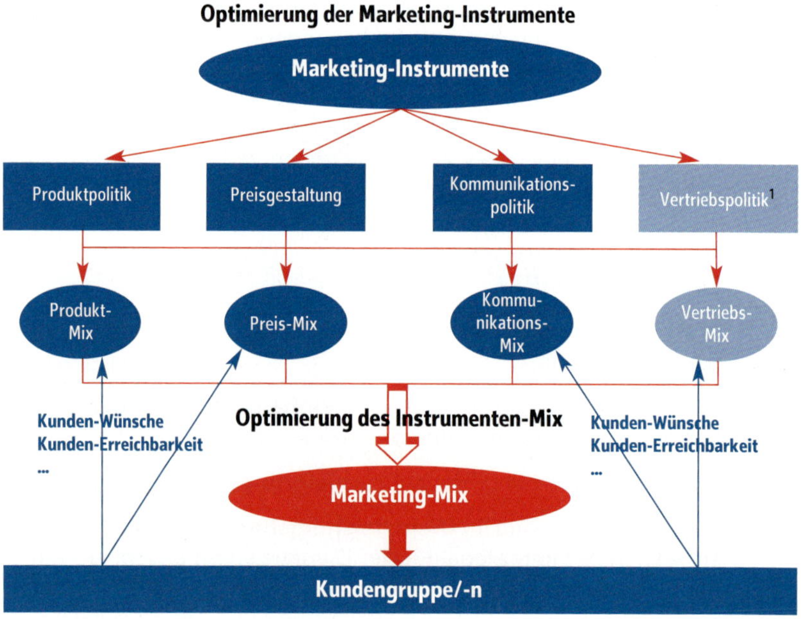

1 *Vertriebspolitik (Distribution) ist ein weiteres Instrument des Marketings, welches in dieser Buchausgabe nicht behandelt wird.*

eingesetzt werden. Das erfordert, dass für jedes einzelne Marketing-Instrument (Produkt, Preis, Kommunikation ...) in Abstimmung mit den Kundenwünschen und in Abhängigkeit von den anderen Marketing-Instrumenten zunächst der richtige Instrumenten-Mix (Produkt-Mix, Preis-Mix, Kommunikations-Mix ...) gefunden werden muss. Erst die Bündelung und Optimierung dieser Instrumenten-Mixe zu einer Marketing-Gesamtstrategie führt zum erfolgreichen Marketing-Mix.

Damit sind aber Marketingmaßnahmen nicht nur nach außen gerichtete Ad-hoc- oder Einzelmaßnahmen, sondern sie erfordern ein ganzheitliches Konzept, das auf allen Ebenen des Unternehmens beziehungsweise der Dienstleistungsbetriebe und öffentlichen Verwaltungen integrativ umgesetzt wird. Neben organisatorischen und technokratischen Umsetzungskonzepten sind Mitarbeitende notwendig, die in jeder Situation marketingorientiert denken und handeln. Dieser letzte Aspekt ist von allergrößter Bedeutung im Dienstleistungsbereich, wegen der vielen und intensiven Interaktionsprozesse mit den Nachfragern.

Unterschiedliche Einsatzschwerpunkte der Marketing-Instrumente

In dieser weitreichenden Dimension wird das Marketing in Deutschland noch nicht häufig umgesetzt. Die Probleme beginnen bereits damit, die **strategisch richtige Kombination der Instrumente** zu finden:

- Unzählige Kombinationen sind denkbar.
- Häufig fehlen objektive Daten.
- Oft sind Maßnahmen miteinander nicht kompatibel.
- Beobachtbare Wirkungen sind nicht zuzuordnen oder treten verzögert auf.

Im Dienstleistungssektor und insbesondere im Bereich der Sozialversicherung sind die Handlungsspielräume für ein effizientes Marketingkonzept teilweise begrenzt wegen rechtlicher Rahmenbedingungen oder strikter Vorgaben. Das betrifft insbesondere die Instrumente der Produkt- und Preispolitik.
Die Übersicht zeigt vereinfacht und beispielhaft die Handlungsspielräume verschiedener Wirtschaftsbereiche.

Wirtschaftsbereiche / Marketing-Mix aus	Investitionsgüter	Markenartikel	Dienstleistungsbereich	Öffentliche Verwaltung
Produktpolitik	xx	xx	xx	0/xx
Preispolitik	xx	xx	xx	0
Kommunikationspolitik				
– Werbung	xx	xx	xx	xx
– Öffentlichkeitsarbeit	x	xx	xx	xx

0 = geringe oder keine Bedeutung   x = mittlere Bedeutung   xx = große Bedeutung

Trotzdem kann auch in der öffentlichen Verwaltung Marketing als Gesamtkonzept begriffen und realisiert werden. Es müsste allerdings, weil die absatzfähige Dienstleistung nur unter Mitwirkung des Kunden erfolgen kann (vgl. Abschn. 4.5.2) um die Bereiche **Personal, Geschäftsprozesse und Ausstattung** erweitert werden:

- Dazu bedarf es kundenorientierter **Prozessabläufe**, die nachvollziehbar sind und in die der Kunde eingebunden ist.
- Das bedingt eine **Personalpolitik**, die auf kompetentes Personal achtet und gleichzeitig innerbetrieblich ein positives Betriebsklima schafft – zufriedene Mitarbeiter.
- Und ferner darf eine angemessene **Ausstattungspolitik** (Physical Evidence) nicht fehlen. Es ist das räumliche Umfeld in der die Dienstleitung zusammen mit dem Kunden erstellt wird, das sollte in einer sogenannten „Wohlfühlatmosphäre" erfolgen.

Erweiterter Marketing-Mix - Dienstleistungsbereich, öffentliche Verwaltung

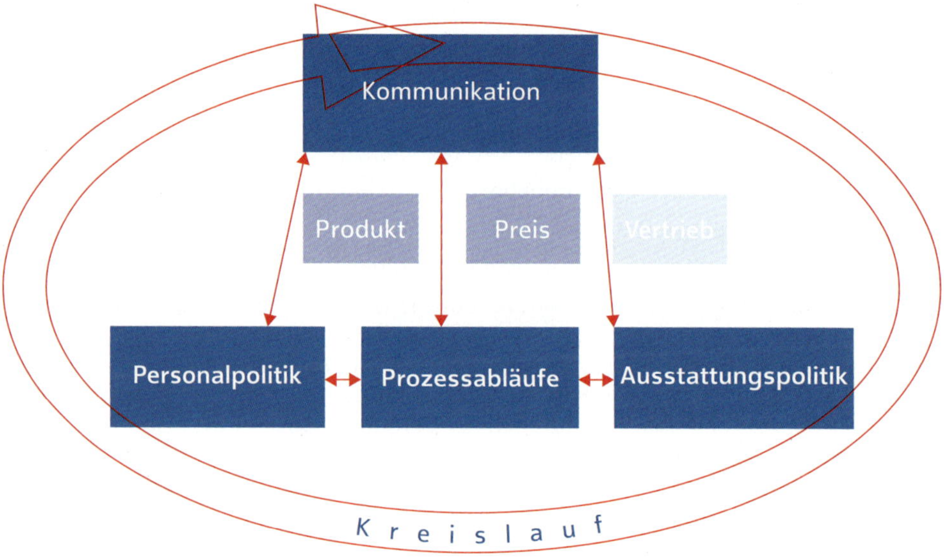

5 Geld- und Zahlungsverkehr

5.1 Arten und Formen des Zahlungsverkehrs

Eine Auszubildende einer Agentur für Arbeit hat sich beim Versandhaus Paul in Hamburg ein paar Kleidungsstücke bestellt. Die Rechnung der Firma Paul lautet über 200,00 €.
An der Rechnung hängen eine Überweisung und eine Einzugsermächtigung.
Wie soll die Auszubildende bezahlen?
Grundsätzlich gibt es in Deutschland die Barzahlung, die halbbare Zahlung und die bargeldlose Zahlung.
Die Barzahlung ist üblich zur Begleichung der Geldschuld bei Geschäften des täglichen Lebens. Bei der halbbaren Zahlung (z. B. Postnachnahme) müssen Zahler bzw. Zahlungsempfänger ein Konto haben. Der Zahlungsvorgang erfolgt zum Teil über Bargeld, zum Teil durch Buchung auf einem Konto (Bareinzahlung auf ein Konto oder Barauszahlung von einem Konto). Im **bargeldlosen Zahlungsverkehr** verfügen sowohl Zahler als auch Zahlungsempfänger über ein Konto, der Zahlungsvorgang erfolgt ausschließlich durch Übermittlung von **Buchgeld**. Buchgeld existiert nur in Form von Guthaben oder Verbindlichkeiten auf den Bankkonten. Werden die Girokonten der beiden bei derselben Bank geführt, ist eine Umbuchung von einem Konto auf das andere Konto ohne großen Aufwand zu bewerkstelligen. Werden aber die Konten bei verschiedenen Banken geführt und sind diese womöglich noch in verschiedenen Bundesländern, wird das Einschalten der Landeszentralbanken (Deutsche Bundesbank) notwendig. Müssen solche Gutschriften oder Abbuchungen über die Landeszentralbanken oder die eigenen Gironetze der Banken abgewickelt werden, so spricht man vom Clearingverkehr. Es gibt viele bargeldlose Zahlungsformen, z. B. können Zahlungen per Überweisung, Lastschrift, Verrechnungsscheck, mittels des Einsatzes von Zahlungskarten oder E-Geld erfolgen.[1]

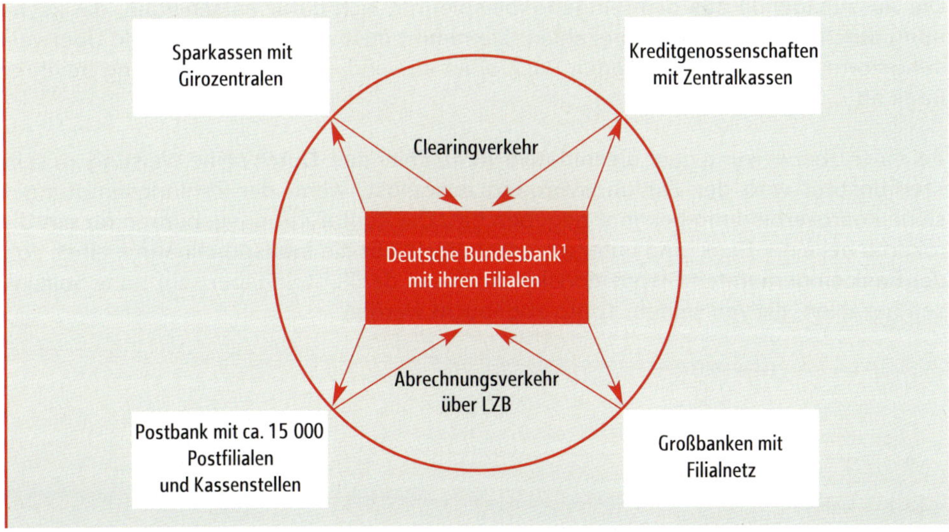

1 Deutsche Bundesbank und ihre neun Filialen sind Teil des EZB-Systems (einige Landesbanken wurden zusammengeschlossen).

5.2 Formen des Zahlungsverkehrs

Überblick über die Zahlungsarten und -systeme

Art der Zahlung	Zahlungsträger/ Zahlungsmittel	Zahler		Vermittler		Empfänger
Barzahlung (Zahler und Zahlungsempfänger verwenden kein Konto.)	**1. Bargeld (direkt)**	bar	→		→	bar
	2. Bargeld (Bote)	bar	→	Bote	→	bar
Bargeldlose Zahlung (Zahler und Zahlungsempfänger verwenden ein Konto.)	**1. SEPA-Überweisung**	Girokonto	→	Bank	→	Girokonto
	2. SEPA-Lastschrift	Girokonto	→	Bank	→	Girokonto
	3. Onlinebanking	Girokonto	→	Bank	→	Girokonto
	4. GiroCard, Geldkarte	Girokonto	→	Bank	→	Girokonto
	5. Kreditkarte	Girokonto	↔	Bank / Kreditkarteninstitut	↔	Girokonto

5.2.1 SEPA-Überweisung[1]

Die Auszubildende aus dem Eingangsbeispiel hat sich dafür entschieden, die Rechnung durch Überweisung zu bezahlen. Sie nimmt deshalb das anhängende Überweisungsformular, füllt die fehlenden Positionen aus und gibt die Überweisung bei ihrer Bank ab.

Bei einer Überweisung geht die Initiative vom Zahler aus. Durch seine Weisung an sein Kreditinstitut wird der Zahlungsvorgang ausgelöst, wenn der Zahlungsempfänger seine Kontoverbindung bekannt gegeben hat. Die Kontoführungsgebühren für ein Girokonto bei einer Bank sind unterschiedlich hoch. Für die Inanspruchnahme eines von der Bank eingeräumten Dispositionskredits muss der Kontoinhaber sehr hohe Sollzinsen bezahlen, die von seinem Konto abgebucht werden.

1 *SEPA = Single Euro Payment Area*

> **Die Überweisung** wird so durchgeführt, dass der Betrag, der den Eigentümer wechseln soll, vom Konto des Zahlungspflichtigen abgebucht und dem Konto des Zahlungsempfängers gutgeschrieben wird.

Beispiel:

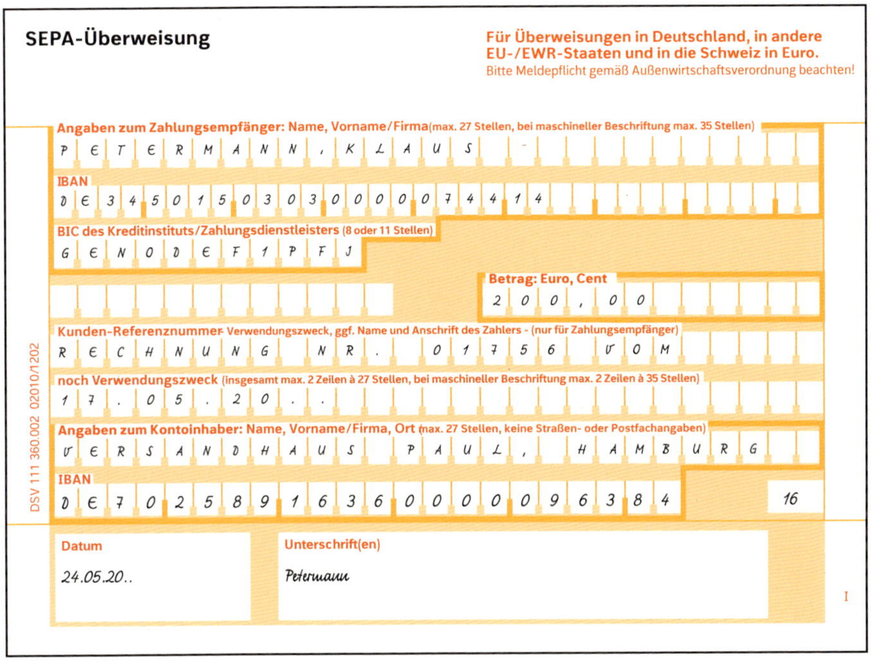

SEPA-Überweisung

Für Überweisungen in Deutschland, in andere EU-/EWR-Staaten und in die Schweiz in Euro.
Bitte Meldepflicht gemäß Außenwirtschaftsverordnung beachten!

Angaben zum Zahlungsempfänger: Name, Vorname/Firma (max. 27 Stellen, bei maschineller Beschriftung max. 35 Stellen)
PETERMANN, KLAUS

IBAN
DE34501503003000007441 4

BIC des Kreditinstituts/Zahlungsdienstleisters (8 oder 11 Stellen)
GENODEF1PFJ

Betrag: Euro, Cent
200,00

Kunden-Referenznummer - Verwendungszweck, ggf. Name und Anschrift des Zahlers - (nur für Zahlungsempfänger)
RECHNUNG NR. 01756 VOM

noch Verwendungszweck (insgesamt max. 2 Zeilen à 27 Stellen, bei maschineller Beschriftung max. 2 Zeilen à 35 Stellen)
17.05.20..

Angaben zum Kontoinhaber: Name, Vorname/Firma, Ort (max. 27 Stellen, keine Straßen- oder Postfachangaben)
VERSANDHAUS PAUL, HAMBURG

IBAN
DE70025891636000009638 4

16

Datum
24.05.20..

Unterschrift(en)
Petermann

DSV 111 360.002 02010/1202

I

5.2.2 SEPA-Lastschriftverfahren

Viele Unternehmen wie Versicherungen, Zeitungszusteller, Elektrizitätswerke, Telekommunikationsunternehmen senden mit ihren Rechnungen gleichzeitig eine **Einzugsermächtigung** mit. Da an der Rechnung des Versandhauses auch eine solche Einzugsermächtigung angebracht war, hätte die Auszubildende auch diese Möglichkeit der Bezahlung wählen können. Mithilfe der **Lastschrift** zieht ein Zahlungsempfänger über seine Bank aus dem Guthaben des Zahlungspflichtigen bei derselben oder einer anderen Bank den geschuldeten Betrag ein.
Solche Einzugsermächtigungen eignen sich besonders dort, wo wiederkehrende Leistungen zu erbringen sind, die aber in ihrer Höhe immer wieder unterschiedlich sein können (Telefonrechnung, Rechnungen der Versandhäuser, jährliche Gas- und Stromabrechnung, Wasserabrechnung, Ratenzahlungen).

Würde also die Auszubildende des Öfteren im Versandhaus Paul in Hamburg bestellen, dann wäre es durchaus möglich, dass sie dem Versandhaus, sofern das Vertrauen vorhanden ist, eine Einzugsermächtigung erteilt. Einen Beleg für diese Lastschrift erhält sie dann von ihrer Bank. Meist sieht dieser Beleg genauso aus wie der Kontoauszug, mit dem speziellen Hinweis „Lastschrift", wer Zahlungsempfänger ist und wofür diese Lastschrift sein soll (Lastschrift für Rechnung vom . . . über . . . Euro).
Ablauf und Beleg eines solchen Lastschriftverfahrens sind der nächsten Darstellung zu entnehmen.

Ablauf

Die SEPA-Lastschrift

Die SEPA-Lastschrift wurde vom EPC (European Payment Council) für den Euroraum neu entwickelt, da in den einzelnen Ländern unterschiedliche Lastschriftverfahren vorlagen. Am SEPA-Verfahren nehmen alle 28 Mitgliedstaaten und die Länder des europäischen Wirtschaftsraums, also Island, Schweiz, Liechtenstein, Monaco, San Marino und Norwegen, teil.
Bei der SEPA-Lastschrift werden zwei Arten unterschieden: **Die SEPA-Basis-Lastschrift und die SEPA-Firmenlastschrift.**
Mithilfe **der SEPA-Basis-Lastschrift** ziehen Zahlungsempfänger (wie Versicherungen, Zeitungen, Elektrizitätswerke, Telekommunikationsunternehmen usw.) über ihre Bank aus dem Guthaben des Zahlungspflichtigen bei derselben oder einer anderen europaweiten Bank den geschuldeten Betrag ein. Diese Lastschrift muss bei der ersten Durchführung fünf Tage vor der Fälligkeit bei der einziehenden Bank vorliegen, bei wiederkehrenden Zahlungen immer zwei Tage vor Fälligkeit. Einer Belastung des Kontos durch eine SEPA-Basis-Lastschrift kann innerhalb von acht Wochen widersprochen werden. Der abgebuchte Betrag wird dann wieder gutgeschrieben.
Die SEPA-Firmenlastschrift (SEPA Busines to Busines Direct Debit)
Die SEPA-Firmenlastschrift ist für die Krankenkassen das geeignete Instrument zum Einzug des Gesamtsozialversicherungsbeitrags. Sie kann nur zwischen Unternehmen eingesetzt werden, sie ist nicht geeignet für Verbraucher. Das Lastschriftmandat (Einzugsermächtigung) muss vor der ersten Fälligkeit bei der Bank des Zahlungspflichtigen vorliegen und der geforderte Betrag muss über Euro lauten. Bei der Firmenlastschrift gibt es nicht die Möglichkeit des Widerspruchs.
Würde die Auszubildende des Öfteren im Versandhaus Paul in Hamburg bestellen, wäre es durchaus möglich, dass sie dem Versandhaus, sofern das Vertrauen vorhanden ist, ein SEPA-Lastschriftmandat erteilt. Das Formular dafür erhält sie vom Versandhaus Paul (s. u.)

Paul Versand AG

SEPA-Basislastschrift

Paul Versand AG,
Bausenhof 15, 21129 Hamburg/Finkenwerder

Gläubiger - ID Nr.: DE21FFF00000224433
Mandatsreferenz: 223354

SEPA-Lastschriftmandat

Ich ermächtige das Versandhaus Paul AG Zahlungen von meinem Konto mittels Lastschrift einzuziehen.
Zugleich weise ich mein Kreditinstitut an, die vom Versandhaus Paul AG auf mein Konto gezogenen Lastschriften einzulösen.

Vorname und Name (Kontoinhaber): *Lena Petermann*

Straße und Hausnummer: *Schweinsbergstr. 27*

PLZ und Ort: *74074 Heilbronn*

Kreditinstitut (Name und BIC): *Deutsche Bank DEUTDEDB620*

IBAN: DE*12 6207 0081 0070 3057 05*

Ort, Datum, Unterschrift des Zahlungspflichtigen:

HN, 10.09.20.. *Lena Petermann*

Handelsregister Hamburg	Sparkasse Hamburg	Aufsichtsratsvorsitzender:
HRB 133530	BIC(Swift): HASPDEHHXXX	Dr. A.Piach
Geschäftsführer Dr. Peter Paul	IBAN: DE11 2005 0550 0010 0500 04	
Ust- ID - Nr.: DE 1236767555		

5.2.3 Moderne Zahlungssysteme

Homebanking, Telebanking, Electronic Banking, T-Online, Online-Service der Banken, ISDN, PIN (persönliche Identifikationsnummer), TAN (Transaktionsnummer), „Plastikgeld", Kreditkarte, golden card, ModernCash, GeldKarte, Paycard, Chip card, cash card und viele weitere Begriffe dieser Art sind aus dem täglichen Leben nicht mehr wegzudenken. Was ist unter all diesen Begriffen zu verstehen? Was tun uns die Banken da „Neues" an?

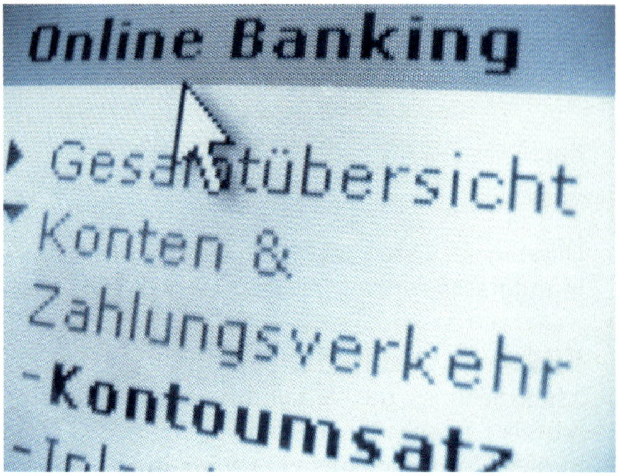

Electronic Banking

Electronic Banking (Elektronikbanking) ist hierbei der Oberbegriff für alle Bankgeschäfte, die man unabhängig von Öffnungszeiten der Bank von fast überall aus erledigen kann. Die einfachste Form ist hierbei das **Telefonbanking**. Hier kann aus der Ferne[1] per Telefon der Kontostand abgefragt oder es können Überweisungen getätigt werden. Man ist dabei mit einem Sprachcomputer verbunden, der die fernmündlichen Anweisungen für den Anrufer erledigt. Benötigt wird dazu eine Telefonbanking-ID und eine Telefonbanking-PIN. Die PIN ist nicht identisch mit der PIN, mit der Sie Geld am Automaten holen können.

Onlinebanking

Onlinebanking ist aber für den geschäftlichen Zahlungsverkehr wichtiger. Hier bieten die Banken ihren Girokontoinhabern einen elektronischen Zugriff auf ihr Girokonto.
Die Benutzer brauchen, um Überweisungen durchführen zu können, ihre PIN und eine TAN für jeden Auftrag (erhält man durch einen TAN-Generator), oder je nach Bank einen Net-Key und eine PIN, um in das Programm zu kommen. Zur Ausführung z.B. einer Überweisung muss über die Secure-App auf dem Handy, die Ausführung mit einem weiteren Passwort bestätigt werden. Das Überweisungsformular auf dem Bildschirm wird mit denselben Angaben wie die Papierform ausgefüllt, der Aufbau kann sich erheblich unterscheiden.

Bezahldienste im Internet

Paydirekt, PayPal, Giropay, AmazonPay, ApplePay, GooglePay, Sofort-Dienst, Masterpass, Bezahlen.de und einige Bezahldienste mehr bieten ihre Dienste im Internet an. Paydirekt und Giropay sind „Kinder" deutscher Banken, sie werden beide in der Form einer GmbH geführt. PayPal ist eine amerikanische Aktiengesellschaft. AmazonPay,

1 *tele (gr.): fern, weit*

ApplePay und GooglePay sind Bezahldienste der gleichnamigen Internetanbieter. Masterpass ist ein Tochterunternehmen der Master Kreditkarte.

Alle haben eines gemeinsam, sie sollen den Zahlungsverkehr im Online-Handel sicherer machen und den Händlern garantieren, dass sie ihr Geld auch tatsächlich erhalten werden.

Wie funktionierts?

Bei PayPal existiert nur ein erdachtes (fiktives) Konto. Der Nutzer meldet sich mit seiner E-Mail-Adresse an und kann so einem Internethändler die Bezahlung der bestellten Ware i.d.R vor der Lieferung zukommen lassen.
Paydirekt ist mit dem Girokonto des Nutzers verbunden, der sich entweder über seinen Online-Banking-Zugang oder direkt bei Paydirekt angemeldet hat. Bei der Bezahlung muss der Nutzer nur seinen eigens gewählten Nutzernamen und sein Passwort angeben, anschließend wird sein Girokonto belastet.
Beide Bezahldienste können sowohl vom PC als auch vom Smartphone aus genutzt werden.

Girocard, Debitkarte mit Maestrofunktion oder Visafunktion

Viele Menschen reden noch von der EC-Karte, meinen aber damit die Girocard oder Debitkarte. Diese Karten dienen sowohl der Barabhebung als auch der Bezahlung beim Einkauf. Auf der Girocard sind zwei Symbole, zum einen das Symbol der Girocard, das die Karte als Bezahlkarte ausweist. Dabei gibt man entweder seine PIN ein oder man unterschreibt einen einmaligen Einzugsbeleg. Zum anderen ist darauf das V-Pay-Symbol (V steht für VISA), das der Karte ihre Gültigkeit im europäischen Ausland bestätigt. Die Karten der Sparkassen z. B. tragen noch das Symbol der Maestrokarte, was ihnen eine weltweite Gültigkeit bescheinigt.
Mit beiden Karten kann bei den entsprechenden Banken der Service-Automat in Anspruch genommen werden, sofern man seine Bankgeschäfte noch nicht online erledigt.

Kreditkarten

Kreditkarten werden von unterschiedlichen Kreditkarteninstituten, Banken, Automobilclubs usw. ausgegeben. Wer eine Kreditkarte besitzt, kann in allen Geschäften, die dem jeweiligen Kreditkarteninstitut angeschlossen sind, seine Einkäufe gegen Vorlage seiner Karte mit Unterschrift oder PIN tätigen.
Die Belastung des Kontos des Kreditkarteninhabers erfolgt normalerweise monatlich. Das heißt, der Empfänger rechnet einmal pro Monat alle Kreditkäufe mit dem jeweiligen Kreditkarteninstitut ab. Bis zu dieser Abrechnung hat der Karteninhaber einen Kredit vom jeweiligen Kreditkarteninstitut in Anspruch genommen. Diese Kreditgewährung wird dadurch finanziert, dass jeder Karteninhaber eine Jahresgebühr für seine Kreditkarte bezahlen muss und dass die Kreditkarteninstitute vom jeweils beteiligten Zahlungsempfänger eine Provision vom Kaufpreis einbehalten.
Häufig schließen die Gebühren einer Kreditkarte zusätzlich Versicherungen mit ein. Es lohnt sich, die Angebote der diversen Kreditkartenanbieter genauestens zu vergleichen.

Zusammenfassung

1. Eine **Barzahlung** liegt immer dann vor, wenn der Zahlungspflichtige dem Zahlungsempfänger Bargeld zukommen lässt.
2. Bei der SEPA-**Überweisung** wird der zu zahlende Betrag dem Konto des Zahlungspflichtigen belastet und dem Konto des Zahlungsempfängers gutgeschrieben.
3. Beim SEPA-**Lastschriftverfahren** werden vom Zahlungsempfänger über seine Bank bei der Bank des Zahlungspflichtigen die ausstehenden Beträge eingezogen.
4. Zu den **modernen Zahlungssystemen** gehören das Onlinebanking, die Bankkarte und die Kreditkarten.
5. Mit der **Kreditkarte** wird dem Kreditkarteninhaber bis zur Abbuchung von seinem Konto ein Kredit durch das jeweilige Kreditkarteninstitut eingeräumt.
6. Die durch eine **Kreditkarte** gewährten Kredite werden durch die Gebühren und die Provisionen finanziert.
7. Die SEPA-Überweisung dient dem Zahlungsverkehr innerhalb der EU

Prüfen Sie Ihr Wissen

1. Nennen Sie alle Möglichkeiten der
   a) Barzahlung,
   b) bargeldlosen Zahlung.
2. Erläutern Sie, welche Voraussetzungen für eine bargeldlose Zahlung gegeben sein müssen.
3. Warum verliert die Barzahlung immer mehr an Bedeutung?
4. Was versteht man unter dem Clearingverkehr der Deutschen Bundesbank?
5. Für welchen Zweck würden Sie eine Einzugsermächtigung unterschreiben? Begründen Sie.
6. a) Was versteht man unter einem Dauerauftrag?
   b) Für welche Zahlungen würden Sie einen Dauerauftrag auf Ihrem Konto einrichten?
7. Welcher Unterschied besteht zwischen einem Dauerauftrag und einer Lastschrift?
8. Erklären Sie den Ablauf einer Lastschrift.
9. Welche Vor- bzw. Nachteile sind mit der Bankkarte verbunden?
10. Erläutern Sie, warum die Kreditkarte ihren Namen im wahrsten Sinne des Wortes verdient hat.
11. Welche zusätzlichen Vorteile bietet eine Kreditkarte?

Web

6 Unternehmensformen und -konzentration

6.1 Rechtsformen der Unternehmen

6.1.1 Exkurs: Kaufmannseigenschaft

Zwei Azubis einer Unfallversicherung unterhalten sich mit einem Freund, der eine Ausbildung bei der Bank macht. Dieser erklärt ihnen, dass er nach seiner Ausbildung Bankkaufmann sei. Einer der beiden UV-Azubis antwortet ihm: „Das kann nicht sein, mein Vater ist selbstständiger Handelsvertreter und der ist Kaufmann." Wer ist nun Kaufmann?

Im § 1 Handelsgesetzbuch (HGB) wird bestimmt: „Kaufmann ist, wer ein Grundhandelsgewerbe betreibt." **Handelsgewerbe** ist definiert als eine dauernde, selbstständige Tätigkeit, mit der Absicht einen Gewinn zu erzielen.

Unter einem Handelsgewerbe versteht die **Neufassung** des HGB (1. Juli 1998) **jeden Gewerbebetrieb**, es sei denn, dass das Unternehmen einen nach Art und Umfang in kaufmännischer Weise eingerichteten Geschäftsbetrieb **nicht** erfordert.

Der § 2 HGB erfasst dann alle, auch die kleineren Gewerbebetriebe, mit der Aussage, dass ein Gewerbebetrieb, der nicht schon nach § 1 Abs. 2 Handelsgewerbe ist, als Handelsgewerbe im Sinne des HGB gilt, wenn die Firma des Unternehmens in das Handelsregister eingetragen ist. Wobei hier der Unternehmer berechtigt, aber nicht verpflichtet ist, eine Eintragung in das Handelsregister herbeizuführen (alle Handwerksbetriebe können sich im Handelsregister eintragen, wenn sie wollen).

Diese Neuregelung des HGB sorgt also dafür, dass jeder im Handelsregister eingetragene Gewerbetreibende, egal welcher Branche, als **Kaufmann** zu betrachten ist (§ 1 Abs. 2 HGB). Es muss also – im Gegensatz zur alten Regelung – nicht mehr in Muss- oder Sollkaufmann unterschieden werden. Das HGB soll auf alle Kaufleute einheitlich und in vollem Umfang angewendet werden.

Eine Sonderregelung gilt weiterhin für land- und forstwirtschaftliche Betriebe. § 3 HGB sagt aus, dass für land- oder forstwirtschaftliche Unternehmen, die nach Art und Umfang einen in kaufmännischer Weise eingerichteten Geschäftsbetrieb erfordern, § 2 HGB mit der Maßgabe gilt, dass nach einer Eintragung ins Handelsregister eine Löschung der Firma nur nach den allgemeinen Vorschriften stattfinden kann, die für kaufmännische Firmen gelten. Dies bedeutet: Hat sich ein Landwirt einmal dazu entschieden, sich ins Handelsregister einzutragen, gilt das HGB für ihn im vollen Umfang, eine Löschung kann nur unter ganz bestimmten Bedingungen vorgenommen werden (Konkurs, Liquidation).

Umsatzsteuer
Umsatzsteuerstatistik (Veranlagungen)

Steuerpfichtige und deren Lieferungen und Leistungen 2018 nach der Rechtsform

Rechtsform	Steuerpfichtige	Lieferungen und Leistungen[1]
	Anzahl	1 000 Euro
Natürliche Personen; Einzelunternehmen	**4 813 268**	**675 780 251**
- Hausgewerbetreibende u.s.w.[2]	6 540	243 611
- Sonstige Einzelgewerbetreibende	3 105 534	509 079 837
- Land- und Forstwirte	145 555	20 550 917
- Angehörige der freien Berufe	902 939	83 456 761
- Sonstige selbstständig tätige Personen	88 696	9 368 357
- Personen mit Beteiligungen an gewerblichen Personengesellschaften	26 949	5 406 697
- Sonstige natürliche Personen	537 055	47 674 070
Personengesellschaften	**850 436**	**1 697 326 764**
- Atypische stille Gesellschaften	678	707 620
- Offene Handelsgesellschaften (OHG)	17 307	39 142 102
- Kommanditgesellschaften (KG)	20 645	125 127 457
- Gesellschaft mit beschränkter Haftung & Compagnie Kommanditgesellschaft (GmbH & Co. KG)	207 428	1 269 775 118
- Gesellschaft mit beschränkter Haftung & Compagnie Offene Handelsgesellschaft (GmbH & Co. OHG)	585	35 859 138
- Aktiengesellschaften & Compagnie Kommanditgesellschaft (AG & Co. KG)	574	86 212 275
- Aktiengesellschaften & Compagnie Offene Handelsgesellschaft (AG & Co. OHG)	84	6 637 095
- Gesellschaften des bürgerlichen Rechts (GbR)	487 936	109 097 443
- Europäische wirtschaftliche Interessenvereinigung (EWIV)	120	37 422
- Ähnliche Gesellschaften	115 079	24 731 093
Kapitalgesellschaften	**979 261**	**3 844 808 084**
- Aktiengesellschaften (AG)	11 494	924 299 950
- Kommanditgesellschaften auf Aktien (KGaA)	222	84 601 936
- Gesellschaften mit beschränkter Haftung (GmbH)	864 464	2 675 378 769
- Europäische Aktiengesellschaft (SE)	337	150 722 456
- Unternehmergesellschaft (haftungsbeschränkt)	102 627	9 749 275
- Sonstige Kapitalgesellschaften	117	55 699
Erwerbs- und Wirtschaftsgenossenschaften	**7 587**	**71 157 248**
Betriebe gewerblicher Art von Körperschaften des öffentlichen Rechts	**8 644**	**56 806 460**
Sonstige Rechtsformen	**171 840**	**513 429 158**
Insgesamt	**6 831 036**	**6 859 307 965**
darunter		
Steuerpfichtige mit negativen Lieferungen und Leistungen	9 249	- 692 235
1: Umsätze der Unternehmen. Ohne Umsatzsteuer.		

Quelle: https://www.destatis.de/DE/Themen/Staat/Steuern/Umsatzsteuer/Tabellen/veranlagungen-rechtsformen.html?view=main[Print], abgerufen am 28.01.2024.

1 *Umsätze der Unternehmen, ohne Umsatzsteuer.*
2 *Hausgewerbetreibende sind natürliche Personen, die zuhause selbstständig für z. B. Gewerbetreibende arbeiten (Heimarbeit).*

Überblick über die Kaufmannseigenschaft[1]

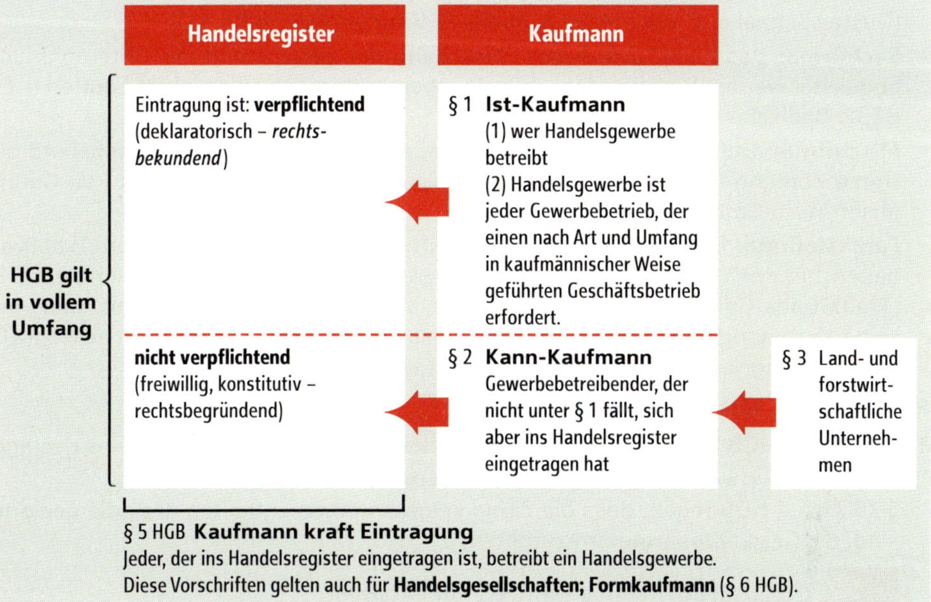

Der § 6 HGB wurde dahin gehend geändert, dass der Bezug zu § 2 Absatz 1 HGB hergestellt ist. Dies bedeutet, dass entsprechend der Unternehmensform diese Unternehmer weiterhin Kaufleute sein müssen.

Web

Der § 36 HGB wurde aufgehoben. Durch ihn wurden seither öffentlich-rechtliche Unternehmungen bevorzugt. Diese werden jetzt den privatrechtlichen Unternehmungen gleichgestellt.

6.1.2 Exkurs: Firma und Grundsätze der Firmierung

Herr Gustav Schaal, Eigentümer der Firma Schaal, Textilgroßhandel, ist gestorben. Seine Frau, Hannelore Schaal, die Erbin, führt die Geschäfte unter der gleichen Firma fort und unterschreibt mit Hannelore Schaal. Ein Auszubildender der Unternehmung Schaal bemerkt dies und fragt einen Angestellten, ob die Firma nicht geändert werden müsse.

Die **Firma** (§ 17 HGB) ist der Name eines Kaufmanns, unter dem er
- seine Geschäfte betreibt,
- seine Unterschrift abgibt,
- klagt und verklagt werden kann.

Die Firma ist also der Name einer Unternehmung und kein für das Wort „Unternehmung“ zu verwendender synonymer Begriff.

1 *Die im Schaubild aufgeführten Paragrafen beziehen sich auf das HGB.*

Man unterscheidet verschiedene **Arten** von Firmen.

- **Personenfirma:** In dieser Firma ist der Name mindestens einer Person enthalten (Gustav Schaal e. K. oder Maier & Müller OHG oder Maier & Co. KG).
- **Sachfirma:** Das heißt, aus dieser Firma kann der Gegenstand der Unternehmung abgeleitet werden (Volkswagenwerke AG, Weingärtnergenossenschaft Lauffen e. G., BASF: Badische Anilin- & Soda-Fabrik).
- **Mischfirma:** Diese besteht aus einem Personennamen und einem Gegenstand der Unternehmung (Rolladen-Müller GmbH, Eisen-Schedler KG, Autohaus Rau GmbH, Meier-Milch GmbH).
- **Fantasiefirma:** Dies bedeutet, dass zukünftig Unternehmungen größere Wahlfreiheiten bei der Wahl ihres Namens erhalten. So kann sich ein Unternehmen z. B. „Franz Gans Gänseleberpasteten" nennen, wenn er das so will. Es darf dabei nur keine Täuschung entstehen, soll heißen, dass unter diesem Namen nicht ausschließlich Schweine- oder Rinderleber verarbeitet werden darf.

Regeln für die Wahl der Firma nach HGB

1. § 18 Abs. 1 HGB besagt, dass die Firma zur Kennzeichnung des Kaufmanns geeignet sein und Unterscheidungskraft besitzen muss.

   § 18 Abs. 2 HGB regelt, dass die Firma keine Angaben enthalten darf, die geeignet sind, die Geschäftspartner irrezuführen.

   ➔ Grundsatz der Firmenwahrheit und -klarheit

   (vgl. auch § 19 Abs. 1 und 2 HGB)

2. § 19 Abs. 1 HGB besagt, dass bei Firmen, auch wenn sie nach den Grundlagen der §§ 21, 22 und 24 HGB fortgeführt werden, zukünftig Zusätze enthalten sein **müssen**:
   - Bei Einzelkaufleuten die Bezeichnung **„eingetragener Kaufmann" oder „eingetragene Kauffrau"** oder eine allgemein verständliche Abkürzung dieser Bezeichnung (e. Kfm. oder e. Kffr.). Dies gilt auch für bereits bestehende Unternehmungen. Die Pflicht, diesen Zusatz zu führen, besteht zumindest für den Briefkopf – bei einer anstehenden Änderung im HR wird von Amts wegen automatisch der Zusatz beigefügt.
   - Bei offenen Handelsgesellschaften die Bezeichnung „offene Handelsgesellschaft" oder eine allgemein verständliche Abkürzung dieser Bezeichnung (OHG).
   - Bei Kommanditgesellschaften die Bezeichnung „Kommanditgesellschaft" oder eine allgemein verständliche Abkürzung (KG).

   §§ 21, 22 und 24 HGB regeln die Fortführung von Unternehmungen unter Beibehaltung der bestehenden Firma. Das heißt, sollte die Person/die Personen des Eigentümers/der Eigentümer einer Unternehmung wechseln (Verkauf, Erbschaft, Aufnahme eines/mehrerer neuer Gesellschafter), so kann die bisherige Firma beibehalten werden. Ausnahmen siehe § 19 HGB.

   ➔ Grundsatz der Firmendauer und -beständigkeit

3. § 30 i. V. m. § 18 Abs. 1 HGB besagen, dass sich jede neue Firma von allen am selben Ort bereits bestehenden Firmen unterscheiden muss. Dies kann durch die Wahl eines anderen Vornamens, einen Zusatz (Junior, Senior, Geschäftszweig) oder durch Fantasienamen geschehen.

➔ Grundsatz der Firmenausschließlichkeit (Unterscheidbarkeit)

4. §§ 29 und 31 HGB regeln, dass jede Firma und jede Änderung bezüglich der Firma ins Handelsregister einzutragen sind. Diese Eintragungen werden zum einen im Bundesanzeiger und zum anderen in den großen überregionalen Tageszeitungen veröffentlicht[1], damit sich die Geschäftspartner oder mögliche Geschäftspartner entsprechend informieren können.

➔ Grundsatz der Öffentlichkeit der Firma

6.1.3 Exkurs: Handelsregister/Unternehmensregister

Begriff

Das Handelsregister ist ein öffentliches Verzeichnis aller Kaufleute und wird beim jeweils zuständigen Amtsgericht (Registergericht) elektronisch geführt.
Die Eintragungen sind laut § 12 HGB elektronisch, in öffentlich beglaubigter Form einzureichen (durch einen Notar).
Alle Eintragungen werden veröffentlicht, und zwar im Bundesanzeiger und mindestens einer örtlichen Tageszeitung (§ 10 HGB). Das Unternehmensregister ist eine beim Bundesministerium der Justiz geführte Datenbank, in der alle Informationen des Handelsregisters, des Genossenschaftsregisters, des Partnerschaftsregisters und des Bundesanzeigers zusammengeführt sind. Diese Informationen können kostenlos abgerufen werden.

Gliederung

Das Handelsregister ist in zwei Abteilungen gegliedert:

- Abteilung A ist für die Einzelunternehmungen und Personengesellschaften (OHG, KG) geführt,
- Abteilung B für die Kapitalgesellschaften.

Für Genossenschaften wird extra ein Genossenschaftsregister geführt.

Eintragungen

Eingetragen werden Firma, Name des Geschäftsinhabers, Bestellung oder Widerruf der Prokura, Name und Höhe der Einlage von Kommanditisten, Name der Vorstandsmitglieder einer AG, Vergleich, Konkurs und Liquidation.
Nicht mehr geltende Eintragungen werden rot unterstrichen und gelten damit als gelöscht (vgl. Auszug).

Öffentlichkeit des Handelsregisters

Jede Eintragung ist zu veröffentlichen (§ (§§ 10 - 10a HGB) 15 streichen 15 HGB), wobei die Eintragungen unterschiedliche Wirkungen haben können:

- Tatsache gilt erst mit der Eintragung ins Handelsregister, Eintragung ist rechtserzeugend (konstitutiv), z. B. Kannkaufmann[2], Haftung der Kommanditisten.
- Tatsache gilt bereits vor der Eintragung ins Handelsregister, die Eintragung ist rechtsbekundend (deklaratorisch), z. B. Kaufmann, Personengesellschaften, Prokuraerteilung.

---

1 *Veröffentlichung in einer Tageszeitung entfällt in drei Jahren.*
2 *Vgl. Kfm.-Eigenschaft.*

Handelsregister -**Abt. A** - des Amtsgerichts Lübeck — **HRA** 5513

Nummer der Eintragung	a) Firma b) Ort der Niederlassung (Sitz der Gesellschaft) c) Gegenstand des Unternehmens (bei juristischen Personen)	Geschäftsinhaber Persönlich haftende Gesellschafter Geschäftsführer Abwickler	Prokura	Rechtsverhältnisse	a) Tag der Eintragung und Unterschrift b) Bemerkungen
1	2	3	4	5	6
1	a) J. G. Guldenberg e.Kfm. b) Lübeck	Jürgen Strait Lübeck geb. 26.03.1943 Henning Strait Lübeck geb. 17.06.1965		Kommanditgesellschaft Kommanditistin Witwe Elli Strait geb. Kopff in Lübeck mit einer Einlage von 900 000,00 EUR	a) umgeschrieben von HRA 3296 am 21. Mai 2002 b) Tag der ersten Eintragung am 10. Juli 1968 *Fehlmer*
2			Gertrud Lorenz in Lübeck ist Einzelprokura erteilt worden.		a) 25. Juni 2002 *Braun*

Handelsregister -**Abt. B** - des Amtsgerichts Ludwigsburg — Blatt 1 (mit Fortsetzung Blatt ....) — **HRB** 1281

Nummer der Eintragung	a) Firma b) Sitz c) Gegenstand des Unternehmens	Grundkapital oder Stammkapital EUR	Geschäftsinhaber Persönlich haftende Gesellschafter Geschäftsführer Abwickler	Prokura	Rechtsverhältnisse	a) Tag der Eintragung und Unterschrift b) Bemerkungen
1	2	3	4	5	6	7
1	a) Fashion Textil Aktiengesellschaft b) Kornwestheim c) Gegenstand des Unternehmens ist die Herstellung und der Vertrieb von Textilien der Marke „Colorado" sowie von anderen Textilien aller Art und chemischen Produkten. Die Gesellschaft befasst sich weiter mit der Herstellung und dem Vertrieb von Pappe, Lederfaserwerkstoffen und Kunststofferzeugnissen.	600 000,00	Dr. Franz Josef Dazert, geb. 22.11.1961 Direktor, Isny, – Vorsitzender – Dr. Wolfgang Scholl, geb. 15.3.1955, Wirtschaftsjurist, Steinheim/Murr	Gesamtprokuristen: Kurt-Otto Megerle, geb. 24.03.1953 Ludwigsburg Karl-Heinz Maaßen, geb. 16.01.1973 Korntal. Wolfgang Swoboda, geb. 24.02.1975 Ludwigsburg. Simone Brühl, geb. 25.08.1963 Ludwigsburg-Hoheneck. Dr. rer. oec. Claus Jakob Sigler, geb. 18.04.1950 Kornwestheim. Jeder vertritt mit einem Vorstandsmitglied oder einem Prokuristen.	Aktiengesellschaft. Die am 4. Juli 1986 festgestellte Satzung wurde mehrfach, zuletzt am 25. Juni 2000 geändert. Zwei Vorstandsmitglieder zusammen oder eines gemeinsam mit einem Prokuristen sind vertretungsberechtigt.	a) 22. Juli 2002 *Meyer*
2			Stellvertretendes Vorstandsmitglied Kurt-Otto Megerle, Direktor, Ludwigsburg.		Zum stellvertretenden Vorstandsmitglied wurde bestellt: Kurt-Otto Megerle, Kaufmann in Ludwigsburg	a) 30. Aug. 2002 *Schrimpf* (Rechtspfleger)

Zusammenfassung

1. Auch kleinere Gewerbebetriebe können sich im Handelsregister eintragen lassen. Nach der Eintragung gelten sie als **Kaufmann**.
2. Die Firma ist der Name eines Kaufmanns, unter dem er seine Geschäfte betreibt, seine Unterschrift abgibt, klagt und verklagt werden kann.
3. Man unterscheidet **Personenfirmen, Sachfirmen, Mischfirmen und Fantasiefirmen.**
4. Das Handelsregister ist ein öffentliches Verzeichnis aller Kaufleute.
5. Das Handelsregister ist in zwei Abteilungen gegliedert.
6. Eine **Eintragung ins Handelsregister** kann sowohl deklaratorische als auch konstitutive Wirkung haben.

Prüfen Sie Ihr Wissen

1. Erklären Sie den Begriff „Kaufmann".
2. Was ist ein Handelsgewerbe?
3. Unterscheiden Sie zwischen der Eintragung nach § 1 HGB, § 2 HGB und § 3 HGB.
4. Erklären Sie die Begriffe: Firma, Mischfirma, Personenfirma, Sachfirma und Fantasiefirma. Nennen Sie je zwei Beispiele.
5. Erklären Sie den Begriff „Handelsregister".
6. Welche zwei Abteilungen des Handelsregisters müssen unterschieden werden?

Web

6.1.4 Überblick über die Rechtsformen der Unternehmen

Der Gesetzgeber gibt eine große Anzahl von Unternehmensformen vor, überlässt aber im Normalfall dem oder den Eigentümern die Wahl der Rechtsform, das heißt, jeder kann nach steuerlichen, betriebswirtschaftlichen oder anderen Gesichtspunkten die für ihn sinnvollste Rechtsform wählen. Zusätzlich entwickelten sich in unserer Volkswirtschaft Rechtsformen, die vom Gesetzgeber nicht vorgesehen waren, die sogenannten Mischformen. Unternehmungen sind Betriebe, die nach marktwirtschaftlichen Gesichtspunkten geführt werden (z. B. selbstständiges Planen und Streben nach maximalem Gewinn). Fehlen diese Merkmale, so spricht man von öffentlichen Betrieben. Sie sind nicht den Unternehmungen zuzuordnen, da sie meist abhängig von einer Gebietskörperschaft sind, nach dem Kostendeckungsprinzip arbeiten und nur nach einem angemessenen Gewinn streben, den sie für Ersatz- bzw. Neuinvestitionen benötigen.

Rechtsformen der Betriebe

Private Betriebe

Personengesellschaften
- Gesellschaften des bürgerlichen Rechts (GbR)
- Offene Handelsgesellschaft (OHG)
- Kommanditgesellschaft (KG)
- stille Gesellschaft

Einzelunternehmen

Kapitalgesellschaften
- Aktiengesellschaft (AG)
- UG (haftungsbeschränkt)
- Gesellschaft mit beschränkter Haftung (GmbH)
- Limited
- Kommanditgesellschaft auf Aktien (KgaA)
- Bergrechtliche Gewerkschaft
- Sonderformen
  - Bohrgesellschaften
  - Reedereien

Mischformen
- GmbH & Co. KG
- AG & Co. KG
- OHG & Co. KG
- Doppelgesellschaften
- Betriebssplitting oder Betriebsaufspaltung
- UG (haftungsbeschränkt) & Co. KG

Genossenschaften
- Verwertungsgenossenschaften
  - Weingärtnergenossenschaften
  - Fischereigenossenschaften
  - Kreditgenossenschaften
- Beschaffungsgenossenschaften
  - Einkaufsgenossenschaften der Handwerker
  - Einkaufsgenossenschaften der Händler

Versicherungsvereine auf Gegenseitigkeit (VVaG)
- Versicherungsverein der öff. Bediensteten in Baden-Württemberg (WGVaG)

Öffentliche Betriebe

in privatrechtlicher Form
- rein öffentliche Betriebe (Mehrheitsbeteiligung der öffentl. Hand), z. B. ZEAG, Ludwigsburger Stadtmarketing GmbH
- gemischtwirtschaftliche Betriebe (ohne Mehrheitsbeteiligung der öffentl. Hand), z. B. Südwestdeutsche Salzwerke, KAWAG

in nicht-privatrechtlicher Form
- ohne eigene Rechtspersönlichkeit
  - behördliche, wirtschaftlich unselbstständige Betriebe, z. B. Kreiskrankenhaus, regionales Rechenzentrum
  - behördliche, aber wirtschaftlich selbstständige Betriebe, z. B. Bundesdruckerei, Verkehrsbetriebe, Versorgungsbetriebe (Strom, Gas, Wasser)
- mit eigener Rechtspersönlichkeit
  - Betriebe in öffentlich-rechtlicher Gestaltung
    - öff.-rechtl. Körperschaften (AOK)
    - öff.-rechtl. Anstalten (Kreissparkasse)
    - öff.-rechtl. Stiftungen (Stiftung Volkswagen-Werk)

6.1.5 Einzelunternehmung

Herr Fabian Maier betreibt ein Kaffee- und Teeeinzelhandelsgeschäft. Er ist im Handelsregister unter der Firma „Fabian Maier Kaffee- und Teehandel e. Kfm." eingetragen. Herr Fabian Maier betreibt noch mehrere Geschäfte (Filialen) in derselben Stadt. Seine Unternehmung umfasst also mehrere Betriebe.
Ist Herr Fabian Maier Einzelunternehmer?

Merkmale der Einzelunternehmung

Firma	Nach § 18 HGB muss die Firma zur Kennzeichnung des Kaufmanns oder der Kauffrau geeignet sein und Unterscheidungskraft besitzen. § 19 HGB: Die Firma muss die Bezeichnung „eingetragener Kaufmann" (e. Kfm.) oder „eingetragene Kauffrau" (e. Kffr.) enthalten.
Gründung	Der Einzelunternehmer oder die Einzelunternehmerin (Eigentümer) gründet die Unternehmung und führt sie auch fort (Ausnahme: Weiterveräußerung).
Kapitalaufbringung	Das Gesetz schreibt für die Einzelunternehmung keine bestimmte Höhe des Kapitals vor. Der Eigentümer oder die Eigentümerin hat das notwendige Kapital selbst aufzubringen, falls notwendig durch Kreditaufnahme.
Geschäftsführung	(das Innenverhältnis betreffend): Der Einzelunternehmer oder die Einzelunternehmerin hat die alleinige Geschäftsführungsbefugnis, d. h., er oder sie trifft alle Entscheidungen über die zukünftige Entwicklung der Unternehmung allein (Ausnahme: Mitbestimmungsrechte der Arbeitnehmenden).
Vertretung	Außenverhältnis – gegenüber Dritten: Sie liegt allein beim Eigentümer oder der Eigentümerin, d. h., er oder sie schließt alle Rechtsgeschäfte, die die Unternehmung betreffen (Kaufverträge, Arbeitsverträge, Kredit- oder Darlehensverträge usw.) selbst ab (Ausnahme: Erteilung von Vollmachten wie Prokura und Handlungsvollmacht).
Gewinn	Der Eigentümer die Eigentümerin einer Einzelunternehmung hat als Einziger bzw. Einzige das Recht auf den Jahresgewinn der Unternehmung. (Ausnahme: Die Belegschaft ist mit einem bestimmten Prozentsatz am Jahresgewinn beteiligt.)
Verlust	Der Einzelunternehmer bzw. die Einzelunternehmerin hat allein den Verlust in voller Höhe zu tragen.
Haftung	Der Unternehmer bzw. die Unternehmerin muss für die von ihm oder ihr (und seinen Bevollmächtigten) eingegangenen Verbindlichkeiten unbeschränkt (Unternehmungskapital + Privatvermögen) haften. Ausnahme: In der Ehe ist Gütertrennung vereinbart und das Privatvermögen der Ehefrau bzw. dem Ehemann überschrieben.
Auflösung	Der Eigentümer bzw. die Eigentümerin entscheidet, wann die Unternehmung aufgelöst wird, es sei denn, es kommt zu einer zwangsweisen Auflösung (Konkurs) durch das Gericht wegen Zahlungsunfähigkeit. Auch die Wahl einer anderen Unternehmungsform (OHG, KG, GmbH usw.) bleibt allein dem Eigentümer oder der Eigentürmerin vorbehalten. Diese Umwandlung führt auch zur Auflösung der Einzelunternehmung.

Meist sind kleine und mittlere Betriebe Einzelunternehmungen, d. h., sie gehören einer Person, die sämtliche Rechte und Pflichten wahrnimmt, die sich im eigenen Betrieb ergeben.

Vor- und Nachteile der Einzelunternehmung

Vorteile	Nachteile
• Einzelunternehmer bzw. die Einzelunternehmerin muss sich in seinen Entscheidungen nicht mit anderen abstimmen (Ausnahme: Mitbestimmung) • schnellere Entscheidung und dadurch schnellere Anpassung an Veränderungen in der Wirtschaft • eindeutige und klare Unternehmensführung • alleinige Gewinnchance beim Unternehmer bzw. der Unternehmerin, dadurch erhöhter Einsatz des Unternehmers oder der Unternehmerin bei der Arbeit	• wenn Unternehmer bzw. der Unternehmerin nicht genügend qualifiziert ist, kann alleiniges Entscheidungsrecht negative Folgen für die Unternehmung haben • persönliche Charaktereigenschaften des Unternehmers oder der Unternehmerin könnten sich nachteilig auf das Betriebsklima auswirken • großes Haftungsrisiko, das jedoch durch Ehevertrag (Gütertrennung) ausgeschlossen werden kann • bei kleineren Unternehmungen (die meisten Einzelunternehmungen) ist die Höhe der Kapitalaufbringung begrenzt, dadurch auch geringe Kreditaufnahmemöglichkeiten

Bedeutung der Einzelunternehmung für die Wirtschaft

Rechtliche Einheiten nach zusammengefassten Rechtsformen im Berichtsjahr 2022

Rechtsformen	**Rechtliche Einheiten[1]**				
	Insgesamt	**davon mit … bis unter … abhangig Beschaftigten**			
		0 bis 10	**10 bis 50**	**50 bis 250**	**250 und mehr**
Einzelunternehmer	2 033 401	1 939 339	90 243	3 730	89
Personengesellschaften (zum Beispiel: OHG, KG)	414 176	332 431	64 169	14 417	3 159
Kapitalgesellschaften (zum Beispiel: GmbH, AG)	813 175	573 963	179 152	48 921	11 139
Sonstige Rechtsformen	174 726	136 664	28 074	7 330	2 658
Insgesamt	3 435 478	2 982 397	361 638	74 398	17 045

Quelle: https://www.destatis.de/DE/Themen/Branchen-Unternehmen/Unternehmen/Unternehmensregister/Tabellen/unternehmen-rechtsformen-wz08.html, abgerufen am 28.01.2024

1 *Rechtliche Einheiten mit Umsatzsteuervoranmeldungen und/oder Beschäftigten 2022 sowie Sitz in Deutschland. Eine Rechtliche Einheit ist eine natürliche Person, die wirtschaftlich tätig ist, eine juristische Person oder eine Personenvereinigung. Betrachtet werden also beispielsweise eine Aktiengesellschaft, Gesellschaft mit beschränkter Haftung, Offene Handelsgesellschaft oder Einzelunternehmer.*
Details sind den methodischen Erläuterungen zu entnehmen.

Die Grafik der Unternehmungsformen zeigt das Verhältnis der Einzelunternehmungen zu den Personengesellschaften und den Kapitalgesellschaften.
Dass immer noch mehr als 59 % aller Unternehmungen in Form der Einzelunternehmung geführt werden, ist vielleicht ein Beleg dafür, dass die wenigsten Unternehmerinnen und Unternehmer das Risiko der Haftung scheuen.
Die meisten dieser Einzelunternehmungen sind Klein- und Mittelbetriebe, dies vor allem deshalb, weil hier meistens auch größere Handwerksbetriebe mit eingerechnet sind, die nach kaufmännischen Gesichtspunkten geführt werden.

Gründe für Gesellschaftsgründungen

Warum es doch immer häufiger zu Gesellschaftsgründungen kommt, lässt sich aus den Nachteilen der Einzelunternehmung und aus verschiedenen anderen Gründen ableiten.

Gründe, die aus den Nachteilen der Einzelunternehmung abgeleitet werden können

- Da der Einzelunternehmer bzw. die Einzelunternehmerin das Risiko allein trägt, versuchen sie durch Zusammenschluss mit anderen Unternehmern oder Unternehmerinnen zu einer Gesellschaft, das **Unternehmerrisiko zu mindern**.
- Des Weiteren steht der Unternehmung durch den Zusammenschluss **mehr Eigenkapital** zur Verfügung.
- Das bedeutet gleichzeitig eine Erhöhung der **Kreditbasis**.
- Wenn der Einzelunternehmer bzw. die Einzelunternehmerin nicht genügend qualifiziert ist, kann er oder sie mit entsprechenden **Fachleuten** zusammen eine Gesellschaftsunternehmung gründen. Das heißt, es ist durchaus denkbar, dass sich Technikfachleute und Kaufleute zusammenschließen.

Andere Gründe

- Sollte der bisherige Geschäftsführer bzw. -führerin **krankheitshalber**, **altersbedingt** oder wegen **Todes** ausscheiden und treten an die Stelle die Erben, so kann es durch die Aufteilung des Erbes zur Gründung einer Gesellschaft kommen.
- Plant der Unternehmer oder die Unternehmerin eine **Mitbeteiligung** der Belegschaft an der Unternehmung, so kann es sein, dass hierfür eine andere Rechtsform der Unternehmung gewählt wird (z. B. Ausgabe von Belegschaftsaktien/Aufnahme von GmbH-Gesellschaftern/Aufnahme von stillen Gesellschaftern).
- Will sich zum Zwecke der **Patentauswertung** ein Erfinder oder eine Erfinderin mit einem Unternehmen verbinden, so kann es zu einer Gesellschaftsgründung kommen.
- Zum Zwecke der **Konkurrenzausschaltung** ist es denkbar, dass sich mehrere Einzelunternehmer und Einzelunternehmerinnen zu einer Gesellschaft zusammenschließen.
- Manche Gesellschaftsunternehmungen bieten gegenüber der Einzelunternehmung gewisse **steuerliche Vorteile**; um diese auszunutzen, kommt es oft zu Gesellschaftsgründungen.

Exkurs: Gesellschaft des bürgerlichen Rechts (GbR)

Drei Auszubildende einer Krankenkasse haben beschlossen, jeden Freitag gemeinsam in der Lotterie zu spielen. Jeder der drei verpflichtet sich, 5,00 € einzusetzen. Die Bearbeitungsgebühren der Annahmestelle sollen wie die eventuell anfallenden Gewinne durch drei geteilt werden. Ein Sachbearbeiter der Krankenkasse macht sie darauf aufmerksam, dass sie damit eine Gesellschaft gegründet hätten. Stimmt das?

Die BGB-Gesellschaft beruht auf der vertraglichen Vereinbarung zwischen mehreren Personen, die ein gemeinsames Ziel unter Leistung von vereinbarten Beiträgen erreichen wollen (§ 705 BGB). Die BGB-Gesellschaft ist eine Gelegenheitsgesellschaft, sie ist ein vorübergehender Zusammenschluss zur gemeinsamen Abwicklung eines Geschäftes (Erreichung eines gemeinsamen Zieles).

BGB-Gesellschaften kommen

- unter Nichtkaufleuten als Tippgemeinschaft, bei der gemeinsamen Miete eines Autos, bei einem gemeinsamen Ausflug usw.,
- unter Kaufleuten bei Bauhandwerkern und Bauunternehmungen zur gemeinsamen Durchführung eines Großauftrags (Arbeitsgemeinschaft Neckarbrücke o. Ä.), bei der Bildung von Bankenkonsortien (zur Neuemission von Aktien, Stützung schwacher Unternehmen usw.),
- unter Formkaufleuten vor der Eintragung in das Handelsregister als BGB-Gesellschaft unter Gründern (Vorgründungsgesellschaft),
- in gemeinsamen Kanzleien von Rechtsanwälten, gemeinsamen Praxen von Ärzten usw. vor (diese stehen u. a. im Partnerschaftsregister).

Die BGB-Gesellschaft wird **nicht in das Handelsregister eingetragen**, hat **keine eigene Firma**, ernennt **keine Prokuristen** und **endet mit der Erreichung des vereinbarten Zweckes** (§ 726 BGB). Die **Geschäftsführung und Vertretung** (§ 709 BGB) wird von allen Gesellschaftern gemeinschaftlich wahrgenommen, sie kann jedoch einem Gesellschafter übertragen werden (§ 710 BGB), dann sind die anderen Gesellschafter von der Geschäftsführung ausgeschlossen. Das **Gesellschaftsvermögen** ist gemeinschaftliches Vermögen der Gesellschafter (Vermögen/Eigentum zur gesamten Hand, § 718 BGB), das bedeutet, dass ein Gesellschafter nicht über seinen Anteil frei verfügen kann oder die Teilung verlangen kann (§ 719 BGB).

Zusammenfassung

1. **Einzelunternehmungen** sind meist kleine und mittlere Betriebe, die einer Person gehören. Der Einzelunternehmer nimmt sämtliche Rechte und Pflichten wahr, die sich im eigenen Betrieb ergeben.
2. Der **Einzelunternehmer** gründet seine Unternehmung selbst, bringt selbst das Kapital auf, leitet allein die Unternehmung, vertritt sie allein, erhält allein den Gewinn, trägt allein den Verlust, haftet allein für die Verbindlichkeiten seiner Unternehmung und kann allein über die Auflösung seiner Unternehmung entscheiden. (Ausnahmen)
3. Die BGB-Gesellschaft ist eine **Gelegenheitsgesellschaft** oder eine Vorgründungsgesellschaft.
4. Die **BGB-Gesellschaft** ist nicht im HR eingetragen, hat keine eigene Firma, ernennt keine eigenen Prokuristen und endet mit der Erreichung des vereinbarten Zwecks.

Prüfen Sie Ihr Wissen

1. Nennen und erklären Sie die einzelnen Merkmale der Einzelunternehmung.
2. Nennen Sie die Vor- und Nachteile der Einzelunternehmung.
3. Welche Bedeutung haben die Einzelunternehmungen für die deutsche Wirtschaft?
4. Welche Gründe sprechen für die Gründung von Gesellschaftsunternehmungen?
5. Erklären Sie, was man unter einer GbR versteht.
6. In welchen Bereichen unserer Gesellschaft können BGB-Gesellschaften vorkommen?

Web

6.1.6 Offene Handelsgesellschaft (OHG)

Herr Peter Schmitt, Inhaber eines gut gehenden Malerbetriebs mit sechs Beschäftigten, möchte seinen Betrieb erweitern. Er plant, seinen Betrieb so zu vergrößern, dass er in Zukunft Farben, Tapeten und Malerzubehör zusätzlich verkauft. Da Herr Schmitt die kaufmännische Tätigkeit scheut und außerdem zusätzliches Kapital benötigt, sucht er einen erfahrenen Kaufmann, der bereit ist, eine Summe von 100 000,00 € aufzubringen, die kaufmännische Leitung übernimmt und willens ist, das Risiko und die Haftung voll mitzutragen.
Welche Unternehmungsform strebt Herr Schmitt an?

Die **OHG** ist eine Personengesellschaft (mindestens zwei Personen schließen sich zusammen), deren Zweck auf den Betrieb eines Handelsgewerbes unter **gemeinschaftlicher Firma** gerichtet ist, wenn bei keinem der Gesellschafter die Haftung gegenüber den Gesellschaftsgläubigern (Bank, Lieferer ...) beschränkt ist (§ 105 HGB). Jeder Gesellschafter ist **Kaufmann bzw. Kauffrau**, d. h. Gesellschafter mit gleichen Rechten und Pflichten.

Firmierung

§ 19 HGB besagt, dass die Firma die Bezeichnung „offene Handelsgesellschaft" (OHG) enthalten muss (Schmitt OHG). Wenn keine natürliche Person haftet, muss die Firma eine Bezeichnung enthalten, welche die Haftungsbeschränkung kennzeichnet.

Gründung/Entstehung

- Der **Gesellschaftsvertrag** regelt das Rechtsverhältnis der Gesellschafter untereinander; er unterliegt keiner Formvorschrift, wird aber in der Regel schriftlich abgeschlossen. Die Schriftform ist nur dann notwendig, wenn einer der Gesellschafter ein Grundstück oder ein Haus in die Gesellschaft einbringt.
  Regelt der Gesellschaftsvertrag nicht alle Einzelheiten, so gelten die Vorschriften des HGB (§§ 109 ff.).

- Die **Anmeldung zum HR** muss von allen Gesellschaftern elektronisch in öffentlich beglaubigter Form eingereicht werden (durch einen Notar) (§ 12 und 108 HGB). Sie muss enthalten:
  1. den Namen, Vornamen, Stand und Wohnort jedes Gesellschafters
  2. die Firma der Gesellschaft und den Ort, wo sie ihren Sitz hat
  3. den Zeitpunkt, mit welchem die Gesellschaft begonnen hat (§ 106 HGB)
- Die **OHG beginnt** im **Außenverhältnis**, d.h. Dritten gegenüber (Kunden, Lieferer, Banken usw.) *frühestens*, wenn einer der Gesellschafter im Namen der Gesellschaft tätig wird (§ 123 Abs. 2 HGB), und **spätestens** mit der Eintragung ins Handelsregister (§ 123 Abs. 1 HGB).

Pflichten und Rechte der Gesellschafter

Der **Gesellschaftsvertrag** regelt die Rechte und Pflichten der Gesellschafter untereinander (im Innenverhältnis); nach außen, also Dritten gegenüber gelten die **Regelungen des Handelsgesetzbuchs**, davon abweichende Regelungen müssen im Handelsregister eingetragen werden (§§ 125–127 HGB).

Pflichten	Rechte
Kapitaleinlagepflicht: Die Höhe der Einlage ist im Gesellschaftsvertrag festgelegt, die Einlage kann in bar, in Sachwerten (Grundstücke, Maschinen usw.) oder in Rechten (Patente, Lizenzen) erbracht werden. Kommt ein Gesellschafter seiner Einlagepflicht nicht rechtzeitig nach, so kann die Gesellschaft Verzugszinsen verlangen (§ 111 HGB). Das Kapital wird zum gemeinschaftlichen Vermögen der OHG (Gesamthandeigentum), obwohl die Anteile der einzelnen Gesellschafter getrennt gebucht und geführt werden.	**Recht zur Geschäftsführung:** Grundsätzlich hat jeder Gesellschafter das Recht, die Geschäftsführung allein zu übernehmen, jedoch nur für Handlungen, die der Handelsbetrieb *gewöhnlich* (Wareneinkauf, Warenverkauf, Personaleinstellung, Personalentlassung, Zahlungen leisten usw.) mit sich bringt (§ 116 HGB). Außergewöhnliche Geschäfte (Aufnahme eines weiteren Gesellschafters, Kauf und Verkauf von Grundstücken usw.) bedürfen des Gesamtbeschlusses aller Gesellschafter (§ 116 Abs. 2 HGB). Zur Prokura-Erteilung bedarf es ebenfalls der Zustimmung aller geschäftsführenden Gesellschafter. Zum Widerruf der Prokura genügt ein geschäftsführender Gesellschafter (§ 116 Abs. 3 HGB). Die Befugnis zur Geschäftsführung kann bei grober Pflichtverletzung oder Unfähigkeit durch gerichtlichen Entscheid entzogen werden (§ 117 HGB).
Geschäftsführungspflicht: Jeder Gesellschafter hat die Pflicht, im Betrieb mitzuarbeiten. Davon abweichende Regelungen können im Vertrag vereinbart werden (§ 114 HGB).	**Kontrollrecht:** Sollte ein Gesellschafter von der Geschäftsführung ausgeschlossen sein, so kann er jederzeit eine persönliche Unterrichtung über die Geschäftslage der Unternehmung verlangen (§ 118 HGB).

Pflichten	Rechte
Verlustbeteiligungspflicht: Verlust am Ende eines Geschäftsjahres wird unabhängig vom Kapitalanteil gleichmäßig (nach Köpfen) aufgeteilt und vom Kapitalkonto abgezogen (§§ 120 und 121 Abs. 3 HGB).	**Recht auf Ersatz der Aufwendungen:** Geschäftlich bedingte Aufwendungen eines Gesellschafters, die er aus seinem privaten Vermögen beglichen hat, sind dem Gesellschafter von der Gesellschaft zu vergüten. Ebenso sind Verluste, die unmittelbar mit der Geschäftsführung verbunden sind, durch die Gesellschaft zu vergüten (§ 110 HGB).
Haftpflicht: Die Gesellschafter haften Dritten gegenüber unbeschränkt, unmittelbar und solidarisch (§§ 128, 129 und 130 HGB). • **Unbeschränkte Haftung** bedeutet, dass jeder Gesellschafter sowohl mit seinem Geschäftsvermögen als auch mit seinem Privatvermögen haftet (Ausnahme wie in der Einzelunternehmung). Jeder neu aufgenommene Gesellschafter haftet für bisher eingegangene Schulden der Gesellschaft. Der neu eingetretene Gesellschafter kann diese Haftung nur durch Eintragung in das Handelsregister ausschließen oder wenn er jeden einzelnen Gläubiger der Gesellschaft über diese Tatsache unterrichtet. Ein aus einer Gesellschaft austretender Gesellschafter haftet noch *fünf* Jahre für die bei seinem Austritt bestehenden Verbindlichkeiten der Gesellschaft. • **Unmittelbare Haftung** heißt, dass ein Gläubiger einer OHG nicht erst gegen die Gesellschaft klagen muss, sondern sich gleich an einen der Gesellschafter wenden kann. Besser noch ist es, gegen die Gesellschaft und die Gesellschafter zu klagen. • **Solidarische Haftung** (gesamtschuldnerische Haftung) bedeutet, dass jeder Gesellschafter für die gesamten Schulden der Unternehmung haftet, d. h., jeder Gläubiger sucht sich den zahlungskräftigsten Gesellschafter aus, der für die Begleichung seiner Forderung aufkommen soll.	**Recht zur Vertretung:** Jeder Gesellschafter ist *allein* berechtigt, die Gesellschaft in vollem Umfang und für alle Geschäfte zu vertreten (§ 125 Abs. 1 HGB). **Einschränkungen:** • **Gesamtvertretung:** Im Gesellschaftsvertrag kann vereinbart werden, dass *alle* oder *mehrere* Gesellschafter *gemeinsam* zur Vertretung der Gesellschaft ermächtigt sein sollen (§ 125 Abs. 2 HGB). • Im Gesellschaftsvertrag kann bestimmt werden, dass die Gesellschafter, wenn nicht alle oder mehrere zusammen handeln, nur in **Gemeinschaft mit einem Prokuristen** zur Vertretung der Gesellschaft ermächtigt sein sollen (§ 125 Abs. 3 HGB). • Ein Gesellschafter kann **von der Vertretung** der Gesellschaft durch den Gesellschaftsvertrag **ausgeschlossen** werden (§ 125 Abs. 1 HGB). • Bei Vorliegen eines wichtigen Grundes (grobe Pflichtverletzung oder Unfähigkeit) kann einem Gesellschafter auf Antrag der anderen Gesellschafter durch gerichtliche Entscheidung die **Vertretungsbefugnis aberkannt** werden (§ 127 HGB). Sämtliche Einschränkungen der Vertretungsbefugnis müssen im Handelsregister eingetragen werden (§ 125 Abs. 4 HGB). **Umfang der Vertretungsmacht:** Die Vertretungsmacht aller Gesellschafter erstreckt sich auf alle gerichtlichen und außergerichtlichen Geschäfte und Rechtshandlungen einschließlich der Veräußerung und Belastung von Grundstücken sowie der Erteilung und des Widerrufs der Prokura (§ 126 HGB).

Pflichten	Rechte
Wettbewerbsverbot: Jeder Gesellschafter hat die Pflicht, sich der Konkurrenz gegenüber der eigenen Unternehmung zu enthalten. Sollte er trotzdem Geschäfte auf eigene Rechnung im gleichen Gewerbe betreiben wollen, so benötigt er die Einwilligung seiner Mitgesellschafter. Ebenso ist die Beteiligung als Vollhafter an einer anderen Gesellschaft verboten, da der OHG-Gesellschafter mit seinem Gesamtvermögen haftet (§ 112 HGB). Bei Nichtbeachtung des Wettbewerbsverbots hat die OHG zwei Möglichkeiten. Zum einen kann sie das Selbsteintrittsrecht der Gesellschaft geltend machen, indem die Gesellschaft verlangt, dass das Geschäft als für ihre Rechnung eingegangen gilt. Zum anderen hat die Gesellschaft das Recht, das Gesellschaftsverhältnis als aufgelöst zu erklären (§ 133 Abs. 2 und § 131 Abs. 1 HGB).	**Recht auf Anteil am Gewinn:** Jedem Gesellschafter steht am Jahresende ein Teil des erwirtschafteten Gewinns zu. Ist die Gewinnverteilung im Gesellschaftsvertrag nicht geregelt, so gilt das HGB. Das HGB bestimmt, dass jeder Gesellschafter zunächst aus dem Gewinn 4 % (Verzinsung) des Jahresanfangskapitals erhält. Der Rest des Gewinnes wird dann nach Köpfen (zu gleichen Teilen) verteilt. Ist der Gewinn für diese Verteilung zu klein, so muss ein entsprechend niedrigerer Prozentsatz gewählt werden. Der Gewinn wird den einzelnen Kapitalkonten der Gesellschafter gutgeschrieben. Er kann auf Verlangen ausbezahlt werden (§§ 120 und 121 HGB). Ein Rechenbeispiel ist unter der Tabelle.
	Recht auf Privatentnahme: Jeder Gesellschafter hat das Recht, bis zu 4 % seines Jahresanfangskapitals für private Zwecke zu entnehmen. Darüber hinausgehende Entnahmen sind nur dann zulässig, wenn sie nicht zum Schaden der Unternehmung sind. Größere Entnahmen können nur mit Zustimmung der anderen Gesellschafter getätigt werden (§ 122 HGB).
	Kündigungsrecht: Wurde die Gesellschaft auf unbestimmte Zeit gegründet, so hat jeder Gesellschafter das Recht, spätestens sechs Monate vor Schluss eines Geschäftsjahres zu kündigen. Ist im Gesellschaftsvertrag nichts anderes vereinbart, so ist die Gesellschaft dadurch aufgelöst (§ 132 HGB).

Beispiel einer Gewinnverteilung (nach HGB):
Herr Peter Schmitt und sein neuer Partner, Herr Max Kaufmann, haben nach dem ersten Geschäftsjahr einen Gewinn in Höhe von 64 000,00 € erwirtschaftet. Herr Schmitt hat während des Geschäftsjahres 8 000,00 €, Herr Kaufmann 2 000,00 € für private Zwecke entnommen.
Der Gewinn soll den Kapitalkonten gutgeschrieben werden.

Gesellschafter	Jahresanfangskapital	4 %	Rest nach Köpfen	Gesamtgewinn	Privatentnahmen	Jahresendkapital
				€		
Peter Schmitt	200 000,00	8 000,00	26 000,00	34 000,00	8 000,00	226 000,00
Max Kaufmann	100 000,00	4 000,00	26 000,00	30 000,00	2 000,00	128 000,00
gesamt	300 000,00	12 000,00	52 000,00	64 000,00	10 000,00	354 000,00

Gründe für die Auflösung einer OHG (§ 131 HGB)

Die OHG wird bei

- Ablauf der festgelegten Vertragsdauer,
- Beschluss der Gesellschafter,
- Konkurseröffnung über die Gesellschaft oder einen Gesellschafter,
- gerichtlicher Entscheidung aufgelöst.

Prüfen Sie Ihr Wissen

Web

1. Nennen Sie die Rechte und Pflichten der OHG-Gesellschafter.
2. Nennen Sie drei Gründe, die zur Gründung einer OHG führen können.
3. Welche Firma muss eine OHG führen?
4. Wann beginnt eine OHG im Außenverhältnis?

6.1.7 Aktiengesellschaft (AG)

Durch Trading zum Millionär: Profi-Trader verrät sein verblüffend einfaches Erfolgsrezept.
Geld verdienen und erfolgreich sein an der Börse? Dies scheint für viele ein schwieriger bis unmöglicher Schritt zu sein, verbindet man doch ein hohes Risiko, notwendige jahrelange Erfahrung und ausgezeichnete Kenntnisse von den Märkten damit. Multimillionär und Profi-Trader Florian S. sieht das anders und sorgte in den letzten Monaten für viel Aufsehen, denn er behauptet:
„ Mit meiner Strategie kann jeder an der Börse Geld verdienen." […]

Quelle: https://wirtschaftsanzeiger.com/themen-interview-p732577?msclkid=cdOe71c27c041c8a, abgerufen 28.01.2024

Name	Rendite in %	Dividende	Währung	Jahr
adidas	*0,29	*0,52	EUR	2022
Airbus SE (ex EADS)	*1,68	*2,42	EUR	2023
Allianz	*4,86	*12,09	EUR	2022
BASF	*7,41	*3,39	EUR	2022
Bayer	*7,48	*2,09	EUR	2022
Beiersdorf AG	*0,61	*0,83	EUR	2022
BMW AG	*5,52	*5,70	EUR	2022
Brenntag SE	*2,48	*1,98		2022
Commerzbank	*5,24		EUR	2023
Continental AG	*2,65	*1,95	EUR	2022
Covestro AG	*0,02	*0,01		2022
Daimler Truck	*5,04	*1,78	EUR	2022
Deutsche Bank AG	*5,47	*0,66	EUR	2023
Deutsche Börse AG	*2,11	*3,95	EUR	2023
Deutsche Telekom AG	*3,44	*0,77	EUR	2022
DHL Group (ex Deutsche Post)	*4,32	*1,86	EUR	2022
E.ON SE	*4,48	*0,53	EUR	2022
Fresenius SE & Co. KGaA (St.)	*2,17	*0,57	EUR	2022
Hannover Rück	*2,99	*6,82	EUR	2022
Heidelberg Materials	*3,41	*2,90	EUR	2022
Henkel KGaA Vz.	*2,69	*1,90	EUR	2022
Infineon AG	1,11	0,35	EUR	2023
Mercedes-Benz Group (ex Daimler)	*7,67	*5,19	EUR	2022
Merck KGaA	*1,42	*2,18	EUR	2022
MTU Aero Engines AG	*1,79	*4,02	EUR	2022
Münchener Rückversicherungs-Gesellschaft AG (Munich Re)	*3,07	*12,54	EUR	2022
Porsche Automobil Holding SE Vz	*7,06	*3,26	EUR	2022
Rheinmetall AG	*1,24	*5,06	EUR	2022
RWE AG St.	2,16	0,90	EUR	2022
SAP SE	*1,27		EUR	2023
Sartorius AG Vz.	*0,30		EUR	2022
Siemens AG	*2,93	*4,95	EUR	2023
Siemens Energy AG	*0,35	*0,05		2023
Siemens Healthineers AG	*1,89	*1,05	EUR	2023
Symrise AG	*1,11	*1,09	EUR	2022
Volkswagen (VW) AG Vz.	*7,43	*8,89	EUR	2022
Vonovia SE (ex Deutsche Annington)	*3,42	*0,91	EUR	2022
Zalando	*0,01		EUR	2022

Datenquelle: https://www.finanzen.net/index/dax/dividenden, abgerufen am 28.01.2024

Die AG ist eine Handelsgesellschaft mit eigener Rechtspersönlichkeit (juristische Person). Für die Verbindlichkeiten der Gesellschaft haftet den Gläubigern nur das Gesellschaftsvermögen. Das Grundkapital ist in Aktien zerlegt (§§ 1 und 3 AktG).

Firmierung

Auch für die AG können alle vier Möglichkeiten der Firmierung gewählt werden. Jede Möglichkeit muss den Zusatz AG tragen (§ 4 AktG).

Gründung

An der Gründung der AG müssen sich eine oder mehrere Personen beteiligen, die die **Satzung** erstellen (§§ 2 und 23 AktG) und die mindestens **50 000,00 €** Grundkapital aufbringen müssen (§ 7 AktG). Das Grundkapital kann in Form von Sachkapital (§ 27 AktG), Geldkapital oder Mischkapital aufgebracht werden.
Die AG gilt als **errichtet**, wenn alle Aktien von den Gründern übernommen und der Vorstand, Aufsichtsrat und ein Abschlussprüfer bestellt sind (Einheitsgründung, §§ 29 und 30 AktG).
Die AG muss beim zuständigen Registergericht von allen Gründern und Mitgliedern des Vorstands und des Aufsichtsrats elektronisch in öffentlich beglaubigter Form (durch einen Notar) **angemeldet** werden.
Die AG ist vor ihrer Eintragung ins Handelsregister eine BGB-Gesellschaft unter Gründern.

Aktie

Begriff

Die Aktie ist das in einer Urkunde verbriefte Anteilsrecht an einer AG. Inhaber ist der Aktionär.

Das geltende deutsche Aktienrecht ließ bisher ausschließlich die **Nennwertaktie** zu. Nach § 8 AktG lautet der Mindestnennbetrag auf 1,00 €. Seit Inkrafttreten des **dritten Finanzmarktförderungsgesetzes** (1. April 1998) ist auch die Ausgabe von nennwertlosen Aktien[1] **(Stückaktien)** zulässig.

Man unterscheidet zwei Werte der Aktie:

- den **Nennwert**, das ist der auf der Aktie aufgedruckte Wert, oder den fiktiven Nennwert[1], und
- den **Kurswert**, das ist der Wert, zu dem die Aktie an der Börse gehandelt wird.

1 *Der fiktive Nennwert der Stückaktie lässt sich errechnen, indem das Grundkapital durch die Zahl der ausgegebenen Aktien dividiert wird. Erforderlich wurde die Stückaktie durch die Einführung des Euro. Eine bloße Umrechnung von Nennbeträgen auf den Euro könnte zu „krummen Werten" führen. So könnte z. B. der Nennwert einer bisherigen Fünf-DM-Aktie 2,645 € betragen.*

Der Kurswert der Aktie bestimmt sich durch Angebot und Nachfrage. Sind die Erwartungen der Aktionäre (hoher Gewinn, Änderung in der Nachfrage, Arbeitskämpfe, politische Unsicherheiten, Veränderung des Zinsniveaus, währungspolitische Beschlüsse usw.) hoch oder niedrig, fragen sie eine Aktie entsprechend nach oder bieten sie zum Verkauf an.
Manchmal kommt es jedoch vor, dass eine Aktie innerhalb von zwei bis drei Tagen um mehrere Euro im Kurs schwankt. Diese Schwankungen lassen sich fast ausschließlich mit dem Marktautomatismus (Preis wird bestimmt durch Angebot und Nachfrage) erklären. Auf jeden Fall wäre es nicht richtig, die **Kursschwankungen** als negatives Merkmal der Aktien zu bezeichnen, da gerade die Personen, die mit veränderlichen Kursen spekulieren, hier auf Kursgewinne setzen, d. h., sie kaufen bei niedrigen Kursen und verkaufen bei hohen Kursen. Für „kleine Sparende“, die in der Aktie eine langfristige Geldanlage sehen, sind die kurzfristigen Kursschwankungen nicht so interessant. Langjährige Erfahrungen haben gezeigt, dass mit der Leistungskraft einer Unternehmung und dem Wachstum der Wirtschaft auch die Aktienkurse wieder ansteigen. Vergleicht man den Aktienindex (DAX) über mehrere Jahre, so ergibt sich insgesamt ein Gewinn. Man muss dabei jedoch berücksichtigen, dass der Aktienindex aus 40 in der Bundesrepublik Deutschland gehandelten Aktien errechnet wird und dass hohe Kursverluste bei der einen Aktie durch hohe Kursgewinne einer anderen Aktie ausgeglichen werden, wenn das in Aktien angelegte Kapital entsprechend gestreut ist.

Beispiel:

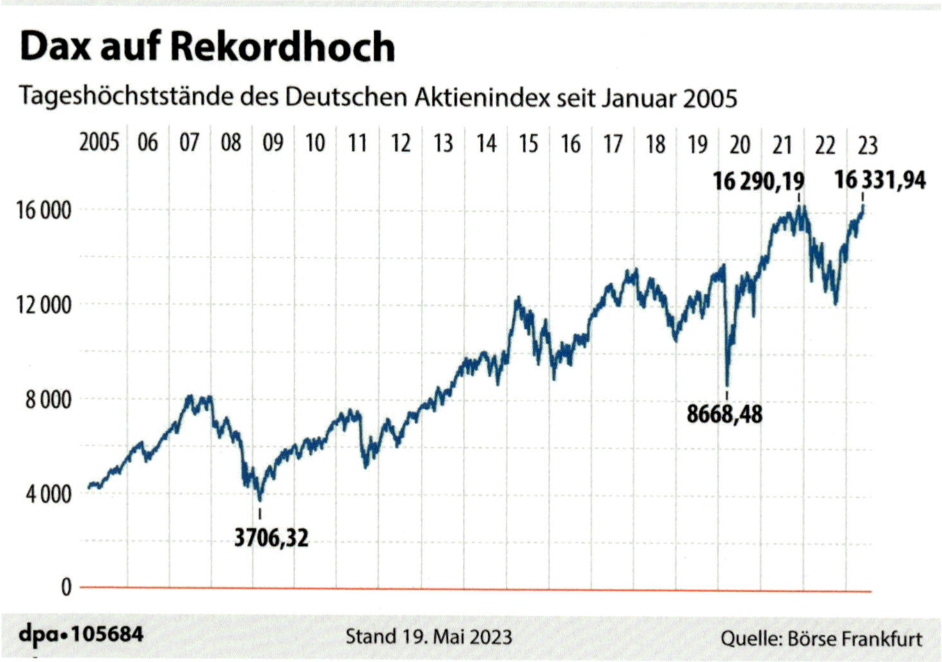

Rechte der Aktionäre	Pflichten der Aktionäre
• Anspruch auf Gewinnanteil (Dividende) (§ 58 - 60 AktG) • Stimmrecht und Auskunftsrecht bei der Hauptversammlung (§§ 131 ff. AktG) • Bezugsrecht auf neue Aktien bei Kapitalerhöhung (§ 212 AktG) • Recht auf Anteil am Liquidationserlös (§ 271 AktG)	• Hauptverpflichtung des Aktionärs ist die Leistung seiner Einlage (§ 54 AktG) • nur Risikohaftung, d. h., der Aktionär kann im Falle der Auflösung wegen Überschuldung nur seine Anteile verlieren (§ 1 AktG)

Unterscheidung der Aktien

nach der Übertragbarkeit

- **Inhaberaktien** (§ 10 Abs. 1 AktG) lauten auf den Inhaber und sind formlos übertragbar.
- **Namensaktien** (§ 10 Abs. 1 AktG) lauten auf den Namen des Eigentümers; Müssen mit Namen, Geburtsdatum, Postanschrift und elektronischer Adresse des Aktionärs sowie der Stückzahl im Aktienregister eingetragen werden.
- **Vinkulierte Namensaktien** dürfen nur mit der Genehmigung der AG verkauft werden.

nach den mit dem Eigentum verbundenen Rechten

- **Stammaktien** sind die gewöhnliche Form der Aktie, sie gewähren die normalen Rechte wie Stimmrecht, Dividende usw.
- **Vorzugsaktien** (§§ 11 + 12 Abs. 1 u. 139 ff. AktG) Diese gewähren besondere Vorrechte wie
  - mehr Dividende,
  - Vorzug bei einer Liquidation,
  - Mehrstimmrechte nur mit Genehmigung der obersten Wirtschaftsbehörde des Landes, in dem die AG ihren Sitz hat. (§ 12 Abs. 2 AktG).

nach dem Ausgabezeitpunkt

- **Alte Aktien** sind vor einer Kapitalerhöhung vorhandene Aktien, mit einem Bezugsrecht ausgestattet.
- **Junge Aktien** werden bei einer Kapitalerhöhung ausgegeben:
  - Sie dürfen nicht unter dem Nennbetrag (unter pari) ausgegeben werden (§ 9 Abs. 1 AktG),
  - sie dürfen zum Nennbetrag (pari) oder über dem Nennbetrag (über pari) ausgegeben werden (§ 9 Abs. II AktG).

Beispiel:

Sparer im Aktienfieber

Die Deutschen sind keine Aktienmuffel mehr. In der Niedrigzinsphase setzen sie verstärkt auf börsennotierte Unternehmen. Davon profitiert die DWP Bank.
Das Kürzel DWP steht für Deutsche WertpapierService Bank, die wichtigste Depotbank Deutschlands. Ihr Vorstandsvorsitzender Heiko Beck blickt auf ein Rekordjahr zurück – trotz Corona-Pandemie. Das liegt an der Börsenbegeisterung der deutschen Sparer. „Die Bedeutung des Wertpapiersparens hat in den vergangenen Jahren deutlich zugenommen", berichtet er im Gespräch mit der F.A.Z. Die Sparpläne seien binnen zwölf

Monaten bis Januar 2021 um 60 Prozent auf 748.000 gestiegen. Ende März seien es schon 820.000 gewesen. Ende des Jahres erwartet Beck mehr als eine Million Sparpläne.

Quelle: https://www.faz.net/aktuell/finanzen/boersenboom-aktien-bei-deutschen-immer-beliebter-17327183.html

Volksaktien

Aktien, die im Besitz des Bundes, der Länder oder von Gemeinden waren und die zur Förderung der Eigentumsbildung der Bevölkerung zu günstigen Bedingungen verkauft wurden, nennt man Volksaktien. In der Bundesrepublik Deutschland fanden schon mehrere solcher Reprivatisierungsmaßnahmen statt.

Belegschaftsaktien

Hierbei handelt es sich um im Rahmen der Sozialpolitik an Arbeitnehmende ausgegebene Aktien. Diese können von Arbeitnehmenden allein finanziert sein, sie können aber auch ganz oder teilweise durch die Gesellschaft finanziert sein, d. h., die Gesellschaft kann die Belegschaftsaktien in Form von Gratisaktien (Erfolgsbeteiligung, Sonderzuwendungen) oder zu einem vergünstigten Kurs an ihre Beschäftigten ausgeben. In beiden Fällen müssen jedoch die Aktionäre „mitspielen“, da sie auf ihr Bezugsrecht verzichten müssen. Die Belegschaftsaktien sind in der Regel gesperrt, d. h., sie müssen mindestens fünf Jahre im Besitz des Erwerbers bleiben, ansonsten sind eventuell entstehende Kursgewinne lohnsteuerpflichtig.

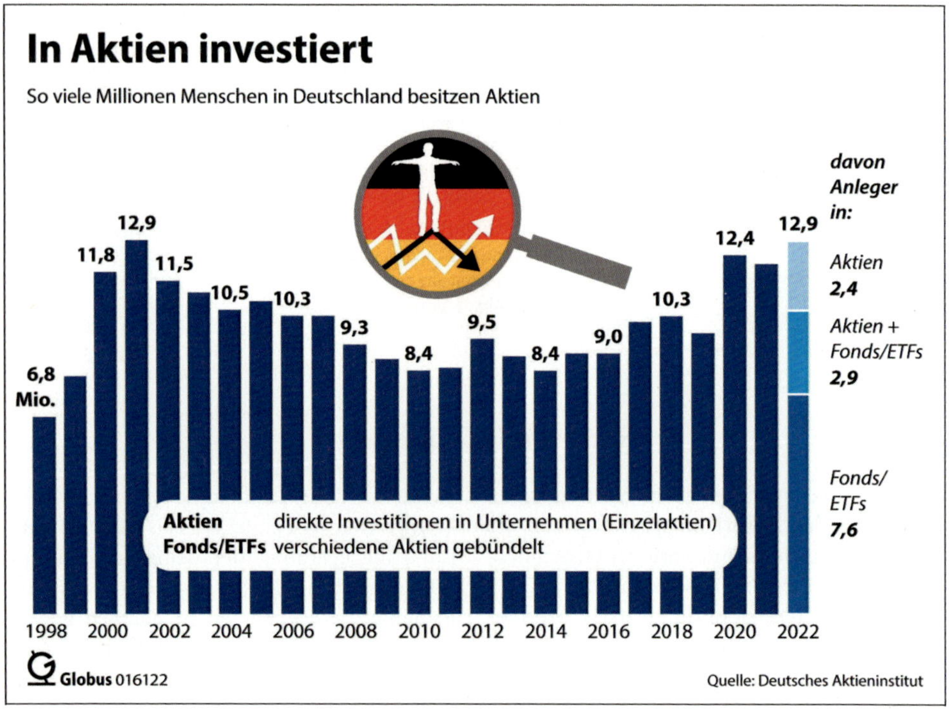

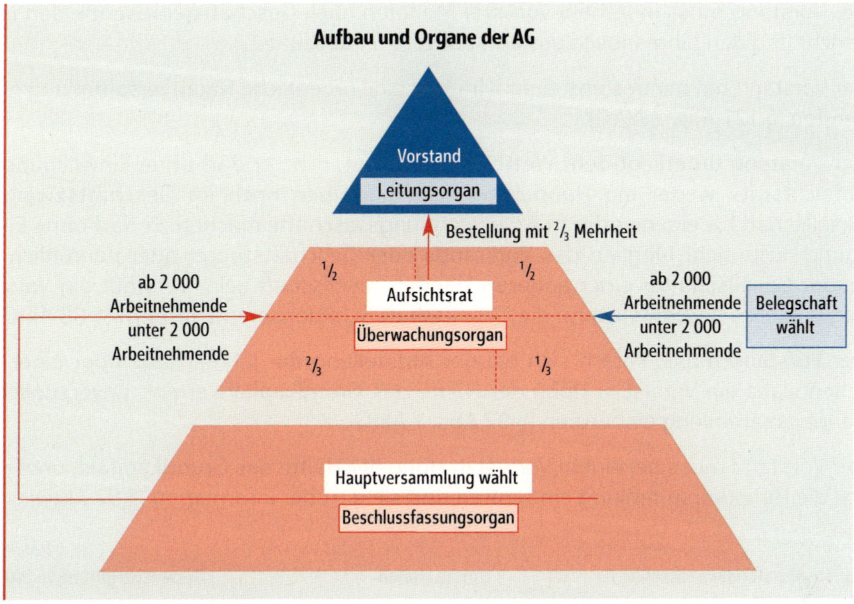

Vorstand (§§ 76–93 AktG)

Der Vorstand oder die Vorstände einer AG sind angestellte Direktoren bzw. Direktorinnen, die vom Aufsichtsrat für höchstens fünf Jahre bestellt werden (Wiederholungen sind möglich) und die das leitende und ausführende Organ der AG bilden. Bei Gesellschaften mit mehr als drei Millionen Euro Grundkapital müssen mindestens *zwei* Personen in der Direktion (Vorstände) bestellt sein, es sei denn, die Satzung bestimmt etwas anderes. Für die Montanindustrie gilt (§ 33 MitbestG): Im Vorstand muss ein Arbeitsdirektor bzw. eine Arbeitsdirektorin als gleichberechtigtes Mitglied vertreten sein. Die Aufgaben des Arbeitsdirektors liegen in erster Linie im sozialen und personellen Bereich. Für den Vorstand von börsennotierten Aktiengesellschaften soll in Zukunft eine Frauenquote eingeführt werden.

Rechtsstellung des Vorstandes (§§ 77 und 78 AktG)

Der Vorstand hat Geschäftsführungs- und Vertretungsbefugnis. Besteht der Vorstand aus mehreren Personen, so sind sämtliche Vorstandsmitglieder nur gemeinschaftlich zur Geschäftsführung und Vertretung berechtigt. Die Satzung der AG kann jedoch eine andere Regelung vorsehen, diese muss dann aber im Handelsregister eingetragen werden.

Aufgaben des Vorstandes

- Der Vorstand hat unter eigener Verantwortung die Gesellschaft zu leiten (§ 76 AktG).
- Der Vorstand hat dem Aufsichtsrat regelmäßig über den Gang der Geschäfte und die Lage der Unternehmung Bericht zu erstatten (§ 90 AktG).

- Der Vorstand muss innerhalb von drei Monaten nach Geschäftsjahresende den Lagebericht und den Jahresabschluss aufstellen (§ 5 PublizitätsG).
- Der Vorstand hat mindestens einmal im Jahr eine ordentliche Hauptversammlung einzuberufen (§ 121 Abs. 2 AktG).
- Der Vorstand unterliegt dem Wettbewerbsverbot, d.h., er darf ohne Einwilligung des Aufsichtsrats weder ein Handelsgewerbe betreiben noch im Geschäftszweig der Gesellschaft für eigene oder fremde Rechnung Geschäfte machen. Er darf ohne Einwilligung auch nicht Mitglied des Vorstands oder Geschäftsführer oder persönlich haftender Gesellschafter einer anderen Handelsgesellschaft sein. Verstößt ein Vorstand gegen dieses Verbot, so kann die Gesellschaft Schadensersatz fordern (§ 88 AktG).
- Der Vorstand muss, sofern sich bei der Aufstellung der Jahresbilanz oder einer Zwischenbilanz ein Verlust in Höhe der Hälfte des Grundkapitals ergibt, unverzüglich die Hauptversammlung einberufen (§ 92 Abs. 1 AktG).
- Der Vorstand muss bei einem Verlust in Höhe der Hälfte des Grundkapitals, unverzüglich die Hauptversammlung einberufen und sie darüber informieren (§ 92 AktG).

Rang	**Vorstandsvorsitzende /-r**	**Unternehmen**	**Gesamtvergütung in 2022**
1	Christian Sewing	Deutsche Bank	9,2 Millionen Euro
2	Oliver Blume	Volkswagen	8,8 Millionen Euro
3	Belen Garijo	Merck	8,3 Millionen Euro
4	Oliver Zipse	BMW	7,9 Millionen Euro
5	Christian Klein	SAP	7,8 Millionen Euro
6	Oliver Bäte	Allianz	7,4 Millionen Euro
7	Timotheus Höttges	Telekom	7,3 Millionen Euro
8	Roland Busch	Siemens	7,3 Millionen Euro
9	Thierry Bernard	Qiagen	7,2 Millionen Euro
10	Leonhard Bimbaum	Eon	6,8 Millionen Euro
Insgesamt			78 Millionen Euro

Quelle: https://www.wiwo.de/finanzen/boerse/gehalt-so-viel-verdienen-die-top-manager-der-dax-konzerne-aktuell-/29330938.html

Öffentlichkeit des Vorstands

- Der Vorstand oder die Vorstände sind, sowie jede Änderung des Vorstands, im Handelsregister einzutragen (§ 81 AktG).
- Auf allen Geschäftsbriefen müssen sämtliche Vorstandsmitglieder genannt und der Vorsitzende gekennzeichnet sein (§ 80 AktG).

Vergütung des Vorstands

Neben einem festen Gehalt (§ 87 und 87 a AktG) kann dem Vorstand noch eine Beteiligung am Jahresgewinn (Tantieme) gewährt werden. Sie soll im angemessenen Verhältnis zu den Aufgaben des Vorstands und zur Lage der Gesellschaft stehen und in der Regel in einem Anteil am Jahresgewinn der Gesellschaft bestehen (siehe Beispiel einer Gewinnverteilung einer AG auf Seite 283).

Aufsichtsrat

Der Aufsichtsrat ist das überwachende Organ der AG. Er wird auf vier Jahre bestellt und kann in Ausnahmefällen den Vorstand abberufen. Aufsichtsrat kann nur eine natürliche, unbeschränkt geschäftsfähige Person werden. Ist eine Person bereits in zehn Aufsichtsräten vertreten, so kann sie keinen weiteren Aufsichtsratsposten annehmen. Auf diese Höchstzahl können bis zu fünf Aufsichtsratssitze angerechnet werden, die ein gesetzlicher Vertreter (Inhaber, Vorstand, Geschäftsführer) des herrschenden Unternehmens eines Konzerns in zum Konzern gehörenden Handelsgesellschaften und bergrechtlichen Gewerkschaften, die einen Aufsichtsrat zu bilden haben, innehat (§ 100 AktG). Aufsichtsratsmitglied kann nicht werden, wer gesetzlicher Vertreter eines von der Gesellschaft abhängigen Unternehmens ist, oder der gesetzliche Vertreter einer anderen Kapitalgesellschaft, deren Aufsichtsrat ein Vorstandsmitglied der AG angehört (§ 100 AktG).

Bestellung und Abberufung des Aufsichtsrats (§§ 101–104 AktG)

Der Aufsichtsrat wird durch die Hauptversammlung gewählt, sofern keine andere Regelung (siehe „Zusammensetzung des Aufsichtsrats") gilt.
Die Aufsichtsratsmitglieder müssen keine Aktionäre sein.
Zum Widerruf vor Ablauf der Amtszeit eines Aufsichtsratsmitglieds sind $\frac{3}{4}$ der abgegebenen Stimmen notwendig.
Ein Aufsichtsratsmitglied, das in den Aufsichtsrat entsandt ist, kann von dem Entsendungsberechtigten jederzeit abberufen werden.
Das Gericht kann auf Antrag des Aufsichtsrats ein Aufsichtsratsmitglied abberufen, wenn in dessen Person ein wichtiger Grund vorliegt (§ 103 Abs. 3 Satz 1 AktG).
Das Gericht kann auch auf Antrag des Vorstands, eines Aufsichtsratsmitglieds oder eines Aktionärs ein Aufsichtsratsmitglied bestellen, wenn der Aufsichtsrat nicht beschlussfähig ist (§ 104 AktG).

Zusammensetzung des Aufsichtsrats (§§ 95 und 96 AktG)

Gesellschaften mit weniger als 2 000 Arbeitnehmenden

Der Aufsichtsrat besteht aus mindestens drei Mitgliedern. Die Satzung kann eine höhere Anzahl vorsehen, diese muss aber durch drei teilbar sein.

Das Gesetz sieht Höchstzahlen für die Besetzung des Aufsichtsrats vor:

- in AG mit bis 1 500 000,00 € Grundkapital = 9 Aufsichtsratsmitglieder,
- in AG mit mehr als 1 500 000,00 € Grundkapital = 15 Aufsichtsratsmitglieder,
- in AG mit mehr als 10 000 000,00 € Grundkapital = 21 Aufsichtsratsmitglieder.

In AG, für die das BetrVG von 1952 gilt, setzt sich der Aufsichtsrat aus $\frac{2}{3}$ Aktionärsvertretern

und $\frac{1}{3}$ Arbeitnehmervertretern zusammen.

Gesellschaften mit mehr als 2 000 Arbeitnehmenden
In AG, für die das MitbestG gilt, ist der Aufsichtsrat zur Hälfte aus Aktionärsvertretern und zur Hälfte aus Arbeitnehmervertretern zu bilden. Hierfür gilt:

- weniger als 10 000 Arbeitnehmende je 6 Aufsichtsratsmitglieder,
- mehr als 10 000 Arbeitnehmende je 8 Aufsichtsratsmitglieder,
- mehr als 20 000 Arbeitnehmende je 10 Aufsichtsratsmitglieder
  (§§ 1, 6 und 7 MitbestG). Vgl. Abb. Seite 277.

In AG, für die das Montan MitbestG gilt, besteht der Aufsichtsrat aus elf Mitgliedern. Er setzt sich zusammen aus:

- 4 Vertretern der Aktionäre und einem weiteren Mitglied,
- 4 Vertretern der Arbeitnehmer und einem weiteren Mitglied,
- einem neutralen Mitglied (§ 4 Montan MitbestG). Vgl. Abb. Seite 277.

In Familien-AG mit weniger als 500 Arbeitnehmenden besteht der Aufsichtsrat *nur* aus Aktionärsvertretern (§ 96 I und II AktG). In Unternehmen, die börsennotiert sind und der Mitbestimmung unterliegen, gilt seit 2016 eine gesetzlich verpflichtende Geschlechterquote von mindestens 30% Männern bzw. Frauen.

Aufgaben des Aufsichtsrats

- Bestellung des Vorstands und Überwachung seiner Tätigkeit (§ 111 Abs. 1 AktG).
- Prüfung des Jahresabschlusses, des Lageberichts und der Gewinnverteilung (§ 111 Abs. 2 AktG).
- Berichterstattung an die Hauptversammlung.
- Einberufung einer außerordentlichen Hauptversammlung (§ 111 Abs. 3), wenn das Wohl der Gesellschaft dies erfordert (z. B. bei hohen Verlusten).

Öffentlichkeit des Aufsichtsrats (§ 106 AktG)
Die Aufsichtsratsmitglieder sind in den Gesellschaftsblättern bekannt zu machen.
Die Bekanntmachung der Aufsichtsratsmitglieder ist durch den Vorstand beim zuständigen Handelsregister einzureichen (keine Eintragung).
Der oder die Aufsichtsratsvorsitzende ist auf den Geschäftsbriefen der AG genannt (§ 80 AktG).

Beispiel:

Beispiel für die Liste der Aufsichtsratsmitglieder einer AG				
lfd.Nr.	**Vorname**	**Nachname**	**ausgeübter Beruf**	**Wohnort**
1.	Karl	Meier	Wirtschaftsprüfer	Mannheim
2.	Carmen Vorsitzende	Golba	Aulandskorrespondentin	Heidelberg
3.	Peter	Müller	Dipl. Kaufmann	Heilbronn
4.	Friderike	Schulz	Dr. der Chemie	Heidelberg
	.			
	.			
	.			
Heidelberg, den				
Der Vorstand				
Unterschrift				

Vergütung des Aufsichtsrats (§ 113 AktG)

Den Aufsichtsratsmitgliedern *kann* für ihre Tätigkeit eine Vergütung bezahlt werden. Diese kann in der Satzung festgelegt sein oder von Fall zu Fall durch die Hauptversammlung bewilligt werden. Sie soll in einem angemessenen Verhältnis zu den Aufgaben eines Aufsichtsrats und zur Lage der Gesellschaft stehen.

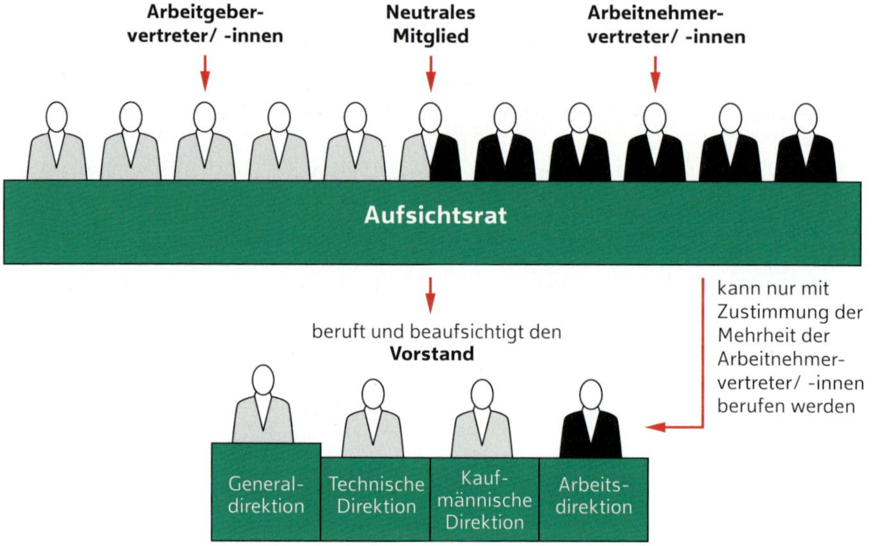

Paritätische Mitbestimmung in der Montanindustrie

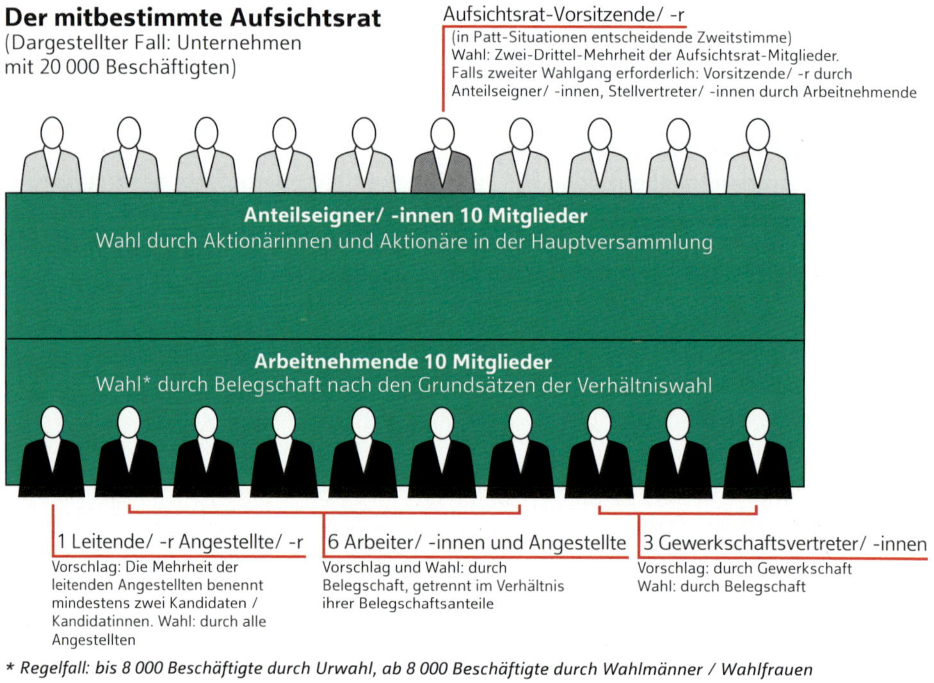

Datenquelle: Bundesministerium für Arbeit und Soziales (BMAS)

Mitbestimmung nach dem Mitbestimmungsgesetz 1976

Die langsame Rückkehr der Aktionärstreffen

Während der Pandemie sind Aktionäre auf virtuellen Hauptversammlungen nur eingeschränkt zu Wort gekommen. Bekannten Rednern war weitgehend die Bühne entzogen. Freuen sie sich jetzt auf die Rückkehr?.

Die Pandemie ist abgeflaut, in hunderttausenden deutschen Bürogebäuden kehrt allmählich die alte Präsenzkultur zurück. Die neue Hauptversammlungssaison an diesem Dienstag aber startet wieder nur virtuell: Siemens Energy hat seine Aktionäre zu einem Online-Treffen geladen. [...] andere große Dax-Unternehmen [...] planen in diesem Jahr abermals mit rein virtuellen Aktionärstreffen.

Das stört vor allem die Profis unter den Aktionärsvertretern. Ihnen wurde während der Pandemie die große Bühne entzogen und langsam scharren sie ungeduldig mit ihren Füßen. Namen wie Klaus Nieding, Ingo Speich, Daniela Bergdolt, Marc Tüngler, und Daniel Bauer sind in den Vorstandsetagen deutscher Unternehmen wohl bekannt. Vor der Pandemie gehörten sie zu dem kleinen Kreis derer, die sich regelmäßig auf den Hauptversammlungen trafen, ans Redepult traten, Lob und Tadel verteilten und dabei auch ernst genommen wurden. Das ist nicht bei allen Rednern so: Weil auf Hauptversammlung im Grunde jeder Aktionär ans Rednerpult darf, egal ob er eine Aktie besitzt oder Hunderttausende, müssen die Vorstände auch etliche Reden von renitenten Kleinaktionären mit ermüdenden Detailfragen über sich ergehen lassen, die die Hauptversammlung oft über Stunden in die Länge ziehen. Das Wort der wenigen Profi-Redner aber hat Gewicht. Viele von Ihnen vertreten Fonds und repräsentieren damit auch gehörige Eigentümeranteile.

Quelle: https://www.faz.net/aktuell/wirtschaft/unternehmen/hauptversammlungen-in-praesenz-langsame-rueckkehr-der-aktionaere-18658175.html, abgerufen am 28.01.2024

Hauptversammlung

Die Hauptversammlung ist die Versammlung der Aktionäre, bei der diese ihre Rechte durch die Ausübung ihres Stimmrechts wahrnehmen können (§ 118 Abs. 1 AktG). Jedem Aktionär ist auf Verlangen in der Hauptversammlung vom Vorstand Auskunft über Angelegenheiten der AG zu geben (§ 131 AktG).

Aufgaben der Hauptversammlung (§ 119 AktG)

- Die Hauptversammlung wählt (je nach gesetzlicher Regelung) die Aufsichtsratsmitglieder.
- Die Hauptversammlung beschließt über die Verwendung des Bilanzgewinns.
- Die Hauptversammlung beschließt über die Entlastung der Mitglieder des Vorstandes und des Aufsichtsrats – Billigung der Verwaltungseinrichtungen der Gesellschaft (§ 120 AktG).
- Die Hauptversammlung bestellt den Abschlussprüfer.
- Die Hauptversammlung beschließt über Satzungsänderungen (z. B. Kapitalerhöhung, Nennwert der Aktien, Inhaber- oder Namensaktien, Änderung des Gegenstands der Unternehmung).
- Die Hauptversammlung beschließt über Kapitalbeschaffung und Kapitalherabsetzung (Verminderung des Grundkapitals).
- Die Hauptversammlung beschließt über die Bestellung von Prüfern zur Prüfung von Vorgängen bei der Gründung oder der Geschäftsführung.
- Die Hauptversammlung beschließt über die Auflösung der AG.

Einberufung der Hauptversammlung (§§ 120–125 AktG)

Eine ordentliche Hauptversammlung muss mindestens einmal jährlich in den ersten acht Monaten des neuen Geschäftsjahres durch den Vorstand einberufen werden (§§ 120 und 121 AktG). Eine außerordentliche Hauptversammlung kann durch alle drei

Organe der AG einberufen werden, und zwar immer dann, wenn es das Wohl der Gesellschaft (z. B. Kapitalerhöhung, Kapitalherabsetzung, hoher Verlust) erfordert. Wenn Aktionäre eine außerordentliche Hauptversammlung einberufen wollen, so müssen diese mindestens 5 % des Grundkapitals vertreten (§§ 121 und 122 AktG).

Einladung zur ordentlichen Hauptversammlung 2023

Wir laden unsere Stamm- und Vorzugsaktionäre ein zur ordentlichen Hauptversammlung der Dr. Ing. h.c. F. Porsche Aktiengesellschaft am Mittwoch, dem 28. Juni 2023 um 10:00 Uhr (MESZ) in die Porsche Arena, Mercedesstraße 69, 70372 Stuttgart

A. Inhalt der Mitteilung

1. Eindeutige Kennung des Ereignisses e357b9cd10dded118145005056888925
2. Art der Mitteilung Einberufung der ordentlichen Hauptversammlung
   [Formale Angabe gemäß EU-DVO: NEWM]

B. Angaben zum Emittenten

1. ISIN DE000PAG9113 (Vorzugsaktien)
2. Name des Emittenten Dr. Ing. h.c. F. Porsche Aktiengesellschaft

C. Angaben zur Hauptversammlung

1. Datum der Hauptversammlung 28. Juni 2023
   [Formale Angabe gemäß EU-DVO: 20230628]
2. Uhrzeit der Hauptversammlung 10:00 Uhr (MESZ)
   [Formale Angabe gemäß EU-DVO: 08:00 Uhr UTC]
3. Art der Hauptversammlung Ordentliche Hauptversammlung
   [Formale Angabe gemäß EU-DVO: GMET]
4. Ort der Hauptversammlung Porsche Arena, Mercedesstraße 69, 70372 Stuttgart
   [Formale Angabe gemäß EU-DVO: Porsche Arena, Mercedesstraße 69, 70372 Stuttgart]
5. Aufzeichnungsdatum 6. Juni 2023, 24:00 Uhr (MESZ)
   Der Nachweis des Anteilsbesitzes hat sich gem. § 123 Absatz 4 Satz 2 AktG i.V.m. § 20 Absatz 2 Satz 4 der Satzung auf den Beginn des 21. Tages vor der Hauptversammlung, d.h. den 7. Juni 2023, 0:00 Uhr (MESZ) zu beziehen (Nachweisstichtag). Jedoch ist das Aufzeich-nungsdatum nach der EU-DVO mit Bezug auf den Anteilsbesitz bei Geschäftsschluss anzugeben und entspricht daher dem 6. Juni 2023.
   [Formale Angabe gemäß EU-DVO: 20230606, 22:00 Uhr UTC]

Quelle: https://investorrelations.porsche.com/de/general-meeting-23/, Seiten 1 - 2, abgerufen am 28.01.2024

Die Tagesordnung der Hauptversammlung ist bei der Einberufung auf der Internetseite der AG bekannt zu machen (§ 124a AktG).

Abstimmung in der Hauptversammlung (§§ 133 und 135 AktG)

- Das Stimmrecht wird nach Aktiennennbeträgen ausgeübt (§ 134 Abs. 1 Satz 1 AktG). Entscheidend kann hierbei der Einfluss der Großaktionäre sein. Dieser Einfluss kann jedoch durch Festlegung eines Höchstbetrags in der Satzung begrenzt werden (§ 134 Abs. 1 Satz 2 AktG).
- Beschlüsse werden durch einfache Mehrheit gefasst (§ 133 AktG).
- Satzungsänderungen können nur mit einer qualifizierten Mehrheit von mindestens 75 % des bei der Beschlussfassung vertretenen Grundkapitals gefasst werden (§ 179 Abs. 2 Satz 1 AktG).
- Kreditinstitute dürfen das Stimmrecht für Aktien, die ihnen nicht gehören, nur dann ausüben, wenn sie schriftlich dazu bevollmächtigt sind (**Depotstimmrecht**) (§ 135 Abs. 1 Satz 1 AktG). Diese Vollmacht darf nur einem Kreditinstitut und nur für längstens 15 Monate erteilt werden. Sie ist jederzeit zu widerrufen (§ 135 Abs. 2 Satz 1 und 2 AktG). Die Banken sind dabei an die Weisungen der Aktionäre gebunden.

Jahresabschluss und Gewinnverteilung der AG

Jahresabschluss und Lagebericht

Die gesetzlichen Vertreter der AG müssen zum Jahresende einen Jahresabschluss und einen Lagebericht in bestimmter Form erstellen (§§ 264 Abs. 1 Satz 1 und 336 Abs. 1 HGB oder nach IFRS):

Jahresabschluss	Bilanz Gewinn-und-Verlust-Rechnung	**Anhang** **A.** § 284 HGB: Erläuterungen der Bilanz und der Gewinn-und-Verlust-Rechnung **B.** § 285 HGB: sonstige Pflichtangaben
	Lagebericht (§ 289 HGB): Angaben über Geschäftsverlauf und Lage der AG **Erweiterung um:** - Vorgänge von besonderer Bedeutung, die nach Schluss des Geschäftsjahres eingetreten sind - voraussichtliche Entwicklung der AG - Bereiche Forschung und Entwicklung	

Die Aufstellung des Jahresabschlusses und des Lageberichts erfolgt durch den Vorstand der AG in den ersten *drei* Monaten des neuen Geschäftsjahres (§ 264 Abs. 1 Satz 2 HGB und § 5 PublizitätsG oder nach IFRS). Hier soll jedoch nur die Vorgehensweise nach HGB betrachtet werden. Zusätzlich muss nach § 162 durch Vorstand und Aufsichtsrat ein sogenannter Vergütungsbericht erstellt werden. Dieser soll die Vergütungen enthalten, die jedem einzelnen Mitglied des Aufsichtsrats und des Vorstandes zugeflossen sind.

Ablauf

- Nach der Aufstellung des Jahresabschlusses und des Lageberichts müssen diese durch den Vorstand **zur Prüfung an den Sachverständigen** (Abschlussprüfer, der durch die Hauptversammlung gewählt wurde, § 318 HGB) **weitergeleitet werden** (§§ 316, 320 HGB und § 6 PublizitätsG). Der Abschlussprüfer hat über das Ergebnis der Prüfung schriftlich zu berichten und dem Vorstand den Prüfungsbericht vorzulegen (§ 321 HGB).
- Unverzüglich nach Eingang des Prüfungsberichts des Abschlussprüfers hat der Vorstand den Jahresabschluss, den Lagebericht und den Prüfbericht **dem Aufsichtsrat vorzulegen** (§ 170 Abs. 1 AktG). Gleichzeitig muss der Vorstand dem Aufsichtsrat seinen Vorschlag, den er der Hauptversammlung über die Gewinnverwendung machen will, vorlegen.
  Der Aufsichtsrat hat über das Ergebnis der Prüfung schriftlich an die Hauptversammlung zu berichten. Am Schluss des Berichts muss der Aufsichtsrat erklären, ob er Einwendungen zu erheben hat oder ob er den aufgestellten Jahresabschluss billigt (§ 171 AktG).
- Nach Erstellung des Berichts durch den Aufsichtsrat und dessen Billigung **ist dieser festgestellt**, sofern nicht Vorstand und Aufsichtsrat beschließen, die Feststellung des Jahresabschlusses der Hauptversammlung zu überlassen (§ 172 AktG).

- Danach wird die **Hauptversammlung** durch den Vorstand **einberufen**. Die Hauptversammlung hat nun die Aufgabe, sofern der Jahresabschluss noch nicht durch den Aufsichtsrat gebilligt ist oder wenn Aufsichtsrat und Vorstand beschlossen haben, die Billigung der Hauptversammlung zu überlassen, über die Feststellung des Jahresabschlusses zu entscheiden (§§ 173 und 175 AktG).
- Nach der Hauptversammlung ist der festgestellte Jahresabschluss und der Lagebericht **unverzüglich dem Registergericht einzureichen** und in den Gesellschaftsblättern zu veröffentlichen (§§ 325, 328 HGB und § 9 PublizitätsG).

Gliederung der Jahresbilanz und der Gewinn-und-Verlust-Rechnung

Das Bilanzrichtliniengesetz von 1986 unterscheidet im § 267 Abs. 1 und 2 HGB zwischen kleinen, mittleren und großen Kapitalgesellschaften. Die Zuordnung zu einer Größenklasse erfolgt nach bestimmten Merkmalen wie Bilanzsumme, Umsatzerlöse und jahresdurchschnittliche Anzahl der Arbeitnehmenden. Aktiengesellschaften, GmbH und KGaA gelten nach § 267 Abs. 3 HGB stets als große Kapitalgesellschaften, wenn deren Aktien oder andere von ihnen ausgegebene Wertpapiere an einer Börse in einem Mitgliedstaat der EU zum amtlichen Handel zugelassen sind.
Solche großen Aktiengesellschaften sollen in diesem Abschnitt behandelt werden. Für die Gliederung von Bilanz und GuV-Rechnung schreibt das HGB bestimmte Schemata vor. Diese sind aufgeführt für die

- Bilanz im § 266 HGB,
- GuV-Rechnung im § 275 HGB.

Außerdem sind bestimmte Vorschriften zur Bilanz und zur GuV-Rechnung zu beachten. Diese sind in den §§ 152 u. 158 AktG und 267–274, 276, 278 HGB zu finden. Durch diese Regelungen soll erreicht werden, dass jedermann einen klaren Einblick in die Kapital- und Vermögensverhältnisse einer Aktiengesellschaft erhält.
Des Weiteren soll durch diese Vorschriften das deutsche Recht an die EU-Richtlinien angepasst werden.

Gewinnverwendung der Aktiengesellschaft

Der Gewinnverwendung (Gewinnverteilung) der AG dient als Grundlage die GuV-Rechnung in Staffelform (vorgeschrieben nach § 275 HGB und § 158 AktG). Die Gewinnverwendung erfolgt in einer bestimmten Reihenfolge:

1. Gewinnrücklagen

Die gesetzliche Rücklage muss gebildet werden, indem ihr mindestens **5 % vom Jahresüberschuss** (–Verlustvortrag) zugeführt werden, bis sie zusammen mit der Kapitalrücklage[1] **10 % vom Grundkapital** erreicht hat (§ 150 AktG). Diese Regelung dient dem Schutz der Gläubiger (zusätzliches Eigenkapital wird gebildet), da den Gläubigern nur das Eigenkapital der AG haftet.
Die übrigen Gewinnrücklagen können über die gesetzliche Rücklage hinaus gebildet werden, sie sind zusätzliches Eigenkapital. In diese Rücklagen darf **höchstens die Hälfte** des restlichen Jahresüberschusses (= Jahresüberschuss – Verlustvortrag – gesetzliche Rücklage) eingestellt werden (§ 58 AktG). Diese Gewinnrücklagen können zweckgebunden sein, z. B. für eigene Anteile. § 266 HGB sieht drei Arten dieser Rücklagen vor:

---

1 *Kapitalrücklagen werden gebildet, wenn bei Neuausgabe von Aktien der Kurswert über dem Nennwert liegt, d. h., der Differenzbetrag zwischen Kurswert und Nennwert wird nach Abzug der Emissionskosten in die Kapitalrücklagen eingestellt.*

- **Rücklage für eigene Anteile,**
- **satzungsmäßige Rücklagen,**
- **andere Gewinnrücklagen.**

2. Tantiemen des Vorstands

Tantiemen für den Vorstand werden aus dem Jahresüberschuss (vermindert um den Verlustvortrag und um die Einstellungen in die offenen Rücklagen) berechnet. Tantiemen können, müssen aber nicht gewährt werden (§ 87 AktG).

3. Vordividende

Es müssen mindestens 4 % Vordividende für die Aktionäre ausbezahlt werden. Die Vordividende berechnet sich aus dem Grundkapital (auf den Nennwert der Aktien) (§§ 60 und 113 Abs. 3 AktG).

4. Gewinnanteil für den Aufsichtsrat

Er wird in der Satzung festgelegt oder muss durch die Hauptversammlung bewilligt werden. Er kann, muss nicht bezahlt werden. So könnte z. B. festgelegt sein, dass der AR einen Gewinnanteil vom Bilanzgewinn erhält, vermindert um die Vordividende. (§ 113 AktG).

5. Restdividende

Wenn nach den Abzügen 1.–4. noch ein Rest bleibt, so wird dieser als Rest- oder Mehrdividende an die Aktionäre ausgeschüttet. Diese Mehrdividende berechnet man aus dem Rest (nach Abzug von Ziffer 1.–4.), vermehrt um den Gewinnvortrag des Vorjahres.

6. Gewinnvortrag

Bleibt nach Ausschüttung der Mehrdividende noch etwas übrig, so ist dies der Gewinnvortrag, d. h., dieser Betrag wird (wie Eigenkapital behandelt, aber gesondert ausgewiesen) auf die neue Rechnung vorgetragen.

Beispiel für eine Gewinnverteilung:

Jahresüberschuss der AG 520.000,00 €; Grundkapital 2,5 Mio. €; andere Rücklagen 50 %; Vorstands- und Aufsichtsratstantieme je 10 %; Gewinnvortrag aus dem Vorjahr 80 000,00 €; Mehrdividende soll so viel wie möglich bezahlt werden.

Jahresüberschuss		520 000,00 €
– Verlustvortrag (Vorjahr)		0,00 €
		520 000,00 €
– gesetzliche Rücklage	26 000,00 €	
– andere Rücklagen	247 000,00 €	273 000,00 €
Bilanzgewinn		247 000,00 €
– Vorstandstantieme 10 %		24 700,00 €
		222 300,00 €
– Vordividende 4 % (von 2,5 Mio)		100 000,00 €
		122 300,00 €
– Aufsichtsratstantieme 10 %		14 700,00 €
		107 600,00 €
+ Gewinnvortrag (Vorjahr)		80 000,00 €
		187 600,00 €
– Mehrdividende 7 %		175 000,00 €
Gewinnvortrag		12 600,00 €

in § 150 AktG zwingend vorgeschrieben

- **in Satzung festgelegt oder Vorstands- und Aufsichtsratsentscheidung**
- **Aufsichtsratsentscheidung**
- **Hauptversammlungsbeschluss aufgrund des Vorschlags von Vorstand und Aufsichtsrat**
- **Satzung oder Hauptversammlungsbewilligung, Hauptversammlungsbeschluss aufgrund des Vorschlags von Vorstand und Aufsichtsrat**

Zusammenfassung

1. Die AG ist eine Handelsgesellschaft mit eigener Rechtspersönlichkeit.
2. Das Grundkapital einer AG ist in Aktien aufgeteilt.
3. Die Eigentümer von Aktien erhalten eine Gewinnbeteiligung (Dividende).
4. Eine AG braucht drei Organe.
5. Der Vorstand der AG leitet die AG unter eigener Verantwortung.
6. Der Aufsichtsrat überwacht den Vorstand einer AG.
7. Die Hauptversammlung einer AG beschließt über die Zukunft der AG.
8. Der Jahresabschluss einer AG wird durch das HGB und AktG bestimmt.

Prüfen Sie Ihr Wissen

1. Erklären Sie den Begriff „juristische Person".
2. Unterscheiden Sie die Begriffe „Nennwert" und „Kurswert".
3. Nennen Sie die Rechte und Pflichten eines Aktionärs.
4. Wie viele Personen werden gebraucht, um eine AG zu gründen?
5. Wie viel Grundkapital muss mindestens aufgebracht werden, um eine AG zu gründen?

Web

6. Welche Arten von Aktien kann man unterscheiden?
7. Welche Vorzüge können einem Aktionär, der Vorzugsaktien hat, eingeräumt werden?

6.1.8 Unternehmergesellschaft (haftungsbeschränkt)

Seit Oktober 2008 kann in Deutschland die sogenannte Unternehmergesellschaft (UG) gegründet werden. Sie gilt als „Einstiegsgesellschaft" für die GmbH und wird daher auch Mini-GmbH genannt. Die UG kann mit einem Euro gegründet werden. Sie muss jedes Jahr 25 % vom Gewinn zurücklegen, bis ein Haftungskapital von 25 000,00 € erreicht ist. Anschließend kann die UG in eine GmbH umgewandelt werden – allerdings ist dies nicht verpflichtend. Die Gründung einer UG muss wie die der GmbH beurkundet werden. Die Beurkundung kostet aber nur 20,00 €, nicht wie bei der GmbH ca. 300,00 €.

6.1.9 Gesellschaft mit beschränkter Haftung (GmbH)

Neue Tourismus-GmbH wird bald gegründet

Dachorganisation für den Norden Baden-Württembergs auf der Zielgeraden – Geschäftsstelle in Kloster Bronnbach – sieben Verbünde machen mit

Region Der Tourismus in Baden – Württemberg soll einheitlich beworben werden. Eine neue Dachorganisation wird die Destination in Zukunft managen. [...]

Quelle: Heilbronner Stimme, 2.11.2023, Seite 23.

Die GmbH ist, wie die AG, eine **Kapitalgesellschaft** und hat als solche selbstständig ihre Rechte und Pflichten (juristische Person), sie kann Eigentum und andere dingliche Rechte an Grundstücken erwerben, vor Gericht klagen und verklagt werden. Für die Verbindlichkeiten der Gesellschaft haftet den Gesellschaftsgläubigern nur das Gesellschaftsvermögen. Die Gesellschaft gilt als **Handelsgesellschaft** im Sinne des HGB (§ 13 GmbHG). Gesellschaften mit beschränkter Haftung können nach Maßgabe der Bestimmungen des GmbHG zu jedem gesetzlich zulässigen Zweck durch **eine oder mehrere Personen** errichtet werden (§ 1 GmbHG).

Firma

Die GmbH kann wie alle bereits behandelten Unternehmungsformen die vier Firmierungsformen mit dem zwingenden Zusatz GmbH wählen. Die Namen anderer Personen als der Gesellschafter dürfen in die Firma nicht aufgenommen werden. Die Beibehaltung einer Firma nach § 22 HGB (Firmenbeständigkeit) wird durch diese Bestimmungen nicht ausgeschlossen (§ 4 GmbHG).

Gründung

Wie schon § 1 GmbHG besagt, genügen zur Gründung der GmbH eine oder mehrere Personen. Diese muss (müssen) das **Stammkapital** der Gesellschaft in Höhe von mindestens **25 000,00 €** aufbringen. Der Nennbetrag jedes Geschäftsanteils (Stammeinlage) muss auf volle Euro lauten. Ein Gesellschafter bzw. eine Gesellschafterin kann bei Errichtung der Gesellschaft mehrere Geschäftsanteile übernehmen. Der Betrag der Stammeinlagen kann für die einzelnen Gesellschafter verschieden bestimmt werden. Der Gesamtbetrag der Stammeinlagen muss mit dem Stammkapital übereinstimmen.
Die Einlagen können in Form von Geld-, Sach- oder Mischkapital geleistet werden (§ 5 GmbHG).
Der **Gesellschaftsvertrag** muss notariell beurkundet und von sämtlichen Gesellschaftern unterzeichnet werden (§ 2 GmbHG). Der Mindestinhalt des Gesellschaftsvertrags ist im § 3 GmbHG festgeschrieben.

Eintragung ins Handelsregister

Die Gesellschaft ist bei dem Gericht, in dessen Bezirk sie ihren Sitz hat, zur Eintragung in das Handelsregister elektronisch, in öffentlich beglaubigter Form anzumelden. Die Anmeldung darf erst erfolgen, wenn auf jede Stammeinlage, soweit nicht Sacheinlagen vereinbart waren, ein Viertel eingezahlt ist. Insgesamt müssen mindestens 12 500,00 € einbezahlt sein (§ 7 GmbHG).

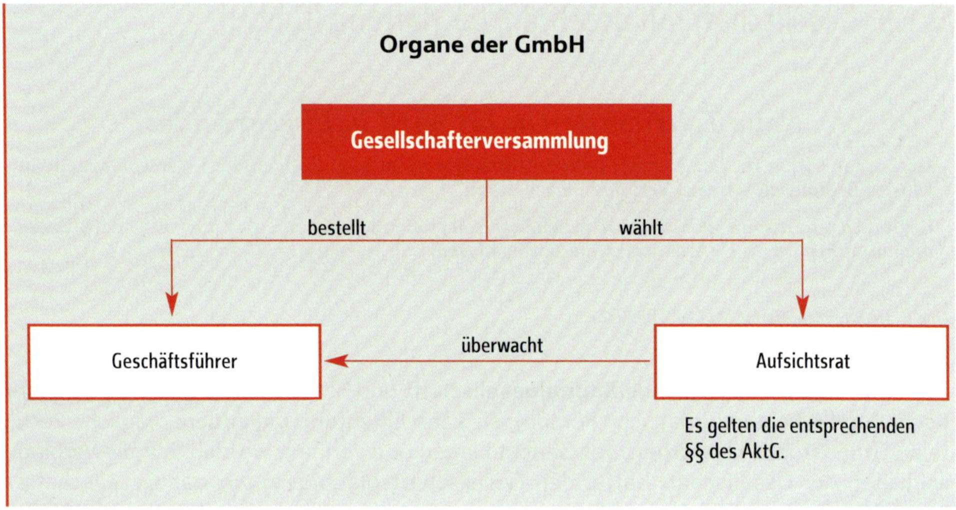

Bei der Eintragung in das Handelsregister sind die Firma und der Sitz der Gesellschaft, der Gegenstand des Unternehmens, die Höhe des Stammkapitals, der Tag des Abschlusses des Gesellschaftsvertrags und die Personen der Geschäftsführer anzugeben. Ferner ist anzugeben, welche Vertretungsbefugnis die Geschäftsführer haben.
Vor der Eintragung in das Handelsregister besteht die GmbH noch nicht, das bedeutet, dass die Personen, die vor der Eintragung ins Handelsregister im Namen der GmbH handeln, persönlich und solidarisch zu haften haben (§ 11 GmbHG).

Geschäftsführung

Die GmbH muss eine oder mehrere Personen in der Geschäftsführung haben. Geschäftsführer oder Geschäftsführerin kann nur eine natürliche unbeschränkt geschäftsfähige Person werden. Mitglied der Geschäftsführung kann für die Dauer von fünf Jahren **nicht** werden, wer wegen einer Straftat nach § 283 bis 283d (Konkurs, Bankrott, Verletzung der Buchführungspflicht, Gläubigerbegünstigung, Schuldnerbegünstigung) verurteilt oder wem durch gerichtliches Urteil die Ausübung eines Berufs, Berufszweigs, Gewerbes oder Geschäftszweigs untersagt worden ist (§ 6 Abs. 1 und 2 GmbHG).
In die Geschäftsführung können Gesellschafter und Gesellschafterinnen oder andere Personen bestellt werden. Wenn der Gesellschaftsvertrag nichts anderes bestimmt, so haben die Geschäftsführer und Geschäftsführerinnen Gesamtgeschäftsführungs- und Gesamtvertretungsbefugnis (§§ 6 Abs. 3 und 35 und 36 GmbHG).
Für die Öffentlichkeit der Geschäftsführung gelten dieselben Bestimmungen wie für den Vorstand der AG (§ 253a GmbHG). In den beiden Führungsebenen unterhalb der Geschäftsführung müssen Zielgrößen für den Frauenanteil festgelegt werden. Ein bereits erreichter Frauenanteil, der bei Festlegung unter 30 Prozent liegt, darf nicht unterschritten werden.

Gilt für den Aufsichtsrat entsprechend.
Die Geschäftsführer einer GmbH haften nach Maßgabe des § 43 GmbHG für entstandene Schäden solidarisch.

Aufsichtsrat

Der Gesellschaftsvertrag kann einen Aufsichtsrat vorsehen (§ 52 GmbHG). Wenn in der GmbH mehr als 500 Arbeitnehmende beschäftigt sind, ist der Aufsichtsrat zwingend vorgeschrieben, d.h., das Aktiengesetz, das Betriebsverfassungsgesetz und das Montan-Mitbestimmungsgesetz (§ 77 BetrVG 1952) sind analog zur AG (Zusammensetzung des AR) anzuwenden (siehe ab Seite 277). Frauenanteil, siehe Vorstand.

Gesellschafterversammlung

Die Gesellschafterversammlung ist, wie die Hauptversammlung in der AG, das Beschlussfassungsorgan. Eine Gesellschafterversammlung muss nicht einberufen werden, wenn sämtliche Gesellschafter sich schriftlich mit den zu treffenden Beschlüssen einverstanden erklären oder wenn alle Geschäftsanteile der GmbH in der Hand eines Gesellschafters sind (§ 48 GmbHG).
Die Gesellschafterversammlung wird durch die Geschäftsführer einberufen. Sie muss zusätzlich einberufen werden, wenn es im Interesse der Gesellschaft erforderlich ist oder wenn die Jahresbilanz oder eine Zwischenbilanz den Verlust in Höhe der Hälfte (oder mehr) des Stammkapitals ergibt (§ 49 GmbHG).
Die Beschlussfassung erfolgt nach der Mehrheit der abgegebenen Stimmen. Jeder Euro eines Geschäftsanteils gewährt eine Stimme (§ 47 GmbHG).

Pflichten und Rechte der Gesellschafter

Pflichten

- Verpflichtung zur Leistung der Einlagen auf das Stammkapital (§§ 19, 5 und 7 Abs. 2 GmbHG)
- Nachschusspflicht, der Gesellschaftsvertrag kann vorsehen, dass die Gesellschafter über den Betrag der Stammeinlagen hinaus weitere Einzahlungen (Nachschüsse) leisten müssen (§ 26 GmbHG)

Rechte

- Recht auf Anteil am Gewinn, soweit der Gesellschaftsvertrag nicht etwas anderes vorsieht (§ 29 GmbHG)
- Mitverwaltungsrecht der Gesellschafter (§§ 45 und 46 GmbHG)

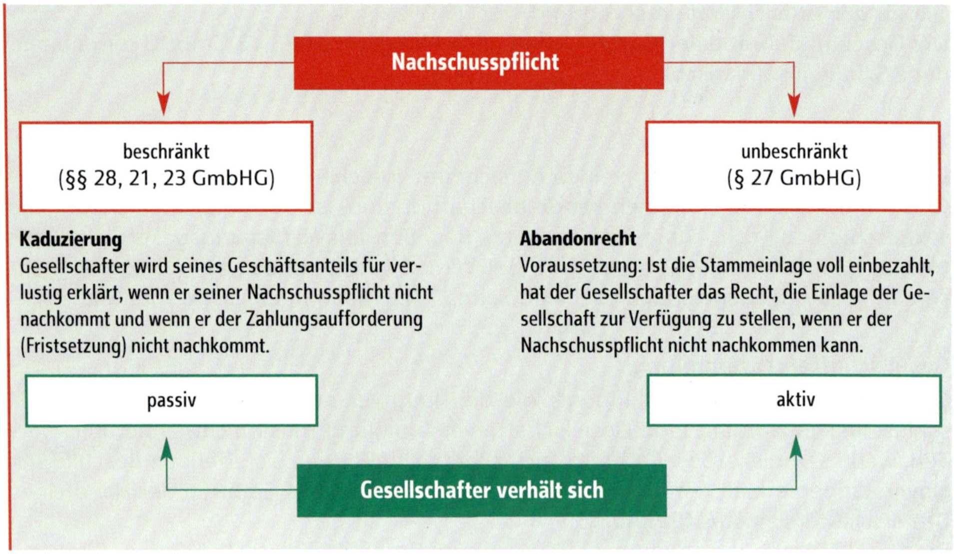

Rechnungslegung und Gewinnverwendung

Der **Jahresabschluss** wird durch die Gesellschaftsversammlung festgestellt (§ 42a GmbHG). Die Gesellschaften mbH sind nach dem HGB verpflichtet, einen Jahresabschluss, einen Lagebericht und die Gewinnverwendung zu veröffentlichen. Falls es sich um **große oder mittelgroße GmbH** handelt, müssen diese ihre Rechnungslegung durch einen Abschlussprüfer prüfen lassen. Kleine Gesellschaften mbH müssen ihre Rechnungslegung nicht prüfen lassen und ihre GuV-Rechnung nicht veröffentlichen. Des Weiteren müssen sie nur eine verkürzte Bilanz aufstellen. Die Vorschriften über die kleinen, mittleren und großen GmbH sind übertragbar auf die AG und KGaA. Für die kleinen AG und KGaA gelten nur dann dieselben Vorschriften wie für mittlere und große, wenn ihre Wertpapiere an einer Börse gehandelt werden.
Welche Gesellschaften als klein, mittel oder groß anzusehen sind, bestimmt § 267 HGB.

Kleine Kapitalgesellschaften sind dann gegeben, wenn mindestens zwei der drei folgenden Merkmale nicht überschritten werden:

1. 4 840.000,00 € Bilanzsumme
2. 9 680.000,00 € Umsatzerlöse in den zwölf Monaten vor dem Abschlussstichtag
3. 50 Mitarbeitende im Jahresdurchschnitt

Mittelgroße Kapitalgesellschaften sind solche, die mindestens zwei der drei nachstehenden Merkmale nicht überschreiten:

1. 19 250.000,00 € Bilanzsumme
2. 38 500.000,00 € Umsatzerlöse in den zwölf Monaten vor dem Abschlussstichtag
3. 250 Mitarbeitende im Jahresdurchschnitt

Große Kapitalgesellschaften sind dann solche, die mindestens zwei der drei vorgenannten Merkmale überschreiten.

Der **Gewinn kann verwendet** werden für (§ 29 GmbHG):

- Tantiemen an Geschäftsführer und Gesellschafter,
- Rücklagen (diese müssen im Gesellschaftsvertrag festgelegt sein),
- Rückzahlungen von Nachschüssen.

Zusammenfassung

1. Die GmbH ist wie die AG eine Kapitalgesellschaft mit eigener Rechtspersönlichkeit (= juristische Person).
2. Die GmbH kann von einer Person gegründet werden.
3. Die GmbH braucht wie die AG drei Organe.
4. Der bzw. die Geschäftsführer leiten die GmbH.
5. Der Aufsichtsrat überwacht die Geschäftsführer.
6. Die Gesellschafterversammlung beschließt über die Zukunft der GmbH.

Prüfen Sie Ihr Wissen

1. Nennen Sie die Rechte und Pflichten der GmbH-Gesellschafter.
2. Wie hoch ist das Mindeststammkapital einer GmbH?
3. Welche Firma muss eine GmbH führen?
4. Welches sind die Organe einer GmbH?
5. Nennen und vergleichen Sie Vor- und Nachteile der AG und der GmbH.

Web

6.1.10 Die Limited

Durch den Zusammenschluss der europäischen Länder ist es auch möglich, Rechtsformen zu wählen, die bisher nur in ihren Ursprungsländern möglich waren.
Hierzu zählt die englische „Limited“. Sie hat den Vorteil, dass zu ihrer Gründung nur ein Kapital von einem englischen Pfund (entspricht ca. 1,18 €, Stand 20.06.24) notwendig ist. Diese Limited kann in England sehr schnell und kostengünstig (für ca. 260,00 €) gegründet werden. Sie ist steuerlich mit der GmbH und der GmbH & Co. KG gleichgestellt, aber mit wesentlich weniger Kapital ausgestattet. Was natürlich auch von Nachteil sein kann, wenn das Unternehmen Kredite braucht. Für Handwerksbetriebe kommt ein weiterer Vorteil dazu, diese Unternehmensform ist von der Handwerker-Pflichtversicherung befreit. Es gibt auch die maltesische Limited, sie benötigt als Stammkapital 1 250,00 €. Was mit den Limiteds nach dem Brexit geschieht, muss in den Nachverhandlungen zwischen EU und Großbritannien geregelt werden.

6.1.11 Bestimmungsgründe für die Wahl der Unternehmensform

Wer sich selbstständig machen will, muss sich viele Fragen stellen. Unter anderem die Frage, welche Rechtsform für die Unternehmung gewählt werden soll.

Da die Wahl der Rechtsform eine langfristige unternehmerische Entscheidung ist, sollte die Überlegung, welche Rechtsform zu wählen ist, nicht nur bei der Gründung einer Unternehmung eine Rolle spielen, sondern auch von Zeit zu Zeit in einer bestehenden Unternehmung neu überdacht werden.
Auf jeden Fall sollten, ob Neugründung oder Umwandlung eines bereits bestehenden Unternehmens, folgende Punkte berücksichtigt und für die einzelnen Rechtsformen miteinander verglichen werden:[1]

- Aufbringung des **Eigenkapitals**,
- **Kreditbeschaffungsmöglichkeiten**,
- **Geschäftsführungs- und Vertretungsbefugnis**,
- Höhe der **Haftung**,
- **Gewinn- und Verlustbeteiligung**,
- **steuerliche Belastung**,

- Aufwendungen der einzelnen Rechtsform wie **Gründungs- und Kapitalerhöhungskosten, Ausgaben für Rechnungsprüfung und Veröffentlichung**,
- **Publizitätspflicht**.

Die Wahl der Rechtsform kann auch noch beeinflusst werden durch den Gestaltungsspielraum des Gesellschaftsvertrags sowie durch gesetzliche Mitbestimmungsregeln in Unternehmen mit einer bestimmten Rechtsform.
Die Entscheidungsfreiheit ist dort begrenzt, wo **gesetzliche Vorschriften** entgegenstehen (Mindestkapital, vorgeschriebene Rechtsform z. B. bei Hypothekenbanken). Eine weitere Entscheidungsbeschränkung kann durch die **Art der wirtschaftlichen Aufgabe** gegeben sein (Genossenschaften, Reedereien, bergrechtliche Gewerkschaften usw.).

Übersicht über die Merkmale der wichtigsten Unternehmungsformen

Unternehmungsform / Merkmale	Einzelunternehmung	OHG	KG
Eigenkapitalgeber	Eigentümer (Inhaber)	Gesellschafter	- Gesellschafter - Komplementär - Kommanditist(en)
Haftung	- unbeschränkt - Privat- und Geschäftsvermögen	- jeder Gesellschafter - unbeschränkt, unmittelbar und solidarisch	- Komplementär wie OHG-Gesellschafter - Kommanditist(-en) nur mit Einlage

1 *Der Vergleich erfolgt am besten anhand einer tabellarischen Übersicht, in der alle Ergebnisse zu den abgehandelten Punkten einer Rechtsform direkt denen der anderen Rechtsformen gegenüberstehen.*

Geschäftsführung	Eigentümer (Inhaber)	jeder Gesellschafter	Komplementär, Gesellschaftsvertrag kann jedoch Kommanditisten Geschäftsführung einräumen
Vertretung	Eigentümer (Inhaber)	jeder Gesellschafter	Komplementär, jedoch Möglichkeit der Ernennung zum Prokuristen oder Handlungsbevollmächtigten
Organe	keine	keine	keine
Besondere Merkmale	keine	keine	keine
Vorteile	schnelle Anpassung	• breitere Kreditbasis • Risikoaufteilung	• Es können weitere Kommanditisten zur Kapitalerweiterung aufgenommen werden. • für Kommanditisten – haftet nur mit Einlage

Unternehmungsform / Merkmale	AG	GmbH	GmbH & Co. KG
Nachteile	• geringe Kapitalbasis • begrenzte Fremdkapitalbeschaffung	• unbeschränkte und solidarische Haftung • eventuell langsamere Anpassung	• für Komplementär unbeschränkte und solidarische Haftung • für Kommanditisten nach dem Gesetz keine Geschäftsführung
Eigenkapitalgeber	Aktionäre	Gesellschafter	Gesellschafter und Kommanditisten
Haftung	nur das Gesellschaftsvermögen	nur das Gesellschaftsvermögen	• Gesamtvermögen des Komplementärs (Gesellschaftsvermögen der GmbH) und • Einlage der Kommanditisten
Geschäftsführung	Vorstand	Geschäftsführer	Komplementär, d. h. die voll haftende GmbH, vertreten durch ihren Geschäftsführer
Vertretung	Vorstand	Geschäftsführer	Komplementär, d. h. die voll haftende GmbH, vertreten durch ihren Geschäftsführer

Organe	• Vorstand • Aufsichtsrat • Hauptversammlung	• Geschäftsführung • Aufsichtsrat (bei mehr als 500 Arbeitnehmenden gesetzlich vorgeschrieben) • Gesellschafterversammlung	• keine besonderen Organe • eventuell die Organe der GmbH
Besondere Merkmale	juristische Person, die rechtsfähig, aber nicht geschäftsfähig ist	juristische Person, die rechtsfähig, aber nicht geschäftsfähig ist	Mischform aus zwei verschiedenen Unternehmungsformen (Personen- und Kapitalgesellschaft) • Vollhafter ist die GmbH
Vorteile	• weite Streuung des Kapitals • Einfachheit des Handels mit Aktien • Beschränkung der Haftung • hohe Kreditfähigkeit	• Aufbringung hoher Kapitalien, beschränkte Haftung • niedriges Grundkapital	• Ausschluss der persönlichen Haftung • steuerliche Gründe • gesicherter Fortbestand
Nachteile	• hohes Gründungskapital • Publizitätspflicht nur für mittlere und große AG	• geringere Kreditfähigkeit • schwere Übertragbarkeit der Stammeinlagen • Publizitätspflicht für mittlere und große GmbH	• geringe Kreditfähigkeit • schwere Übertragbarkeit der/des Geschäftsanteile/-teils des Komplementärs • Publizitätspflicht für mittlere u. große GmbH & Co. KG

Nur dort, wo der Schutz Dritter im Vordergrund steht, hat der Gesetzgeber zwingende Vorschriften erlassen (Mindestkapital für AG und GmbH).
Auch der **freie Wettbewerb** im weitesten Sinne ist durch das Unternehmensrecht gewährleistet, da jeder, der sich am Markt oder an der Produktion beteiligen will, dies auch tun kann. Allerdings stehen der Wahl der Rechtsform oder der Wahl des Geschäftszweigs auch hier gewisse Beschränkungen entgegen, weil das Unternehmensrecht nur eine Teilordnung unserer gesamten Wirtschaftsordnung und Gesellschaftsordnung ist. So können einer Niederlassung in bestimmten Branchen Qualifikationsbeschränkungen (Arzt, Rechtsanwalt, Apotheker usw.) oder Zugangsbeschränkungen (Apotheker, Schornsteinfeger usw.) entgegenwirken.

Da der freie Wettbewerb, wie er vom wirtschaftlichen Liberalismus entworfen wurde, auch die Vertragsfreiheit beinhaltet, diese jedoch in der Vergangenheit oft zur Kartellierung und damit zur Aufhebung des Wettbewerbs missbraucht wurde, forderten die Neoliberalisten[1] den Staat auf, neue Rahmenbedingungen für den Wettbewerb zu schaffen, damit der Missbrauch der Vertragsfreiheit verhindert werde. Diese Rahmenbedingungen wurden mit dem **GWB** (**G**esetz gegen **W**ettbewerbs**b**eschränkungen) 1957 (zuletzt geändert am 22.12.2011) als zentrales Ordnungsprinzip unserer sozialen Marktwirtschaft[2] geschaffen. Das GWB ist eine Art „Grundgesetz" unserer marktwirtschaftlichen Ordnung in der Bundesrepublik Deutschland. Damit kann der freie Wettbewerb weitgehend gesichert werden. Da das Unternehmensrecht in die gesamten Ordnungsgrundsätze unserer Wirtschaftsordnung (Eigentumsordnung, Wettbewerbsordnung, Verteilungs- und Sozial-

1 *Vgl. Kapitel 1.3 „Soziale Marktwirtschaft".*
2 *Vgl. Kapitel 6.3.2 „Wettbewerbskontrolle".*

politik usw.)[1] eingebettet ist und diese Ordnungsgrundsätze alle in einer wechselseitigen Beziehung zueinander stehen und somit auch nur gemeinsam genutzt werden können, trägt das Unternehmensrecht auch zur **Sicherung der sozialen Marktwirtschaft** bei.

6.1.12 Europäisches Gesellschaftsrecht

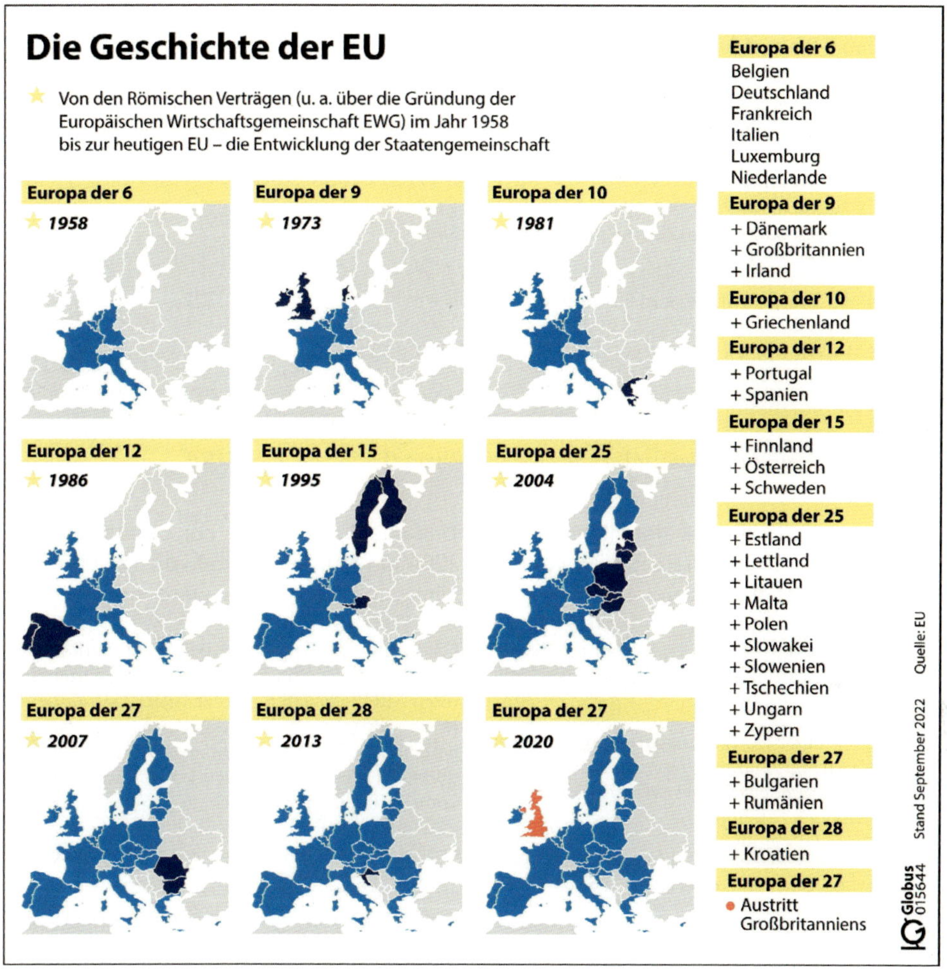

Der gemeinsame EU-Binnenmarkt fordert eine Angleichung der **nationalen Gesellschaftsrechte** an die **Rechte der Gemeinschaft**. Hierzu wurden schon viele Richtlinien erlassen. Das **Bilanzrichtliniengesetz** ist hiervon das bekannteste. In ihm sind die Aufstellung, Prüfung und Publizitätspflicht von Jahresabschlüssen und Konzernabschlüssen geregelt. Diese traten zum 1. Januar 1987 in Deutschland in Kraft und wurden in der Zwischenzeit auch in allen anderen EU-Mitgliedstaaten in nationales Recht umgesetzt.

1 *Vgl. Kapitel 1.2 „Merkmale von Wirtschaftsordnungen".*

Des Weiteren sieht die Rechtsordnung neue Gesellschaftsformen innerhalb der EU bzw. des EU-Binnenmarktes vor. Diese sollen „übernational" (supranational) sein:

- Europa AG (SE) seit 2005,
- Europäische Wirtschaftliche Interessenvereinigung (EWIV) seit 1985,
- Europa GmbH seit 2010.

Europa AG

Rheinland-Pfalz **Amtsgericht Ludwigshafen a.Rhein (Ludwigshafen) HRB 61916** digitalglobalnet Europa AG Speyer
Quelle:
Rheinland-Pfalz Amtsgericht Ludwigshafen a.Rhein (Ludwigshafen) HRB
oder
Nordrhein-Westfalen **Amtsgericht Wuppertal HRB 21088** Europa Service Autovermietung Aktiengesellschaft Solingen
1.) Europa Service International Aktiengesellschaft

Quelle:
Rheinland-Pfalz Amtsgericht Ludwigshafen a.Rhein (Ludwigshafen) HRB
oder
Baden-Württemberg **Amtsgericht Freiburg HRB 270701** Europa-Park Golfpark Tutschfelden AG
Sitz in Herbolzheim
Quelle:
Rheinland-Pfalz Amtsgericht Ludwigshafen a.Rhein (Ludwigshafen) HRB

Die Europa AG oder SE (lat.: Societas Europaea) soll lt. Gesetz zur Einführung der Europäischen Gesellschaft (SEEG) vom 8.10.2004 ein Mindestkapital von 120 000,00 € haben. Sie kann unter den nachfolgenden Bedingungen gegründet werden:

1. Verschmelzung von zwei oder mehreren Aktiengesellschaften aus mindestens zwei Mitgliedstaaten.
2. Bildung einer SE-Holdinggesellschaft, an der Aktiengesellschaften oder Gesellschaften mbH aus mindestens zwei verschiedenen Mitgliedstaaten beteiligt sind.
3. Gründung einer SE-Tochtergesellschaft durch Gesellschaften aus mindestens zwei Mitgliedstaaten.
4. Umwandlung einer Aktiengesellschaft, die seit mindestens zwei Jahren eine Tochtergesellschaft in einem anderen Mitgliedstaat hat, in eine SE.

Die praktische Bedeutung der SE besteht darin, dass Unternehmen mit Niederlassungen in mehreren Mitgliedstaaten auf der Grundlage einheitlicher Regeln fusionieren und mit einem einheitlichen Management und Berichtssystem überall in der Europäischen Union tätig werden können, ohne mit erheblichem Zeit- und Kostenaufwand ein Netz von Tochtergesellschaften errichten zu müssen, für die unterschiedliche nationale Vorschriften gelten.

Quelle: Wilsing, Hans-Ulrich; Maul, Silja, in: Frankfurter Allgemeine Zeitung, 02.05.2005, Seite 22

Aus diesen Aufzählungen erkennt man, dass eine Europa AG nur durch juristische Personen gegründet werden kann. Für die Europa AG gilt zum einen das europäische Recht und zum anderen das nationale Recht, je nachdem, wo sie ihren Sitz wählt und ins Handelsregister eingetragen ist.

Europäische Wirtschaftliche Interessenvereinigung (EWIV)

Die EWIV soll ein grenzüberschreitendes Kooperationsinstrument für Gemeinschaftsvorhaben darstellen. Es ist gedacht für gemeinsame Forschungseinrichtungen, Rechenzentren und Vertriebsstellen. Für die EWIV gelten einige Einschränkungen:
- EWIV darf nicht mehr als 500 Arbeitnehmende beschäftigen.
- EWIV darf nicht als Holdinggesellschaft arbeiten.[1]
- EWIV darf sich nicht an Mitgliedsunternehmen beteiligen.
- EWIV ist auf den Geschäftszweck der Trägerunternehmen beschränkt.

6.2 Formen der Kooperation und Konzentration

6.2.1 Ursachen wirtschaftlicher Konzentration

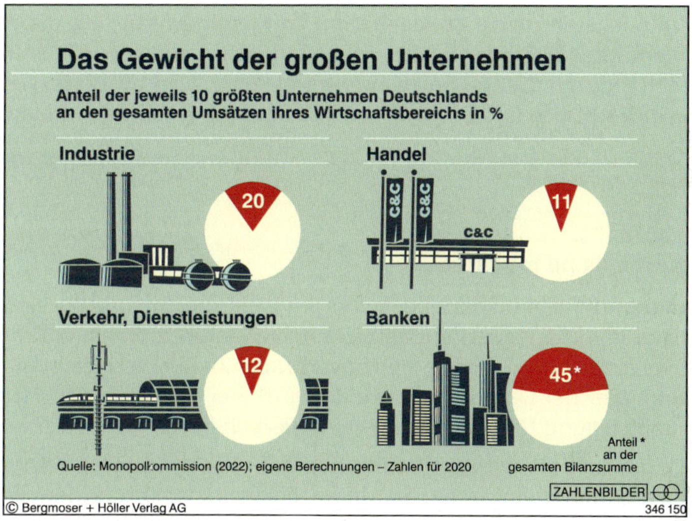

Das Gewicht der großen Unternehmen

In einem marktwirtschaftlichen System spielt der **Wettbewerb** eine entscheidende Rolle für die Steuerung und Koordination der einzelnen Marktteilnehmer. Wird der Wettbewerb eingeschränkt, besteht die Gefahr, dass es zu strukturellen Fehlentwicklungen, zu Effizienz- und Wachstumsverlusten kommt. Die Funktionsfähigkeit des Marktes wird nicht zuletzt durch eine zu starke Unternehmenskonzentration infrage gestellt. Es ist deshalb Aufgabe der Wirtschafts- und Wettbewerbspolitik, die Konzentrationstendenzen im Auge zu behalten und, falls erforderlich, den Wettbewerb zu sichern. Als unabhängiges Gremium der Politikberatung beobachtet seit 1974 die **Monopolkommission** das Konzentrationsgeschehen. Stellung und Auftrag der Kommission sind in den Paragrafen 44 – 47 des Gesetzes gegen die Wettbewerbsbeschränkungen (GWB) geregelt. Alle zwei Jahre legt die Kommission ein Gutachten vor, in dem sie Stand und Entwicklung der Unternehmenskonzentration unter wirtschafts- und wettbewerbspolitischen Gesichtspunkten beurteilt.

1 *Vgl. Kapitel 6.2.5 „Konzerne".*

Dazu analysiert sie die **Unternehmenskonzentration** auf gesamtwirtschaftlicher Ebene. Diese aggregierte Betrachtung mindert allerdings die wettbewerbspolitische Aussagekraft, da keine einzelnen Märkte abgegrenzt werden. So bleibt etwa die Konkurrenz durch ausländische Wettbewerber ebenso außerhalb der Betrachtung wie die marktbeherrschende Stellung einzelner Unternehmen bei einem bestimmten Produktsortiment. Ziel der Analyse ist es vielmehr, das politische und wirtschaftliche **Gewicht der Großunternehmen** abzubilden. Dabei zeigt sich für die letzten zwei Jahrzehnte eine rückläufige Tendenz: Von 1978 bis 1999 lag der Anteil der hundert Größten an der gesamtwirtschaftlichen realen Wertschöpfung noch bei durchschnittlich 19 %, seit der Jahrtausendwende ging er jedoch merklich zurück. Im Jahr 2020 belief er sich nur noch auf 14 %.

Die Wertschöpfung ist vor allem relevant für das politische Gewicht großer Unternehmen - wegen ihrer Bedeutung für die Volkswirtschaft, ihrer Rolle als Steuerzahler, als Arbeitgeber und als Objekt von Kapitalanlagen. Dagegen verdeutlichen die Umsatzanteile in einzelnen **Branchen** die Bedeutung der Unternehmen als Anbieter von Waren und Dienstleistungen. Am höchsten ist die Konzentration im Kreditgewerbe, wo die zehn größten Banken fast die Hälfte (45 %) der Bilanzsumme auf sich vereinigen. In der Industrie entfällt auf die zehn größten Unternehmen ein Fünftel (20 %) aller Umsätze. Geringer ist die Konzentration im Verkehrs- und Dienstleistungssektor (12 %) sowie im Handel (11 %).

Quelle: https://zahlenbilder.de/deutschland/wirtschaft/wirtschaftsstruktur-und-entwicklung/47543/das-gewicht-der-grossen-unternehmen, abgerufen am 28.01.2024

Folgende Ursachen sind möglich:

- Eine **Erfindung**, die alle bisherigen Techniken weit übertrifft, kann einer Unternehmung zu einer marktbeherrschenden Stellung verhelfen, z. B. ein vollkommen neuer Motor mit wesentlich geringerem Benzinverbrauch bei im Vergleich mit herkömmlichen Motoren gleicher Leistung könnte dem Erfinder oder Erfinderin (Hersteller) zu einer Monopolstellung (Marktbeherrschung) verhelfen.
- Das **Alleineigentum** an seltenen Rohstoffen oder Energiequellen kann ebenfalls zu einer solchen Stellung verhelfen. So sind z. B. die südafrikanischen Diamantenminen die einzigen, die Schmucksteine in einer Größenordnung von einem Karat und mehr fördern.
- Der **technische Fortschritt**, der die Unternehmen „zwingt", immer größere und teurere Maschinenparks anzulegen, sorgt dafür, dass kleinere Unternehmen diesem „Investitionsdruck" nicht mehr gewachsen sind und so aus dem Markt gedrängt werden.
- Auch der **Gesetzgeber** sorgt dafür, dass Unternehmungen solche marktbeherrschenden Stellungen erreichen können, indem er einer staatlichen oder privaten Unternehmung **das Recht verleiht**, eine bestimmte Dienstleistung oder ein Sachgut allein anzubieten.
- Das **interne Wachstum** einer Unternehmung, d. h., ein Unternehmen wächst schneller als ein anderes (z. B. durch besseres Management), kann auch für die Konzentration verantwortlich sein.
- **Unternehmenszusammenschlüsse** (externes Wachstum) sind heute wohl die häufigste Ursache für eine Machtkonzentration auf dem Markt.

6.2.2 Arten und Formen der Unternehmenszusammenschlüsse

Marktbeherrschende Unternehmungen können durch kapitalmäßige Verflechtung (**Konzerne**), Absprachen (**Kartelle**) oder durch Verschmelzung (**Trusts**) entstehen.

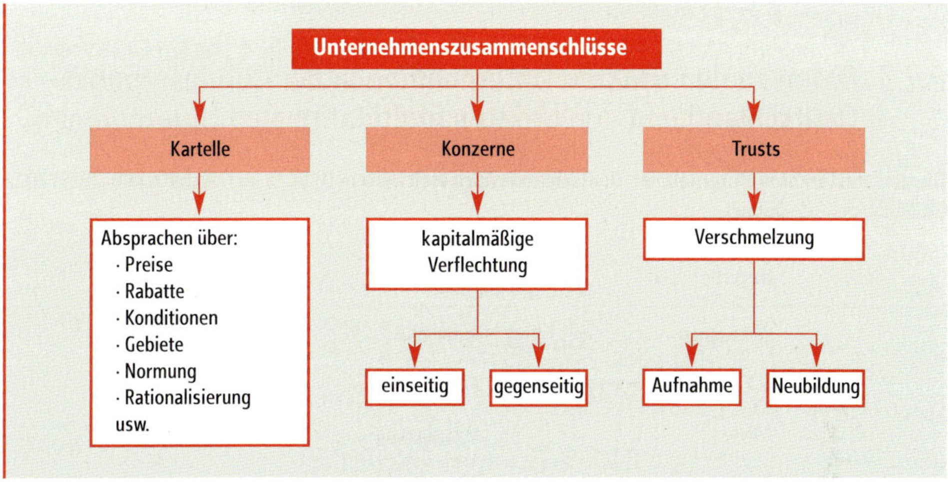

Diese Unternehmenszusammenschlüsse kommen sowohl in horizontaler als auch vertikaler oder anorganischer Form vor:

- Von einem **horizontalen Zusammenschluss** spricht man, wenn mehrere Unternehmen der gleichen Branche (z. B.: VW, Audi und Porsche) zusammenarbeiten wollen.
- Ein **vertikaler Zusammenschluss** liegt dann vor, wenn verschiedene aufeinanderfolgende Wirtschaftsstufen oder Produktionsstufen zusammengeschlossen werden (z. B.: Fischereibetrieb, Konservenfabrik und Futtermittelbetrieb).
- **Anorganische Zusammenschlüsse** sind solche, bei denen die einzelnen Betriebe und Branchen in keinem direkten Zusammenhang stehen (z. B.: Siemens-Konzern – Mobilitätslösungen für Straße und Schiene, Infrastruktur für Gebäude, Haushaltsgeräte, Automatisierung und Digitalisierung, dezentrale Energiesysteme usw). Zu diesen anorganischen Zusammenschlüssen entscheiden sich die Unternehmungen oft deshalb, weil sie dann auf „mehreren Beinen“ stehen, d. h., sie versuchen, das Risiko auf mehrere Branchen zu verteilen.

Welche Gründe können nun diese Unternehmungen veranlassen, sich mit anderen Unternehmungen zusammenzuschließen?
Der Hauptgrund wird wohl der sein, dass diese Unternehmungen sich eine gewisse **Marktmacht** und damit einen bestimmten **Gewinn sichern** wollen. Es ist aber durchaus denkbar, dass auch andere Gründe sie dazu veranlassen können. So können z. B. Unternehmen, die sich zusammenschließen, ihre **Kosten senken**, indem sie **gemeinsam Forschung**, **Produktentwicklung** oder **Rationalisierungsmaßnahmen** durchführen (vgl. z. B. Produktionsprogramm VW und Audi). Ein weiterer Grund, der für einen Zusammenschluss spricht, ist dort gegeben, wo sich ein Betrieb der Rohstoffverarbeitung mit einem Betrieb der Urproduktion vereint, um sich die **Rohstoffversorgung** zu sichern. Andere Unternehmen schließen sich deshalb zusammen (oft nur vorüberge-

hend), weil ihre finanziellen Mittel und ihre Produktionskapazität für die **Durchführung eines bestimmten Großauftrags** (Bauprojekt) allein nicht ausreichen würden (z. B.: ARGE Neckartalstraße). Und letztendlich gibt es noch solche Unternehmen, die durch einen Zusammenschluss den Wettbewerb durch **Preis- oder Mengenabsprachen** beschränken oder ganz beseitigen wollen.

6.2.3 Daten zu den größten Unternehmen in der Bundesrepublik Deutschland und den größten multinationalen Unternehmen

Die umsatzstärksten Unternehmen Deutschlands nach weltweitem Umsatz im Geschäftsjahr 2021/2022 (in Milliarden US-Dollar)

Rang	Unternehmen	Branche	Umsatz
1	Volkswagen	Automobil	295.82
2	Mercedes-Benz Group	Automobil	158.31
3	Allianz	Versicherung	144.52
4	BMW Group	Automobil	131.52
5	Deutsche Telekom	Telekommunikation	128.63
6	Deutsche Post DHL Group	Post	96.65
7	Bosch Group	Elektro / Misch	93.11
8	BASF	Chemie	92.93
9	E.ON	Energie	91.46
10	Munich RE Group	Versicherung	83.05
11	Siemens	Elektro / Misch	75.52
12	Deutsche Bahn	Mobilität / Transport	55.66

Quelle: https://de.statista.com/statistik/daten/studie/12917/umfrage/rangliste-der-500-groessten-unternehmen-deutschlands/, abgerufen am 09.02.2024

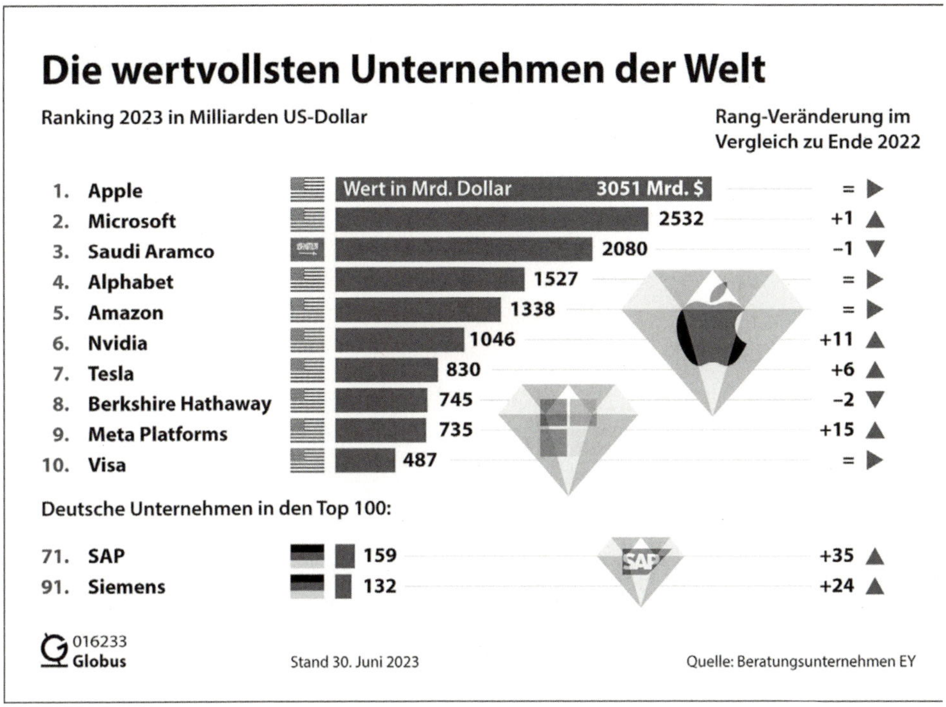

Prüfen Sie Ihr Wissen

1. Ermitteln Sie die umsatzstärksten Handelsunternehmen in Deutschland.
2. Ermitteln Sie die umsatzstärksten Unternehmen in Europa.
3. Auf welchen Plätzen stehen die größten deutschen Unternehmen in der Welt?

6.2.4 Kartelle

Die Stadt Stuttgart will ein neues Schulhaus bauen. Sie macht eine öffentliche Ausschreibung, um die Handwerker und Bauunternehmer zu finden, die das Gebäude am günstigsten erstellen können. Die Bauunternehmer X, Y und Z unterhalten sich über diesen Bauauftrag. Bauunternehmer X stellt fest, dass die beiden letzten „dicken Brocken" an Y und Z gegangen sind. Die drei Bauunternehmer beschließen deshalb, dass dieses Mal Herr X den Auftrag erhalten soll. Herr X schätzt, dass er mit einem Angebot, das bei 17 Mio. € liegt, gut hinkommen würde. Herr Y und Herr Z beschließen deshalb, dass ihre Angebote bei 17,5 Mio. € und bei 17,8 Mio. € liegen sollen. Herr X erhält den Auftrag.

Diese Absprache nennt man Preiskartell oder Submissionskartell.

Kartelle sind **vertragliche Zusammenschlüsse** von wirtschaftlich[1] und rechtlich[2] selbstständig bleibenden Unternehmungen, mit dem Ziel, den Wettbewerb (Konkurrenzkampf) auszuschalten.

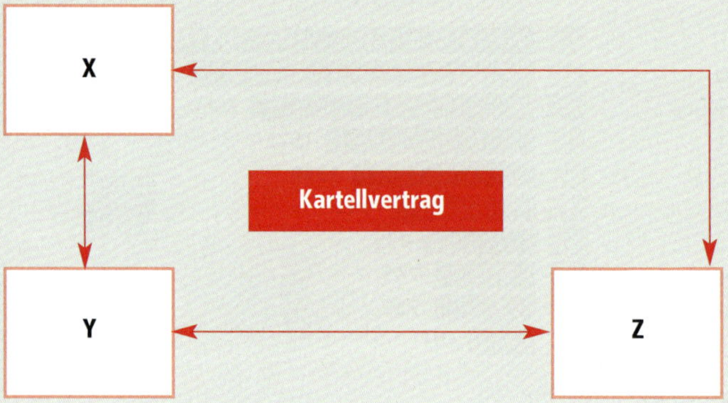

Absprachen zwischen Unternehmungen können sich wie in unserem Beispiel auf den Preis beziehen, es ist aber auch möglich, dass Absprachen über Konditionen, Gebiete, Rationalisierung, Vertrieb, Kalkulation, Rabatte oder Spezialisierung stattfinden. Kartelle sind grundsätzlich verboten, jedoch erlaubt der Gesetzgeber Ausnahmen (siehe Übersicht).

Kartelle können immer nur horizontale Zusammenschlüsse sein. Freistellungsfähige Kartelle sind von den beteiligten Unternehmen selbst zu prüfen, ob ihr Verhalten mit dem Kartellrecht vereinbar ist. Freigestellte Vereinbarungen sind laut § 2 GWG u. a. solche Vereinbarungen, die dazu beitragen, dass Verbraucher am entstehenden Gewinn beteiligt werden, oder die zu einer Verbesserung der Warenerzeugung und -verteilung führen.

Die Freistellungsfähigkeit soll laut § 3 GWG auch für Mittelstandskartelle gelten. Diese neue Vorgehensweise soll das Ganze „entbürokratisieren“ und passt das deutsche Kartellrecht dem europäischen Kartellrecht an. Das europäische Kartellrecht kann durch nationales Kartellrecht ergänzt werden.

Kartellarten	Vertragliche Vereinbarung
Preiskartelle bzw. Submissionskartelle	Einheitliche Preisgestaltung oder Preisabsprachen in der Hinsicht, dass ein Kartellmitglied günstiger anbietet als die anderen und somit den Auftrag erhält (verboten).
Gebietskartelle	Jedes Mitglied hat sein bestimmtes Absatzgebiet und beliefert auch hier nur die Kunden (verboten).
Kalkulationskartelle	Die Mitglieder kalkulieren alle auf derselben Basis.
Produktions- oder Quotenkartelle	Jedem Mitglied wird seine Produktionsmenge (Produktionsquote) vorgegeben, sodass keine Überkapazitäten entstehen können (verboten, bedingt freistellungsfähig).

1 *wirtschaftliche Selbstständigkeit: selbstständiger Einkauf, Verkauf, Personaleinstellung usw.*
2 *rechtliche Selbstständigkeit: Firmenname*

Kartellarten	Vertragliche Vereinbarung
Rabattkartelle	Jedes Mitglied gewährt denselben Rabatt, Skonto oder Bonus (verboten).
Konditionenkartelle	Jedes Mitglied hat gleiche Geschäftsbedingungen wie: Lieferung frei Haus, Lieferung ab Werk, Lieferung frei Bestimmungsbahnhof, Preis inklusive Verpackung, Zahlungsbedingungen, Umfang von Garantien usw.
Vertriebskartelle (Syndikate)	Der Vertrieb erfolgt über eine einheitliche Verkaufsstelle, deren Auflagen sich die Mitglieder beugen müssen (verboten aber Freistellung ausnahmsweise möglich).
Normen- und Typenkartelle	Die Mitglieder entwickeln gemeinsame Normen (Abmessungen, Formen usw.) und Typen (Vereinheitlichung von Produkten).
Spezialisierungskartelle	Jedes Mitglied spezialisiert sich auf ein oder mehrere Produkte (eine Art der Rationalisierung), wobei die Wettbewerbsbeschränkung nicht zur Entstehung oder Verstärkung einer marktbeherrschenden Stellung führen darf.
Mittelstandskartelle	Kleine und mittlere Unternehmen dürfen häufig gemeinsame Empfehlungen (Verhalten, Preise usw.) aussprechen bzw. gemeinsam einkaufen, um die Leistungsfähigkeit der Beteiligten gegenüber Großbetrieben zu fördern und dadurch die Wettbewerbsbedingungen zu verbessern.
Rationalisierungskartelle	Die Mitglieder unterwerfen sich bestimmten Rationalisierungsmaßnahmen, die über technische Vorgänge wie Normung und Typung hinausgehen und geeignet sind, die Wirtschaftlichkeit der beteiligten Unternehmen zu steigern. Der Rationalisierungserfolg soll dabei in einem angemessenen Verhältnis zu den damit verbundenen Wettbewerbsbeschränkungen stehen.
Strukturkrisenkartelle	Die Mitglieder passen sich alle gleichmäßig der veränderten Marktsituation an, z. B. durch Produktionseinschränkungen.
Exportkartelle	Die Mitglieder unterwerfen sich Absprachen, die sich jedoch nur auf den Auslandsmarkt beziehen dürfen – Freistellung darf sich nicht auf EU-Märkte beziehen.
Ex- und Importkartelle	Die Mitglieder unterwerfen sich Absprachen, die nicht nur auf den Auslandsmärkten, sondern auch auf den Inlandsmärkten gelten sollen (verboten).

Das Syndikat ist ein Kartell, das besonders straff organisiert ist. Es hat eine selbstständige Vertriebsstelle (Verkaufsstelle, Verkaufskontor), die den gesamten Verkauf an die Kundschaft durchführt (Angebote, Verteilung der Aufträge, Verkauf, Abwicklung des Zahlungsverkehrs usw.). Die Kartellmitglieder haben nur noch die Lieferung an die Kunden zu erfüllen.

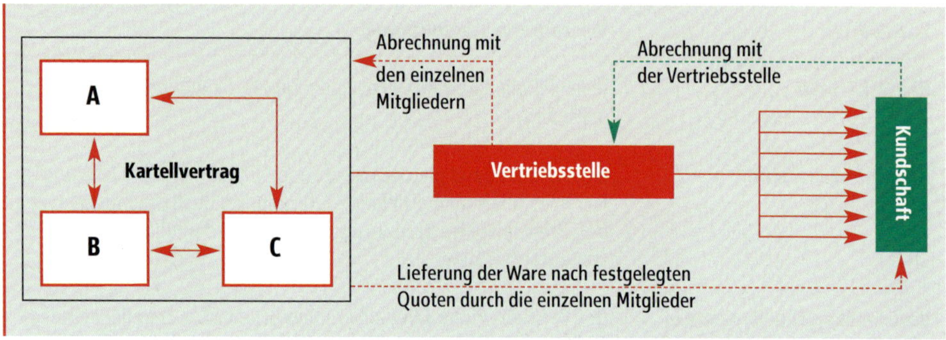

Das Syndikat ist eine Art Rationalisierungskartell, in dem der Vertrieb in der Weise rationalisiert wird, dass nur noch eine einzige Verkaufsstelle für mehrere Unternehmungen zuständig ist, was wiederum bedeutet, dass jede Unternehmung ihre Verkaufsabteilung einsparen kann.
Der Nachteil dabei ist, dass die einzelnen Hersteller keine eigene Absatzpolitik mehr betreiben und somit der Wettbewerb ausgeschaltet ist, was für den Abnehmer bedeutet, dass sich der Preis nicht mehr durch Angebot und Nachfrage einspielt, sondern einfach festgelegt wird.
Das Syndikat nimmt dem Hersteller auch die gesamte Debitorenbuchhaltung[1] und die Überwachung der Zahlungseingänge (Mahnwesen) ab.

Das **Syndikat** ist die am straffsten organisierte Kartellart. Die in Kartellen zusammengeschlossenen Unternehmen sind rechtlich und wirtschaftlich unabhängig.

6.2.5 Konzerne

Konzerne können horizontal, vertikal oder anorganisch verbundene Unternehmen sein, die dabei ihre wirtschaftliche Selbstständigkeit aufgeben und nur noch ihre rechtliche Selbstständigkeit erhalten. Man unterscheidet zwei Arten von Konzernen:

- Ein **Unterordnungskonzern** entsteht, wenn ein herrschendes Unternehmen (Konzernmutter) sich an einem oder mehreren abhängigen Unternehmen kapitalmäßig beteiligt (Konzerntöchter) und diese(n) Betrieb(e) dann auch leitet (§ 18 Abs. 1 AktG).
- Ein **Gleichordnungskonzern** entsteht, wenn sich zwei oder mehrere Unternehmen in eine gegenseitige, aber gleich hohe Kapitalbeteiligung begeben (Konzernschwestern) und sich einer gemeinsamen Leitung unterstellen; die Mitgliedsfirmen sind gleich stark, haben aber ihre wirtschaftliche Selbstständigkeit aufgegeben.

1 *Debitorenbuchhaltung: Warenverkauf auf Kredit wird hier gebucht (Forderungen an Warenverkauf)*

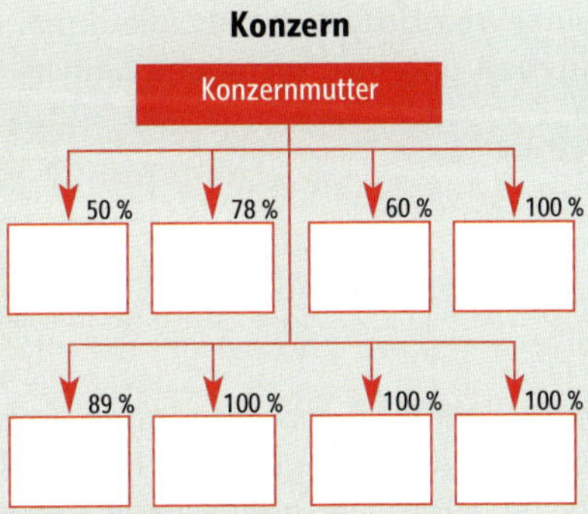

wirtschaftlich abhängige Unternehmen (Konzerntöchter)

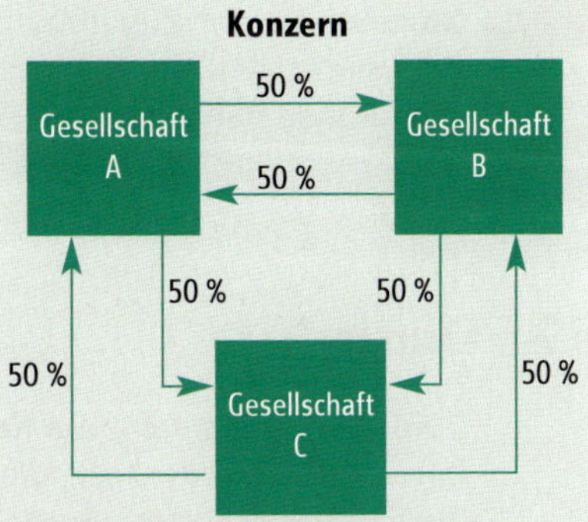

Konzernschwestern durch gegenseitige Kapitalbeteiligung

Beim Unterordnungskonzern ist es klar, wer die zentrale Leitung innehat. Beim Gleichordnungskonzern wird zum Zweck der zentralen Leitung meist eine sogenannte Dachgesellschaft (Holding) gegründet. Sie wird dadurch gebildet, dass die beteiligten Gesellschaften ihre Beteiligungen in eine neu gegründete Gesellschaft einbringen, die dann nur die Verwaltungsaufgaben des Konzerns wahrnimmt und die anderen Gesellschaften beherrscht (z. B. Douglas-Holding, Media-Saturn-Holding).

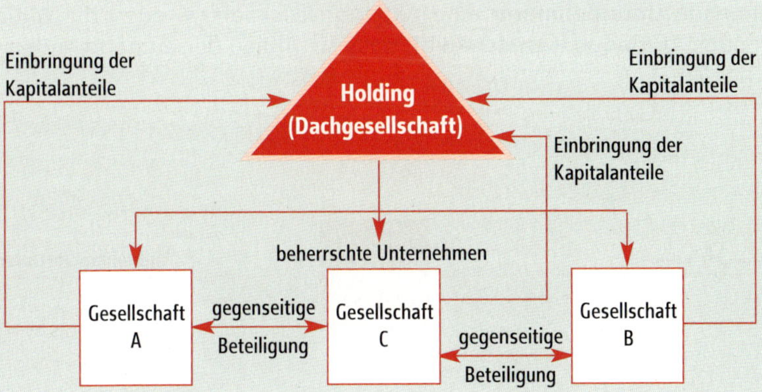

Der Zusammenschluss zu Konzernen erfolgt, wie auch bei den Kartellen, zum Zweck der Marktbeherrschung. Es können aber auch andere Gründe für einen Zusammenschluss sprechen (vgl. Kapitel 6.2.2). Meist kommt es bei solchen Beteiligungen nicht nur zu einem kapitalmäßigen Austausch, sondern oft auch zu einem personellen Austausch, d. h., es werden auch Aufsichtsratsmitglieder der einen Gesellschaft Aufsichtsratsmitglieder der anderen Gesellschaft und umgekehrt.

Konzern ist der Zusammenschluss von einzelnen Unternehmen, die dabei ihre wirtschaftliche Selbstständigkeit aufgeben und ihre rechtliche Selbstständigkeit behalten.

6.2.6 Trusts

1969 wurde aus den zwei Kapitalgesellschaften NSU-AG und Auto Union GmbH eine neue Gesellschaft, die AUDI NSU AUTO UNION AG, gebildet. Das heißt, zwei Gesellschaften wurden zu einer verschmolzen. Diese eine neue Gesellschaft wurde dann eine Tochtergesellschaft von VW.

Der Trust ist ein Zusammenschluss von Unternehmungen, die dabei ihre wirtschaftliche und rechtliche Selbstständigkeit aufgeben. Der Trust kann ein horizontaler, vertikaler oder anorganischer Zusammenschluss sein. In unserem vorliegenden Fall liegt ein horizontaler Zusammenschluss vor. Bei dieser Art von Zusammenschluss spricht man auch von einer Fusion oder Verschmelzung. Man unterscheidet zwei **Arten der Verschmelzung**:

- **Bei Fusion durch Aufnahme** wird das gesamte Vermögen einer Unternehmung auf eine andere bestehende Unternehmung übertragen. Sind die übertragende und die aufnehmende Unternehmung eine Aktiengesellschaft, werden die Aktionäre der abgebenden AG dadurch entschädigt, dass sie Aktien der aufnehmenden AG erhalten (§ 305 AktG).

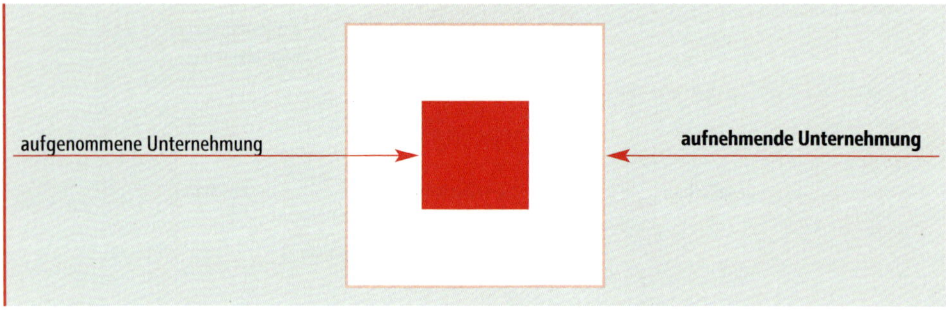

Die aufgenommene Unternehmung geht durch die Verschmelzung unter.

- **Bei Fusion durch Neubildung** wird das gesamte Vermögen der beteiligten Unternehmen auf eine neu gebildete Unternehmung übertragen. Sind die beteiligten Unternehmen Aktiengesellschaften, so werden die Aktionäre dadurch entschädigt, dass sie ihre Aktien gegen Aktien der neuen Unternehmung eintauschen können. Diese Art der Verschmelzung ist nach dem Gesetz nur zulässig, wenn die beteiligten Unternehmen länger als zwei Jahre bestanden haben, d. h. im Handelsregister eingetragen waren (§§ 3 UmwG[1] und 305 AktG; vgl. auch Eingangsbeispiel NSU-AG und Auto Union).

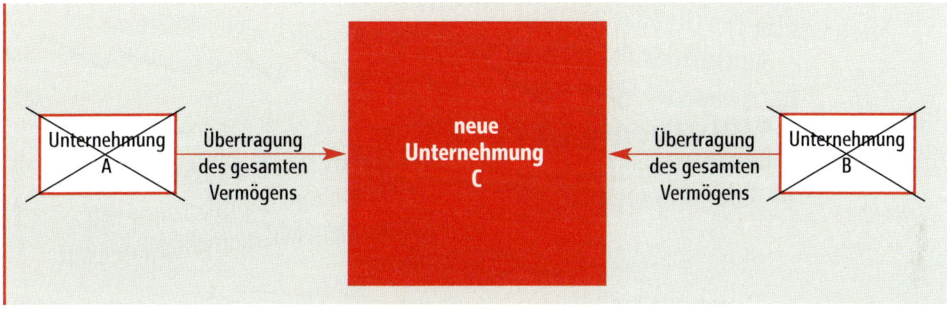

Unternehmen A und B werden aufgelöst.

Das Ziel der Trusts ist meist wie bei den anderen Unternehmungszusammenschlüssen auch die Ausschaltung der Konkurrenz und damit die Beherrschung des Marktes. Daneben können auch – wie bei anderen Zusammenschlüssen – andere Gründe für einen Zusammenschluss verantwortlich sein (vgl. Kapitel 6.2.2).

Trusts sind Unternehmenszusammenschlüsse, bei denen die beteiligten Unternehmen ihre wirtschaftliche und rechtliche Selbstständigkeit aufgeben.

1 *Umwandlungsgesetz*

6.3 Gefahren der Konzentration für den Wettbewerb

6.3.1 Auswirkungen der Konzentration auf die Funktionsfähigkeit der Märkte

Schlagzeilen

Quelle: Heilbronner Stimme, 30.01.2023, Seite 10

Kaufland schließt Real-Übernahme ab

Neckarsulm Die Großflächensparte der Schwarz-Gruppe hat bislang 95 ehemalige Supermärkte der Kette integriert, doch weitere folgen bereits.

Quelle: Heilbronner Stimme, 08.11.2023, Seite 8

Telefonica will O2 komplett übernehmen

Madrid/München Der spanische Telekommunikationskonzern will seine unter dem Markennamen O2 bekannte Deutschlandtochter komplett übernehmen.

Quelle: Heilbronner Stimme, 03.05.2023, Seite 9

Geldbuße wegen Bierkartell

Düsseldorf Wegen ihrer Beteiligung am Bierkartell ist die Brauerei Carlsberg vom Oberlandesgericht Düsseldorf zu einer Geldbuße in Höhe von 50 Millionen Euro verurteilt worden.

Solche und ähnliche Überschriften waren in den vergangenen Jahren immer wieder in den Zeitungen zu lesen. Sie zeigen, dass zusammengeschlossene oder monopolistische Unternehmungen eine beängstigende Marktmacht erreicht haben.

Was bedeutet diese Marktmacht nun für den Markt? Wird hier der Preis noch allein durch Angebot und Nachfrage gebildet? Nehmen die „Großen" den „Kleinen" nicht immer mehr Marktanteile weg, sodass diese mit der Zeit ihre Läden schließen müssen?

Diese und ähnliche Fragen muss man sich stellen, wenn man z. B. von der immer stärker werdenden Konzentration im Bereich des Einzelhandels liest. Die Frage nach der Bedeutung für den Markt kann nicht genau beantwortet werden, weil sich dieses Problem nur sehr schlecht untersuchen lässt. Es besteht die Gefahr, dass mit **zunehmender Konzentration** der Marktautomatismus außer Kraft gesetzt wird, was bezüglich der Preise bedeuten würde, dass diese nicht mehr durch Angebot und Nachfrage gebildet, sondern willkürlich von den **marktstarken Unternehmen** festgelegt werden. Die Marktanteile verschieben sich, weil die größeren Unternehmen durch ihren enorm hohen Umsatz in der Lage sind, mit den Lieferern immer bessere Bezugspreise auszuhandeln (z. B. Metro International KG für Werbung und zentralen Einkauf – eine Art

Bezugssyndikat), dadurch die Ware billiger als die kleinen Unternehmen anbieten und diese so mit der Zeit aus dem Markt drängen können. So mussten sehr viele kleine Einzelhandelsunternehmer in den vergangenen Jahren ihre Läden schließen.

Auf dem Erdöl- und Benzinmarkt haben die **wenigen großen Ölkonzerne** (Oligopolisten) die Möglichkeit, durch **indirekte Preisabsprachen** (Preisführerschaft, vgl. Kapitel 3.2) die Preise in die Höhe zu treiben, ohne dass ihnen eine Absprache nachgewiesen werden kann. Zum anderen sind diese multinationalen Ölkonzerne in der Lage, die **Ware systematisch zu verknappen**, sodass die freien Tankstellen gezwungen sind, auf dem Markt in Rotterdam ihre Ware nachzufragen, was dort zu einer erhöhten Nachfrage führt und damit den Preis in die Höhe treibt. Die Preisnotierungen in Rotterdam lagen zeitweilig durch diese Strategien der „Multis" um bis zu sechs Cent höher als in den Raffinerien.

Höchste Einzelstrafen in EU-Kartellverfahren in Millionen Euro

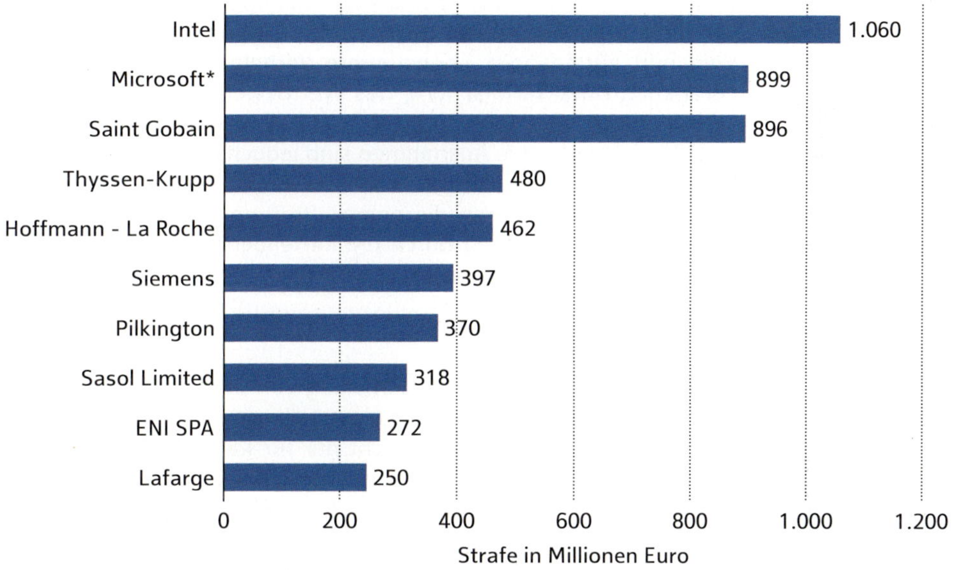

Quelle: Statista.de

Geldbuße wegen Bierkartell

Düsseldorf
Wegen ihrer Beteiligung am Bierkartell ist die Brauerei Carlsberg vom Oberlandesgericht Düsseldorf zu einer Geldbuße in Höhe von 50 Millionen Euro verurteilt worden.
Der 6. Kartellsenat sah es am Dienstag als erwiesen an, dass sich die in Hamburg ansässige Carlsberg Deutschland Holding GmbH eines Kartellverstoßes schuldig gemacht habe, als ein früherer Geschäftsführer im Jahr 2007 an einem Informationsaustausch zwischen führenden deutschen Brauereien teilnahm. Das Gespräch sei „mitursächlich" für die kurz darauf von Carlsberg und anderen Brauereien vorgenommene Erhöhung der Preise um einen Euro pro Kiste gewesen, sagte der Richter. Das erfülle den Tatbestand der vorsätzlichen Kartellordnungswidrigkeit. Andere Brauereien haben bereits 2014 Geldbußen bezahlt.

Quelle: Heilbronner Stimme, 03.05.2023, Seite 9

Eine andere Möglichkeit, den Markt und damit den Preis zu beeinflussen, haben die **Betriebe**, die durch ein Gesetz lange Zeit eine **Monopolstellung** innehatten, wie die Deutsche Post AG oder die **Deutsche Bahn AG**. Die DB AG ist marktbeherrschender Anbieter im öffentlichen Schienenpersonenfernverkehr und hat damit die Möglichkeit, die Preise festzusetzen, das Dienstleistungsprogramm zu verändern (2,00 Euro Aufschlag beim Ticketkauf am Schalter), ohne dass die Verbraucher sich wehren können, weil sie auf die Bahnverbindungen angewiesen sind. Alternativen wie Fernbuslinien, andere Bahnunternehmen (Abellio Rail, Ostdeutsche Eisenbahn GmbH, ...) oder Mitfahrgelegenheiten sind gegenüber der DB AG unbedeutend.

6.3.2 Wettbewerbskontrolle und Grenzen der nationalen Kontrollinstrumente

Das Kartellgesetz (GWB, **G**esetz gegen **W**ettbewerbs**b**eschränkungen) dient der Ausschaltung der Nachteile, die die Unternehmenskonzentration mit sich bringt.
§ 1 GWB lautet: „Vereinbarungen zwischen Unternehmen, Beschlüsse von Unternehmensvereinigungen und aufeinander abgestimmte Verhaltensweisen, die eine Verhinderung, Einschränkung oder Verfälschung des Wettbewerbs bezwecken oder bewirken, sind verboten."
Kartelle sind also grundsätzlich verboten. Ausnahmen sind jedoch möglich.

Freistellungsfähige Kartelle können durch die eigene Prüfung der teilnehmenden Unternehmen entstehen. Eine Überprüfung durch die Kartellbehörde erfolgt nur bei dringendem Verdacht des Machtmissbrauchs.

Missbrauchsaufsicht

Die Kartellbehörde kann bei Missbrauch einer Freistellung von den beteiligten Unternehmen verlangen, den beanstandeten Missbrauch abzustellen, oder sie kann die Freistellung aufheben. Das „Kartellgesetz" gilt aber nicht nur für Kartellvereinbarungen, sondern auch für marktbeherrschende Unternehmungen (§§ 19 ff. GWB). Welche Unternehmungen als marktbeherrschend zu betrachten sind, erläutert § 19 GWB. Hiernach gelten als marktbeherrschend Unternehmungen, die

- ohne Wettbewerber oder keinem wesentlichen Wettbewerb ausgesetzt sind,
- eine im Verhältnis zu ihren Wettbewerbern überragende Marktstellung haben,
- über einen Marktanteil von mindestens einem Drittel verfügen,
- zusammen (drei oder weniger Unternehmen) einen Marktanteil von 50 % oder mehr halten,
- zusammen (fünf oder weniger Unternehmen) einen Marktanteil von 66 ⅔ % oder mehr haben (marktbeherrschende Oligopole).

Die Kartellbehörde hat eine Missbrauchsaufsicht bei Marktbeherrschung, d. h., sie kann gegenüber solchen marktbeherrschenden Unternehmen, die ihre Stellung auf dem Markt missbräuchlich ausnutzen, das missbräuchliche Verhalten untersagen und bestehende Verträge für unwirksam erklären (§§ 32–34 GWB).

Beispiel:

Kartellamt hat Gasversorger im Verdacht

Preise Mehrere Gasversorger stehen im Verdacht, im Zusammenhang mit den Gaspreisbremsen ungerechtfertigt hohe Endkundenpreise angesetzt zu haben. Das Bundeskartellamt berichtete am Montag von einer zweistelligen Zahl von Versorgern, die „möglicherweise überhöhte Erstattungsanträge nach den Preisbremse-Gesetzen gestellt haben".

„Wir haben Anhaltspunkte dafür, dass die Preise gegenüber den Endkunden sachlich nicht gerechtfertigt sein könnten und sind dabei, Licht ins Dunkel zu bringen", sagte Behördenpräsident Andreas Mundt laut Mitteilung. Erste Prüfverfahren auf der Grundlage der Energiepreisbremsen-Gesetze seien eingeleitet worden. „Wir haben die Aufgabe, den Staat vor Ausbeutung zu schützen." Weitere Verfahren bei Fernwärme und Strom stünden bevor. Eine Größenordnung nannte das Kartellamt für diese Bereiche nicht

Die seit Jahresbeginn gültigen Preisbremsen sollen Verbraucher entlasten. Der bei Erdgas auf zwölf Cent gedeckelte Preis gilt für 80 Prozent des prognostizierten Jahresverbrauchs. Um Energiesparen zu fördern, muss für den Rest der vertraglich festgelegte Preis gezahlt werden. Bei Strom liegt der Deckel bi 40 Cent je Kilowattstunde, bei Fernwärme bei 9,5 Cent je Kilowattstunde. Die Differenz zwischen Deckel und Vertragspreis erstattet der Staat – und damit der Steuerzahler – den Versorgungsunternehmen. Wie das Kartellamt berichtete, ging den eingeleiteten Verfahren eine Analyse sämtlicher Antrags- und Meldedaten in mehreren Tausend Anträgen voraus. Aus ihnen seien Preise, Liefermengen, Entlastungssummen und Kundenzahlen hervorgegangen. Stelle man Verstöße fest, müssten unrechtmäßig erlangte Ausgleichszahlungen zurückgezahlt werden. „Auch die Verhängung von Geldbußen ist möglich."

Quelle: Heilbronner Stimme, 16.05.2023, Seite 7

Auch über **Unternehmenszusammenschlüsse** gibt das Kartellgesetz Auskunft. So bestimmen die §§ 35 ff. GWB, dass der Zusammenschluss von Unternehmen dem Bundeskartellamt vor dem Vollzug gemeldet werden muss (§ 39 GWB). Eine Zusammenschlusskontrolle muss stattfinden (§ 35 GWB), wenn im letzten Geschäftsjahr vor dem Zusammenschluss

- die beteiligten Unternehmen insgesamt weltweit Umsatzerlöse von mehr als **500 Mio. €** und
- mindestens ein beteiligtes Unternehmen im Inland Umsatzerlöse von mehr als **25 Mio. €** erzielt haben.

Diese Regelung gilt auch für bereits verbundene Unternehmen (Konzerne), d. h., sie werden als Ganzes behandelt (§ 36 Abs. 2 GWB). Die Vorschriften des deutschen Kartellrechts werden dann nicht angewandt, wenn für den Zusammenschluss die Kommission der Europäischen Gemeinschaft zuständig ist (vgl. Kap. 6.3.3).

Als Zusammenschluss im Sinne des § 37 GWB gelten:

1. der Erwerb des Vermögens eines anderen Unternehmens ganz oder zu einem erheblichen Teil;
2. der Erwerb der unmittelbaren oder mittelbaren Kontrolle durch ein oder mehrere Unternehmen über die Gesamtheit oder Teile eines oder mehrerer Unternehmungen;
3. der Erwerb von Anteilen an einem anderen Unternehmen, wenn die Anteile allein oder zusammen mit sonstigen, dem Unternehmen bereits gehörenden Anteilen
   a) 50 % des Kapitals bzw. des Stimmrechts des anderen Unternehmens erreichen,
   b) 25 % des Kapitals bzw. des Stimmrechts des anderen Unternehmens erreichen;

4. jede sonstige Verbindung von Unternehmungen, die dazu führt, dass ein oder mehrere Unternehmen einen erheblichen Einfluss auf ein anderes Unternehmen ausüben können.

Solche Zusammenschlüsse können nach Maßgabe des § 41 GWB untersagt und bereits vollzogene Zusammenschlüsse aufgehoben werden.

Weitere Gesetze, die den Wettbewerb schützen und sichern sollen, sind das

- Gesetz gegen den unlauteren Wettbewerb,
- Patentgesetz,
- Warenzeichengesetz und die
- Preisangabenverordnung.

Diese Gesetze sollen den Verbraucher in der sozialen Marktwirtschaft schützen und für einen einwandfreien Wettbewerb sorgen. Zum Schutze des Verbrauchers gibt es noch **Verbraucherschutzorganisationen** und **Verbraucherberatungsorganisationen** wie:

- Stiftung Warentest,
- Arbeitsgemeinschaft der Verbraucherverbände e. V. (Bundeszusammenschluss der Landesverbraucherzentralen),
- Arbeitsgemeinschaft Hauswirtschaft (AHG),
- Deutsche Gesellschaft für Ernährung (DGE),
- Auswertungs- und Informationsdienst für Ernährung, Landwirtschaft und Forsten e. V. (AID).

Grenzen nationaler Kontrollinstrumente

Die Schwierigkeiten für die überwachenden Instanzen liegen dort, wo ihre Möglichkeiten eingeschränkt oder zu schwach sind. Das heißt, gegen die missbräuchliche Ausübung von Marktmacht durch marktbeherrschende Unternehmen können die Behörden nur geringfügig vorgehen. Sie können das Verhalten rügen, untersagen, eventuell bereits bestehende Verträge verbieten oder Ordnungsstrafen verhängen.
Wenn z. B. Preisabsprachen nicht absolut nachweisbar sind, weil diese in Form der Preisführerschaft geschehen (vgl. Kapitel 3.2. „Preisbildung des Angebotsoligopols“), sind dem Kartellamt die Hände gebunden.

Beispiel:

Kosten für Benzin und Diesel Bundeskartellamt überprüft Spritpreise

Trotz abnehmender Rohölpreise sinken die Kosten für Benzin und Diesel kaum. Wirtschaftsminister Habeck hat das Bundeskartellamt um eine Prüfung gebeten. Das Amt kündigte an, alle Marktstufen zu beobachten.

Das Bundeskartellamt beobachtet die Entwicklung der stark gestiegenen Benzin- und Dieselpreise genau. „Aufgrund der geopolitischen Lage sind die Preise flächendeckend schockartig gestiegen", sagte der Präsident der Bonner Behörde, Andreas Mundt. „Wenn die Rohölpreise jetzt wieder sinken und die Tankstellenpreise dem nicht folgen oder sogar weiter steigen sollten, muss man sich das genau ansehen."

Bundeswirtschaftsminister Robert Habeck hatte die Wettbewerbshüter um Prüfung gebeten. „Mein Haus hat das Bundeskartellamt gebeten, die Benzin- und Dieselpreise sehr genau zu beobachten und bei jeglichem Hinweis auf missbräuchliches Verhalten tätig zu werden", sagte der Grünen-Politiker. Die Machtposition der großen Tankstellenketten am deutschen Kraftstoffmarkt sei seit Langem ein strukturelles Problem. „Es darf nicht sein, dass Unternehmen aus der jetzigen Situation unangemessene Gewinne schlagen", so Habeck. Und weiter: „Wenn es dafür Hinweise geben sollte, etwa auch beim Vergleich mit den Preisbewegungen in anderen EU-Ländern, werden wir gesetzgeberische Maßnahmen vorbereiten, um dem Bundeskartellamt eine bessere Marktüberwachung bei den Kraftstoffen zu ermöglichen." Das Wirtschaftsministerium ist gegenüber dem Kartellamt nicht weisungsbefugt. Es kann die Behörde aber bitten, in kritischen Situationen tätig zu werden.

Quelle: https://www.tagesschau.de/inland/bundeskartellamt-spritpreise-preisexplosion-101.html, Stand: 16.03.2022, 16:12 Uhr

Des Weiteren kann das Kartellamt auch dort wenig unternehmen, wo zwar Preisabsprachen stattfinden, diese aber ohne jegliche schriftliche Verträge oder Vereinbarungen geschehen und deshalb auch nicht nachweisbar sind. Besonders schwierig wird es für das Kartellamt, wenn es multinationale Konzerne überwachen soll. Denn es besteht kaum eine Chance, diese zu überprüfen oder gar Verbote auszusprechen. Eine länderübergreifende Gesetzgebung gibt es nur im EU-Bereich. Hier wurden im *Art. 81 und 82 EG-Vertrag und der Europäischen Fusionskontrollverordnung (139/2004)* Grundlagen geschaffen, um wettbewerbsbehindernde Vereinbarungen zu unterbinden oder um eine Missbrauchsaufsicht im EU-Bereich vornehmen zu können und gegebenenfalls Verbote auszusprechen.

6.3.3 EU-Kartellrecht

Neben den nationalen Gesetzen gegen Wettbewerbsbeschränkungen gelten schon seit einiger Zeit die Artikel 101 bis 109 (in diesen Paragrafen stehen die Wettbewerbsregeln) des Vertrags über die Arbeitsweise der Europäischen Union (AEUV oder AEU-

Vertrag 2009, vormals EWG-Vertrag von 1957) in allen Mitgliedstaaten. Diese wurden im Laufe der Zeit durch weitere Verordnungen und Entscheidungen des Europäischen Gerichtshofs ergänzt. So gilt beispielsweise die sogenannte Gruppenfreistellung, die besagt, dass bestimmte Verträge über Alleinvertrieb, Alleinbezug, Patentlizenzen, Spezialisierung, Forschung und Entwicklung, Franchise oder Know-how-Übertragungen geschlossen werden dürfen. Sofern die vorgegebenen Rahmenbedingungen eingehalten werden, sind diese Verträge auch ohne Anmeldung oder Genehmigung durch die EU-Kommission gültig.

Die EU-Fusionskontrolle steht über den nationalen Fusionskontrollen. Sie gilt nur für Unternehmenszusammenschlüsse europäischen Ausmaßes (Gesamtumsatz der beteiligten Unternehmen größer als 5 Milliarden Euro, gemeinschaftsweiter Umsatz von mindestens zwei der beteiligten Unternehmen jeweils größer als 250 Millionen Euro, der gemeinschaftsweite Umsatz von mindestens einem der beteiligten Unternehmen ist höchstens zu zwei Dritteln auf ein Mitgliedsland konzentriert).

Beurteilt wird dabei vor allem, ob der Zusammenschluss eine beherrschende Stellung erreicht oder gar noch verstärkt, durch die der Wettbewerb im gemeinsamen Markt behindert wird. Hierbei findet eine vorbeugende Kontrolle statt. Unter bestimmten Voraussetzungen haben auch die nationalen Kontrollbehörden eine ersatzweise Überprüfungsmöglichkeit.

Die Kontrolle der Fusionen, Kartelle und marktstarker Unternehmungen liegt bei der EU-Kommission. Die EU ist noch relativ weit von einem europäischen Kartellamt entfernt. Politische und nationale Interessen stehen noch dagegen. Aber die Hoffnung, dass in drei bis fünf Jahren ein europäisches Kartellamt den EU-Wettbewerb überwachen und regeln wird, sollte nicht aufgegeben werden. Ein gemeinsamer Markt wie der der EU braucht auch eine unabhängige, zentrale Wettbewerbsbehörde, das Europäische Kartellamt oder das EU-Kartellamt.

Verfahren zur Kontrolle von Fusionsvorhaben

Rechtsgrundlage: Verordnung (EWG) Nr. 4064/89 des Rates

Anmeldung

Zwingend für alle Zusammenschlüsse von gemeinschaftsweiter Bedeutung[1]
Derartige Zusammenschlüsse dürfen erst nach Genehmigung durch die Kommission vollzogen werden.

Phase 1: Erste Untersuchung

Eingehende Würdigung durch: Auskunftsverlangen, Nachforschungen vor Ort
Die Mitgliedstaaten können aus Wettbewerbsgründen eine Verweisung beantragen (innerhalb von drei Wochen nach der Anmeldung).

Entscheidungen nach Artikel 6

6 (1) a: Der Zusammenschluss fällt nicht in den Anwendungsbereich der Fusionskontrollverordnung.
6 (1) b: Der Zusammenschluss gibt keinen Anlass zu ernsthaften Bedenken: Genehmigung.
6 (1) c: Der Zusammenschluss gibt Anlass zu ernsthaften Bedenken: Einleitung der zweiten Untersuchungsphase.

Phase 2: Einleitung des Verfahrens

Eingehende Würdigung durch: Auskunftsverlangen, Nachforschungen vor Ort
Bevor die Unvereinbarkeit mit dem GM festgestellt wird, werden den beteiligten Unternehmen die Beschwerdepunkte mitgeteilt, Aktieneinsicht gewährt und Gelegenheit zu einer förmlichen mündlichen Anhörung gegeben.
Beratender Ausschuss der Mitgliedstaaten: Sitzung und Stellungnahme

Artikel 8: Endgültige Entscheidung

8 (2): Genehmigung im Falle der Vereinbarkeit
8 (3): Verbot im Falle der Unvereinbarkeit
8 (4): Entfusionierung im Falle des vorzeitigen Vollzugs
8 (5): Aufhebung einer Entscheidung gemäß Artikel 8 (2) bei unrichtigen Angaben oder Zuwiderhandlung gegen eine Auflage

Möglichkeit: Klage vor dem Europäischen Gerichtshof

---

1 ***Ein Zusammenschluss hat gemeinschaftsweite Bedeutung, wenn*** *der weltweite Gesamtumsatz (aus der normalen Tätigkeit ohne Umsatzsteuer) aller beteiligten Unternehmen zusammen mehr als 5 Milliarden € beträgt; beim Erwerb von Unternehmensteilen ist nur der Umsatz des erworbenen Unternehmensteils zu berücksichtigen (für Banken gelten spezifische Regeln),* ***und*** *der gemeinschaftsweite Gesamtumsatz von mindestens zwei beteiligten Unternehmen jeweils mehr als 250 Millionen € beträgt,* ***es sei denn, dass*** *die beteiligten Unternehmen jeweils mehr als zwei Drittel ihres gemeinschaftsweiten Gesamtumsatzes in ein und demselben Mitgliedstaat erzielen.* ***Werden diese Schwellenwerte nicht erreicht, so hat ein Zusammenschluss dennoch gemeinschaftsweite Bedeutung, wenn*** *der weltweite Gesamtumsatz aller beteiligten Unternehmen zusammen mehr als 2,5 Milliarden € beträgt,* ***und*** *der Gesamtumsatz aller beteiligten Unternehmen in mindestens drei Mitgliedstaaten jeweils 100 Millionen € übersteigt,* ***und*** *in jedem von mindestens drei von diesen Mitgliedstaaten der Gesamtumsatz von mindestens zwei beteiligten Unternehmen jeweils mehr als 25 Millionen € beträgt,* ***und*** *der gemeinschaftsweite Gesamtumsatz von mindestens zwei beteiligten Unternehmen jeweils 100 Millionen € übersteigt,* ***es sei denn, dass*** *die beteiligten Unternehmen jeweils mehr als zwei Drittel ihres gemeinschaftsweiten Gesamtumsatzes in ein und demselben Mitgliedstaat erzielen.*

Quelle: Frankfurter Allgemeine Zeitung, 28.03.2000, Seite 28

Zusammenfassung

1. Das **Bundeskartellamt** und die entsprechenden Landesbehörden sind für eine Überwachung der marktbeherrschenden Unternehmungen zuständig.
2. Das **Kartellgesetz** gilt auch für Unternehmenszusammenschlüsse, also für Konzerne und Trusts.
3. Die EU-Fusionskontrolle steht über den nationalen Fusionskontrollen. Sie gilt nur für Unternehmenszusammenschlüsse europäischen Ausmaßes.

Prüfen Sie Ihr Wissen

1. Nennen Sie mindestens fünf Ursachen, die zu einer Marktbeherrschung führen können.
2. Nennen Sie die Arten der Unternehmenszusammenschlüsse.
3. Das Kartellgesetz teilt die Kartelle in drei Kategorien ein. Nennen Sie diese und erkären Sie sie.
4. Erklären Sie den Begriff „Holding".
5. Welche **zwei** Arten der Fusion gibt es? Welche dieser beiden Arten lag bei der Fusion der NSU-AG und der Auto Union GmbH vor?
6. Welche **zwei** Arten der Konzerne unterscheidet man?
7. Unternehmenszusammenschlüsse können horizontal, vertikal oder anorganisch sein.
   Web
   a) Erläutern Sie diese Aussage.
   b) Nennen Sie jeweils zwei Beispiele.

7 Arbeitsmarkt und Beschäftigung

7.1 Arbeitsmarktlage und Arbeitslosigkeit

Der Bundesagentur für Arbeit gemeldete Arbeitsstellen und Arbeitslosigkeit
in Tausend
Deutschland
1950 bis 2022

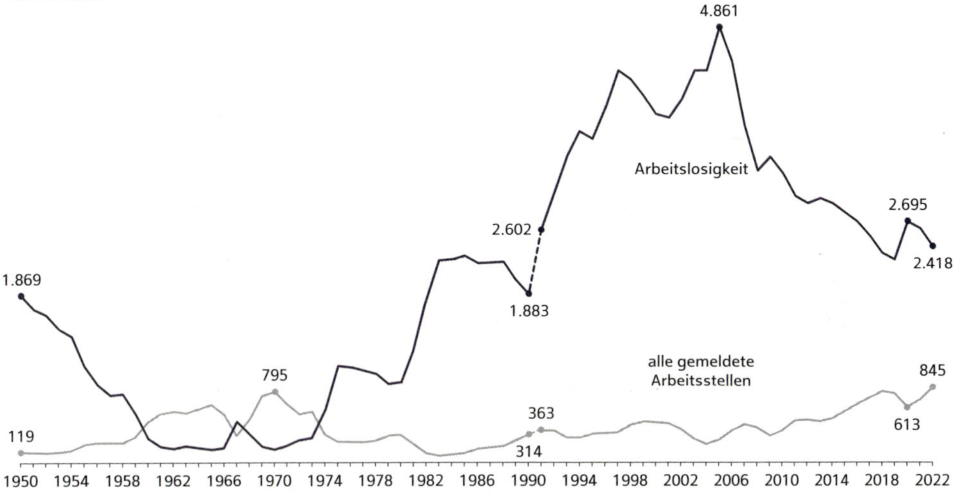

Bis 1958 ohne Saarland, bis 1990 altes Bundesgebiet, ab 1991 Deutschland gesamt; seit 2000 nur ungeförderte Arbeitsstellen. Einschließlich Arbeitsstellen mit einem Arbeitsort im Ausland.

© Statistik der Bundesagentur für Arbeit

Im Februar 2005 erreichte die Zahl der Arbeitslosen kurzfristig fünf Millionen, absoluter Höchststand seit Bestehen der Bundesrepublik Deutschland. Zwischenzeitlich ist die Zahl der registrierten Arbeitslosen wieder deutlich unter diesen Wert gesunken[1]. Anfang der Siebzigerjahre war der Traum von der immerwährenden Vollbeschäftigung[2] ausgeträumt, vgl. Grafik Bundesagentur für Arbeit.

Das Ziel, einen **hohen Beschäftigungsstand** – formuliert im bis heute gültigen „Gesetz zur Förderung der Stabilität und des Wachstums der Wirtschaft“ von 1967 (Stabilitätsgesetz) – anzustreben, ist nie wieder erreicht worden. Die gegenwärtig über 2,6 Millionen Arbeitslosen (Stand: Dezember 2023) spiegeln die Wirklichkeit nur unzureichend. Die veröffentlichten Arbeitslosenzahlen werden auf der Basis der registrierten Arbeitslosen errechnet; zur Berechnung siehe Kennziffern des Arbeitsmarktes, Kapitel 7.1.3.

---

1 *Stand November 2023: 2,6 Millionen*

2 *Grundlage für die Beurteilung der Beschäftigungslage ist die Arbeitslosenquote, siehe Kapitel 7.1.3. Einst – nach Verabschiedung des Stabilitätsgesetzes 1967 – galt nach den Jahreswirtschaftsberichten von 1967 und 1970 das Ziel eines hohen Beschäftigungsstands als erreicht, bei einer Arbeitslosenquote von 0,8 %. Das sind auf der Basis der heutigen Erwerbspersonenzahl ungefähr 360000 Arbeitslose. Später hielt man eine Arbeitslosenquote von 1,2 % bis maximal 2 % (2 % entsprächen ca. 900 000 Arbeitslosen) für noch tolerabel und mit der Zielvorstellung eines hohen Beschäftigungsstands für vereinbar.*

Deshalb und infolge der Einführung des SGB II erfasst die Bundesagentur für Arbeit statistisch inzwischen auch jene Unterbeschäftigung, welche nicht registrierte Arbeitslose sind.

Zur Unterbeschäftigung zählen die vorzeitige Verrentung, Personen in Arbeitsbeschaffungsmaßnahmen und Umschulungen sowie nicht gemeldete Arbeitslose. Auch zählen die privaten Vermittlern übergebenen Arbeitslosen nicht mehr als arbeitslos – um nur einige Beispiele zu nennen. Nachfolgende Abbildung zeigt die Unterbeschäftigung (ohne Kurzarbeit) aus registrierten Arbeitslosen und der Stillen Reserve[1].

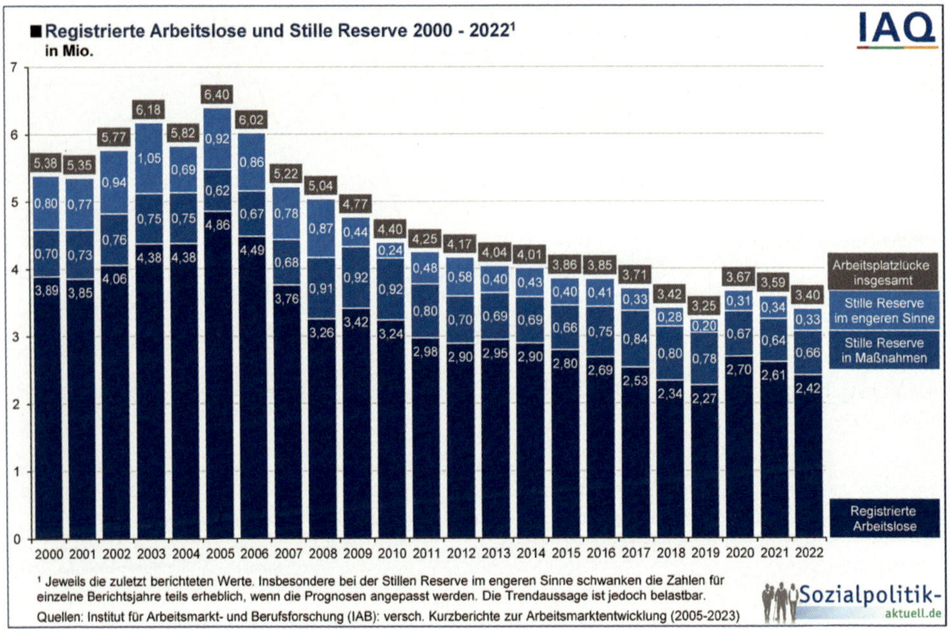

Diese Daten zeigen: Die Verwerfungen und Probleme auf dem Arbeitsmarkt lassen sich nur unzureichend über die Anzahl der registrierten Arbeitslosen darstellen. Die tatsächliche Unterbeschäftigung signalisiert u. a., dass der Produktionsfaktor Arbeit nicht ausgelastet ist. Ferner wird deutlich, der Rückgang der Stillen Reserve im Zeitablauf seit 2005 ist wesentlich geringer ausgefallen[2] als der der registrierten Arbeitslosen.

---

1 *Zur Stillen Reserve gehören:*
- *Personen, beschäftigungslos, aber nicht als Arbeitslose registriert*
- *Personen, grundsätzlich arbeitswillig, Arbeitssuche wegen schlechter Arbeitsmarktlage resigniert aufgegeben (sie werden von keiner Statistik erfasst)*
- *Personen, die in arbeitsmarktpolitischen Maßnahmen stehen.*

2 *Die Gesamtzahl der Unterbeschäftigten ist von 2005 auf 2023 um drei Millionen gesunken. Der relative Anteil der Stillen Reserve an der gesamten Unterbeschäftigung betrug in 2005 rund 24,1 %; in 2022 dagegen rund 29,1 %. Somit ist der relative Anteil der stillen Reserve nicht gesunken, sondern um fünf Prozentpunkte gestiegen, das entspricht einem Anstieg von über 20,7 %.*

7.1.1 Besonderheiten des Arbeitsmarktes

Nach den Gesetzen der Marktpreisbildung[1] kann Arbeitslosigkeit (theoretisch) nur entstehen, wenn der Preis für die Arbeit zu hoch ist:

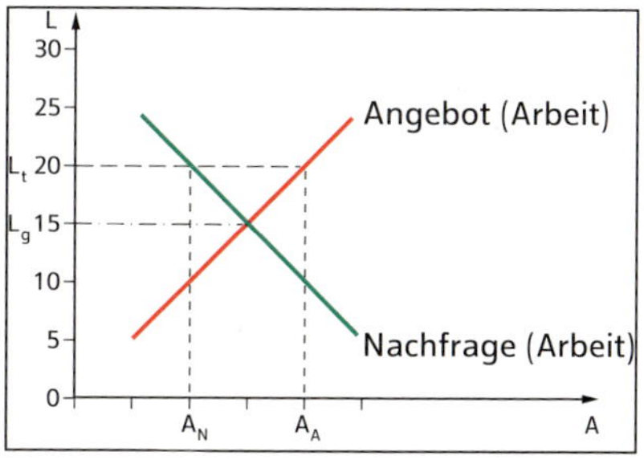

Der Arbeitsmarkt ist wie die anderen Märkte auch ein Faktormarkt. Dem Arbeitsangebot durch die privaten Haushalte, die über den Produktionsfaktor Arbeit verfügen, steht die Arbeitsnachfrage durch die Unternehmen gegenüber. Die Menge der „gehandelten" Arbeit (A), die Arbeitsleistung sind letztlich die Arbeitsstunden, die mit dem Faktorpreis (Lohnsatz) bezahlt werden. So wie auf dem Gütermarkt der Preis Angebot und Nachfrage bestimmt, so bestimmt auf dem Arbeitsmarkt der Lohnsatz (L) die Nachfrage und das Angebot von Arbeit. Die Abbildung zeigt, dass der tatsächlich gezahlte Lohnsatz (L_t) höher ist als der sich auf dem Markt ergebende Gleichgewichtslohnsatz (L_g). Folge, zum Lohnsatz L_t wird von den privaten Haushalten die Arbeitsmenge A_A angeboten, von den Arbeitgebern aber lediglich die Arbeitsmenge A_N nachgefragt. Die nicht nachgefragte Menge Arbeit (Strecke A_NA_A) ist Arbeitslosigkeit, verursacht durch zu hohe Löhne.

Der Versuch, mit diesem Marktmodell den Arbeitsmarkt und die Arbeitslosigkeit zu erklären, bedarf kritischer Betrachtung:

- Das Modell unterstellt einen vollkommenen Markt[2], dem entspricht aber der Arbeitsmarkt in der Realität nicht.
- Es gibt keinen einheitlichen Arbeitsmarkt, sondern eine Vielfalt von Berufen, dementsprechend viele Arbeitsmärkte und deshalb auch keinen einheitlichen Lohnsatz.
- Sinkende Löhne bringen zwar Kostenentlastungen für die Unternehmen, Löhne sind aber gleichzeitig Einkommen und damit teilweise Kaufkraft, die die Güternachfrage beeinflusst.
- Der Arbeitsmarkt entspricht nicht dem Polypol, sondern eher einem zweiseitigen Monopol, weil sich die Löhne nicht frei am Markt bilden. Die Arbeits- und Lohnbedingungen werden zwischen Gewerkschaften und Arbeitgeberverbänden ausgehandelt. Sie haben aufgrund des Tarifvertragsgesetzes das Recht, auf kollektiver Basis Arbeitsbedingungen für ihre Mitglieder auszuhandeln und in Tarifverträgen zu vereinbaren, vgl. Schaubild „Monopol auf dem Arbeitsmarkt".

---

1 *Vgl. Kapitel 3.2.*
2 *Vgl. Kapitel 3.1.*

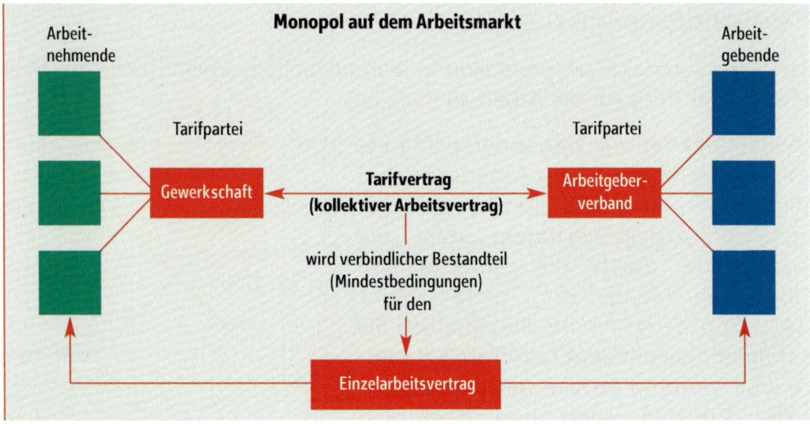

- Da Tarifverträge nur für die Mitglieder der Tarifvertragsparteien verbindlich sind, kann der Bundesminister für Arbeit und Sozialordnung nach § 5 Tarifvertragsgesetz sie für allgemein verbindlich erklären, sodass sie auch für Nichtmitglieder Anwendung finden.
- Andere Eingriffe in den Arbeitsmarkt sind staatliche Regelungen wie das Betriebsverfassungsgesetz, das Mutterschutzgesetz, das Kündigungsschutzgesetz und die Gesetze zur Arbeitssicherheit.

Für die Bundesrepublik Deutschland zeigt diese Situation, dass der nach freiem Wettbewerb funktionierende Angebots-Nachfrage-Mechanismus der Güter- und Geldmärkte nicht für den **Arbeitsmarkt** gilt. Nicht einzelne Arbeitnehmende und Arbeitgebende handeln die Arbeitsbedingungen nach Angebot und Nachfrage aus, sondern die **Arbeitsangebotsseite** wird durch die **Gewerkschaften**, die **Arbeitsnachfrageseite** durch die **Arbeitgeberverbände** organisiert. Somit ist die Mehrzahl der Einzelarbeitsverträge in ein „Korsett" aus tariflichen und weiteren rechtlichen Normen eingezwängt. Für individuelle Gestaltung bleibt nur wenig Spielraum. Darin unterscheidet sich dieser Markt wesentlich von den anderen Märkten.

Der Arbeitsmarkt in der Bundesrepublik Deutschland ist sowohl durch **tarifvertragliche** als auch durch **staatliche Regelungen** weitgehend reglementiert.

Diese Einschränkungen des Marktes scheinen insoweit gerechtfertigt, als der Arbeitnehmer seinen Lebensunterhalt nur über das Angebot seiner Arbeitsleistung sichern kann. Er hat keine Ausweichmöglichkeit und besitzt deshalb weder Marktmacht noch Verhandlungsmacht. Auch das Sozialstaatsgebot der Verfassung (Artikel 20 Grundgesetz) verlangt staatliches Handeln; jedoch sind Umfang und Ausmaß nicht festgelegt, dies ist jeweils Ergebnis politischer Entscheidungen.

7.1.2 Arbeitslosigkeit

Arbeitslose im Sinne des **SGB**[1] sind Personen, die ...

- vorübergehend nicht in einem Beschäftigungsverhältnis stehen (oder weniger als 15 Stunden pro Woche arbeiten),

1 *Vgl. § 16 SGB III und §§ 138 ff. SGB III.*

- eine versicherungspflichtige Beschäftigung suchen (Eigenbemühungen),
- den Vermittlungsbemühungen der Agentur für Arbeit zur Verfügung stehen und
- sich dort arbeitslos gemeldet haben.

Nicht arbeitslos sind demnach insbesondere Personen, die

- mehr als zeitlich geringfügig erwerbstätig sind (mindestens 15 Stunden pro Woche),
- nicht arbeiten dürfen oder können,
- ihre Verfügbarkeit ohne zwingenden Grund einschränken,
- das für die Regelaltersrente im Sinne des SGB VI erforderliche Lebensjahr vollendet haben, (Diese Regelaltersrente wird sich in den nächsten Jahren sukzessive auf das 67. Lebensjahr erhöhen.)
- sich als Nichtleistungsempfänger länger als drei Monate nicht mehr bei der zuständigen Agentur für Arbeit gemeldet haben,
- arbeitsunfähig erkrankt sind,
- Schüler, Studenten und Schulabgänger, die nur eine Ausbildungsstelle suchen, sowie
- arbeitserlaubnispflichtige Ausländer und deren Familienangehörige sowie Asylbewerber ohne Leistungsbezug, wenn ihnen der Arbeitsmarkt verschlossen ist.

Nach § 16 Abs. 2 SGB III ist ferner geregelt, dass Teilnehmer an Maßnahmen aktiver Arbeitsmarktpolitik nicht als arbeitslos gelten.

7.1.3 Kennziffern des Arbeitsmarktes

Der Beschäftigungsgrad auf dem Arbeitsmarkt wird mit verschiedenen Indikatoren (Kennziffern) gemessen. Die geläufigsten Kennziffern sind die Arbeitslosenquoten in Prozent. Sie messen in Prozent die Nichtauslastung bzw. die „Unterauslastung" des Arbeitskräfteangebots. Dazu wird die Anzahl der Arbeitslosen in Beziehung zur Anzahl der Erwerbspersonen gesetzt.

$$EWQ\ (\text{in }\%) = \frac{\text{Erwerbspersonen}}{\text{Bevölkerung im erwerbsfähigen Alter}} \times 100$$

$$ALQ_1\ (\text{in }\%) = \frac{\text{registrierte Arbeitslose}}{\text{zivile erwerbstätige + registrierte Arbeitslose}} \times 100$$

$$ALQ_2\ (\text{in }\%) = \frac{\text{registrierte Arbeitslose}}{\text{zivile abhängige Erwerbstätige + registrierte Arbeitslose}} \times 100$$

$$UBQ\ (\text{in }\%) = \frac{\text{registrierte Arbeitslose + stille Reserve}}{\text{Erwerbstätige + registrierte Arbeitslose + stille Reserve}} \times 100$$

Der Nachteil dieser Kennziffern ist, dass sich diese Indikatoren nur auf die Angebotsseite des Arbeitsmarktes beziehen und nichts über das Verhältnis zu den offenen Stellen der Nachfrageseite aussagen. Mit der Einführung des SGB II (01.01.2005) änderten sich auch die Grundlagen der Arbeitsmarktstatistik in Deutschland. Zur Sicherung der Vergleichbarkeit und Qualität der Statistik wurde die Bundesagentur für Arbeit beauftragt, die bisherige Arbeitsmarktstatistik unter Einbeziehung der Personen, die Grundsicherung für Arbeitsuchende (SGB II) erhalten und arbeitslos sind, zu ergänzen. Insbesondere fallen darunter Personen, die als Sozialhilfeempfänger erwerbsfähig, aber bisher nicht als arbeitslos gemeldet waren. Denn nur wenn sie sich arbeitslos melden und der Bundesagentur für Arbeit zur Verfügung stehen, erhalten sie weiterhin Unterstützung, die ansonsten ersatzlos gestrichen wird.

Aber nicht alle Bezieher von Bürgergeld (einst Arbeitslosengeld II) werden als arbeitslos[1] statistisch erfasst.

---

1 Nach den Angaben der Bundesagentur für Arbeit gilt folgende Abgrenzung:

arbeitslos	**nicht arbeitslos und arbeitssuchend**	**Leistungsfall**
• *Leistungsbezug SGB II*	• *Leistungsbezug SGB II*	• *Leistungsbezug SGB II*
• *erwerbsfähig*	• *erwerbsfähig*	• *erwerbsfähig*
• *hilfebedürftig*	• *hilfebedürftig*	• *hilfebedürftig*
• *steht in keinem Beschäftigungsverhältnis oder arbeitet weniger als 15 Stunden pro Woche* ***und*** • *nimmt zzt.* ***nicht*** *an einer Maßnahme der aktiven AMA-Politik oder an einer Arbeitsgelegenheit mit mindestens 15 Std. pro Woche teil*	• *steht in einem Beschäftigungsverhältnis von mindestens 15 Stunden pro Woche* ***oder*** • ***nimmt*** *zzt. an einer Maßnahme der aktiven AMA-Politik oder an einer Arbeitsgelegenheit mit mindestens 15 Std. pro Woche* ***teil***	• *kann berechtigt auf die Beschränkung der Vermittlungsfähigkeit nach § 10 SGB II verweisen*
• *steht der Vermittlung zur Verfügung* • *in der Agentur/[gE]/Kommune gemeldet*	• *steht der Vermittlung zur Verfügung* • *in der Agentur/[gE]/Kommune gemeldet*	• *in der Agentur/[gE]/Kommune gemeldet*
• *sucht zumutbare Beschäftigung (§ 10 SGB II)*	• *sucht zumutbare Beschäftigung (§ 10 SGB II)*	• *sucht berechtigt kein Beschäftigungsverhältnis*
• *in der Statistik erfasst*	• *nicht in der Statistik*	• *nicht in der Statistik*

gE: gemeinsame Einrichtungen zwischen Kommune und Agentur für Arbeit, § 44b SGB II

7.1.4 Formen der Arbeitslosigkeit

Zu- und Abgänge Arbeitslosigkeit

Die Angaben der Arbeitslosigkeit in einer Arbeitslosenquote geben den Bestand an Arbeitslosen zu einem bestimmten Zeitpunkt an. Eine solche Bestandsgröße – als Quote oder Zahl – sagt wenig über die Dynamik auf dem Arbeitsmarkt aus. Vielmehr ist der Arbeitsmarkt in ständiger Bewegung. Erst aus dem Zugang in Arbeitslosigkeit und dem Abgang aus Arbeitslosigkeit lässt sich die Veränderung auf dem Arbeitsmarkt erkennen.

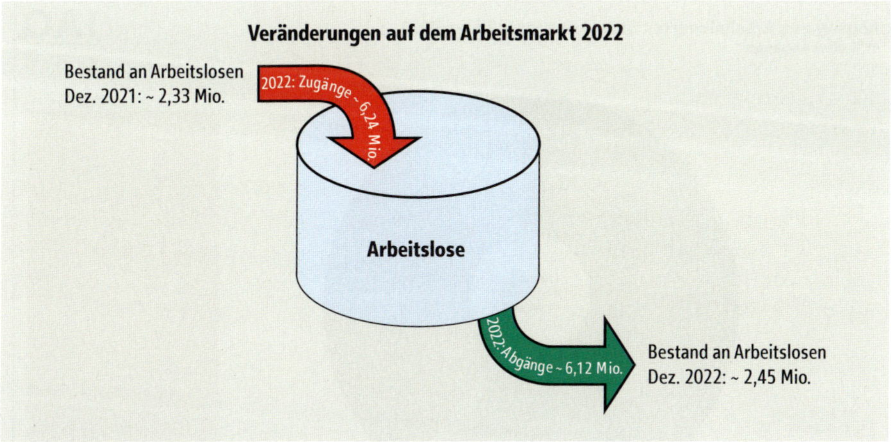

Aus dem Saldo wird ersichtlich, ob der Bestand an Arbeitslosen gegenüber dem Vorjahr zu- oder abgenommen hat.
Nachfolgendes Schaubild zeigt, exemplarisch für 2022, dass sich rund 6,2 Millionen arbeitslos gemeldet haben.

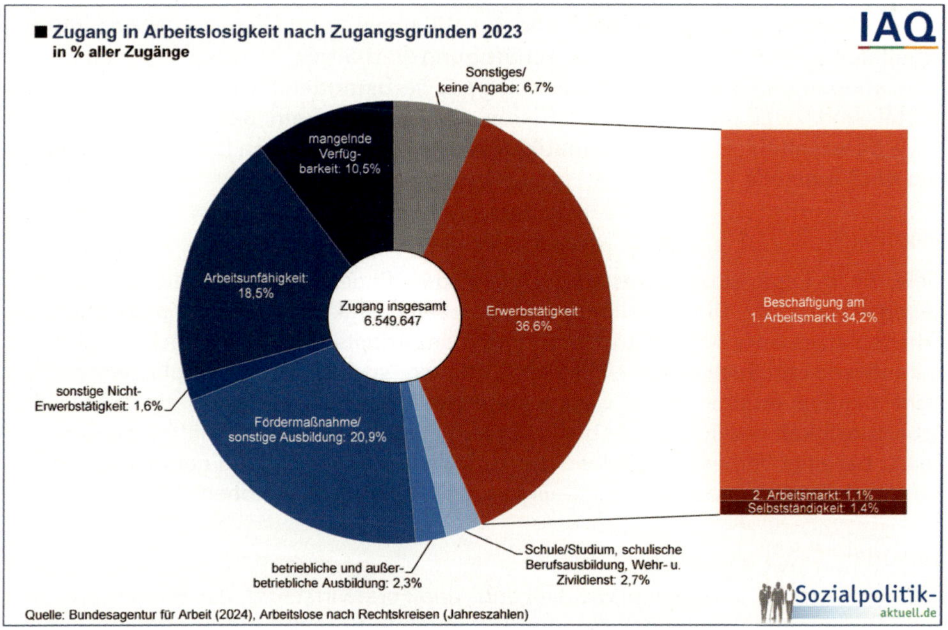

Aber mitnichten haben diese 6,2 Millionen ihren Arbeitsplatz verloren, sondern die überwiegende Zahl (63,2% bzw. rund 4 Millionen) derer, die sich arbeitslos gemeldet haben, standen zuvor dem Arbeitsmarkt nicht zur Verfügung, weil sie an Förder- oder Ausbildungsmaßnahmen teilgenommen haben, oder aus anderen Gründen nicht für den Arbeitsmarkt verfügbar waren. Das heißt, lediglich 36,8 % der arbeitslos gemeldeten sind wegen Arbeitsplatzverlust arbeitslos geworden.
Ein weiteres Schaubild zeigt sehr differenziert die Abgänge aus der Arbeitslosigkeit.

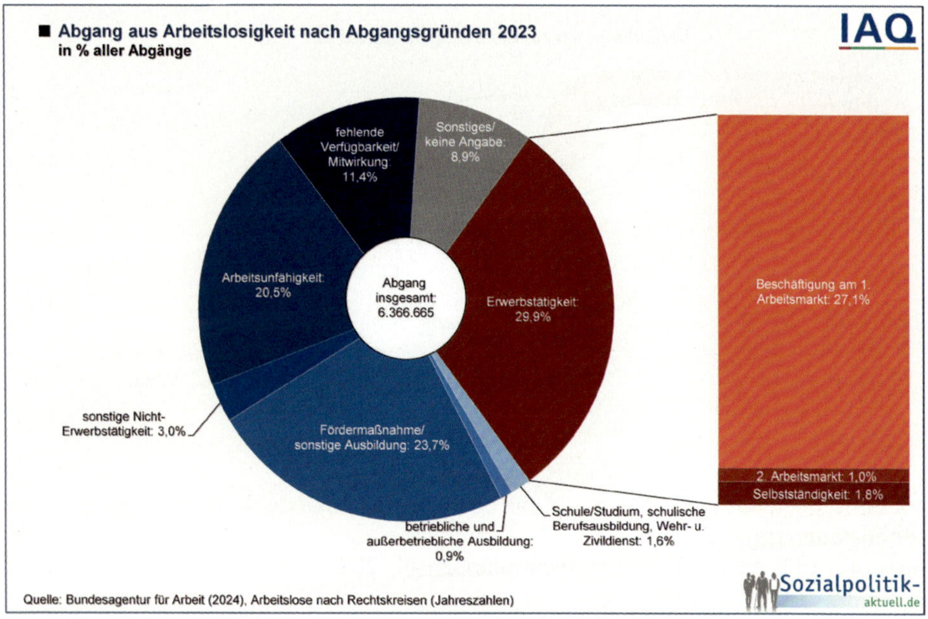

Zu beobachten ist, dass von den rund 6,2 Millionen im Jahreszeitraum gemeldeten Arbeitslosen nur 28 % in ein Beschäftigungsverhältnis im ersten Arbeitsmarkt zurückfinden und 3 % in eine anderweitige Erwerbstätigkeit. Das heißt, knapp zwei Drittel sind zwar nicht mehr arbeitslos, haben aber **kein** Beschäftigungs- oder Erwerbsverhältnis. Diese Problematik besteht schon seit vielen Jahren, sie ist weder neu noch einmalig.

Friktionelle Arbeitslosigkeit

Viele, die im Laufe eines Jahres arbeitslos werden, finden in der gleichen Periode einen neuen Arbeitsplatz. Diese vorübergehende Arbeitslosigkeit entsteht beim Wechsel des Arbeitsplatzes oder bei Umstrukturierungen am Arbeitsplatz. Die Ursache liegt in der zeitaufwendigen Suche nach einer Beschäftigung, sodass der Arbeitsplatzwechsel oft nicht nahtlos erfolgt. Diese vorübergehende Arbeitslosigkeit wird als **friktionelle[1] Arbeitslosigkeit** bezeichnet, sie bleibt auch in Zeiten einer Vollbeschäftigung erhalten. Selbst bei einer Verbesserung des Stelleninformationssystems und der Arbeitsvermittlung wird sie als Restposten die jeweilige Arbeitslosenquote erhöhen.

Saisonale Arbeitslosigkeit

Bestimmte Wirtschaftszweige wie die Land- und Forstwirtschaft, das Baugewerbe und die Tourismusbranche sind äußerst stark vom Wechsel der Jahreszeiten abhängig. Diese Branchen leiden unter starken jahreszeitlichen Produktions- und Nachfrageschwankungen – besonders im Winter das Baugewerbe. Solche Produktions- und Nachfrageschwankungen gehen einher mit entsprechenden Beschäftigungsschwankungen – manchmal gar mit Beschäftigungseinbrüchen (bei strengen Wintern im Baugewerbe). Weil Saisonschwankungen nicht zu vermeiden sind, ist diese Beschäftigungslücke als Bestandteil der Sockelarbeitslosigkeit immer vorhanden.

---

1 *fricare (lat.): reiben – Arbeitslosigkeit, die durch „Reibungsverluste“ beim Arbeitsplatzwechsel entsteht.*

Konjunkturelle Arbeitslosigkeit

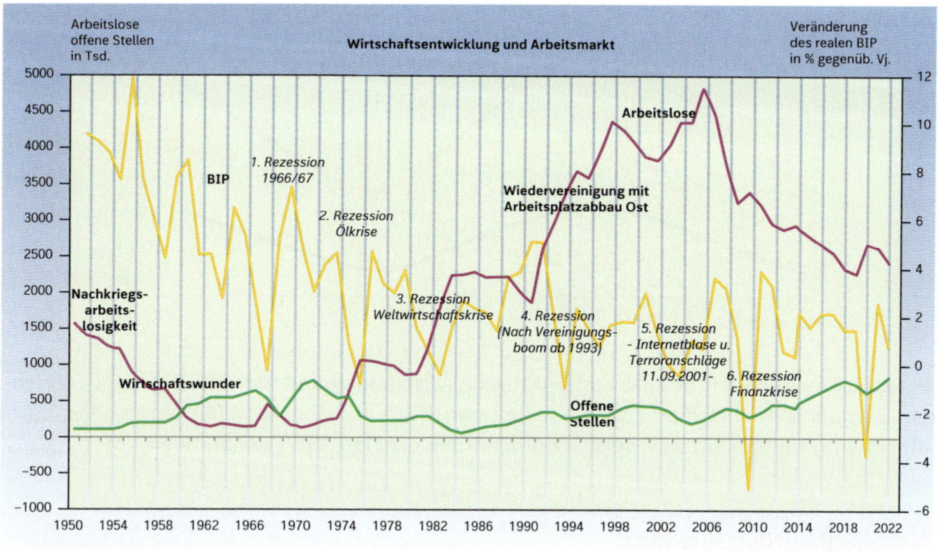

Anmerkungen:
Ab 1991 Gesamtdeutschland
Ausgewählte Indikatoren in 1 000 bzw. %
Datenquellen: Statistisches Bundesamt, Wiesbaden, Statistische Jahrbücher 2005 bis 2019, Destatis 2021, DeStatis 2023; Monatsberichte der Deutschen Bundesbank, Frankfurt/Main; Angaben der Bundesagentur für Arbeit, Nürnberg; Arbeits- und Sozialstatistik des Bundesministeriums für Arbeit und Sozialordnung, Berlin; eigene Berechnungen.

Ein Vergleich der Entwicklung der Arbeitslosenzahlen mit der Wirtschaftsentwicklung, gemessen an der realen, prozentualen Veränderung des Bruttoinlandsprodukts (BIP), zeigt, dass in jeder der Rezessionen die Zahl der Arbeitslosen anstieg und im darauffolgenden Wirtschaftsaufschwung die Arbeitslosenzahlen auch wieder sanken. Ursachen dieser Arbeitslosigkeit sind der mit der Rezession einhergehende Rückgang der Konsumgüter-, Investitionsgüter- und Auslandsnachfrage. Dieser Nachfragerückgang bedingt geringere Produktion. Beschäftigte müssen sich teilweise mit Kurzarbeit anfreunden[1] oder verlieren gar ihren Arbeitsplatz. Diese Arbeitslosigkeit beruht auf Wachstumsdefiziten. Sie ist grundsätzlich temporärer Natur und mit dem nächsten konjunkturellen Aufschwung werden wieder Arbeitskräfte eingestellt, die Zahl der Erwerbstätigen steigt und die Arbeitslosigkeit geht zurück.

Konjunkturelle Arbeitslosigkeit beruht auf Wachstumsdefiziten der Volkswirtschaft.

Theoretisch ist die konjunkturelle Arbeitslosigkeit einfach zu bekämpfen, und zwar über eine Erhöhung der Güternachfrage, also über Wirtschaftswachstum. Um den Wirtschaftsabschwung zu bremsen, kann der Staat mit antizyklischer Konjunkturpolitik gegensteuern, d.h. Erhöhung der Staatsausgaben, gegebenenfalls durch Budgetdefizite finanziert, bei gleichzeitiger Senkung der Steuersätze (antizyklische Fiskalpolitik)[2].

---

1 *Während der Corona-Pandemie teilweise bis zu sieben Millionen.*
2 *Vgl. Kapitel 8.5 Wirtschaftspolitische Einflussmöglichkeiten.*

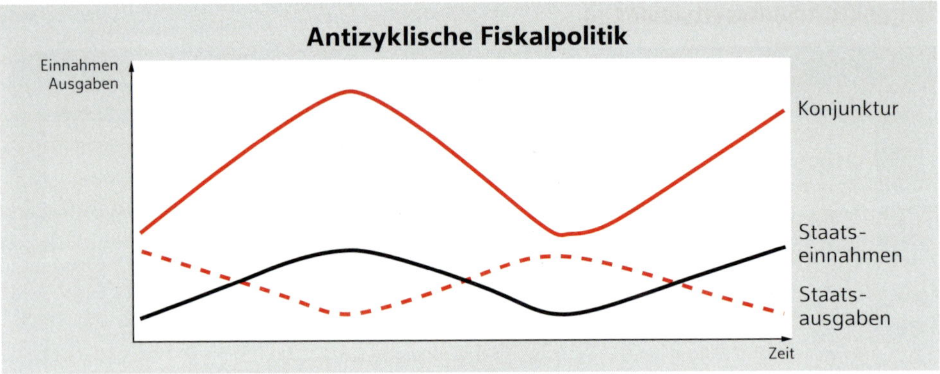

Ein typisches Beispiel für eine konjunkturelle Arbeitslosigkeit war 1966/67 zu verzeichnen. Damals schnellte die Arbeitslosigkeit von 0,7 % auf über 2 %. Mit dem Konjunkturaufschwung bildete sie sich sehr schnell zurück und lag 1969 wieder weit unter 1 %.

Strukturelle Arbeitslosigkeit

Eine komplette Rückführung der Arbeitslosigkeit auf den Stand vor dem Konjunktureinbruch war nach der Wirtschaftskrise 1966/67 gelungen. Die folgenden Rezessionen hinterließen jedoch jeweils eine höhere Sockelarbeitslosigkeit als die vorangegangenen.

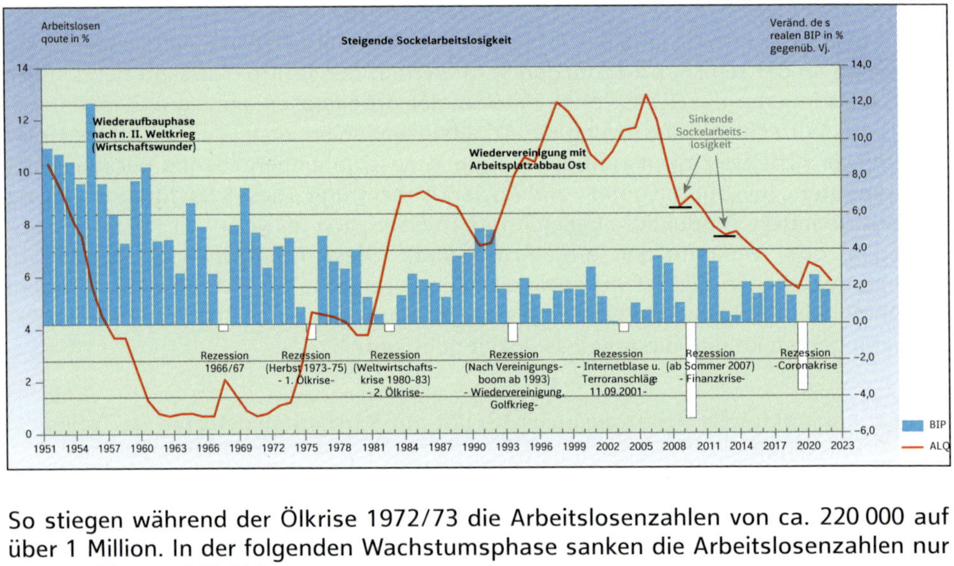

So stiegen während der Ölkrise 1972/73 die Arbeitslosenzahlen von ca. 220 000 auf über 1 Million. In der folgenden Wachstumsphase sanken die Arbeitslosenzahlen nur noch auf knapp 900 000.

In der nächsten Wirtschaftskrise 1980/81 stiegen die Arbeitslosenzahlen auf 2,3 Millionen. Doch selbst der nahezu ein Jahrzehnt dauernde Aufschwung konnte die Erwerbslosenzahl nicht unter 1,6 Millionen drücken.

In der Phase des sogenannten Vereinigungsbooms von 1990/91 stieg das reale BIP um ca. 5 %, der Auslastungsgrad der Wirtschaft lag bei nahezu 100 % und trotzdem gab es 1,7 Millionen Arbeitslose.
Auch nach der Rezession der Neunzigerjahre erhöhte sich der Arbeitslosensockel weiter. Gegenwärtig ist mit keiner der bisherigen Maßnahmen die Langzeitarbeitslosigkeit erfolgreich zu bekämpfen.
Das zeigt, dass die Arbeitsmarktprobleme seit Beginn der 70er-Jahre nicht mehr ausschließlich auf Nachfrageausfälle zurückzuführen sind, sondern strukturelle Ursachen haben. Wir haben es mit **struktureller Arbeitslosigkeit** zu tun.
Strukturelle Arbeitslosigkeit zeichnet sich dadurch aus, dass Arbeitskräfteangebot und Arbeitskräftenachfrage auf den einzelnen Arbeitsmärkten nicht übereinstimmen, weil

- die entsprechenden Arbeitsplätze in der Volkswirtschaft fehlen,
- zwar Arbeitsplätze vorhanden sind, aber Merkmalsdiskrepanzen[1] zwischen dem Arbeitskräfteangebot und der Arbeitskräftenachfrage existieren.

Dazu gehören:

- **Berufliche oder sektorale Diskrepanzen**
  Bei vorhandenen Arbeitsplätzen entsteht hier Arbeitslosigkeit als Folge des technischen Fortschritts. So werden etwa durch Umstellungsmaßnahmen, Rationalisierungen, digitale Prozessinnovationen Arbeitskräfte bestimmter Berufe (oft einfacher Qualifikation) freigesetzt.
- **Regionale Diskrepanzen**
  Diese entstehen, wenn durch Arbeitskräftezuwanderung oder regionale Standortverschiebungen auf einzelnen Arbeitsmärkten ein Überangebot an Arbeitskräften bestimmter beruflicher Qualifikation entsteht, das wegen mangelnder regionaler oder beruflicher Mobilität der Arbeitslosen sowie oft unzureichender Nachfrageflexibilität der Unternehmen nur schwer abgebaut werden kann.
- **Institutionelle Hemmnisse**
  Unter diesen Hemmnissen versteht man die *tarifbedingte Arbeitslosigkeit*. Die Tariflöhne der Flächentarifverträge gelten für bestimmte Tätigkeiten oder ganze Branchen quasi als Mindestlöhne mit wenig Spielraum, sie sind nach regionalen oder betriebsindividuellen Besonderheiten zu differenzieren.
  Hemmnisse sind auch die mangelnden betrieblichen Angebote an unterschiedlichen Varianten von Teilzeitarbeit und flexiblen Arbeitszeitangeboten, die es dem Arbeitnehmer erleichtern, seine privaten Interessen mit den beruflichen zu vereinbaren.
  Nicht vergessen darf man spezielle Arbeitsschutzvorschriften und bestimmte gesetzliche Vorschriften, die allzu oft den Zugang zum Arbeitsmarkt erschweren (z. B. Handwerksordnung).
- **Vermittlungshemmende Merkmale**
  Zu diesen Merkmalen zählen neben höherem Alter, Personenkreise ohne jegliche Ausbildung. Vermittlungshemmend sind beispielsweise auch gesundheitliche Probleme, aber auch Probleme von Personen, die für ihre Kinder unter drei Jahren keine Betreuungsangebot finden.

---

1 *discrepare (lat.): nicht übereinstimmen, abweichen, verschieden sein. Mit dem Fachbegriff Merkmalsdiskrepanzen wird die Widersprüchlichkeit auf dem Arbeitsmarkt ausgedrückt, dass einerseits Arbeitslosigkeit existiert, aber andererseits offene Stellen nicht besetzt werden können.*

Inzwischen scheint die seit Jahrzehnten steigende Sockelarbeitslosigkeit wieder zu sinken, siehe Diagramm auf der vorigen Seite. Neben einer positiven Weltwirtschaftsentwicklung haben die Arbeitsmarktreformen (sog. Hartz-Reformen) und atypische Erwerbsformen (Minijobs, Zeitarbeit, Teilzeitarbeit), die sehr stark angestiegen sind, dazu beigetragen. Zeitversetzt führte das auch zum Rückgang der Langzeitarbeitslosen[1], vgl. nachfolgendes Diagramm: „Bestand Arbeitsloser und ..." Ob dieser sich abzeichnende Trend nachhaltig sein wird und welchen Anteil daran insbesondere diese atypischen Erwerbsformen neben dem Niedriglohnbereich und der zunehmenden Lohnungleichheit haben, wäre von den Arbeitsmarktforschern noch genauer zu untersuchen.

Zumindest der prozentuale Anteil der Langzeitarbeitslosen an der Arbeitslosen steigt wieder

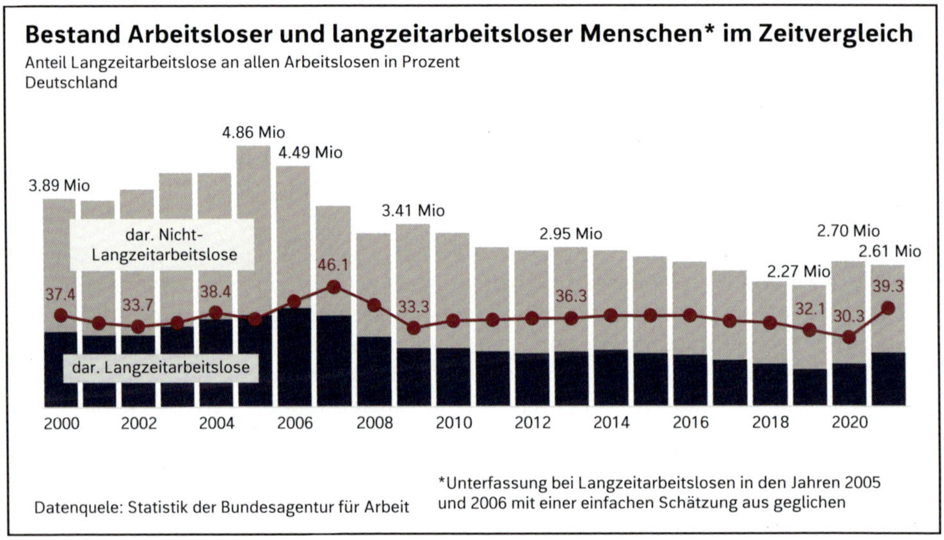

Quelle: Bundesagentur für Arbeit, Statistik/Arbeitsmarktberichterstattung, Berichte: Blickpunkt Arbeitsmarkt – Arbeitsmarktsituation von langzeitarbeitslosen Menschen, Nürnberg, März 2022

Und wie sich die Transformation zur „digitalen Gesellschaft“ auf die prekären Beschäftigungsverhältnisse und die Langzeitarbeitslosen letztlich auswirkt, kann heute niemand zuverlässig abschätzen. Mit Dahrendorf könnte man sagen: „Was wir brauchen, ist ... eine effektive Mischung von praktischer Politik, wirksamer [und verantwortlicher] Bürgergesellschaft und Bürgerrechten.“[2]

➔ Wirtschaftliche Strukturveränderungen in einer Volkswirtschaft wie der Wegfall ganzer Branchen und/oder der Einsatz arbeitsplatzsparender Technologien führen zu **struktureller Arbeitslosigkeit**.

1 Vgl. § 18 SGB III: Langzeitarbeitslose sind Arbeitslose, die ein Jahr und länger arbeitslos sind.
2 Ralf Dahrendorf: Der moderne soziale Konflikt, Stuttgart 1992, S. 265.

Zusammenfassung

1. **Einschränkungen des Arbeitsmarktes**

durch

- **Tarifrecht**: In Tarifverträgen werden Entlohnungen und Arbeitsbedingungen durch die Sozialpartner *monopolartig* festgelegt.
- **Arbeitsrecht und Mitbestimmung**: Gesetze zum Arbeitsschutz, zur Arbeitssicherheit, zum Kündigungsschutz und zur Mitbestimmung stärken und schützen die Stellung des Arbeitnehmers.
- **Arbeitsförderungsrecht**: Die Arbeitsförderung (SGB III) reglementiert und beeinflusst[1] in vielen Bereichen den Arbeitsmarkt und verschafft der Bundesagentur für Arbeit ein staatliches Vermittlungsmonopol.

2. Die **Arbeitslosigkeit** hat mehrere **Ursachen**:
   a) expansive Lohnpolitik führte zu Rationalisierungen,
   b) Marktsättigung in bestimmten Konsumgüterbereichen,
   c) fehlende Innovationen,
   d) Strukturveränderungen des Industriestandorts Bundesrepublik Deutschland,
   e) Wegfall des Wettbewerbsvorteils im Außenhandel,
   f) bestimmte Schutzgesetze im Arbeitsrecht verschlechterten die Einstellungschancen bestimmter Personengruppen,
   g) ansteigende Staatsquote bei gleichzeitigem Rückgang staatlicher Sachinvestitionen.

Prüfen Sie Ihr Wissen

1. Beschreiben Sie den Unterschied zwischen Gütermarkt und Arbeitsmarkt.
2. Wie funktioniert in der Bundesrepublik Deutschland der Arbeitsmarkt?
3. Welche Rechtswirkungen haben Tarifverträge für die Mitglieder der Tarifparteien?
4. Erläutern Sie, warum Wettbewerbsbeschränkungen auf dem Arbeitsmarkt als gerechtfertigt betrachtet werden.
5. Was sind die Ursachen unserer heutigen Arbeitslosigkeit?
6. Wie kann durch Konjunkturpolitik die Beschäftigungssituation verbessert werden?
7. Erläutern Sie, warum die Arbeitslosenquote nur eine begrenzte Aussagekraft über die Beschäftigungssituation auf dem Arbeitsmarkt hat?

---

1 *Vgl. zum Beispiel §§ 3 ff., §§ 81 ff., 169 ff. SGB III.*

7.2 Folgen der Arbeitslosigkeit

In unserer Leistungs- und Arbeitsgesellschaft, in der sich viele über Arbeit definieren, können Arbeitslose an den Rand der Gesellschaft geraten. Nach Untersuchungen der Bundesagentur für Arbeit haben es folgende Personengruppen besonders schwer, nach einem Arbeitsplatzverlust wieder eine Beschäftigung zu finden:

- Ungelernte (insbesondere Jugendliche),
- Behinderte,
- Langzeitarbeitslose,
- Frauen (insbesondere in Ostdeutschland),
- Facharbeiter/-innen und Akademiker/-innen mit einem engen Berufsfeld (insbesondere in schrumpfenden Branchen).

7.2.1 Individuelle Belastungen durch Arbeitslosigkeit

Einkommensverlust

Die Arbeitslosen müssen mit großen finanziellen Einbußen fertig werden. So beträgt das Arbeitslosengeld[1] (allgemeiner Leistungssatz) 60 % des pauschalierten Nettogehaltes[2]. Für Arbeitslose mit mindestens einem Kind erhöht sich der Leistungssatz auf 67 %. Der Anspruch auf Arbeitslosengeld ist zeitlich begrenzt. Danach erhält der Arbeitslose auf Antrag **Grundsicherung für Arbeitsuchende**[3] (Bürgergeld). Das Bürgergeld wird nur gewährt, wenn der Betroffene hilfebedürftig[4] ist. Das heißt verkürzt, der Betroffene ist dann hilfebedürftig, wenn er nicht in der Lage ist, seinen Lebensunterhalt und seine Eingliederung in den Arbeitsmarkt aus eigenen Mitteln zu bestreiten[5]. Nach dem SGB II wird dazu neben dem eigenen Einkommen und Vermögen auch das Einkommen und Vermögen des Partners herangezogen. Das Bürgergeld ist unabhängig vom zuvor bezogenen Lohn, es wird als „Regelleistung zur Sicherung des Lebensunterhaltes“[6] gewährt. Bei vormals gut verdienenden Facharbeitern, Angestellten oder leitenden Angestellten bedeutet der Übergang vom Arbeitslosengeld zum Bürgergeld einen finanziellen Absturz. Die Einkommenseinbußen durch Arbeitslosengeld oder durch Bürgergeld bereiten besonders große Probleme, wenn der Betroffene feste finanzielle Verpflichtungen hat, insbesondere dann, wenn feste Kapitaldienstleistungen bestehen, die zum Beispiel durch Kauf einer Eigentumswohnung oder eines Eigenheimes entstanden sind.

---

1 *Vgl. § 149 SGB III.*
2 *Vgl. §§ 151, 153 SGB III.*
3 *Das frühere Arbeitslosengeld II wurde zum 31.12.2022 abgeschafft und seit dem 01.01.2023 durch das **Bürgergeld** (vgl. §§ 19 ff SGB II) ersetzt. Das Bürgergeld wird steuerfinanziert. Die Höhe des Bürgergeldes richtet sich nicht nach dem letzten Nettolohn, sondern nach bestimmten, gesetzlich festgelegten Bedarfssätzen.*
4 *Vgl. § 7 SGB II.*
5 *Vgl. § 9 SGB II.*
6 *Vgl. § 20 SGB II, sie beträgt gegenwärtig 563,00 € (Stand 01.01.2024) und wird zum 1. Januar eines jeden Jahres angepasst. Bei der jährlichen Anpassung wird neben der Preis- und Lohnentwicklung auch die aktuelle Inflation berücksichtigt.*
Für weitere Bedarfe vgl. §§ 21 ff. SGB II.

Qualifikationsverlust

Mit zunehmender Dauer der Arbeitslosigkeit gehen das Know-how und die Qualifikation des Arbeitnehmers verloren, weil

- Fachwissen und Fertigkeiten vergessen werden,
- Fachwissen und Fertigkeiten im Zeitablauf veralten,
- Leistungsbereitschaft und Motivation, insbesondere bei längerer Arbeitslosigkeit, zurückgehen,
- bei unterwertiger Beschäftigung aufgrund der Zumutbarkeitskriterien eine Dequalifizierung stattfindet.

Der Verlust der Arbeit ist für Betroffene besonders einschneidend, weil unsere modernen Gesellschaften um die „Arbeit an sich" aufgebaut sind. Arbeits- und Arbeitsplatzverlust kann deshalb weitreichende Folgen nach sich ziehen, siehe dazu den nächsten Abschnitt.

Psycho-soziale Belastungen

Für die überwiegende Mehrheit der Menschen ist und bleibt Arbeit das „Rückgrat" des Alltags. Arbeitslose, die an ihrem Beruf hängen, trifft das besonders stark. So sind für viele Status, Ansehen und eigene Identität über die Arbeit definiert. Und Arbeit ist darüber hinaus in unserer Gesellschaft zentraler Mittelpunkt des Lebens. Viele unserer privaten und sozialen Lebensumstände ergeben sich über und aus dem Arbeitsalltag; gewahr wird es einem erst als Arbeitsloser. Bei längerfristiger Arbeitslosigkeit kann ein regelrechter Kreislauf der „psycho-sozialen Zermürbung" einsetzen, bis hin zum Verlust an Selbstachtung.

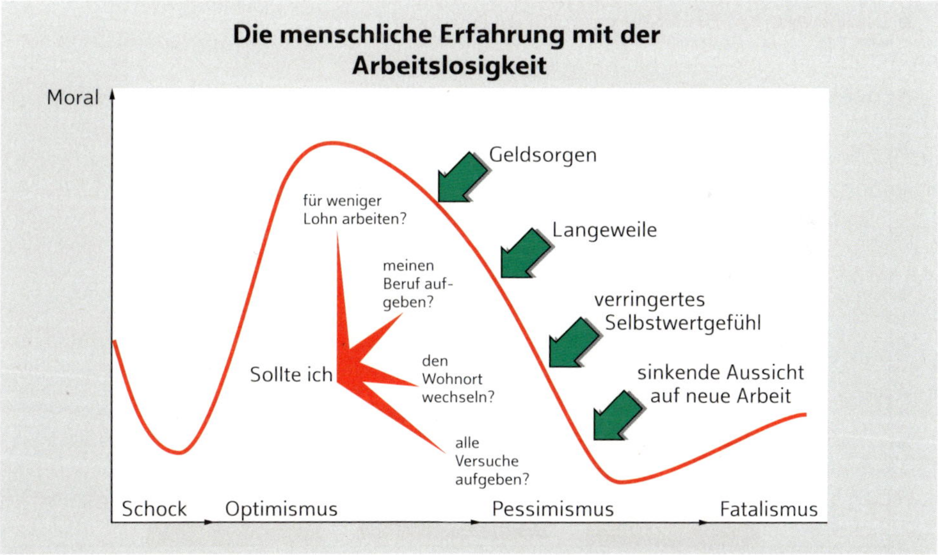

Nicht nur der Arbeitslose selbst, sondern auch die Familienmitglieder sind in diesen Abwärtstrend einbezogen. Besonders wirkt sich diese bedrückende, resignative Situation auf die Kinder aus, deren kindlicher Horizont Wünsche, Fantasien und Träume, Freiraum und Offenheit braucht, was sie aber nicht erfahren.

Die Erfahrung, Mensch „zweiter Klasse" zu sein, führt letztlich auch zu einem (Teil-) Rückzug aus der Gesellschaft und zu einem Verlust sozialer Bindungen. Mit dem Arbeitsverlust geht auch ein Stück der Menschenwürde verloren.

> Längerfristige Arbeitslosigkeit führt zu einer (Verhaltens-)Veränderung des Menschen. Arbeit zu haben ist ein Teil der Menschenwürde, die mit der Arbeitslosigkeit verloren geht.

7.2.2 Wirtschafts- und gesellschaftspolitische Folgen der Arbeitslosigkeit

Volkswirtschaftliche Kosten der Arbeitslosigkeit

Gesamtfiskalische Kosten der Arbeitslosigkeit

Die Kosten der Arbeitslosigkeit sind eine enorme Belastung der öffentlichen Haushalte, einerseits in Form von Ausgaben wie Arbeitslosengeld, andererseits führt sie auch zu Mindereinnahmen, weil Arbeitslose beispielsweise kein Arbeitseinkommen beziehen, deshalb keine Steuern bezahlen und wegen Konsumeinschränkungen auch geringere Konsumsteuern entrichten als Arbeitende.

Das Institut für Arbeitsmarkt- und Berufsforschung (IAB) – Forschungseinrichtung der Bundesagentur für Arbeit – untersucht seit geraumer Zeit diese gesamtfiskalischen Kosten der Arbeitslosigkeit in Deutschland sowie deren Entwicklung im Zeitablauf. In der nachfolgenden Übersicht sind als Beispiel die gesamtfiskalischen Kosten der Jahre 2006 und 2021 einander gegenübergestellt:

■ Gesamtfiskalische Kosten der Arbeitslosigkeit 2006 und 2021
in Mrd. Euro

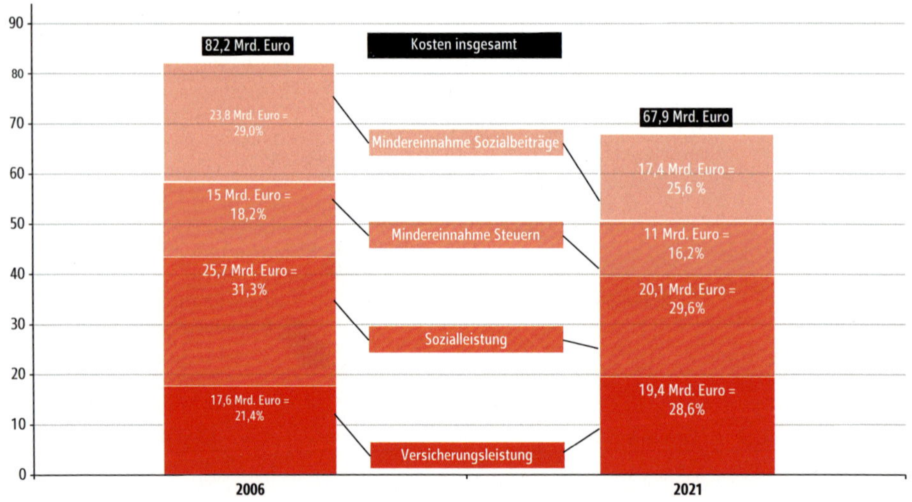

Datenquelle: Sozialpolitik-aktuell.de

Seit 2006 sind die gesamtfiskalischen Kosten mit dem Rückgang der Arbeitslosigkeit weiter gesunken auf 50,3 Milliarden in 2018. Dieser Trend wurde durch die Corona-Pandemie unterbrochen und die Kosten stiegen auf 67,9 Milliarden an. Zwischenzeitlich (2022) sind sie wieder gesunken.

Nachfolgende Darstellung zeigt beispielhaft für 2022 wie sich diese Kosten der Unterbeschäftigung in Ausgaben und Mindereinnahmen aufteilen.

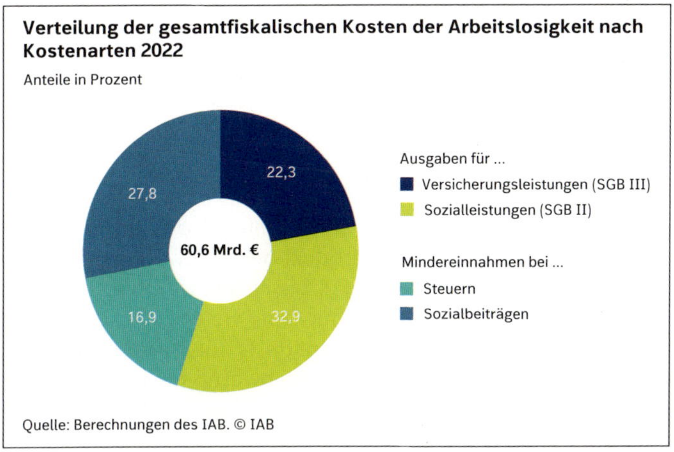

Quelle: Hausner, Karl Heinz; Weber, Enzo; Yilmaz, Yasemin (2023): Die Kosten der Arbeitslosigkeit sind 2022 erstmals nach vier Jahren wieder gesunken, In: IAB-Forum 28. Dezember 2023, https://www.iab-forum.de/die-kosten-der-arbeitslosigkeit-sind-2022-erstmals-nach-vier-jahren-wieder-gesunken/

Die gesamtfiskalischen Kosten der Arbeitslosigkeit setzen sich zusammen aus
- den Ausgaben der öffentlichen Haushalte und
- den Mindereinnahmen der öffentlichen Haushalte.

Aufschlussreich ist ferner die Kostenbeteiligung der öffentlichen Haushalte, allein Bund, Länder und Gemeinden tragen über 50 % der Kosten. Exemplarisch seien die prozentualen Anteile für das Jahr 2022 herausgegriffen:

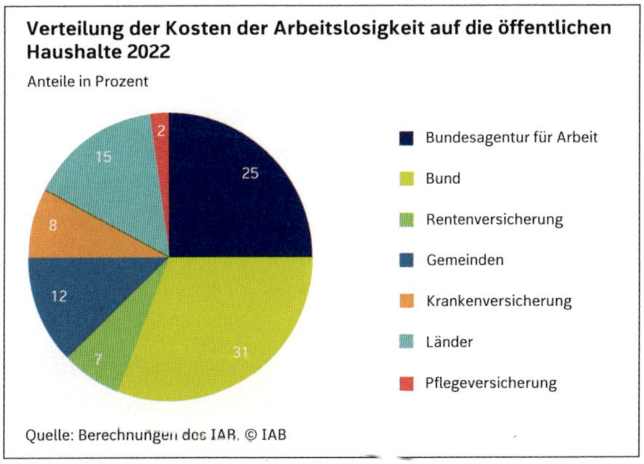

Quelle: Hausner, Karl Heinz; Weber, Enzo; Yilmaz, Yasemin (2023): Die Kosten der Arbeitslosigkeit sind 2022 erstmals nach vier Jahren wieder gesunken, In: IAB-Forum 28. Dezember 2023, https://www.iab-forum.de/die-kosten-der-arbeitslosigkeit-sind-2022-erstmals-nach-vier-jahren-wieder-gesunken/

Nicht enthalten in diesen Berechnungen sind Kosten und Mindereinnahmen, die der Volkswirtschaft durch jene „Stille Reserve“ entstehen, die sich vom Arbeitsmarkt verabschiedet hat und von keiner Statistik erfasst wird. Nach Expertenmeinung dürften das gegenwärtig – allerdings schwer ermittelbar – zwischen eineinhalb bis drei Millionen Personen sein. Daraus folgt, dass die durch Unterbeschäftigung bedingten gesamtwirtschaftlichen Kosten der Volkswirtschaft wesentlich höher sind als die statistisch errechneten gesamtfiskalischen Kosten und dass in sehr hohem Umfang die Gebietskörperschaften damit finanziell belastet sind.

➔ Die fiskalischen Kosten erfassen nicht die gesamten vollkswirtschaftlichen Kosten der Unterbeschäftigung und sie betrachten nur die öffentlichen Haushalte.

Wertschöpfungsverluste durch die Arbeitslosigkeit

Zur Erfassung der gesamtwirtschaftlichen Kosten müsste der Wertschöpfungsverlust ermittelt und als entgangenes Bruttoinlandsprodukt gemessen werden. Also eine fiktive Gegenrechnung zum Bruttoinlandsprodukt, das bei Vollbeschäftigung zu erreichen wäre. Solche Berechnungen sind schwierig und mit sehr vielen Unwägbarkeiten verbunden. Nach Berechnungen und Schätzungen des Instituts für Arbeitsmarkt- und Berufsforschung liegen diese Wertschöpfungsverluste gegenwärtig bei knapp 300 Milliarden Euro. Das entspräche immerhin einer Größenordnung von rund 12 % bis 13 % des nominalen Bruttoinlandsprodukts.

➔ Mit der Größe „Wertschöpfungsverluste“ wird versucht, die gesamten volkswirtschaftlichen Kosten der Arbeitslosigkeit zu erfassen.
Sie können nicht exakt ermittelt werden.

Nicht monetäre gesellschaftliche Folgen

Die Arbeitslosigkeit führt nicht nur zu individuellen Problemen bei den Betroffenen und ihren Familien, Arbeitslosigkeit verursacht auch hohe gesamtgesellschaftliche Kosten. Und sie beeinflusst auch längerfristige gesellschaftliche Entwicklungen, ohne dass diese immer eindeutig der Arbeitslosigkeit zugeordnet werden können. In diesem Zusammenhang müssen im Sinne von Wechselwirkungen gesehen werden[1]:

- Ausgrenzung kann Alkohol- und Drogenprobleme verstärken;
- Entwicklung von (ggf. extremen) Sub-Gesellschaften;
- Verlust der offenen Gesellschaft mit Abwehrhaltungen gegen Zuwanderungen;
- Arbeitslosigkeit kann systemgefährdend wirken, da sie unter Umständen antidemokratische Strömungen unterstützt und/oder den sozialen Frieden beeinträchtigen kann;
- Veränderung von gesellschaftlich akzeptierten Wertekategorien, wie Leistungsbereitschaft, Berufsethos und Berufssolidarität;
- Vertrauensverlust in das politische System.

➔ Nicht monetäre gesellschaftliche Auswirkungen der Arbeitslosigkeit sind beobachtbare Veränderungen im gesellschaftlichen Entwicklungsprozess.

---

1 *Unvollständige Aufzählung.*

Insbesondere die zuletzt genannten Punkte sollen in ihren Ursachen kurz beleuchtet werden, weil sie längerfristig die Grundstrukturen einer Gesellschaft verändern können. Auszugehen ist zunächst von den Zielen der Arbeitslosenversicherung. Sie will, falls Arbeitslosigkeit eintritt, ein Einkommen leisten, aber grundsätzlich damit keine Entkoppelung von Leistung und Einkommen herbeiführen. Zwei Prinzipien sollen das sicherstellen:

- Das Arbeitslosengeld ist in seiner Höhe an vorangegangene, bewertete Leistungseinkommen der Betroffenen gekoppelt.
- Die Gewährung von Arbeitslosengeld wird als Übergangsmaßnahme verstanden. Sie soll von vornherein als zeitliche Einkommens-Überbrückung zwischen zwei Beschäftigungsverhältnissen dienen. Außerdem ist diese Einkommensgewährung eine reine Versicherungsleistung innerhalb des Sozialsystems.

Die Langzeitarbeitslosigkeit hat aber zu staatlichen Maßnahmenbündeln geführt, die weit über dieses Versicherungsprinzip hinausgehen und die einer ständigen Veränderung unterworfen waren und sind. Maßnahmen und Situationen, die gegebenenfalls auch das Grundverständnis der Gesellschaft berühren.

Langzeitarbeitslosigkeit als Legitimationsproblem für die Leistungsgesellschaft

Unser Gesellschaftssystem versteht sich als Leistungsgesellschaft, in der auch auf dem Arbeitsmarkt das Leistungsprinzip akzeptiert wird. Längerfristige Arbeitslosigkeit bedeutet aber, vom Arbeitsmarkt ausgegrenzt und nicht mehr Teilnehmer der eigentlichen leistungsgesellschaftlichen Veranstaltung zu sein. Neben Teilzeit- und Minijobs – oft ohne leistungsadäquate Entlohnung – bessern Arbeitslose ihr Einkommen auch in der Schattenwirtschaft[1] auf. Gleichzeitig schwinden die sozialversicherungspflichtigen Normalarbeitsverhältnisse dahin. Zudem werden die öffentlichen Kassen unvertretbar belastet, weil mit diversen arbeitsmarktpolitischen Maßnahmen praktisch ein zweiter Arbeitsmarkt geschaffen wird, auf dem das Arbeitsentgelt vielfach nicht mehr der erbrachten Leistung entspricht. Damit stehen Leistung und Einkommen nicht mehr in einem Verhältnis, das dem Prinzip einer Leistungsgesellschaft entspricht. Darunter leidet schließlich auch der erste Arbeitsmarkt. Deshalb muss eine Leistungsgesellschaft den Zugang zu solchen Ausweichmöglichkeiten beschränkt halten, weil sich das auf Dauer nicht mit ihrem Grundverständnis verträgt. Sie bringt sich sonst selbst in Misskredit und ein solch schleichend einsetzender Wertewandel schwächt langfristig das Leistungsethos der Gesellschaft.

➔ Langzeitarbeitslosigkeit bringt die Leistungsgesellschaft in Widersprüche, weil
- einerseits Transferleistungen erfolgen und arbeitsmarktpolitische Maßnahmen ergriffen werden, bei denen die Entgeltbezieher keine adäquate Gegenleistung erbringen – obwohl teilweise möglich – und
- diese Maßnahmen andererseits von den Leistungsträgern zusätzlich finanziert werden müssen.

1 *Fast 20 % des Bruttoinlandsprodukts werden nach Schätzungen auf dem Schwarzmarkt erwirtschaftet. Die Vermutungen über die Verteilung der Schwarzarbeit auf Arbeitnehmende und Arbeitslose gehen weit auseinander. Zahlenmäßig gesicherte Untersuchungen liegen leider nicht vor.*

Beeinträchtigung des Arbeitsethos durch langfristige Arbeitslosigkeit

Unsere Leistungsgesellschaft versteht sich gleichzeitig als Arbeitsgesellschaft, in der Arbeit oder „Arbeit-Haben" an sich zur Selbstverständlichkeit gehört(e). In dieser bürgerlichen Kulturtradition will und soll sich jede arbeitsfähige Arbeitskraft jenes Einkommen verdienen, das zum Leben erforderlich ist. Geht aber die Selbstverständlichkeit des „Arbeit-Habens" verloren, weil immer mehr immer länger arbeitslos sind, setzt eine Entkoppelung von Arbeit und Einkommen ein. Arbeitslosigkeit, insbesondere langfristige Arbeitslosigkeit, führt dann zu einem Orientierungsproblem in der Arbeitsgesellschaft. Schließlich stellt sich die Arbeitsgesellschaft, zu deren gesellschaftlichem Sinnsystem das Arbeitsethos gehört, selbst infrage, wenn dieses System nicht oder nicht mehr funktioniert.

→ Das Arbeitsethos – ein Grundpfeiler unserer Gesellschaft – geht durch Langzeitarbeitslosigkeit verloren und wird nicht mehr als Kulturwert weitergegeben.

Arbeitslosigkeit und das Problem der Umsetzung staatlicher Maßnahmen

Der Staat und die staatlichen Institutionen stehen bei der Umsetzung sozialstaatlicher Maßnahmen vor einem Dilemma:

- Die zunehmende Unübersichtlichkeit der Arbeitslosigkeit erfordert aus staatlicher Sicht eine immer detailliertere und tiefer gehende Einmischung in die bürgerliche Individualsphäre, um zielgenau nur jenen Arbeitslosen Leistungen zukommen zu lassen, bei denen mangelnde Leistungsfähigkeit die Ursache der Arbeitslosigkeit ist. Denn wer nach den Maßstäben der Leistungsgesellschaft auf dem Markt ein Leistungseinkommen erzielen kann, bedarf keiner staatlichen Zuwendung.
- Andererseits hat sich der Staat aus verschiedenen Gründen – auch um dem Vorwurf der Bürokratie zu entgehen – lange bereit gezeigt, auf individuelle „Ausforschung" und spezifische Begründung von Unterstützungsmaßnahmen zu verzichten. Damit einher ging (und geht) der zunehmende Nichteinmischungsanspruch, den Betroffene – als „verantwortliche" Bürger – für sich reklamieren.
  Gleichzeitig ist der Öffentlichkeit nicht verborgen geblieben, dass der Staat teilweise gegen seine eigenen Regeln verstößt, wie beispielsweise die – uneingestandene Duldung der – Schwarzarbeit[1] zeigt.

---

1 *Wenn 20 % des Bruttoinlandsprodukts auf dem Schwarzmarkt entstehen, dann kann das nicht ungesehen vor dem „staatlichen Auge" geschehen.*

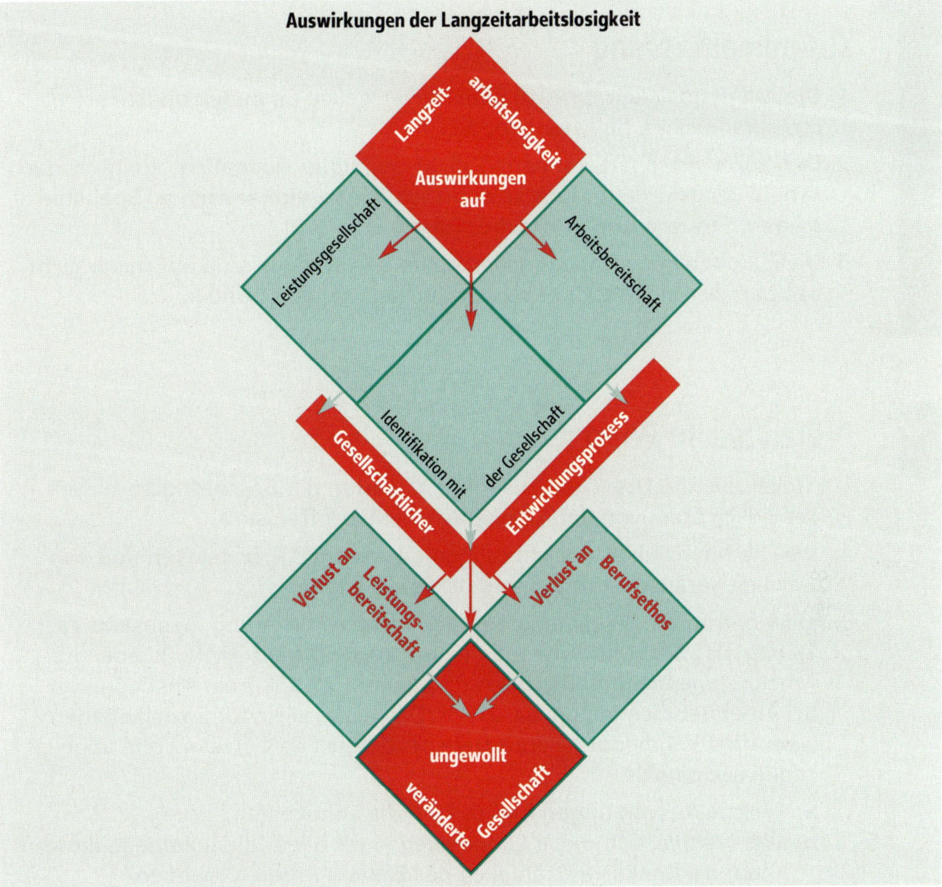

Weil die Bürger erleben, dass regelwidrige Verhaltensweisen staatlicherseits nicht erkannt und/oder teilweise auch nicht geahndet werden, führt das zum Ansehensverlust des sozialstaatlichen Systems und ist schließlich Teil der Staats- und Politikverdrossenheit.

Die Bereitschaft zur Leistung und die Einsicht in Gerechtigkeit gehen verloren, wenn der Bürger erlebt, dass Unregelmäßigkeiten – aus welchen Gründen auch immer – staatlicherseits toleriert werden.

Wenn sich eine Gesellschaft – wie die Bundesrepublik seit den 90er-Jahren – längerfristig auf eine relativ hohe Arbeitslosigkeit einlässt und damit eine Basis schafft, dass ein Teil der nachwachsenden Generation außerhalb der tradierten Wertvorstellungen aufwächst, muss sie mit einer schleichenden und dauerhaften Veränderung der grundlegenden gesellschaftlichen Werte und politischen Einstellungen rechnen.

Zusammenfassung

1. Die Arbeitslosigkeit führt zu hohen finanziellen Einbußen und zu schweren persönlichen Belastungen.
2. Der Volkswirtschaft entstehen nicht nur hohe Ausgaben, sondern die Arbeitslosigkeit führt auch zu enormen **Mindereinnahmen an Sozialbeiträgen, Steuern und Wertschöpfungsverlusten**.
3. Diese hohen gesamtgesellschaftlichen Belastungen sind auf Dauer nicht tragbar, weil sich sonst gesellschaftlicher Konsens auflöst.

Prüfen Sie Ihr Wissen

1. Stellen Sie die Ursachen zusammen, warum die Beschäftigten unterschiedlich stark von der Arbeitslosigkeit betroffen sind.
2. Welche finanziellen Absicherungen erhalten die Arbeitslosen und von welchen Voraussetzungen sind diese abhängig?
3. 1950 betrug die Abgabenlast in der Sozialversicherung insgesamt ca. 19,8 %, also 9,9 % für Arbeitnehmende, heute (Stand 2024) dagegen für Arbeitnehmende um oder geringfügig unter 21,3 % – ein Anstieg allein bei Arbeitnehmenden um ca. 215 %. Das heißt, allein für Sozialabgaben wird Arbeitnehmenden heute mehr als doppelt so viel vom Lohn abgezogen wie damals.
   a) Welche Auswirkungen hat dies auf die Lohnkosten?
   b) Wie werden sich diese Lohnkosten – vor allem die Lohnnebenkosten – auf die Konkurrenzfähigkeit des Faktors Arbeit auswirken?
   c) Wie hat sich das Verhalten jener geändert, die mit diesem Abgabenanstieg belastet wurden?
4. Wie könnte die Dequalifizierung Arbeitsloser verhindert werden?

7.3 Staatliche und nicht staatliche Maßnahmen zum Abbau der Arbeitslosigkeit

Die „Beschäftigung schaffenden Maßnahmen“ als Teil der aktiven Arbeitsmarktpolitik der Bundesagentur für Arbeit sind wichtige Elemente für die Erhöhung der Beschäftigungsquote. Aber die staatliche Arbeitsmarktpolitik kann dieses gesamtgesellschaftliche Problem allein nicht lösen; deshalb sind alle gesellschaftlichen Akteure gefordert. Nachfolgende Übersicht ist eine unvollständige Zusammenstellung, welche Akteure beispielsweise – auch in Zusammenarbeit – positive Beiträge zur Rückführung der strukturbedingten Arbeitslosigkeit leisten können.

	Staatliche Maßnahmen			Nicht staatliche Maßnahmen	
	Gesetzgeber	**Bundesagentur für Arbeit**	**Zentralbank**	**Tarifpartner**	**Unternehmen**
Arbeitsplatzsicherung	• Staatsaufträge • regionale Strukturpolitik • Subventionen • Senkung der Lohnnebenkosten • Begrenzung bzw. Steuerung der Zuwanderung	• Kurzarbeitergeld • Winterausfallgeld		• angemessene Lohnabschlüsse (z. B. am Produktivitätszuwachs orientiert)	• innovative Produkt-/Dienstleistungsentwicklung zum Erhalt und zur Stärkung der Konkurrenzfähigkeit • Qualifizierungspotenziale der Beschäftigten erschließen
Arbeitsloseneingliederung bei offenen Stellen	• Verbot bzw. Begrenzungen von Überstunden • ESF-Bundesprogramm bzw. –Länderprogramme[1]	• Bereitstellung von Information (Arbeitsvermittlung u. Berufsberatung, Arbeitsmarktberatung d. AG) • Fortbildung und Umschulung • Eingliederungsbeihilfen • Lohnkostenzuschüsse • Arbeitsgelegenheiten • Förderung der Mobilität • Kooperationsplan • Aktivierungshilfe • ...			
Arbeitsumverteilung		• Rückkehrhilfen • Altersteilzeit (zum 31.12. 2009 ausgelaufen – nur noch sog. „Altfälle")		• tarifvertragl. Arbeitszeitverkürzung	• Abbau von Überstunden

1 *Der Europäische Sozialfonds (ESF) ist ein Programm zur Förderung der Beschäftigung und sozialen Integration in Europa. Aus den Mitteln des ESF erhält die BRD für die Förderperiode 2021-27 über 6,5 Mrd. €. Über das ESF Plus-Bundesprogramm und die ESF Plus-Aktivitäten der Bundesländer sollen insbesondere benachteiligte Personengruppen qualifiziert und in den Arbeitsmarkt integriert werden.*

	Staatliche Maßnahmen			Nicht staatliche Maßnahmen	
	Gesetzgeber	**Bundesagentur für Arbeit**	**Zentralbank**	**Tarifpartner**	**Unternehmen**
Schaffung neuer Arbeitsplätze	• Erhöhung der Staatsausgaben • Rahmenbedingungen für neue Märkte schaffen: z. B. Gentechnologie, Telekommunikation • Rahmen für generative KI-Anwendungen schaffen	• Hilfen zur Selbstständigkeit, z. B. Überbrückungsgeld	• Senkung des Zinsniveaus • Erhöhung des Geldmengenziels • „inflationsinduziertes" (EZB-Ziel: 2%) Wachstum fördern	• Rahmenbedingungen für Flexibilisierung der Arbeitszeit	• Schaffung von Teilzeitarbeitsplätzen • flexible Arbeitszeitgestaltung, z. B. Jahres- oder Mehrjahresarbeitszeiten

Der Staat als Gesetzgeber, staatliche Institutionen, Tarifpartner, Unternehmen und weitere – hier nicht aufgezählte – gesellschaftliche Einrichtungen können mit diversen Maßnahmen direkt oder indirekt den Arbeitsmarkt beleben und damit auch die Beschäftigungssituation positiv beeinflussen.
Die gegenwärtigen Arbeitslosenzahlen sind nach Expertenmeinungen und deren Untersuchungen nicht konjunktureller, sondern vorwiegend struktureller Natur. Es wird angenommen, dass etwa drei Viertel der Arbeitslosenzahlen strukturelle Ursachen haben. Quantitative und qualitative **Veränderungen der Produktions- und Verbrauchsgewohnheiten** sind Ursachen für diese strukturelle Arbeitslosigkeit. Solche Strukturveränderungen und Strukturprobleme können einzelne Berufe, Wirtschaftsregionen oder ganze Wirtschaftszweige betreffen.

→ Werden Strukturprobleme der Wirtschaft nicht rechtzeitig angegangen, verfestigt sich die strukturelle Arbeitslosigkeit. Sie führt schließlich zu erheblichen gesamtwirtschaftlichen Problemen.

Besonders betroffen von solchen Veränderungen war in jüngster Vergangenheit die Kohle- und Stahlbranche und gegenwärtig vor allem die Automobilbranche und ihre Zulieferer, weil die Nachfrage nach ihren Gütern dauerhaft zurückging oder andersartige Produkte gefragt sind. Aufgrund des Einsatzes **moderner Techniken** der Mikroelektronik sowie der Informations- und Telekommunikationstechnik werden künftig in weiteren Bereichen der Wirtschaft Arbeitsplätze abgebaut werden. Regionen mit wirtschaftlichen Monostrukturen sind besonders betroffen. Deshalb haben Bund und Länder vielfältige Regionalförderungsmaßnahmen aus der Taufe gehoben. Solche Fördermaßnahmen haben aber inzwischen zu einem *Subventionsdschungel* mit gegenseitigen Unternehmensabwerbungen geführt. Sie erzeugen lediglich eine regionale Umverteilung von Arbeitsplätzen, aber keine Verbesserung der Gesamtarbeitsmarktbilanz. Subventionen und Steuererleichterungen, die über die Schaffung von Infrastruktur hinausgehen, sind untaugliche Mittel. Oft erweisen sie sich als strukturerhaltend und verzögern lediglich notwendige Anpassungsprozesse.
Diese strukturellen Probleme

- hat keineswegs der Staat allein zu verantworten,
- lassen sich kurzfristig nicht beseitigen,

- erfordern nicht Einzelmaßnahmen, sondern ein ganzes Reformbündel,
- lassen sich während konjunkturellem Wirtschaftswachstum leichter lösen als in Zeiten niedrigen Wachstums.

Hier soll nun nicht ein Maßnahmenkatalog aufgezählt, sondern es sollen zwei Hauptpunkte aufgezeigt werden, die zur Verringerung der strukturellen Arbeitslosigkeit bedeutsam sind. Dazu gehört,
- zu versuchen, bei vorhandenen offenen Stellen die Merkmalsdiskrepanzen zwischen Arbeitsnachfrage und Arbeitsangebot zu beseitigen,
- die fehlenden Arbeitsplätze durch Ausweitung der Beschäftigung zu schaffen.

7.3.1 Maßnahmen zum Abbau der Merkmalsdiskrepanzen

Solche Maßnahmen sind neben der Berufsberatung insbesondere die Förderung der beruflichen und regionalen Mobilität.
Die **Berufsberatung** mit ihrem präventiven Charakter hat bisher nur äußerst begrenzte Wirkung gezeigt. Das liegt am begrenzten Aussagewert ihres Instrumentariums: So lassen sich individuelle Neigung und Eignung der Ratsuchenden mit den gängigen Tests nur sehr schwer feststellen. Andererseits können zuverlässige Prognosen bezüglich der Entwicklung von quantitativen und qualitativen Anforderungen an zukünftige Berufe und Wirtschaftszweige nur unzureichend abgegeben werden.
Auch die **Förderung der beruflichen Mobilität** durch Fortbildung und Umschulung hat bisher nicht den erwarteten Erfolg gebracht. Dabei kommt es bei der Umschulung – aber auch bereits bei der Ausbildung – immer weniger auf eine enge Spezial(aus)bildung an. Notwendig ist eine breit angelegte Qualifikation, die den Einsatzbereich erweitert sowie die Fähigkeit schafft, auf Anforderungsänderungen flexibel und offen zu reagieren. Im konkreten Einsatzbereich können solche Qualifikationen z. B. durch gezielte Fortbildungen ausgebaut werden. Finanziell wird die berufliche Mobilität durch die Bundesagentur für Arbeit durch Zahlung von Unterhaltsgeld unterstützt.
Die **Förderung der regionalen Mobilität** will durch Zuschüsse den Beschäftigten über regionale Grenzen hinweg die Bewerbung ermöglichen und eine eventuelle Trennung von der Familie oder gar den notwendigen Umzug finanziell erleichtern. Bisher zeigen die betroffenen Beschäftigten wenig Bereitschaft, ihr angestammtes soziales Umfeld zu verlassen[1].
Seit geraumer Zeit wird versucht, Personen mit mehrfachen Vermittlungshemmnissen wieder an den Arbeitsmarkt heranführen und sie zu integrieren. Es sind sozialversicherungsfreie Beschäftigungen, bei denen der Teilnehmer, sofern er Mehraufwendungen hat, eine Mehraufwandsentschädigung als Zuschuss zum Arbeitslosengeld II bzw. Bürgergeld erhält, vgl. §16d SGB II. Solche Beschäftigungsmöglichkeiten werden von vielen Betrieben angeboten, die Teilnehmer erhalten für die geleistete Arbeit eine Aufwandsentschädigung von ein bis zwei Euro pro Stunde. Über diese Maßnahmen soll die Beschäftigungsfähigkeit dieser Personen verbessert werden, um sie wieder „fit zu machen" für den ersten Arbeitsmarkt. Arbeitsvermittlung und die Einsatzbe-

1 *Leider ist über die sozioökonomische Binnenwanderung sehr wenig bekannt, weil in der Wanderungsstatistik entsprechende Daten nicht erhoben werden. Eine Umfrage, welche schon Jahre zurück liegt, in der Tendenz aber noch einigermaßen belastbar ist, von Infratest im März 2005 unter 1 000 Arbeitslosen im Auftrag der Tageszeitung „Die Welt" ergab, dass nur 36 % der Beschäftigungslosen bereit sind, für eine Arbeitsstelle umzuziehen, 63 % schlossen dies hingegen aus. Zudem würden nur 45 % mehrstündige Fahrzeiten für eine neue Beschäftigung in Kauf nehmen. Eine Mehrheit von 54 % fand mehrstündige Fahrzeiten hingegen nicht akzeptabel.*

triebe stehen im Kontakt und sie können über diesen Weg Stärken und Schwächen besser erkennen und sie durch gezielte sowie passgenaue Unterstützung individuell fördern. Die förderungswürdigen Tätigkeiten sollen zusätzlich erfolgen, im öffentlichen Interesse liegen und sie müssen wettbewerbsneutral sein, damit reguläre, nicht geförderte Arbeitsplätze nicht verdrängt werden. Mit diesen Maßnahmen soll Geförderten die Teilhabe am Arbeitsleben (vgl. §16i SGB II) ermöglicht und verbessert werden. Nach Erkenntnissen der Bundesagentur für Arbeit und deren Einrichtungen haben sich für Teilnehmer an einem Ein-Euro-Job (Arbeitsgelegenheiten in der Mehraufwandsvariante) „... die Eingliederungschancen in reguläre Beschäftigung bereits einige Monate nach Beendigung der Maßnahme erhöht ...".

7.3.2 Maßnahmen zur Ausweitung der Beschäftigung

Seit Mitte der Achtzigerjahre beschäftigt man sich mit diesem Thema. Dabei muss man zwischen der Umverteilung von Arbeit und einem tatsächlichen Zuwachs des Arbeitsvolumens unterscheiden.

Umverteilung des vorhandenen Arbeitsvolumens

Bei der Umverteilung des Arbeitsvolumens geht es um die Frage, wie man die Arbeit von Beschäftigten auf die Arbeitslosen umverteilen kann – deshalb auch als Neuverteilung von Arbeit bezeichnet.

Tarifvertragliche Arbeitszeitverkürzung

Insbesondere für die Gewerkschaften ist die Arbeitszeitverkürzung nach wie vor ein wichtiges und geeignetes Instrument zur Bekämpfung der Arbeitslosigkeit. Werden die Kosten der Arbeitszeitverkürzung über den gesamtwirtschaftlichen Produktivitätsfortschritt aufgefangen, ist das ein sinnvoller Weg zur Verbesserung der Beschäftigungslage bei gleichzeitigem Erhalt des materiellen Lebensstandards.

Umstritten sind solche Arbeitszeitverkürzungen

- auf der Arbeitnehmerseite, wenn wegen zu starker Kostensteigerung kein voller Lohnausgleich erfolgt und dadurch die Einkommen der Arbeitnehmenden sinken;
- auf Arbeitgeberseite, wenn die Arbeitszeitverkürzung nicht durch einen entsprechenden Produktivitätsfortschritt aufgefangen werden kann.

Beispiel:

Dazu modellhaft folgende Überlegungen:
Eine wöchentliche Arbeitszeitverkürzung von einer Stunde bei gegenwärtig 35 Millionen Erwerbstätigen und einer wöchentlichen Durchschnittsarbeitszeit von 37,5 Stunden ergibt rein rechnerisch rund 933 000 zusätzliche Arbeitsplätze. Diese Arbeitszeitverkürzung kann mit oder ohne Lohnausgleich durchgeführt werden.

Umsetzung mit Lohnausgleich[1]

Wird die Arbeitszeitverkürzung mit vollem Lohnausgleich umgesetzt, so steigen die Arbeitskosten. Die Betriebe werden verstärkt rationalisieren und teilweise nach Wegen suchen, die Produktion zu verlagern. Es wird mit Sicherheit keine 933 000 neuen Arbeitsplätze geben.

Umsetzung ohne Lohnausgleich (Stundenlohnsatz bleibt konstant)

Angenommen der Betrieb (oder eine Abteilung des Betriebes) habe neun gleich qualifizierte Arbeitskräfte, so fehlen durch die Arbeitszeitverkürzung jetzt neun Arbeitsstunden. Mögliche Strategien sind:

Neueinstellung einer neuen Vollzeitarbeitskraft. Bei unveränderter Ausbringungsmenge steigen die personenbezogenen – vom Lohnkostensatz unabhängigen – Personalkosten.

Es wird keine neue Arbeitskraft eingestellt. Um die Ausbringungsmenge konstant zu halten, müssen Überstunden gefahren werden. Die Überstunden mit den höheren Stundenlohnsätzen führen zu steigenden Personalausgaben bei gleicher Ausbringungsmenge.

Durch Rationalisierungsmaßnahmen und Straffung der Produktionsabläufe wird versucht, die Ausbringungsmenge zu halten. Dann führt Arbeitszeitverkürzung zu verlängerten Maschinenlaufzeiten und damit zu einem Anstieg der Kapitalnutzungskosten (fixe Kosten pro Stück).

Alle drei Möglichkeiten führen zu einem Kostenanstieg. Die Betriebe werden in der Praxis mit einer Mischung aus diesen Möglichkeiten auf eine Arbeitszeitverkürzung reagieren. Damit wird deutlich, dass der oben errechnete Zuwachs an Arbeitsplätzen niemals erreicht wird. Erfahrungen der Vergangenheit zeigen, dass höchstens 30 % bis 40 % der rechnerischen Größe längerfristig möglich sind, und das auch nur dann, wenn die Arbeitszeitverkürzung mit entsprechenden Produktivitätsfortschritten einhergeht.

Eine Arbeitszeitverkürzung ohne Lohnausgleich wird aber gegenwärtig kaum möglich sein, weil die durchschnittlichen Nettorealverdienste im Durchschnitt in den vergangenen Jahren kaum gestiegen sind.

Alle bisherigen Arbeitsumverteilungsmaßnahmen stoßen nicht zum eigentlichen Problem der strukturellen Arbeitslosigkeit vor.

Erhöhung des Arbeitsvolumens

Umverteilung von Arbeit ist keine hinreichende Maßnahme, letztlich müssen auf dem Arbeitsmarkt neue Arbeitsplätze geschaffen werden. Heute teilt sich der Arbeitsmarkt in einen ersten und einen zweiten Arbeitsmarkt.

Erster Arbeitsmarkt

Nachfolgendes Schaubild zeigt die Probleme des Arbeitsmarktes. In den westlichen Industrieländern war die industrielle Dynamik bereits in den 60er-Jahren zu Ende. Sie wurde teilweise von der Dynamik des Dienstleistungsbereichs und der Informationstechnik abgelöst. Gleichzeitig vermag der Staat auf dem (ersten) Arbeitsmarkt keine Arbeitsplätze schaffen. Er kann lediglich die Rahmendaten so setzen, dass der Strukturwandel einerseits abgefedert und andererseits von den Unternehmen aufgegriffen wird.

---

1 Würde die wöchentliche Arbeitszeit von 35 auf 30 Stunden abgesenkt bei gleichzeitig vollem Lohnausgleich, so wäre damit ein Lohnkostenanstieg von 16,7 % verbunden.

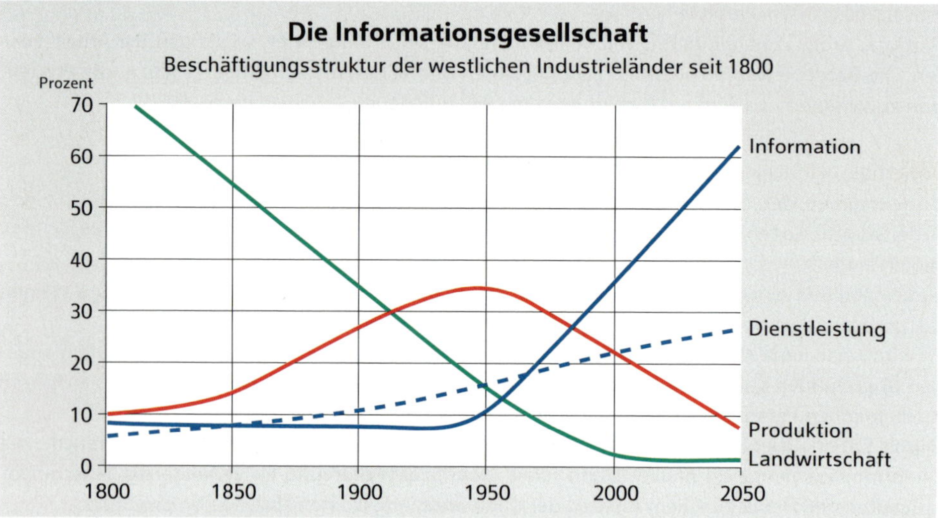

Quelle: Nefiodow, Leo A.: Der fünfte Kondratieff – Strategien zum Strukturwandel in Wirtschaft und Gesellschaft, Gabler, Wiesbaden 1990

Der erste **Arbeitsmarkt** ist der eigentliche Arbeitsmarkt: Arbeitsplätze entstehen nur, wenn sie vom Markt erwirtschaftet werden, das heißt, wenn die Arbeitsplatzkosten von der Produktivität des Arbeitsplatzes getragen werden.

In Deutschland hat dieser Prozess bedingt durch den Zweiten Weltkrieg – mit seiner totalen Zerstörung der gesamten Infrastruktur – und den notwendigen Wiederaufbau ca. zehn Jahre später eingesetzt. Leider wurden dieser hereinbrechende Strukturwandel und die sich aufbauende strukturelle Arbeitslosigkeit weder von der Politik noch von der Wirtschaft rechtzeitig erkannt.
Das einstige Arbeitsförderungsgesetz (AFG), inzwischen SGB III, sollte bei der Überwindung dieser strukturellen Arbeitslosigkeit helfen. Individuelle Förderung sollte die Qualifikation der Beschäftigten sichern. In den 70er-Jahren haben 2,1 Millionen Beschäftigte diese Möglichkeit genutzt. Trotzdem ist in diesem Zeitraum die Arbeitslosenzahl auf über eine Million angestiegen. Anfang der 80er-Jahre erreichte dann die Arbeitslosenzahl einen Stand von mehr als zwei Millionen. Trotz mehrjährigen Konjunkturaufschwungs blieben diese hohen Arbeitslosenzahlen erhalten und stiegen in den 90er-Jahren weiter, zeitweise auf knapp fünf Millionen (2005). Die steigenden Ausgaben der Bundesagentur für Arbeit konnten daran wenig ändern, besonders die Zahl der Langzeitarbeitslosen bleibt relativ konstant.

Zweiter Arbeitsmarkt

In Deutschland hat sich inzwischen ein sogenannter zweiter Arbeitsmarkt etabliert, insbesondere in Ostdeutschland. Es sind Arbeitsverhältnisse, welche nur über diverse Maßnahmen[1] der aktiven Arbeitsmarktpolitik zustande kommen. Ohne solche Aktionen

1 z. B.:
- *Arbeitsbeschaffungsmaßnahmen – bis 2009,*
- *Beschäftigungsphase Bürgerarbeit – 2011 bis 2014,*
- *Förderung von Arbeitsverhältnissen – 2012 bis 2018,*
- *Lohnkostenzuschüsse für Arbeitgeber, vgl. §§ 16e,16i SGB II,*
- *Arbeitsgelegenheiten u.a.m.*

wären diese Beschäftigungsverhältnisse nicht möglich. Mit diesen Maßnahmen soll einerseits zusätzliche Arbeit verfügbar und andererseits benachteiligten Personen die Teilhabe am Arbeitsmarkt ermöglicht werden. Gleichzeitig wird damit das Ziel verfolgt, diese Personen in den ersten Arbeitsmarkt zu integrieren.

> Der zweite Arbeitsmarkt ist dadurch gekennzeichnet, dass er nicht durch Marktnachfrage entsteht, sondern künstlich durch arbeitsmarktpolitische Maßnahmen geschaffen wird.

Dieser zweite Arbeitsmarkt ist stark umstritten, weil

- durch die Zuschüsse zwar zugewiesene Arbeitslose beschäftigt werden, aber nicht subventionierte Arbeitslose nicht eingestellt werden,
- sogar bisher beschäftigte Arbeitnehmende verdrängt werden,
- insbesondere durch die Beschäftigungsgesellschaften kleinere private Betriebe, die plötzlich in Konkurrenz zu diesen Gesellschaften stehen, in ihrer Existenz gefährdet sind,
- die Träger teilweise reguläre Aufgaben durch diese Personen ausführen lassen, sodass dadurch lediglich das eigene Budget entlastet wird.

Der zweite Arbeitsmarkt hat die volkswirtschaftliche Gesamtnachfrage nach Arbeitskräften nur wenig beeinflusst, er ist kein geeignetes Instrument zur Beseitigung der strukturellen Arbeitslosigkeit.
Dieser zweite Arbeitsmarkt kann in beschränktem Umfang Erwerbslose vorübergehend auffangen und mit dafür sorgen, dass diese Personen ihre Qualifizierung nicht verlieren, oder sie gegebenenfalls requalifizieren, statt sie in die Arbeitslosigkeit zu entlassen. Notwendig sind diese Maßnahmen insbesondere in Ostdeutschland, denn ohne solche und andere Maßnahmen wäre die Arbeitslosigkeit dort erheblich höher.

7.3.3 Wirkungen bisheriger Maßnahmen

Der Staat mit seiner Arbeitsmarktpolitik, das ist aus den bisherigen Ausführungen zu erkennen, kann keine neuen Arbeitsplätze bereitstellen.
Oft scheitern sogar die Arbeitsförderungsmaßnahmen:

- Heutige Bildungs- und Anpassungsmaßnahmen in Bezug auf zukünftige Arbeitsplätze sind nur wirksam, wenn die künftigen ökonomischen und technologischen Strukturen bekannt sind oder richtig vorausgeahnt werden. Dies ist äußerst schwierig, manchmal unmöglich.
- Arbeitsförderungsmaßnahmen können den starken Anstieg des Arbeitskräftepotenzials, bedingt durch vermehrte Erwerbsbeteiligung der Frauen und Zuwanderungen, nicht ausgleichen.
- Wenn mehr Arbeitsplätze wegrationalisiert als neu geschaffen werden, also sich ein negativer Arbeitsplatzsaldo einstellt, dann versagen letztlich auch Bildungsmaßnahmen.

Neue und dauerhafte Arbeitsplätze werden nur durch die Wirtschaft geschaffen. Allerdings nicht im industriellen Bereich, im Gegenteil: Dort werden durch computerintegrierte Fertigungsprozesse weitere Arbeitskräfte freigesetzt. Auch der Dienstleistungsbereich wird in weiten Bereichen in Zukunft ähnlichen Strukturwandlungen unterliegen. So werden im Banken- und Versicherungsbereich sowie in Teilen des Handels in größerem Maße Arbeitskräfte abgebaut werden, als das bisher prognostiziert wurde. Folgt man Expertenmeinungen aus dem Bereich der Informations- und Telekommunikationstechnik (IT-Technik), so werden heute noch gängige Arbeiten wie Sekretariatstätigkeiten, Korrespondenzen u. v. a. m. im Dienstleistungsbereich ersetzt durch eine lernfähige Software, sogenannte **agent technology**, die teilautomatisiert oder gar vollautomatisch arbeitet. Solche *agents* suchen durch die gewünschten Informationen in den Kommunikationsnetzen und bereiten die gefundenen Informationen auf. Das sind nicht nur Experten-Visionen, sondern erste Anzeichen in diese Richtung sind bereits erkennbar, beispielhaft seien genannt:

- die Direktbanken, die ohne Kassenraum und Schalter arbeiten und keinen direkten Kundenkontakt mehr haben;
- die virtuellen „Kaufläden“ und Shops im Internet, bei denen der Endkunde 24 Stunden am Tag, sieben Tage in der Woche und 365 Tage im Jahr direkt von zu Hause aus bestellen kann;
- die Möglichkeit, den gewünschten Flug über das Internet direkt ohne Reisebüro und ohne papierenes Flugticket zu buchen. Die Flugberechtigung wird direkt am Gateway-Terminal beim Besteigen der Maschine überprüft;
- das Bahnticket aus dem Internet, das zu Hause am eigenen Computer ausgedruckt und bargeldlos via Internet bezahlt werden kann. Oder die Buchung und Bezahlung des Bahntickets mittels Smartphone;
- dazu gehören auch sogenannte virtuelle Assistenten wie „Alexa for Business“ u. a., die auf Anfrage von Benutzern – ohne deren Mithilfe – automatisiert aus Wissensdatenbanken bzw. dem Internet spezifizierbare Informationen extrahieren und sie den Benutzern über Aktoren zur Verfügung stellen;
- oder Sprach-KI wie beispielsweise ChatGPT zum Erstellen von Texten.

7.3.4 Gesamtgesellschaftliche Rahmenbedingungen verbessern

Die Hoffnung auf die Dienstleistungsgesellschaft könnte trügerisch sein, viele klassische Dienstleistungsbereiche werden zukünftig keine Arbeitsplätze schaffen, sondern eher Arbeitskräfte freisetzen. Nur in jenen Dienstleistungsbereichen, in denen Dienstleistung mit Informationstechnologie verquickt ist, werden zusätzliche Arbeitsplätze entstehen.
Um die oben angesprochenen übrigen Rahmendaten zu schaffen, sind alle gefordert, neben Gesetzgeber und Tarifpartnern auch die Unternehmen.

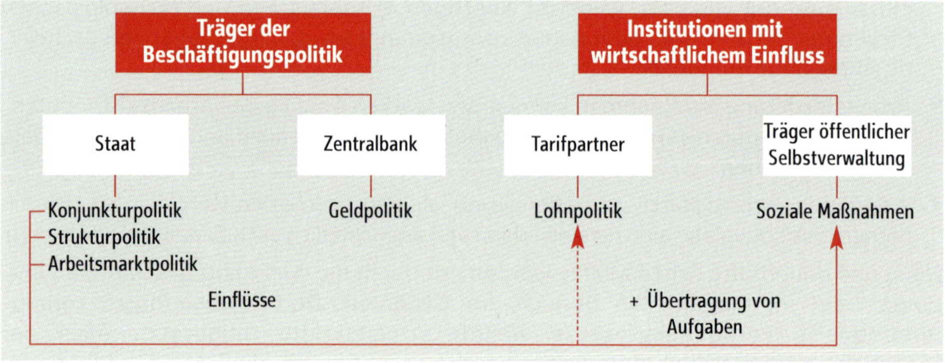

Der Gesetzgeber muss

- das Sozialsystem so umbauen, dass es finanzierungsfähig bleibt und die Lohnnebenkosten nicht weiter steigen,
- ein Steuersystem schaffen, das sowohl Unternehmer- wie Arbeitnehmereinkommen mit geringeren Steuersätzen belastet und im Gegenzug die Steuerschlupflöcher schließt und die unzähligen Ausnahmen abschafft,
- die hohen Subventionen abbauen und umschichten,
- durch entsprechende Bildungsinvestitionen das Qualifikationsniveau der künftigen Beschäftigten sicherstellen,
- die hohen und starren Markteintrittsbarrieren für neue Technologien und junge Unternehmen reduzieren.

Die Tarifpartner müssen

- in den Tarifverträgen Wege finden, die differenzierte Arbeitszeitmodelle erlauben,
- die Entlohnung der Beschäftigten mit Arbeitnehmerbeteiligungen am Produktivkapital koppeln, weil abzusehen ist, dass die klassische Arbeitsgesellschaft ihrem Ende entgegengeht[1] und künftig Vermögenseinkommen notwendig werden.

Die Unternehmen müssen

- flexibler, innovativer und schneller auf Veränderungen reagieren
(zahllose Beispiele aus der Vergangenheit zeigen, dass vor allem auch das angestellte Management die Entwicklungslinien im Allgemeinen wie auch die für das eigene Unternehmen nicht oder zu spät erkannt hat),
- beispielhaft seien genannt Autoindustrie und Elektromobilität, Generierung und Einsatz erneuerbarer Energien, unzureichende kundenorientierte Ausrichtung,
- Erfindungen schneller aufgreifen und umsetzen.

Die technologische Leistungsfähigkeit der deutschen Wirtschaft ist nach wie vor hoch. Aber viele andere Länder sind dynamischer und schließen auf. Das liegt in einer in der Vergangenheit verhaltenen Neigung zu Zukunftsinvestitionen in Forschung und Entwicklung, Bildung sowie Informations- und Kommunikationstechnologie. Hier haben Staat und Unternehmen prozyklisch statt antizyklisch gehandelt und leider den Rotstift zu stark angesetzt, wie nachfolgende Grafik zeigt.

---

1 *Ralf Gustav Baron Dahrendorf (01.05.1929 bis 17.06.2009), Soziologie-Professor und Warden des St. Antony's College, Oxford, sagte voraus, dass die wachsende Arbeitslosigkeit nicht nur ein strukturelles Problem ist, sondern mit ihr ein umfassender gesellschaftlicher Wandel einhergeht, der sämtliche Lebensbereiche erfassen wird. Seiner Meinung nach werde die abhängige Beschäftigung an Bedeutung verlieren und künftig werden wahrscheinlich nur noch die Hälfte der Erwerbstätigen einer Vollzeitarbeit nachgehen.*

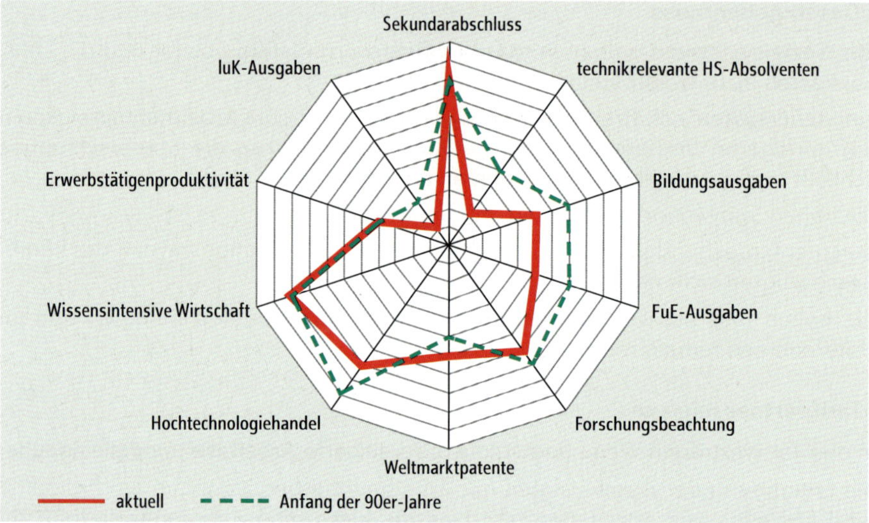

(Weiterführende Informationen stellt das Bundesministerium für Bildung und Forschung unter www.bmbf.de zur Verfügung.) Maßgeblich für die Innovationsfähigkeit eines Landes und damit über ausreichend Beschäftigungsmöglichkeiten am Arbeitsmarkt und letztlich auch über den Wohlstand sind öffentliche und private Ausgaben für Forschung und Entwicklung sowie institutionelle Flexibilität staatlicher Einrichtungen und Organe.

Zusammenfassung

1. In Deutschland hat sich ein **zweiter Arbeitsmarkt** etabliert, der die Probleme der strukturellen Arbeitslosigkeit nicht beseitigt.
2. Der Staat hat in der sozialen Marktwirtschaft besondere beschäftigungspolitische Verpflichtungen. **Beschäftigungspolitische Auswirkungen** ergeben sich aus der staatlichen:

Konjunkturpolitik

Nachfragestabilisierung

Strukturpolitik

- Förderung für Strukturanpassungen

- Hilfe zur Betriebsgründung
- Innovationsförderung

Arbeitsmarktpolitik

- Ausbildung fördern
- Mobilität fördern
- Arbeitsplatzsicherung
- Teilhabe am Arbeitsmarkt

- Arbeitsvolumen z. B. durch Arbeitszeitverkürzung verringern
- Möglichkeiten eines gleitenden Rentenübergangs schaffen

Prüfen Sie Ihr Wissen

1. Warum haben die flexible Altersgrenze und die Altersteilzeit gegenwärtig keinen beschäftigungswirksamen Einfluss auf den Arbeitsmarkt?
2. Warum kann unsere heutige Arbeitslosigkeit nur zum Teil durch die Konjunkturpolitik beseitigt werden?
3. Wer kann im Rahmen welcher Maßnahmen Einfluss auf den Beschäftigungsmarkt nehmen?
4. Was versteht man unter Strukturpolitik und welchen Arbeitslosen kann durch die Strukturpolitik geholfen werden?
5. Durch welche Arbeitsmarktmaßnahmen soll ein hoher Beschäftigungsstand gesichert werden und welche Form der Arbeitslosigkeit soll durch diese Maßnahmen beseitigt werden?
6. Durch welche Maßnahmen könnten die Tarifpartner den Beschäftigungsstand verbessern?
7. Warum haben die Arbeitsförderungsmaßnahmen nicht im ursprünglich erhofften Umfang Auswirkungen auf dem Arbeitsmarkt gezeigt?
8. Sind die im Rahmen der Strukturpolitik gewährten Subventionen ein geeignetes Mittel zur Beseitigung der Arbeitslosigkeit?

7.4 Individual- und Kollektivarbeitsrecht als Grundlagen des Arbeitsverhältnisses

Das Arbeitsverhältnis zwischen Arbeitgeber und Arbeitnehmende ist geregelt durch Verträge und Gesetze.

Einzelarbeitsvertrag

Peter Maier hat am 28. August .. einen Arbeits- und Anstellungsvertrag mit seinem neuen Arbeitgeber abgeschlossen.
Wie man aus dem Einzelarbeitsvertrag zwischen Peter Maier und der Inter-Comp GmbH ersehen kann, regelt der Einzelarbeitsvertrag das Verhältnis zwischen dem Arbeitnehmer als kaufm. Angestellten und dem Arbeitgeber.

Inter-Comp GmbH
Internationaler Computerservice 28. August ..

Arbeits- und Anstellungsvertrag

zwischen

Firma Inter-Comp GmbH, Salzstraße 256, 74076 Heilbronn

und

Herrn/~~Frau~~: Peter Maier, Marienburger Str. 109, 74078 Heilbronn

1. Das Beschäftigungsverhältnis beginnt am: 1. Oktober ..
   als: Buchhalter
   Das Arbeitsgebiet umfasst folgende Tätigkeiten: Bearbeitung der Debitoren- und Kreditorenkonten, Kontierung der Kostenkonten, Abstimmung der Zollkosten und Listen, Erstellung der Banklisten (tägliche Übersicht) und Abstimmung der Verrechnungskonten mit den Filialen.
2. Die Probezeit beträgt 3 Monate. Während der Probezeit können beide Vertragspartner mit einer Frist von einem Monat zum Monatsende kündigen.
3. Die wöchentliche Arbeitszeit von 38 Stunden verteilt sich auf die Tage Montag bis Freitag wie folgt:
   08:00–12:00 Uhr ./. 15 Minuten Pause
   12:30–16:40 Uhr, wobei monatlich ein Tag arbeitsfrei ist
4. Das monatliche Bruttogehalt beläuft sich bei einer Einstufung nach K 5 auf: 2.250,00 EUR
   \+ eine freiwillige übertarifliche Zulage von: 250,00 EUR
   gesamt 2.500,00 EUR
   Bei überdurchschnittlichen Leistungen wird ab dem 1. April .. eine weitere Gehaltserhöhung in Aussicht gestellt.
5. Unvermeidbare Überstunden in geringem Umfang gelten als vereinbart und sind in obiger Gehaltsregelung mit eingeschlossen.
6. Herr/~~Frau~~ Maier wird zur Verschwiegenheit verpflichtet. Diese Geheimhaltungspflicht bezieht sich auf alle ihm/~~r~~ zur Kenntnis gelangenden Betriebs- und Geschäftsverhältnisse und erlischt auch nicht bei einem Ausscheiden aus den Diensten der Firma Inter-Comp GmbH.
7. Dem Angestelltenverhältnis liegt ausschließlich der jeweils gültige Manteltarifvertrag für Angestellte zugrunde!
8. Nach 5-jähriger ununterbrochener Betriebszugehörigkeit schließt die Firma Inter-Comp für Herrn/~~Frau~~ Maier eine Lebens- und Unfallversicherung in Höhe von EUR 50.000,00 ab.
9. Jede Nebenbeschäftigung bei/für Wettbewerbsunternehmungen oder dergleichen ist Herrn/~~Frau~~ Maier untersagt. Sonstige eventuelle nebenberufliche Beschäftigungen dürfen die der Firma Inter-Comp zu dienende Arbeitskraft und die dienstliche Arbeitszeit nicht beeinträchtigen.
10. Herr/~~Frau~~ Maier erhält jeweils zwei Urlaubstage zusätzlich zu den tariflich vereinbarten Urlaubstagen.
11. Das Beschäftigungsverhältnis endet gemäß der gesetzlichen Regelung mit Ablauf des Monats, in dem erstmals vorgezogenes oder flexibles Altersruhegeld bezogen werden kann, spätestens aber mit Erreichen der gesetzlichen Altersgrenze oder mit Ablauf des Monates, in dem das 65. Lebensjahr vollendet wird.
12. Bei Erwerbsunfähigkeit endet das Beschäftigungsverhältnis mit dem Tag, an dem der Rentenbescheid zugestellt wird.

Inter-Comp GmbH, Heilbronn akzeptiert

ppa. K. Speicher P. Maier

Hierbei unterscheidet man

- Arbeitsgesetze und Arbeitsschutzgesetze,
- Tarifverträge,
- Betriebsvereinbarungen,
- Einzelarbeitsverträge.

Der Einzelarbeitsvertrag verpflichtet den kaufmännischen Angestellten (Arbeitnehmer) zur Leistung seiner Dienste und den Arbeitgeber zur Leistung des Entgelts.
Welche Regelungen in einem solchen Einzelarbeitsvertrag getroffen werden, bleibt weitgehend den beiden Vertragsparteien überlassen. Es gilt hierbei nur ein Grundsatz:

Arbeitnehmende dürfen durch den Einzelarbeitsvertrag nicht schlechter gestellt werden, als dies die gültigen Betriebsvereinbarungen, Tarifverträge oder das Gesetz vorsehen.

Grundlage für einen Einzelarbeitsvertrag zwischen einem kaufmännischen Angestellten und seinem Arbeitgeber sind die **§§ 59–83 HGB und §§ 611 ff. BGB (für Angestellte der Sozialversicherungszweige gelten §§ 611 ff. BGB, die Dienstordnung, der TVöD mit all seinen Anhängen)**. Diese Paragrafen regeln die Rechte und Pflichten des kaufmännischen Angestellten und des Arbeitgebers. Sie enthalten grundsätzliche Regelungen (Rahmenbedingungen), die nur dann zum Ansatz kommen, wenn sie im Einzelarbeitsvertrag nicht ausdrücklich geregelt sind. Diese Grundlagen für den Einzelarbeitsvertrag mit einem kaufmännischen Angestellten werden in der Folge aufgezeigt.

Kaufmännische Angestellte

§ 59 HGB bestimmt zunächst einmal, **dass derjenige kaufmännischer Angestellter (Handlungsgehilfe) ist, der in einem Handelsgewerbe zur Leistung kaufmännischer Dienste gegen Entgelt beschäftigt ist**. Der **§ 611 BGB** liefert die allgemeine Grundlage für *jeden* Einzelarbeitsvertrag. Hier ist geregelt, was es bedeutet, seine Dienste gegen Entgelt einem anderen anzubieten. Man muss also für den kaufmännischen Angestellten und seinen Arbeitsvertrag sowohl das BGB als auch das HGB zurate ziehen.

Rechte und Pflichten der kaufmännischen Angestellten und ihrer Arbeitgeber

	Pflichten des Arbeitnehmers (Rechte des Arbeitgebers)	Pflichten des Arbeitgebers (Rechte des Arbeitnehmers)
Haupt-pflicht bzw. -recht	**Dienstleistungspflicht**: Der kaufmännische Angestellte ist nach § 59 HGB i. V. m. § 611 BGB verpflichtet, die vereinbarten Dienste zu leisten. Dies bedeutet, dass er seine ihm übertragenen Aufgaben gewissenhaft und pünktlich zu erfüllen hat.	**Lohnzahlungspflicht**: Die §§ 64/65 i. V. m. § 612 BGB und Art. 119 EG-Vertrag regeln die Gehaltszahlungen an die kaufmännischen Angestellten (und alle anderen Arbeitnehmer) und die Gleichbehandlung von Mann und Frau bei der Entlohnung.
	Kommt eine der beiden Seiten dieser Pflicht nicht nach, so hat die andere Seite ein Zurückbehaltungsrecht, was bedeutet, dass der Arbeitnehmer bei ausstehenden Lohnzahlungen seine Arbeit verweigern kann, um seinen Anspruch durchzusetzen. Entsprechendes gilt für den Arbeitgeber. Er kann die Lohnzahlung verweigern, wenn der Arbeitnehmer seiner Arbeitspflicht nicht nachkommt, obwohl diese fällig ist und erbringbar wäre.	

	Pflichten des Arbeitnehmers (Rechte des Arbeitgebers)	Pflichten des Arbeitgebers (Rechte des Arbeitnehmers)
Neben-pflichten bzw. -rechte	**Gesetzliches Wettbewerbsverbot:** Dem kaufmännischen Angestellten ist es nach § 60 HGB untersagt, ohne Einwilligung seines Arbeitgebers auf eigene oder fremde Rechnung Geschäfte im gleichen Handelszweig des Arbeitgebers zu machen. Diese gesetzliche Regelung ist nur für kaufmännische Angestellte festgelegt. Das Bundesarbeitsgericht dehnt jedoch mit Urteil vom 17. Oktober 1969 diese Regel auf alle Arbeitnehmer aus. **Vertragliches Wettbewerbsverbot (bezahlte Karenz):** Laut §§ 74 ff. HGB kann der Arbeitgeber mit seinem kaufmännischen Angestellten im Arbeitsvertrag vereinbaren, dass dieser bis zu zwei Jahre nach Beendigung des Dienstverhältnisses nicht bei der Konkurrenz arbeiten darf (Konkurrenzenthaltungsklausel). Das Bundesarbeitsgericht dehnt auch diese bezahlte Karenz auf alle Arbeitnehmer aus (Urteil vom 13. September 1969 DB 1970, S. 396). **Pflicht zur Verschwiegenheit:** Die §§ 17 u. 19 UWG besagen, dass es dem Arbeitnehmer untersagt ist, Betriebs- und Geschäftsgeheimnisse unbefugten Dritten mitzuteilen, wenn ihm durch sein Arbeitsverhältnis diese Geheimnisse anvertraut oder zugänglich gemacht wurden. **Pflicht zur Anzeige drohender Schäden:** Der Arbeitnehmer hat dem Arbeitgeber drohende Schäden zu melden. Dies bedeutet, stellt der Arbeitnehmer Störungen im Arbeitsablauf fest oder lassen sich diese voraussehen, so ist der Arbeitnehmer verpflichtet, dies unverzüglich seinem Arbeitgeber zu melden. **Treuepflicht:** Oft wird die Treuepflicht als antiquierter Begriff bezeichnet. Sie sagt aber eigentlich nur aus, dass der Arbeitnehmer seine Verpflichtungen aus seinem Arbeitsverhältnis so zu erfüllen hat, wie das aufgrund seines Arbeitsvertrags und seiner Stellung im Betrieb von ihm erwartet werden kann.	**Beschäftigungspflicht**: Die Arbeitnehmer haben nicht nur die Pflicht zu arbeiten, sondern auch das Recht beschäftigt zu werden. Dies bedeutet, dass der Arbeitgeber nicht einen oder mehrere Arbeitnehmer ohne Weiteres von der Arbeit ausschließen kann, indem er ihnen einfach keine Arbeit gibt. **Pflicht zum Schutz von Leben und Gesundheit:** Nach § 618 BGB ist der Arbeitgeber verpflichtet, Räume, Vorrichtungen und Gerätschaften, die zur Erledigung der Arbeit notwendig sind, so einzurichten und zu unterhalten, dass das Leben und die Gesundheit der Arbeitnehmer so geschützt sind, wie der Arbeitsablauf dieses gestattet. **Pflicht zum Schutz der Persönlichkeitsrechte:** Nach Art. 2 Abs. 1 i. V. m. Art. 1 Abs. 1 GG stehen jedem Menschen die gleichen Persönlichkeitsrechte zu. Diese sind auch am Arbeitsplatz zu schützen. Hierunter fallen insbesondere: - Schutz der persönlichen Daten jedes einzelnen Mitarbeitenden, - Schutz vor ungerechter Behandlung durch Vorgesetzte, - Abhören von privaten Telefongesprächen, - Einbau von Überwachungsanlagen usw. **Pflicht zum Schutz des Eigentums der Arbeitnehmer**: Arbeitnehmer haben Anspruch auf Entschädigung, wenn sie in Ausübung ihrer Arbeit Sachschäden erleiden, die im Zusammenhang mit ihrer Arbeit stehen, und wenn dem Arbeitgeber ein Verschulden nachzuweisen ist. **Pflicht zur Urlaubsgewährung**: Laut § 1 BUrlG hat jeder Arbeitnehmer in jedem Kalenderjahr Anspruch auf bezahlten Erholungsurlaub. Dies gilt sowohl für Angestellte und Arbeiter wie auch für Auszubildende, Volontäre und Praktikanten. Die gesetzliche Mindestdauer des Urlaubs beträgt nach § 3 BUrlG mindestens 24 Werktage pro Jahr. **Pflicht zur Zeugniserteilung**: § 630 BGB schreibt vor, dass die Arbeitnehmer bei Beendigung ihres Arbeitsverhältnisses vom Arbeitgeber ein Zeugnis fordern können (Ausnahme: kurze Dauer des Arbeitsverhältnisses). Das Zeugnis muss mindestens die Art der Arbeit und die Dauer der Beschäftigung enthalten. Das Zeugnis muss auf Wunsch des Arbeitnehmers auf die Leistung und das Führungsverhalten ausgedehnt werden. **Pflicht zur Fürsorge**: Gegenstück zur Treuepflicht. Nach heutiger Rechtsauffassung ist damit gemeint, dass der Arbeitgeber verpflichtet ist, die Lohnsteuer, Kirchensteuer und Sozialversicherungsbeiträge richtig zu berechnen und an die entsprechenden Empfänger abzuführen.

Betriebs- und Dienstvereinbarungen

Auch Betriebs- oder Dienstvereinbarungen können Grundlage der Arbeitsverträge in Unternehmungen sein. Solche Vereinbarungen werden zwischen der Unternehmensleitung und dem Betriebsrat oder Personalrat für das jeweilige Unternehmen ausgehandelt. Dies geschieht auf der Grundlage der §§ 77, 87 und 88 BetrVerfG oder § 73 Landespersonalvertretungsgesetz.

Solche Betriebs- oder Dienstvereinbarungen können soziale Angelegenheiten, Arbeitszeiten, Rauchverbot am Arbeitsplatz, Pausenregelungen, Unfallverhütung am Arbeitsplatz, Maßnahmen bei Unfällen am Arbeitsplatz, zusätzliche Erstattungen wie Reisekosten, Fahrgeldzuschüsse, Essensgeldzuschüsse, Kleiderordnung usw. zum Inhalt haben.

Arbeitsentgelte und sonstige Arbeitsbedingungen, die durch einen Tarifvertrag geregelt sind, dürfen nicht Inhalt einer Betriebsvereinbarung sein, es sei denn, der Tarifvertrag lässt solche zusätzlichen Betriebsvereinbarungen ausdrücklich zu.

Jede Betriebsvereinbarung muss den Mitarbeitenden durch Aushang oder durch Aushändigung der Betriebs- oder Dienstordnung zugänglich gemacht werden.

Beispiel:

Betriebsvereinbarung über die zusätzlichen sozialen Leistungen der Fa. Inter-Comp GmbH

zwischen der Fa. Inter-Comp vertreten durch den Geschäftsführer Herrn C. Omputer und Personalleiter Herrn K. Speicher

und

dem Betriebsrat der Fa. Inter-Comp GmbH, vertreten durch den Betriebsratsvorsitzenden Herrn R. O. Memorie und die Betriebsratsmitglieder: Frau S. Croll, Frau C. Lock Herrn S. Creen und Herrn E. S. Cape

Grundlage: §§ 77 und 88 des BetrVerfG.

1. Geltungsbereich

Diese Betriebsvereinbarung gilt für alle Mitarbeiter der Fa. Inter-Comp GmbH, Internationaler Computerservice, Heilbronn, mit allen Zweigniederlassungen im In- und Ausland.

2. Ziel

Verbesserung der sozialen Leistungen der Fa. Inter-Comp und damit Verbesserung der Vermögenssituation der Mitarbeiter der Fa. Inter-Comp GmbH.

3. Vereinbarungen

3.1 Vermögenswirksame Leistungen: Die Zuzahlungen zu den Vermögenswirksamen Anlagen sollen je Mitarbeiter um 13,30 EUR auf 40,00 EUR angehoben werden.

3.2 Fahrkosten: Mitarbeiter, die mit dem privaten Pkw zur Arbeit kommen oder die diesen für Dienstfahrten benutzen, erhalten zukünftig 0,50 EUR je gefahrenen km.

3.3 Essensgeldzuschuss: Der Essensgeldzuschuss für das Essen in der firmeneigenen Kantine wird von bisher 1,25 EUR auf 2,00 EUR erhöht.

4. Geltungsdauer

Diese Betriebsvereinbarung tritt mit dem 1. Januar .. in Kraft. Sie kann von beiden Seiten mit einmonatiger Kündigungsfrist zum Quartalsende gekündigt werden, bleibt aber so lange in Kraft, bis eine neue Betriebsvereinbarung durch die oben genannten Partner zustande gekommen ist.

Geschäftsführer	*Personalleiter*	*Betriebsratsvorsitzender*
C. Omputer	*K. Speicher*	*R. O. Memorie*

Heilbronn, 25. Oktober ..

Zusammenfassung

1. Das Verhältnis zwischen Arbeitgeber und Arbeitnehmenden wird durch Gesetze, Tarifvereinbarungen, Betriebsvereinbarungen und Einzelarbeitsvertrag geregelt.
2. Der Arbeitnehmer darf durch seinen Arbeitsvertrag nicht schlechter gestellt sein, als dies die gültigen Gesetze, Tarifvereinbarungen und Betriebsvereinbarungen vorsehen.
3. Hauptpflicht des Arbeitgebers ist die Lohnzahlung.
4. Hauptpflicht des Arbeitnehmers ist es, seine Dienste zu leisten.

Prüfen Sie Ihr Wissen

1. Das Verhältnis zwischen Arbeitgeber und Arbeitnehmenden ist geregelt durch Verträge und Gesetze. Nennen und erläutern Sie diese kurz.
2. Welche Vereinbarungen sollte ein Einzelarbeitsvertrag unbedingt enthalten? Begründung.
3. Erklären Sie anhand eines Beispiels, was unter dem gesetzlichen Wettbewerbsverbot zu verstehen ist.
4. Was ist unter dem vertraglichen Wettbewerbsverbot zu verstehen? Erklären Sie anhand eines Beispiels.
5. Welche Inhalte sollten nicht in einer Betriebsvereinbarung geregelt werden?
6. Welcher Zusammenhang besteht zwischen den Pflichten der Arbeitnehmer und denen der Arbeitgeber?

Web

7.5 Kollektiver Arbeitsvertrag (Tarifvertrag)

Quelle: Heilbronner Stimme, 27. 05.2023, Seite 8

Vier Tage Woche treibt die Arbeitgeber um

Region Der neue Hauptgeschäftsführer des Verbands Südwestmetall, Oliver Barta, beim Antrittsbesuch in Heilbronn

Quelle: Heilbronner Stimme, 28.03.2023, Seite 1

Bahn, Busse und Flughäfen lahmgelegt

Region Gewerkschaften machen mit bundesweitem Warnstreik Druck auf Tarifverhandlungen – Verkehrschaos bleibt aus

Tarifverträge

Eine weitere – eigentlich die häufigste – Grundlage für Arbeitsverträge in Unternehmungen sind die Tarifverträge. Diese Tarifverträge werden zwischen den Sozialpartnern abgeschlossen und gelten meist für einzelne Branchen in bestimmten Tarifbezirken.

Tarifparteien

Als Tarifpartner oder **Sozialpartner** stehen sich bei Tarifverhandlungen auf der einen Seite die **Gewerkschaften** und auf der anderen Seite die **Arbeitgeberverbände** gegenüber. Sie besitzen **Tarifautonomie**, d. h., sie allein sind berechtigt, ohne Einmischung des Staates, Arbeitsbedingungen (Manteltarifverträge) und Löhne (Lohn- und Gehaltstarifverträge) auszuhandeln.
Die **Gewerkschaften (Arbeitnehmervertretungen)** sind **lt. GG Art. 9 Abs. 3** Vereinigungen der Arbeitnehmenden zur Wahrung und Förderung der Arbeits- und Wirtschaftsbedingungen. Das Recht, Vereinigungen bilden zu können, ist ausdrücklich in o. g. Artikel festgehalten, da diese Möglichkeit, Forderungen gegenüber den Arbeitgebern durchzusetzen, nur in der Einigkeit, der Gemeinsamkeit der Arbeitnehmenden bestehen kann. Dies erkannten die Arbeitnehmenden schon vor über 100 Jahren und bildeten damals die ersten Gewerkschaften.

→ **Niemand kann gezwungen werden, in eine Gewerkschaft einzutreten.**

8 der deutschen Einzelgewerkschaften haben sich im **Deutschen Gewerkschaftsbund (DGB)** zusammengeschlossen. Zweck dieses Zusammenschlusses ist, letztendlich alle Gewerkschaften unter einem „Dach" zusammenzufassen, um alle wirtschaftlichen, sozialen und kulturpolitischen Interessen gemeinsam zu vertreten. Des Weiteren wollen der DGB sowie seine Einzelgewerkschaften für die Sicherung und den Ausbau des sozialen Rechtsstaates eintreten, die Demokratisierung der Wirtschaft, des Staates und der Gesellschaft fördern und an der Schaffung des vereinten Europa mitwirken.
Zu den Aufgaben des DGB gehören unter anderem die Vertretung der Einzelgewerkschaften gegenüber der Legislative und den Behörden, die Errichtung und Fortführung von Rechtsberatungsstellen, die Fortbildung und Schulung von Mitgliedern und Funktionsträgern (vor allem auch der Betriebsratsmitglieder) und bei Streitigkeiten zu Lösungen bzw. zu Schlichtungen beizutragen.
Das **Grundsatzprogramm**, das auf dem außerordentlichen Bundeskongress 1963 beschlossen wurde, gibt Ziele und Leitlinien für unsere Wirtschaftspolitik vor, unter anderem zu folgenden Punkten:

- stetiges Wirtschaftswachstum,
- Vollbeschäftigung,
- Mitbestimmung,
- gerechte Einkommens- und Vermögensverteilung,
- internationale wirtschaftliche Zusammenarbeit,
- Verhinderung des Missbrauchs wirtschaftlicher Macht,
- Erhaltung der Währungsstabilität.

Rund 6,2 Millionen Arbeitnehmende sind über ihre Einzelgewerkschaften im DGB zusammengeschlossen. Weitere 1,5 Millionen Mitglieder sind im Deutschen Beamten-

bund (DBB – vergleichbar mit DGB – Zusammenschluss von diversen Einzelgewerkschaften und Verbänden der Beamtenschaft) und im Christlichen Gewerkschaftsbund (CGB) organisiert (vgl. Schaubild).
Die **Einzelgewerkschaften** oder einfach „die Gewerkschaften" sind nach Branchen oder Branchengruppen unterteilt (vgl. Schaubild). Sie sind ein Zusammenschluss von Arbeitnehmenden mit gleichen Zielen. Diese Ziele sind in erster Linie die Verbesserungen der wirtschaftlichen und sozialen Lebensbedingungen von abhängigen Arbeitnehmenden. Wobei unter dem Begriff **wirtschaftliche Lebensbedingungen** vor allem die **Entlohnung** und unter den **sozialen Lebensbedingungen** die **Arbeitsbedingungen** wie **Pausenregelung**, **Arbeitszeiten**, **Urlaubstage**, **vermögenswirksame Leistungen** usw. verstanden werden müssen. Die Schwerpunkte der Tätigkeit der Gewerkschaften haben sich dabei seit ihrem Entstehen im 19. Jahrhundert verschoben. War es in den Anfängen der Gewerkschaften die Forderung nach verbesserten wirtschaftlichen Lebensbedingungen für ihre Mitglieder, so ist es heute mehr die Forderung nach Verbesserung der sozialen Lebensbedingungen (Arbeitszeit 35 Std./Woche). Grundsätzlich aber sind die Tätigkeitsbereiche der Gewerkschaften gleich geblieben, sie vertreten die Arbeitnehmenden als „Tarifpartei" gegenüber den Arbeitgeberverbänden bei Tarifverhandlungen.

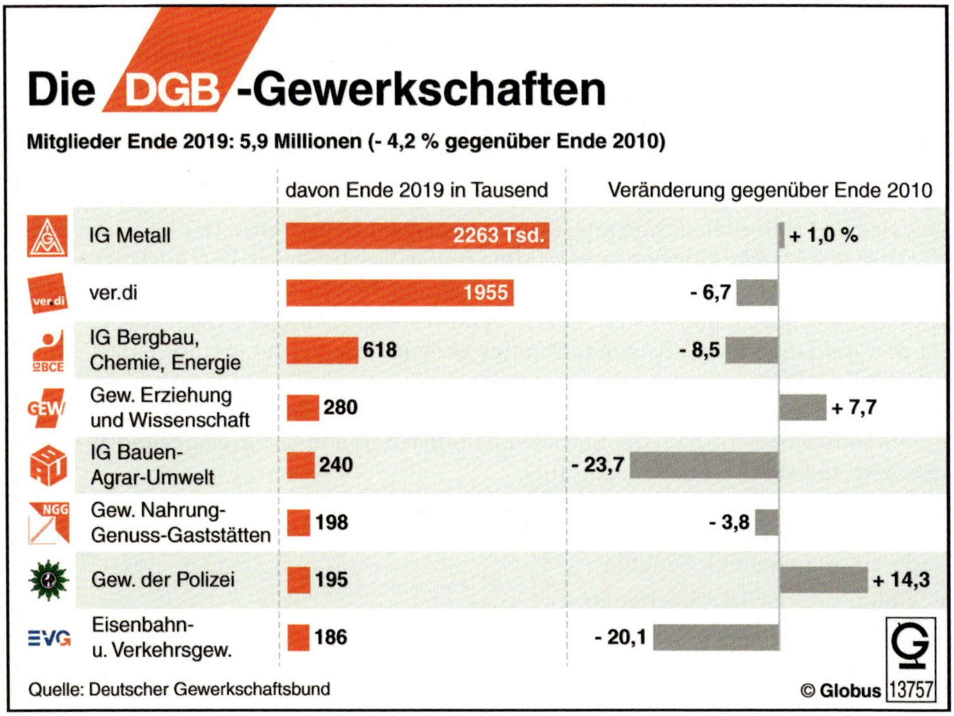

Des Weiteren versuchen sie, die Interessen ihrer Mitglieder gegenüber der Regierung, der Öffentlichkeit und den Sozialversicherungsträgern durchzusetzen. Zudem gewähren sie ihren Mitgliedern Hilfestellung bei Mitbestimmungsfragen (Stichwort „Betriebsrat"), stellen Anwälte bei Arbeitsgerichtsprozessen oder bieten Dienstleistungen über ihre gewerkschaftseigenen Betriebe.

Die **Arbeitgeberverbände** sind freiwillige Vereinigungen der Arbeitgeber in Form von privatrechtlichen Vereinen. Sie sind wie die Gewerkschaften nach Branchen oder Branchengruppen organisiert. Eine ihrer obersten Aufgaben ist, die Arbeitgeber bei Tarifverhandlungen gegenüber den Gewerkschaften zu vertreten.
Auch die Arbeitgeberverbände haben für sich „Dachorganisationen" geschaffen, die **Bundesvereinigung der Deutschen Arbeitgeberverbände e. V. (BDA)** und den **Bundesverband der Deutschen Industrie e. V. (BDI)**.
Für tarif- und sozialpolitische Aufgaben ist in erster Linie der BDA zuständig, für wirtschaftspolitische Aufgaben der BDI. Da aber der Präsident des BDA und BDI den Posten in Personalunion ausübt, sind die Differenzen zwischen den beiden Vereinigungen und deren Aufgaben gar nicht so groß.
Die wichtigsten Verbandsarbeiten werden meist in verschiedenen Ausschüssen (z. B.: für Eigentumsbildung, Lohnpolitik und Berufsberatung) gelöst.
Weitere Arbeitgebervereinigungen sind die **Industrie- und Handelskammern und die Handwerkskammern** (diese sind Körperschaften des öffentlichen Rechts).

Aufbau und Organisation der Arbeitgeberverbände

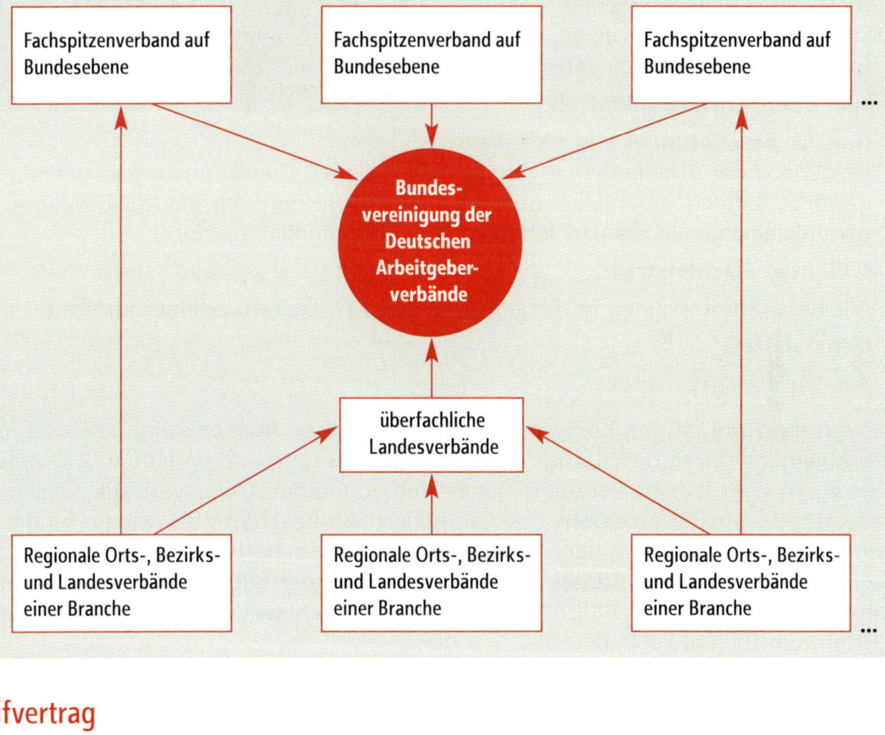

Tarifvertrag

Ein laufender Tarifvertrag muss gekündigt werden, bevor es zu neuen **Tarifverhandlungen** kommen kann. Vorher besteht **Friedenspflicht**. Hier handeln die Sozialpartner die Löhne (Lohn- und Gehaltstarife) und die Arbeitsbedingungen (Rahmen- oder Manteltarife) im Rahmen ihrer Tarifhoheit *frei* (autonom) aus. Die Löhne sind damit nicht das Ergebnis einer automatischen Preisbildung auf dem Markt (vgl. Kap. 3.2 und Kap. 7.1), sondern das Ergebnis der Auseinandersetzungen zweier Tarifparteien.

Sollten die Verhandlungen der Tarifparteien scheitern, kann der Arbeitsfrieden durch eine **Schlichtung** erhalten werden. Dabei versucht ein neutraler Schlichter, über einen Kompromissvorschlag die Tarifverhandlungen nicht scheitern zu lassen. Wird der Schlichtungsvorschlag abgelehnt, kommt es zum **Arbeitskampf**.
Das Kampfmittel der Beschäftigten ist der **Streik**. Bevor jedoch gestreikt werden kann, müssen sich die betroffenen Gewerkschaftsmitglieder in einer **Urabstimmung** mindestens zu 75 % für einen Streik aussprechen. Fehlen einem Streik diese 75 % Zustimmung, ist er nicht durch eine Gewerkschaft organisiert, und ist der Tarifvertrag nicht gekündigt, so spricht man von einem „**wilden Streik**".

Weitere Streikarten

- **Warnstreik**

  Um den Willen zum Streik zu zeigen, legen Beschäftigte kurzfristig ihre Arbeit nieder. Dies ist auch während der Friedenspflicht möglich.
- **Sympathiestreik**

  Nicht streikende Branchen nehmen kurzfristig am Streik einer anderen Branche teil, um diese zu unterstützen.
- **Teil- oder Schwerpunktstreik**

  Nur die Beschäftigten von einzelnen Betrieben oder Abteilungen legen die Arbeit nieder. Dies kann so weit gehen, dass gewerkschaftlich organisiert nur ein paar Zulieferbetriebe bestreikt werden und dadurch eine ganze Branche lahmlegt (z. B. Automobilindustrie).
- **Voll- oder Flächenstreik**

  Alle Beschäftigten eines Tarifbezirks und eines Wirtschaftszweiges streiken.
- **Generalstreik**

  Alle Beschäftigten streiken.

Die **Aussperrung** ist das Kampfmittel der Arbeitgeber. **Aussperrung** bedeutet, dass die Arbeitgeber ihren Beschäftigten die Arbeitszulassung und damit die Lohnzahlung verweigern. Dies ist eine vorübergehende Aufhebung der Arbeitsverträge, was so viel bedeutet, dass nach Erreichen des Kampfziels die Beschäftigten wieder eingestellt werden. Eine Aussperrung kann grundsätzlich alle Beschäftigten eines Betriebs oder aber nur Teile der Beschäftigten betreffen. Eine Aussperrung, die *nur* die streikenden Mitglieder einer Gewerkschaft betrifft, ist dagegen rechtswidrig (Bundesarbeitsgericht – Urteil vom 10. Juni 1980, DB 1980, S. 1355).
Das Recht zur Aussperrung wird häufig von den Gewerkschaften angezweifelt. Bundesarbeitsgericht und Bundesverfassungsgericht haben aber entschieden, dass eine Aussperrung in Form einer **Abwehraussperrung** auf Teil- oder Schwerpunktstreiks zulässig ist. Beide Gerichte sind dabei der Meinung, dass sowohl **Streik** als auch **Aussperrung** dem **Gebot der Verhältnismäßigkeit** unterliegen (Berücksichtigung von wirtschaftlichen Gegebenheiten, Nichtverletzung des Gemeinwohls, Proportionalität, Erforderlichkeit und Geeignetheit bei Abwehraussperrungen).

Beendigung des Arbeitskampfs

Oft kommt es während eines Arbeitskampfs zu weiteren Schlichtungsverhandlungen. Führen diese oder die weiteren Verhandlungen zu einem Kompromiss, dem beide Tarifparteien zustimmen, so wird der Streik beendet, wenn mindestens 25 % der Gewerkschaftsmitglieder in einer erneuten Abstimmung der Beendigung des Streiks zustimmen.
Die **Vereinbarungen** eines Tarifvertrags gelten **zwingend und unmittelbar** für alle **tarifgebundenen Arbeitnehmende und Arbeitgeber**, das sind alle Beschäftigte und Arbeitgeber, die Mitglieder der Verbände sind, die den Tarifvertrag abgeschlossen haben, oder wenn ein Tarifvertrag durch den Bundesminister für Arbeit und Sozialordnung für **allgemein verbindlich** erklärt worden ist.
Die Regelung, dass Tarifverträge nur für tarifgebundene Arbeitnehmende gelten sollen, kann nicht gewerkschaftlich organisierten Arbeitnehmenden Nachteile bringen. So können nicht organisierte Beschäftigte den Tariflohn nur dann verlangen, wenn sie diesen im Einzelarbeitsvertrag festgelegt haben, wenn dies der übliche Lohn in der Unternehmung ist oder wenn der Arbeitgeber, wie das in der Regel der Fall ist, den Tariflohn freiwillig bezahlt. Diese unterschiedliche Behandlung von tarifgebundenen und nicht tarifgebundenen Beschäftigten verstößt nach einem Urteil des Bundesarbeitsgerichts (20. Juli 1960, DB 1960, S. 1 113) **nicht** gegen den arbeitsrechtlichen oder verfassungsrechtlichen Gleichbehandlungsgrundsatz.
Normalerweise ist eine freiwillige Bindung der Arbeitgeber an den jeweils gültigen Tarifvertrag üblich, um so eine Gleichbehandlung von tarifgebundenen und nicht tarifgebundenen Mitarbeitenden zu erreichen.

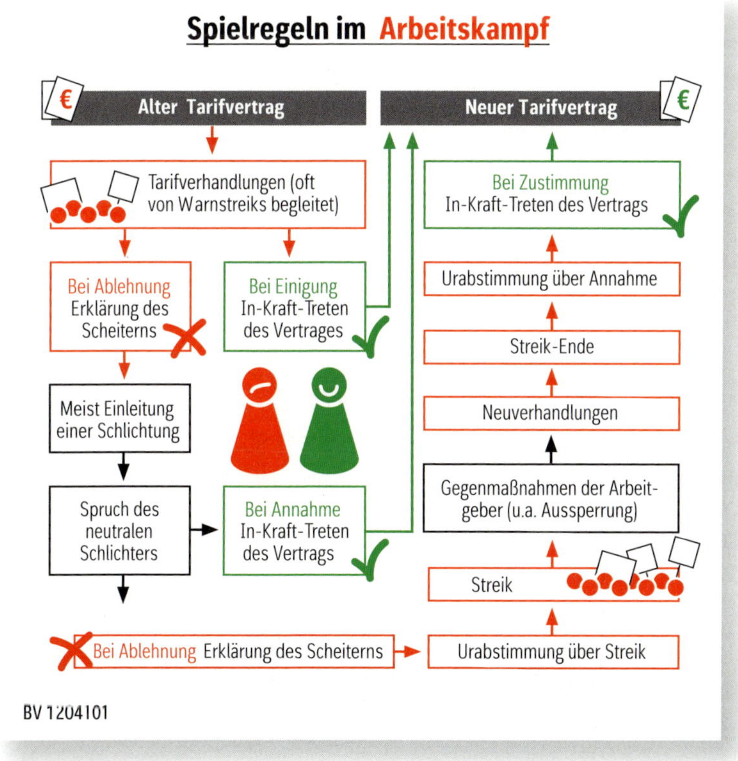

Zusammenfassung

1. Die Tarifpartner bzw. die Sozialpartner besitzen Tarifautonomie.
2. Es gibt Manteltarifverträge und Lohn- bzw. Gehaltstarifverträge.
3. Der DGB hat sich in seinem Grundsatzprogramm ähnliche Ziele gesetzt wie die Wirtschaftspolitik.
4. Ein neuer Tarifvertrag kann erst entstehen, wenn der alte Tarifvertrag ausläuft oder gekündigt wird.
5. Um Forderungen durchzusetzen, haben die Gewerkschaften den Streik.
6. Die Arbeitgeber haben als Gegenmittel die Aussperrung.
7. Es gibt verschiedene Streikarten.

Prüfen Sie Ihr Wissen

1. Erklären Sie die folgenden Begriffe:
   a) Tarifpartner,
   b) Tarifautonomie.
2. a) Was sind die Gewerkschaften?
   b) Welches sind die Hauptaufgaben der Gewerkschaften?
3. Mark O., Mitarbeiter der Kunststoffunion GmbH, wird zum Personalchef gerufen. Der Personalchef stellt ihm die Frage, ob er Gewerkschaftsmitglied sei. Als Mark diese Frage verneint, erklärt ihm der Personalchef, dass er in die Gewerkschaft Holz und Kunststoff eintreten müsse. Nehmen Sie dazu Stellung.
4. Welchem Zweck dient der DGB?

Web

7.6 Mitbestimmungs- und Mitwirkungsmöglichkeiten der Arbeitnehmenden

Quelle: Heilbronner Stimme, 28.09. 2023, Seite 10

Durchsuchung wegen Betriebsratsvergütung

Wolfsburg Volkswagen steht wegen des Vorwurfs überhöhter Betriebsratsgehälter erneut im Fokus der Staatsanwaltschaft.

Quelle: Heilbronner Stimme, 08.02.2023, Seite 10

Unilever-Betriebsrat und NGG fordern Prämie für Knorr-Mitarbeiter

Heilbronn soll ebenso mit Inflationsausgleichszahlungen bedacht werden wie andere Standorte im Konzern.

Audi kürzt Gehälter von Betriebsräten

Ingolstadt / Neckarsulm *BGH-Urteil hat Folgen für gesamte Wirtschaft*

Der Autobauer Audi reduziert die Bezüge der Betriebsräte. Das berichtet das Wirtschaftsportal „Business Insider". Demnach prüft das Unternehmen wohl sogar, ob es Einkommen von Betriebsräten rückwirkend zurückfordern kann. „Ich kann bestätigen, dass wir bereits Gehaltskürzungen umgesetzt haben, in dem Sinne, wie es rechtlich erforderlich und geboten ist", sagte eine Konzernsprecherin. Zum Zeitraum der rückwirkenden Forderungen und zur Höhe der Geldsummen

wollte sie sich nicht äußern. „Die Entgelte der Mandatsträgerinnen und Mandatsträger wurden entsprechend des BGH Urteils vom Januar 2023 eingehend überprüft" teilte ein Sprecher des Gesamtbetriebsrats der Heilbronner Stimme mit. „Erforderliche Anpassungen des Entgelts wurden im Einzelfall vorgenommen."

Wie viel Geld darf ein Betriebsrat verdienen? Darüber gab es in den vergangenen Jahren immer wieder heftige Diskussionen. Das jüngste Urteil des Bundesgerichtshofs (BGH) sorgt nicht nur im VW-Konzern für Unruhe. Tenor der Richter: Wenn Vorstände in Unternehmen ihren Betriebsräten zu hohe Gehälter gewähren, könne grundsätzlich der Tatbestand der Untreue erfüllt sein (Az.: 6 StR 133/22). Nach Auffassung des obersten deutschen Gerichts machen sich Topmanager möglicherweise strafbar, wenn sie Arbeitnehmervertretern zu viel bezahlen.

„Hypothetische Karriere"

Das Gehalt wurde bis zum Urteil des BGH nach dem Modell einer „hypothetischen Karriere" bemessen. Dabei wird geschätzt, welchen Werdegang ein Arbeitnehmer ohne die Betriebsratstätigkeit eingeschlagen hätte. Eine solche Herleitung sei unzulässig, so die BGH-Richter. Das Urteil hat Folgen für die gesamte deutsche Wirtschaft. Arbeitnehmervertreter sind wie aktuell bei Audi direkt von der Entscheidung betroffen, indem sie weniger Gehalt als bisher bekommen. Aber auch die Personalvorstände in Unternehmen könnten unter Umständen in Schwierigkeiten kommen. In diesem Zusammenhang prüft derzeit auch die Staatsanwaltschaft München II eine Strafanzeige gegen Audi. Der Vorwurf ist Untreue wegen unzulässiger Gehälter für den Betriebsrat.

Quelle: Heilbronner Stimme, 15. Juni 2023, Seite 9

Mitbestimmungs- und Mitwirkungsmöglichkeiten der Arbeitnehmenden bedeuten eigentlich nichts anderes, als dass das Gesetz den Mitarbeitenden eines Betriebs die Möglichkeiten einräumt, innerhalb ihrer Unternehmung gewisse Mitwirkungsrechte oder Mitbestimmungsrechte wahrzunehmen. Dies erfolgt zum einen deshalb, weil man glaubt, dass die Mitarbeitenden, die mitreden, mitentscheiden und mitbestimmen dürfen, auch bereit sind, mehr Verantwortung innerhalb ihrer Unternehmung zu übernehmen und sich mehr für die Interessen der Unternehmung einsetzen. Zum anderen sollen die Mitbestimmung und Mitwirkung den sozialen und gesundheitlichen Schutz der Mitarbeitenden gewährleisten und sichern.

→ Mitwirkungs- und Mitbestimmungsmöglichkeiten sind in mehreren Gesetzen festgeschrieben, so z. B. im Aktiengesetz, Mitbestimmungsgesetz, Montan-Mitbestimmungsgesetz (Zusammensetzung des Aufsichtsrats), Betriebsverfassungsgesetz (Betriebsrat und dessen Mitbestimmung und Mitwirkung) und in den Personalvertretungsgesetzen (öffentlicher Dienst).

An dieser Stelle soll in erster Linie auf die Mitwirkungs- und Mitbestimmungsrechte der Mitarbeitenden über den Betriebsrat bzw. Personalrat eingegangen werden. Zur Mitbestimmung über den Aufsichtsrat siehe Kapitel 6.1 Rechtsformen der Unternehmen.

Betriebsverfassungsrecht/Personalvertretungsgesetz

Das Betriebsverfassungsrecht soll die Zusammenarbeit zwischen den Arbeitgebern und ihren Mitarbeitenden regeln. Die Beschäftigten werden hierbei vom Betriebsrat vertreten. Diese Zusammenarbeit zwischen Betriebsrat und Arbeitgeber soll dem Wohl der Beschäftigten und des gesamten Betriebs dienen (§ 2 Abs.1 BetrVG). Das Betriebsverfassungsgesetz hat nicht die Mitbeteiligung und damit die Einschränkung der wirtschaftlichen Entscheidungsfreiheit des Arbeitgebers zum Ziel. Das BetrVG will vielmehr die sozialen und gesundheitlichen Belange der Mitarbeitenden schützen und bewahren.
Das BetrVG hatte seinen Ursprung in der Mitte des 19. Jahrhunderts, als damals in der Nationalversammlung zum ersten Mal über die Bildung von Fabrikausschüssen der Beschäftigten in Fabriken beraten wurde. Damals sollte dies noch ein Teil der Gewerbeordnung werden. Das BetrVG in unserer heutigen Fassung entstand dann über das Betriebsrätegesetz (1920), das Kontrollratgesetz Nr. 22 (1946), das Betriebsverfassungsgesetz (Urfassung von 1952) und diverse Änderungen in den Jahren 1972, 1998 und 2001. Während der Zeit von 1934–1946 war das Betriebsrätegesetz und damit die Demokratisierung der Arbeitswelt außer Kraft gesetzt.
Das BetrVG gilt für alle privatrechtlichen Betriebe (vgl. Übersicht Kapitel 6.1.4). **Dabei ist zu beachten, dass dies auch für gemeinsame Betriebe mehrerer Unternehmen gilt**. Ein gemeinsamer Betrieb mehrerer Unternehmen wird vermutet, wenn zur Verfolgung arbeitstechnischer Zwecke die Betriebsmittel sowie die Mitarbeitenden von den Unternehmen gemeinsam eingesetzt werden oder die Spaltung eines Unternehmens zur Folge hat, dass von einem Betrieb ein oder mehrere Betriebsteile einem an der Spaltung beteiligten anderen Unternehmen zugeordnet werden, ohne dass sich dabei die Organisation des betroffenen Betriebs wesentlich ändert.

Diese Betriebe müssen, damit das BetrVG gelten soll, mindestens fünf ständige, wahlberechtigte Arbeitnehmende haben, von denen drei wählbar sind (§ 1 BetrVG). Arbeitnehmende im Sinne des BetrVG sind Arbeitende und Angestellte einschließlich der Auszubildenden, unabhängig davon, ob sie im Betrieb, im Außendienst oder mit Telearbeit beschäftigt werden (§ 5 Abs. 1 BetrVG). Über die Wahl, die Wählbarkeit, die Amtszeit und die Zusammensetzung des Betriebsrats geben die §§ 7–21 des BetrVG Auskunft.

Entsprechendes gilt für die Personalvertretungen im öffentlichen Dienst. Auch hier müssen in einer Dienststelle mindestens fünf Wahlberechtigte beschäftigt sein, von denen drei wählbar sind (§§ 10, Abs.1 LPersVG[1] v. Bad.-Württemb.).

Diese Beschäftigten werden in die Gruppen Beamte, Angestellte und Arbeiter eingeteilt (§ 11 LPersVG von Baden-Württemberg).

1 *Das Landespersonalvertretungsgesetz von Baden-Württemberg ist in nahezu allen Paragrafen sinngemäß gleich mit dem Bundespersonalvertretungsgesetz.*

Über die Wahl und die Zusammensetzung des Personalrates geben die §§ 11–25 des LPVG Auskunft.

	Betriebsverfassungsgesetz	Personalvertretungsgesetz
Wahlberechtigte	Alle Arbeitnehmer, die am Wahltag das 18. Lebensjahr vollendet haben (§ 7). **Überlassene Arbeitnehmer eines anderen Arbeitgebers, wenn sie länger als drei Monate im Betrieb eingesetzt werden.**	Alle Beschäftigten einer Dienststelle (§ 8).
Wählbarkeit	Alle Wahlberechtigten, die mindestens sechs Monate dem Betrieb angehören (§ 8).	Alle Wahlberechtigten, die am Wahltag seit sechs Monaten dem Geschäftsbereich ihrer obersten Dienstbehörde angehören und die das 18. Lebensjahr vollendet haben (§ 9).
Anzahl der Betriebsrats- bzw. Personalratsmitglieder	Unterschiedlich, je nach Anzahl der wahlberechtigten Arbeitnehmer (§ 9). **Größenklassen der Unternehmen verändert. Ab Größenklasse 51–100 Arbeitnehmer, mindestens fünf Mitglieder im Betriebsrat.**	Unterschiedlich, je nach Anzahl der Wahlberechtigten (§ 14). **51–100 Arbeitnehmer, mindestens fünf Mitglieder im Personalrat.**
Vertretung nach Gruppen	**wurde aufgehoben**	Männer und Frauen sollen im Personalrat entsprechend ihrem Anteil an den Wahlberechtigten ihrer Dienststelle vertreten sein. Sind in einer Dienststelle Angehörige verschiedener Gruppen beschäftigt, so muss jede Gruppe entsprechend ihrer Stärke im Personalrat vertreten sein, wenn dieser aus mindestens drei Mitgliedern besteht (§§ 11 u. 12).
Wahlvorschriften	Der Betriebsrat wird in geheimer und unmittelbarer Wahl gewählt (§ 14 Abs. 1). Die Wahl erfolgt nach den Grundsätzen der Verhältniswahl – bei nur einem Wahlvorschlag oder **wenn der Betriebsrat im vereinfachten Wahlverfahren nach § 14 a zu wählen ist,** nach den Grundsätzen der Mehrheitswahl (§ 14 Abs. 2).	Der Personalrat wird in geheimer und unmittelbarer Wahl gewählt (§ 13 Abs. 1). Die Wahl wird nach den Grundsätzen der Verhältniswahl durchgeführt. Wird nur ein Wahlvorschlag eingereicht, so findet Mehrheitswahl statt (§ 13 Abs. 3).

	Betriebsverfassungsgesetz	Personalvertretungsgesetz
Amtszeit und Zeitpunkt der Wahlen	Die regelmäßige Amtszeit beträgt vier Jahre (§ 21). Die regelmäßigen Betriebsratswahlen finden alle vier Jahre in der Zeit vom 1. März bis zum 31. Mai statt (§ 13).	Die regelmäßige Amtszeit beträgt fünf Jahre (§ 22). Die regelmäßigen Personalratswahlen finden alle fünf Jahre statt und enden spätestens am 31. Juli des Jahres, in dem die regelmäßigen Personalratswahlen stattfinden (§ 22).
Jugend- und Auszubildendenvertretung	In Betrieben/Dienststellen mit in der Regel mindestens fünf Arbeitnehmern, die das 18. Lebensjahr noch nicht vollendet haben (jugendliche Arbeitnehmer) oder die zu ihrer Berufsausbildung beschäftigt sind und das 25. Lebensjahr noch nicht vollendet haben, werden Jugend- und Auszubildendenvertretungen gewählt (§ 60 BetrVG, § 58 und 59 LPVG). Die Jugend- und Auszubildendenvertretung nimmt die besonderen Belange der jugendlichen Arbeitnehmer wahr.	
Wahlberechtigung und Wählbarkeit	Wahlberechtigt sind alle im § 60 bzw. § 58 Abs. 2 genannten Arbeitnehmer (§ 61 Abs. 1 BetrVG, § 60 Abs. 1 LPVG). Wählbar sind alle Arbeitnehmer des Betriebs, die am Wahltag das 25. Lebensjahr (§ 61 Abs. 2 BetrVG), oder der Dienststelle, die am Wahltag das 26. Lebensjahr (§ 60 Abs. 2 LPVG) noch nicht vollendet haben.	
Zahl und Zusammensetzung der Jugend- und Auszubildendenvertretung	Die Anzahl und Zusammensetzung der Jugend- und Auszubildendenvertretung bestimmen sich nach der Anzahl der jugendlichen Arbeitnehmer und dem zahlenmäßigen (Sollregelung) Verhältnis der Geschlechter (§ 62 BetrVG, § 61 LPVG). **Anzahl ab 51–150 Arbeitnehmer geändert. Das Geschlecht, das in der Minderheit ist, muss mindestens entsprechend seinem zahlenmäßigen Verhältnis in der Jugend- und Auszubildendenvertretung vertreten sein, wenn diese mindestens aus drei Mitgliedern besteht. Nur BetrVG!**	
Zeitpunkt der Wahlen und Amtszeit	Die regelmäßigen Wahlen der Jugend- und Auszubildendenvertretung finden alle zwei Jahre in der Zeit vom 1. Oktober bis zum 31. Januar statt. Die Amtszeit beträgt **zwei Jahre und sechs Monate** (§ 64 BetrVG, § 62 LPVG).	
Teilnahme an Personalrats- bzw. Betriebsratssitzungen	Die Jugend- und Auszubildendenvertretung kann zu allen Betriebsrats- bzw. Personalratssitzungen **einen** Vertreter entsenden. Werden hierbei Angelegenheiten behandelt, die besonders die jugendlichen Arbeitnehmer betreffen, so hat zu diesen Tagesordnungspunkten die gesamte Jugend- und Auszubildendenvertretung ein Teilnahmerecht (§ 67 BetrVG, § 30 LPVG).	

Mitbestimmung und Mitwirkung des Betriebsrats bzw. Personalrats

Wie schon in der Einleitung angedeutet, sollen über den Betriebsrat bzw. Personalrat den Arbeitnehmenden eines Betriebes/einer Dienststelle Möglichkeiten eingeräumt werden, innerhalb ihres Betriebs/ihrer Dienststelle gewisse Mitwirkungs- bzw. Mitbestimmungsrechte wahrzunehmen. Allgemein gilt hierbei, dass sich der Arbeitgeber einmal im Monat mit dem Betriebsrat zu einer Besprechung treffen **soll**/Dienststellenleiter mit Personalrat einmal im Quartal (§ 74 BetrVG, § 68 LPVG). Hierbei sollen nach dem BetrVG strittige Fragen verhandelt werden. Nach LPVG soll die Gestaltung des Dienstbetriebs, insbesondere alle Vorgänge, die die Beschäftigten **wesentlich** berühren, behandelt werden. Des Weiteren gilt allgemein, dass Arbeitgeber und Betriebsrat bzw. Dienststelle und Personalvertretung darauf zu achten haben, dass alle Mitarbeitende nach den Grundsätzen von Recht und Billigkeit zu behandeln sind, insbesondere, dass jede unterschiedliche Behandlung von Personen wegen ihrer Abstammung, Religion, Nationalität, Herkunft, politischen oder gewerkschaftlichen Tätigkeit oder wegen des Geschlechts zu unterlassen sind. Auch sollen behandelt werden Angelegenheiten tarifpolitischer, sozialpolitischer, *umweltpolitischer* und wirtschaftlicher Art.

	Betriebsräte nach dem Betriebsverfassungsgesetz	**Personalräte nach dem Personalvertretungsgesetz**
Mitbestimmungsrechte in sozialen Angelegenheiten (=erzwingbare Mitbestimmung – erzwingbar über die Einigungsstelle) Im LPVG Angelegenheiten der uneingeschränkten Mitbestimmung	**Der Betriebsrat hat, sofern eine gesetzliche Regelung bzw. tarifliche Regelung nicht besteht, in folgenden Angelegenheiten mitzubestimmen (§ 87):** 1. Fragen der Ordnung des Betriebs und des Verhaltens der Mitarbeitenden im Betrieb 2. Beginn und Ende der täglichen Arbeitszeit einschließlich der Pausen 3. vorübergehende Verkürzung oder Verlängerung der betrieblichen Arbeitszeit 4. Zeit, Ort und Art der Auszahlung des Arbeitsentgelts 5. Aufstellung allgemeiner Urlaubsgrundsätze und des Urlaubsplans 6. Einführung und Anwendung von technischen Einrichtungen, die dazu bestimmt sind, das Verhalten bzw. die Leistung der Arbeitnehmer zu überwachen 7. Regelungen über die Verhütung von Arbeitsunfällen und Berufskrankheiten sowie über den Gesundheitsschutz zu erstellen 8. Form, Ausgestaltung und Verwaltung der betrieblichen Sozialeinrichtungen 9. Zuweisung und Kündigung von Werkswohnungen 10. Fragen der betrieblichen Lohngestaltung 11. Festsetzung von Akkord- und Prämiensätzen 12. Grundsätze, die das betriebliche Vorschlagswesen betreffen 13. *Grundsätze über die Durchführung von Gruppenarbeit* – **Mitbestimmung in Fragen der menschengerechten Gestaltung der Arbeitsplätze (§ 91)** – **Richtlinien über die personelle Auswahl bei Einstellung, Versetzung usw. erstellen (§ 95)**	**Unterschiedlich bei Beamten bzw. Arbeitern und Angestellten. Hier sollen nur die Arbeiter und Angestellten berücksichtigt werden. Der Personalrat hat mitzubestimmen in Personalangelegenheiten der Beschäftigten bei (§ 74):** 1. Gewährung von Unterstützungen, Vorschüssen, Darlehen und entsprechenden sozialen Zuwendungen 2. allgemeine Festsetzung der Nutzungsbedingungen für Wohnungen, über die die Beschäftigungsdienststelle vefügt oder für die sie ein Vorschlagsrecht hat 3. Zuweisung von Wohnungen nach 2.. 4. Kündigung von Wohnungen nach 2.. 5. Aufstellung des Urlaubsplans 6. Festsetzung der zeitlichen Lage des Erholungsurlaubs für einzelne Beschäftigte, wenn zwischen dem Leiter der Dienststelle und den Beteiligten Beschäftigten kein Einverständnis erzielt wird **Absatz 2, sofern eine gesetzliche oder tarifliche Regelung nicht existiert:** 1. Regelungen der Ordnung in der Dienststelle und des Verhaltens der Beschäftigten 2. Beginn und Ende der täglichen Arbeitszeit und der Pausen sowie die Verteilung der Arbeitszeit auf die einzelnen Wochentage 3. Einführung, Anwendung, wesentliche Änderungen und Aufhebungen von Arbeitszeitmodellen 4. Anordnung von Mehrarbeit oder Überstunden, Bereitschaftsdienst und Rufbereitschaft

	Betriebsräte nach dem Betriebsverfassungsgesetz	Personalräte nach dem Personalvertretungsgesetz
	- **Durchführung betrieblicher Bildungsmaßnahmen (§ 98 Abs. 1 u. 3)** - **Mitbestimmung bei Betriebsänderungen/Sozialplan (§§ 111 und 112)**	5. Fragen der Gestaltung des Entgelts innerhalb der Dienststelle für die Arbeitnehmer 6. Errichtung, Verwaltung, wesentliche Änderung und Auflösung von Sozialeinrichtungen ohne Rücksicht auf ihre Rechtsform 7. Maßnahmen zur Verhütung von Arbeitsunfällen, Berufskrankheiten und sonstigen Gesundheitsschädigungen sowie von Gesundheitsgefährdungen 8. Maßnahmen des behördlichen oder betrieblichen Gesundheitsmanagements, einschließlich präventiver Maßnahmen und des Eingliederungsmanagements 9. Aufstellen von Sozialplänen, einschließlich der Pläne für Umschulungen zum Ausgleich oder Milderung von wirtschaftlichen Nachteilen 10. Grundsätze über die Bewertung von anerkannten Vorschlägen im Rahmen des behördlichen oder betrieblichen Vorschlagswesens
Mitwirkung bei personellen Angelegenheiten	**In Unternehmen mit i. d. R. mehr als zwanzig wahlberechtigten Arbeitnehmern hat der Arbeitgeber den Betriebsrat vor jeder Einstellung, Eingruppierung, Umgruppierung . . . zu unterrichten . . . (§ 99)** **Der Betriebsrat kann seine Zustimmung verweigern, wenn:** 1. die personelle Maßnahme gegen ein Gesetz, eine Verordnung, eine Unfallvorschrift oder gegen eine Bestimmung in einem Tarifvertrag oder in einer Betriebsvereinbarung ... verstößt, 2. diese Maßnahme dazu führen könnte, dass andere Mitarbeitende ihren Arbeitsplatz verlieren könnten, 3. diese Maßnahme die betroffenen Mitarbeitenden benachteiligt, 4. eine nach § 93 erforderliche Ausschreibung im Betrieb unterblieben ist. **Der Betriebsrat muss zu jeder Kündigung gehört werden. Er kann in bestimmten Fällen der Kündigung widersprechen (§ 102).**	**Der Personalrat wirkt mit bei (§ 81):** 1. Vorbereitung von Verwaltungsanordnungen einer Dienststelle für die innerdienstlichen, sozialen oder persönlichen Angelegenheiten der Beschäftigten ihres Geschäftsbereichs 2. Auflösung, Einschränkung, Erweiterung, Verlegung oder Zusammenlegung von Dienststellen oder wesentlichen Teilen von ihnen 3. nicht nur vorübergehender Übertragung wesentlicher Arbeiten oder wesentlicher Aufgaben, die bisher üblicherweise durch Beschäftigte der Dienststelle wahrgenommen werden, durch Vergabe oder Privatisierung 4. Einrichtung von Telearbeitsplätzen oder sonstigen Arbeitsplätzen außerhalb der Dienststelle 5. Auswahl der Beschäftigten zur Teilnahme an Maßnahmen der Berufsausbildung, an Fortbildungs- oder Weiterbildungsveranstaltungen, an Qualifizierungsmaßnahmen im Rahmen der Personalentwicklung 6. Grundsätze der Personalplanung

	Betriebsräte nach dem Betriebsverfassungsgesetz	Personalräte nach dem Personalvertretungsgesetz
		7. Arbeitsorganisation einschließlich der Planungs- und Gestaltungsmittel und der Zahl der einzusetzenden Beschäftigten, mit Ausnahme der Erstellung von Stundenplänen an allgemeinbildenden und beruflichen Schulen 8. Grundsätze der Arbeitsplatz- oder Dienstpostenbewertung **Absatz 2 Der Personalrat wirkt auf Antrag der Beschäftigten mit bei:** 1. Erlass von Disziplinarverfügungen oder schriftlichen Missbilligungen gegen Beamte 2. Erteilung schriftlicher Abmahnungen gegen Arbeitnehmer
Mitwirkung bei wirtschaftlichen Angelegenheiten	**In Betrieben mit i. d. R. mehr als 100 ständig beschäftigten Arbeitnehmern ist ein Wirtschaftsausschuss zu bilden. Dieser hat die Aufgabe, wirtschaftliche Angelegenheiten mit dem Unternehmer zu beraten und den Betriebsrat zu unterrichten. Der Wirtschaftsausschuss wird durch den Betriebsrat bestimmt, in ihm ist mindestens ein Betriebsratsmitglied vertreten (§§ 106, 107, 111).** Hierbei wird unterschieden: - Anhörungsrecht des Betriebsrats - Informationsrecht des Betriebsrats - Beratungsrecht des Betriebsrats	**Z. T. im § 81 in geringem Umfang enthalten,** z. B. Auflösung, Einschränkung, Erweiterung, Verlegung oder Zusammenlegung von Dienststellen oder vorübergehende Übertragung wesentlicher Arbeiten oder Arbeitsorganisation einschließlich der Planungs- und Gestaltungsmittel

Diese Grundsätze für die Zusammenarbeit und die Behandlung der Mitarbeitenden sind aber noch nicht gleichbedeutend mit Mitbestimmung oder Mitwirkung. Die Mitwirkungs- bzw. Mitbestimmungsmöglichkeiten der Betriebsräte bzw. Personalräte sind in der obigen Übersicht dargestellt.

Da im öffentlichen Dienst viele Verwaltungsvorschriften, Verordnungen usw. bestehen, müssen die in dieser Tabelle aufgezählten Punkte dahin gehend überprüft werden, ob durch diese Verordnungen usw. das Mitbestimmungs- bzw. Mitspracherecht des Personalrats nicht beschränkt ist (vgl. Mitbestimmung des Personalrats gemäß § 79).

Teile dieser Rechte können in Form einer Betriebs- bzw. Dienstvereinbarung festgeschrieben werden (vgl. Kapitel 7.4).

Zusammenfassung

1. **Wahlberechtigt sind laut**
   - BetrVG alle Arbeitnehmende, die am Wahltag das 18. Lebensjahr vollendet haben, und überlassene Arbeitnehmende,
   - PVG alle Beschäftigten einer Dienststelle.

2. **Wählbar** sind alle Wahlberechtigten, die mindestens sechs Monate dem Betrieb/der Dienststelle angehören und das 18. Lebensjahr vollendet haben.
3. **Arbeiter und Angestellte** bzw. **Männer und Frauen** sollen möglichst im Betriebsrat/Personalrat **entsprechend ihrer Anteile** vertreten sein.
4. Der Betriebsrat/Personalrat wird in **geheimer** und **unmittelbarer Wahl** gewählt.
5. In Betrieben/Dienststellen mit i. d. R. mindestens fünf jugendlichen Mitarbeitenden/Auszubildenden wird eine **Jugend- und Auszubildendenvertretung gewählt.**
6. Die Jugend- und Auszubildendenvertretung kann zu allen Betriebsrats-/Personalratssitzungen **einen** Vertreter entsenden.
7. Der Betriebsrat/Personalrat hat die wichtigsten **Mitbestimmungsrechte** in sozialen Angelegenheiten.
8. **Die Mitwirkung** des Betriebsrats/Personalrats bezieht sich in erster Linie auf personelle Angelegenheiten.
9. **Mitwirkung** in wirtschaftlichen Angelegenheiten bezieht sich fast ausschließlich auf den Betriebsrat.

Prüfen Sie Ihr Wissen

1. Nennen Sie alle Gesetze, in denen Mitbestimmungs- und Mitwirkungsmöglichkeiten für
   a) Betriebsräte,
   b) Personalräte
   festgeschrieben sind.
2. Was ist die oberste Zielsetzung des BetrVG und des PVG?
3. Welche Bedingungen müssen erfüllt sein, damit das BetrVG oder PVG Anwendung findet?
4. Zählen Sie auf, wer in den Betrieben oder Dienststellen
   a) den Betriebsrat/Personalrat wählen kann,
   b) in den Betriebsrat/Personalrat gewählt werden kann.
5. Nach welchen Vorschriften ist der Betriebsrat oder Personalrat zu wählen?
6. Zählen Sie auf, wer in den Betrieben oder Dienststellen
   a) die Jugend- und Auszubildendenvertretung wählen kann,
   b) in die Jugend- und Auszubildendenvertretung gewählt werden kann.

7. Welche Rechte stehen der Jugend- und Auszubildendenvertretung in Bezug auf die Teilnahme an Betriebsrats- oder Personalratssitzungen zu?

8. Die Rechte der Betriebs- oder Personalräte werden untergliedert:
   a) Mitbestimmungsrechte in sozialen Angelegenheiten,
   b) Mitwirkung bei personellen Angelegenheiten,
   c) Mitwirkung bei wirtschaftlichen Angelegenheiten.

   Nennen Sie hierzu je **fünf** Beispiele.

Web

9. Was versteht man unter erzwingbarer Mitbestimmung?

7.7 Arbeitsschutzgesetze

7.7.1 Kündigungsschutzgesetz

Kündigung ist rechtens

Arbeitsrecht Ein Mann, der einen schwarzen Kollegen in einer Betriebsratssitzung mit Affenlauten verhöhnt hat, hat zu Recht die Kündigung erhalten. Die Arbeitsgerichte hätten die Äußerung korrekt als menschenverachtende Diskriminierung eingestuft, die nicht durch die Meinungsfreiheit gedeckt sei, entschied das Bundesverfassungsgericht. Die Beschwerde des Mannes blieb erfolglos, wie am Dienstag mitgeteilt wurde (AZ.: 1 BvR 2727/19). Der Kläger hatte zu seinem Kollegen im Streit „Ugah, Ugah!“ gesagt, während dieser ihn als „Stricher“ bezeichnete. Dem Mann, der schon einmal einschlägig abgemahnt wurde, wurde außerordentlich gekündigt. Dagegen klagte er. Die Richter am Bundesverfassungsgericht verbanden die Zurückweisung mit einer inhaltlichen Bewertung. Demnach ist die Einschränkung der Meinungsfreiheit durch die Kündigung in diesem Fall gerechtfertigt. (dpa)

Quelle: dpa: Kündigung ist rechtens, 25.11.2020, © dpa Deutsche Presse-Agentur GmbH

Allgemeiner Kündigungsschutz

Der allgemeine Kündigungsschutz gilt für alle Arbeitnehmenden (Ausnahmen siehe besonderer Kündigungsschutz), die in ein und derselben Unternehmung **länger als sechs Monate ohne Unterbrechung** tätig waren (§ 1 KSchG). Dies bedeutet, dass eine Kündigung während der ersten sechs Monate eines Arbeitsverhältnisses auch ohne Angabe von Gründen vom Arbeitgeber erfolgen kann und solche auch als eine ordentliche Kündigung angesehen werden muss. Der allgemeine wie auch der besondere Kündigungsschutz gilt immer nur einseitig zugunsten der Beschäftigten und zulasten des Arbeitgebers.

Das Kündigungsschutzgesetz gilt **nicht** für Betriebe, die regelmäßig bis zu zehn[1] Arbeitnehmende (ohne Auszubildende) beschäftigen. Als regelmäßig Beschäftigte gelten hierbei alle Mitarbeitende, deren Arbeitszeit **mehr als** zehn Wochenstunden oder 45 Stunden pro Monat beträgt. Teilzeitbeschäftigte werden anteilig berücksichtigt.

Eine Kündigung durch den Arbeitgeber nach Ablauf der 6-Monatsfrist ist rechtsunwirksam, wenn sie sozial ungerechtfertigt ist.

Als sozial gerechtfertigt kann eine Kündigung nur dann angesehen werden, wenn sie durch Gründe, die

- **in der Person der Arbeitnehmenden oder**
  (z. B. Nachlassen der Leistungsfähigkeit, Dauererkrankung oder häufige Erkrankungen sowie Suchtkrankheiten, die zu einer erheblichen Beeinträchtigung des Betriebsablaufs führen)
- **im Verhalten der Arbeitnehmenden liegen oder**
  (z. B. Vertragsverletzung, Streitigkeiten mit Vorgesetzten oder Mitarbeitenden, Pflichtverletzungen wie schlechte und/oder zu geringe Arbeitsleistung, häufiges Zuspätkommen, unentschuldigtes Fehlen, unbefugtes Verlassen des Arbeitsplatzes, Nichteinhaltung oder Nichtbefolgung von Arbeitsanweisungen ...; vorherige Abmahnung erforderlich!)
- **durch dringende betriebliche Erfordernisse, die einer Weiterbeschäftigung der Arbeitnehmenden in diesem Betrieb entgegenstehen,**
  (z. B. alle Maßnahmen, die in wirtschaftlich schlechten Zeiten dazu dienen, drohende Gefahren vom Unternehmen abzuwenden, wie Rationalisierung, Einstellung oder Einschränkung der Produktion, Gegenmaßnahmen bei Umsatz- und/oder Auftragsrückgang)

bedingt ist (§ 1 KSchG).

Hält ein Arbeitnehmer eine Kündigung für sozial ungerechtfertigt, so kann er innerhalb einer Woche beim Betriebsrat Einspruch einlegen oder innerhalb von drei Wochen Klage auf Feststellung, dass das Arbeitsverhältnis nicht aufgelöst ist, beim Arbeitsgericht erheben. Ist der Betriebsrat davon überzeugt, dass der Einspruch gerechtfertigt ist, so muss er versuchen, eine Verständigung zwischen Arbeitgeber und Arbeitnehmer oder Arbeitnehmerin herbeizuführen (§ 3 KSchG).
Kommt das Arbeitsgericht zum Ergebnis, dass die Kündigung sozial ungerechtfertigt war, so gilt die Kündigung als unwirksam.
Ist trotz dieser Feststellung dem Arbeitgeber oder dem Arbeitnehmer eine Fortführung des Arbeitsverhältnisses nicht zuzumuten, so hat das Arbeitsgericht den Arbeitsvertrag aufzulösen und den Arbeitgeber zu einer entsprechenden Abfindung zu verurteilen (§§ 4 u. 9 KSchG). Die Abfindung beträgt im Normalfall bis zu zwölf Monatsverdienste, bei Arbeitnehmenden über 50 Jahren und einer Betriebszugehörigkeit (ohne Unterbrechung) von mindestens 15 Jahren bis zu 15 Monatsverdienste, bei Arbeitnehmenden über 55 Jahren und einer Betriebszugehörigkeit von mindestens 20 Jahren bis zu 18 Monatsverdienste (§ 10 KSchG).

---

1 *Gilt nur für die Arbeitnehmenden, deren Arbeitsverhältnis ab Januar 2004 begonnen hat. Kündigungsschutz für die vorher Beschäftigten bleibt erhalten.*

Wichtig: Die Unwirksamkeit einer Kündigung muss vom Arbeitnehmer durch Kündigungsschutzklage herbeigeführt werden. Sie tritt auf keinen Fall von selbst ein. Sollte ein Arbeitnehmer die rechtzeitige Einreichung der Klage beim Arbeitsgericht versäumen, so ist eine Kündigung auch dann wirksam, wenn sie eindeutig sozial ungerechtfertigt ist.

Besonderer Kündigungsschutz

Bestimmte Arbeitnehmergruppen

Über den allgemeinen Kündigungsschutz hinaus gibt es für bestimmte Arbeitnehmergruppen weitergehenden – **„besonderen"** – Kündigungsschutz. Zu diesen Gruppen gehören:

- **Betriebsratsmitglieder, Jugend- oder Auszubildendenvertreter und Wahlvorstände** während ihrer Amtszeit und ein Jahr danach sowie während der Wahlzeit, d.h. ab dem Zeitpunkt der Wahlbewerbung. Auch für Bewerber, die nicht in den Betriebsrat gewählt werden, gilt ein 6-monatiges Kündigungsverbot. Eine außerordentliche (fristlose) Kündigung aus wichtigem Grund ist jedoch möglich, sie bedarf aber der Zustimmung des Betriebsrats (§ 15 KSchG).
- **Schwerbehinderte, auch solche, die über die gesetzliche Pflichtquote hinaus beschäftigt werden oder über 65 Jahre alt sind.** Bei dieser Beschäftigungsgruppe gilt, der Arbeitgeber braucht für eine Kündigung stets die Zustimmung der Hauptfürsorgestelle (§ 15 SchwbG). Schwerbehindert ist, wer 50 % oder mehr behindert ist (§ 1 SchwbG).
- **Schwangere, Mütter und Elternzeitbeurlaubte.** Für Schwangere gilt, dass ihnen während der Schwangerschaft nicht gekündigt werden darf. Für Mütter besteht ein Kündigungsverbot von **vier** Monaten nach der Schwangerschaft (§ 9 MuSchG). Wurde eine Kündigung während der Schwangerschaft ausgesprochen, weil dem Arbeitgeber die Tatsache noch nicht bekannt war, so muss die Kündigung innerhalb von **zwei** Wochen nach Zugang der Kündigung rückgängig gemacht werden (§ 9 MuSchG). Nimmt der Vater **oder** die Mutter Elternzeit, so ruht während dieser Zeit das Arbeitsverhältnis. Das Arbeitsverhältnis darf während dieser Zeit nicht gekündigt werden (§ 18 BErzGG).
- **Auszubildenden** darf während ihrer Ausbildungszeit nicht gekündigt werden (§ 15 Abs. 2 BBiG).

Die genannten Ausnahmen beziehen sich immer nur auf eine ordentliche Kündigung. Ausnahmen (außerordentliche Kündigungen, fristlose Kündigungen) sind in bestimmten Fällen möglich.

- **Langjährige Mitarbeitende/Angestellte**
  Am 15. Oktober 1993 ist das neue Kündigungsfristengesetz in Kraft getreten. Es vereinheitlicht die Kündigungsfristen für Arbeiter und Angestellte (vgl. Übersicht).

Grundkündigungsfrist: 4 Wochen zum 15. oder letzten Tag eines Monats	
Betriebszugehörigkeit (Die Jahre werden erst ab dem 25. Lebensjahr berechnet.)[1]	**Kündigungsfrist lt. § 622 BGB** jeweils zum Monatsende
2 Jahre	1 Monat
5 Jahre	2 Monate
8 Jahre	3 Monate
10 Jahre	4 Monate
12 Jahre	5 Monate
15 Jahre	6 Monate
20 Jahre	7 Monate

Auch diese verlängerten Kündigungsfristen für langjährige Mitarbeitende gelten nur für ordentliche Kündigungen. Außerordentliche Kündigungen oder fristlose Kündigungen aus wichtigem Grund sind möglich. Im Juli 2012 enthält § 622 BGB noch die vom EuGH kritisierte Klausel für Unter-25-Jährige; Arbeitsgerichte richten sich nach dem EuGH-Urteil vom 19.01.2010.

Prüfen Sie Ihr Wissen

1. Welche Voraussetzungen müssen gegeben sein, damit eine Kündigung sozial gerechtfertigt ist?
2. Nennen Sie die Arbeitnehmergruppen, die einen besonderen Kündigungsschutz genießen.
3. Sandra G. ist 30 Jahre alt. Sie ist seit acht Jahren bei der Fa. Galvan beschäftigt. Michael M. ist 38 Jahre alt. Er ist seit zehn Jahren bei der Fa. Kupf AG beschäftigt. Jörg L. ist 42 Jahre alt. Er ist seit 15 Jahren bei der Fa. Grauguß AG beschäftigt. Katja B. ist 43 Jahre alt. Sie ist seit 20 Jahren bei der Fa. Leder AG beschäftigt. Ermitteln Sie die Kündigungsfristen für die vier oben genannten Beschäftigten der verschiedenen Firmen.

Web

7.7.2 Jugendarbeitsschutzgesetz

Arbeitszeit für Kinder in verschiedenen Bezirken Deutschlands um 1825

Berlin	7 - 12 Std.	Frankfurt/Oder	15 - 16 Std.
Bochum	10 - 14 Std.	Hagen	10 - 12 Std.
Breslau	10 - 14 Std.	Köln	11 $^1/_2$ - 14 Std.
Dortmund	10 - 15 Std.	Magdeburg	7 - 12 Std.

Quelle: Jürgen Kuczynski: „Die Geschichte der Lage der Arbeiter in Deutschland von 1800 bis in die Gegenwart", Bd. 1, S. 70

---

1 Der EuGH hat mit Urteil vom 19.01.2010, Az.:C-555/07 entschieden, dass die Berechnung der Betriebszugehörigkeit ab dem 25. Lebensjahr eine Diskriminierung der jungen Mitarbeitenden ist und somit gegen das Recht der EU verstößt (Richtlinie 2000/78 Verbot der Altersdiskriminierung).

Die erste Kinderschutz-Debatte in Preußen 1837

Der Herr Abgeordnete las aus dem Bericht einiges vor, woraus hervorgeht, daß besonders in Mülhausen ebenso die Kräfte der Kinder mißbraucht würden wie an vielen anderen Orten und daß die Besitzer der Spinnereien darauf angelegt hätten, es möchte ein Gesetz zu ihrem Schutze gegeben werden, welches die Arbeitsstunden verringere. Der Herr Abgeordnete fuhr darauf fort, von allen Seiten erheben sich Stimmen, um das Interesse der Fabrikherren zu verteidigen unter dem subtilen Vorwande, die Industrie seie bedroht; selten aber erhebe sich eine Stimme für den Arbeiter, um ihr Los zu verbessern. Beobachte man doch das ganze Leben eines Menschen, der schon als Kind harte Sklavendienste verrichten mußte, so wie seine Kindheit trübe und freudenleer war, so ist sein ganzes Leben entbehrend, hat er mit Mühseligkeiten aller Art zu kämpfen, ja in schweren Zeiten, wie die jetzigen, ist er sogar mit den Seinigen der Pein des Hungers preisgegeben, und ...

Quelle: Elisabeth Bentley (Übersetzer: W. Köllmann): Die industrielle Revolution, Klett Stuttgart 1972, S. 39 f.

Wie die beiden Beispiele zeigen, wurden die Kinder und Jugendlichen im 19. Jh. „brutal" ausgebeutet. Deshalb wurde im Jahr 1838 das preußische **„Regulativ über die Beschäftigung jugendlicher Arbeiter in Fabriken"** geschaffen, der Vorgänger des Jugendarbeitsschutzgesetzes aus dem Beginn der Industrialisierung Europas.

Diese erste gesetzliche Regelung zum Schutze von jugendlichen Arbeitern **verbot die Arbeit von Kindern unter neun Jahren in Fabriken und beschränkte die Arbeit von bis zu 16-Jährigen auf zehn Stunden pro Tag**. Des Weiteren wurde verboten: **Arbeit an Sonn- und Feiertagen sowie die Nachtarbeit für Jugendliche**.

Wie schon die „alten Preußen" erkannten, ist es zwingend notwendig, Jugendliche aufgrund ihrer geistigen und körperlichen Entwicklung am Arbeitsplatz vor Überbeanspruchung und Gefahren zu schützen.

Deshalb gibt es heute das **Jugendarbeitsschutzgesetz**. Es sorgt dafür, dass die gesundheitliche Entwicklung der Jugendlichen nicht durch die Ausübung zu langer, zu früher, zu schwerer, zu gefährlicher und ungeeigneter Arbeiten gefährdet wird.

Schutzbedürftige im Sinne des JArbSchG

Bis zum heutigen Zeitpunkt regelt das **Jugendarbeitsschutzgesetz in der Fassung von 1976** mit Änderungen bis April 1986 (letzte Änderung Juli 2021)

- die Beschäftigung von Personen, die das 18. Lebensjahr noch nicht vollendet haben (Jugendliche) und die in einer Berufsausbildung stehen, einem Arbeitsverhältnis (auch Heimarbeit) nachgehen, mit sonstigen Dienstleistungen (ähnlich der Arbeitsleistung oder Heimarbeit) betraut sind oder in einem Ausbildungsverhältnis ähnlich einem Berufsausbildungsverhältnis stehen (§ 1 JArbSchG);
- das Verbot der Beschäftigung von Kindern. Kinder im Sinne des JArbSchG sind alle, die noch nicht 15 Jahre alt sind, und Jugendliche, die noch der Vollzeitschulpflicht unterliegen (§ 2 u. 5 JArbSchG).

Ausnahmen vom Jugendarbeitsschutz

Das Arbeitsverbot gilt nicht

- **bei Jugendlichen** für geringfügige Hilfeleistungen, soweit sie *gelegentlich* aus Gefälligkeit, aufgrund familienrechtlicher Vorschriften, in Einrichtungen der Jugendhilfe und in Einrichtungen zur Eingliederung Behinderter erbracht werden, und für die Beschäftigung durch die Personensorgeberechtigten im Familienhaushalt (§ 1 Abs. 2 JArbSchG);
- **bei Kindern** zum Zwecke der Beschäftigungs- und Arbeitstherapie, im Rahmen eines Betriebspraktikums während der Vollzeitschulpflicht und in Erfüllung einer richterlichen Weisung (§ 5 Abs. 2 JArbSchG);
- **bei Kindern über 13 Jahre** für die Beschäftigung in der Landwirtschaft bis zu drei Stunden täglich in Familienbetrieben, „soweit die Beschäftigung leicht und für Kinder geeignet ist", ansonsten gilt eine grundsätzliche Beschäftigungsdauer von maximal zwei Stunden pro Tag, sodass ein Kind in der Landwirtschaft maximal 15 Stunden pro Woche beschäftigt werden darf, in allen anderen Bereichen maximal zehn Stunden pro Woche (§ 5 Abs. 3 JArbSchG);
- **bei Jugendlichen über 15 Jahre** für die Beschäftigung während der Schulferien bis zu maximal vier Wochen pro Jahr (§ 5 Abs. 4 JArbSchG).

Für öffentliche Veranstaltungen kann die Aufsichtsbehörde (*dies ist in der Regel das Gewerbeaufsichtsamt*) weitere Ausnahmen gestatten (§ 5, V JArbSchG).

Grundsätzliche Regelungen trifft das Jugendarbeitsschutzgesetz für

- die Beschäftigung/das Beschäftigungsverbot,
- die Arbeitszeit,
- den Besuch der Berufsschule,
- die Teilnahme an Prüfungen und außerbetrieblichen Ausbildungsmaßnahmen,
- den Urlaub,
- die Gestaltung des Arbeitsplatzes,
- das Verbot der Züchtigung und Ausgabe von Alkohol und Tabak,
- die gesundheitliche Betreuung.

Das Mindestalter für die **Beschäftigung** liegt grundsätzlich bei **15 Jahren**. Nur die 14-Jährigen, die nicht mehr der Vollzeitschulpflicht unterliegen, dürfen in einem Berufsausbildungsverhältnis oder außerhalb eines solchen mit leichten und für sie geeigneten Tätigkeiten bis zu sieben Stunden täglich und 35 Stunden wöchentlich beschäftigt werden (§ 7 JArbSchG). Solche leichten Tätigkeiten könnten z. B. das Auszeichnen und Sortieren von Waren, das Austragen von Waren und Zeitungen, Büroarbeiten (Ablage usw.) oder Verkaufstätigkeiten sein.

Diese Ausnahmeregelung hat seit der Einführung der 9- bis 10-jährigen Schulpflicht in Deutschland nur noch sehr geringe Bedeutung.

Beschäftigungsverbot für Jugendliche und gefährliche Arbeiten

Das **Beschäftigungsverbot für Jugendliche** gilt für **gefährliche Arbeiten**. Diese werden im **§ 22 Abs. 1 JArbSchG** ausdrücklich aufgeführt. Hierzu gehören:

1. Arbeiten, die die Leistungsfähigkeit der Jugendlichen übersteigen (wie z. B. schwere Lasten tragen oder hochheben, ständiges Stehen bei der Arbeit, Arbeiten mit ständig hoher Dauerbelastung),
2. Arbeiten, bei denen die Jugendlichen sittlichen Gefahren ausgesetzt sind,
3. Arbeiten, die mit Unfallgefahren verbunden sind, von denen anzunehmen ist, dass Jugendliche sie wegen mangelnden Sicherheitsbewusstseins oder mangelnder Erfahrung nicht erkennen bzw. abwenden können (wie z. B. Arbeiten an oder mit gefährlichen Maschinen, Werkzeugen oder Werkstoffen),
4. Arbeiten, bei denen die Gesundheit der Jugendlichen durch außergewöhnliche Hitze, Kälte oder durch starke Nässe gefährdet wird (wie z. B. ständiges Arbeiten in Kühlhäusern oder am Hochofen),
5. Arbeiten, bei denen sie schädlichen Einwirkungen von Lärm, Erschütterungen, Strahlen oder von giftigen, ätzenden oder reizenden Stoffen ausgesetzt sind (wie z. B. Arbeiten an schweren Pressen, im Kernkraftwerk, in der chemischen Industrie beim Mischen oder Abfüllen der o. g. Stoffe).

Die Einschränkungen 3.–5. gelten nur für Jugendliche unter 16 Jahre. Für Jugendliche über 16 Jahre hingegen gilt, dass sie diese Arbeiten ausführen dürfen, wenn dies zur Erreichung ihres Ausbildungsziels erforderlich ist und ihr Schutz durch die Anwesenheit eines fachkundigen Mitarbeiters oder einer fachkundigen Mitarbeiterin gewährleistet ist.
Des Weiteren ist es **verboten**, Jugendliche bei **Akkordarbeiten oder tempoabhängigen Arbeiten** (z. B. am Fließband) einzusetzen. Diese Regelung soll verhindern, dass Jugendliche sich wegen hoher Verdienstmöglichkeiten selbst überfordern (§ 23 Abs. 1 JArbSchG).
Ausnahmen sind nur dann gestattet, wenn Jugendliche in **Akkordgruppen mit Erwachsenen** zusammenarbeiten und dies der Erreichung eines **Ausbildungsziels** dient oder dies Teil ihrer **Berufsausbildung** ist. Aber auch hier gilt, dass ihr Schutz durch eine fachkundige Aufsichtsperson gewährleistet sein muss (§ 23 Abs. 2 JArbSchG).
Auch in diesem Bereich kann die zuständige Aufsichtsbehörde für Jugendliche über 15 Jahre weitere Ausnahmen gestatten (§ 23 Abs. 3 JArbSchG).

Grundsätzlich **verboten** ist Jugendlichen die **Arbeit unter Tage** (§ 24 JArbSchG). Hier gibt es die **Ausnahme**, dass Jugendliche über 16 Jahre nur dann unter Tage beschäftigt werden dürfen, wenn dies **im Rahmen ihrer Ausbildung** erforderlich ist oder wenn sie **nach ihrer Ausbildung** eine solche **Beschäftigung** annehmen. Aber auch hier muss für ausreichenden Schutz durch eine fachkundige Person gesorgt sein.

Weitere Verbote enthält der § 25 JArbSchG, der besagt, dass es **bestimmten Personen verboten ist**, Jugendliche zu **beschäftigen, auszubilden oder anzuweisen**. Zu diesen bestimmten Personen gehören

- Vorbestrafte mit mindestens zwei Jahren Freiheitsstrafe;
- Arbeitgeber, Ausbildende oder Ausbilder, die zu einer Freiheitsstrafe von mehr als drei Monaten verurteilt wurden, weil sie eine vorsätzliche Straftat begangen haben, die unter die Verletzung ihrer Pflichten fällt und die zum Nachteil von Kindern oder Jugendlichen führte;
- solche, die gegen das Gesetz über den Verkehr mit Betäubungsmitteln oder gegen das Gesetz über die Verbreitung jugendgefährdender Schriften verstoßen haben und deshalb mindestens zweimal rechtskräftig verurteilt worden sind;
- solche, die mit einer mindestens dreimaligen Geldbuße belegt wurden, weil sie gegen das Jugendarbeitsschutzgesetz verstoßen haben.

Diese **Verbote gelten nicht** für die Beschäftigung durch den oder die **Personensorgeberechtigten** (§ 25 Abs. 3 JArbSchG).

Arbeitszeit und Ruhezeit

Die **Arbeitszeit** der Jugendlichen ist im § 8 JArbSchG geregelt. Hier heißt es, dass Jugendliche nicht mehr als **acht Stunden täglich** und nicht mehr als **40 Stunden wöchentlich** beschäftigt werden dürfen. In Betrieben, in denen gleitende Arbeitszeit vereinbart ist, dürfen Jugendliche auch bis zu **8,5 Stunden an einem oder mehreren Arbeitstagen** arbeiten, wenn dafür an den **anderen Arbeitstagen weniger als acht Stunden** gearbeitet wird (§ 8 Abs. 2a JArbSchG).

> **Sonderregelungen** gelten für Jugendliche, die in der Land-, Forst- und Fischereiwirtschaft beschäftigt sind, und für Auszubildende, die das 18. Lebensjahr vollendet haben.

Als **tägliche Arbeitszeit** wird die Zeit vom Beginn bis zum Ende der täglichen Beschäftigung **ohne die Ruhepausen** gerechnet.
Die **wöchentliche Arbeitszeit** bezieht sich grundsätzlich auf die Zeit von Montag bis Sonntag (§ 4 Abs. 4 JArbSchG). Hierbei ist zu beachten, dass Jugendliche nur an **fünf Tagen in der Woche** beschäftigt werden dürfen (§ 15 JArbSchG). Wegen des Verbots der Samstags- und Sonntagsarbeit für Jugendliche ist der Zeitraum damit **in der Regel auf Montag bis Freitag** festgelegt (**Ausnahmen:** Einzelhandel [Samstag], Krankenhaus, Pflegeheime, Kinderheime, Altenheime, Landwirtschaft, Gaststätten ...).
Jugendlichen, die samstags oder sonntags beschäftigt werden dürfen, muss eine Fünf-Tage-Woche dadurch garantiert sein, dass sie an anderen berufsschulfreien Arbeitstagen derselben Woche freigestellt werden.

Arbeitstage, die aufgrund eines gesetzlichen Feiertags entfallen, müssen zur wöchentlichen Arbeitszeit gerechnet werden.

Die tägliche Arbeitszeit der Jugendlichen muss durch von vornherein festgelegte **Ruhepausen** unterbrochen sein. Diese Ruhepausen zählen nicht zur täglichen Arbeitszeit (Ausnahmen: Untertagebergbau). Diese Ruhepausen müssen mindestens

- 30 Minuten bei einer täglichen Arbeitszeit von 4,5–6 Stunden,
- 60 Minuten bei mehr als 6-stündiger täglicher Arbeitszeit

betragen. Als Ruhepausen gelten nur Unterbrechungen der Arbeitszeit von mindestens **15 Minuten**. Die Ruhepausen müssen so gelegt werden, dass sich der Jugendliche frühestens nach einer Stunde nach Arbeitsbeginn und spätestens eine Stunde vor Arbeitsende ausruhen kann. Spätestens nach **4,5 Stunden** muss den Jugendlichen eine Ruhepause gewährt werden (§ 11 JArbSchG).
In Unternehmungen mit einem Betriebsrat ist dieser für die Pausenregelung zuständig.

Die **tägliche Freizeit und Nachtruhe** laut §§ 13 und 14 JArbSchG soll für Jugendliche mindestens **zwölf Stunden** betragen. Nur in Notfällen ist es erlaubt, Jugendliche nach Beendigung der täglichen Arbeitszeit und vor Ablauf der zwölf Stunden zu beschäftigen.
Diese Freizeit muss normalerweise spätestens um 20:00 Uhr beginnen und darf nicht vor 06:00 Uhr enden.

Ausnahmen für Jugendliche über 16 Jahren bestehen

- in der Landwirtschaft ab 05:00 Uhr oder bis 21:00 Uhr,
- in Bäckereien und Konditoreien ab 05:00 Uhr – Jugendliche über 17 Jahren ab 04:00 Uhr,
- in mehrschichtigen Betrieben bis 23:00 Uhr,
- im Gaststätten- und Schaustellergewerbe bis 22:00 Uhr

Weitere Ausnahmen sind möglich vor allem durch **tarifvertragliche Regelungen**.

Berufsschule

Der **Besuch der Berufsschule** muss dem Jugendlichen dadurch gewährt werden, dass der Arbeitgeber den Jugendlichen für die **Teilnahme am Berufsschulunterricht freizustellen** hat (§ 9 Abs. 1 JArbSchG).
Auch wenn ein Jugendlicher freiwillig auf den Berufsschulunterricht verzichtet (schwänzt), darf er vom Arbeitgeber nicht beschäftigt werden. Der Arbeitgeber ist sogar verpflichtet, den Jugendlichen zur Berufsschule zu schicken.

Nicht beschäftigt werden dürfen Jugendliche außerdem

- vor einem vor 09:00 Uhr beginnenden Unterricht;
- an Berufsschultagen mit **mehr als fünf Unterrichtsstunden** à 45 Minuten (**Ausnahme über 18-Jährige**);
- an Berufsschulwochen mit einem planmäßigen **Blockunterricht** von **mindestens 25 Stunden an mindestens fünf Tagen**; zusätzliche betriebliche **Ausbildungsveranstaltungen bis zu zwei Stunden wöchentlich** sind zulässig (**Ausnahme über 18-Jährige**).

Die **Unterrichtszeit** in der Berufsschule muss auf die Arbeitszeit angerechnet werden. Dabei sind nach § 9 Abs. 2 JArbSchG

- Berufsschultage mit **mindestens fünf Zeitstunden** einschließlich der Pausen mit **acht Stunden** anzurechnen;

- Berufsschulwochen mit **mindestens 25 Stunden Blockunterricht an mindestens fünf Tagen** mit **40 Stunden** anzurechnen;
- Berufsschulunterricht am **arbeitsfreien Samstag mit mindestens fünf Zeitstunden** mit **acht Stunden** zu verrechnen, sodass der Jugendliche in der darauffolgenden Woche nur während **32 Arbeitsstunden** beschäftigt wird;
- der Besuch der Berufsschule kein Grund, dass der Jugendliche weniger Entgelt erhält.

Die oben genannten Punkte gelten seit dem 1. März 1997 nicht mehr für Jugendliche, die über 18 Jahre alt und berufsschulpflichtig sind. Für sie gilt § 3 Arbeitszeitgesetz; sie können bis zu zehn Stunden beschäftigt werden, wenn innerhalb von 24 Wochen ein Ausgleich erfolgt.

Freistellungen für Prüfungen und Urlaub

Zur **Teilnahme an Prüfungen** und **außerbetrieblichen Ausbildungsmaßnahmen** hat der Arbeitgeber den Jugendlichen freizustellen.
Des Weiteren ist der Jugendliche an dem Arbeitstag **freizustellen, der der schriftlichen Abschlussprüfung vorangeht** (§ 10 Abs. 1 JArbSchG). Wenn der vorangehende Tag ein Sonntag ist, entfällt dieser Anspruch.
Die Zeiten für die Prüfung, inklusive der Pausen, sind der Arbeitszeit zuzurechnen. Dies gilt auch dann, wenn der Prüfungstag ein arbeitsfreier Tag ist. Diesen Anspruch haben auch Auszubildende über 18 Jahren.

Bezahlter Erholungsurlaub ist dem Jugendlichen vom Arbeitgeber entsprechend seines Alters für jedes Kalenderjahr zu gewähren (§ 19 JArbSchG). Der Urlaub beträgt jährlich

- **mindestens 30 Werktage**, wenn der Jugendliche zu Beginn des Kalenderjahres noch nicht 16 Jahre alt ist,
- **mindestens 27 Werktage**, wenn der Jugendliche zu Beginn des Kalenderjahres noch nicht 17 Jahre alt ist,
- **mindestens 25 Werktage**, wenn der Jugendliche zu Beginn des Kalenderjahres noch nicht 18 Jahre alt ist.[1]

Der Urlaubsanspruch soll berufsschulpflichtigen Jugendlichen während der **Berufsschulferien** gewährt werden. Wird der Urlaub nicht während der Berufsschulferien gewährt, **muss für jeden Urlaubstag**, an dem der Jugendliche die Berufsschule besucht, **ein weiterer Urlaubstag** gewährt werden.

Gesundheitsschutz

Die **Gestaltung des Arbeitsplatzes** (die **Einrichtungen**) und der **Unterhalt der Arbeitsstätten** (einschließlich der Maschinen, Werkzeuge und Geräte) hat nach § 28 JArbSchG so zu erfolgen, dass das Leben, die Gesundheit und die Entwicklung der Jugendlichen geschützt sind. Dabei ist besonders darauf zu achten, dass den Jugendlichen das erforderliche Sicherheitsbewusstsein und die Erfahrung fehlen.

---

1 *Auch hier greift die Richtlinie der EU mit dem Inhalt der Altersdiskriminierung:*

Mehr Urlaub für Jüngere im öffentlichen Dienst
Bundesarbeitsgericht: Urlaubsprivilegien für Ältere sind eine verbotene Diskriminierung, in: Frankfurter Allgemeine Zeitung, 21.03.2012, S. 11

Das **Verbot der Züchtigung von Jugendlichen und das Verbot der Ausgabe von Alkohol und Tabak** ist im § 31 JArbSchG festgehalten. Es besagt, dass derjenige, der Jugendliche beschäftigt, anweist oder ausbildet, diese **nicht körperlich züchtigen darf**. Dies geht so weit, dass der Arbeitgeber darauf achten muss, dass der Jugendliche auch nicht von anderen im Betrieb Beschäftigten gezüchtigt, misshandelt oder sittlich gefährdet wird.
Des Weiteren hat der Arbeitgeber darauf zu achten, dass an Jugendliche **keine alkoholischen Getränke oder Tabakwaren** ausgegeben werden.
Die **gesundheitliche Betreuung der Jugendlichen** umfasst eine **Untersuchung vor Aufnahme der Arbeit** und eine **Nachuntersuchung nach einem Jahr**, nachdem die Arbeit aufgenommen wurde (§§ 32 und 33 JArbSchG). Ohne diese Untersuchungen und Bescheinigungen eines Arztes darf der Jugendliche nicht beschäftigt werden.
Nach Ablauf eines weiteren Jahres kann der Jugendliche eine **zweite Nachuntersuchung** machen lassen, muss aber nicht. Der Arbeitgeber sollte ihn dazu anhalten (§ 34 JArbSchG).

Prüfen Sie Ihr Wissen

1. Welche grundsätzlichen Regelungen trifft das JArbSchG?
2. Wie viele Stunden für tägliche Freizeit und Nachtruhe stehen einem Jugendlichen zu?
3. Nach wie viel Unterrichtsstunden à 45 Minuten müssen Auszubildende nach der Berufsschule nicht mehr in ihren Ausbildungsbetrieb? (Achtung Altersgrenze beachten.)
4. Wie viele Urlaubstage stehen Jugendlichen mindestens zu, wenn sie noch nicht
   a) 16 Jahre alt sind,
   b) 17 Jahre alt sind,
   c) 18 Jahre alt sind?
5. a) Wie oft müssen Jugendliche zu einer ärztlichen Untersuchung gehen, um überhaupt beschäftigt werden zu dürfen?
   b) Wie oft können Jugendliche zur ärztlichen Untersuchung gemäß JArbSchG gehen?
   c) Wieso müssen Jugendliche überhaupt zur ärztlichen Untersuchung?

Web

7.7.3 Mutterschutzgesetz

Frau Rita Mayer ist im zweiten Monat schwanger. Da dies ihre erste Schwangerschaft ist, weiß sie nicht genau, was zu tun ist, ob sie ihre Schwangerschaft dem Arbeitgeber mitteilen muss, ob sie ihre schwere Arbeit im Lager noch weiter verrichten kann usw. Sie vertraut sich deshalb zunächst einmal ihrer Kollegin Susi glücklich an, mit der Frage, was sie alles tun müsse. Susi gibt ihr den Rat, zuallererst den Arbeitgeber zu unterrichten, da sie nur so den vollkommenen Mutterschutz genießen könne. Mehr kann sie ihr auch nicht raten.

Schon Ende des 19. Jahrhunderts bestimmte die Gewerbeordnung in Deutschland, dass gewerbliche Arbeiterinnen drei Wochen nach der Geburt nicht beschäftigt werden dürfen. Vergleicht man diesen ersten Ansatz des Mutterschutzes mit unserem heutigen viel weiter reichenden Mutterschutzgesetz, so war der Mutterschutz dieses „*Vorreiters*" unseres heutigen Mutterschutzgesetzes doch noch sehr bescheiden.
Unser heutiges Mutterschutzgesetz basiert auf der Fassung vom 18. April 1968 und erfuhr bis zum heutigen Tag stetige Änderungen zum Schutz der Mutter und des werdenden Kindes, es wird ergänzt durch die Verordnung zum Schutze der Mütter am Arbeitsplatz (MuSchArbV). Zusätzlich wurde der Mutterschutz durch die Einführung des Bundeserziehungsgeldgesetzes 1986 und dem damit verbundenen Erziehungsurlaub deutlich verbessert.

Begünstigte des Mutterschutzgesetzes

Das Mutterschutzgesetz gilt laut § 1 MuSchG für alle Frauen, die in einem Arbeitsverhältnis stehen. Dabei ist es unerheblich, ob sie ledig oder verheiratet sind und welcher Nationalität sie angehören. Gilt auch für schwangere oder stillende Studentinnen, Praktikantinnen und Schülerinnen.
Werdende Mütter *sollen* dem Arbeitgeber ihre Schwangerschaft und den mutmaßlichen Termin der Entbindung mitteilen, sobald ihnen ihr Zustand bekannt ist. Diese „*Sollregelung*" sollte aber für jede werdende Mutter ein „*Muss*" sein, denn nur durch diese Mitteilung kann sie den vollen Schutz erwarten und erhalten.

Der Arbeitgeber muss nach der Mitteilung die zuständige Aufsichtsbehörde (Gewerbeaufsichtsamt) unverzüglich von dieser Tatsache unterrichten, damit diese sich um die werdende Mutter kümmern kann, sprich überprüfen kann, ob die Schutzbestimmungen im Betrieb eingehalten werden.

Schutzfristen

Werdende Mütter dürfen in den letzten sechs Wochen vor der Entbindung nicht beschäftigt werden, es sei denn, dass sie sich ausdrücklich dazu bereit erklären. Diese Erklärung kann jederzeit widerrufen werden (§ 3 Abs. 2 MuSchG).
Mütter dürfen nach der Geburt acht Wochen lang nicht beschäftigt werden. Für Mütter nach Früh- oder Mehrlingsgeburten gilt eine Schutzfrist von zwölf Wochen. Nach einer Fehlgeburt ab der zwölften Schwangerschaftswoche bekommen diese Frauen grundsätzlich einen viermonatigen Kündigungsschutz. Bei der Geburt eines behinderten Kindes wird die Schutzfrist von acht auf zwölf Wochen ausgeweitet. Auf diese Schutzfrist kann eine Frau nicht, wie auf die Schutzfrist vor der Geburt, verzichten.
Werdende Mütter dürfen nicht beschäftigt werden, wenn durch ärztliches Zeugnis nachgewiesen wird, dass Leben oder Gesundheit von Mutter oder Kind durch eine Weiterbeschäftigung gefährdet sind (§ 16 Abs. 1 MuSchG). Dies gilt unabhängig von den allgemeinen Schutzfristen.

Beschäftigungsverbote für werdende Mütter

Werdende Mütter dürfen nicht mit schweren körperlichen Arbeiten und nicht mit Arbeiten beschäftigt werden, bei denen sie schädlichen Einwirkungen von gesundheitsschädlichen Stoffen oder Strahlen, von Staub, Gasen oder Dämpfen, von Hitze, Kälte oder Nässe, von Erschütterungen oder Lärm ausgesetzt sind (§ 4 und 5 MuSchArbV).

Werdende Mütter dürfen insbesondere nicht beschäftigt werden (§11 und §12 MuSchG):

- mit Arbeiten, bei denen regelmäßig Lasten von mehr als 5 kg Gewicht oder gelegentlich Lasten von mehr als 10 kg Gewicht ohne mechanische Hilfsmittel von Hand gehoben, bewegt oder befördert werden,

- nach Ablauf des fünften Monats der Schwangerschaft mit Arbeiten, bei denen sie ständig stehen müssen, soweit diese Beschäftigung täglich vier Stunden überschreitet,
- mit Arbeiten, bei denen sie sich häufig erheblich strecken oder beugen oder bei denen sie dauernd hocken oder sich gebückt halten müssen,
- mit der Bedienung von Geräten und Maschinen aller Art mit hoher Fußbeanspruchung, insbesondere von solchen mit Fußantrieb,
- mit dem Schälen von Holz,
- mit Arbeiten, bei denen Berufserkrankungen besonders bei Schwangeren entstehen könnten,
- nach Ablauf des dritten Monats der Schwangerschaft auf Beförderungsmitteln,
- mit Arbeiten, bei denen sie erhöhten Unfallgefahren, insbesondere der Gefahr auszugleiten, zu fallen oder abzustürzen, ausgesetzt sind.

Die Beschäftigung von werdenden Müttern mit

- Akkordarbeit und sonstigen Arbeiten, bei denen durch ein gesteigertes Arbeitstempo ein höheres Entgelt erzielt werden kann,
- Fließarbeit mit vorgeschriebenem Arbeitstempo ist verboten (§§ 4 und 5 MuSchArbV).

Werdende und stillende Mütter dürfen nicht mit Mehrarbeit, Nachtarbeit (20:00 Uhr bis 06:00 Uhr) und nicht an Sonn- und Feiertagen beschäftigt werden (§§ 11 und 12 MuSchG).

Gestaltung des Arbeitsplatzes

Wer eine werdende oder stillende Mutter beschäftigt, hat dafür zu sorgen, dass der Arbeitsplatz einschließlich der Maschinen, Werkzeuge und Geräte so gestaltet ist, dass der Schutz von Leben und Gesundheit der werdenden oder stillenden Mutter gewährleistet ist (§ 9 MuSchG).
Dies bedeutet auch, dass für werdende oder stillende Mütter, deren Tätigkeit in erster Linie eine gehende oder stehende Tätigkeit ist, Sitzgelegenheiten bereitgestellt werden müssen. Bei sitzenden Tätigkeiten muss die werdende oder stillende Mutter die Möglichkeit haben, ihre Arbeit zu unterbrechen.

Mutterschaftsgeld und sonstige Leistungen bei Schwangerschaft und Mutterschaft

Frauen, die Mitglied einer Krankenkasse sind, erhalten für die Zeit der Schutzfristen der §§ 3 Abs. 2 und 6 Abs. 1 MuSchG sowie für den Tag der Entbindung Mutterschaftsgeld (§§ 19 und 20 MuSchG).

Des Weiteren erhalten diese Frauen bei Schwangerschaft und Mutterschaft

- ärztliche Betreuung und Hebammenhilfe,
- Versorgung mit Arznei-, Verband- und Heilmitteln,
- stationäre Entbindung,
- häusliche Pflege,
- Haushaltshilfe,
- Entbindungsgeld und
- in Verbindung mit BErzGG – Elternzeit sowie Elterngeld.

Arbeitgeber, die diese Vorschriften nicht beachten, können je nach Missachtung dieser Vorschriften mit einer Geldstrafe zwischen 500,00 € und 2 500,00 €, in schwereren Fällen mit einer Freiheitsstrafe bis zu einem Jahr oder einer Geldstrafe bis zu 180 Tagessätzen bestraft werden.
In Betrieben und Verwaltungen, in denen regelmäßig mehr als drei Frauen beschäftigt sind, muss das Mutterschutzgesetz zur Einsicht ausgelegt oder ausgehängt werden.

Prüfen Sie Ihr Wissen

1. Weshalb ist das Mutterschutzgesetz notwendig?
2. Für wen gilt das Mutterschutzgesetz?
3. Wieso sollte eine werdende Mutter ihren Arbeitgeber sofort von ihrer Schwangerschaft benachrichtigen?
4. Warum muss der Arbeitgeber die Aufsichtsbehörde unverzüglich von der Schwangerschaft seiner Arbeitnehmerinnen unterrichten?
5. Die spanische Mitarbeiterin der Fa. Inter-Comp GmbH, Frau Maria Z., ist schwanger. Sie erzählt diese Tatsache ihren Kolleginnen, die ihr raten, sofort zum Chef zu gehen, um ihm dies mitzuteilen. Als Maria fragt, warum sie dies dem Chef erzählen solle, erklären ihr die Kolleginnen, dass sie nur so den vollen Mutterschutz genießen könne. Maria weiß aber von ihrer Mutter, dass das Mutterschutzgesetz bei Ausländerinnen nicht gilt. Nehmen Sie hierzu Stellung.

Web

8 Grundzüge der Wirtschaftspolitik

8.1 Ziele und Probleme der Wirtschaftspolitik

Gesetz zur Förderung der Stabilität und des Wachstums der Wirtschaft

§ 1 Bund und Länder haben bei ihren wirtschafts- und finanzpolitischen Maßnahmen die Erfordernisse des gesamtwirtschaftlichen Gleichgewichts zu beachten. Die Maßnahmen sind so zu treffen, dass sie im Rahmen der marktwirtschaftlichen Ordnung gleichzeitig zur Stabilität des Preisniveaus, zu einem hohen Beschäftigungsgrad und außenwirtschaftlichem Gleichgewicht bei stetigem und angemessenem Wirtschaftswachstum beitragen.

1967 stürzte die noch junge Bundesrepublik Deutschland in die erste größere Rezession seit ihrer Gründung 1949 – ein Schock direkt nach den fetten Jahren des Wirtschaftswunders. Die mit der Rezession verbundene Arbeitslosigkeit und das geringe Wirtschaftswachstum wollte der damalige Wirtschaftsminister Karl Schiller[1] mithilfe des Gesetzes zur Förderung der Stabilität und des Wachstums der Wirtschaft (Stabilitätsgesetz – StabG) bekämpfen. Es wurde vom Gesetzgeber am 8. Juni 1967 verabschiedet. In ihm wurden u.a. Ziele der Wirtschaftspolitik vorgegeben, an denen sich Bund und Länder orientieren sollten.

Wirtschaftsminister Karl Schiller

Neben den wirtschaftspolitischen Zielen enthält das Stabilitätsgesetz auch einen Maßnahmenkatalog, mit dessen Hilfe die Wirtschaftspolitiker die Ziele erreichen konnten.

Oberstes Ziel war **gesamtwirtschaftliches Gleichgewicht**. Dieses Oberziel gilt als erreicht, wenn gleichzeitig folgende **Unterziele** realisiert werden:

- Preisniveaustabilität,
- hoher Beschäftigungsgrad (Vollbeschäftigung),
- außenwirtschaftliches Gleichgewicht,
- stetiges und angemessenes Wirtschaftswachstum.

8.1.1 Preisniveaustabilität

Preisniveaustabilität hat nichts mit Preisstabilität zu tun. Die Grundlage für die Beurteilung des Preisniveaus ist der Preisindex für die Lebenshaltung aller privaten Haushalte.[2]

Dabei wird keine *absolute* Preisniveaustabilität angestrebt, sondern eine *relative*.

---

1 Prof. Dr. Karl Schiller (1911–1994), deutscher Nationalökonom, war zuerst in der großen Koalition aus CDU und SPD von 1966 bis 1969 und anschließend in der sozialliberalen Koalition aus SPD und FDP bis 1972 Bundeswirtschaftsminister. Von 1971 bis 1972 war er zusätzlich noch Finanzminister (Superminister). Er war ein scharfer Kritiker der Erhard'schen Wirtschaftspolitik. Er hoffte, durch eine begrenzt staatsinterventionistische Globalsteuerung mithilfe von mittelfristiger Finanzplanung und konzertierter Aktion der Sozialpartner einen Wirtschaftsaufschwung zu erreichen.

2 Siehe Kapitel 8.2.

Das Ziel der **Preisniveaustabilität** gilt für die EZB als erreicht, wenn der Preisindex für die Lebenshaltung (harmonisierter Verbraucherpreisindex – HVPI) für das Euro-Währungsgebiet gegenüber dem Vorjahr um weniger als 2 % ansteigt.

8.1.2 Hoher Beschäftigungsgrad (Vollbeschäftigung)

Grundlage für die Beurteilung der Beschäftigungslage ist die Arbeitslosenquote.[1] Aufgrund verschiedener Formen von Arbeitslosigkeit[2] kann eine Arbeitslosenquote von 0 % nicht erreicht werden.

Bei Verabschiedung des Stabilitätsgesetzes ging man noch von einer Arbeitslosenquote unter 1,2 % aus, um das Ziel Vollbeschäftigung zu erreichen. Heute spricht man von Vollbeschäftigung bei einer Arbeitslosenquote von unter 3,5 %.

8.1.3 Außenwirtschaftliches Gleichgewicht

Der gesamte Außenhandel wird in der **Zahlungsbilanz** erfasst.

Unter der Zahlungsbilanz versteht man die systematische Aufzeichnung aller wirtschaftlichen Transaktionen von Inländern mit dem Ausland.

Gliederung der Zahlungsbilanz

I. Leistungsbilanz	• **Handelsbilanz** (Bilanz des Warenverkehrs – in ihr werden der Export und Import von Gütern erfasst)
	• **Dienstleistungsbilanz** (sie enthält den Export und Import von Dienstleistungen, z. B. deutsche Touristen im Ausland)
	• **Erwerbs- und Vermögenseinkommen** (Faktorleistungsbilanz – inländische Produktionsfaktoren werden im Ausland eingesetzt und entlohnt und umgekehrt)
	• **Bilanz der laufenden Übertragungen** (in ihr werden alle unentgeltlichen Leistungen an das Ausland bzw. vom Ausland erfasst, wie z. B. Überweisungen ausländischer Arbeitnehmer in ihre Heimatländer – private Übertragungen – oder Beiträge an internationale Organisationen – öffentliche Übertragungen)

1 *Siehe Kapitel 7.1.*
2 *Siehe Kapitel 7.1.4.*

II. Bilanz der Vermögensübertragungen

III. Kapitalbilanz

IV. Veränderungen der Währungsreserven zu Transaktionswerten

V. Restposten (statistisch nicht aufgliederbare Transaktionen)

Eine **ausgeglichene Leistungsbilanz** ist das Ziel der Wirtschaftspolitik. Das Ziel gilt als erreicht, wenn der Leistungsbilanzsaldo zwischen Ausgeglichenheit und einem Überschuss von maximal 2 % des Bruttoinlandsprodukts schwankt.

8.1.4 Stetiges und angemessenes Wirtschaftswachstum

Der Anzeiger des Wirtschaftswachstums ist das reale **Bruttoinlandsprodukt**.[1] Wirtschaftswachstum darf man nicht als eigenständiges Ziel betrachten, sondern mit ihm kann man wichtige andere wirtschaftliche und gesellschaftliche Ziele erreichen. Angemessenes Wirtschaftswachstum galt 1967 bei einer jährlichen Steigerung des realen Bruttoinlandsprodukts von 4 % als erreicht. Tatsächlich gibt es bis heute keine neuen Vorgaben. Trotzdem ist man sich heute einig, Wirtschaftswachstum nicht mehr als exponentielles Wachstum zu verstehen, sondern stärker unter dem Gesichtspunkt der Nachhaltigkeit. Nachhaltiges Wachstum bedeutet, dass zukünftiges Wachstum nicht durch Umweltbelastung und rücksichtslose Ressourcenausbeutung erkauft werden kann.

Unter **angemessenem Wirtschaftswachstum** versteht man diejenige Zunahme des realen Bruttoinlandsprodukts, die notwendig ist, um andere wirtschaftliche und gesellschaftliche Ziele zu erreichen.
Das Ziel stetigen und angemessenen Wirtschaftswachstums gilt als erreicht, wenn eine jährliche Steigerung des realen Bruttoinlandsprodukts von 4 % erreicht wird.

Die Globalisierung der Märkte, die Bevölkerungszunahme, die Umweltproblematik, der technische Fortschritt usw. zeigen, dass die 1967 formulierten Ziele den heutigen Problemen nicht mehr gerecht werden. Inzwischen haben sich die Zielauslegungen geändert und es sind neue Ziele hinzugekommen. Eine gesunde und lebenswerte Umwelt[2] gehört heute ebenso zum Zielkatalog der Wirtschaftspolitik wie auch eine angemessene Einkommens- und Vermögensverteilung. Aus dem Ziel-Viereck wird ein **Ziel-Vieleck**.

---

1 *Das reale Bruttoinlandsprodukt ist von Preisänderungen bereinigt, die im Vergleich zu einer vorangegangenen Bezugsperiode eingetreten sind.*

2 *Siehe Kapitel 1.4.3.*

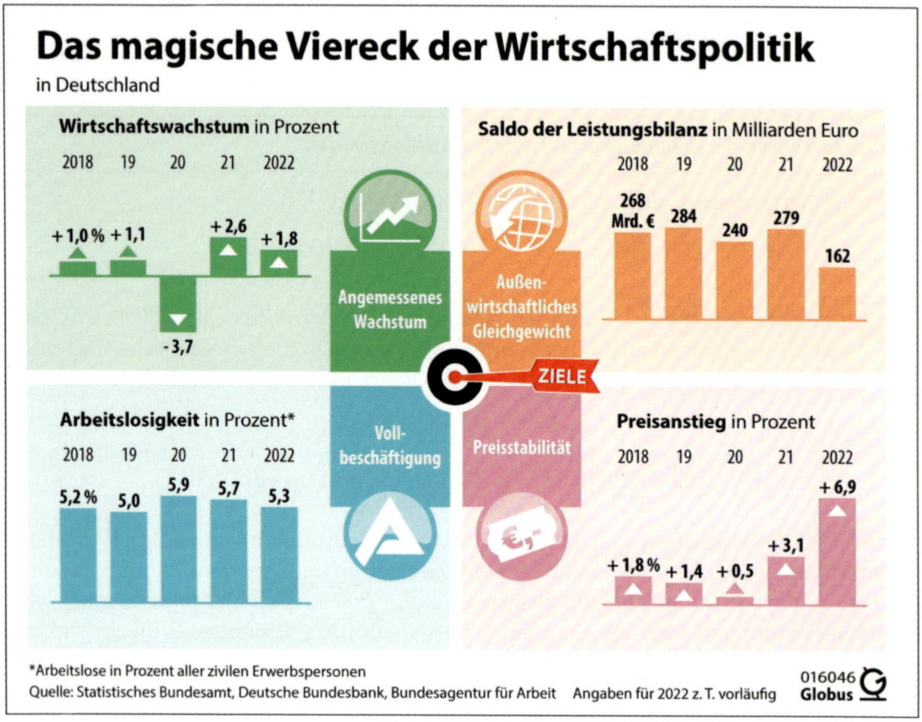

8.1.5 Einkommens- und Vermögensverteilung

„Soziale Gerechtigkeit in der OECD[1] – Wo steht Deutschland?"[2]

Bei der Einkommensverteilung schneidet Deutschland, so die Studie der Bertelsmann Stiftung, im OECD-Vergleich geringfügig besser ab als der Durchschnitt.
„Doch sollte dies nicht darüber hinwegtäuschen, dass die Ungleichverteilung der Einkommen seit Mitte der 1980er-Jahre so stark zugenommen hat wie in kaum einem anderen entwickelten Land. Seit 2000 ... [sind die] realen Einkommen der armutsgefährdeten Bevölkerungsgruppe geschrumpft ..., die der Wohlhabenden gestiegen."[3] Aber was besagen schon Durchschnittswerte: Nahezu jedes zehnte Kind in Deutschland lebt unterhalb der Armutsgrenze und unsere Anrainerstaaten – außer Polen – haben alle eine geringere Ungleichverteilung als die Bundesrepublik.

Für den sozialen Frieden in einer Gesellschaft sowie deren Zusammenhalt sind nicht nur die rechtlichen Standards wichtig; mit entscheidend sind auch die Einkommens- und Vermögensverteilung, weil eine verantwortliche „Bürgergesellschaft" nur dann funktioniert, wenn die materiellen Unterschiede sich in einem allgemein akzeptierten Rahmen bewegen.

---

1 *Organisation für wirtschaftliche Zusammenarbeit und Entwicklung (OECD); ihr gehören gegenwärtig (Stand 2024) 38 Mitgliedstaaten an.*
2 *So der Titel einer Studie der unternehmensnahen Bertelsmann Stiftung aus dem Jahr 2011*
Quelle: http://www.bertelsmann-stiftung.de/cps/rde/xbcr/SID-7BB09A91-602CAA10/bst/xcms_bst_dms_33125_33126_2.pdf
3 *Ebenda S. 26*

Denn die Höhe des Einkommens entscheidet wesentlich über die Chancen des Einzelnen, sich in die Gesellschaft einzubringen, an ihr teilzuhaben und sich in ihr zu verwirklichen. Und Vermögen schafft Sicherheit, gewährt Unabhängigkeit, federt materielle Risiken ab. Deshalb spielt die Diskussion um eine gerechte Einkommens- und Vermögensverteilung eine allgegenwärtige Rolle in der Politik.

EXKURS 1 ***Messung der Einkommens- und Vermögensverteilung – beispielhaft für 2019***

Wenn man weiß, dass das Volksvermögen in Deutschland 2019 knapp 21 Billionen Euro – also 21 000 000 000 000,00 € – betrug, dann ist das eine unvorstellbare Zahl, die für sich nichts aussagt. Und wenn man dann ferner weiß, dass dieses Vermögen knapp sechsmal so hoch ist, wie das Bruttoinlandsprodukt[1] in 2019, dann weiß man zumindest, dass die Deutschen an sich nicht arm sein können. Aber wie reich ist nun der einzelne Deutsche? Versuchen wir es doch mit dem Mittelwert (Durchschnitt) aus dem Volksvermögen und der Anzahl der Bevölkerung (21 Billionen dividiert durch 83 Millionen), dann besitzt jeder Deutsche ein Vermögen von rund 235 000,00 €. Gleichzeitig sind rund 15 Millionen Menschen in Deutschland von Armut betroffen. Folglich sind solche Durchschnittswerte in ihrer Aussagekraft wertlos.

Das soll an folgendem Beispiel verdeutlicht werden. Wir gehen von zwei Haushaltsgruppen (A und B) mit jeweils zehn Haushalten aus:

*In der **Haushaltsgruppe A** besitzen zwei Haushalte (Hh) je sieben Geldeinheiten (GE), zwei Hh je acht GE, drei Hh je neun GE, zwei Hh je zehn GE und ein Hh elf GE Vermögen; das Gesamtvermögen beträgt 88 GE demzufolge der **Durchschnitt pro Haushalt 8,8 GE**.*

*In der **Haushaltsgruppe B** besitzen zwei Haushalte (Hh) je sieben Geldeinheiten (GE), zwei Hh je acht GE, drei Hh je neun GE, zwei Hh je zehn GE und ein Hh 111 GE Vermögen; das Gesamtvermögen beträgt 188 GE demzufolge der **Durchschnitt pro Haushalt 18,8 GE**. Neun von den zehn Haushalten liegen hier aber mit ihrem Vermögen weit unter dem errechneten Durchschnitt – die Aussagekraft des Durchschnitts ist wertlos.*

Nur wenn die einzelnen Werte einer Gesamtheit um den zentralen Wert liegen, kann man sagen, dass der Durchschnittswert eine (signifikante) Aussagekraft besitzt. Je weiter jedoch die einzelnen Werte vom mittleren oder zentralen Wert abweichen, d. h. eine breite Streuung aufweisen, umso sinnloser wird ein Durchschnittswert – siehe Zahlenbeispiel Haushaltgruppe B.

Die Einkommensverteilung und die Vermögensverteilung in Deutschland weisen aber eine extreme breite Streuung auf, deshalb versucht die Statistik mit anderen Methoden diese Streuung zu erfassen, um halbwegs aussagekräftige Ergebnisse zu finden. Gängige Methoden zur Darstellung der Einkommens- und Vermögensverteilung sind die Lorenz-Kurve, der Gini-Koeffizient und Quantile. Nachfolgend werden diese drei Methoden kurz beschrieben.

- ***Lorenzkurve***

Die Lorenzkurve ist eine statistische Methode zu Darstellung von Verteilungen, z. B. des Einkommens bzw. des Vermögens. Sie stellt grafisch dar, wie viel Prozent des Einkommens oder Vermögens auf wie viel Prozent der Haushalte entfallen. Auf der

---

1 Vgl. Kapitel 2.3

Ordinate stehen die kumulierten Einkommen bzw. Vermögen, auf der Abszisse die kumulierte Anzahl der Einkommensbezieher bzw. Vermögensbesitzer.
Die Diagonale repräsentiert eine wirtschaftliche Gleichverteilung. Die Abweichung der Lorenzkurve von der Kurve der Gleichverteilung zeigt die Ungleichheit der Verteilung. Je bauchiger die Lorenzkurve ist, desto ungleicher ist die Verteilung.
So verfügen hier beispielsweise 80 % der Haushalte lediglich über 20 % des gesamten volkswirtschaftlichen Einkommens.

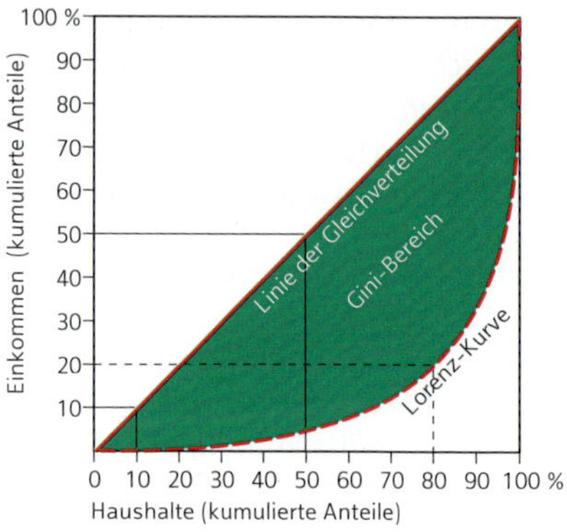

- ***Gini-Koeffizient (Maßzahl für die Ungleichheitsverteilung)***

Der Gini-Koeffizient ist ebenfalls ein statistisches Maß für Ungleichheit. Er basiert auf der Lorenzkurve und drückt die Abweichung der Lorenzkurve (tatsächliche Verteilung) von der Kurve der Gleichverteilung (Diagonale) auf einer Skala von 0 bis 1 aus. Dazu wird die Fläche zwischen Diagonale und Lorenzkurve, ***Fläche G,*** *ins Verhältnis gesetzt zur Dreiecksfläche unterhalb der Diagonalen,* ***Fläche U****.*
Zur Veranschaulichung (stark vereinfacht):

- *Aus dem Flächenverhältnis G:U lässt sich der Gini-Koeffizient bestimmen. Die Fläche U (= Fläche des Δ unterhalb der Diagonalen) sei 60 Einheiten und die Fläche G (= Fläche zwischen Diagonale und Lorenzkurve) sei 50 Einheiten (sehr bauchige Lorenzkurve). Aus dem Flächenverhältnis G/U = 50/60 lässt sich ein Gini-Koeffizient von 0,83 errechnen. Es liegt eine große Ungleichverteilung vor.*
- *Die Lorenzkurve liegt sehr nahe an der Kurve der Gleichverteilung (Diagonale), die Fläche G betrage 12 Einheiten, dann errechnet sich ein Koeffizient von G/U = 12/60 = 0,2. Die Ungleichverteilung ist relativ gering.*

Je höher der Wert des Koeffizienten, umso ungleicher ist die Verteilung bzw. je ungleicher die Einkommen verteilt sind, desto näher ist der Gini-Koeffizient beim Wert 1.

- ***Quantile beispielsweise als Vermögensquintil/-dezil***

Quantile sind ein statistisches Streuungsmaß. Ein Quantil gibt an, wie viele Werte einer Verteilung (z. B. einer Untersuchung der Vermögensverteilung) unter oder über einer bestimmten Grenze liegen. Das heißt, es gibt etwa Auskunft darüber, wie viel Vermögen eine bestimmte Haushaltsgruppe im Verhältnis zum gesamten Vermögen aller Haushalte hat. Dazu werden z. B. die privaten Haushalte nach der Höhe ihrer Vermögen sortiert, dann in mehrere gleich große Teile unterteilt.
*Oft wird die Gesamtheit in fünf gleich umfangsgleiche Teile (Fünftelwerte) zerlegt, dann spricht man von (Vermögens-)****Quintilen;*** *erfolgt dagegen die Aufteilung in 10er-Teile (Zehntelwerte), spricht man von (Vermögens-)****Dezilen****.*
So könnte man die Haushalte in fünf gleich große Gruppen (Quintile) einteilen und ermitteln, wie viel Prozent jede Gruppe am Gesamtvermögen besitzt.

Beispiel *einer Vermögensverteilung nach fünf gleich großen Haushaltsgruppen: – Quintile(Q) –*

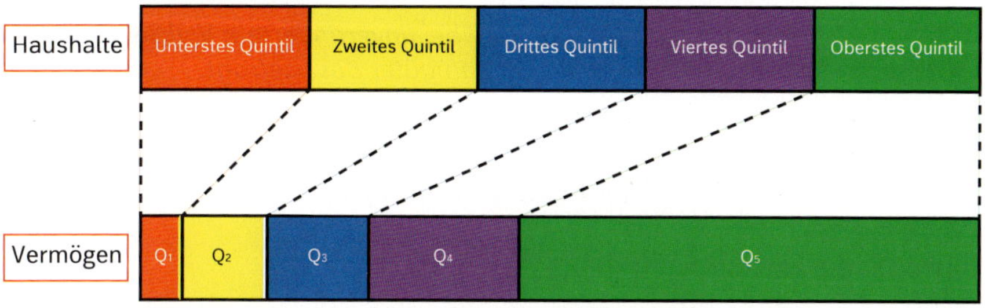

Diese fünf gleich großen Haushaltsgruppen, farblich gekennzeichnet, besitzen unterschiedlich große Vermögensanteile (Q_i) am Gesamtvermögen (100 %), siehe Größenanteile (zweiter Balken: Q_1 = 5 %; Q_2 = 10 %; Q_3 = 12 %; Q_4 =18 %; Q_5 = 55 %)
Es liegt eine extrem ungleiche Vermögensverteilung vor.

EXKURS 2 *Von der Ungleichverteilung zur Gleichverteilung – volkswirtschaftliche Auswirkungen (stark vereinfacht)*

Ausgangssituation – Ungleichverteilung
Bevölkerungsgruppe A = 80 % aller Haushalte beziehen 20 % des Volkseinkommens.
Bevölkerungsgruppe B = 20 % aller Haushalte beziehen 80 % des Volkseinkommens.

Folgesituation – Gleichverteilung
Gleichverteilung, das heißt, jede Bevölkerungsgruppe bezieht in der Höhe der Anteile, die sie an den Gesamthaushalten stellen, auch Volkseinkommen.

Konsumnachfrage der Bevölkerungsgruppe A:

- ***Bei Ungleichverteilung*** *verbrauchen diese Haushalte, weil sie am Existenzminimum leben, ihr gesamtes Einkommen für den Konsum.*
  Also werden 20 % des Volkseinkommens als Konsum nachgefragt.
- ***Bei Gleichverteilung*** *beziehen diese Haushalte, entsprechend ihrem Anteil von 80 % aller Haushalte, jetzt 80 % des Volkseinkommens. Ihr Einkommen liegt jetzt weit über dem Existenzminimum, sie benötigen nur noch 40 % ihres Einkommens für Konsum. Somit werden diese Haushalte jetzt (0,4 von 80 %) 32 % des Volkseinkommens als Konsum nachfragen.*

Konsumnachfrage der Bevölkerungsgruppe B:

- ***Bei Ungleichverteilung*** *beziehen diese Haushalte, die nur 20 % aller Haushalte stellen, mit 80 % des Volkseinkommens ein sehr hohes Einkommen, davon benötigen sie nur 10 % für Konsum.*
  Also fragen sie (0,1 von 80 %) 8 % des Volkseinkommens als Konsum nach.
- ***Bei Gleichverteilung*** *erhalten diese Haushalte, entsprechend ihrem Anteil von 20 % aller Haushalte, jetzt 20 % des Volkseinkommens. Wegen ihres gesunkenen Einkommens benötigen sie nun 40 % davon für ihren bisherigen Konsum.*
- *Diese Haushalte werden (0,4 von 20 %) wie bisher 8 % des Volkseinkommens als Konsum nachfragen.*

Aus dem einfachen Zahlenbeispiel folgt als Ergebnis:

1. *Bei Ungleichverteilung werden insgesamt 28 % des Volkseinkommens als Konsumgüter nachgefragt.*
2. *Bei Gleichverteilung werden bei unverändertem Volkseinkommen 40 % des Volkseinkommens als Konsumgüter nachgefragt.*

Bei unveränderter Höhe des Volkseinkommens steigt also durch die Gleichverteilung die volkswirtschaftliche Konsumgüternachfrage an und in Folge davon auch die Investitionsgüternachfrage.

Einkommensverteilung in Deutschland

Einkommen und die Einkommensverteilung sind neben anderem ein Indikator für den Lebensstandard. Das Statistische Bundesamt in Wiesbaden erfasst und untersucht in regelmäßigen Abständen in Einkommens- und Verbrauchstudien (EVS) für private Haushalte deren Einkommens- und Lebenssituation[1]. Für die Messung der Einkommensverteilung wird nicht vom persönlichen Einkommen, sondern vom Haushaltseinkommen ausgegangen. Dabei kann ein Haushalt eine Einzelperson und auch eine Gruppe von Personen sein, die „einkommens- und verbrauchsmäßig zusammengehören"[2] und eine gemeinsame Hauswirtschaft bilden. Nicht einbezogen in diese Untersuchungen sind Personen in Gemeinschaftseinrichtungen wie beispielsweise Alten- und Pflegeheimen sowie Personen mit einem monatlichen Nettoeinkommen von 18 000,00 € und mehr[3]. Es werden also von vornherein Haushalte mit hohem Einkommen ausgeklammert. Damit wird aber die tatsächliche Spreizung der Ungleichverteilung nicht in ihrer wirklichen Breite erfasst und es zeigt sich demzufolge eine gemäßigtere Ungleichverteilung. Das heißt, die Ungleichverteilung ist in Wirklichkeit wesentlich größer als statistisch erfasst und dargestellt.[4]

Zunächst resultiert das Einkommen als Faktoreinkommen (Leistungseinkommen) aus dem Einsatz der Produktionsfaktoren. In diesem Faktoreinkommen sind sehr unterschiedliche Einkommensarten enthalten – einerseits der Arbeitslohn des Hilfsarbeiters, andererseits die Zinseinnahmen des Vermögensmillionärs. Gemeinsam ist diesen Einkommen, dass ihre Entstehung auf „Vermögen" basiert. Unter diesem Gesichtspunkt kann man von Geldvermögen, Sachvermögen und Humanvermögen (Arbeitsvermögen) sprechen. Zu den Haushaltseinkommen zählen aber auch alle (staatlichen und nicht staatlichen) Transfereinkommen. Die Summe aller Einkommenszuflüsse bezeichnet man als **Haushaltsbruttoeinkommen**.

---

1 *Vgl. Wirtschaftsrechnungen, Fachserie 15 Heft 6, Einkommens- und Verbrauchsstichprobe, Einkommensverteilung in Deutschland, 03.08.2012 u. 15.03.2018, Statistisches Bundesamt, Wiesbaden.*

2 *Ebenda, 2012, S. 7; 2018, S 9.*

3 *Zur Begründung für diese Vorgehensweise siehe ebenda, 2012, S. 7; 2018, S 9.*

4 *Erfassung von Einkommen und Vermögen geben nur unzureichend die reale Ungleichheit wieder, weil einerseits hohe Einkommen (über 18 000,00 €/Monat) nicht erfasst werden, zudem bei der Berechnung des Nettoeinkommens viele steuerliche Sonderregelungen unberücksichtigt bleiben und andererseits Menschen in ungewöhnlichen bzw. extremen Arbeits-, Lebens- und Wohnsituationen ebenfalls nicht erfasst werden. Würde beides erfasst werden, wäre eine erheblich höhere als die ausgewiesene Ungleichverteilung zu diagnostizieren.*

Komponenten des Haushaltsbruttoeinkommens 2013 und 2018 in Deutschland[1]

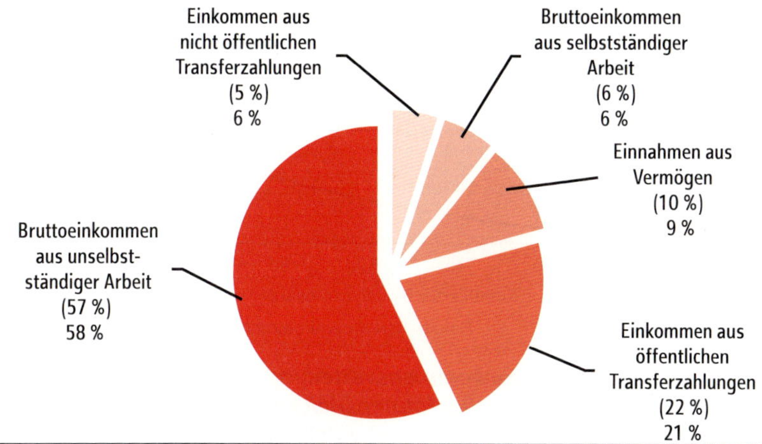

Anm.: Prozentsätze in Klammern = 2013

Haushaltsbruttoeinkommen sagen wenig aus über das verfügbare Einkommen der Haushalte. Werden die Pflichtbeiträge zur Sozialversicherung und die noch und abzuführenden Steuern (Lohn- und Einkommensteuer, Kirchensteuer, Solidaritätszuschlag) abgezogen, erhält man das **Haushaltsnettoeinkommen**. Aus dem Haushaltsnettoeinkommen wird das **Pro-Kopf-Haushaltsnettoeinkommen** (Nettohaushaltseinkommen durch die Zahl der Haushaltsmitglieder) errechnet. Haushalte sind aber unterschiedlich zusammengesetzt und deshalb nicht vergleichbar, weil beispielsweise ein Mehrpersonenhaushalt Einspareffekte gegenüber einem Einpersonenhaushalt hat. Um die Haushalte besser vergleichen zu können, werden solche und weitere Effekte dadurch berücksichtigt, dass man durch eine sogenannte Äquivalenzgröße diese Unterschiede gewichtet und somit ein „gewichtetes Pro-Kopf-Einkommen" ermittelt, welches als **Nettoäquivalenzeinkommen** bezeichnet wird. Nachfolgende Darstellung des Sachverständigenrates zeigt die Einkommensverteilung für Deutschland mithilfe der Lorenzkurve (vgl. auch Lorenzkurve S. 391 f.) auf der Basis äquivalenzgewichteter Markteinkommen und Haushaltsnettoeinkommen. Das Markteinkommen ist aber nicht der geeignete Maßstab, um die Einkommensungleichheit zu beurteilen. Erst wenn die staatlichen Einkommenseingriffe durch (direkte) abzuführende Steuern und Sozialabgaben sowie Transferleistungen berücksichtigt werden, lässt sich die Einkommensverteilung halbwegs beurteilen.

1 *Wirtschaftsrechnungen, Fachserie 15 Heft 6, Einkommens- und Verbrauchsstichprobe, Einkommensverteilung in Deutschland, 15.03.2018 Statistisches Bundesamt, Wiesbaden, S. 16. u. https://www.destatis.de/DE/Themen/Gesellschaft-Umwelt/Einkommen-Konsum-Lebensbedingungen/Einkommen-Einnahmen-Ausgaben/Tabellen/liste-gebietsstaende.html#115612*
[Damit die Daten vergleichbar bleiben, wurde auf die Einkommens- und Verbrauchsstichprobe (EVS) 2018 zurückgegriffen; Daten aus der Stichprobe 2023 liegen noch nicht vor.]

Lorenzkurven[1] der Einkommensverteilung im Jahr 2019[2]

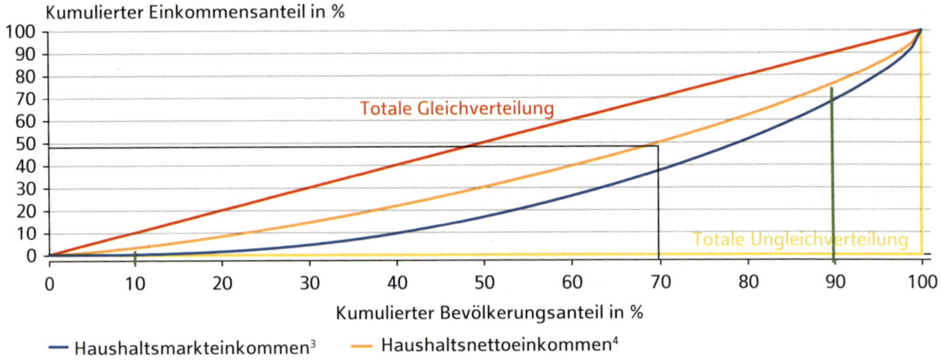

1 - Die Lorenzkurve stellt die Einkommensverteilung grafisch dar und macht so das Ausmaß an Ungleichheit deutlich. Bei totaler Gleichverteilung entspricht sie der roten 45-Grad-Linie. Bei totaler Ungleichverteilung entspricht sie der gelben Linie. Die Fläche zwischen der Lorenzkurve und der roten 45-Grad-Linie relativ zur gesamten Fläche unter der roten 45-Grad-Linie entspricht dem Gini-Koeffizienten. 2 - Preisbereinigt mit dem Verbraucherpreisindex (2015 = 100). Haushaltseinkommen sind äquivalenzgewichtet gemäß der modifizierten OECD-Skala. 3 - Einkommen vor Steuern und Transferleistungen und ohne Renten aus der Gesetzlichen Rentenversicherung und Beamtenpensionen. 4 - Einkommen nach Steuern und Transferleistungen und mit Renten aus der Gesetzlichen Rentenversicherung und Beamtenpensionen.

Quellen: SOEP v37, eigene Berechnungen
© sachverstandigenrat | 23-392-01

Anmerk.: Schwarze u. grüne Linien v. Verf. Eingefügt.

Ersichtlich ist, dass durch die staatliche Umverteilung die ungleiche Einkommensverteilung abgemildert wird, siehe blaue Lorenzkurve (vor Umverteilung) im Vergleich zur orangenen Lorenzkurve nach Umverteilung. Gleichwohl bleibt besonders im unteren bzw. niedrigen Einkommensbereich eine hohe Armutsgefährdung. Das einkommensschwächste Zehntel der Bevölkerung bezieht insgesamt ein Nettoäquivalenzeinkommen von 3,5 %, hingegen das einkommensstärkste Zehntel von knapp 25 % und lag damit höher als das Einkommen von 40 % der Bevölkerung, welches zusammen nur bei rund 22% liegt. Unberücksichtigt sind bisher all jene Haushalte, die mehr als 18 000,00 € Nettoeinkommen im Monat haben. Daraus lässt sich folgern, dass die 10 % der einkommensstärksten Haushalte in Wirklichkeit einen wesentlich höheren Teil am Gesamteinkommen beziehen als statistisch errechnet.

---

1 *„Wenn ein Drei-Personen-Haushalt über ein Haushaltseinkommen von 3 000,00 € verfügt, ist dies pro Kopf ebenso viel wie ein Ein-Personen-Haushalt mit 1 000,00 €. Da der Drei-Personen-Haushalt aber günstiger wirtschaften kann (auch hier wird nur eine Küche, eine Waschmaschine, ein Fernseher usw. benötigt), hat er mit diesem Einkommen ein höheres Wohlfahrtsniveau als der Ein-Personen-Haushalt. Wenn es sich um zwei Erwachsene mit einem kleinen Kind (unter 14 Jahren) handelt, beträgt die Summe der Äquivalenzgewichte 1,0 + 0,5 + 0,3 = 1,8. Eine Division des Einkommens von 3 000,00 € durch diese Zahl ergibt, dass die Mitglieder des Drei-Personen-Haushalts über ein äquivalenzgewichtetes Einkommen von 1 667,00 € pro Person verfügen. Dieser Betrag müsste einem Ein-Personen-Haushalt zur Verfügung stehen, um das gleiche Wohlfahrtsniveau zu haben." Aus dritter Armuts- und Reichtumsbericht 2008, S. 18.*

2

Neben dieser Zeitpunktbetrachtung ist auch wichtig, die Einkommensverteilung im Zeitablauf zu verfolgen. Dazu eignet sich besonders der Gini-Koeffizient, (vgl. auch. S. 391 ff). Bei vollständiger Gleichverteilung – das entspricht der Diagonale der Lorenzkurve – hat er den Wert 0, bei absoluter Ungleichheit den Wert 1. Anfang der 1990er-Jahre lag der Wert bei 0,245 und stieg ab 1995 kräftig an bis auf 0,293. Seit 2005 ist der Wert nur noch leicht gestiegen und liegt gegenwärtig bei ungefähr 0,3. Die Ungleichverteilung könnte also seit 1995 nicht mehr abgebaut werden, sondern sie ist gestiegen, dazu die nachfolgende Grafik.

Ungleichheit der Einkommensverteilung in Deutschland, 1995-2020 (Gini-Koeffizient)[1]

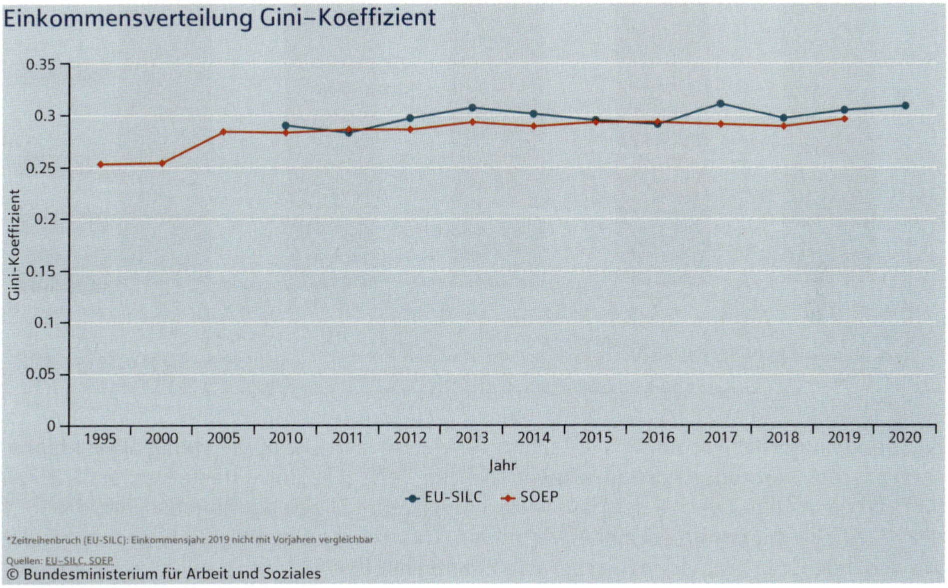

Vermögensverteilung in Deutschland

Die statistische Erfassung des Vermögens ist äußerst schwierig und absolut nicht gesichert.

- Das **Humanvermögen** ist in Höhe und Verteilung weitgehend unbekannt.
- Für **Sachvermögen** sind die Bewertungsansätze strittig und wie berücksichtigt man nicht realisierte Gewinne und Verluste?
- Lediglich das **Geldvermögen** basiert – wegen der Berichtspflicht der Geschäftsbanken an die Bundesbank – auf relativ gesicherten Daten.

Der sechste Armuts- und Reichtumsbericht der Bundesregierung von 2021 zeigt, dass die Ungleichverteilung des Privatvermögens wesentlich ausgeprägter ist als die der personellen Einkommensverteilung. Aus nachfolgender Tabelle wird ersichtlich, dass die Vermögensungleichheit nicht nur sehr groß ist, sondern die „Vermögensschere" sich in den letzten Jahren immer weiter öffnet.

1 *https://www.armuts-und-reichtumsbericht.de/DE/Indikatoren/Gesellschaft/Einkommensverteilung/einkommensverteilung.html*
Je näher der Gini-Wert bei der 1 liegt, desto ungleicher ist die (Einkommens)Verteilung.

Verteilung des Nettovermögens der Haushalte auf Basis der Einkommens- und Verbrauchsstichprobe (EVS)

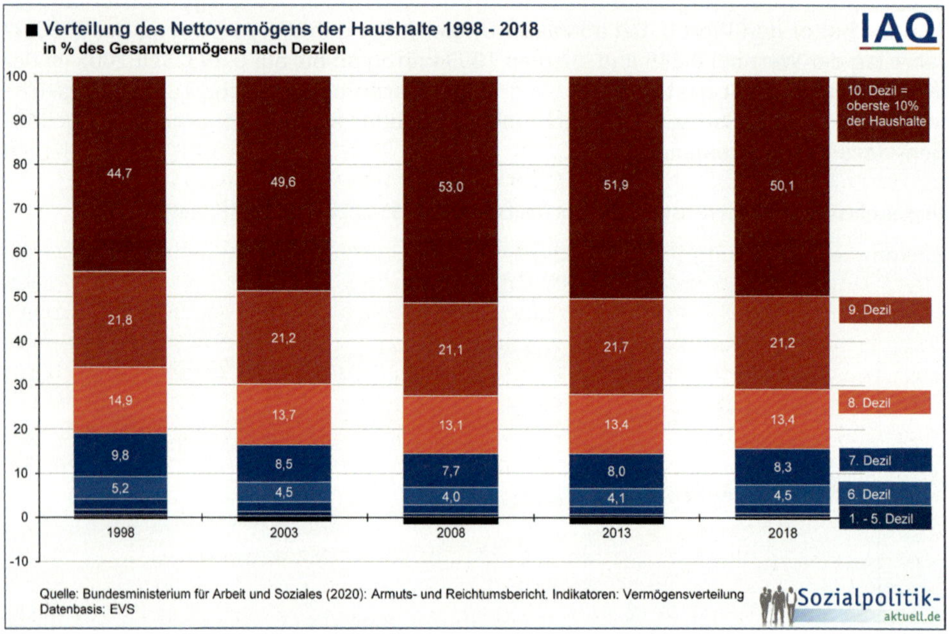

Zur Darstellung der Vermögensverteilung werden in der Grafik die Haushalte entsprechend ihrem Vermögensniveau in zehn gleiche Teile (Dezile) geteilt: Das erste Dezil umfasst das untere Zehntel der Haushalte auf der zehnteiligen Vermögensskala, die 10 % der Haushalte mit dem niedrigsten Vermögen. Das zehnte Dezil die 10 % der Haushalte mit dem höchsten Vermögen. Das ärmste Zehntel der Bevölkerung besitzt kein Nettovermögen, es hat sich gegenüber 2002 weiter auf über 151 Milliarden Euro verschuldet und fast die Hälfte aller Haushalte (erstes bis fünftes Dezil) ist nahezu vermögenslos. Diese 50 % der Haushalte besitzen lediglich 1 % des gesamten Nettovermögens. Gleichzeitig verfügen 10 % der vermögensstärksten Haushalte über die Hälfte des gesamten Nettovermögens. Davon hält 1 % dieser Haushalte gar 23 % des Vermögens. Im Vergleich der vergangenen Jahre ist festzustellen, dass seit 1998 der Anteilswert des Nettovermögens am Gesamtvermögen bei diesen Haushalten weiter gewachsen ist. Dafür sprechen auch die Daten der volkswirtschaftlichen Gesamtrechnung, derzufolge die Einkommen aus Unternehmertätigkeit und Vermögen im Vergleich zu den Arbeitnehmerentgelten überdurchschnittlich gestiegen sind. Und dieser Vermögenszuwachs konzentriert sich vor allem auf das oberste Zehntel der Einkunftsbezieher, deren Vermögen damit überdurchschnittlich gewachsen ist. Bei den übrigen 90 % der Haushalte hat der Nettovermögensanteil am Gesamtvermögen abgenommen. Innerhalb der Dezile sind die Vermögen ebenfalls ungleich verteilt, so besitzen nach Angaben des Manager-Magazins allein die 100 reichsten Deutschen ein Vermögen von rund 308 Milliarden, das heißt 0,0012 Promille der Bevölkerung besitzen damit fast 5,5 Prozent des Gesamtvermögens, das entspricht dem 44 000-fachen ihres Bevölkerungsanteils. Damit wird erst deutlich, welch

extreme Vermögensungleichverteilung in Deutschland existiert und was sich hinter statistischen Zahlen verbirgt. Auch wenn die diversen Erhebungen und die Kennziffern selbst nur begrenzt aussagekräftig sind, unter anderem, weil Immobilen mit ihren Verkehrswerten oder Aktien mit ihren Tageskursen sehr volatil sind, so ist die Grundaussage der immer weiter auseinanderklaffenden Vermögensungleichheit unangefochten.
Die ungleiche Vermögensverteilung verschärft gleichzeitig die vorhandene Ungleichverteilung des Einkommens. Denn je mehr Vermögen ein Haushalt besitzt, desto mehr Einkommen aus Geld- und Sachvermögen bezieht er; so fließen nach statistischen Berechnungen drei Viertel aller Vermögenseinkommen nur 20 % der Haushalte zu.

Einkommens-/Vermögensverteilung und Sozialstaatsauftrag

Der Wirtschaftswissenschaftler und Nobelpreisträger Amartya Sen[1] versteht unter menschlicher Entwicklung einen Zuwachs an Entfaltungsmöglichkeiten. Und er hat empirisch nachgewiesen, dass Hunger nicht aus Nahrungsmittelknappheit entsteht, sondern aus ungerechter Verteilung. Das lässt sich sinngemäß auch auf die Armut in Deutschland übertragen, die nicht aus persönlicher Schuld entsteht, sondern aus ungerechter Verteilung von Einkommen und Vermögen. Diese Armut, Folge eben dieser ungerechten Verteilung, führt zu eingeschränkter Teilhabe am gesellschaftlichen Leben und verwehrt den Betroffenen, insbesondere den Kindern, ihre Entfaltungsmöglichkeiten.

So besteht auch grundsätzliche Einigkeit darüber, dass diese Ungleichverteilung von Einkommen und Vermögen durch staatliche Korrekturen sozial gerechter gestaltet werden sollte. Damit wird Teilhabe an der Gesellschaft ermöglicht und der soziale Frieden bleibt erhalten, weil sich Ungleichverteilung und Armut nicht mit der Demokratie vertragen. Dieser Gedanke ist auch als Auftrag im Grundgesetz (GG) an die Politik enthalten. In Artikel 20 GG ist der soziale Rechtsstaat postuliert. In Verbindung mit *Artikel 1 GG,* in dem die Menschenwürde ausdrücklich formuliert ist, folgt, dass der Staat jedem Bürger, unter Berücksichtigung dessen individueller Leistungsfähigkeit, ein menschenwürdiges Dasein ermöglichen soll und muss. Zumal die Freiheitsrechte, für den, der keine Teilhabe hat, nur Pro-forma-Rechte sind, die dann wenig nützen. Dieser Sozialstaatsauftrag ist unter Gewährleistung des Eigentumsrechts (vgl. Artikel 14 GG) zu erfüllen.

Welche konkreten Schritte und Handlungen notwendig sind, um diesem Auftrag gerecht zu werden, steht nicht im Grundgesetz. Das ist ein politischer Gestaltungsauftrag an den Gesetzgeber, wobei so zu handeln ist, dass tragfähige Entscheidungen getroffen werden, die von den Betroffenen akzeptiert und respektiert werden.

Versuche, die Ungleichverteilung abzubauen

Die ungleiche Einkommens- und Vermögensverteilung beruht auf wirtschaftlichen Faktoren, wie der unterschiedlichen Leistungsfähigkeit der Personen und auch auf sozialen Ungleichheiten in der beruflichen Stellung. Es ist das grundsätzliche Ziel der Politik, diese Ungleichverteilung von Einkommen und Vermögen abzufedern, die Spreizung zu verengen, zumindest aber ein weiteres Auseinanderdriften von Arm und Reich zu verhindern.

---

1 Amartya Kumar Sen, Professor der Wirtschaftswissenschaften an der Harvard University in Cambridge (Massachusetts, USA); Forschungsschwerpunkte Armut und Wohlfahrtsökonomie. 1998 erhielt er den „Preis der Schwedischen Nationalbank in Wirtschaftswissenschaft in Erinnerung an Alfred Nobel", gemeinhin als Nobelpreis für Wirtschaftswissenschaften bezeichnet.

Es wird versucht, einerseits die Einkommenserzielung zu verbessern sowie eine breitere Streuung der volkswirtschaftlichen Vermögenszuwächse zu erreichen. Aus dem Maßnahmenbündel, das seit Jahren immer wieder variiert, seien angeführt:

- **Investivlohn**, dabei sollen Teile des Lohnzuwachses im Unternehmen als Produktivvermögen anlegt werden, mit dem Ziel, den Arbeitnehmer am Produktivkapital zu beteiligen.
- **Gewinnbeteiligung** soll den Arbeitnehmer am Erfolg des Unternehmens beteiligen, wobei dieses Einkommen ebenfalls zur Vermögensbildung als Produktivvermögen angelegt wird; mit dem Unterschied zum Investivlohn, dass keine Lohnbestandteile verwendet werden.
- **Sparförderung** mittels Prämien und Steuerbegünstigungen sollen Anreize schaffen, Teile des Einkommens als Vermögen anzulegen.
- **Eingriffe in die Vertragsfreiheit**, die letztlich der Erhaltung der Einkommenserzielung dienen, beispielsweise gesetzliche Regelungen zum Arbeitsschutz, zur Arbeitszeit, zum Kündigungsschutz und zum Mutterschutz, die Ansätze zur Festlegung von Mindestlöhnen, aber auch die gesetzlichen Rahmenbedingungen für Arbeitsverträge auf kollektiver Basis zwischen den Gewerkschaften und Arbeitgeberverbänden.

Andererseits durch Maßnahmen, die die marktbedingten Einkommen korrigieren:

- **Unterschiedlich hohe Besteuerung des Einkommens** über eine progressive direkte Besteuerung des Einkommens. Diese Einkommensteuer ist so aufgebaut, dass steigendes Einkommen überproportional besteuert wird, mit steigendem Einkommen steigen auch die Steuersätze.
- **Korrektur der Vermögensbildung** durch Steuererhebung bei Schenkungen und Erbfällen.
- **Durch Transferleistungen**[1] greift der Staat in die individuelle Daseinsvorsorge ein. Er erbringt sog. Geldtransfers wie Bürgergeld, Kindergeld, Ausbildungsbeihilfen, aber auch Steuersubventionen – beispielsweise der Sparerfreibetrag auf Zinseinnahmen – u. a. m. oder er gewährt in Form von Realtransfers die unentgeltliche bzw. verbilligte Bereitstellung von Dienstleistungen: öffentlicher Nahverkehr, staatliche Museen, öffentliche Bäder, um nur einige zu nennen.
- **Kollektive Daseinsvorsorge** über ein Netz von Sozialversicherungen mit ihrem Zwangscharakter, indem nicht nur die Arbeitnehmer, sondern auch die Arbeitgeber zu Beiträgen herangezogen werden. Und innerhalb des Systems Sozialversicherung finden auf der Basis der Solidargemeinschaft Umverteilungen statt, weil die Leistungen nicht ausschließlich von den geleisteten Beiträgen abhängig sind.
- **Versorgung mit Ausbildung**, indem mit kostenlosen Bildungs- und Ausbildungseinrichtungen vorhandene Begabungspotenziale unabhängig von sozialer Herkunft gefördert werden. Ein guter Ausbildungsstand ermöglicht erst die Chancen auf einen entsprechenden Arbeitsplatz. Und damit zur Einkommenserzielung.

Mit diesem Bündel an Maßnahmen und Sozialtransfers und dem Bestreben für Preisniveaustabilität zu sorgen, weil inflationäre Tendenzen negative Verteilungseffekte haben[2], wird versucht, in die Ungleichverteilung steuernd einzugreifen.

---

1 *Vgl. auch Kapitel 2.1.*
2 *Vgl. Kapitel 8.2.*

Über die Jahre war das nicht komplett erfolglos. Die ungleiche Verteilung der Markteinkommen konnte durch staatliche Eingriffe abgeschwächt werden.[1]

Trotzdem sind die gegenwärtigen Maßnahmen offensichtlich unzureichend, weil insbesondere die Armutsgefährdungsquote[2] seit den 1990er-Jahren (10,8 % in1995) kontinuierlich bis auf 16,7 % im Jahr 2022 gestiegen ist. Zwar sind die Werte im Zeitverlauf wegen methodischer Änderungen nur beschränkt vergleichbar[3], aber die Armutsgefährdung ist unablässig gestiegen. Das weitere Auseinanderklaffen zwischen Arm und Reich ist somit zumindest politisch geduldet.

Integrative Betrachtung der Einkommens- und Vermögensverteilung

Zwischen Vermögen und Einkommen bestehen wechselseitige Zusammenhänge[4]. So führt Vermögen zu Einkommen und nicht konsumiertes Einkommen schafft anderseits Vermögen. Aber es ist keine zwingende Wechselseitigkeit (Korrelation), weil Vermögen auch verschenkt und vererbt wird und somit bei Beschenkten oder Erben Vermögen entsteht ohne deren Einkommensverzicht.
Vermögen schafft also neben dem laufenden Einkommen einen zusätzlichen Wohlfahrtsbeitrag. Deshalb müssten Einkommen und Vermögen der Haushalte bzw. Einzelpersonen zusammen betrachtet werden und dieser gegebenfalls kumulative Faktor bei der Analyse der Ungleichverteilung ebenfalls untersucht werden. Bei der bisher gängigen getrennten Betrachtung von Einkommen und Vermögen wird das nicht sichtbar. Bei einer gemeinsamen Betrachtung wären die Einkommen und das Vermögen miteinander „zu verrechnen". Das bereitet aber erhebliche Schwierigkeiten, weil Vermögen im Gegensatz zu den laufenden Einkommenszahlungen Bestandsgrößen sind. Es gibt inzwischen Ansätze, die Einkommens- und Vermögensverteilung in eine einheitliche, integrative Einkommensverteilung[5] zusammenzufassen; also das Vermögen in verrentete[6] Einkommenseinheiten umzurechnen und praktisch mit dem laufenden Einkommen zu „addieren". Dabei wird deutlich, dass die Ungleichheit der Einkommensverteilung noch ungleicher[7] ist als in den üblichen Darstellungen zur Einkommensverteilung. So führt das bei Verrechnung von Einkommen mit Schulden im unteren Einkommensdezil gar zu negativem Einkommen.

---

1 *Vgl. Abschnitt Einkommensverteilung.*

2 *Wenn das verfügbare Haushaltseinkommen nicht ausreicht, all jene Güter und Dienstleistungen zu kaufen, die für das Existenzminimums notwendig sind, spricht man von Armutsgefährdung. Allgemein gilt: Armutsgefährdet ist eine Person, wenn ihr Einkommen (Nettoäquivalenzeinkommen) unter 60 % des mittleren Einkommens (Medianeinkommen) liegt.*
„Die Armutsgefährdungsquote gibt an, wie hoch der Anteil der armutsgefährdeten Personen an der Gesamtbevölkerung ist."
Vgl. https://www.destatis.de/Europa/DE/Thema/Bevoelkerung-Arbeit-Soziales/Soziales-Lebensbedingungen/Armutsgefaehrdung-Definition.html

3 *Vgl. https://www.sozialpolitik-aktuell.de/files/sozialpolitik-aktuell/_Politikfelder/Einkommen-Armut/Datensammlung/PDF-Dateien/abbIII70.pdf*

4 *Vgl. Kapitel 2.1., S. 94ff.*

5 *Vgl.: Integrierte Analyse der Einkommens – und Vermögensverteilung (Abschlussbericht zur Studie im Auftrag des Bundesministeriums für Arbeit und Soziales, Bonn), Dezember 2007, veröffentlicht 2008, S. 313ff. Fundstelle: https://ub-madoc.bib.uni-mannheim.de/2142/*

6 *Durch eine sogenannte Verrentung wird der vorhandene Vermögensbestand durch rechnerische Umrechnung in zukünftige laufende (Geld-)Zahlungen umgewandelt. Stark vereinfacht: Ein Vermögensbestand mit einem zugemessenen Wert von 100 000,00 € wird mit 4 % abgezinst, dann ergäbe das einen Geldbetrag von 4 000,00 € als rechnerischen Geldzufluss pro Jahr. In Wirklichkeit sind aber solche Vermögensumrechnungen weitaus schwieriger und extrem komplex.*

7 *Vgl.: Lebenslagen – Entwurf des 4. Armuts- und Reichtumsberichts der Bundesregierung, Stand 17.09.2012, S. 338.*

Auch wenn dieses Konzept, das von einer sofortigen Liquidierbarkeit aller Vermögensbestände ausgeht, in dieser Form zunächst nur theoretischen Charakter besitzt, so zeigt es doch ganz deutlich, dass privates Vermögen in hohem Maße Wohlfahrt schafft, dabei Rückhalt und finanzielle Sicherheit verleiht und gleichzeitig eine relative Unabhängigkeit ermöglicht, frei vom laufenden Einkommen. Durch diese integrierte Einkommensverteilung wird indirekt ersichtlich, welches finanzielle Potenzial ein Haushalt bzw. eine Einzelperson besitzt und zu „mobilisieren" vermag. Und im Grundsatz wird Vermutetes nachgewiesen, dass eine ungleiche Vermögensverteilung die finanzielle Ungleichverteilung weiter verschärft.

8.1.6 Zielkonflikte

Zwischen einigen Zielen der Wirtschaftspolitik besteht eine konfliktäre Beziehung, d. h., sie schließen sich gegenseitig aus. So ist in einer sehr guten Wirtschaftslage ① die Nachfrage hoch und die Ziele Wirtschaftswachstum und Vollbeschäftigung können erreicht werden. Allerdings steigen aufgrund der hohen Nachfrage auch die Preise. Umgekehrt ist das Ziel Preisniveaustabilität in einer Depression ③ nicht gefährdet, wohl aber die Ziele Vollbeschäftigung und Wirtschaftswachstum.

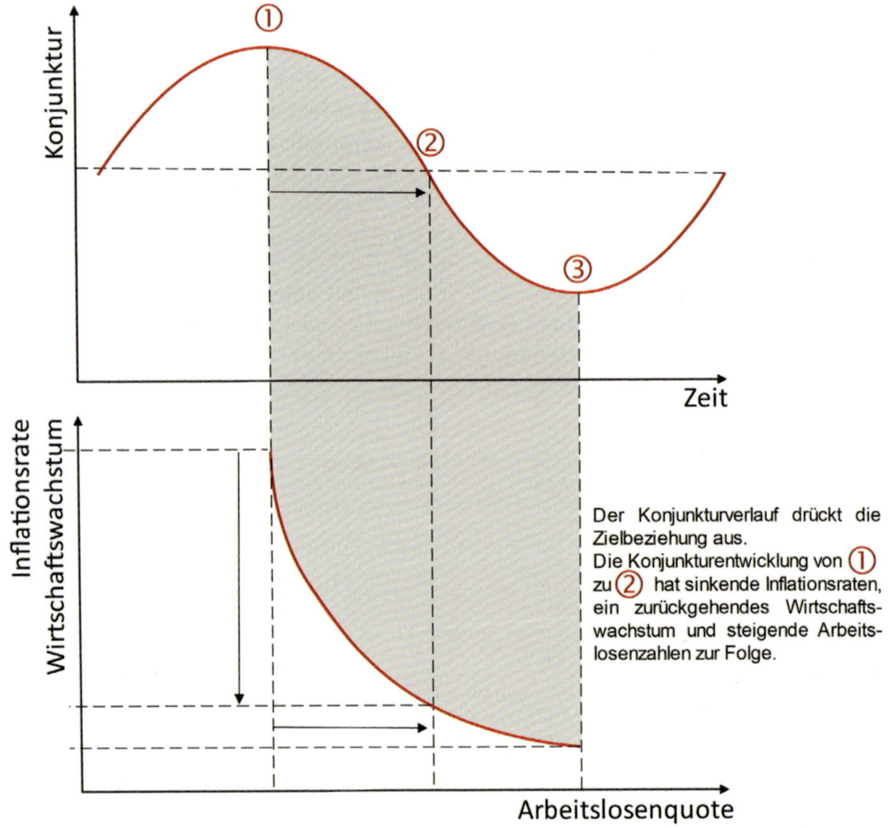

Phillips-Kurve

Eine Einkommensumverteilung zugunsten der Lohn- und Gehaltsempfangenden verteuert den Produktionsfaktor Arbeit, was die Unternehmensleitung veranlassen könnte zu rationalisieren. Als Folge würden Arbeitsplätze und damit die Erreichung der Vollbeschäftigung gefährdet werden. Ebenso könnte eine sehr strenge Umweltpolitik den Standort Deutschland infrage stellen und Unternehmen motivieren, die Produktion zu exportieren. Dies ginge zulasten von stetigem Wirtschaftswachstum und Vollbeschäftigung. Da sich dadurch gleichzeitig die Steuereinnahmen und das Einkommen verringern würden, würde sich dies auch negativ auf die sekundäre Einkommensverteilung[1] auswirken. Somit könnte allein das Ziel Preisniveaustabilität durch den Rückgang der Wirtschaftsentwicklung erreicht werden.

Aufgrund der konfliktären Beziehung einiger Ziele zueinander sind schon magische Fähigkeiten notwendig, um alle vier Ziele des Stabilitätsgesetzes gleichzeitig zu erreichen. Deshalb werden sie auch als **magisches Viereck** bezeichnet. Auf alle Ziele der Wirtschaft bezogen, spricht man auch vom **magischen Vieleck**.

➔ Man spricht von einem **magischen Viereck**, wenn nicht alle vom Stabilitätsgesetz geforderten Ziele gleichzeitig erreicht werden können.

Die Wirtschaftspolitik muss entsprechend der wirtschaftlichen Notwendigkeit Ziel-Prioritäten setzen. In einer Hochkonjunktur werden die Ziele Preisniveaustabilität, Einkommensumverteilung und eine lebenswerte Umwelt Vorrang haben, in einer Rezession werden es die beiden Ziele Vollbeschäftigung und Wirtschaftswachstum sein.

1 *Sozial- oder Transfereinkommen*

Zusammenfassung

1.

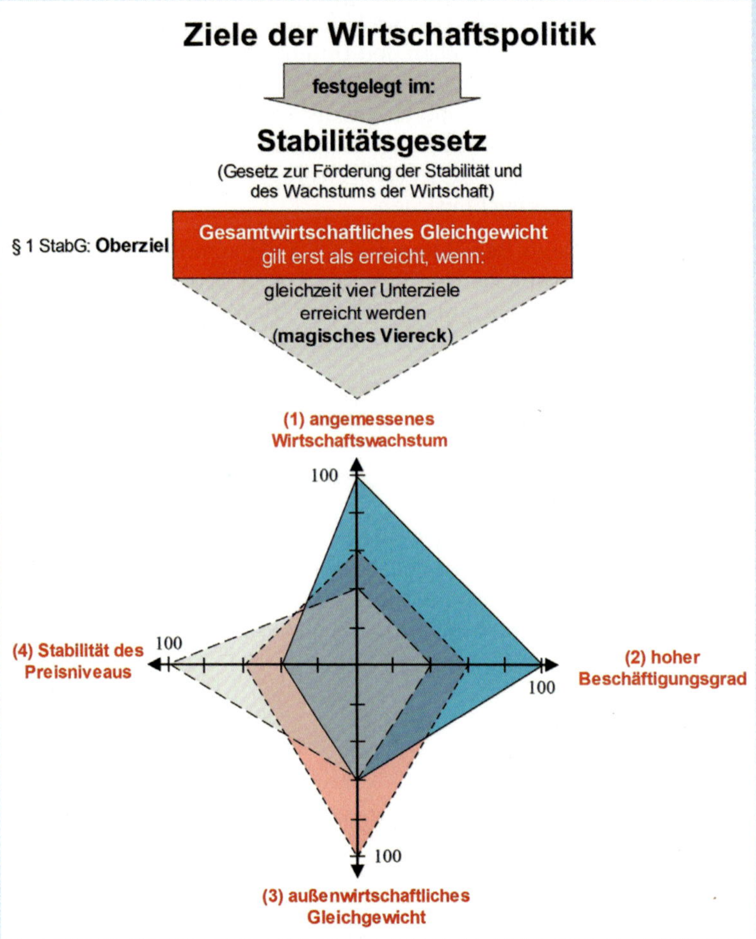

2. Alle Einkommen entstehen zunächst als Einkommen der Produktionsfaktoren; sie werden als **Leistungseinkommen** bezeichnet.

Prüfen Sie Ihr Wissen

1. § 1 des Stabilitätsgesetzes enthält die Ziele der Wirtschaftspolitik. Nennen und erläutern Sie diese Ziele.
2. Welchen Sinn hat es, wirtschaftspolitische Ziele mittels Gesetz festzulegen?
3. Genügen die 1969 festgelegten Ziele auch heutigen Ansprüchen?
4. Um welche wirtschaftlichen Ziele sollte der Zielkatalog des Stabilitätsgesetzes erweitert werden und mit welchem Indikator ließe sich der Stand der Zielerreichung messen?
5. Beschreiben Sie anhand von Beispielen, warum man den Zielkatalog auch magisches Viereck oder Vieleck nennt.
6. Zwischen welchen Zielen des Stabilitätsgesetzes bestehen konfliktäre oder komplementäre Beziehungen?
7. Die deutsche Wirtschaft war 2023 von einer Stagflation gekennzeichnet. Darunter versteht man eine wirtschaftliche **Stag**nation (Stillstand), verbunden mit einer In**flation**. In einer Stagflation werden die Ziele wachsendes Bruttoinlandsprodukt, abnehmende Arbeitslosigkeit und Preisniveaustabilität nicht erreicht.
   Könnten in solch einer Phase die Ziele der Bundesregierung mit denen der Zentralbank in Konflikt kommen? Begründen Sie.
8. Könnte eine strenge staatliche Umweltschutzpolitik auch zu Wirtschaftswachstum und Vollbeschäftigung beitragen?
9. Was versteht man unter Einkommensverteilung in einer Volkswirtschaft?
10. Wie verändert sich die Ausgabenstruktur der Haushalte bei steigendem Einkommen?
11. Warum ist bei andauernd starker, ungleicher Einkommensverteilung nicht mit einem Wirtschaftswachstum zu rechnen?
12. Mit welchen Folgen ist zu rechnen, wenn eine absolute Gleichverteilung angestrebt wird?
13. Beschreiben Sie eine konfliktäre Zielbeziehung.
14. Die Soziale Marktwirtschaft ist die Grundlage unserer freiheitlichen, offenen und solidarischen Gesellschaft. Die zentrale Idee der Sozialen Marktwirtschaft besteht darin, die Freiheit der Wirtschaft und einen funktionierenden Wettbewerb zu schützen und gleichzeitig Wohlstand und soziale Sicherheit in unserem Land zu fördern. Um jedoch den Schutz globaler Umweltgüter wie dem Klima oder der Biodiversität zu gewährleisten, bedarf es einer grundlegenden Weiterentwicklung des deutschen, aber auch des internationalen Ordnungsrahmens.

   (Quelle: Bundesministerium für Wirtschaft und Klimaschutz:, https://www.bmwk.de/Redaktion/DE/Dossier/soziale-marktwirtschaft.html, abgerufem am 08.05.23)

   Wie müsste sich der Inhalt des § 1 StabG ändern, um den Ansprüchen des obigen Textes gerecht zu werden.

8.2 Geldwert

Geldentwertung scheint das Trauma der Deutschen zu sein: „*Von allen Schrecken des beginnenden Krieges erschien dem Volke selbst keiner so unheimlich als eine plötzliche Entwertung des Geldes.*"[1] So gab es bereits im 17. Jahrhundert in vielen Landsherrschaften des Reiches dramatische Geldentwertungen durch minderwertige Münzen, die in Umlauf kamen.

Auch im 20. Jahrhundert erlebten die Deutschen zwei Geldentwertungen. So wurde bei der Währungsreform 1948[2] das Geldvermögen im Verhältnis 100 Reichsmark zu 6,50 Deutsche Mark zusammengestrichen. Noch viel schlimmer waren die Verhältnisse nach dem Ersten Weltkrieg in den Jahren 1922 und 1923. Am 3. September 1923 kostete ein Kilogramm Brot bereits 274 000,00 Mark, drei Wochen später aber 3 Millionen Mark. Ähnlich verfiel der Wert der Mark gegenüber ausländischen Währungen. So stieg zum Beispiel der Dollarkurs vom Vorkriegskurs 4,20 Mark auf 7 650,00 Mark Ende 1922. Im Jahr der Hyperinflation 1923 kletterte der Wert des Dollars auf 4,2 Billionen Mark. Der Historiker Hagen Schulze schreibt: „... [es war eine Zeit] ..., *in der der Heizwert eines Bündels Banknoten höher war als der der Kohle, die man dafür kaufen konnte*".

Geld ist zunächst ein Tauschmittel in Form eines Zahlungsmittels (Währung), das der Käufer dem Verkäufer gibt, wenn er Waren, Dienstleistungen oder Fremdwährung erwerben will. Und dabei interessiert natürlich, wie sich der Wert des Tauschmittels verändert hat. Dabei ist unterschiedlich bedeutsam, ob der Geldwert einer Währung im Inland abnimmt oder gegenüber einer Auslandswährung. Der heimische Verbraucher interessiert sich gewöhnlich für die Auslandswährung nur, wenn er eine Urlaubsreise außerhalb der Eurozone plant. Dann benötigt er eine Auslandswährung. Diese kann er zum Beispiel bei einheimischen Banken kaufen, das heißt gegen Bezahlung in Inlandswährung.

➔ Das Tauschverhältnis zwischen jeweils zwei Währungen gibt den gegenwärtigen „Wert" der Währungen an und wird als **Wechselkurs** ausgedrückt. Er gibt die Menge an Auslandswährungen an, die man für eine Einheit Inlandswährung bekommt. (Zum Beispiel: 1 EUR = 1,18 US-Dollar.) Veränderungen des Wechselkurses geben den **Außenwert des Geldes** an.

Der Geldwert im Inland nimmt immer dann ab, wenn man feststellt, dass *alles teurer wird*, wenn mehr Geld ausgegeben werden muss, um die gleiche Menge an Waren zu bekommen. Diesen Anstieg der Preise für Waren und Dienstleistungen bezeichnet man als Inflation.[3] Perioden, in denen die meisten Preise fallen, sind dagegen eher selten, man spricht von Deflation.

➔ Solche Geldwertschwankungen betreffen den **Binnenwert des Geldes**, er wird gemessen an der Preisentwicklung der Güter, dem **Preisniveau**.

---

1 *Eine Aussage über die Jahre 1621 bis 1623 von Gustav Freytag (1816–1895), Schriftsteller, Kunsthistoriker und Repräsentant des liberalen deutschen Bürgertums in der Mitte des 19. Jahrhunderts.*

2 *Am 20. Juni 1948 wurde die Deutsche Mark (DM) durch die Währungsreform eingeführt.*

3 *inflatus (lat.): aufgeblasen, geschwollen. Ein Ausweiten der Geldmenge im Verhältnis zu Gütern und Dienstleistungen, sodass es zu Preissteigerungen kommt.*

8.2.1 Preisniveau und Kaufkraft

Der auf Münzen oder Banknoten aufgedruckte Wert als Nominal- oder Nennwert ist nur „die halbe Wahrheit". 1948 waren **Nominal-** und **Tauschwert** der Deutschen Mark gleich groß. Wenn 1998 die Mark in etwa noch ein **Viertel** ihres damaligen Wertes hatte, dann war ihr **Tauschwert** bezogen auf das Jahr 1948 um **drei Viertel** gefallen[1]. – *„Mark ist eben doch nicht gleich Mark."*

Der Nominalwert einer Währung stellt also lediglich eine Recheneinheit dar, um den Wert von Gütern und Dienstleistungen beziffern und vergleichbar machen zu können. Auf das Wirtschaftsgeschehen einer Volkswirtschaft haben nicht der Nominalwert, sondern der Tauschwert einer Währung und seine Veränderungen Einfluss: Wenn z. B. 1948 für 1,00 Mark *vier* Tafeln Schokolade gekauft werden konnten und 1998 nur noch *eine* Tafel, so hat der Tauschwert von 1,00 Mark um *drei Viertel* abgenommen, weil die Preise für Schokolade gestiegen sind.

Dazu ein vereinfachtes **Zahlenbeispiel** zweier Volkswirtschaften.

Beispiel: Periode I

- In der Volkswirtschaft A sind insgesamt 50 Millionen, in der Volkswirtschaft B 100 Millionen Geldeinheiten im Umlauf.
- Es wird nicht gespart, d. h., das gesamte Geld wird konsumiert.
- Folglich werden für 50 Millionen Geldeinheiten in der Volkswirtschaft A und in der anderen für 100 Millionen Geldeinheiten Güter nachgefragt.
- Auf dem Markt befindet sich jeweils nur eine Güterart mit 100 Millionen Produktionseinheiten.

In diesem stark vereinfachten Beispiel werden in jeder der beiden Volkswirtschaften 100 Millionen Gütereinheiten gekauft. In der Volkswirtschaft A werden dafür insgesamt 50 Millionen Geldeinheiten, in der Volkswirtschaft B insgesamt 100 Millionen Geldeinheiten bezahlt.

Nunmehr fragen wir danach, was eine Gütermenge jeweils in den Volkswirtschaften kostet. Dazu setzt man Gütermenge (G) und Geldmenge (GE) ins Verhältnis und erhält so das Preisniveau P der Güter:

$$P = \frac{GE}{G}$$

Preisniveau in Volkswirtschaft A, in der 50 Millionen GE im Umlauf sind

$$P = \frac{\textbf{50 Mio. GE}}{\textbf{100 Mio. G}} = \textbf{0,5 GE pro Gütereinheit}$$

Preisniveau in Volkswirtschaft B, in der 100 Millionen GE im Umlauf sind

$$P = \frac{\textbf{100 Mio. GE}}{\textbf{100 Mio. G}} = \textbf{1 GE pro Gütereinheit}$$

Die beiden Volkswirtschaften haben in derselben Periode zwar ein unterschiedlich hohes Preisniveau, trotzdem kann aus dem Preisniveau einer Periode nicht auf den Geldwert in der jeweiligen Volkswirtschaft geschlossen werden. Zur Geldwertbestimmung muss das Preisniveau mindestens zweier aufeinanderfolgender Perioden ermittelt und miteinander verglichen werden. Deshalb betrachten wir jetzt die volkswirtschaftliche Entwicklung dieser Volkswirtschaften in der zweiten Periode.

---

1 *Vergleichbares gilt für den Euro. Seit der Bargeldeinführung des Euro (2002) hat er rund 35 % seines Wertes eingebüßt.*

Beispiel: Periode II

- In Volkswirtschaft A sind jetzt 125 Millionen Geldeinheiten im Umlauf, in Volkswirtschaft B ebenfalls 125 Millionen Geldeinheiten.
- Alle übrigen Bedingungen bleiben unverändert.

Preisniveau in Volkswirtschaft A, jetzt 125 Millionen GE im Umlauf

$$P = \frac{\textbf{125 Mio. GE}}{\textbf{100 Mio. G}} = \textbf{1,25 GE pro Gütereinheit}$$

Preisniveau in Volkswirtschaft B, jetzt 125 Millionen GE im Umlauf

$$P = \frac{\textbf{125 Mio. GE}}{\textbf{100 Mio. G}} = \textbf{1,25 GE pro Gütereinheit}$$

In beiden Volkswirtschaften ist durch die ausgeweitete Geldmenge das Preisniveau in der Periode II gegenüber der Periode I gestiegen, beide haben jetzt zwar dasselbe Preisniveau; aber

- das Preisniveau ist in **Volkswirtschaft A** von 0,5 GE pro Gütereinheit auf 1,25 GE angestiegen – also um 150 %,
- das Preisniveau ist in **Volkswirtschaft B** von 1 GE pro Gütereinheit auf 1,25 GE angestiegen – also lediglich um 25 %.

Das Preisniveau ergibt sich aus der nachfragewirksamen Geldmenge und der angebotenen Gütermenge einer Volkswirtschaft.

$$\textbf{Preisniveau} = \frac{\textbf{nachfragewirksame Geldmenge}}{\textbf{angebotene Gütermenge}}$$

Bei nur einem Gut gibt das Preisniveau den Preis dieses Gutes an. Der Wert des Geldes kann jedoch nicht nur an einem einzigen Gut gemessen werden, weil die Verbraucher eine Vielzahl von Gütern nachfragen. Während Schokolade im Preis gestiegen ist, sind die Preise für Taschenrechner, seit sie auf dem Markt sind, ständig gesunken. Damit ist beim Kauf eines Taschenrechners der Wert der Währung gestiegen. Folglich kann der Wert einer Währung nur im Verhältnis zu allen oder den für den Verbrauch wichtigsten Gütern (Warenkorb) bestimmt werden.
Werden mehrere Güter in die Preisniveauberechnung einbezogen, drückt das Preisniveau den durchschnittlichen Preis dieser Güter (pro Einheit) aus.

Das Preisniveau gibt den Durchschnittspreis der Güter an.
- **Steigt das Preisniveau,** verliert das Geld an Wert (Inflation).
- **Sinkt das Preisniveau,** steigt der Wert des Geldes (Deflation).

Der Wert des Geldes wird jedoch nicht als Preisniveau, sondern in Kaufkraft ausgedrückt. Die Kaufkraft gibt im Gegenteil zum Preisniveau die Anzahl der Gütereinheiten an, die man für eine Geldeinheit kaufen kann. Somit ist die Kaufkraft **K** der umgekehrte (reziproke) Wert des Preisniveaus **P**.

$$\textbf{Kaufkraft} = \frac{\textbf{1}}{\textbf{Preisniveau}}$$

oder

$$\textbf{Kaufkraft} = \frac{\textbf{angebotene Gütermenge}}{\textbf{nachfragewirksame Geldmenge}}$$

Das **Zahlenbeispiel** aus der vorigen Situation der Volkswirtschaft B soll den rechnerischen Beweis liefern.

Beispiel: Volkswirtschaft B

In Periode I sind 100 Millionen Geldeinheiten im Umlauf, ihnen stehen 100 Millionen Gütereinheiten gegenüber. In der II. Periode erhöht sich, bei gleichbleibender Gütermenge, der Geldumlauf auf 125 Millionen.

Periode I

$$P = \frac{100 \text{ Mio. GE}}{100 \text{ Mio. G}} = 1 \text{ GE pro Gütereinheit;}$$

$$\mathbf{K} = \frac{\textbf{100 Mio. G}}{\textbf{100 Mio. GE}} = \textbf{1 Gütereinheit pro GE}$$

Periode II

$$P = \frac{125 \text{ Mio. GE}}{100 \text{ Mio. G}} = 1{,}25 \text{ GE pro Gütereinheit;}$$

$$\mathbf{K} = \frac{\textbf{100 Mio. G}}{\textbf{125 Mio. GE}} = \textbf{0,8 Gütereinheit pro GE}$$

In Periode I konnte mit 1 Geldeinheit 1 Einheit Güter gekauft werden, in Periode II können mit 1 Geldeinheit nur noch 0,8 Einheiten Güter gekauft werden.

Der Geldwert wird in Kaufkraft ausgedrückt, aber am Preisniveau der Güter gemessen.
- Steigt das Preisniveau, **sinkt die Kaufkraft** und damit der Wert des Geldes.
- Sinkt das Preisniveau, **steigt die Kaufkraft** und damit der Wert des Geldes.

8.2.2 Preisindex zur Messung des Geldwerts

Zur Geldwertmessung könnten theoretisch sämtliche Güter einer Volkswirtschaft zur Preisniveaubestimmung herangezogen und durch Zeitvergleich verglichen werden. Doch den Verbraucher interessiert nicht, ob ein 32-Tonner-Lkw 240 000,00 € oder 330 000,00 € kostet, auch interessiert ihn nicht, ob diese Lkw im Preis um 5 % oder 15 % steigen, weil Lkw nicht seine Verbrauchsgewohnheiten betreffen. Für den Verbraucher sind die Güter des täglichen Bedarfs von Belang. Wobei es nicht gleich bedeutsam ist, ob der Preis für ein Kilo Salz von 0,70 € auf 1,40 € oder der von einem Liter Benzin von 1,40 € auf 2,80 € steigt. Beide Male erfolgt ein Preisanstieg von 100 %, doch der Salzverbrauch ist im Vergleich zum Benzinverbrauch pro Haushalt sehr gering. Der Preisanstieg für Salz würde das Budget des

Verbrauchers nur minimal belasten. Der Preisanstieg des Benzins – bei einem durchschnittlichen Jahresverbrauch pro Haushalt von 1 000 Litern – schlägt dagegen mit 1 400,00 € zu Buche.

Somit sind von einer Geldwertbestimmung viele, mindestens folgende Punkte zu fordern:

1. Güterpreisveränderungen während des Zeitablaufs müssen festgestellt und ins Verhältnis zu den Preisen des Basisjahres gesetzt werden.

2. Preisänderungen dürfen nicht als Durchschnitte sämtlicher Güter einer Volkswirtschaft ermittelt werden, sondern müssen die Strukturen unterschiedlicher Angebots- und Nachfragegruppen berücksichtigen. Eine durchschnittliche Geldwertermittlung aus allen Gütern, in der etwa auch die enormen Preissteigerungen für große Luxusimmobilien sowie die Preissenkungen am Baumaschinenmarkt enthalten sind, täuscht den Durchschnittshaushalt, welcher diese Güter gar nicht nachfragt, über seine wirkliche Kaufkraftentwicklung.

3. Die Geldwertermittlung muss als gewogene durchschnittliche Preisveränderung erfasst werden, weil die einzelnen Güter in unterschiedlichen Mengen nachgefragt werden. Eine Ermittlung nach dem einfachen (arithmetischen) Durchschnitt würde dagegen die unterschiedlichen Verbrauchsmengen unberücksichtigt lassen.

Einer der wichtigsten Indizes zur Geldwertermittlung oder Messung der Teuerung ist der **Verbraucherpreisindex für Deutschland (VPI)** – kurz Verbraucherpreisindex. Dieser Verbraucherpreisindex soll ein umfassendes Bild der Preisentwicklung in Deutschland für die privaten Haushalte liefern. Drei grundlegende Faktoren werden berücksichtigt:

- Erhebung und Festlegung der für den privaten Verbraucher wichtigsten Güter und Dienstleistungen,
- Feststellung der Preisentwicklung dieser Güter und Dienstleistungen,
- Bestimmung des Anteils (statistischen Gewichts), den diese Güter und Dienstleistungen an der gesamten Preissteigerung haben.

Der Verbraucherpreisindex[1] arbeitet als Ausgangsbasis mit einem Warenkorb und Wägungsschema.

Warenkorb und Wägungsschema – Grundlage der Berechnung des Verbraucherpreisindex –

Für die Berechnung des Verbraucherpreisindex werden die für den Konsum bedeutsamen Waren und Dienstleistungen (Güter) zugrunde gelegt. Sämtliche Verbrauchsausgaben der privaten Haushalte gehen ein, von den Käufen für den täglichen Bedarf über Bekleidung, Miete bis hin zu Käufen von langlebigen Gebrauchsgütern und Versicherungsleistungen. Diese Gesamtheit der ausgewählten Waren und Dienstleistungen heißt vereinfacht „Warenkorb".

---

1 *Zusätzlich werden für Deutschland noch weitere Indizes berechnet, z. B. der Index der Einzelhandelspreise u. a.*

Verbraucherpreisindex und Warenkorb (stark vereinfacht)

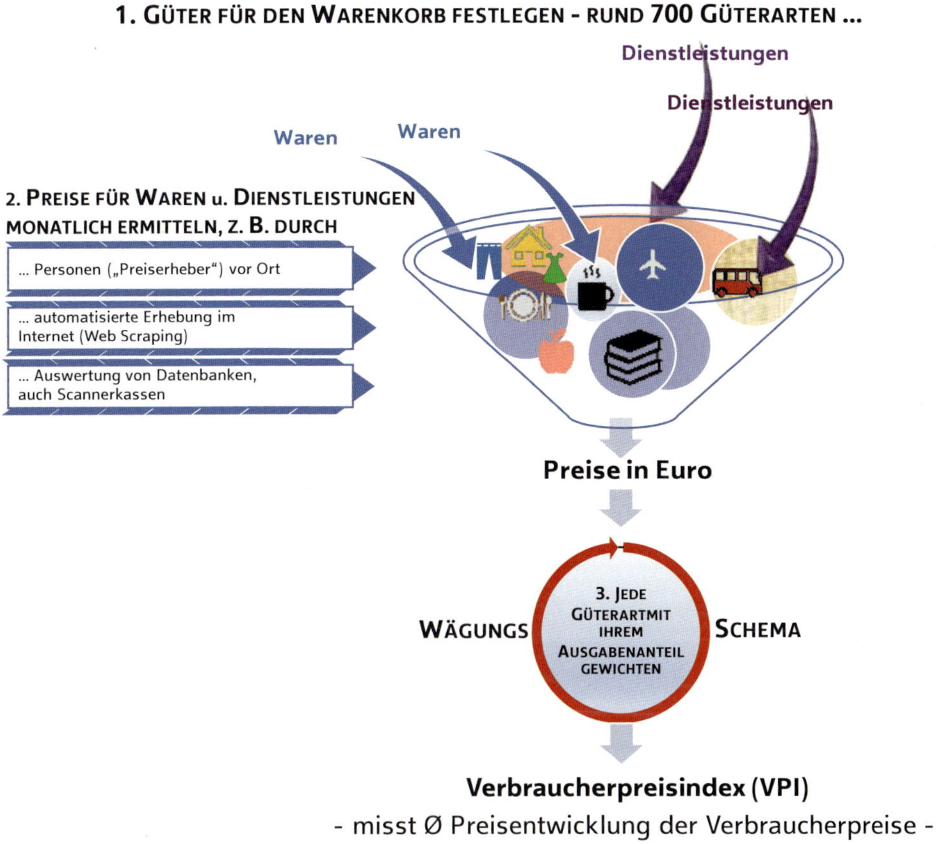

Der Warenkorb repräsentiert damit statistisch die Verbrauchsausgaben eines durchschnittlichen fiktiven Privathaushaltes für Konsumzwecke innerhalb eines bestimmten Zeitraumes. Jede der rund 700 Güterarten des Warenkorbes ist eine Vielzahl von Einzelgütern zugeordnet (sog. Preisrepräsentanten). Für diese einzelnen Güter werden allmonatlich die Preise erhoben. Das erfolgt in den Berichtsgemeinden, verteilt über das gesamte Bundesgebiet. Hinzu kommen Preiserhebungen im Internet wie auch Preiserhebungen per Datenankauf. Insgesamt werden so monatlich weit über 300 000 Einzelpreise ermittelt. Daraus wird für jede der zuvor genannten Güterarten die durchschnittliche Preisentwicklung ermittelt und mit dem Ausgabenanteil, den die Haushalte für diese Güterart ausgeben, gewichtet.[1] Diese Gewichtung ist notwendig, weil die Konsumenten beispielsweise mehr Geld ausgeben für ihre Wohnungsmiete als für Bücher oder für Bekleidung und Schuhe.

---

1 *Diese Gewichtung der Ausgaben ist ein sehr umfangreiches und äußerst komplexes Verfahren, vgl. „Hintergrundpapier zur Revision des Verbraucherpreisindex für Deutschland 2023“, https://www.destatis.de/DE/Themen/Wirtschaft/Preise/Verbraucherpreisindex/Methoden/Downloads/Hintergrundpapier-VPI-Revision_2020 html*

Mit welchem Ausgabenanteil diese Güterarten schließlich in den Gesamtindex einfließen, ist im Wägungsschema[1] festgehalten. Die im Wägungsschema festgehaltenen Wägungsanteile spiegeln die Ausgaben der Haushalte für ihre Konsumzwecke (Verbrauchsstruktur) wider. Sie werden über verschiedene Quellen (Volkswirtschaftliche Gesamtrechnung, Haushaltsbefragungen) alle fünf Jahre ermittelt und als Wägungsschema festgelegt und einem Basisjahr zugeordnet. Bei diesen Anpassungen (Revisionen) müssen die sich ändernden Konsumgewohnheiten umfänglich berücksichtigt werden, dazu sind nicht nur die genannten Gewichtungen der Güter im Verhältnis zum Gesamtverbrauch anzupassen, sondern es ist auch die (gütermäßige) Zusammensetzungen des Warenkorbes zu überprüfen und ggf. zu korrigieren.

Gewichtete Ausgabengruppen im Verbraucherpreisindex für Deutschland – Basisjahr 2020 = 100 %

Wägungsschema zum Basisjahr 2020 in %

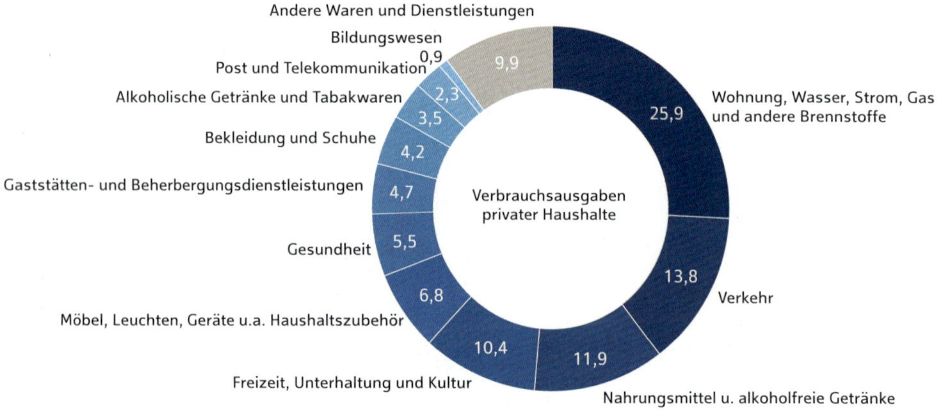

Quelle: Statistisches Bundesamt (Destatis), 2023

In der Zeit zwischen den Revisionen bleibt das Wägungsschema unverändert, weil der Verbraucherpreisindex die (reine) Preisentwicklung messen soll. Würden hingegen die sich laufend ändernden Verbrauchsgewohnheiten mit aufgenommen, läge keine reine Preismessung mehr vor, sondern eine Mischung aus Preis- und Verbrauchsänderung – ein für die Messung der Preisveränderung ungeeignetes Instrument. Dagegen werden die Preisrepräsentanten, also die einzelnen Güter ständig aktualisiert. Nicht mehr nachgefragte werden ersetzt und neu auf den Markt kommende Güter, beispielsweise „Bluetooth LED-Lichtbänder" und „UV-Nagellack", werden aufgenommen.

Nachfolgende Übersicht zeigt die Veränderungen des Wägungsschema im Verbraucherpreisindex im Zeitablauf.

---

1 *Vgl. Wägungsschema 2020: https://www.destatis.de/DE/Themen/Wirtschaft/Preise/Verbraucherpreisindex/Methoden/Downloads/waegungsschema-2020.pdf?__blob=publicationFile*

Wägungsschema (Gewichtung im Verbraucherpreisindex) für die 12 aggregierten Verbrauchsbereiche in den Basisjahren 2010, 2015 und 2020 in %			
Positionen	**2010**	**2015**	**2020**
01 Nahrungsmittel und alkoholfreie Getränke	10,3	9,7	11,9
02 Alkoholische Getränke, Tabakwaren	3,8	3,8	3,5
03 Bekleidung und Schuhe	4,5	4,5	4,2
04 Wohnung, Wasser, Elektrizität, Gas und andere Brennstoffe	31,7	32,5	25,9[1]
05 Möbel, Leuchten, Geräte u. a. Haushaltszubehör	5,0	5,0	6,8
06 Gesundheitspflege	4,4	4,6	5,5
07 Verkehr	13,5	12,9	13,8
08 Nachrichtenübermittlung	3,0	2,7	2,3
09 Freizeit, Unterhaltung und Kultur	11,5	11,3	10,4
10 Bildungswesen	0,9	0,9	0,9
11 Beherbergungs- und Gaststättendienstleistungen	4,5	4,7	4,7
12 Andere Waren und Dienstleistungen	7,0	7,4	9,9

Quellen: Statistisches Bundesamt, Destatis 2019 u. https://www.destatis.de/DE/Themen/Wirtschaft/Preise/Verbraucherpreisindex/Methoden/Downloads/waegungsschema-2020.pdf?__blob=publicationFile

Im Vergleich der einzelnen Güterkategorien zeigt sich, dass der Bereich „04 Wohnung ..." mit den anfallenden Nebenkosten für Haushaltsenergie trotz stark gesunkenen Anteils im Basisjahr 2020 nach wie vor den höchsten Verbrauchsanteil ausmacht. Hingegen sind „01 Nahrungsmittel ..." im Gewichtsanteil gestiegen. Diese Abweichungen (Revisionsdifferenzen) im Wägungsschema zum vorhergehenden Basisjahr haben unterschiedliche Ursachen, zwei seien herausgegriffen. Zum einen sind es die tatsächlichen mengenmäßigen Verbrauchsänderungen (**Mengeneffekte**), z. B. Abnahme von Fernreisen, Rückgang von Restaurantbesuchen, weniger Konzertbesuche. Andererseits treten auch sogenannte **Preiseffekte** auf, die sich ebenfalls auf das Wägungsschema auswirken: Steigen Güterpreise überdurchschnittlich, wie es etwa bei Grundnahrungsmitteln der Fall war und die Haushalte schränken ihren Verbrauch nicht ein, dann steigt für Nahrungsmittel der Gewichtsanteil am Gesamtverbrauch.

EXKURS

Exkurs: Berechnung eines vereinfachten Preisindex (fakultativ)

Beispiel: Es werden lediglich drei Güter mit unterschiedlichem Mengenverbrauch berücksichtigt.

Verbrauchsgut	Bezugsbasis	Preis pro Einheit
Fisch	Preis im Basisjahr Preis im Berichtsjahr Monatsverbrauch 2 kg	6,00 € pro kg 7,00 € pro kg
Bier	Preis im Basisjahr Preis im Berichtsjahr Monatsverbrauch 1 Kiste	5,00 € pro Kiste 7,50 € pro Kiste
Brot	Preis im Basisjahr Preis im Berichtsjahr Monatsverbrauch 5 kg	0,70 € pro kg 0,90 € pro kg

Waren	Preise in €		Verbrauchsmengen (Gewichtung der Güter)	Wert des konstanten Warenkorbs in €	
	Basisjahr	Berichtsjahr		Basisjahr	Berichtsjahr
Fisch (1 kg)	6,00	7,00	2	12,00	14,00
Bier (1 Kiste)	5,00	7,50	1	5,00	7,50
Brot (1 kg)	0,70	0,90	5	3,50	4,50
				20,50	26,00

Daraus folgt als Preisindex für das Berichtsjahr:
Der Wert des Warenkorbs beträgt im Basisjahr 20,50 €. Er wird gleich 100 gesetzt und dann zu dem Warenkorbwert des Berichtsjahres mit 26,00 € ins Verhältnis gesetzt.

$$100 = 20{,}50$$
$$x = 26{,}00$$
$$x = \frac{26{,}00}{20{,}50} \cdot 100\,\%$$
$$x = 126{,}83$$

Der Preisindex für das Berichtsjahr beträgt 126,83. Folglich hat sich die Lebenshaltung im Berichtsjahr um 26,83 % verteuert. Um den gleichen Warenkorb wie im Basisjahr kaufen zu können, müssen im Berichtsjahr 26,83 % mehr bezahlt werden.
Jeweils für sich genommen (also nicht gewichtet) hatten die drei Verbrauchsgüter sehr unterschiedliche Preissteigerungsraten:

Fisch . . . . 16,7 %
Bier . . . . 50,0 %
Brot . . . . 28,6 %
Summe . . . . 95,3 % : 3 ≈ 31,8 %

Ohne Berücksichtigung der unterschiedlichen Verbrauchsmengen ergäbe dies einen durchschnittlichen Preisanstieg von 31,8 %. Damit wären gleiche Verbrauchsmengen unterstellt, was nicht der Realität entspricht. Der Preisindex für Lebenshaltung ist also keine normale Durchschnittsermittlung, sondern ein **gewogener Durchschnitt.**

Aussagekraft des Verbraucherpreisindex[1]

Ein Preisindex kann grundsätzlich nur aufgrund eines gleichbleibenden Warenkorbs berechnet werden. Die Aussagekraft solcher Preisindizes bleibt wegen der Konstruktion des Warenkorbs immer begrenzt.

1. **Warenkorb – ein statistischer Durchschnitt**
   Das Statistische Bundesamt arbeitet zurzeit mit einem Gesamtindex, dem „Verbraucherpreisindex für Deutschland". Dieser Index kann niemals die Verbrauchsstrukturen des einzelnen Haushaltes widerspiegeln. Art und Menge der vom Haushalt gekauften Güter hängen von vielen Faktoren ab, zum Beispiel der Höhe des Einkommens, der Anzahl der Personen pro Haushalt, aber auch von der sozialen Schichtung. Deshalb weicht auch die „wahrgenommene" Preissteigerung erheblich von der statistisch im Verbraucherpreisindex gemessenen ab. Über die tatsächliche Belastung/Entlastung des Einzelhaushalts durch Preisveränderungen ist der Gesamtindex nicht aussagekräftig.

2. **Warenkorb und Wägungsschema**
   Der Verbraucherpreisindex misst die Preisveränderung an einem konstanten Konsumbündel. Um vergleichbare Werte zu erhalten, müssen Warenkorb und Wägungsschema für eine bestimmte Zeit, in der Regel fünf Jahre, unverändert bleiben. Weil sich aber die Verbrauchsgewohnheiten laufend ändern, veralten Inhalt und Wägungsschema des Warenkorbs sehr schnell. So wurden in der Vergangenheit Dienstleistungen im Bereich der sozialen Sicherung wie zum Beispiel ambulante Pflege und Essen auf Rädern nicht entsprechend der Nachfrage erfasst. Selbst der Warenkorb 2010 berücksichtigte die stetig steigende Internetnutzung mittels Smartphones oder Tablet-PCs nur ungenügend. Besondere Erfassungsprobleme ergeben sich beim Onlinehandel mit dynamischer Preissetzung[2]. Mit der Revision 2015 wurde das berücksichtigt. Aber dieses Dilemma zwischen notwendiger Stetigkeit und zügiger Anpassung an veränderte Verbrauchsgewohnheiten bleibt teilweise bestehen und kann nicht komplett aufgelöst werden.

3. **Qualitätsveränderungen**
   Es gibt nur wenige Güter, die über Jahre hinweg in gleicher Qualität hergestellt werden. Preisanhebungen aufgrund von Qualitätsverbesserungen stellen einen echten Gegenwert dar und sind somit keine Preissteigerung. Zwar wird versucht, solche Qualitätsänderungen herauszurechnen, aber Qualitätsveränderungen sind nur unzureichend mess- und erfassbar. Bei unzureichender Erfassung der Qualitätsver-

1 *Das Statistische Bundesamt hat auf seinen Internetseiten einen kostenlosen Inflationsrechner. Durch Eingabe „persönlicher Inflationsrechner" in der Volltextsuche auf der Website:* https://www.destatis.de *wird man zum Inflationsrechner geführt. Damit kann man online seinen individuellen Preisindex im Vergleich zum amtlichen errechnen – vorausgesetzt, man kennt einigermaßen seine Konsumstruktur.*

2 *Mittels automatisierter Algorithmen werden im Onlinehandel teilweise die Preise von Gütern in sehr kurzen Zeitabständen geändert, zum Beispiel beim Ticketkauf für Bahn- oder Flugreisen, aber auch bei Hotelreservierungen über Buchungsplattformen.*

änderungen wird der Preisindex zu hoch ausgewiesen. Wird ein Warenkorb über längere Zeit nicht angepasst, wird ein Preisniveau festgestellt, das die tatsächliche Preisentwicklung nicht korrekt wiedergibt.

Durch diese Ungenauigkeiten des Preisindex muss für die Festlegung der Geldwertstabilität ein Toleranzbereich festgelegt werden. Die Bundesbank geht von einer Bandbreite von 2 % aus. Solange sich der Preisindex innerhalb dieser Bandbreite bewegt, herrscht (relative) Geldwertstabilität (vgl. Kap. 8.3.4).

Harmonisierter Verbraucherpreisindex

Neben dem Verbraucherpreisindex für Deutschland (VPI) berechnet das Statistische Bundesamt noch einen „Harmonisierten Verbraucherpreisindex“ (HVPI) für Deutschland. Die nationalen Verbraucherindizes der einzelnen EU-Länder sind sehr unterschiedlich aufgebaut und die Werte untereinander nicht direkt vergleichbar. Deshalb wird nicht nur in Deutschland, sondern auch in den anderen EU-Ländern neben dem nationalen Verbraucherpreisindex noch ein nationaler HVPI ermittelt.

Er fußt in Deutschland auf derselben Datenbasis wie der VPI. Dieser HVPI wird nach entsprechenden EU-Verordnungen[1] errechnet, damit die nationalen Indizes auf EU-Ebene vergleichbar sind. Während der VPI die Entwicklung der Lebenshaltungskosten auf einer für fünf Jahre festgelegten Gewichtungsbasis (siehe Wägungsschema) im Zeitablauf misst, ist der HPVI ein Bewertungsmaßstab (Index) für die Veränderungen der Preisstabilität. Deshalb ist die Aktualität der Wägungsgewichte besonders wichtig. Außerdem erfolgt beim HVPI – anders als beim VPI – keine Korrektur der vergangen Werte auf der Grundlage des neuen Basisjahres.

Verbraucherpreisindex und Harmonisierter Verbraucherpreisindex für Deutschland
Veränderung gegenüber dem Vorjahr in %

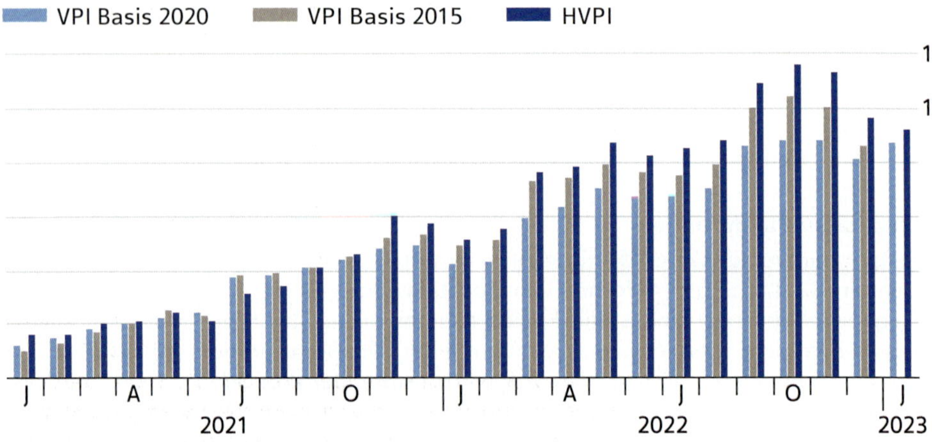

Quelle: https://www.destatis.de/DE/Themen/Wirtschaft/Preise/Verbraucherpreisindex/Methoden/Downloads/Hintergrundpapier-VPI-Revision_2020.pdf?__blob=publicationFile

1 *Verordnungen (EU)2016/792, (EU) 2020/1148*

Aufgrund dieser unterschiedlichen Auslegung zeigen die beiden Indizes abweichende Inflationsraten.

Das Statistische Amt der EU (Eurostat) überwacht die Ermittlung der nationalen HVPIs und berechnet daraus den HVPI für den europäischen Wirtschaftsraum. Dieser Gesamt-HVPI ist für die EZB der entscheidende Maßstab für die Überwachung der Preisstabilität im Euroraum und damit die Basis für ihre Geldpolitik.

8.2.3 Inflationsursachen

Preisanstiege bedeuten immer Geldwertverluste. In den vergangenen Jahren hat der Geldwert ständig abgenommen, das zeigt die nachfolgende Übersicht. Vom Jahr der Euro-Bargeldeinführung 2002 bis 2023 lag die jährliche Preissteigerung bei durchschnittlich 1,6 %. Zu „DM-Zeiten" – von 1948 bis 2001 – lag die durchschnittliche jährliche Inflation bei 2,6 %.

Inflationsraten in Deutschland seit 1992

Veränderung des Verbraucherpreisindex (VPI) zum Vorjahr in Prozent, Basisjahr 2020

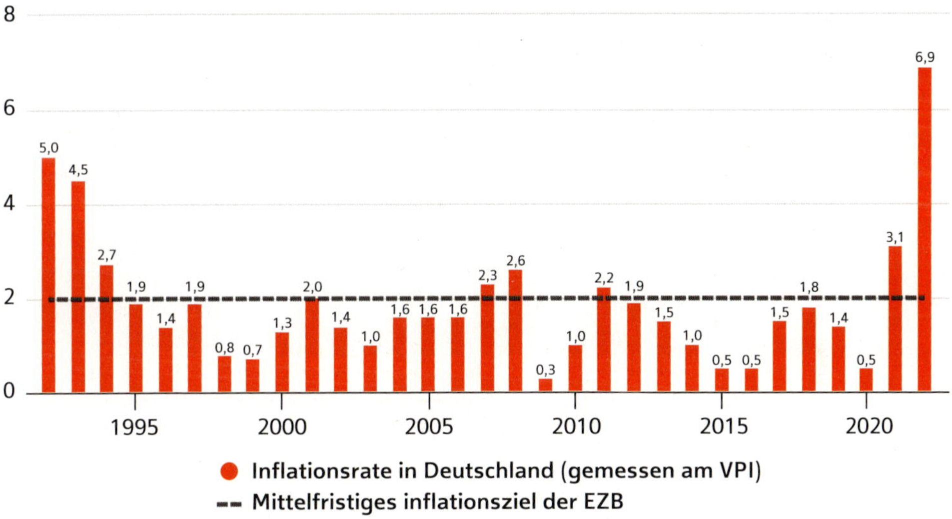

Anm.: Der Preisanstieg hat sich im Jahr 2023 nach gegenwärtiger Berechnung weiter verlangsamt auf +5,9 %. Datenbeschriftung der Diagrammsäulen v. Verf.
Datenquelle: Statistisches Bundesamt (Destatis), Stand: 12.02.2024

Die extrem hohe Inflation im Jahr 2022, erreichte im Oktober desselben Jahres ihren Höchstwert von +10,4 % (Indexbasis 2015) nach neuer Indexbasis (2020) +8,8 %. Besonders die Preise für Energieprodukte hatten sich teilweise mehr als verdoppelt. Ursächlich waren dafür die explodierenden Einfuhrpreise für die Energie.[1] Dem Anstieg einzelner Preise oder der Preise bestimmter Gütergruppen stehen aber auch sinkende Preise anderer Güter (z. B. Personal Computer) gegenüber. Bedeutsam für die „Gesamt-

1 *Diese außergewöhnlichen Teuerungsraten wurden teilweise durch Maßnahmen wie 9-Euro-Ticket, Senkung der Umsatzsteuer auf Gas und Fernwärme, Tankrabatt u. a. m. abgemildert.*

teuerung“ ist die Preisniveauveränderung im Zeitablauf (vgl. 8.2.2). Und ein Preisniveauanstieg ist nicht Ursache, sondern Kennzeichen einer inflationären Entwicklung; umgekehrt ist Sinken des Preisniveaus Kennzeichen einer Deflation.
Die Ursachen der Inflation sind vielfältig: Verteuerung von Produktionsfaktoren – z. B. Energie, Löhne –, hohe Staatsverschuldung, Geldmengenausweitung. Selten oder nie lassen sich die inflationären Tendenzen eindeutig auf **eine** Ursache zurückführen. Ausgangspunkte sind entweder außenwirtschaftliche oder binnenwirtschaftliche Größen, vereinfacht zeigt das nachfolgende Zusammenstellung:

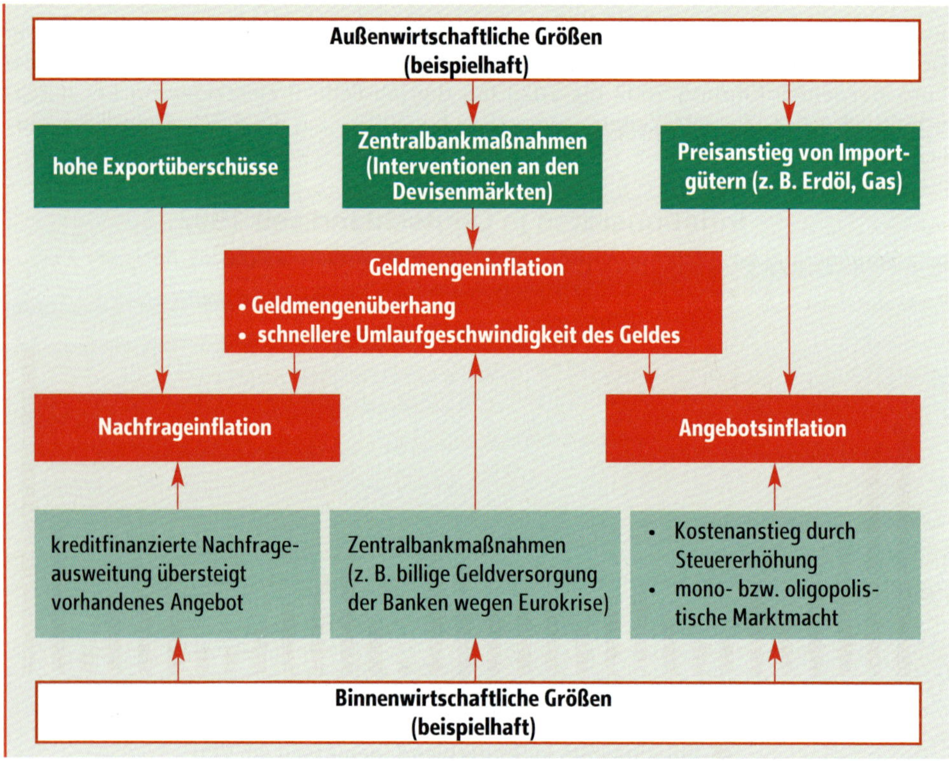

Inflationsursachen in Anlehnung an Clement, R. et al.: Grundlagen der angewandten Makroökonomie, München 2004

Geldmengenabhängige Inflation

Güter- und geldwirtschaftliche Vorgänge stehen in enger Verbindung. Güterwirtschaftliche Veränderungen beeinflussen den Geldkreislauf und umgekehrt beeinflussen geldwirtschaftliche Ereignisse auch den güterwirtschaftlichen Prozess. In einer Giralgeldwirtschaft besteht für das Geld keine direkte Deckung mehr, sein Wert ist abhängig von der vorhandenen Gütermenge, also dem Sozialprodukt, und zwar vom Verhältnis der Geld- zur Gütermenge.

Ausgangslage (stark vereinfacht)

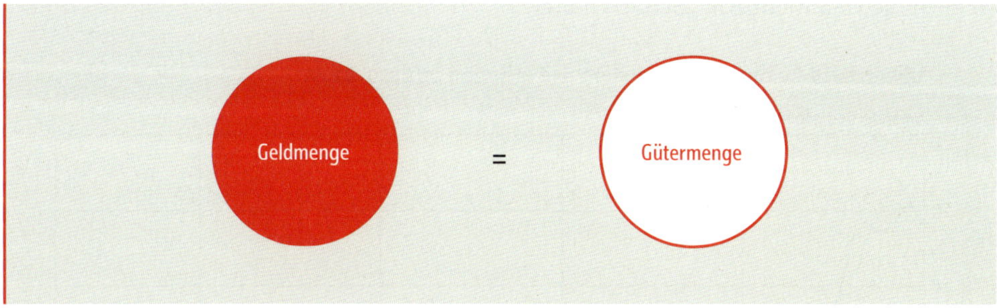

In dieser Situation sind die Preise stabil, gleichzeitig ist die Kaufkraft stabil.

Folgeperiode (stark vereinfacht)

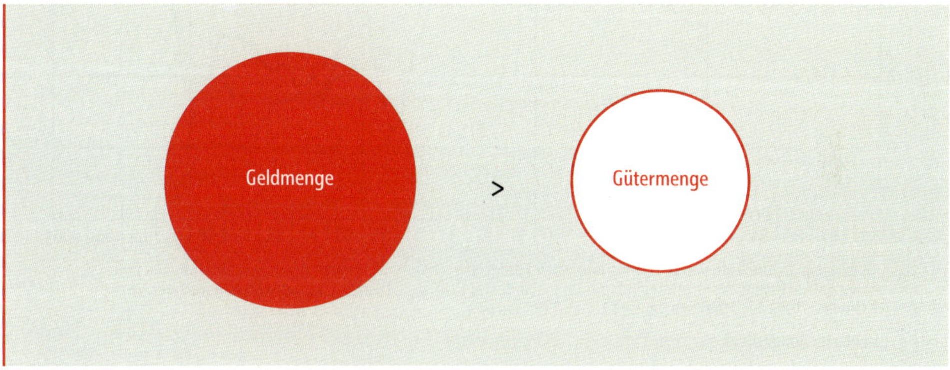

Die Geldmenge[1] hat sich verdoppelt, die volkswirtschaftliche Gütermenge ist gleich geblieben, das heißt, mit der doppelten Geldmenge kann nicht mehr als die zuvor vorhandene Gütermenge gekauft werden, weil die Gütermenge unverändert blieb.
Die Preise werden steigen und die Kaufkraft, also der Wert des Geldes, wird sinken. Vereinfacht kann gesagt werden, dass langfristig die Geldmenge pro Produktionseinheit das Preisniveau bestimmt, also:

➔ Preisniveaustabilität wird nur erreicht, wenn die nachfragewirksame Geldmenge nicht stärker steigt als der reale Anstieg des Sozialprodukts.

Einfacher ausgedrückt, je mehr Geld bei gleicher Gütermenge im Umlauf ist, desto höher ist die Inflation. Das ist die Kernaussage der sogenannten Quantitätstheorie. Milton Friedman[2], ein Vertreter dieser Lehrmeinung, reduzierte den Zusammenhang in

---

1 *Geldmenge ist stark vereinfacht die Gesamtheit vorhandener Zahlungsmittel inländischer Nichtbanken. Zur Messung der im Umlauf befindlichen Geldmenge verwendet die EZB drei unterschiedliche Kennzahlen.*
M_1: Bargeldumlauf und täglich fällige Einlagen der Nichtbanken.
M_2: M^1 plus Einlagen mit Laufzeit bis zwei Jahren und Einlagen mit Kündigungsfrist bis zu drei Monaten.
M_3: M^2 plus Geldmarktpapiere (z. B. Anteile an Geldmarktfonds) sowie Bankschuldverschreibungen mit einer Laufzeit bis zu zwei Jahren.
Die EZB orientiert sich bei ihren geldpolitischen Entscheidungen an M^3.

2 *Milton Friedman (1912–2006), US-Ökonom, erhielt 1976 den Nobelpreis für Wirtschaftswissenschaften. Er forderte die Zurückführung staatlichen Einflusses zugunsten der Marktkräfte.*

der Aussage: „Zu viel Geld jagt zu wenig Güter". Wer Inflation bekämpfen will, muss folglich die Geldmenge in „Schach halten".

Überschuss-Geldmengenwachstum und Inflation im Euro-Raum

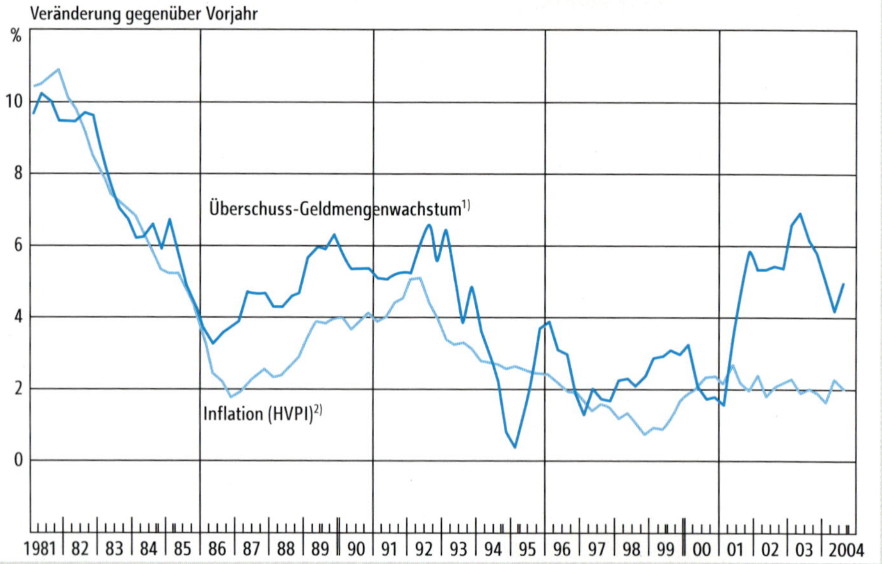

1 Jahreswachstumsrate von M3 minus jährliches Potenzialwachstum des realen Bruttoinlandsprodukts. Das Potenzialwachstum des Bruttoinlandsprodukts wurde mit Hilfe des Hodrick-Prescott-Filters berechnet. — 2 Quellen: 1981 bis 1990 Schätzung EZB, ab 1991 Eurostat.

Deutsche Bundesbank

Quelle: Deutsche Bundesbank, Frankfurt/Main, Monatsbericht Januar 2005

Nach Darstellung der Bundesbank könnte man diese Theorie im Trend bestätigt sehen, allerdings nicht uneingeschränkt für die Jahre ab 2000. Ab diesem Zeitpunkt hat die Geldmengenausweitung nicht zu einem Anstieg der Inflation geführt. Und seit Jahren gibt es zahlreiche Ökonomen[1], die mit diversen Untersuchungen belegen, dass für die Inflation in einer Volkswirtschaft die Geldmenge kaum eine Rolle spielt. Lediglich in Ländern, in denen die Inflationsrate weit im zweistelligen Bereich liege, wird eine Geldmengenausweitung die Inflation weiter anheizen. Im Euroraum mit seinen seit Jahren niedrigen Inflationsraten von unter 2 % lässt sich offensichtlich – zumindest kurz- bis mittelfristig – kein direkter Zusammenhang zwischen Geldmengenausweitung und Inflationsrate herstellen. Der rasante Preisniveauanstieg seit 2021 auf bis zu +8,9 % ist sicher nicht geldmengeninduziert, sondern durch globale Schocks (vgl. Transmissionsmechanismus, Abschn. 8.3.2) verursacht. Solche negativen Angebotsschocks wie die Lieferkettenprobleme, ausgelöst durch die Corona-Pandemie und die Energiepreisexplosion (bis zu +57 % gegenüber dem Vergleichsmonat des Vorjahres), waren die wirklichen Treiber der Inflation. Das erschwert die Geldmengensteuerung der EZB (vgl. Kapitel 8.3.5) bezüglich ihrer Wirkungsweise.

1 *Vgl. Pedro Teles and Harald Uhlig, IS QUANTITY THEORY STILL ALIVE? - INTERNATIONAL MACROECONOMICS - CEPR Discussion Paper Nr. 8049, October 2010. https://www.voxeu.org/sites/default/files/file/DP8049.pdf*

Nachfrageinflation

Nach dieser Theorie steigt das Preisniveau, wenn die Güternachfrage stärker steigt als das Güterangebot.

Beispiel zur Erklärung der Nachfrageinflation (vereinfacht):
In einer Volkswirtschaft wird nur ein Gut produziert:

Periode I

Durch den Produktionsprozess werden
- 10 Millionen Gütereinheiten (PE) hergestellt und
- 20 Millionen Geldeinheiten (GE) an Einkommen geschaffen.

20 Mio. GE treten am Markt als nachfragewirksame Geldmenge auf 10 Mio. PE werden am Markt angeboten.

Das ergibt einen Preis von: $\frac{20\text{ Mio. GE}}{10\text{ Mio. PE}} = 2\text{ GE/PE}$

Periode II

An den Produktions- und Einkommensverhältnissen hat sich nichts geändert:
- 20 Millionen GE sind nachfragewirksam.
- Von den 10 Millionen PE werden
  2 Millionen PE exportiert,
  8 Milliarden PE werden auf dem Inlandsmarkt angeboten.
- Es werden keine Güter importiert.

Jetzt ergibt sich ein Preis von: $\frac{20\text{ Mio. GE}}{8\text{ Mio. PE}} = 2{,}5\text{ GE/PE}$

Ergebnis
Der Export bewirkt auf dem Inlandsmarkt eine Güterverknappung, weil ihm kein entsprechender Import gegenübersteht. Da die nachfragewirksame Geldmenge gleich geblieben ist, erhöhte sich das Preisniveau von 2 GE/PE auf 2,5 GE/PE.

Die Nachfragelücke ist durch Preissteigerung ausgeglichen worden, der Geldwert ist gesunken.

→ Übersteigt die gesamtwirtschaftliche Nachfrage das gesamtwirtschaftliche Angebot (inklusive Import), so treten Preisniveausteigerungen auf, es kommt zur **Inflation**.

Eine solche **Überschussnachfrage** (Nachfrage größer als Angebot) kann aus verschiedenen Anlässen auftreten.

- Exportüberschüsse (siehe Beispiel), eingeflossene Devisen werden in Euro umgetauscht.
- Bei Vollbeschäftigung finanzieren private Haushalte zusätzliche Konsumausgaben mit Krediten.
- Löhne und Gehälter (dahinter steht Nachfrage) steigen stärker als der Produktivitätsfortschritt.
- Der Staat finanziert bei Vollbeschäftigung zusätzliche Staatsnachfrage über Kredite.
- Investitionen (Nachfrage) sind bei Vollbeschäftigung größer als die Ersparnisse der Haushalte.

Die **Nachfrageinflation** kann lediglich die Tendenz zur Preissteigerung im Konjunkturaufschwung bzw. in der Hochkonjunktur, wenn die Kapazitäten ausgelastet sind, erklären. Sie erklärt nicht, warum im Konjunkturabschwung bei rückläufiger Nachfrage die Preise trotzdem steigen.

Angebotsinflation

Viele Güterpreise sind keine Marktpreise, sondern sie werden von den Unternehmen unter Beachtung ihrer Kostenstruktur kalkuliert. Steigende Kosten werden auf den Verbraucher überwälzt.

Ursachen für steigende Kosten sind:

- Verteuerung der Produktionsfaktoren, z. B. Lohnerhöhungen, die über dem Produktivitätsfortschritt liegen, werden über Preiserhöhungen auf den Verbraucher abgewälzt (Lohn-Preis-Spirale). Es sei denn, was die Ausnahme sein wird, dass die über dem Produktivitätsfortschritt liegende Lohnerhöhung zulasten der Gewinnspanne geht. Für diesen Fall käme es zu keiner Preissteigerung.
- Steigende Zins- und Rohstoffkosten sind ebenfalls Ursachen, die erhöhend auf die Preiskalkulation wirken.
- Steigende Fixkostenbelastung[1] bei sinkender Nachfrage. Bei sinkender Kapazitätsauslastung einer Unternehmung bleiben die gesamten **fixen Kosten** konstant. Diese fixen Kosten müssen bei geringerer Ausbringung auf weniger Produktionseinheiten verteilt werden. Der Fixkostenanteil pro Stück steigt, also steigen auch die gesamten Stückkosten an.

Beispiel zu steigender Fixkostenbelastung bei sinkender Nachfrage:
In einem Unternehmen betrugen im Jahr 01 die Gesamtkosten für die Produktion von 10 000 Einheiten 100 Millionen €. Der Anteil der fixen Kosten an den Gesamtkosten betrug 20 %. Durch Rationalisierung konnten die Gesamtkosten bei gleicher Ausbringungsmenge auch im Jahr 05 konstant gehalten werden. Der Anteil der fixen Kosten stieg jedoch auf 50 % im Jahre 05.

	Jahr 01	**Jahr 05**
Gesamtkosten	100 000 000,00 €	100 000 000,00 €
Fixkosten insgesamt	20 000 000,00 €	50 000 000,00 €
Fixkosten pro Stück bei 10 000 Einheiten	2 000,00 €	5 000,00 €
Fixkosten pro Stück bei 5 000 Einheiten	4 000,00 €	10 000,00 €
Anstieg der fixen Kosten pro Stück	2 000,00 €	5 000,00 €

→ Je höher der Fixkostenanteil an den Gesamtkosten, desto höher ist der Fixkostenanstieg pro Stück bei einem Nachfragerückgang.

Nicht alle Preiserhöhungen der Anbieter können durch Kostenerhöhungen erklärt werden:

- Überhöhte Gewinnspannen bei Produktvariationen sind eine weitere Ursache für Preissteigerungen.

---

1 *Fixe Kosten sind Kosten der Betriebsbereitschaft, sie fallen von Periode zu Periode unabhängig von der Ausbringungsmenge in nahezu gleicher Höhe an, z. B. Abschreibungen, Mietaufwand, Gehälter.*

- Oligopolistische oder monopolistische Marktmacht ermöglichen ebenfalls die Durchsetzung überhöhter Gewinnspannen.

> Die **Angebotsinflation** ist durch Preisniveausteigerungen trotz Nachfragerückgang gekennzeichnet.

Zusammenfassend gilt, die Inflation bzw. inflationäre Tendenzen lassen sich nie auf eine eindeutige Ursache zurückführen, sondern in der Regel überlagern sich mehrere Inflationsursachen. Und oft sind weder die Wirkungszusammenhänge noch die Auslöser für inflationäre Tendenzen eindeutig zu identifizieren.

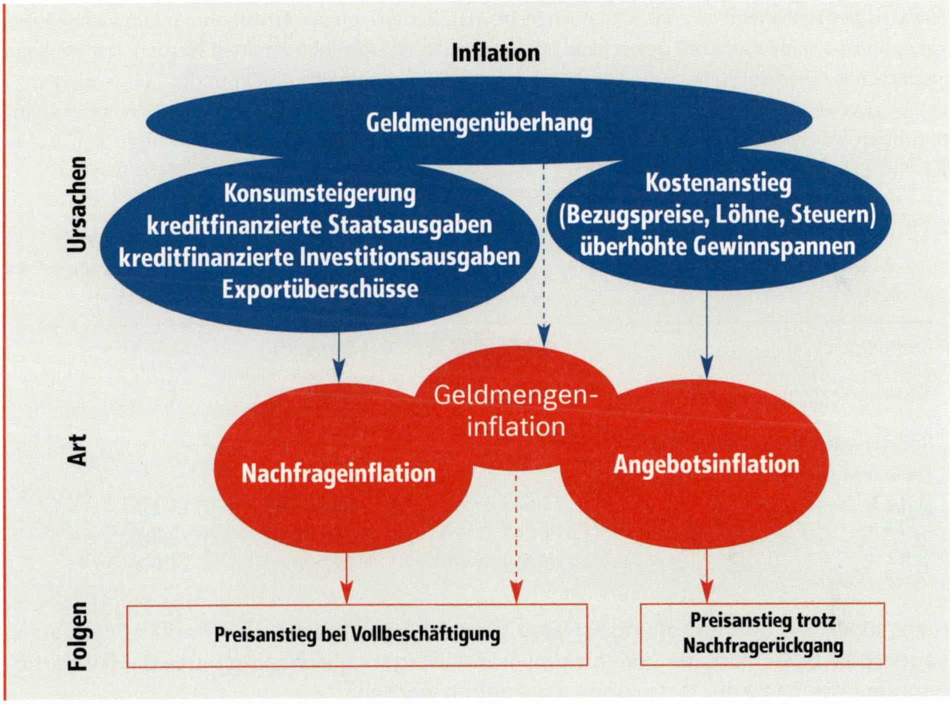

8.2.4 Folgen der Inflation

Inflation und Lohneinkommen

Wie viel Euro eine Einkommenserhöhung wirklich real wert ist, hängt nicht nur von der Lohnerhöhung ab, sondern auch vom Preisanstieg. Selbst bei Bruttolohnsteigerungen, die über dem Preisanstieg liegen, können sich Kaufkraftverluste für Arbeitnehmende ergeben. Im folgenden Beispiel geht es darum, diesen Zusammenhang zahlenmäßig aufzuzeigen; dabei ist die Aktualität der Daten unerheblich:

Beispiel:

Ein lediger Arbeitnehmer verdient brutto 1 772,65 €, die Lohnerhöhung von 6,9 % bringt ihm einen Bruttolohnzuwachs von 122,31 € auf 1 894,96 €. Was davon als Nettolohn übrig bleibt, zeigt nachfolgende Aufstellung:

Lohnentwicklung und Lebensstandard

	Basisjahr	Berichtsjahr	Zuwachs in € (nominal)
Bruttolohn - Lohn- und Kirchensteuer - Sozialversicherung (AN-Anteil)	1 772,65 € 411,59 € 319,05 €	1 894,96 € 464,76 € 341,03 €	122,31 €
= Nettolohn	1 042,01 €	1 089,17 €	47,16 €

Der Nettolohn, also der ausbezahlte Betrag, wird auch als Nettonominallohn bezeichnet. Dieser Zuwachs des Nettonominallohns sagt noch nichts darüber aus, ob der Arbeitnehmer nun mehr kaufen kann, ob also seine Kaufkraft gewachsen ist. Dazu muss der Reallohn ermittelt werden. Der Reallohn ist der um die Geldwertminderung korrigierte Nominallohn, er gibt die Kaufkraft des Lohns wieder.
Es soll nun die Kaufkraftentwicklung dieser Nettolohnerhöhung für verschiedene Preisniveauänderungen im Berichtsjahr errechnet werden, und zwar für Preisniveausteigerungen von 0,2 %, 2,5 % und 5,5 %.

	Basisjahr	Berichtsjahr	Veränderung (Zuwachs +) (Verlust –)
Bruttonominallohn	1 772,65 €	1 894,96 €	+6,9 %[3]
Nettonominallohn	1 042,01 €	1 089,17 €	+4,5 %[3]
Rechnerischer Nettoreallohn bei Preisniveausteigerung im Berichtsjahr:			
c) 0,2 %[1]	1 042,01 €[2]	1 087,00 €[3]	+4,3 %[3]
b) 2,5 %	1 042,01 €[2]	1 062,00 €[3]	+2,0 %[3]
a) 5,5 %	1 042,01 €[2]	1 032,00 €[3]	–1,0 %[3]

Nicht allein die Lohnerhöhung ist also ausschlaggebend für den Kaufkraftzuwachs, sondern insbesondere die Preisniveauveränderungen; gleichzeitig muss die Lohnerhöhung auf der Basis der Nettolöhne angegeben werden.

- Reallohnangaben sagen nur dann etwas über den **Lebensstandard** aus, wenn sie sich auf die Nettolöhne beziehen.
- Steigen die Nettonominallöhne stärker als die Preise, führt dies zu einem Reallohnanstieg und damit zu einem **Kaufkraftzuwachs**.
- Steigen die Preise stärker als die Nettonominallöhne, führt dies zu einem Reallohnverlust und damit zu einem **Kaufkraftverlust**.

---

1 Bei einem Preisniveauanstieg vom Basis- zum Berichtsjahr von 0,2 % bleibt vom ursprünglichen Nettonominallohn-Anstieg von 4,5 % im Hinblick auf die Kaufkraft lediglich ein Anstieg von 4,3 % übrig, das heißt, der Kaufkraftgegenwert (Nettoreallohn) des gestiegenen Nettonominallohns beträgt nicht 1 089,17 €, sondern 1 087,00 €.

2 Für das Basisjahr entspricht der Nettoreallohn dem Nettonominallohn.

3 €-Werte und %-Werte gerundet.

Diesen Zusammenhang zeigt nachfolgende Darstellung für die Jahre 1991 bis 2019.

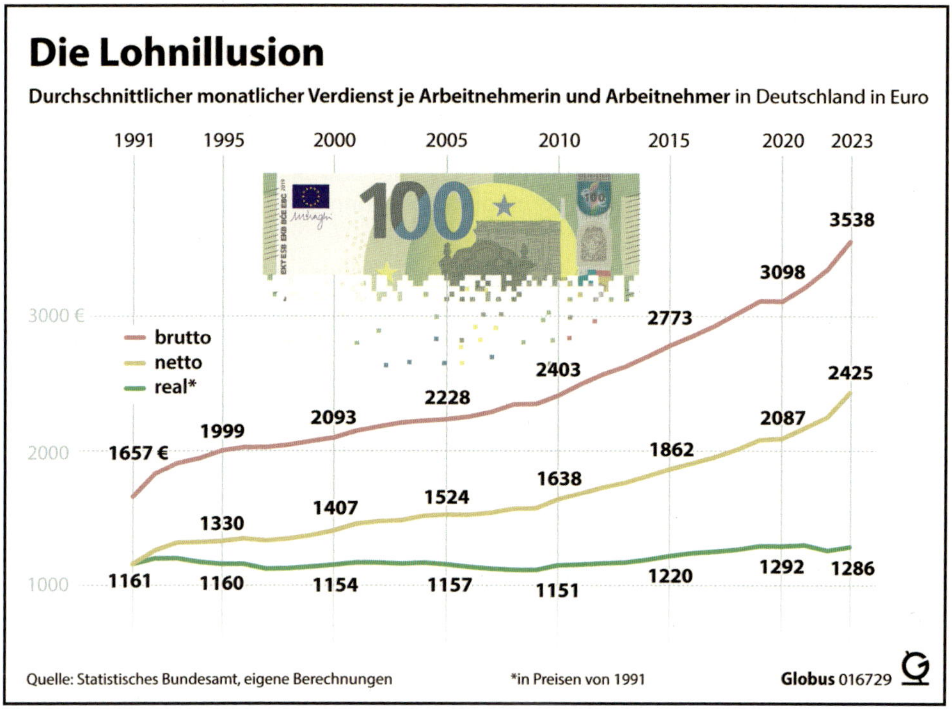

Die Lohnentwicklung zeigt, dass der durchschnittliche monatliche Bruttolohn von 1991 bis 2023 um rund 114 % gestiegen ist, sich mehr als verdoppelt hat. Auch der Nettolohn ist gestiegen, wenn auch weniger stark (109 %). Wenn Lohnbezieher sich bei Ihren Kauf- bzw. Konsumentscheidungen von der Nettolohnentwicklung leiten lassen statt an der durch die Inflation geminderten Kaufkraft, dann unterliegen sie einem gewaltigen Trugschluss, nämlich der Geld- oder Lohnillusion. Schließlich ist der inflationsbereinigte Nettonominallohn (Nettoreallohn) in den 32 Jahren lediglich um 10,8 % gestiegen, d. h. die Lohnsteigerungen entsprachen nur einem Kaufkraftzuwachs von 10,8 %. Die Lohnbezieher konnten also in den letzten Jahrzehnten ihren Lebensstandard im Grunde kaum erhöhen.

Inflation und sonstige Geldeinkommen

- **Sozialeinkommen** sind heute dynamisiert, sie sind an die Lohnentwicklung gekoppelt. Von den grundsätzlichen Folgen gibt es also keine Unterschiede zu denen, die Kontrakteinkommen[1] beziehen. Allerdings erfolgt die Anpassung zeitverzögert, was gegebenenfalls die Kaufkraftverluste verschärft.
- Für die **Unternehmereinkommen** gilt Ähnliches. Allerdings muss die Aussage insoweit differenziert werden, als die Unternehmer über ihre Preiskalkulation die Preissteigerungen teilweise überwälzen können.
- Bei **Zinseinkommen** (Miete, Pacht, Kapital) besteht grundsätzlich keine Indexbindung, hier stellen sich vor allem bei Miete und Pacht – besonders bei hohen Inflationsraten – Einkommensverluste ein.

---

1 *Einkommen, deren Höhe durch Vertrag festgelegt ist, z. B. Löhne, Gehälter, Honorar, Provision usw.*

Inflation und Vermögensverteilung

- **Besitzer von Geldvermögen** erleiden meist Kaufkraftverluste, denn selten wird der Preisanstieg durch höhere Zinserträge aufgefangen.
- **Eigentümer von Grundvermögen** können ihren Besitzstand in der Regel wahren. Stark inflationäre Tendenzen lösen oft eine Flucht in Sachwerte aus, was deren Preise noch in die Höhe treibt. Da Arbeitnehmende Ersparnisse vorwiegend in Geldvermögen anlegen, Unternehmenshaushalte und Selbstständige aber eher in Sachwerte, verschiebt sich die Vermögensverteilung zuungunsten derer, die kein Grundvermögen besitzen.
- **Geldschuldner** sind die Gewinner der Inflation, weil der reale Wert der aufgenommenen Kredite, also der Rückzahlungswert, durch den Geldwertschwund sinkt.

Inflation und Staatshaushalt

Inflation beschert dem Staat automatisch höhere Steuereinnahmen, die durch höhere Ausgaben (Lohn- und Preissteigerungen) zum Teil wieder aufgezehrt werden. Der Staat ist aber auch der größte Kreditnehmer, sodass er zusätzlich von der Schuldnerposition profitiert. Dadurch erfolgen jährlich Vermögensumschichtungen zugunsten des Staates von rund zehn Milliarden Euro.

Inflation und Wirtschaftswachstum

Eine Preissteigerung, die für die Wirtschaftssubjekte unerwartet kommt, wird zunächst Gewinne und auch die Löhne erhöhen. Sollte dieser Effekt erhalten bleiben, so müsste die Inflation von Periode zu Periode ständig stärker ansteigen, bis hin zur galoppierenden Inflation. Dies schafft aber unsichere, unkalkulierbare Zukunftsentwicklungen, Fehlinvestitionen sind unausbleiblich. Werden diese allmählich erkannt, wird die Investitionsneigung sehr stark zurückgehen. Inflation, die wesentlich von der Zielvorgabe[1] der EZB abweicht, wird langfristig Wirtschaftswachstum eher verhindern als fördern.

Inflation und Beschäftigung

Hierzu sind die Meinungen strittig. In einer stark exportabhängigen Volkswirtschaft wie der der Bundesrepublik Deutschland gefährden hohe Inflationsraten den Export. Bei großer Exportabhängigkeit führen aber Rückgänge des Exports zum Verlust von Arbeitsplätzen.

Zusammenfassung

1. Das **Preisniveau** drückt den Durchschnittswert mehrerer bzw. aller Güter aus.
2. Kaufkraft drückt aus, wie viel **Gütereinheiten** mit einer bestimmten **Geldmenge** gekauft werden können.
3. Der wichtigste Preisindex ist der **Verbraucherpreisindex (VPI).** Er wird ermittelt anhand der typischen Verbrauchsstrukturen (gewichteter Warenkorb) sogenannter Indexfamilien.

1 2% als mittelfristiges, symmetrisches Ziel, vgl. dazu Kapitel 8.3.4, geldpolitische Strategie der EZB.

4. Trotz größter statistischer Bemühungen bleibt der **Aussagewert** des Verbraucherpreisindex **begrenzt:**
   a) Der Warenkorb ist lediglich ein statistischer Mittelwert.
   b) Der gewichtete Warenkorb repräsentiert, nur wenn er neu zusammengestellt ist, die wirkliche Verbrauchsstruktur; die laufenden Verbrauchsänderungen bleiben bis zur nächsten Neuzusammenstellung (Revision) unberücksichtigt.
   c) Ebenso wenig geht die fortlaufende Qualitätsveränderung der Güter umfassend in die Indexmessung ein.

5. Folgen der Inflation

Inflationsfolgen bezogen auf	Auswirkungen
Einkommensbezieher	
variable Einkommen (Lohn, Gewinn, Sozialeinkommen) →	teilweise kein voller Kaufkraftausgleich (Verhältnis: Preissteigerung zur Einkommenssteigerung entscheidend)
feste Einkommen (z. B Miete, Zins) →	Kaufkraftverlust
Vermögensverteilung	
Sachvermögen →	Besitzstandswahrung
Geldvermögen →	Kaufkraftverlust
Schuldner →	Kaufkraftgewinner (Vermögensumverteilung zulasten der Gläubiger)
Wirtschaftswachstum	
kurzfristig →	begünstigend
mittel- und langfristig →	hemmend
Beschäftigung	
kurzfristig →	Beschäftigungsanstieg
mittel- und langfristig →	Arbeitsplatzverluste
Staat	
Steuereinnahmen →	steigen → erhöht Staatsquote am Bruttoinlandsprodukt
Schuldnerposition →	steigt → erhöht Staatsquote am Bruttoinlandsprodukt

Prüfen Sie Ihr Wissen

1. Erläutern Sie sowohl den Unterschied als auch den Zusammenhang der Begriffe „Preisniveau“ und „Kaufkraft des Geldes“.
2. Beschreiben Sie, wie mittels Verbraucherpreisindex die Geldwertmessung in der Bundesrepublik Deutschland erfolgt.
3. Ist es sinnvoll, dass zur Geldwertbestimmung verschiedene Preisindizes ermittelt werden?
4. Erklären Sie den Unterschied zwischen Preisanstieg und Preisniveauanstieg.
5. Erläutern Sie, ob und wann ein Ungleichgewicht zwischen Güter- und Geldmenge zur Inflation führen kann.
6. Versuchen Sie, Nachfrageinflation und Angebotsinflation gegeneinander abzugrenzen, und zeigen Sie dabei, warum es schwierig ist, die Inflation auf eine eindeutige Ursache zurückzuführen.
7. Warum neigen besonders kapitalintensiv produzierende Unternehmungen bei Nachfragerückgang dazu, ihre Preise nicht zu senken, sondern sie zu halten oder gar zu erhöhen?
8. Warum sind die Vergleiche realer Bruttolohnzuwächse für die Beurteilung der Entwicklung des Lebensstandards ungeeignet?
9. Welche Auswirkungen hat die Inflation auf die Geldeinkommensbezieher und deren Lebensstandard?
10. Überlegen und begründen Sie, womit die Geldvermögenbesitzer (z. B. Sparbuchinhaber, Besitzer von sonstigen Gläubigerpapieren) bei anhaltender Inflation rechnen müssen.
11. Welche Personengruppen werden besonders nachteilig von der Inflation betroffen?
12. Warum ist der Staat als Kapitalschuldner Nutznießer der Inflation und welche Folgen hat das?

8.3 Geldpolitik der Zentralbank

8.3.1 Der Weg zur Europäischen Zentralbank

Derzeit zählen 27 Länder[1] zur *Europäischen Union* (EU)[2]. Der Weg zur gemeinsamen Währung und zur Europäischen Zentralbank war lang und langwierig.

1 *1958: Belgien, Deutschland, Frankreich, Italien, Luxemburg, Niederlande* ***[Gründungsstaaten der Europäischen Gemeinschaft (EG)],*** *1973: Dänemark. [Das Vereinigte Königreich (UK = Großbritannien und Nordirland) trat 1973 der EU bei. Der EU-Austritt des UK wurde durch die Abstimmung mit 51,89 % über das „EU-Mitgliedschaftsreferendum“ (Brexit) am 23. Juni 2016 eingeleitet. Der Austritt aus der EU und EURATOM erfolgte am 31. Januar 2020. Für eine Übergangsfrist bis zum 31. Dezember 2020 blieb das UK Teil des EU-Binnenmarktes und der Zollunion – aber ohne Stimmrecht in den EU-Gremien.] Republik Irland, 1981: Griechenland, 1986: Portugal, Spanien, 1995: Finnland, Österreich, Schweden, 2004: Estland, Lettland, Litauen, Malta, Polen, Slowakei, Slowenien, Tschechien, Ungarn, Zypern, 2007: Bulgarien, Rumänien, 2013: Kroatien.*

2 *Nach der Ratifizierung des Maastrichter Vertrags ging die EG in die EU über. Offizielle EU Beitrittskandidaten (2024): Albanien, Bosnien und Herzegowina, Georgien, Moldau, Montenegro, Nordmazedonien, Serbien, Türkei.*

Die wichtigsten Stationen von 1957 bis zum 1. Januar 2002

März 1957	In Rom unterzeichnen die Gründerstaaten den Vertrag zur Gründung der Europäischen Wirtschaftsgemeinschaft (EWG). Als Ziel wird die Schaffung eines gemeinsamen Marktes angestrebt.
März 1972	Die Wechselkurse der Mitgliedstaaten werden festgeschrieben, sie sollten nur noch in einer Bandbreite von 2,5 % voneinander abweichen.
Januar 1973	Die EWG wird um Dänemark, Großbritannien und Irland zur Europäischen Gemeinschaft (EG) erweitert.
Dezember 1978	Die Schaffung eines Europäischen Währungssystems (EWS) wird beschlossen.
1981–1986	Die EG wird um Griechenland (1981), Portugal und Spanien (1986) erweitert.
Juli 1987	Das Ziel einer Währungsunion wird vertraglich festgeschrieben.
Juni 1989	Die Staats- und Regierungschefs beschließen die Verwirklichung einer Währungsunion in drei Stufen.

Stufe I: 1. Juli 1990 bis 31. Dezember 1993

1993	Der Vertrag von Maastricht[1] tritt in Kraft. Für den Aus- und Aufbau der Wirtschafts- und Währungsunion (WWU) ist ein dreistufiger Plan vorgesehen. Dort sind die entsprechenden Kriterien für den Beitritt festgeschrieben.

Stufe II: 1. Januar 1994 bis 31. Dezember 1998

1994	Das Europäische Währungsinstitut (EWI) mit Sitz in Frankfurt am Main wird gegründet, ein Vorläufer der heutigen Europäischen Zentralbank (EZB). Das EWI sollte • die Zusammenarbeit der europäischen Notenbanken fördern sowie eine gemeinsame Geldpolitik abstimmen, • die notwendigen Voraussetzungen für die Errichtung eines Europäischen Systems der Zentralbanken[2] (ESZB) schaffen.
1997	Referenzjahr für Teilnahme an der WWU. Dazu mussten die 15 EU-Staaten bestimmte Stabilitätskriterien (Konvergenzkriterien) erfüllen.[3]
1998	Meldung der nationalen Konvergenzzahlen. Auf dem EU-Gipfel im Mai 1998 entschied der Europäische Rat[4] auf Empfehlung des Europäischen Parlaments und der ECOFIN[5], welche EU-Staaten ab 1. Januar 1999 an der WWU teilnehmen durften.
1998	Ferner wurde der Wechselkurs zwischen den teilnehmenden Staaten festgelegt.

---

1 Der Maastrichter Vertrag wurde am 7. Februar 1992 durch die Regierungen unterzeichnet, und nach der Verabschiedung (Ratifizierung) durch die Parlamente der Mitgliedstaaten trat der Vertrag am 1. November 1993 in Kraft.

2 Das ESZB besteht aus der Europäischen Zentralbank mit Sitz in Frankfurt am Main und den nationalen Zentralbanken der EU-Staaten, die an der WWU teilnehmen.

3 Konvergenzkriterien von 1997 für die Teilnahme an der WWU gem. den Maastrichter Bestimmungen:

	Haushaltsdefizit/ -überschuss in % des BIP	*Schuldenstand in % des BIP*	*Inflation in Prozent*
Maastricht-Ziel	*–3,0*	*60,0*	*2,7*

4 Der Europäische Rat ist die Versammlung der Staats- und Regierungschefs der EU und dem Präsidenten der Europäischen Kommission. Dieser EU-Rat legt Leitlinien fest und gibt politische Richtungen vor.

5 Der ECOFIN-Rat setzt sich aus den EU-Finanz- und Wirtschaftsministern zusammen.

	Die Europäische Zentralbank (EZB) wurde gegründet und gleichzeitig ihr Direktorium bestimmt.
Stufe III: 1. Januar 1999 bis 31. Dezember 2001	
1999	Zum 1. Januar 1999 trat die Währungsunion in Kraft. Für alle Teilnehmerstaaten [Belgien, Deutschland, (2001 Griechenland), Finnland, Frankreich, Irland, Italien, Luxemburg, Niederlande, Österreich, Portugal, Spanien] galt die neue europäische Einheitswährung, der Euro[1], als gesetzliches Zahlungsmittel. Der Umrechnungskurs für die Mark war: 1,95583 DM = 1 €. Verantwortung für Geldpolitik ging von der Deutschen Bundesbank an die EZB über. Zunächst wurde der Euro jedoch nur als Buchgeld eingeführt.
01.01.2002	Ausgabe von Banknoten und Münzen in Euro und Cent. Der Euro ist in den Mitgliedstaaten, die den Euro eingeführt haben, auch für Barzahlungen alleiniges gesetzliches Zahlungsmittel. Alle Bankkonten wurden endgültig auf Euro umgestellt.

8.3.2 Struktur und Stellung der Europäischen Zentralbank

Die währungspolitischen Befugnisse wie Regelung des Geldumlaufs, Sicherung des Zahlungsverkehrs, Kreditversorgung der Volkswirtschaft mit dem Ziel, die Währung stabil zu halten, sind Aufgaben, die in einer modernen Volkswirtschaft einer Zentralbank übertragen sind. Seit dem 1. Januar 1999 sind für diese Aufgaben nicht mehr die nationalen Zentralbanken – in Deutschland war das die **Deutsche Bundesbank (Bundesbank)** – zuständig, sondern die **Europäische Zentralbank**. Durch den Lissabon-Vertrag (1. Dezember 2009) ist die EZB nunmehr Organ der Europäischen Union. Sie gehört damit, wie Europäisches Parlament, Europäische Kommission, Europäischer Gerichtshof ..., zu den institutionellen Organschaften der EU. Trotz dieser Organschaft bleibt ihre eigenständige Rechtspersönlichkeit und autonome Stellung wie bisher erhalten. Diese neue Stellung der EZB als EU-Organ trägt daher eher symbolische Züge.

Das Eurosystem und das Europäische System der Zentralbanken

Nach dem Maastricht-Vertrag wurden in der Wirtschafts- und Währungsunion (WWU) die wirtschaftlichen Zuständigkeiten im Rahmen dieses europäischen Zusammenschlusses

- in nationale Aufgaben und
- in Gemeinschaftsaufgaben aufgeteilt.

1 *1 € = 100 Cent. 1995 haben sich die Staats- und Regierungschefs auf diesen Namen für die europäische Währung geeinigt.*

Die grundsätzliche Aufteilung ist auch nach dem Lissabon-Vertrag größtenteils gewährt. Danach ist in nationaler Zuständigkeit, und damit dezentral, die Wirtschaftspolitik – im Wesentlichen Finanz- und Strukturpolitik – angesiedelt. Die gesamte Geldpolitik gehört wegen der gemeinsamen Währung im Euroraum zu den zentralisierten Gemeinschaftsaufgaben. Zur Organisation dieser gemeinsamen Geld- und Währungspolitik wurde das **Europäische System der Zentralbanken (ESZB)** geschaffen.

Organisation

Das Europäische System der Zentralbanken (ESZB)

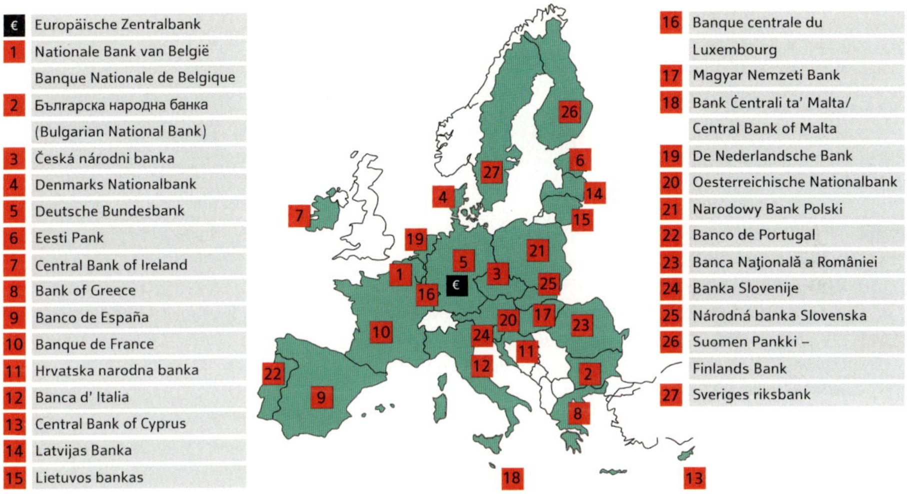

www.ecb.europa.eu©

Zu diesem System gehören die **Europäische Zentralbank (EZB)** und alle **Nationalen Zentralbanken (NZB)** der gegenwärtigen EU-Mitgliedstaaten. Das Konzept baut auf den Erfahrungen der NZBen auf. Gleichzeitig ist durch den Aufbau sichergestellt, dass die nationalen Kreditinstitute über die bisherige Struktur Zugang zur EZB haben.
Weil nicht alle EU-Mitgliedstaaten den Euro eingeführt haben, gibt es neben dem ESZB noch das **Eurosystem**[1].

1 *Dieser einst eher „informelle" Begriff wird seit der Euro-Einführung 1999 offiziell verwendet. Mit dem Lissabon-Vertrag ist der Begriff Eurosystem formal in die offiziellen Vereinbarungen (vgl. Art. 282 Vertrag über die Arbeitsweise der Europäischen Union – kurz: AEUV) aufgenommen worden.*

Organisation

Das Eurosystem

- € Europäische Zentralbank
- 1 Nationale Bank van België/ Banque Nationale de Belgique
- 2 Deutsche Bundesbank
- 3 Eesti Pank
- 4 Banc Ceannais na hÉireann/ Central Bank of Ireland
- 5 Bank of Greece
- 6 Banco de España
- 7 Banque de France
- 8 Banca d'Italia
- 9 Central Bank of Cyprus
- 10 Latvijas Banka
- 11 Lietuvos bankas
- 12 Banque centrale du Luxembourg
- 13 Bank Ċentrali ta' Malta/ Cental Bank of Malta
- 14 De Nederlandsche Bank
- 15 Oesterreichische Nationalbank
- 16 Banco de Portugal
- 17 Banka Slovenije
- 18 Národná banka Slovenska
- 19 Suomen Pankki – Finlands Bank
- 20 Hrvatska narodna banka

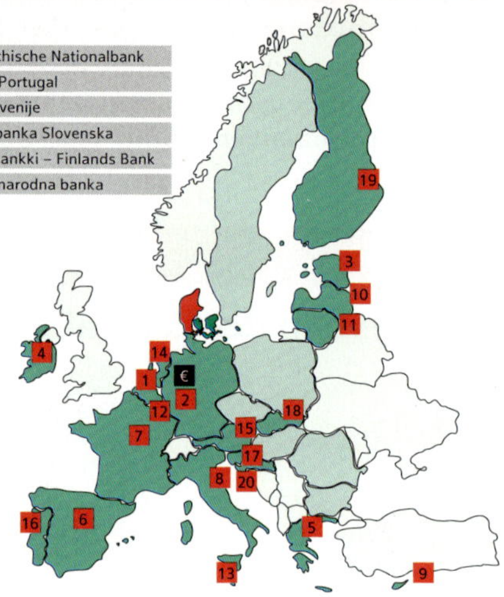

www.ecb.europa.eu ©

[dunkelgrün] *EU-Länder, die dem Eurosystem angehören.*

[hellgrün] *EU-Länder, die dem Eurosystem nicht angehören. Diese Länder sind verpflichtet, dem Eurosystem beizutreten, sobald sie die Konvergenzkriterien erfüllen.*

[rot] *EU-Länder mit Sonderstatus, gegenwärtig nur Dänemark. Dänemark kann, sofern es die Konvergenzkriterien erfüllt, selbst entscheiden, ob es dem Eurosystem beitreten will oder nicht („Opting-out-Klausel").*

Dem Eurosystem gehören neben der EZB noch diejenigen Nationalen Zentralbanken der Staaten an, die den Euro eingeführt haben. Eurosystem und ESZB stehen in folgendem Zusammenhang:

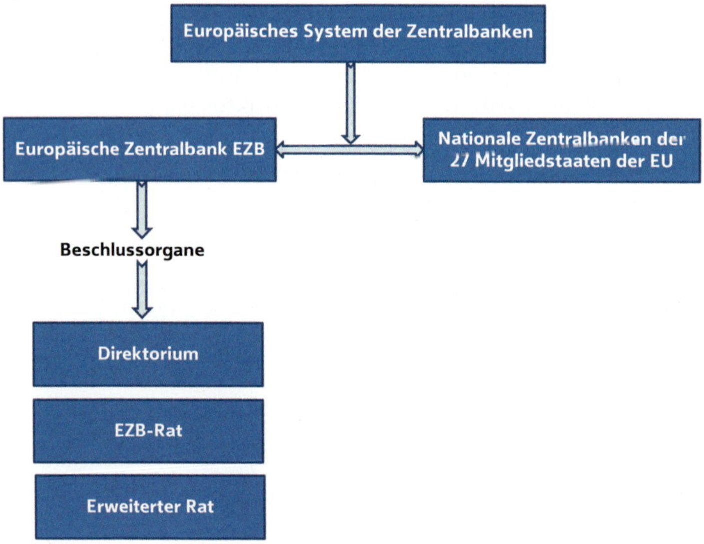

Solange nicht alle EU-Mitgliedsländer zum Euro-Währungsgebiet gehören, wird dieses Nebeneinander von Eurosystem und ESZB bestehen bleiben. Das Eurosystem ist jenes Gremium, das für die gemeinsamen Absprachen und für die Entscheidungen über die Geldpolitik in der Euro-Zone zuständig ist.

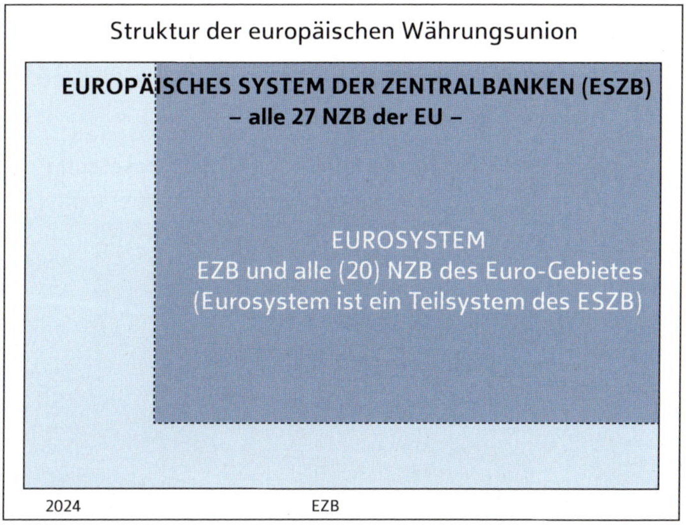

ESZB und Eurosystem

Das Eurosystem wird vom **EZB-Rat** und dem **Direktorium der EZB** geleitet. Der *EZB-Rat* ist oberstes Beschlussorgan der EZB, er bestimmt Geld- und Zinspolitik und stellt das Zentralbankgeld bereit. Die EZB wird vom *EZB-Direktorium* geführt, als ausführendes Organ setzt es die Beschlüsse des EZB-Rats um.

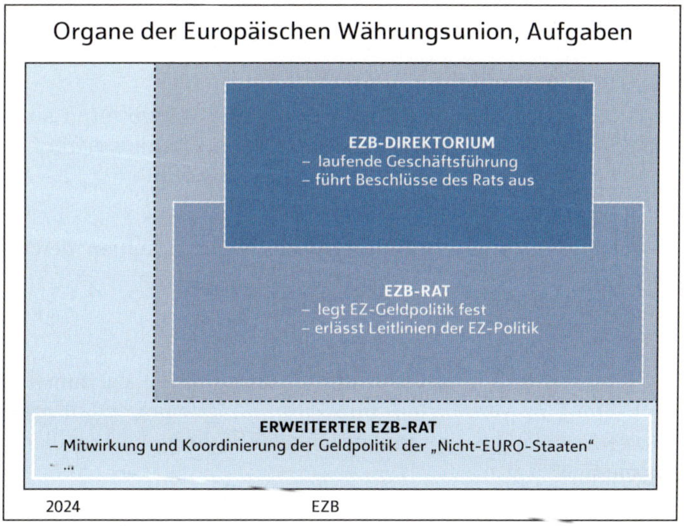

Aufgaben der Gremien der ESZB und des Eurosystems

Der ***Erweiterte Rat*** ist ein Gremium, das jene Aufgaben wahrnimmt, mit denen eigentlich die EZB betraut sein sollte, die sie aber gegenwärtig nicht wahrnehmen kann, weil nicht alle EU-Mitgliedsländer dem gemeinsamen Währungssystem angehören. Er hat keine geldpolitischen Befugnisse, fungiert aber insbesondere in der Stärkung der Zusammenarbeit aller Nationalen Zentralbanken der EU und ist somit ein Bindeglied zu jenen Zentralbanken der EU, die nicht Mitglied im Eurosystem sind. Wenn alle EU-Mitgliedstaaten den Euro eingeführt haben, wird der Erweiterte Rat satzungsgemäß aufgelöst. Das gesamte ESZB wird letztlich von diesen drei Gremien (EZB-Direktorium, EZB-Rat, Erweiterter Rat) geleitet:

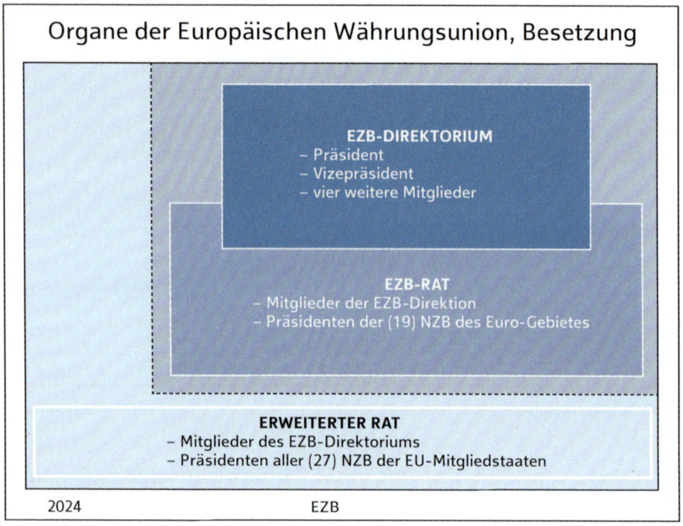

Besetzung der Gremien der ESZB und des Eurosystems

Das EZB-Direktorium ist auch aus Gründen einer einheitlichen Zentralbankpolitik in beiden Räten vertreten.

Stellung der EZB und Aufgabe des Eurosystems

Die EU-Mitgliedstaaten, die dem Euro-Währungsgebiet beigetreten sind, haben ihre geldpolitische Souveränität aufgegeben und dem Eurosystem übertragen:

Artikel 3 Vertrag über die Europäische Union (EUV)

(1) …

(4) Die Union errichtet eine Wirtschafts- und Währungsunion, deren Währung der Euro ist.

(5) …

Artikel 13 EUV

(1) Die Union verfügt über einen institutionellen Rahmen, der zum Zweck hat, ihren Werten Geltung zu verschaffen, ihre Ziele zu verfolgen, ihren Interessen, denen ihrer Bürgerinnen und Bürger und denen der Mitgliedstaaten zu dienen sowie …
Die Organe sind

– …,

– die Europäische Zentralbank,

– …

(2) …

(3) Die Bestimmungen über die Europäische Zentralbank ... sowie die detaillierten Bestimmungen über die übrigen Organe sind im Vertrag über die Arbeitsweise der Europäischen Union enthalten.

(4) ...

Artikel 127 Vertrag über die Arbeitsweise der Europäischen Union (AEUV) [vormals Artikel 105 EG-Vertrag]

(1) Das vorrangige Ziel des Europäischen Systems der Zentralbanken (im Folgenden „ESZB") ist es, die Preisstabilität zu gewährleisten. Soweit dies ohne Beeinträchtigung des Zieles der Preisstabilität möglich ist, unterstützt das ESZB die allgemeine Wirtschaftspolitik in der Union, um zur Verwirklichung der ... Ziele der Union beizutragen. ...

(2) Die grundlegenden Aufgaben des ESZB bestehen darin,
- die Geldpolitik der Union festzulegen und auszuführen,
- Devisengeschäfte ... durchzuführen,
- die offiziellen Währungsreserven der Mitgliedstaaten zu halten und zu verwalten,
- das reibungslose Funktionieren der Zahlungssysteme zu fördern.

(3) ...

Artikel 282 AEUV

(1) Die Europäische Zentralbank und die nationalen Zentralbanken bilden das Europäische System der Zentralbanken (ESZB). Die Europäische Zentralbank und die nationalen Zentralbanken der Mitgliedstaaten, deren Währung der Euro ist, bilden das Eurosystem und betreiben die Währungspolitik der Union.

(2) ...

Somit hat das Eurosystem die zentrale Aufgabe, eine einheitliche Geldpolitik für das Euro-Währungsgebiet durchzuführen. Diese Geldpolitik muss so ausgerichtet werden, dass die Preisstabilität, sie hat an erster Stelle zu stehen, im Euro-Währungsgebiet gewährleistet ist. Das ESZB unterstützt dabei auch die allgemeine Wirtschaftspolitik, soweit das ohne Beeinträchtigung des Zieles der Preisstabilität möglich ist.

Die Deutsche Bundesbank im ESZB

Die Deutsche Bundesbank ist keine unabhängige Zentralbank mehr, sie ist integraler Bestandteil des ESZB geworden, vgl. § 3 Bundesbankgesetz (BBankG).

Nach § 3 BBankG wirkt sie an der Erfüllung der Aufgaben des ESZB "... mit dem vorrangigen Ziel mit, die Preisstabilität zu gewährleisten, ... und sorgt für die bankmäßige Abwicklung des Zahlungsverkehrs im Inland und mit dem Ausland ...". Diese Mitwirkung ist sichergestellt durch den Bundesbank-Präsidenten, der kraft seines Amtes Mitglied im EZB-Rat ist, jenem Gremium, das für die Geldpolitik des *Eurosystems* verantwortlich ist.

Ansonsten verbleiben der Bundesbank und ihren Hauptverwaltungen[1] insbesondere folgende operative Aufgaben (Durchführungsaufgaben):

1 *Die früheren „Landeszentralbanken" sind heute als Hauptverwaltungen (§§ 8, 9 BBankG) die Ausführungsorgane der Bundesbank auf regionaler Ebene oder Länderebene.*

Quelle: Deutsche Bundesbank, Frankfurt/Main:

➔ Die Bundesbank mit den Hauptverwaltungen ist nationales Durchführungsorgan des *Eurosystems.*

8.3.3 Zentralbank und Geldkreislauf – Wirkungsweise von Zentralbankmaßnahmen

Eine Zentralbank kann nicht direkt auf die gesamtwirtschaftlichen Zielgrößen einwirken, weil sie nicht auf dem Güter- und Dienstleistungsmarkt als Anbieter und Nachfrager auftreten kann. Eine Zentralbank kann nur im Geldkreislauf der Volkswirtschaft operieren und mit ihren geldpolitischen Impulsen und Eingriffen über den monetären Sektor in den Güter- und Dienstleistungskreislauf hineinwirken. Dieser geldpolitische Ansatzpunkt wird möglich, weil in einer arbeitsteiligen Volkswirtschaft der Güter- und Dienstleistungsaustausch nicht über Naturaltausch, sondern über das Zwischentauschgut Geld erfolgt. Dieses Geld ist als Bargeld gesetzliches Zahlungsmittel[1] mit Annahmezwang; es kann nur von der Zentralbank ausgegeben werden. Als Geld im weiteren Sinne zählen auch Buchgeld als bargeldloses Zahlungsmittel z. B. Überweisung und Scheck oder andere Geldersatzmittel wie Kreditkarten. Für diese Zahlungsmittel existiert kein Annahmezwang; trotzdem werden sie akzeptiert, weil mit ihnen Ansprüche auf Geldeinlagen bei Banken entstehen, die jederzeit in Bargeld (gesetzliche Zahlungsmittel) umgetauscht werden können. Darüber hinaus können die Banken selbst durch Kreditzusagen Sichteinlagen[2] schaffen. Die Geschäftsbanken müssen aber damit rechnen, dass ein Teil des Kredits in Geld abgerufen wird, das sie selbst nicht schaffen können, nämlich in Bargeld und als Übertragung auf andere Banken (in Guthaben bei der Zentralbank). Beide Geldformen werden als **Zentralbankgeld** bezeichnet.

---

1 Banknoten in unbeschränktem Umfang und Münzen in beschränktem Umfang, 50 St. pro Zahlungsvorgang.
2 Täglich fällige Geldeinlagen bei einer Bank, z. B. auf einem Girokonto.

Wirkungskette Zentralbank-Maßnahme (stark vereinfacht)

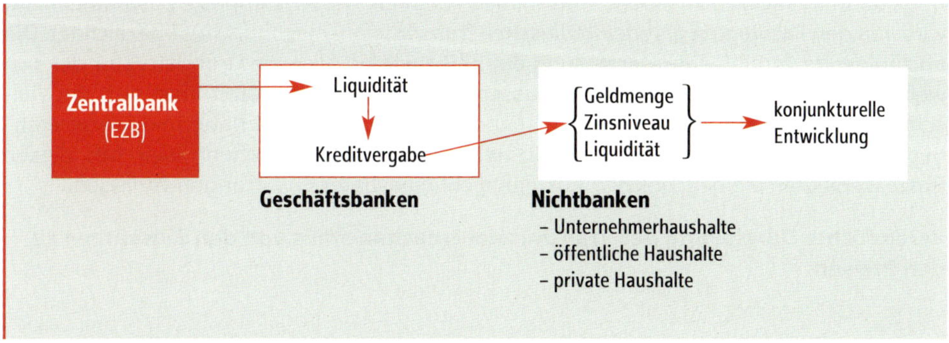

Die Kreditvergabemöglichkeit der Geschäftsbanken kann dadurch beeinflusst werden, dass der verfügbare Bestand an Zentralbankgeld und die Möglichkeit, sich Zentralbankgeld zu beschaffen, von der Zentralbank gesteuert werden. Eine der Maßnahmen ist also der Versuch, die Liquidität der Geschäftsbanken zu variieren und damit in Folge deren Möglichkeit der Kreditvergabe an die Nichtbanken zu beeinflussen. Entscheidend ist dabei, ob die geldpolitischen Impulse der Zentralbank auch auf den Gütermarkt durchschlagen. So ist zum Beispiel bei inflationären Tendenzen wichtig, dass die Geldmarktimpulse, die die Refinanzierung der Geschäftsbanken verteuern, zu einer allgemeinen Zinsniveauerhöhung führen. Die Zinsniveauerhöhung soll die Kreditnachfrage der Nichtbanken senken, sodass es letztlich auf den Gütermärkten zu einer rückläufigen Gesamt-Güternachfrage kommt, die bei gleichbleibendem Güterangebot zu sinkendem Preisniveau führt. Siehe nachfolgende Grafik:

Geldpolitische Wirkungen auf den Gütermarkt (vereinfacht)

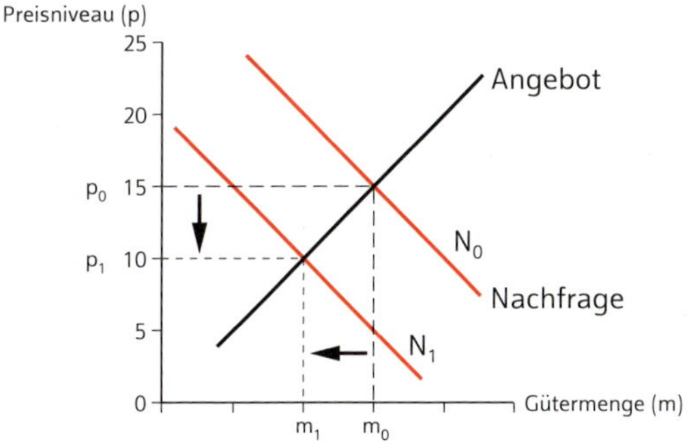

Die gesamtwirtschaftliche Nachfrage verschiebt sich aufgrund des Zinsanstiegs bei Krediten nach links unten, von N_0 nach N_1, und damit die nachgefragte Menge von m_0 nach m_1, gleichzeitig sinkt der Preis von p_0 auf p_1.

8.3.4 Geldpolitische Strategie der Europäischen Zentralbank

Die EZB ist die Institution, die kraft Gesetzes als autorisiertes Monopol den Geldmarkt im Sinne der gesetzlichen Zielvorgaben autonom steuert und beeinflusst (vgl. Abschn. 8.3.2). Mit ihren geldpolitischen Maßnahmen kann sie das Verhalten der Marktteilnehmer nicht direkt steuern, aber über den Geldmarkt indirekt den Realgütermarkt beeinflussen. Jedoch kommen diese Maßnahmen einerseits erheblich zeitverzögert auf den Märkten an. Und anderseits hängt das Verhalten der Marktteilnehmer auch davon ab, was sie bezüglich der Preisstabilität einzelner nachgefragter Güter erwarten. Erwarten sie steigende Preise, so werden sie geplante Käufe, Reisen, etc. vorziehen und es wird wegen erhöhter Nachfrage dann tatsächlich zu einem Preisanstieg kommen. Dieser komplexe Zusammenhang wird von den Fachleuten als *„geldpolitischer Transmissionsmechanismus"* bezeichnet. Die nachfolgende vereinfachte Darstellung der EZB zeigt lediglich die Grundstruktur der sich wechselseitig abhängigen wie beeinflussenden Maßnahmen. Damit lässt sich die Vielschichtigkeit und das komplizierte Ineinandergreifen zumindest näherungsweise erahnen. Eine tiefergehende Betrachtung ist hier nicht vorgesehen, weil bei diesen Prozessabläufen ein beachtliches Ausmaß nicht messbarer Erwartungen vorliegen.

Vereinfachte Darstellung des Transmissionsmechanismus von den Zinssätzen zu den Preisen

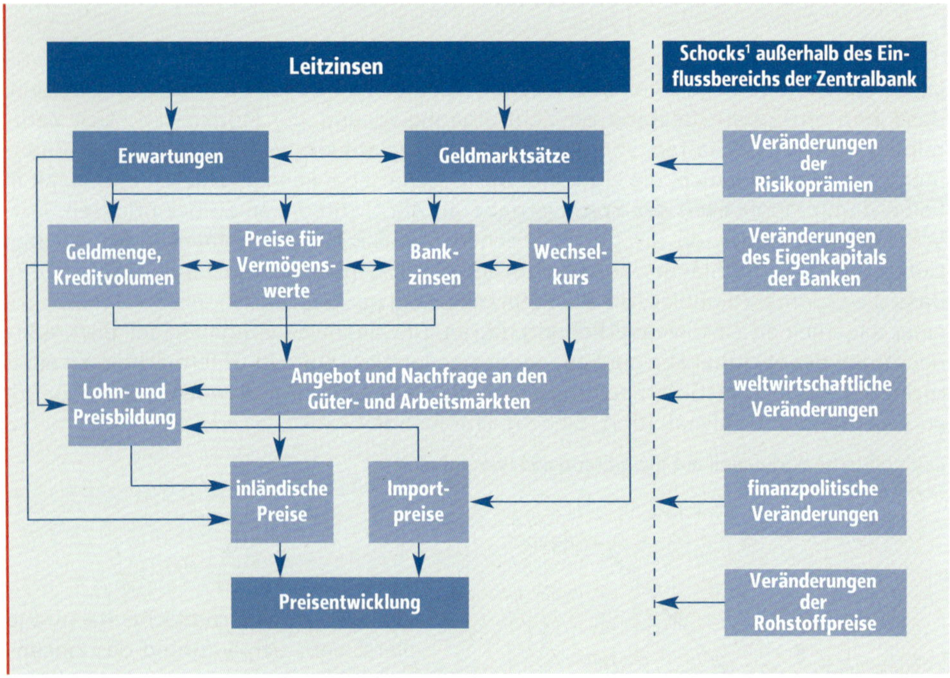

Quelle: Deutsche Bundesbank, Frankfurt/Main: Die Geldpolitik der EZB 2011, Druckversion oder http://www.bundesbank.de/Redaktion/DE/Downloads/Veroeffentlichungen/EZB_Publikationen/die_geldpolitik_der ezb_2011.pdf?__blob=publicationFile

Die tatsächlichen Wirkungszusammenhänge zwischen geldpolitischen Maßnahmen der EZB und deren Auswirkungen auf die Realwirtschaft sind in der Wirklichkeit um vieles schwieriger als in der vereinfachten Darstellung. Darüber hinaus ist ein Teil der vielfältigen Abhängigkeiten selbst Experten nicht bekannt, weil noch nicht genügend erforscht. So versucht die EZB ihre geldpolitische Strategie im Eurosystem den Veränderungen der Wirtschaft anzupassen.

---

1 *Fußnote v. Verf. eingefügt: Die EZB versteht unter Schocks nicht die gewöhnlichen Störungen des Wirtschaftsablaufs, sondern tiefgreifende Ereignisse, die das Wirtschaftsgeschehen in unvorhergesehener Weise dramatisch erschüttern, wie z. B. die Terroranschläge vom 11. September 2001 mit im Gefolge erheblichen weltpolitischen Spannungen; drastische Rohstoffpreisschwankungen, die durch keine Geldpolitik „einzufangen" sind; die Lehman-Pleite mit anschließend gigantischer Finanzkrise, die Corona-Krise, die bei über 70 % der Firmen zu großen Lieferkettenproblemen führte, oder der Ukraine-Krieg, dessen wirtschaftliche Folgen noch nicht absehbar sind.*

In den Jahren 2020 und 2021 hat die EZB ihre bisherige geldpolitische Strategie der sog. „Zwei-Säulen-Strategie“[1] überprüft und jetzt neu ausgerichtet. Außerdem wurde erkannt, dass die durch den Klimawandel verursachten Kosten sich auf die gesamtwirtschaftliche Preisentwicklung auswirken und in den EZB-Entscheidungen berücksichtigt werden sollten.

Neue geldpolitische Strategie – vom „Zwei-Säulen-Modell“ zum „integrierten Analyserahmen“

Vorrangiges Ziel: Preisstabilität

Quelle: Geld und Geldpolitik (Auflage Winter 2022) - geld-und-geldpolitik-data.pdf

---

1 *Überblick über die „Zwei-Säulen-Theorie“*

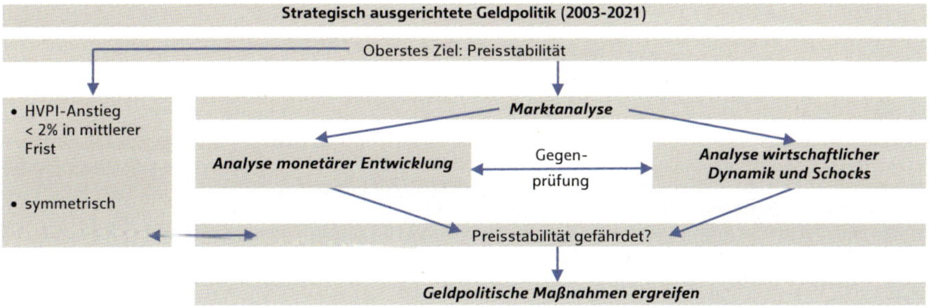

Wesentliche Festlegungen und Erkenntnisse der Neuausrichtung:

- Angestrebt wird eine jährliche Inflationsrate von +2 %[1], definiert als Preisstabilität auf mitlere Sicht, wobei Abweichungen nach oben wie unten unerwünscht sind (symmetrisches Ziel). Offen und unklar ist, ab welchem quantitativen Wert (beispielsweise + -0,2 % oder + -1,5 %) eine Abweichung die EZB zu geldpolitischem Handeln veranlasst oder herausfordert. Damit wird gegenüber der vorherigen Festlegung das durchschnitliche Inflationsziel angehoben.
- Festgelegt ist, dass die Preisstabilität durch den „Harmonisierten Verbraucherpreisindex" (HVPI) des Euro-Währungsgebiet ermitelt wird.
- Die EZB-Zinsraten bleiben das Hauptinstrument der Geldmarktpolitik. Gleichwohl werden weiterhin Ankäufe von Anleihen und langfristige Refinanzierungsinstrumente Bestanteile der EZB-Politik sein.
- Der „integrierte Analyserahmen": Die vergangenen Jahre zeigten, dass die wirtschaftlichen und monetären Analysen als zunächst getrennte Betrachtungen so nicht länger haltbar sind, weil sie einem zu starren Prinzip folgen. Wenn inflationäre Tendenzen zunächst in isolierter Sichtweise – entsprechend der „Zwei-Säulen-Strategie – untersucht und hernach abgeglichen werden, wird die komplex Realität nur unzureichend erfasst. Die wirtschaftlichen, finanziellen und monetären Gegebenheiten sind so engmaschig verflochten und wechselseitig voneinander abhängig, dass eine getrennte Sichtweise wenig zielführend ist. Eine aussagefähige Analyse muss diese wechselseitigen abhängigen Einflussfelder parallel und umfassend betrachten. Die Ergebnisse dieser ineinandergreifenden Analyse sind dann die Basis für geldpolitische Entscheidungen.
- Inzwischen hat die EZB auch eine „Unterstützung des grünen Wandels" auf ihre Fahnen geschrieben. Sie will künftig Klimaschutzaspekte bei ihren wirtschaftlichen sowie monetären und finanziellen Analysen stärker als bisher fokussieren[2] und gewonnene Erkenntnisse bei geldpolitischen Handlungen berücksichtigen indem sie beabsichtigt, die geldpolitischen Instrumente und Porftolios (gegebenenfalls) anzupassen.[3] Diese anvisierte Unterstützung bedarf noch erheblicher technischer Expertise im Finanzmarkt bis greifbare Ergebnisse vorliegen und aufgezeigt werden kann, welche Finanzierunginstrumenten geeignet sind.
- Vorrangiges Ziel der EZB ist nach wie vor die Preisstabilität zu gewährleisten, vgl. Abschn. 8.3.2, Artikel 127 AEUV.

Die EZB-Politik versucht, dieses Ziel der Preisstabilität durch Geldmengensteuerung mittels Leitzinsvariationen zu erreichen.

---

1 *Gegenüber der vorherigen Festlegung einer jährlichen Inflationsrate von unter +2 %, aber nahe zwei Prozent auf mittlere Sicht.*

2 *Vgl. Klimaagenda der EZB von 2022 und die aktualisierte Fassung von 2023: https://www.ecb.europa.eu/press/pr/date/2022/html/ecb.pr220704_annex~cb39c2dcbb.de.pdf und https://www.ecb.europa.eu/ecb/climate/green/pdf/ecb.environmentalstatement202307~59d31f2afe.de.pdf https://www.ecb.europa.eu/ecb/climate/our_approach/html/index.de.html*

3 *So sollen beispielsweise umweltbezogene Aspekte beim Kauf von Unternehmensanleihen berücksichtigt werden. Das ist allerdings nur machbar, wenn auch Anleihen gekauft werden. Der Ankauf von Anleihen ist aber im Zuge der gegenwärtigen Geldpolitik (Stand 2024) ausgelaufen und neue Anleihekaufprogramme sind nicht geplant.*

8.3.5 Überblick über die geldpolitischen Instrumente der Europäischen Zentralbank

Das Hauptziel des Eurosystems, Sicherung der Preisstabilität im Euroraum, soll durch Änderung der Zinssätze am Geldmarkt erfolgen. Dazu verfügt das Eurosystem über eine Reihe geldpolitischer Instrumente und Verfahren.
Diese Elemente geben den Handlungsrahmen für die tatsächlichen geldpolitischen Entscheidungen. Hauptbestandteile des Handlungsrahmens des *Eurosystems* sind:

- die Offenmarktgeschäfte und
- die ständigen Fazilitäten[1].

Dazu gehört ferner das Mindestreservesystem, mit dem die EZB direkt in die Liquidität der Geschäftsbanken eingreift. Mit diesem Instrumentarium versucht die EZB, die Liquidität und die Zinssätze am Geldmarkt[2] zu beeinflussen.
Die Entscheidungen zur Geldpolitik des *Eurosystems* trifft der EZB-Rat, die praktische Abwicklung wird dezentral von den nationalen Zentralbanken durchgeführt.

Hauptmerkmale der Offenmarktgeschäfte

Die Offenmarktgeschäfte dominieren in der Geldpolitik der EZB, darüber stellt das *Eurosystem* dem Bankensystem den größten Teil des Zentralbankgeldes (Liquidität) bereit.

Im Wesentlichen erfolgen diese Geschäfte durch Gewährung von kurzfristigen Krediten notenbankfähiger Sicherheiten[3]. Für den aufgenommenen Kredit müssen die Banken Zinsen (Refinanzierungszinsen) zahlen. Diesen Hauptrefinanzierungssatz (HRS) legt die EZB entsprechend ihren Erkenntnissen aus der Analyse über Wirtschaftslage und Geldmengenentwicklung autonom fest. Für die Banken ist dieser Zinssatz der Maßstab, den sie zugrunde legen, wenn sie ihrerseits Kredite an ihre Kunden geben.

Zinssätze der EZB

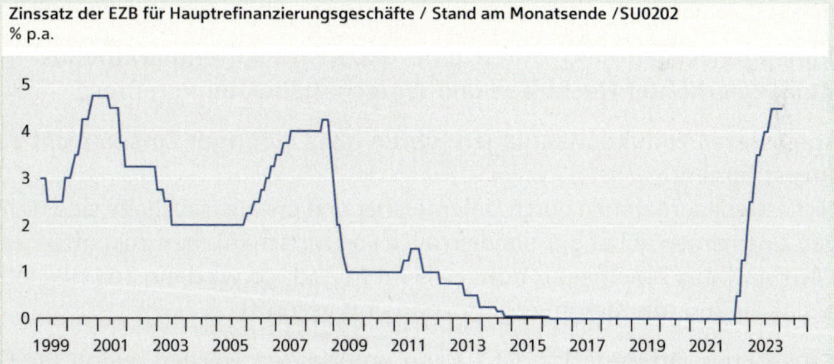

© Deutsche Bundesbank *Stand vom: 31.01.2024*

Quelle: https://www.bundesbank.de/dynamic/action/de/statistiken/zeitreihen-datenbanken/zeitreihen-datenbank/723452/723452?tsTab=1&listId=www_szista_iwf&tsId=BBIN1.M.D0.ECB.ECBMIN.EUR.ME&id=0&startDate=1999&endDate=&startVintage=&endVintage=

---

1 *Fazilität [lat.(-engl.) „Leichtigkeit"] Finanzwesen – bei Bedarf „erleichterte Kreditmöglichkeit" in Anspruch nehmen. Das bietet auch die EZB zu festgelegten Bedingungen den Geschäftsbanken an.*

2 *Geldmarkt: Teilnehmer an diesem Markt sind insbesondere die Geschäftsbanken und die Zentralbank. Auf diesem Markt werden kurzfristige Gelder gehandelt, er dient dem Liquiditätsausgleich der Kreditinstitute.*
Kapitalmarkt: Ein nicht eindeutig definierter Markt, der wegen des fließenden Übergangs des Geld- zum Kapitalmarkt auch nicht eindeutig von diesem abgegrenzt werden kann. Neben den Banken sind auch Nichtbanken auf dem Kapitalmarkt vertreten.

3 *Z. B. marktfähige Sicherheiten wie Staatsanleihen, Schuldverschreibungen oder Kreditforderungen.*

So beeinflusst die EZB über die Variation der Zinssatzsätze indirekt das Zinsniveau am Markt für Kredite an Unternehmen, Konsumenten sowie für Geldanlagen der Bankkunden.

Durch die Offenmarktpolitik wird versucht, die allgemeine Wirtschaftslage auf den Gütermärkten indirekt im Sinne der vorgegebenen Ziele zu beeinflussen.

Offenmarktpolitik ist die indirekte Steuerung der Geldmenge über die Variierung der Zinssätze, zu denen sich die Geschäftsbanken refinanzieren.

restriktive Geldpolitik Geldmengenverknappung zur Bekämpfung inflationärer Tendenzen	**Ziele der ESZB**	**expansive Geldpolitik** Geldmengenausweitung zur Belebung der gesamtwirtschaftlichen Nachfrage
Hauptrefinanzierungssatz erhöhen	***Offenmarktgeschäfte als Mitteleinsatz zur Zielerreichung***	*Hauptrefinanzierungssatz senken*
Bankenliquidität sinkt Zinsniveau steigt Kreditnachfrage sinkt	**Auswirkungen auf Geschäftsbanken**	Bankenliquidität steigt Zinsniveau sinkt Kreditnachfrage steigt
Verringerung der (kreditfinanzierten) Güternachfrage	**Auswirkungen auf Gütermarkt**	(kreditfinanzierte) Güternachfrage steigt
Preisniveauanstieg wird verlangsamt	**Ergebnis**	gesamtwirtschaftliche Nachfrage steigt, Wirtschaftswachstum gesichert

Eine Geldmengenvermehrung durch eine expansive Offenmarktpolitik muss nicht zwangsläufig zu erhöhter Nachfrage und Wirtschaftsbelebung führen:

- Unausgelastete Produktionsanlagen führen trotz niedriger Zinsen nicht zu zusätzlichen Investitionen.
- Zusätzliche Kreditaufnahmen durch Unternehmer und private Haushalte sind nicht allein von niedrigen Zinsmargen abhängig, sondern auch von wirtschaftlichen Zukunftserwartungen.
- Ist im Ausland das Zinsniveau höher als im Inland, so wird ein Teil des inländischen Kapitals abfließen, die Geldmengenexpansion verpufft.

Auch die restriktive Offenmarktpolitik kann unterlaufen werden, wenn die Geschäftsbanken Devisenkredite an ausländischen Märkten aufnehmen und diese Devisen dann an die NZBen verkaufen, wodurch sie an Zentralbankgeld gelangen.

Hauptmerkmale der Fazilitäten

Die „ständigen Fazilitäten“ gehören ebenso zur Geldpolitik der EZB; in diesem Rahmen bietet die Zentralbank den Geschäftsbanken dauerhaft (ständig) zwei Fazilitäten an. Diese Fazilitäten ermöglichen es den Kreditinstituten, ihre täglichen Liquiditätsüberschüsse oder -defizite auszugleichen. Diese täglichen Liquiditätsspitzen können die Kreditinstitute ausgleichen, indem sie auf eigene Initiative hin bei der nationalen Notenbank Gelder über Nacht zinsbringend anlegen oder Kredite gegen entsprechende Sicherheiten – ebenfalls über

Nacht – aufnehmen. Eine solche Geldanlage (**Einlagenfazilität**) oder Kreditinanspruchnahme (**Spitzenrefinanzierungsfazilität**) hat lediglich die Laufzeit von einem Geschäftstag. Entsprechend den Marktgegebenheiten legt die EZB die Zinssätze fest.
Der Zinssatz für die **Spitzenrefinanzierungsfazilität** stellt in der Regel die Obergrenze für den Tagesgeldsatz.

Zinssatz der EZB für die Spitzenrefinanzierungsfazilität / Stand am Monatsende / SU0201
% p.a.

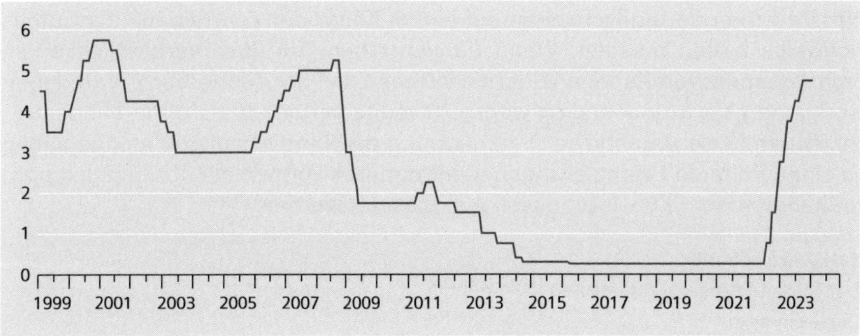

© Deutsche Bundesbank *Stand vom: 31.01.2024*

https://www.bundesbank.de/dynamic/action/de/statistiken/zeitreihen-datenbanken/zeitreihen-datenbank/723452/723452?tsId=BBIN1.M.D0.ECB.ECBREF.EUR.ME&tsTab=1&listId=www_szista_iwf&id=0&startDate=1999&endDate=&startVintage=&endVintage=

Am 16. März 2016 auf 0,25 % abgesenkt. (EZB-Rats-Beschluss vom 10. März 2016)

Für die **Einlagenfazilität** bildet der Zinssatz im Normalfall die Untergrenze für den Tagesgeldsatz.

Zinssatz der EZB für die Einlagefazilität / Stand am Monatsende / SU0200
% p.a.

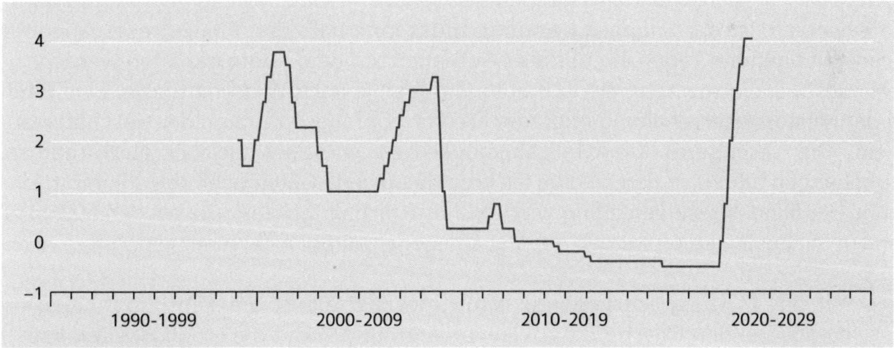

© Deutsche Bundesbank *Stand vom: 31.01.2024*

https://www.bundesbank.de/dynamic/action/de/statistiken/zeitreihen-datenbanken/zeitreihen-datenbank/723452/723452?tsTab=1&listId=www_szista_iwf&tsId=BBIN1.M.D0.ECB.ECBFAC.EUR.ME&id=0&startDate=1999-01&endDate=2024-01&startVintage=&endVintage=

Am 11. Juli 2012 wurde der Satz auf 0,00 % gesenkt, knapp zwei Jahre später wurde erstmals ein Minus-Zinssatz festgelegt. (EZB-Rats Beschluss vom 5. Juni 2014)
Seit 18. September 2019 bis Juli 2022 lag der Zinssatz bei -0,50 %. Die Geschäftsbanken bekamen also für ihre Geldeinlage über Nacht keine Zinsgutschrift, sondern mussten – eigentlich widersinnig – für ihre Geldeinlage einen sogenannten „Strafzins" zahlen.

Mit den Zinssätzen für diese beiden Fazilitäten legt die EZB den Zinskorridor für den kurzfristigen Geldmarkt fest.

Hauptmerkmale des Mindestreservesystems

Alle Kreditinstitute, die das Kredit- und Einlagengeschäft betreiben, sind verpflichtet, bei der Zentralbank ihres Landes als Guthaben die Mindestreserve zu unterhalten. Unter Mindestreserve versteht man, dass Banken einen bestimmten Prozentsatz (Mindestreservesatz[1]) ihrer Verbindlichkeiten auf einem Konto der Zentralbank als Guthaben zwangsweise halten müssen. Wenn Banken einen Teil ihrer Verbindlichkeiten, welche durch Annahme von Kundengeldern entstehen, bei der Zentralbank hinterlegen müssen, so können sie grundsätzlich weniger Kredite vergeben als ohne Mindestreservepflicht. Durch diese „künstliche" Verknappung der Zentralbankgeldmenge haben die Banken einen höheren Finanzierungsbedarf, dadurch können die übrigen geldpolitischen Maßnahmen der EZB wirkungsvoller eingesetzt werden.

Beispiel (stark vereinfacht):
Eine Bank hat folgende reservepflichtigen Verbindlichkeiten in Euro (€)
120 Mio. € Sichteinlagen
250 Mio. € Spareinlagen
100 Mio. € Termineinlagen[2]
250 Mio. € ausgegebene Schuldverschreibungen[3] mit vereinbarter Laufzeit von bis zu zwei Jahren
200 Mio. € Geldmarktpapiere

Die Mindestreservebasis beträgt für die Bank 120 + 250 + 100 + 250 + 200 = 920 Mio. €, davon muss sie in Höhe des Mindestreservesatzes, gegenwärtig 1 %, das sind 9,2 Mio. € als Mindestreservesoll[4] bei der Zentralbank halten. Diese Mindestreservepflicht muss nicht täglich erfüllt sein, sondern als Durchschnitt über einen bestimmten Zeitraum. Das erlaubt den Banken den Ausgleich täglicher Liquiditätsschwankungen. So kann ein Kreditinstitut bei vorübergehenden Liquiditätsengpässen Gelder von seinem Zentralbankkonto einsetzen. Ist der Engpass beseitigt, muss innerhalb der Mindestreserveperiode in den nachfolgenden Tagen ein höheres Guthaben auf dem Konto gehalten werden.
Den Mindestreservesatz setzt die EZB autonom fest, je nach Wirtschaftslage. Eine Erhöhung der Mindestreservehaltung engt den Kreditschöpfungsspielraum der Geschäftsbanken ein. Die verringerte Kreditvergabemöglichkeit wird bei gleicher Nachfrage zu Zinserhöhungen führen, in deren Folge die kreditfinanzierte Güternachfrage abnimmt. Eine Senkung der Mindestreservehaltung wirkt grundsätzlich umgekehrt. Die bei den NZBen zu haltenden Mindestreserven werden den Banken gegenwärtig[5] nicht mehr verzinst.

➔ Mit der Mindestreservepolitik kann die EZB direkt die Zentralbankgeldmenge bei den Geschäftsbanken variieren und somit die Möglichkeiten von Banken, Kredite an ihre Kunden zu vergeben, erweitern oder einschränken.

---

1 Seit 18.01.2012: 1 %, zuvor seit 01.01.1999 2 %
2 Termineinlagen sind kurzfristig angelegte Gelder.
3 Schuldverschreibungen sind festverzinsliche Wertpapiere mit einem Rückzahlungsanspruch des Inhabers.
4 Gegenwärtig steht jedem Kreditinstitut ein Freibetrag vom Mindestreservesoll in Höhe von 100 000,00 € zu, sodass für obiges Beispiel im Durchschnitt 9,1 Mio. € als Mindestreserve bei der Zentralbank zu halten sind. (Dieser Freibetrag dient der Abdeckung der Verwaltungskosten.)
5 Bis zum 20.12.22 wurde die Mindestreserve mit dem jeweiligen Hauptrefinanzierungssatz verzinst, ab 21.12.22 mit dem niedrigeren Zinssatz der Einlagenfazilität. Seit Juli 2023 beträgt die Verzinsung 0 %.

restriktive Geldpolitik Geldmengenverknappung zur Bekämpfung inflationärer Tendenzen	**Ziele der ESZB**	**expansive Geldpolitik** Geldmengenausweitung zur Belebung der gesamtwirtschaftlichen Nachfrage
Erhöhung des Mindestreservesatzes	***Mindestreserveverpflichtung als Mitteleinsatz zur Zielerreichung***	*Senkung des Mindestreservesatzes*
Verminderung der liquiden Mittel (Geldknappheit erhöht den Refinanzierungsbedarf zu steigenden Zinsen)	**Auswirkungen auf Geschäftsbanken**	Erhöhung der liquiden Mittel (Refinanzierungsbedarf sinkt, in Folge davon auch die Zinsen)
Verringerung der (kreditfinanzierten) Güternachfrage	**Auswirkungen auf Gütermarkt**	(kreditfinanzierte) Güternachfrage steigt
Preisniveauanstieg wird verlangsamt	**Ergebnis**	gesamtwirtschaftliche Nachfrage steigt, Wirtschaftswachstum gesichert

8.3.6 Verfahren und Ablauf der Offenmarktpolitik

Bei der Refinanzierung der Kreditinstitute im ESZB nimmt die bereits oben angeführte Offenmarktpolitik eine zentrale Rolle ein. Diese Offenmarktgeschäfte bestehen als

ständig angebotene Geschäfte	**situativ angebotene Geschäfte**
1. Hauptrefinanzierungsinstrument	3. Feinsteuerungsoperationen
2. längerfristige Refinanzierungsgeschäfte	4. strukturelle Operationen
Beide Geschäfte dienen nur der Geldaufnahme.	Beide Geschäfte dienen sowohl der Geldaufnahme als auch der Geldanlage.

Hauptrefinanzierungsinstrument

Unter den vier verschiedenen Instrumenten nimmt das Hauptrefinanzierungsinstrument die dominierende und zentrale geldpolitische Stellung ein. Über diese Geschäfte werden wesentlich Zinssätze und Liquidität am Markt gesteuert. Hauptrefinanzierungsgeschäfte

- werden als regelmäßige, befristete Transaktionen („EZB-Kredite") angeboten,
- haben eine Laufzeit von (i. d. R.) je einer Woche,
- werden als Ausschreibungsverfahren durchgeführt,
- dazu geben die Banken als Geschäftspartner der EZB entsprechende Gebote ab,
- die Gebote müssen die Banken durch entsprechende Sicherheiten unterlegen,
- werden von den nationalen Zentralbanken des Eurosystems durchgeführt.

Die Kreditvergabe erfolgt durch öffentliche Ausschreibung (Tenderverfahren).

Verfahrensablauf

1. Tenderankündigung durch EZB und NZBen
2. Geschäftsbanken geben ihre Gebote ab.
3. EZB stellt die Gebote zusammen.
4. Zuteilung durch EZB und Bekanntgabe des Tenderergebnisses
5. Bestätigung der Ergebnisse
6. Bereitstellung der Liquidität

Damit wird den Kreditinstituten für kurze Zeit (eine Woche) Zentralbankgeld zur Verfügung gestellt. Diesen Kredit müssen sie danach zurückführen oder bei entsprechendem Liquiditätsbedarf im Rahmen der Hauptrefinanzierungsgeschäfte neue Kredite aufnehmen. Grundsätzlich existieren zwei Ausschreibungsverfahren, der *Mengentender* und der *Zinstender*.

Verfahrensweise bei Tendergeschäften

(hier: Hauptrefinanzierungsgeschäfte)

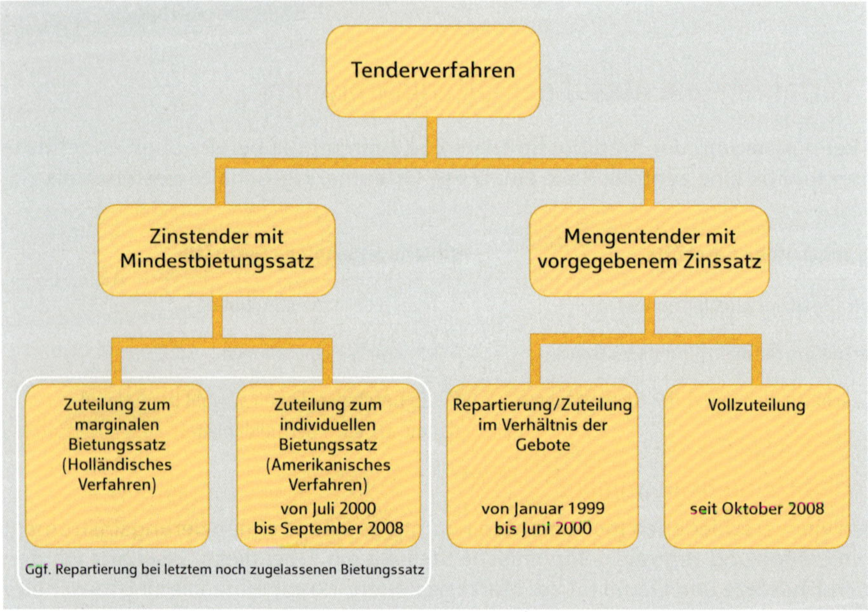

Quelle: Geld und Geldpolitik, Deutsche Bundesbank, Stand: Winter 2022

Beim **Mengentender** legt das *Eurosystem* den Zinssatz fest. Die Geschäftsbanken bestimmen die *Menge*, über die sie kurzfristige Kredite aufnehmen oder Wertpapiere an das *Eurosystem* verkaufen möchten. Die Summe aller Gebote wird ins Verhältnis zum beabsichtigten Zuteilungsvolumen, das das *Eurosystem* festlegt, gesetzt. Übersteigt die Geldnachfrage das vom *Eurosystem* beabsichtigte Geldangebot, erfolgt die Zuteilung zu einem einheitlichen Prozentsatz, dem sogenannten Repartierungssatz. Die EZB kann aber auch voll zuteilen, d. h. zum von ihr festgelegten Zinssatz werden den Geschäftsbanken – soweit diese die entsprechenden Sicherheiten vorlegen – die angeforderte Summe zu 100 % gewährt. Mit dem Mengentender kann die EZB kurzfristig dem Markt Zinssignale geben.

Das zweite Verfahren ist der **Zinstender**. Das *Eurosystem* legt jeweils einen Mindestbietungssatz fest. Die Geschäftsbanken geben bei ihren Geboten neben der Menge auch den von ihnen gewünschten Zinssatz an, der aber wenigstens dem Mindestbietungssatz entsprechen muss. Das *Eurosystem* teilt dann – beginnend mit den höchsten Zinssätzen – zu, bis das beabsichtigte Zuteilungsvolumen erreicht ist. Die Abrechnung der den Banken zugeteilten Beträge erfolgt zum Bietungszinssatz.[1]

Beispiel (stark vereinfacht):
Das *Eurosystem* hat beschlossen, den Banken 1 Mrd. € bei einem Mindestbietungssatz von 4,25 % zuzuteilen.

Kreditinstitute	Gebote in Mio. €	Bietungssätze	Zuteilung in Mio. €	Abrechnung zu
Bank 1	450	5,25 %	450	5,25 %
Bank 2	180	4,90 %	180	4,90 %
Bank 3	250	4,75 %	250	4,75 %
Bank 4	300	4,35 %	120	4,35 %
Bank 5	220	4,25 %	–	–
Summe	1 400	–	1 000	

Mittels Zinstenders wird bei gegebener Marktverfassung eher der marktmäßige Geldmarktsatz erfasst, und durch den neuerdings eingeführten Mindestbietungssatz werden klare geldpolitische Signale gesetzt. Der Mindestbietungssatz übernimmt die Signalfunktion, die beim Mengentender der Zinssatz hat.

Der Hauptrefinanzierungssatz ist der wichtigste Leitzins im *Eurosystem*.
Zinsänderungen bei Hauptrefinanzierungsgeschäften wirken sich einerseits auf die Zinspolitik einzelner Banken, andererseits auf den Geldmarkt aus. Die Zinswirkung ist aber auch auf dem Kapitalmarkt und dem Markt für Bankeinlagen zu spüren. Schränkt das *Eurosystem* im Rahmen der Hauptrefinanzierungsgeschäfte den Kauf von Wertpapieren oder die Kreditvergabe ein, so nimmt bei den Geschäftsbanken die Liquidität ab; damit verringert sich die im Umlauf befindliche Geldmenge. Weil die Geschäftsbanken jetzt weniger Zentralbankgeld zur Kreditvergabe haben, wird das Zinsniveau steigen. Gleichzeitig sind die Banken bei ihrer Finanzierung stärker auf die Einlagen ihrer Kunden angewiesen. Nur bei attraktiven Zinsangeboten werden die Bankkunden mehr Geld anlegen, deshalb führt das auch auf der Anlageseite – allerdings zeitversetzt – zu steigenden Zinsen.

Längerfristige Refinanzierungsgeschäfte

Längerfristige Refinanzierungsgeschäfte sind ebenfalls Kreditgewährungen, sie werden ständig in einem monatlichen Rhythmus angeboten und haben in der Regel eine Laufzeit von drei Monaten. Die Geschäfte werden gewöhnlich als Zinstender abgewickelt. Dieses Instrument dient mehr der mittelfristigen Liquiditätsversorgung der Banken und weniger der geldpolitischen Orientierung.

1 *Diesen Zuteilungsmodus nennt man Amerikanisches Verfahren.*
Die Zuteilung kann auch zu einem aus den Geboten errechneten einheitlichen Zinssatz erfolgen, dabei bleiben Gebote unter diesem Zinssatz unberücksichtigt (Holländisches Verfahren).

Feinsteuerungsoperationen

Im Rahmen von Feinsteuerungsmaßnahmen kann das *Eurosystem* negativen Auswirkungen aufgrund unvorhergesehener Liquiditätsschwankungen am Markt begegnen und entsprechende Offenmarktoperationen durchführen. Es handelt sich um befristete Transaktionen, die nicht ständig angeboten werden. Mit diesen Maßnahmen sollen Zinsausschläge nach oben oder unten geglättet werden.

Strukturelle Operationen

Komplettiert werden die Offenmarktgeschäfte durch Instrumente, mit denen längerfristige Anpassungen durchgeführt oder tiefer gehende Ungleichgewichte auf dem Geldmarkt beseitigt werden. Ein Beispiel ist die Emission von Schuldverschreibungen, um strukturbedingte Überliquidität im Bankensektor abzubauen.

Zusammenfassung

1. Aufgaben des ESZB sind
   - Währungssicherung (Preisniveaustabilität sicherstellen),
   - Geld- und Kreditversorgung der Wirtschaft,
   - Banknoten auszugeben,
   - Abwicklung des in- und ausländischen Zahlungsverkehrs,
   - Berater und Kassenhalter des Staates.
2. Zentrale Aufgabe ist die Sicherung der Währungsstabilität.
3. EZB ist **autonom** und nicht an Weisungen gebunden.
4. Offenmarktpolitik

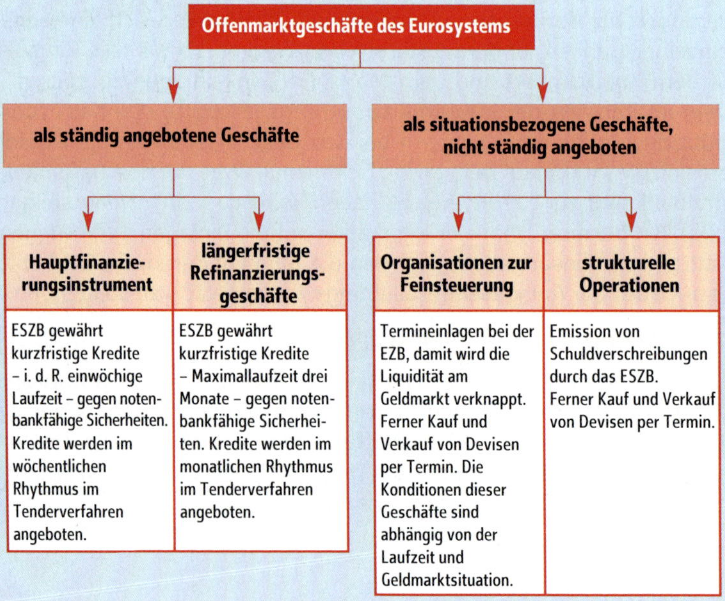

5. Geldpolitische Instrumente des Eurosystems und ihre Wirkungsweise:

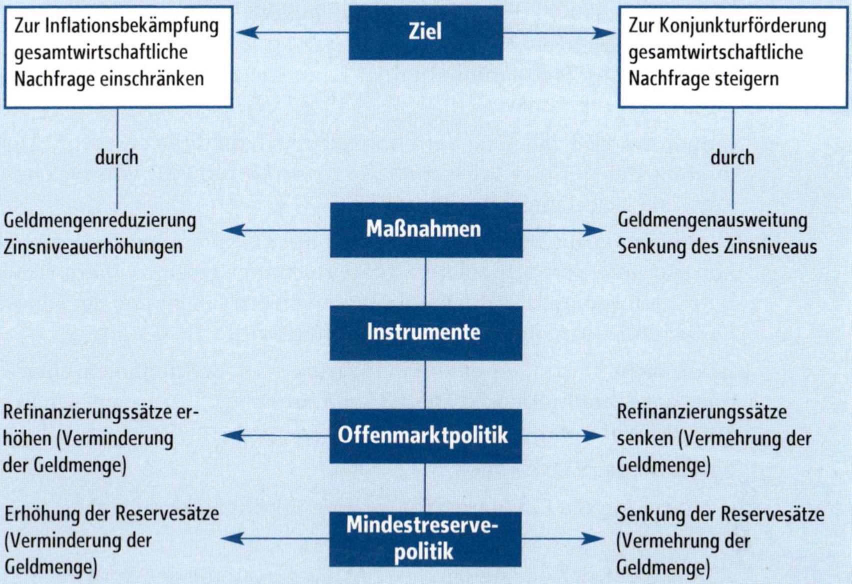

6. Mithilfe dieser Instrumente versucht das Eurosystem den **Geldwert stabil** zu halten und gleichzeitig die Wirtschaft **mit dem notwendigen Geld zu versorgen**.

7. Nicht nur die EZB, sondern das Eurosystem (EZB und die NZBen der Euro-Länder) ist autonom und nicht an Weisungen gebunden.

8. Die **restriktiven geldpolitischen Maßnahmen** greifen stärker, weil die Wirtschaftssubjekte diesen Maßnahmen kaum ausweichen können.
   Die **expansiven geldpolitischen Maßnahmen** sind dagegen nur ein Angebot, den vergrößerten Spielraum zu nutzen.

Prüfen Sie Ihr Wissen

1. Begründen Sie, warum die EZB das alleinige Recht hat, Zentralbankgeld zu schaffen.
2. Über welches Maßnahmenbündel kann die EZB den Geschäftsbanken Liquidität bereitstellen?
3. Indem die EZB die Geschäftsbanken mit Liquidität versorgt, stellt sie indirekt der übrigen Wirtschaft Geld zur Verfügung. Von welchem Ziel muss sie sich dabei leiten lassen?
4. *„Unabhängigkeit und Glaubwürdigkeit der Europäischen Zentralbank stehen auf dem Spiel"*, monieren die Wirtschaftsweisen in ihrem Frühjahrsgutachten vom April 2012. Die EZB interveniere seit Beginn der Finanzkrise (2008) und stütze indirekt die Staatsfinanzen, so die Gutachter.

   Ist es nicht sinnvoll in einer Finanzkrise oder der gegenwärtigen Haushaltskrise, die Autonomie der EZB aufzugeben? Setzen Sie sich in einem Für und Wider damit auseinander.
5. Variation des Zinsniveaus:
   - Was kann die EZB veranlassen, eine Erhöhung des Zinsniveaus anzustreben?
   - Wie wirkt sich ein steigendes Zinsniveau auf die gesamtwirtschaftliche Nachfrage aus? Zeigen Sie dabei die Wirkungszusammenhänge auf.
6. Welchen Einfluss hat die Mindestreservehaltung auf die Liquidität und Geldschöpfungsmöglichkeiten der Geschäftsbanken?
7. Warum ist die Erhöhung der Mindestreserve in ihrer volkswirtschaftlichen Wirkung größer als die einer Senkung?
8. Wie kann die Mindestreservepolitik von den Geschäftsbanken unterlaufen werden?
9. Beschreiben Sie die Eckpfeiler der WWU und die geldpolitischen Instrumente des Eurosystems.

8.4 Konjunkturelle Schwankungen und strukturelle Veränderungen

Gesamtwirtschaftliche Lage

Konjunktur in Deutschland

Die deutsche Wirtschaft bewegt sich nach wie vor in konjunkturell schwerem Fahrwasser. Die Wirtschaftsleistung ging im dritten Quartal 2023 leicht zurück. Laut der Schnellmeldung des Statistischen Bundesamtes sank das reale Bruttoinlandsprodukt (BIP) saisonbereinigt um 0,1% gegenüber dem Vorquartal, in dem es nach revidierten Angaben noch leicht zugelegt hatte.1) Die Industrie litt auch im dritten Quartal unter der schwachen Auslandsnachfrage und den Folgen des vorangegangenen Energiepreisschocks. [...] Dadurch ging die Produktion in diesen Bereichen zurück. Auch die realen Warenexporte sanken. Des Weiteren zeigte sich der private Konsum weiter schwunglos. Trotz kräftiger Lohnsteigerungen, rückläufiger Inflationsraten und einer stabilen Beschäftigung hielten sich die Verbraucherinnen und Verbraucher mit zusätzlichen Ausgaben noch zurück. Der Dienstleistungssektor zeigte sich hingegen in diesem schwierigen Umfeld recht robust.

Quelle: Monatsberichte der Deutschen Bundesbank November 2023 S. 54

Solche Konjunkturdiagnosen und -prognosen kann man zum Beispiel auch in den Wirtschaftsnachrichten hören oder im Wirtschaftsteil von Tageszeitungen lesen. Dabei sind die wirtschaftlichen Größen, die mit **Konjunktur** in Verbindung gebracht werden, häufig unterschiedlicher Art; in unserem Eingangsbeispiel sind es unter anderem das Bruttoinlandsprodukt, die Nachfrage, die Produktion und die Inflationsrate.

Der Begriff „Konjunktur“

Ursprünglich war das Wort „Konjunktur“ ein Begriff aus der Astrologie. Aus dem lateinischen conjungere (verbinden) abgeleitet, verstanden die Astrologen darunter ein bestimmtes Zusammentreffen von Gestirnen in einem Tierkreiszeichen.
Auf den Wirtschaftsbereich übertragen, findet auch hier ein **Zusammentreffen von wirtschaftlichen Größen** statt, die eine bestimmte wirtschaftliche Gesamtlage ausdrücken.
Die Nachfrage und das Angebot in einer Volkswirtschaft werden selten genau gleich sein; die Nachfrage kann mal größer, mal kleiner als das Inlandsprodukt sein. Dieses unstete Nachfrageverhalten wirkt sich auf viele Wirtschaftsbereiche aus, wie z. B. Preisentwicklung, Beschäftigungssituation und Umsatzentwicklung.

➔ Unter **Konjunktur** versteht man die Summe aller wirtschaftlichen Bewegungen, die sich auf eine bestimmte Wirtschaftslage hin entwickeln.

Konjunkturzyklen

Ein Merkmal dieser Konjunkturen ist die Regelmäßigkeit ihrer **Schwankungen**. Deshalb spricht man auch von Konjunkturzyklen[1].

1 zyklisch (gr.), in regelmäßigen Abständen wiederkehrend

Die Konjunkturzyklen lassen sich nach ihrer Dauer unterscheiden.

- **Kurzfristige Konjunkturzyklen**
  Solche kurzfristigen Zyklen mit einer Periodenlänge von 40–50 Monaten wurden vor allem in England und den USA beobachtet. Als Ursache hierfür sieht man eine Veränderung in der Lagerhaltung. Diese kurzfristigen Zyklen nennt man auch Kitchinzyklen, nach ihrem Entdecker Kitchin[1].
- **Mittelfristige Konjunkturzyklen**
  Ebenfalls nach ihrem Entdecker, dem Franzosen C. Juglar[2], werden die mittelfristigen Konjunkturzyklen **Juglarzyklen** genannt. Sie haben eine Laufzeit von durchschnittlich neun Jahren.

Reale Veränderung des Bruttoinlandsprodukts in Deutschland in %

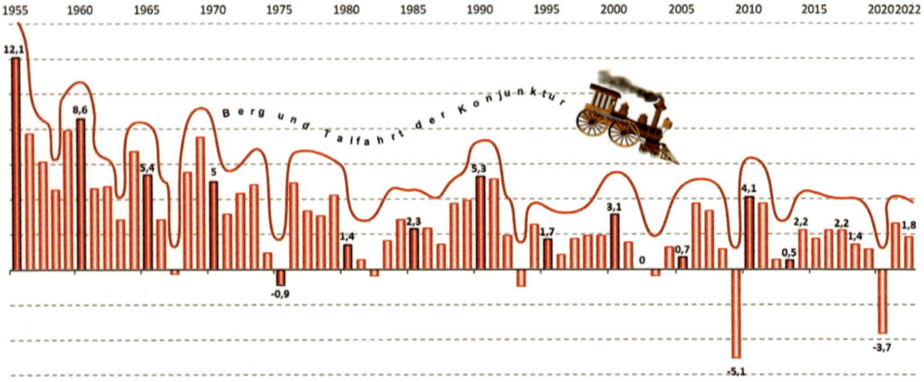

- **Langfristige Konjunkturzyklen**
  Der Russe Kondratjeff[3] hat 1926 erstmals diese Wellen nachgewiesen, die eine Periodenlänge von durchschnittlich 50 Jahren haben. Ursache sind bahnbrechende technische Neuerungen, die die Wirtschaft immer wieder vorangetrieben haben.

---

1 *Joseph Kitchin (1861 – 1932) war ein britischer Geschäftsmann und Statistiker*
2 *Clément Juglar (1819 – 1905) war ein französischer Arzt und Konjunkturforscher*
3 *Nikolai Kondratjeff (1892 – 1938) war ein sowjetischer Wirtschaftswissenschaftler*

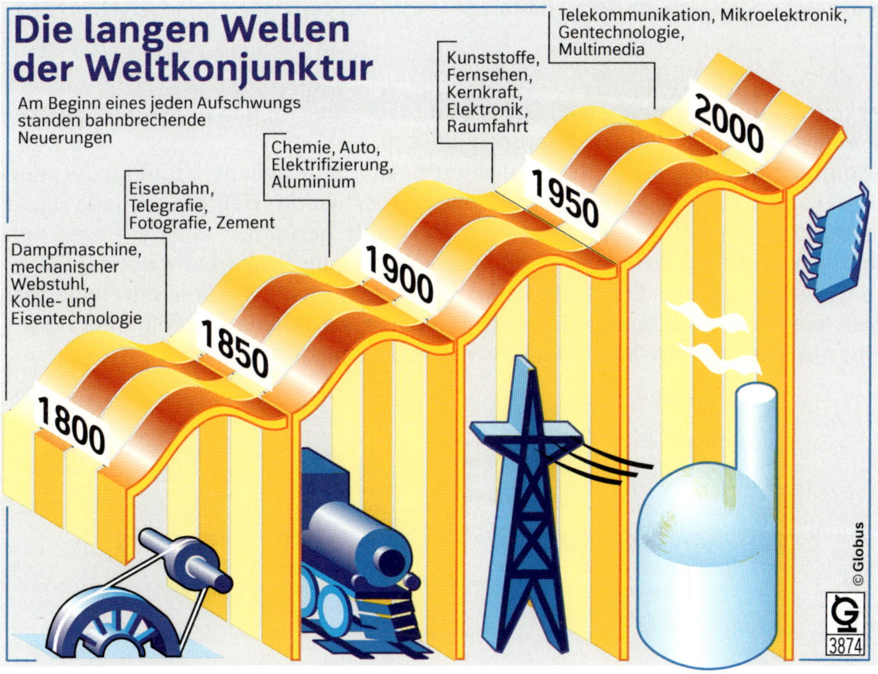

Saisonschwankungen

Die meisten Branchen sind mehr oder weniger von der Jahreszeit und der damit verbundenen Witterung oder Tradition abhängig. Der Winter wirkt sich z. B. auf die Land- und Forstwirtschaft, das Bau- und Transportgewerbe und die Getränkeindustrie umsatzmindernd aus. Im Sommer werden die Umsätze des Brennstoffhandels und der Wintersportindustrie sinken. Auch Feiertage und Ferienzeiten können sich auf einige Branchen umsatzfördernd bzw. -hemmend auswirken. Da diese Wirtschaftsschwankungen an bestimmte **Saisons** (Jahreszeiten) gebunden sind, spricht man auch von Saisonschwankungen. Über die allgemeine Wirtschaftslage der Volkswirtschaft sagen sie nichts aus und müssen deshalb von den Konjunkturschwankungen getrennt betrachtet werden.

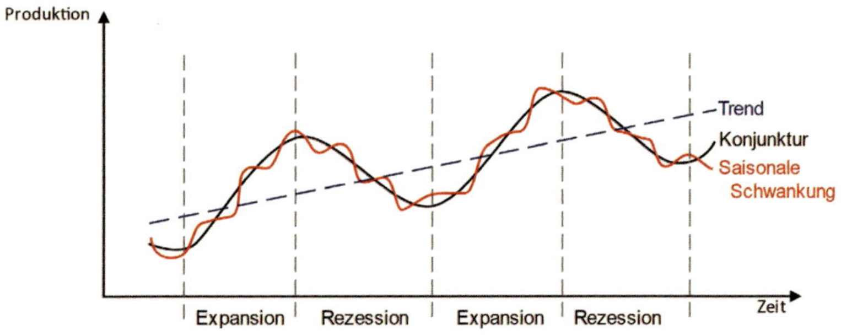

Der **Trend** ist der langfristige Mittelwert der mittelfristigen Konjunkturzyklen.

Der Trend zeigt an, ob sich die Wirtschaftslage langfristig verbessert oder verschlechtert.[1]

Phasen eines Konjunkturzyklus

Obwohl kein Zyklus dem anderen an Dauer und Stärke gleicht, gibt es doch Ähnlichkeiten, die eine allgemeine Charakterisierung zulassen.
Einen Konjunkturzyklus kann man in vier Phasen unterteilen: beginnender Aufschwung, Hochkonjunktur (Boom), beginnender Abschwung, Depression. Jede dieser Phasen ist durch bestimmte wirtschaftliche Merkmale geprägt. Um einer Phase eine Wirtschaftsentwicklung zuordnen zu können, müssen die Konjunkturmerkmale (Konjunkturindikatoren) diese Entwicklung in mindestens zwei aufeinander folgenden Quartalen bestätigen bzw. man muss in mindestens zwei aufeinander folgenden Quartalen eine entsprechende Wirtschaftsentwicklung beobachten können.

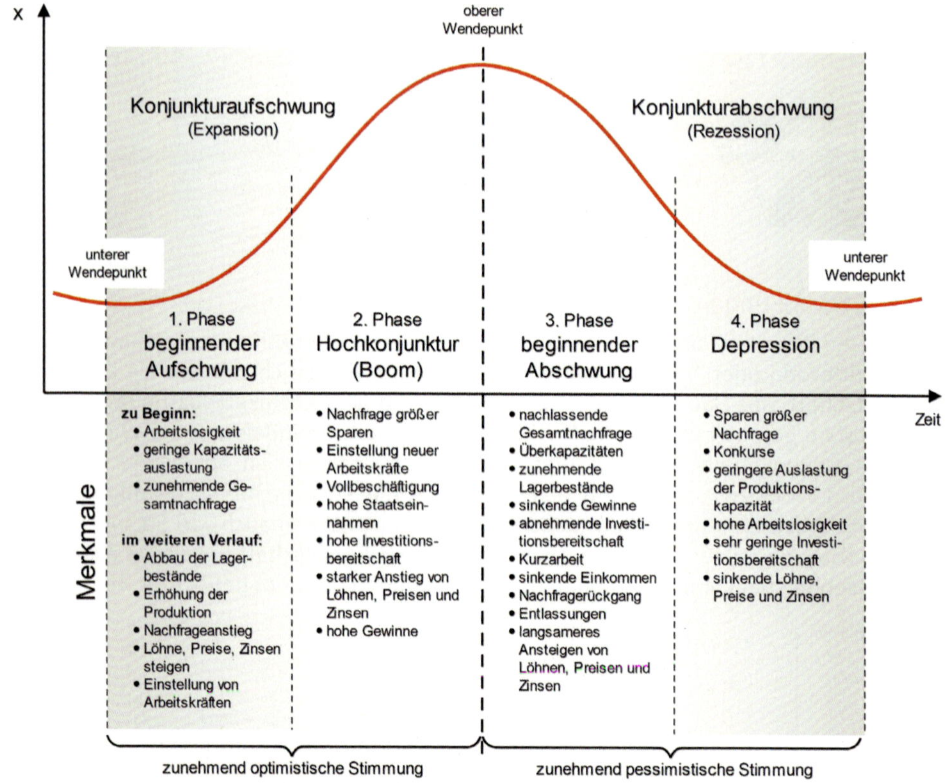

Beispiel für einen Konjunkturzyklus:
In den 1920er-Jahren wurde in Amerika der sogenannte Ratenkauf entdeckt. Obwohl die Menschen oft nicht genügend Geld hatten, eröffnete ihnen der Ratenkauf Möglichkeiten, Güter zu kaufen, von denen sie zuvor nur träumen konnten.

---

1 *Es ist jedoch fragwürdig, den Trend als Kondratieffwelle zu interpretieren, da es bisher noch nicht bewiesen ist, ob zwischen mittelfristigen Konjunkturwellen und Kondratieffwellen überhaupt Zusammenhänge bestehen.*

Die daraus resultierende Nachfragesteigerung führte zu einem gewaltigen Produktionsausbau **(beginnender Aufschwung)**. Dazu wurde jedoch Geldkapital benötigt. Durch den Verkauf von Aktien sollte das notwendige Geldkapital beschafft werden. Bürger kauften diese Aktien und finanzierten sie über Bankkredite. Als Kreditsicherheit hinterlegten sie die gekauften Aktien. Solange die Gesamtnachfrage zunahm und die Aktienkurse stiegen, waren die Banken mit dieser Kreditsicherheit zufrieden. Die Folge war ein unglaublicher wirtschaftlicher Höhenflug **(Hochkonjunktur, Boom)**. Man konnte durch Aktienspekulationen reich werden, ohne einen Cent investiert zu haben. Immer mehr Bürger verfielen dieser Verlockung und beteiligten sich an der Aktienspekulation. Die Kurse stiegen und stiegen. Amerika erlebte einen wirtschaftlichen Höhenflug von nie gekanntem Ausmaß. Noch heute spricht man von den „Goldenen Zwanzigern", von denen man glaubte, dass sie nie zu Ende gehen könnten.
Doch der ungehemmte Produktionsausbau hatte in einigen Branchen bereits zu Sättigungen und Überproduktionen geführt. Verstärkt wurde dies durch die Lohn- und Gehaltsentwicklung, die hinter der allgemeinen Produktionsentwicklung zurückblieb. Der Höhenflug der Aktienkurse wurde gestoppt **(beginnender Abschwung)**. Noch sahen nur wenige die beginnende Krise. Langsam fielen die Aktienkurse. Die Banken fürchteten um ihre Sicherheiten und verlangten die Kredite zurück. Um die Kredite zurückzahlen zu können, mussten die Spekulanten ihre Aktien verkaufen. Dies führte zu weiteren starken Kursverlusten. Am Ende sackten die Aktienkurse ins Bodenlose. Menschen, die zuvor noch ein Vermögen besessen hatten, konnten nun nicht einmal mehr ihr Taxi bezahlen. Der abrupte Nachfragerückgang führte zu Unternehmenszusammenbrüchen und hoher Arbeitslosigkeit. Amerika befand sich in der schlimmsten Krise seiner Geschichte **(Depression)**. Der Börsenkrach von 1929 ging unter dem Begriff „Schwarzer Freitag von der Wall Street" in die Geschichte ein. Die amerikanische Wirtschaftskrise sollte sich bald zu einer Weltwirtschaftskrise ausweiten.

Konjunkturindikatoren[1]

Mit ihrer Konjunkturpolitik versucht die Bundesregierung, wirtschaftliche Auswüchse zu vermeiden. Voraussetzung dafür ist,

- dass sie die Wirtschaftslage richtig einschätzen **(Diagnose)** und
- zukünftige Fehlentwicklungen rechtzeitig erkennen **(Prognose)** kann.

Dazu ist ein umfangreiches Informationssystem notwendig. Solche Informationen erhält man, wenn man bestimmte wirtschaftliche Größen über längere Zeit beobachtet.

> **Konjunkturindikatoren** sind wirtschaftliche Größen, deren Veränderung über den Zeitablauf die Konjunktur messen (Diagnose) bzw. die weitere Konjunkturentwicklung vorhersagen (Prognose) lassen.

Indikatoren zeigen den Konjunkturverlauf zu unterschiedlichen Zeitpunkten an. Es gibt:

- **Frühindikatoren**, die eine Früherkennung von konjunkturellen Fehlentwicklungen ermöglichen, wie der **Auftragseingang** oder der monatlich bereitgestellte Geschäftsklima-Index,
- **Präsensindikatoren**, die die von den Frühindikatoren angezeigte Konjunkturentwicklung nochmals verdeutlichen, wie die **Produktion** oder die Anlageinvestitionen,
- **Spätindikatoren**, die der Konjunkturpolitik als Erfolgskontrolle dienen, wie die **Beschäftigungslage** oder die **Preisentwicklung**.

1 *Indikator: Anzeiger*

Frühindikation Auftragseingang

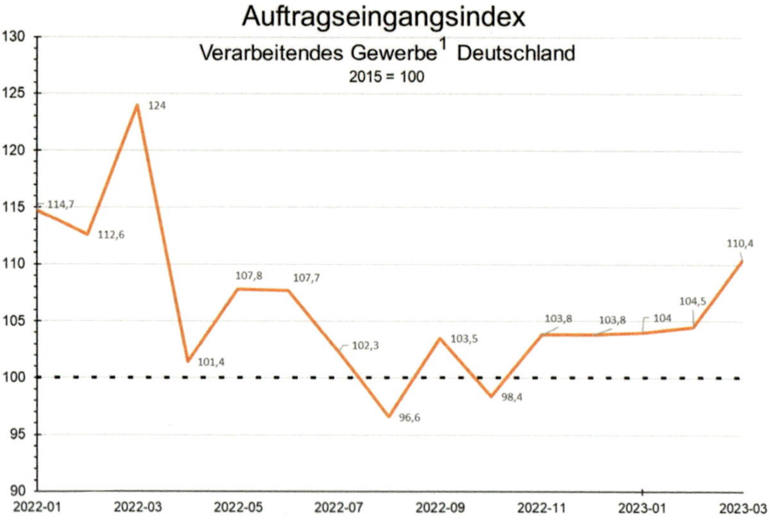

[1] Ausgewählte Wirtschaftszweige des Verarbeitenden Gewerbes

Quelle: Statistisches Bundesamt - https://www.destatis.de/DE/Themen/Wirtschaft/Konjunkturindikatoren/Auftragseingang/kae211_bv4a.html?view=main[Print] vom 11.05.2023

Der **Auftragseingang** wird monatlich bei verschiedenen Anbietern erfasst.

„Ein Auftragseingang ist definiert als ein Vertrag zwischen einem Produzenten und einem Dritten über zukünftige Lieferungen von Waren und Dienstleistungen durch den Produzenten. Der Index der Auftragseingänge spiegelt den Wert solcher Aufträge wider. In einigen Branchen gibt es in der Regel keine Auftragsfertigung, so dass der in der Konjunkturstatistikverordnung vorgesehene Index der Auftragseingänge nicht das gesamte Spektrum der Wirtschaftszweige abdeckt."

Quelle: http://ec.europa.eu/eurostat/documents/3433488/5441989/KS-NP-06-025-DE.PDF/1b86425c-df46-4f93-b025-00dbc99d4dd4 – Statistik kurz gefasst, vom 30.06.2010, Autorin: Carmen Lipp-Lingua; Europäische Gemeinschaften 2006

Präsensindikation Produktion

Ein zentraler Gegenwartsindikator ist der Produktionsindex. Er enthält neben dem verarbeitenden Gewerbe auch den Bau und die Energie- und Wasserversorgung.

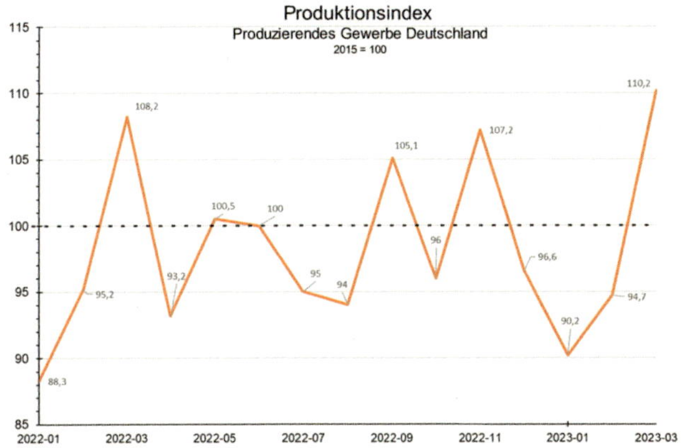

Quelle: Statistisches Bundesamt - https://www-genesis.destatis.de/genesis/online?operation=ergebnistabelleUmfang&levelindex=1&levelid=1683885901198&downloadname=42153-0001#abreadcrumb - vom 12.05.2023

Spätindikation Beschäftigungslage

Eine zunehmende **Arbeitslosigkeit** bedeutet weniger Einkommen, weniger Güternachfrage.

Der Beschäftigungsgrad wird durch die **Arbeitslosenquote**[1] ausgedrückt. Nach § 16 SGB III sind arbeitslose Personen, die [...]

1. vorübergehend nicht in einem Beschäftigungsverhältnis stehen,
2. eine versicherungspflichtige Beschäftigung suchen und dabei den Vermittlungsbemühungen der Agentur für Arbeit zur Verfügung stehen und
3. sich bei der Agentur für Arbeit arbeitslos gemeldet haben.

$$\text{Arbeitslosenquote} = \frac{\text{registrierte Arbeitslose}}{\text{abhängige Erwerbstätige + registrierte Arbeitslose}} \cdot 100\ \%$$

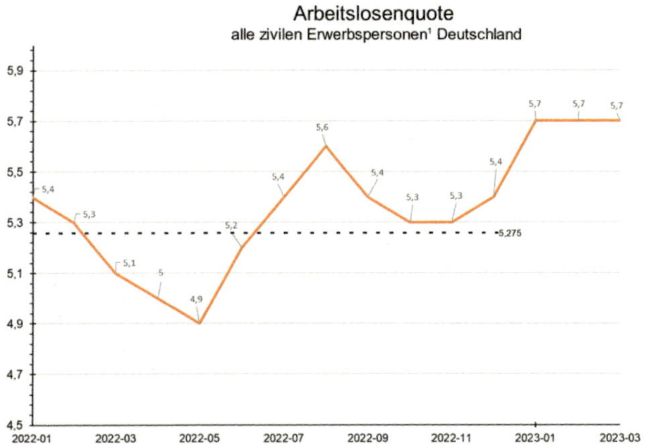

¹ Die veröffentlichten Arbeitslosenquoten beziehen sich nicht mehr auf die abhängigen zivilen Erwerbspersonen, sondern auf alle zivilen Erwerbspersonen

Quelle: Statistisches Bundesamt - https://www.destatis.de/DE/Themen/Wirtschaft/Konjunkturindikatoren/Arbeitsmarkt/arb210a.html#fussnote-1-241604 - vom 12.05.2023

1 *Siehe Kapitel 7.1.*

Rückschlüsse auf die Konjunkturentwicklung
lassen außerdem zu

- die Lagerhaltung,
- das Inlandsprodukt,
- das Außenhandelsvolumen,
- das Geldvolumen,
- das Volkseinkommen und das verfügbare Einkommen,
- das Preisniveau,
- die Umsatz- und Gewinnentwicklung,
- die Börsenlage.

Konjunkturindikatoren müssen bestimmte **Forderungen** erfüllen:

1. Sie sollen die Bewegungsrichtung, insbesondere die Wenden der wirtschaftlichen Aktivitäten, mit möglichst gleichbleibendem, also verlässlichem Vorlauf anzeigen.
2. Sie sollen möglichst frei von zufallsbedingten Schwankungen sein und Tendenzwenden rechtzeitig erkennen lassen.
3. Der zyklische Verlauf des Indikators soll möglichst ausgeprägt sein und einen Hinweis auf die Kraft der konjunkturellen Bewegung geben.
4. Die gewählten Indikatoren sollen zur konjunkturellen Entwicklung eine stabile Beziehung haben.[1]

In den Zeitreihen der Indikatoren ist oft Zufälliges enthalten. Daher sind die Prognosen über die Konjunkturentwicklung nicht immer zutreffend.

Der **Aussagewert der Konjunkturindikatoren** wird durch folgende Tatbestände eingeschränkt:

- Es besteht immer die Möglichkeit, dass sich die Wirtschaftssubjekte anders verhalten, als vorhergesagt wurde.
- Eine Konjunkturentwicklung kann auch „herbeigeredet" werden.
- Die statistische Erfassung der Indikatorenwerte ist oft mangelhaft.
- Selbst genaue Indikatoren sind noch lange kein Garant für die richtigen konjunkturpolitischen Maßnahmen.

Aufgrund dieser Kritikpunkte meinte Samuelson[2], dass die Vorhersagen der Konjunkturexperten zwar fragwürdig, aber immer noch zutreffender als die von Kartenlegerinnen seien.

Strukturkrisen

Unter **Struktur** versteht man das Gefüge aus voneinander abhängigen Teilchen.

> Unter einer **Wirtschaftsstruktur** versteht man einzelne Wirtschaftsbereiche und Sektoren und ihre gegenseitigen Abhängigkeiten in einer Volkswirtschaft.

1 *Vgl. Teichmann: Grundriss der Konjunkturpolitik, München, S. 63.*
2 *Paul A. Samuelson, Professor für Volkswirtschaftslehre am Massachusetts Institute of Technology, Nobelpreisträger für Wirtschaft (1970).*

Wirtschaftsbereiche wandeln sich permanent. So gewinnt z. B. in den letzten Jahrzehnten der tertiäre Sektor gegenüber dem sekundären und primären ständig an Bedeutung[1]. Die Ursachen des Strukturwandels sind noch nicht vollständig erforscht.

> **Ausgangspunkt** von Strukturkrisen ist eine dauerhaft zurückgehende Nachfrage in einzelnen Bereichen einer Volkswirtschaft.

Wer wettbewerbsfähig sein will, muss sich den jeweiligen Bedürfnissen schnell anpassen bzw. Entwicklungen antizipieren[2]. Das gilt für Sozialversicherungsfachangestellte ebenso wie für Vorstände von Großkonzernen. Sie müssen innovativ denken und handeln ohne auf überholte Vorstellungen und Verhaltensweisen zu beharren. Dies ist die Voraussetzung für eine sich entwickelnde Wirtschaft. Diese Dynamik hat zwangsläufig zur Folge, dass einzelne Branchen an Bedeutung verlieren, Berufe aussterben bzw. Berufsbilder sich ändern.
Von Strukturkrise spricht man, wenn das wirtschaftliche Gefüge nachhaltig gestört ist und der notwendige Anpassungsprozess mit steigender Arbeitslosigkeit bzw. mit der Verschlechterung der wirtschaftlichen Situation einer ganzen Region verbunden ist.

> Unter **Strukturkrise** versteht man die Störung des wirtschaftlichen Gefüges in Bereichen einer Volkswirtschaft, die mit Unternehmensschließungen, Arbeitslosigkeit, Einkommenseinbußen und sozialem Abstieg verbunden ist.

Sektorale (branchenbezogene) Strukturschwierigkeiten hängen eng mit der Güternachfrage und dem Güterangebot zusammen. Güteranbietende müssen die ständigen Änderungen der Bedürfnisse berücksichtigen und rechtzeitig darauf reagieren. Gelingt es ihnen, haben sie möglicherweise einen Marktvorsprung[3] gegenüber Mitkonkurrenten erworben. Gelingt es ihnen nicht, kann das im schlimmsten Fall mit Unternehmensaufgabe, Arbeitslosigkeit und Einkommensverlust verbunden sein. Folgende Punkte sind mit entscheidend für die Wirtschaftssituation:

- **Globalisierung der Märkte**. Moderne Informations- und Kommunikationstechniken und die Öffnung der Grenzen verschärfen den internationalen Wettbewerb. Wir befinden uns in einem Prozess zunehmender weltweiter ökonomischer Verflechtungen. Die *neuen Industrieländer* in Südostasien, in Mittel- und Osteuropa und einige asiatische und afrikanische Schwellenländer verfügen heute ebenfalls über Schlüsseltechnologien der westlichen Industrienationen. Diese Länder sind in der Lage, Güter in hoher Qualität bedeutend günstiger zu fertigen und anzubieten. Inländische Unternehmen müssen sich dieser Herausforderung stellen und Produkte entwickeln und anbieten, die mit den ausländischen Angeboten konkurrieren können.
- **Neue Fertigungskonzepte**. Unter dem Druck der internationalen Konkurrenz sind die Unternehmen gezwungen, neue Fertigungskonzepte zu entwickeln und durchzusetzen. **Lean production** – der Name kommt aus den USA, die Idee aus Japan. Übersetzt bedeutet es so viel wie **schlanke Produktion**. Nach dieser Produktionsphilosophie sollen weniger Produktionsfaktoren dieselbe Leistung erbringen. Weniger Arbeitskräfte, geringere Entwicklungszeit, geringere Lagerkapazitäten auf der einen Seite, mehr Güter,

---

1 *Siehe Kapitel 1.5 „Faktorkombination und -substitution".*
2 *Antizipation: gedankliche Vorwegnahme des Geschehens*
3 *Siehe Kapitel 3.2 „Preisbildung", akquisitorisches Kapital.*

größere Gütervielfalt, bessere Qualität auf der anderen Seite.[1]

- **Verlagerung der Produktion ins Ausland.** Die Globalisierung der Märkte bewirkt, dass die exportorientierten, international wettbewerbsfähigen deutschen Unternehmen Chancen sehen, neue Märkte zu erobern bzw. ihre Marktanteile zu festigen.

Arbeitskosten im Standortwettbewerb

In den Bereichen Produzierendes Gewerbe und wirtschaftliche Dienstleistungen wurde 2022 im Vergleich zum EU-Durchschnitt von 30,50 Euro rund 29,5 % mehr für eine Stunde Arbeit gezahlt.

EU-Vergleich der Arbeitskosten je geleistete Stunde 2022
im Produzierenden Gewerbe und wirtschaftlichen Dienstleistungen in EUR

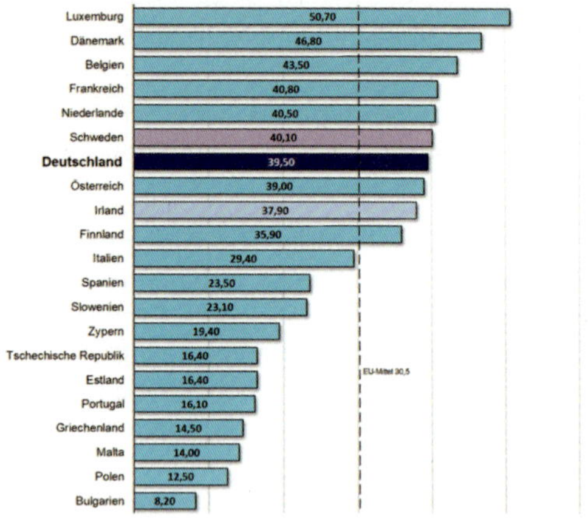

Quelle: Statistisches Bundesamt https://www.destatis.de/DE/Themen/Arbeit/Arbeitskosten-Lohnnebenkosten/_inhalt.html#233844 - vom 14.05.2023

Aus strategischen Gründen exportieren einige dieser Unternehmen die Produktion in das Land der Nachfrager.

Wandert Solarfirma nach USA ab? Grüner kritisiert Ampel wegen Subventionskurs

von Florian Neuhann
Datum: 13.06.2023 15:10 Uhr

Europas einziger Hersteller von Solarzellen mit Werk in Sachsen-Anhalt droht mit Verlagerung in die USA. Grund: massive US-Subventionen. [...]

Es ist eine Drohung, die es in sich hat. Man erwäge [...] die Projekte für den weiteren Ausbau der Solarfertigung in Deutschland abzubrechen - und stattdessen in den USA zu investieren. [...] Das schweizerische Unternehmen Meyer Burger ist der einzige Hersteller überhaupt, der Solarzellen industriell in Europa fertigt - und zwar in Thalheim in Sachsen-Anhalt. Aktuell 350 Mitarbeiter stellen dort täglich 800.000 so genannte Halb-Zellen her. [...] Der Grund sind die massiven Subventionen, mit denen die USA locken [...]

Quelle: ZDFheute - https://www.zdf.de/nachrichten/wirtschaft/meyer-burger-solar-zellen-hersteller-usa-europa-subventionen-abwanderung-100.html vom 13.06.2023

Hohe inländische Produktionskosten. Eine zunehmende Bürokratisierung (lange Genehmigungsverfahren, umständliche Amtswege, Überregulierung wie z. B. Lieferkettengesetz), steigende Rohstoffpreise und Energiekosten zusammen mit den schon genannten Arbeitskosten bewirken, dass es für inländische Produzenten immer schwerer wird, sich der ausländischen Konkurrenz zu erwehren.

---

1 *Teamarbeit ist ein wesentliches Element von lean production. Alle Beschäftigten sind in die Fertigungsplanung und -ausführung integriert und muss volle Verantwortung für seine Arbeit übernehmen.*

Einige Unternehmen reagieren darauf, indem sie die Produktion ins billigere Ausland verlagern. Allerdings muss dies gut überlegt sein. Vom möglichen Imageschaden im Inland abgesehen, können Aufwendungen für zunehmende Automatisierung, Qualitätsprobleme, Lagerung, lange Lieferwege usw. die eingesparten Kosten schnell ausgleichen.

- **Sättigung** des Marktes. Auch schon vor der Globalisierung der Märkte bestand vor allem bei langlebigen Wirtschaftsgütern die Gefahr der Marktsättigung. Die Unternehmen versuchen, über technische Neuerungen bzw. Designverbesserungen diesen Prozess aufzuhalten bzw. hinauszuzögern (siehe Nachfragewandel).
- **Nachfragewandel.** Alle Güter, besonders Modeartikel, sind nur für eine gewisse Zeit attraktiv. Die technische Entwicklung, der Zeitgeist oder die Schnelllebigkeit bestimmter Märkte sind Ursache für diesen Bedürfniswandel.

Produktlebenszyklus

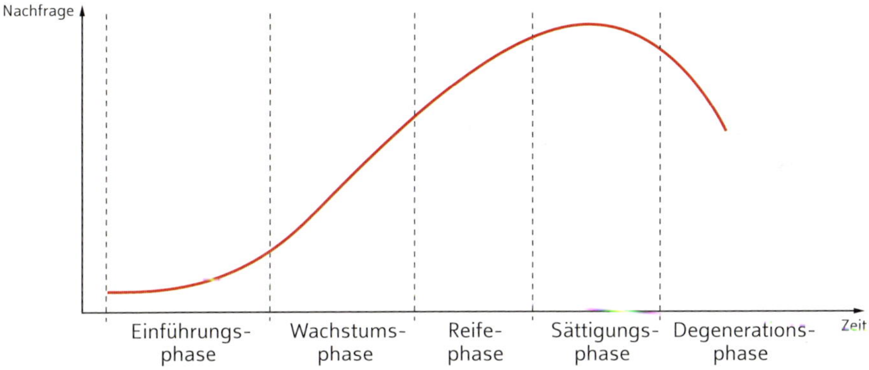

Unter Produktlebenszyklus versteht man die Lebensphasen eines Produkts von der Einführung bis zu seinem Marktende.

Beispiel:

Mit dem Antriebswandel beim Automobil kommen Probleme auf Autohersteller und Zulieferer zu. „Diesmal geht es um einen Umbruch, wie ihn die Autoindustrie noch nicht erlebt hat, weil vieles von dem, was produziert wird, künftig nicht mehr gebraucht wird. Dieseleinspritzsysteme, Kolben, Auspuffrohre, Abgasreinigung – all das wird man in ein paar Jahren so dringend benötigen wie Pferdekutschen für den öffentlichen Nahverkehr. Deutschland, [...], steht vor einer gewaltigen Zäsur."[1] Die meist hoch spezialisierten Zulieferbetriebe müssen diesen Wandel mitleben, um selbst überleben und Arbeitsplätze sichern zu können.

1 *Süddeutsche Zeitung: Zulieferer-Branche: Ein Umbruch, wie ihn die Autoindustrie noch nicht erlebt hat, https://www.sueddeutsche.de/wirtschaft/auto-zulieferer-krise-stellenabbau-1.4654232, 25.10.2019, abgerufen am 03.02.2024*

Produktlebenszyklen

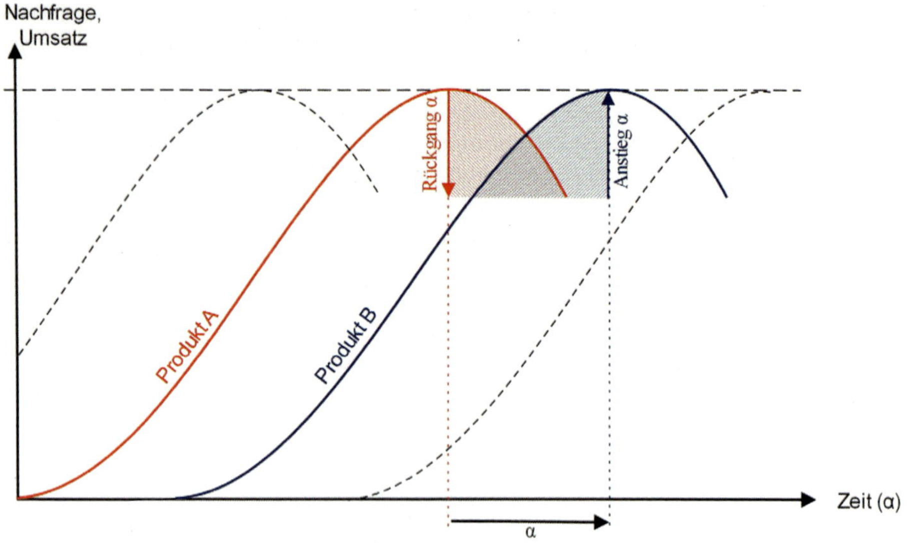

Eine Unternehmung hat das Ziel, die Nachfrage konstant hochzuhalten, um Umsatzeinbrüche zu verhindern. Dazu müssen frühzeitig, d. h. schon während der Einführungs- bzw. Wachstumsphase des aktuellen Produkts, neue Produkte entwickelt und rechtzeitig auf den Markt gebracht werden, sodass die zurückgehende Nachfrage nach dem aktuellen Produkt durch die wachsende Nachfrage nach dem neuen Produkt kompensiert wird (α = Kompensationsphase).

Gründe für sektorale Strukturkrisen können sein:
- Globalisierung der Märkte,
- neue Fertigungskonzepte,
- Verlagerung der Produktion ins Ausland aus strategischen Gründen (Kundennähe, Umgehung der Zölle usw.),
- die im internationalen Vergleich relativ hohen Lohn- und Lohnnebenkosten, die niedrige Arbeitszeit, zunehmende Bürokratisierung, die strengen Schutzgesetze (Kündigungs-, Mutter- und Jugendschutz),
- Sättigung einzelner Märkte,
- Nachfragewandel.

Bei den von der Krise betroffenen Betrieben kann man dieselbe Ereignisfolge beobachten:
- Überkapazitäten (steigende Lagerbestände),
- einsetzender Verdrängungswettbewerb (Kampf um die verbliebene Nachfrage),
- Preise sinken,
- Kosten müssen gesenkt werden,
- Kurzarbeit,
- Entlassungen usw.,
- evtl. Unternehmensaufgabe.

Moderne Informations- und Kommunikationssysteme machen den Markt transparent. Dies erhöht den Kostendruck auf die Unternehmen, die auf günstigere Organisations- und Produktionsstrukturen ausweichen. Oft geht dies zulasten der abhängig Beschäftigten. Da es immer weniger arbeitsintensiv produzierende Betriebe gibt, entsteht ein Beschäftigungsproblem.

Regionale Strukturkrisen sind häufig eine Folge von branchenbezogenen Strukturkrisen. Zum Beispiel führte der schwächer werdende Bedarf nach Kohle zum Zechensterben an Ruhr, Saar und in der Niederlausitz. In diesen Regionen herrscht zum Teil besonders hohe Arbeitslosigkeit. Das Gleiche gilt für Küstenregionen durch die Werftenkrise. In der Hochphase der Pandemie 2020 lagen weltweit die Kreuzfahrtschiffe in den Häfen. Das hatte zur Folge, dass Neubestellungen ausblieben und alte Aufträge auf Eis gelegt wurden. Die Mitarbeitenden der Werften, die sich auf den Bau dieser Schiffe spezialisiert haben, waren bereits in Kurzarbeit und fürchteten Kündigungen. Zusammen mit den Zulieferbetrieben waren ca. 100 000 Menschen davon betroffen. Staatliche Kredite und Tilgungsaussetzung für Schiffskredite sollten ein Überleben der Branche sichern.
Stellt der Staat öffentliche Mittel bereit, die die gesellschaftliche und wirtschaftliche Funktionsfähigkeit erhalten bzw. verbessern, betreibt er Infrastrukturpolitik.

Unter **Infrastruktur** versteht man alle öffentlichen Einrichtungen, wie Verkehrsnetz, Energie- und Wasserversorgung, Bildungsstätten, Krankenhäuser usw., die die Grundvoraussetzungen für das wirtschaftliche Leben sind.

In Gebieten mit hoher Arbeitslosigkeit sind dem Staat infrastrukturpolitische Grenzen gesetzt. Oft überbieten sich Gemeinden an Vergünstigungen und Bereitstellungen, nur um die Attraktivität für Unternehmensansiedlungen zu erhöhen. Sie gehen ein Risiko ein, denn sollte der erhoffte Beschäftigungsschub ausbleiben und die Gemeindeeinnahmen nicht wie gewünscht sprudeln, könnte sich die wirtschaftliche Situation der Gemeinde verschlechtern.
Nach Artikel 91a Grundgesetz beteiligt sich der Bund an der Verbesserung der regionalen Wirtschaftsstruktur.

Veränderung des Berufsbildes: Wenn am Ende einer schulischen oder beruflichen Ausbildung die Abschiedsreden gehalten werden, wird immer wieder betont, dass die Ausbildung noch nicht vorbei sei, sondern erst anfange und auch niemals enden werde. Meist sind die Laudatoren deutlich älter und wissen, wovon sie sprechen. Die bereits genannten Veränderungen in der Wirtschaft fordern von den Beschäftigten eine fortwährende Anpassung. Berufe kommen, gehen oder wandeln sich. Neue Berufe wie z. B. Fachinformatiker/-in, Kaufmann/-frau für Digitalisierungsmanagement oder Kaufmann/-frau für IT-System-Management ersetzen alte Berufe wie z. B. Informatikkaufmann/-frau, IT-System-Kaufmann/-frau oder haben sich aufgrund des Bedürfniswandels neben den bestehenden Berufen gebildet wie z. B. Pflegefachmann/-frau. Auch in den bestehenden Berufen wandeln sich die Ansprüche ständig. In DV-Berufen ist aktuelles Wissen schnell veraltet. Das heutige Anforderungsprofil an Sozialversicherungsfachangestellte entspricht nicht mehr dem vor zehn Jahren. Das Institut der Deutschen Wirtschaft (IW) sieht eine Wandlung von klassischen Büros hin zu Räumen für Kommunikation und Zusammenarbeit, in denen ein kreatives Miteinander stattfindet. Dazu sind Schlüsselqualifikationen gefragt: Neben den fachlichen Fähigkeiten, auch die Fähigkeit, eigenverantwortlich Probleme lösen zu können, und die Bereitschaft zur sozialen Integration.

Eine geistige, sektorale bzw. regionale Mobilität fördert eine optimale Allokation[1] des Produktionsfaktors Arbeit.

- **Geistige Mobilität** (Bereitschaft der Weiter- und Umbildung),
- **sektorale Mobilität** (Bereitschaft, die Branche zu wechseln) und
- **regionale Mobilität** (Bereitschaft, den Wohnort zu wechseln)

sind wesentliche Voraussetzung für die Arbeitsplatzerhaltung.

Die drei Strukturbereiche können sich überlagern. Geht in einer Region mit schwacher Wirtschaftsstruktur ein Betrieb in Konkurs, so ist die strukturelle Arbeitslosigkeit der Betroffenen sowohl der sektoralen als auch der regionalen Arbeitslosigkeit zuzuordnen. Sollte der ausgeübte Beruf der Arbeitslosen nicht mehr gefragt sein (z. B. Kohlebergarbeiter), so ist zusätzlich noch die berufsbedingte (professionale) Arbeitslosigkeit betroffen.

Von **konjunkturellen und strukturellen Krisen** ist besonders die **gesetzliche Sozialversicherung** betroffen. Die jeweiligen Versicherungen erhalten weniger Beiträge, müssen aber die gesetzlich zugesicherten Leistungen für die Arbeitslosen erbringen. Eine vorzeitige Altersruhestandsregelung verlagert das Finanzierungsproblem innerhalb der betroffenen Versicherungen.

Neue Arbeitsplätze mindern das Problem. Bund und Länder können die Voraussetzungen für neue Arbeitsplätze schaffen, indem sie die Grundlagen für notwendige strukturelle Veränderungen frühzeitig einleiten, zukunftsweisende Investitionen fördern und bürokratische Hemmnisse abbauen.

Zusammenfassung

1. Unter **Konjunktur** versteht man alle wirtschaftlichen Bewegungen, die sich auf eine bestimmte Wirtschaftslage hin entwickeln.
2. **Saisonale Schwankungen** sind von den Jahreszeiten und dem Klima abhängige Schwankungen der wirtschaftlichen Aktivitäten.
3. Der **Trend** ist der langfristige Mittelwert der mittelfristigen Konjunkturzyklen.
4. Den **Konjunkturzyklus** teilt man in vier Phasen ein:
   a) beginnender Aufschwung,
   b) Hochkonjunktur (Boom),
   c) beginnender Abschwung,
   d) Depression.
5. **Konjunkturindikatoren** sind wirtschaftliche Größen, die den Konjunkturverlauf messen und vorhersagen lassen.
6. Unter einer **Strukturkrise** versteht man sektorale, regionale bzw. professionale Wirtschaftskrisen.

1 *Allokation: Verteilung der Produktionsfaktoren auf die Wirtschaftseinheiten*

Prüfen Sie Ihr Wissen

1. Nennen Sie eine die Wirtschaftslage widerspiegelnde Größe (Bsp. Beschäftigungslage) und deren Messgröße (Bsp. Arbeitslosenquote).
2. Zeichnen Sie einen Konjunkturzyklus, bezeichnen Sie die Phasen und ordnen Sie diesen folgende Begriffe zu:

   Abbau der Lagerbestände; Vollbeschäftigung; Einstellung von Arbeitskräften; starker Anstieg von Preisen, Löhnen und Zinsen; nachlassende Gesamtnachfrage; hohe Arbeitslosigkeit
3. Ordnen Sie den Begriffen „mittelfristige Konjunkturzyklen", „langfristige Konjunkturzyklen", „saisonale Schwankungen" folgende Aussagen zu.
   a) Die Welle dauert durchschnittlich sieben bis elf Jahre.
   b) Sie hat eine Periodenlänge von durchschnittlich 50 Jahren.
   c) Die Ursache sind **bahnbrechende** technische Neuerungen.
   d) Es betrifft vor allem die Baubranche und das Gaststätten- und Hotelgewerbe.
   e) Konnte man in der Bundesrepublik Deutschland beobachten.
   f) Den langfristigen Mittelwert der Wellen nennt man Trend.
4. Ein Konjunkturzyklus hat mehrere Phasen. Arbeiten Sie aus folgendem Zeitungsausschnitt die Merkmale der einzelnen Konjunkturphasen heraus.

Mit dem Traum vom Eigenheim begann die Krise

NEW YORK Am Anfang der gravierenden Finanzmarktkrise stand der Traum vom Eigenheim. Von der Politik massiv gefördert, erlebten die Vereinigten Staaten bis zum Jahr 2006 einen beispiellosen Immobilienboom. Angesichts jahrelang steigender Hauspreise nutzen immer mehr Amerikaner ihr Haus als Geldmaschine nach dem Prinzip: Haus auf Pump kaufen und bald mit Gewinn verkaufen. Auch Banken, Anleger und Kreditvermittler verdienten daran prächtig.

Ohne Garantien *Das Problem: Die für Hypothekenkredite geforderten Sicherheiten wurden immer weiter heruntergeschraubt. Zuletzt gab es Darlehen ohne jede Garantien außer dem Haus selbst („Subprime"-Kredite). Plötzlich begannen wegen des Überangebots an Immobilien die Preise mancherorts zu bröckeln. Als erste Schuldner ihre monatlichen Raten für die Immobilien nicht mehr zahlen konnten, kippte der Trend vollends.*

Komplexe Produkte *Inzwischen hatten erfindungsreiche Wall-Street-Banken jedoch die Kredite zuhauf in komplizierten Wertpapierpaketen gebündelt, die sie an Investoren weiterverkauften. Weil diese Papiere lange Zeit sehr hohe Gewinne abwarfen, hatten Finanzhäuser weltweit zugegriffen – so auch zahlreiche deutsche Banken. Kaum einer durchschaute freilich die Finanzprodukte und ihre Risiken. Als mit dem amerikanischen Häusermarkt auch der Handel dieser Papiere komplett zusammenbrach, war es aber längst zu spät. Banken und Versicherer mussten die Werte in ihren Büchern berichtigen. So fielen seit Herbst 2007 weltweit Abschreibungen von mehr als 500 Milliarden Dollar und riesige Verluste an. Die Finanzkonzerne mussten sich zum Überleben enorme Kapitalspritzen besorgen.*

Noch schneller drehte sich die Abwärtsspirale bei einigen durch den fast völligen Verlust ihres Börsenwertes – für die Investmentbank Lehman Brothers war dies schließlich der Todesstoß.

Quelle: dpa: Mit dem Traum vom Eigenheim begann die Krise, 16.09.2008, © dpa Deutsche Presse-Agentur GmbH

5. Welche Anforderungen muss ein Konjunkturindikator erfüllen, damit er seinen Aufgaben nachkommen kann?
6. Nennen Sie vier Konjunkturindikatoren und erklären Sie deren Verhalten in den einzelnen Konjunkturphasen.
7. Beurteilen Sie die generelle Aussagekraft von Konjunkturindikatoren.

Weiterführende Aufgaben

1\.

Quelle: Heilbronner Stimme vom 04.11.2023 Seite 10

Viele Fachkräfte fehlen

NÜRNBERG Fast die Hälfte aller Betriebe in Deutschland hat in der ersten Jahreshälfte 2022 seine Stellen für Fachkräfte nicht besetzen können. Dies geht aus einer Studie des Nürnberger Instituts für Arbeitsmarkt- und Berufsforschung (IAB) hervor. Während über alle Betriebe hinweg rund 45 Prozent der Stellen für Fachkräfte unbesetzt blieben, waren es bei Kleinstbetrieben sogar 62 Prozent.

Es fehlen nicht nur Fachkräfte im Handwerk, sondern auch in der Medizin, im Ingenieurwesen, im Maschinen- und Fahrzeugbau, in der IT-Bereich usw.

a) Wirkt sich der Fachkräftemangel eher strukturell oder konjunkturell auf die Volkswirtschaft aus?

b) Wie könnte sich der Fachkräftemangel auf die wirtschaftliche Entwicklung bzw. auf den Arbeitsmarkt in Deutschland auswirken?

2. Erstellen Sie eine Collage, die den Zusammenhang von Konjunktur- und Strukturkrise ausdrückt bzw. erkennen lässt.

3\.

So traurig war der letzte Tag im Opel-Werk

Ein Schichtwechsel noch, dann ist Schluss: Zum letzten Mal sind die Arbeiter heute ins Bochumer Opel-Werk gekommen. […] Freitag, 14 Uhr, Schichtwechsel bei Opel in Bochum. Zum letzten Mal. Wenn dieser Tag zu Ende geht, ist die Autoproduktion in dem Werk, das einmal 22.000 Mitarbeiter hatte, Geschichte. […]

Quelle: Nikolaus Doll, in: Die Welt: https://www.welt.de/wirtschaft/article135067128/So-traurig-war-der-letzte-Tag-im-Opel-Werk.html, vom 05.12.2014, abgerufen 01.09.2020

a) Handelt es sich hier um einen normalen marktwirtschaftlichen Prozess oder ist das die Folge einer strukturellen Krise?
b) Begründen Sie, ob solche Ereignisse auch konjunkturelle Folgen haben könnten.

4. Leidet die gesetzliche Sozialversicherung besonders unter einem Konjunktureinbruch?
5. Gibt es für die gesetzlichen Sozialversicherungsträger Möglichkeiten vorzusorgen, um auf solche Krisen besser reagieren zu können?

"Weitergeben!" Zeichnung: Haitzinger

6. Interpretieren Sie die Karikatur und finden Sie den konjunkturellen Zusammenhang.

8.5 Wirtschaftspolitische Einflussmöglichkeiten des Staates

Welchen Wert haben Wirtschaftsprognosen?

Konjunkturprognose leicht verbessert

Der Sachverständigenrat zur Begutachtung der gesamtwirtschaftlichen Entwicklung rechnet für 2023 und 2024 mit einer etwas besseren wirtschaftlichen Entwicklung. Das geht aus seiner aktualisierten Konjunkturprognose hervor. Der Arbeitsmarkt sei stabil, die Lage der öffentlichen Finanzen gebe Anlass zu Optimismus.

[...] Für Deutschland erwartet der Sachverständigenrat nun, dass das Bruttoinlandsprodukt um 0,2 Prozent im laufenden Jahr und um 1,3 Prozent im nächsten Jahr wachsen wird – etwas mehr als noch im Herbst vorhergesagt. Die Inflation dürfte im Verlauf des Jahres zwar abnehmen, bleibe aber laut der Prognose mit durchschnittlich 6,6 Prozent deutlich erhöht. [...]

Quelle: Die Bundesregierung - https://www.bundesregierung.de/breg-de/aktuelles/aktualisierte-konjunkturprognose-2172766 - vom 22.03.2023, abgerufen am 03.02.2024

Es ist unmöglich, ein gesamtwirtschaftliches Gleichgewicht zu erreichen und dauerhaft zu halten. Das Marktverhalten der Wirtschaftssubjekte ist instabil. Je nach Zukunftserwartung investieren Unternehmen mal mehr mal weniger bzw. steigen und sinken die

Konsum- und Sparquoten der privaten Haushalte. Wirtschaftliche Probleme sind meist vielschichtig und können nicht mit einfachen Methoden und Verhaltensweisen beseitigt werden.
Die Meinungen, welche Wirtschaftspolitik die richtige wäre, gehen zum Teil stark auseinander.
Die einen sind der Auffassung, dass eine gute Wirtschaftslage nur über eine hohe Nachfrage zu erreichen sei und dass der Staat diese notfalls massiv fördern müsse (Beispiele: vorübergehende Senkung des Mehrwertsteuersatzes von 19 % auf 16 % oder die Abwrackprämie).
Andere meinen, dass der Staat dafür nur die vorhandenen Innovations- und Investitionshemmnisse beseitigen und die Ertragslage der Unternehmen verbessern müsse.
Entsprechend der jeweiligen Wirtschaftsphilosophie spricht man von einer **nachfrageorientierten** bzw. **angebotsorientierten**[1] **Wirtschaftspolitik**.

In marktwirtschaftlichen Systemen gibt es **zwei wirtschaftspolitische Richtungen**:
- die nachfrageorientierte Wirtschaftspolitik,
- die angebotsorientierte Wirtschaftspolitik.

8.5.1 Nachfrageorientierte Wirtschaftspolitik

Ideal wäre, wenn man es dem Markt überlassen könnte, alle wirtschaftlichen Probleme, insbesondere das Problem der Arbeitslosigkeit, zu lösen. Die Nachfragetheorie geht davon aus, dass es in marktwirtschaftlichen Systemen immer wieder zu Krisen kommt (**Instabilitätshypothese**). Da wirtschaftliche Probleme eng verknüpft sind mit sozialen und gesellschaftlichen Problemen, muss ihrer Meinung nach der Staat korrigierend in den Wirtschaftsprozess eingreifen. Mit seinen Möglichkeiten versucht er, die Wirtschaft zu beleben.

Die **nachfrageorientierte Wirtschaftspolitik** ist „ungeduldiger“. Man will nicht warten, bis der Markt die Probleme löst. Der Staat soll frühzeitig korrigierend in den Wirtschaftsprozess eingreifen.

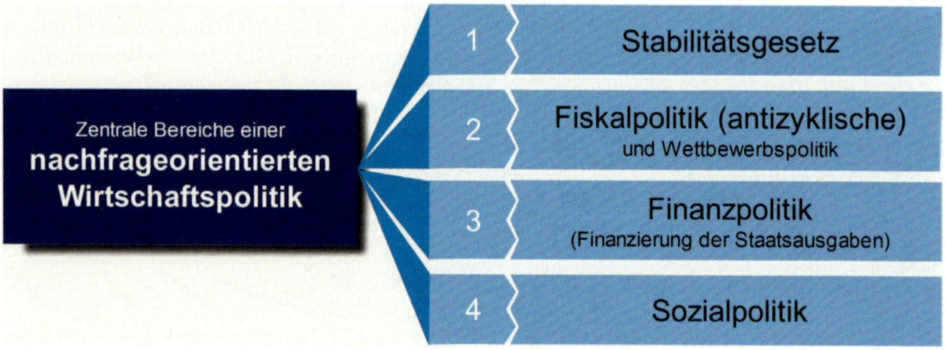

1 *Supply-Side Economics: Der konjunkturpolitische Erfolg hängt in erster Linie von einer Verbesserung der Angebotsbedingungen ab.*

Stabilitätsgesetz

Mit der ersten Rezession in der Bundesrepublik Deutschland 1967 setzte sich das nachfragetheoretische Gedankengut in der Wirtschaftspolitik durch, das dann im Gesetz zur Förderung der Stabilität und des Wachstums der Wirtschaft[1] mündete. Das Motto lautete: **„Wettbewerb so weit wie möglich, Planung so weit wie nötig."** Das am 8. Juni 1967 verabschiedete sogenannte Stabilitätsgesetz überträgt dem Staat die Verantwortung für *das gesamtwirtschaftliche Gleichgewicht* und damit auch für einen hohen Beschäftigungsgrad. Es bietet ihm zusätzlich ein rechtliches Instrumentarium, mithilfe dessen die Ziele erreicht werden können. Der damalige Wirtschaftsminister Schiller[2] hatte Erfolg mit zwei Beschäftigungsprogrammen. Ihm gelang es, die Nachfrage zu erhöhen und die Rezession zu überwinden.

> Wesentliche gesetzliche Grundlage für die nachfrageorientierte Wirtschaftspolitik in Deutschland ist das **„Gesetz zur Förderung der Stabilität und des Wachstums der Wirtschaft"** (Stabilitätsgesetz).

Fiskalpolitik

Unter dem Begriff **Fiskus** versteht man den Staat als Unternehmer und Eigentümer des Volksvermögens (die Staatskasse). Der Begriff **Fiskalpolitik** steht für alle finanziellen Maßnahmen des Staates zur Konjunkturbeeinflussung. Die wichtigsten Maßnahmen der indirekten Wirtschaftslenkung sind die Variation der Staatseinnahmen (Steuern) und der Staatsausgaben.

> **Maßnahmen der Wirtschaftslenkung** sind
> - Steuerpolitik,
> - Ausgabenpolitik.

Mit gezielten Steuervariationen (**Steuerpolitik**) will die Bundesregierung Wirtschaftsvorgänge beschleunigen oder verlangsamen.

> Unter **Steuerpolitik** versteht man gezielte Steuervariationen zur Erreichung der wirtschaftspolitischen Ziele.

Steuern[2] sind die wichtigsten Einnahmequellen des Staates.
Direkte Steuern schmälern bzw. erweitern das verfügbare Einkommen der Haushalte, indirekte Steuern verändern die Preise der Güter. Nach der Nachfragetheorie sind Steuern geeignet, das Verhalten der Wirtschaftssubjekte zu beeinflussen. Steuern greifen unmittelbar und ohne Zeitverzögerung.

Um die **Konjunktur anzukurbeln**, belebt man die Nachfrage, indem z. B. die einkommensabhängigen Steuern gesenkt werden. Das verfügbare Einkommen der Haushalte erhöht sich dadurch. Zusätzlich kann zur Anregung der Investitionstätigkeit Sonderabschreibungen eingeführt bzw. günstigere Abschreibungssätze erlauben werden (zum Beispiel degressive und Sonderabschreibungen nach dem Wachstumschancengesetz

---

1 Siehe Kapitel 8.1.
2 Siehe Kapitel 2.4.

v. Februar 2024). Außerdem, wie im Jahr 2020 geschehen, können vorübergehend die Mehrwertsteuersätze und damit die Preise gesenkt werden. Die Haushalte kommen nur über den Kauf von Gütern in den Genuss dieser Steuersenkung.

> Eine **Senkung** der einkommensabhängigen Steuern **belebt** die Nachfrage und damit die Konjunktur.

Um die **Konjunktur zu dämpfen**, geht man umgekehrt vor. Man kürzt das verfügbare Einkommen, indem z. B. die einkommensabhängigen Steuern erhöht und Steuervorteile gestrichen werden.

> Eine **Erhöhung** der einkommensabhängigen Steuern **dämpft** die Nachfrage und damit die Konjunktur.

Steuererhöhungen und Steuersenkungen müssen allerdings sorgfältig eingesetzt werden. Massiv eingesetzte Steuererhöhungen dämpfen den Konjunkturverlauf nicht, sondern lassen ihn *abstürzen*. Bei falsch eingesetzten Steuersenkungen wird nicht mehr nachgefragt, sondern mehr gespart. In diesem Fall würden die durch die Steuersenkungen bedingten Einnahmeausfälle des Staates nicht durch Steuereinnahmen aufgrund eines Wirtschaftsimpulses ausgeglichen.

Steuerpolitik	**Wirkung**	**Gewünschtes Verhalten**	**Mögliches Verhalten**
Steuererhöhung	weniger Einkommen	weniger Nachfrage	Nachfrage bleibt gleich hoch – es wird weniger gespart. Konsumquote steigt – Sparquote sinkt.
Steuersenkung	mehr Einkommen	mehr Nachfrage	Nachfrage bleibt gleich hoch – es wird mehr gespart. Konsumquote sinkt – Sparquote steigt.

Steuervariationen haben den Nachteil, dass sich die Wirtschaftssubjekte möglicherweise nicht so verhalten, wie erhofft. Anders ist es, wenn der Staat selbst als Nachfrager auftritt.

Die Gelder der **Staatsausgaben** (Staatsnachfrage und Subventionen) fließen ohne Umwege und Verzögerungen zu den konjunkturell Betroffenen und bewirken somit einen direkten Nachfrage- bzw. Stützungseffekt. Die konjunkturelle Wirkung ist **direkter** als bei den Variationen der Staatseinnahmen.

Eine **Ausgabenerhöhung** bewirkt eine Erhöhung der Gesamtnachfrage. Von der Staatsnachfrage sollten besonders krisengeschüttelte Bereiche profitieren. So kann zum Beispiel der Bau neuer Straßen, Freibäder, Schulen oder Rathäuser die Bauwirtschaft unterstützen. **Subventionen** stützen gefährdete Betriebe und erhalten ihre Wettbewerbsfähigkeit. Arbeitsplätze und damit Einkommen bleiben erhalten.

Eine **Ausgabenkürzung** bewirkt einen Rückgang der Gesamtnachfrage. Dies soll keinen Konjunktureinbruch nach sich ziehen, sondern eine Konjunkturüberhitzung vermeiden.

> Eine **Erhöhung** der Staatsnachfrage und Subventionen **belebt** die Konjunktur.
> Eine **Senkung** der Staatsnachfrage und Subventionen **dämpft** die Konjunktur.

Antizyklische Fiskalpolitik

Verfolgt man die Entwicklung der Konjunkturindikatoren im Konjunkturverlauf, fällt auf, dass jedes wirtschaftspolitische Ziel in einer bestimmten Konjunkturphase gefährdet ist: Preisniveaustabilität in der Hochkonjunktur, Vollbeschäftigung und Wirtschaftswachstum in der Depression.

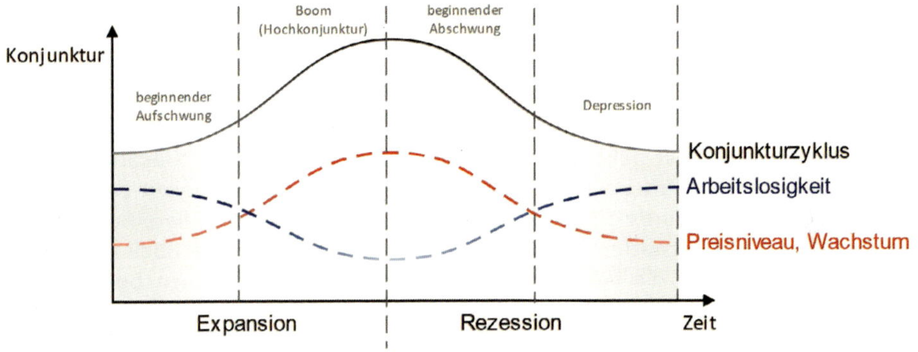

Das Stabilitätsgesetz fordert vom Staat, die wirtschaftspolitischen Ziele zu erreichen. In einer Expansionsphase steigt aufgrund von hoher Nachfrage und hohen Personalkosten das Preisniveau.

Will der Staat dieses wirtschaftspolitische Ziel erreichen, muss er die Gesamtnachfrage reduzieren und die Sozialpartner dahin gehend beeinflussen, sich in den Tarifabschlüssen zurückzuhalten.

Um das **Ziel Preisniveaustabilität** zu erreichen, gibt es folgende Möglichkeiten:

- Minderung der Staatsausgaben -> Reduzierung der Gesamtnachfrage
- Stärkung des Wettbewerbs -> Vergrößerung des Angebots

Minderung der Staatsausgaben nach dem Stabilitätsgesetz

§ 5 Abs. 2	Ein Teil der Staatseinnahmen soll zur Schuldentilgung bei der Deutschen Bundesbank verwandt werden oder ...	**Schuldentilgung**
§ 5 Abs. 2 § 15	... einer Konjunkturausgleichsrücklage zugeführt werden. Eine Konjunkturausgleichsrücklage bildet der Staat in einer Hochkonjunkturphase, indem er weniger Geld ausgibt (vgl. § 6 Abs. 1) und diese Mittel unverzinslich bei der Deutschen Bundesbank anlegt. Der dadurch bewirkte Nachfragerückgang wirkt sich dämpfend auf die Preisniveauentwicklung aus.	**Bildung von Konjunkturausgleichsrücklagen**

§ 6 Abs. 1	Durch Verschiebung öffentlicher Ausgaben werden Mittel frei, die zur Schuldentilgung bei der Deutschen Bundesbank oder zur Bildung einer Konjunkturausgleichsrücklage verwandt werden können.	**Verschiebung der Staatsausgaben**
§§ 19–25	Die Kreditaufnahme durch die öffentliche Hand kann beschränkt werden.	**Kreditaufnahme-beschränkung**

Stärkung des Wettbewerbs
Möglichkeiten, den Wettbewerb zu verstärken, sind relativ beschränkt. Der Staat könnte

- durch eine gezielte Strukturpolitik die Markteintrittsmöglichkeiten verbessern,
- seine Aufträge nur an preisbewusste Unternehmen vergeben,
- über Subventionen bedrohte Unternehmen erhalten bzw. neue Unternehmen anlocken,
- eine intensive Verbraucheraufklärung betreiben, um die Marktübersicht zu verbessern.

Die Rezessionsphase ist gekennzeichnet durch eine abnehmende Gesamtnachfrage, was sinkendes Wirtschaftswachstum und zunehmende Arbeitslosigkeit zur Folge hat. Eine hohe Nachfrage würde die Unternehmen veranlassen, zu investieren und zusätzliche Arbeitsplätze zu schaffen. Fehlende private Nachfrage könnte über zunehmende öffentliche Nachfrage, die von wettbewerbsfördernden Maßnahmen begleitet wird, kompensiert werden. Damit verhielte sich der Staat genau entgegengesetzt zu den dämpfenden Maßnahmen in der Expansionsphase.

Zusammengefasst:
Die wirtschaftspolitischen Ziele sind in unterschiedlichen Konjunkturphasen gefährdet.

Um in der Expansionsphase Preisniveaustabilität zu erreichen, könnte der Staat die Steuern erhöhen und/oder seine Ausgaben mindern. Mit beiden Maßnahmen würde er dem Wirtschaftskreislauf Geld entziehen und einen Rückgang der Gesamtnachfrage bewirken.

Um in der Rezessionsphase die Ziele Wachstum und Vollbeschäftigung zu erreichen, müsste er sich umgekehrt verhalten. Damit die Gesamtnachfrage steigt, könnte er seine Ausgaben erhöhen und/oder die einkommensabhängigen Steuern senken.
Da der Staat seine Einnahmen- und Ausgabenpolitik gegen den Konjunkturverlauf einsetzt, spricht man von einer **antizyklischen Fiskalpolitik**.

→ Unter einer **antizyklischen Fiskalpolitik** versteht man eine gezielte Einnahmen- und Ausgabenpolitik des Staates zur Beeinflussung der Gesamtnachfrage. In der Hochkonjunktur soll die Gesamtnachfrage gedämpft, in der Rezession soll sie erhöht werden.

Durch eine antizyklische Politik werden die Konjunkturzyklen geglättet, d.h., sie verlaufen flacher.

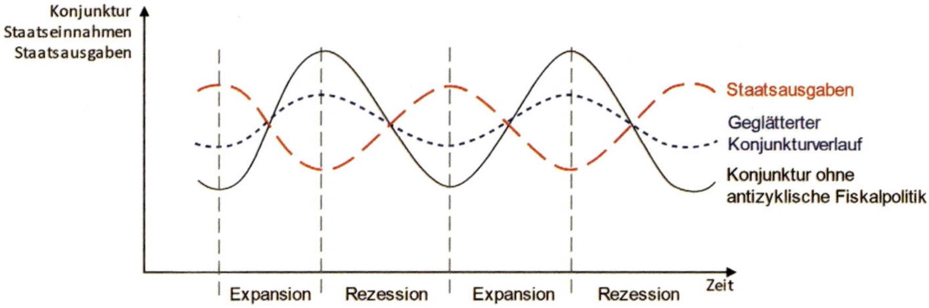

Die finanziellen Eingriffe des Staates in die Wirtschaft geschehen nach dem Grundsatz der **Globalsteuerung**.

> Unter **Globalsteuerung** versteht man eine indirekte, alle Wirtschaftssubjekte betreffende Einnahmen- und Ausgabenpolitik des Staates.

Der Markt soll nach wie vor das Wirtschaftsgeschehen steuern. Man spricht deshalb auch von marktkonformen Eingriffen[1] des Staates.

> **Marktkonforme Maßnahmen** sind Maßnahmen, die zwar die Marktbedingungen verändern, aber die Marktfunktionen selbst nicht aufheben.

Auswirkungen der Konjunktur auf die gesetzliche Sozialversicherung

Die Einnahmen- und Ausgabensituation der gesetzlichen Sozialversicherung (Teil des Staates) verläuft antizyklisch. In der Expansionsphase steigen aufgrund der guten Arbeitsplatzsituation die Einnahmen, während die Ausgaben zumindest bei der gesetzlichen Arbeitslosenversicherung sinken. In der Rezessionsphase ist es umgekehrt. Die gesetzliche Sozialversicherung leistet somit einen kleinen Beitrag zur Abschwächung der Konjunkturausschläge. In der Hochkonjunktur wird Kaufkraft entzogen, in der Depression über die Leistungen der Sozialversicherung Nachfrage erhalten.

Einschränkungen bei der Einnahmen- und Ausgabenpolitik des Staates

Bund, Länder und Gemeinden müssen ihr Verhalten aufeinander abstimmen, dies ist besonders wichtig, weil zwei Drittel der öffentlichen Investitionen auf die Gemeinden entfallen. Die Vergangenheit zeigte aber, dass sich gerade die Gemeinden **prozyklisch**[2] verhielten: War Geld in der Kasse, wurde investiert; flaute die Konjunktur ab, dann mangelte es an Geld und man hielt sich mit Ausgaben und Investitionen zurück. Dadurch wurde die konjunkturelle Entwicklung eher noch verstärkt.

Dringende öffentliche Aufgaben, wie Verteidigung, Bildungswesen, Infrastruktur, Sicherheit, Soziales, können meist nicht konjunkturellen Erfordernissen untergeordnet werden.

---

1 *Marktkonträre Eingriffe sind Eingriffe, die den Markt ausschalten, wie Lohn- bzw. Preisstopp.*
2 *prozyklisch: eine Finanzpolitik, die sich am Konjunkturverlauf ausrichtet; d. h., sind die Einnahmen hoch, gibt der Staat viel aus, sind sie gering, gibt er wenig aus.*

Finanzierung der Staatsausgaben

In der Expansionsphase der Konjunktur soll der Staat sparen. Da die Wirtschaft sich in dieser Phase selbst trägt, ist eine zusätzliche Staatsnachfrage nicht notwendig, denn sie würde den Preisniveauanstieg beschleunigen. In dieser Phase sind die Einnahmen größer als die Ausgaben (**Ausgabenlücke**). Mit der Differenz soll nach dem § 15 StabG eine **Konjunkturausgleichsrücklage** gebildet werden.
In der Rezessionsphase belebt der Staat die Wirtschaft wieder, indem er z. B. selbst als Nachfrager auftritt. Da er jetzt weniger einnimmt, aber gleichzeitig mehr ausgibt, entsteht eine Finanzierungslücke (**Einnahmenlücke**), die er mittels **Konjunkturausgleichsrücklage** (§ 5 Abs. 3 StabG) finanziert. Reichen diese Gelder nicht aus, werden staatliche Investitionen über Kredite finanziert (**deficit spending**).

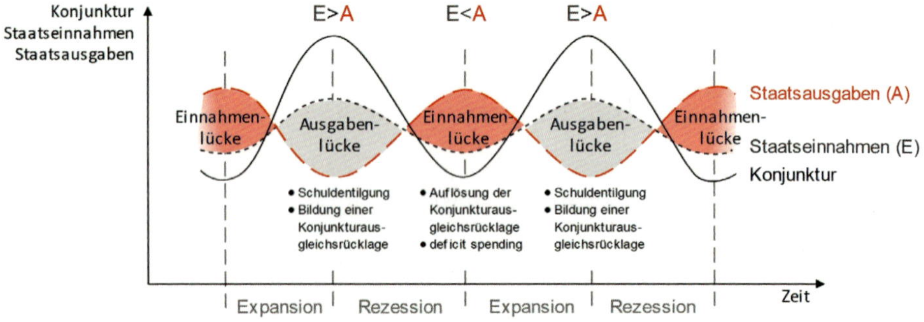

Entwicklung der Kreditaufnahme des Bundes im März 2023
in Mio. Euro

Stichtag/Periode	Bestand 28. Februar 2023	Aufnahme März	Tilgungen März	Bestand 31. März 2023	Bestandsänderung (Saldo) März	Zinsen März
Insgesamt	**1.539.257**	**67.758**	**-35.234**	**1.571.782**	**32.525**	**-2.251**
Gliederung nach Verwendung						
Bundeshaushalt	**1.326.847**	**58.420**	**-16.297**	**1.368.970**	**42.123**	**-1.351**
Sondervermögen mit eigener Kreditermächtigung (ohne Darlehensfinanzierung)	**97.190**	**7.465**	**-10.912**	**93.744**	**-3.446**	**-927**
Finanzmarktstabilisierungsfonds (Kredite für Aufwendungen gemäß § 9 Abs. 1 StFG)	22.924	2.135	-2.140	22.919	-5	-106
Investitions- und Tilgungsfonds	16.279	839	-839	16.279	-	-41
Wirtschaftsstabilisierungsfonds (Kredite für Rekapitalisierungsmaßnahmen gemäß § 22 StFG)	2.029	154	-824	1.360	-669	1
Wirtschaftsstabilisierungsfonds (Kredite zur Abfederung der Folgen der Energiekrise gemäß § 26a StFG)	55.295	4.198	-7.109	52.384	-2.911	-759
Sondervermögen Bundeswehr	663	139	-	802	139	-22
Darlehensfinanzierung	**115.220**	**1.874**	**-8.026**	**109.068**	**-6.151**	**27**
Finanzmarktstabilisierungsfonds (Kredite für Abwicklungsanstalten gemäß § 9 Abs. 5 StFG)	60.000	900	-3.500	57.400	-2.600	1
Wirtschaftsstabilisierungsfonds (Kredite für die KfW gemäß § 23 StFG)	55.220	974	-4.526	51.668	-3.551	26

Abweichungen in den Summen durch Rundung der Zahlen möglich.
Quelle: Bundesministerium der Finanzen - BMFMonatsbericht April 2023 S. 59

Aufgrund unterschiedlicher Krisen in den Jahren 2019 bis 2022 stieg die Staatsverschuldung in Relation zum BIP auf über 84 %[1]. 2019 waren es noch 59,8 %.

Die konjunkturelle Wirkung eines Haushaltsdefizits ist größer, wenn die Mittel nicht direkt dem Kapitalmarkt entnommen werden und dem privaten Sektor Geld für die Kapitalbildung entzogen wird, sondern von der Zentralbank kommen.

➔ Die Einnahmenlücke in der Rezessionsphase kann durch **Auflösung der Konjunkturausgleichsrücklage** und **deficit spending** (öffentliche Kreditaufnahme) finanziert werden.

Sozialpolitik

Das **Solidaritätsprinzip** besagt, dass die Verantwortung nicht ein einzelner Bürger tragen muss, sondern die Solidargemeinschaft bzw. der Staat. Nach dem Stabilitätsgesetz ist der Staat dafür verantwortlich, dass das Ziel Vollbeschäftigung erreicht wird. In einer Rezessionsphase versucht er mit den ihm zur Verfügung stehenden Möglichkeiten, die Konjunktur wieder zu beleben und die Beschäftigungslage zu verbessern. Dieses Prinzip hatte bis 2003 Gültigkeit, dann wurde unter dem Begriff Agenda 2010 mit dem Umbau des Sozialstaates begonnen. Sozialleistungen wurden dabei zum Teil massiv gekürzt und Schutzgesetze (z. B. Kündigungsschutz) gelockert. Heute sieht man die damalige Entscheidung kritisch und man versucht, über mehr Förderprogramme und dem sogenannten Bürgergeld diese Entwicklung teilweise zu korrigieren. Nachfrageorientierte Sozialpolitik erfolgt nach dem Solidaritätsprinzip.

Probleme einer nachfrageorientierten Wirtschaftspolitik

- Die bereits genannten Schwachpunkte der Konjunkturindikatoren[2] erschweren eine sinnvolle antizyklische Finanz- und Wirtschaftspolitik.
- Wenn Konjunkturindikatoren eine Entwicklung anzeigen, dauert es geraume Zeit, bis über die konjunkturpolitischen Maßnahmen entschieden wird und sie eingesetzt werden. In der Zwischenzeit kann sich die Konjunktur anders entwickelt haben als ursprünglich vermutet, sodass diese Steuerungsmaßnahmen nun das Falsche bewirken.
- Steuervergünstigungen bei Investitionen können bewirken, dass Unternehmen geplante Investitionen vorziehen, sodass später ein Investitionsloch folgt.
- Staatliche Vollbeschäftigungsgarantie schwächt die Eigeninitiative. Die Wirtschaftssubjekte sehen keine Veranlassung mehr, sich vor Arbeitslosigkeit und Konkursen zu fürchten. Sie erwarten staatliche Unterstützungs- und Förderungsprogramme.
- Öffentliche Kreditaufnahme (**deficit spending**) könnte zu einer Belastung für zukünftige Generationen werden, wenn sie nicht als öffentliche Investitionen das Vermögen kommender Generationen steigert und dadurch deren Wohlstand erhöht. Dazu kommt, dass die zukünftigen Steuerzahler durch Vererbung auch Gläubiger

---

1 *Quelle: https://www.destatis.de/Europa/DE/Thema/Wirtschaft-Finanzen/OeffentlicheHaushalte.html, abgerufen am 03.02.2024*
2 *Siehe Kapitel 8.4.*

gegenüber dem Staat sind und damit nicht nur Zahler, sondern auch Empfänger von Zins- und Tilgungsleistungen. Generell von der Erblast der Enkel in diesem Zusammenhang zu reden, ist also nicht ganz korrekt. Es entstehen massive Finanzierungsprobleme, wenn der erhoffte Wirtschaftsimpuls ausbleibt.

Wie der Staat seine Schulden finanziert

z. B. festverzinsliche Wertpapiere (Bundesanleihen)

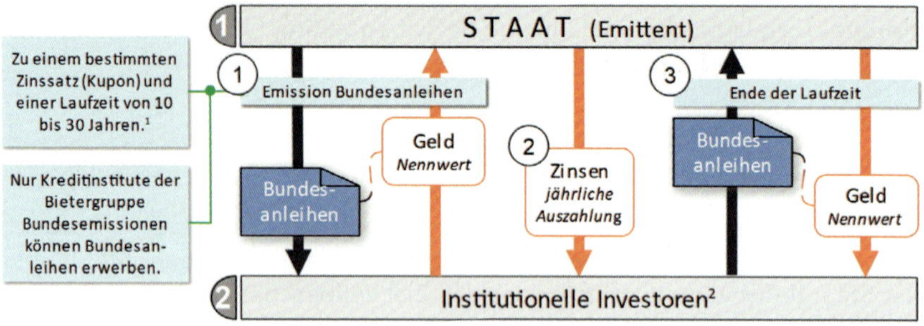

[1] 2020 wurden auch Bundesanleihen mit einer Laufzeit von 7 bis 15 Jahren emittiert.

[2] Banken, Versicherungskonzerne, Fonds usw. können Banken der Bietergruppe beauftragen, Bundesanleihen zu erwerben. Im Börsenhandel können sie dann von jedermann ge- und verkauft werden.

Elemente nachfrageorientierter Wirtschaftspolitik

- **Instabilitätshypothese**: Nach der Nachfragetheorie muss der Staat korrigierend eingreifen, um die wirtschaftlichen Probleme zu lösen, weil der Markt dies allein nicht kann.
- Konjunkturpolitik ist **Nachfragesteuerung**.
- Mehr **Nachfrage** bedeutet mehr Produktion → mehr Investitionen → mehr Arbeitsplätze.
- Zu viel **Nachfrage** bedeutet Preisniveauanstieg, zu wenig **Nachfrage** bedeutet Arbeitslosigkeit.
- Die Wirtschaftspolitik muss das Ziel **Vollbeschäftigung** erreichen.
- Nach dem Grundsatz der **Globalsteuerung** versucht der Staat, die **Nachfrage** über seine Einnahmen- und Ausgabenpolitik **antizyklisch** zu steuern.
- Eine zunehmende **Staatsverschuldung** (deficit spending) wird für eine Konjunkturbelebung akzeptiert.
- Die Staatsschulden werden in einer besseren Konjunktursituation wieder getilgt.
- Sozialpolitik erfolgt nach dem Solidaritätsprinzip.

8.5.2 Angebotsorientierte Wirtschaftspolitik

Die geistigen Väter der sozialen Marktwirtschaft, vor allem Ludwig Erhard, waren gegen konjunkturpolitische Maßnahmen des Staates. Sie traten für eine konsequente Ordnungspolitik ein.[1] Eine wichtige ordnungspolitische Maßnahme war neben der Errichtung der vom Staat unabhängigen Bundesbank das „Gesetz gegen Wettbewerbsbeschränkungen". Mit der Rezession 1967/68 und dem sozialliberalen Regierungsantritt 1969 wurde die nachfrageorientierte Wirtschaftspolitik immer populärer. In dieser Zeit wurden viele Sozialgesetze verabschiedet: Mutterschutzgesetz 1968, Kündigungsschutzgesetz 1969, Lohnfortzahlungsgesetz 27. Juli 1969, Arbeitsförderungsgesetz 25. Juni 1969. Mitte der 1970er-Jahre orientierten sich die Deutsche Bundesbank und der Sachverständigenrat wieder in Richtung Angebotspolitik. Sie sahen in dem Ergebnis einer staatlichen Nachfrageankurbelung nur ein kurzfristiges konjunkturelles Strohfeuer. Nur ein funktionierender Markt kann wirtschaftliche Fehlentwicklungen nachhaltig lösen. Ihre Devise ist **mehr Markt und weniger Staat**. Der Staat soll nur für die Rahmenbedingungen einer sich frei entfaltenden Marktkraft sorgen. Dazu zählen

- ein funktionierender Wettbewerb,
- Leistungshonorierung und
- Förderung der Flexibilität der Wirtschaftssubjekte.

Das Rückgrat der Verfechter der Angebotstheorie ist die **Stabilitätsannahme**.

> Die **Angebotstheorie** unterstellt, dass der Markt von sich aus immer wieder zum Gleichgewicht drängt.

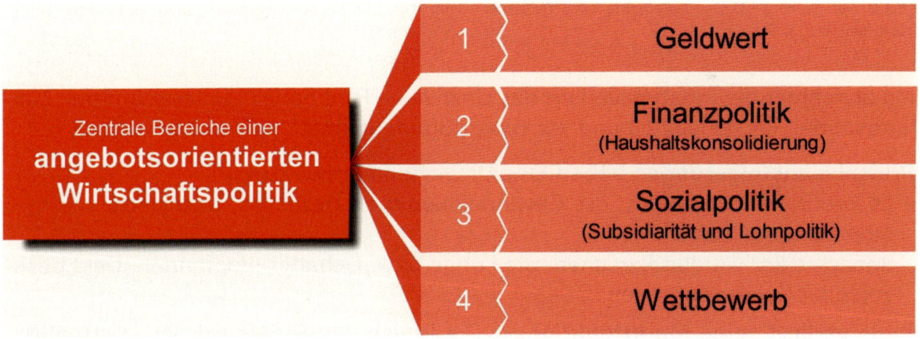

Geldwert

Das A und O einer Wettbewerbswirtschaft ist ein funktionierender Markt. Voraussetzung dafür ist ein stabiles Preisniveau. Zur Erinnerung nochmals kurz die Nachteile einer Inflation.

---

1 *Siehe Kapitel 1.3.*

- **Gefährdung der Währung**

  Wie nachteilig sich ein instabiles Preisniveau auf die Wirtschaft auswirken kann, zeigte die große Inflation von 1923.

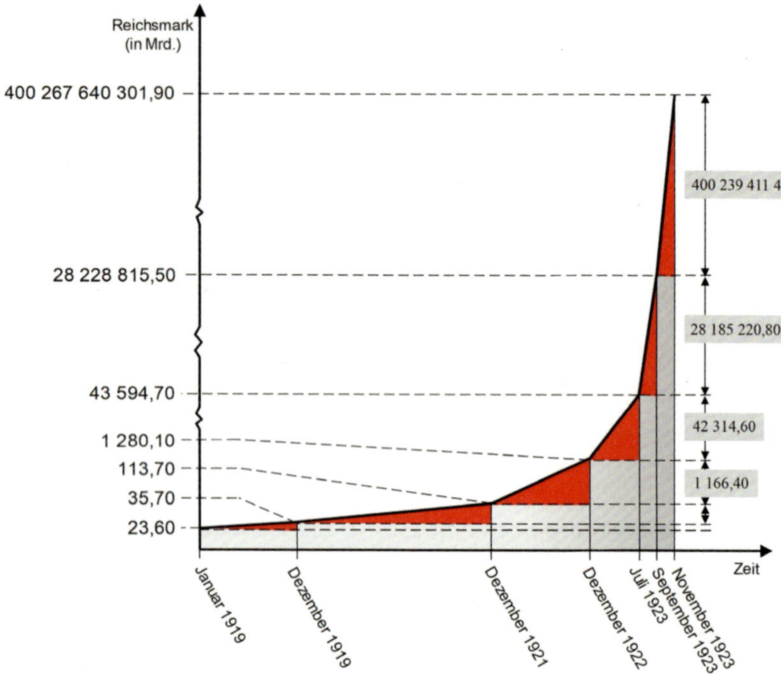

Quelle: vgl. Richard Gaeens: Geschichte der Inflationen - Vom Altertum bis zur Gegenwart, Ernst Battenberg Verlag, München 1982, S. 261

Mit zunehmender Inflation verliert das Geld seine Funktionen als Tauschmittel, Zahlungsmittel, Recheneinheit und Wertübertragungsmittel.

- **Preisniveausteigerungen haben eine Umverteilungswirkung:**
  - Es profitieren Personen, die Gewinneinkommen beziehen, Sachwerte besitzen oder Schulden haben.
  - Benachteiligt werden Personen, die Löhne bzw. Gehälter empfangen, Geld besitzen oder Geldforderungen haben.
- **Preis verliert seine Marktfunktionen:** Die Preishöhe signalisiert den Wirtschaftssubjekten: „Hier musst du einsteigen, hier musst du fernbleiben." Der Preis lenkt die Produktionsfaktoren in die Bereiche, in denen man sie braucht. Ohne diese Allokationsfunktion[1] funktioniert kein Markt.
- **Verschlechterung der internationalen Wettbewerbsfähigkeit:** Die Auslandsnachfrage sinkt, weil inländische Produkte im Ausland teurer werden.
- **Gefährdung der Ziele Wirtschaftswachstum und Vollbeschäftigung:** Dies ist eine Folge der bereits genannten Nachteile. Sinkende Auslandsnachfrage und Fehllenkung der Produktionsfaktoren gefährden Wirtschaftswachstum und Vollbeschäftigung.

1 *Allokation: Verteilung der Produktionsfaktoren auf die Wirtschaftseinheiten.*

Nach der angebotsorientierten Wirtschaftstheorie muss sich die Wirtschaftspolitik strikt an dem Ziel Preisniveaustabilität orientieren. Eine Geldmengenausweitung vergrößert das Volkseinkommen und damit auch die Gesamtnachfrage. Mehr Nachfrage führt zur Produktionsausdehnung. Allerdings sind der Produktionsausdehnung in einer vollbeschäftigten Wirtschaft Grenzen gesetzt. Eine steigende nachfragewirksame Geldmenge führt dann zwangsläufig zu einem Anstieg des Preisniveaus.

$$\text{Preisniveau} = \frac{\text{nachfragewirksame Geldmenge}}{\text{angebotene Gütermenge}}$$

Die Geldmenge hat sich an der Gütermenge zu orientieren. Steigt die Geldmenge stärker als die Gütermenge, fördert dies die Inflation.

→ Die **Geldmenge** entwickelt sich **im Verhältnis zur Gütermenge**.

Nach der Angebotstheorie kann es bei konstanter Geldmenge nur kurzfristig zu einer Ausdehnung der Gesamtnachfrage kommen, langfristig wird der Expansionseffekt wieder abgebaut.[1] Die Geldpolitik muss stetig und berechenbar sein. Das bedeutet auch, dass der Staat nicht antizyklisch handeln darf. Eine zusätzliche Staatsnachfrage zur Konjunkturbelebung vergrößert die Geldmenge und lässt die Zinsen sinken, hat jedoch einen Inflationseffekt mit all seinen wirtschaftlichen Nachteilen.

→ Der Staat betreibt **keine antizyklische Fiskalpolitik.**

Die **Instrumente** der Geldpolitik sind

- ständige Fazilitäten,
- die Mindestreservenpolitik und
- die Offenmarktpolitik[2].

Finanzpolitik

Der Staat nimmt in der Rezession weniger Steuern ein. Gibt er nun entsprechend weniger aus, verschärft er die Krise. Solch eine prozyklische Konjunkturpolitik oder Parallelpolitik[3] ist unerwünscht. Der Staat soll seine Ausgaben auf dem normalen Niveau halten. Zwar muss er sich dann in der Rezession auch verschulden, aber diese Staatsverschuldung drückt nur die Konjunkturentwicklung aus und kann in der nächsten Hochkonjunktur wieder abgebaut werden.

→ Der Staat hält unabhängig von der Konjunktursituation sein **Ausgabenniveau**.

Eine über Schulden finanzierte zunehmende Staatsnachfrage fördert die Inflation. Die Zentralbank ist gezwungen, über Erhöhung der Leitzinsen und Einschränkung der Geldmenge dagegenzuarbeiten. Zinssteigerungen dämpfen die Investitionsbereitschaft der Unternehmen, was sich negativ auf Wirtschaftswachstum und Beschäftigung auswirkt. Schlimmer noch, es könnte sein, dass für private Unternehmen, die ihre Investiti-

1 *Vgl. Teichmann: Grundriss der Konjunkturpolitik, Verlag Franz Vahlen, München 1976, S. 132ff.*
2 *Siehe Kapitel 8.3.*
3 *Bei der Parallelpolitik entsprechen die Staatseinnahmen den Staatsausgaben.*

onen über den Kapitalmarkt finanzieren wollen, dieses hohe Zinsniveau nicht mehr akzeptabel ist. Sie werden aus dem Kapitalmarkt gedrängt (Crowding-Out Effekt).
Eine Verringerung der Staatsverschuldung erleichtert den Zinssenkungsprozess und verbessert damit die Rahmenbedingungen für den Produktionsstandort.

➔ In einer angebotsorientierten Wirtschaftspolitik ist der **Abbau der Staatsverschuldung** eine Hauptaufgabe (Haushaltskonsolidierung).

Die Staatsverschuldung über höhere Steuern zu finanzieren, lehnt die Angebotstheorie strikt ab. Höhere Steuern mindern die Leistungsbereitschaft der Wirtschaftssubjekte. Sinkende Steuersätze könnten einen Leistungsschub bewirken, sodass die gesamten Steuereinnahmen am Ende höher wären. Diese Ansicht ist als Laffer-Theorem[1] bekannt.

➔ Das **Laffer-Theorem:** Eine Verringerung der Steuersätze bewirkt eine wirtschaftliche Leistungssteigerung, die dem Staat im Endeffekt mehr Steuern einbringt.

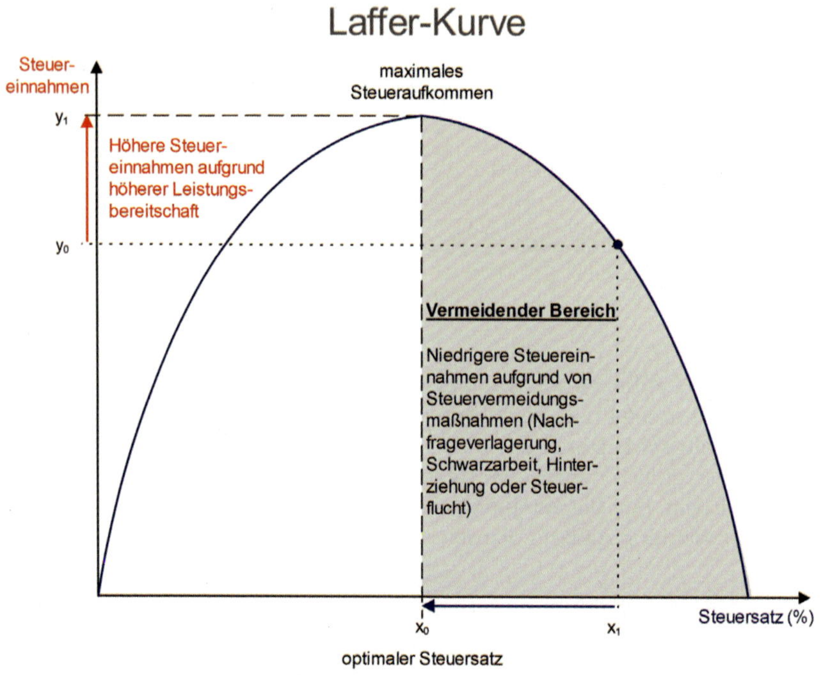

Wirkungskette: Senkung der Steuersätze von x_1 zu x_0 → geringere Steuerlast verstärkt Leistungsbereitschaft → Revitalisierung[2] der Wirtschaft → Erhöhung des Bruttoinlandsprodukts und des Volkseinkommens → höhere Steuereinnahmen von y_0 zu y_1

---

1 Arthur B. Laffer (geb. 1940), amerikanischer Nationalökonom
2 Wiederbelebung, Erholung, Aktivierung

Sozialpolitik

Das **Subsidiaritätsprinzip** besagt, dass die jeweils kleinste zuständige Einheit eine Aufgabe erledigen soll.

> SGB II § 2 (2) Erwerbsfähige Leistungsberechtigte und die mit ihnen in einer Bedarfsgemeinschaft lebenden Personen haben in eigener Verantwortung alle Möglichkeiten zu nutzen, ihren Lebensunterhalt aus eigenen Mitteln und Kräften zu bestreiten.

Die Allgemeinheit greift nur subsidiär[1] ein, wenn die zuständige Einheit diese Aufgabe nicht mehr erledigen kann. Mit diesem Prinzip will man die Verantwortung für soziale Absicherung bei der zuständigen Person belassen und nicht auf den Staat (Allgemeinheit) abwälzen.

> Angebotsorientierte Sozialpolitik erfolgt nach dem Subsidiaritätsprinzip (Fördern und Fordern § 2 SGB II).

Personalkosten

Bei guter Verzinsung des Kapitaleinsatzes ist man bereit zu investieren. Steigende Personalstückkosten senken die Rendite, was eventuell Rationalisierungen[2] bzw. Produktionsverlagerungen und -vergabe zur Folge hat.

Für die **Höhe der Personalkosten** sind verantwortlich:
- die Tarifparteien (Lohn, Arbeitszeit, Arbeitsbedingungen),
- der Staat (Lohnnebenkosten, Arbeitsschutzgesetze).

Sperren sich die Gewerkschaften gegen eine zurückhaltende Lohnpolitik und sind Unternehmen in der Rezession nicht in der Lage, hohe Personalkosten auf die Preise abzuwälzen, so gibt es keinen Weg zur Vollbeschäftigung. Dem Argument, dass Löhne und Gehälter letztendlich Nachfrage bedeuten, entgegnet die Angebotstheorie, dass Löhne und Gehälter auch Kosten seien. Die Lohn- und Gehaltsentwicklung soll sich an der Produktivitätsentwicklung orientieren und auf keinen Fall darüber liegen, eher darunter.

> Für die **Schaffung neuer Arbeitsplätze** soll die Lohn- und Gehaltsentwicklung unterhalb der Produktivitätsentwicklung liegen.

Aggressive Tarifpolitik der Gewerkschaften fördert in einer Hochkonjunktur die Inflation, da die höheren Personalkosten auf die Preise abgewälzt werden (Lohn-Preis-Spirale).

> Nach der Angebotstheorie ist Arbeitslosigkeit immer das Ergebnis **überzogener Gehalts- und Lohnansprüche**.

---

1 unterstützend
2 Siehe Kapitel 1.5.

Die Wiederherstellung der Vollbeschäftigung ist nicht Aufgabe des Staates, sondern der Tarifparteien.

Wettbewerb

Die angebotsorientierte Wirtschaftspolitik setzt auf die Fähigkeiten des Marktes, um die wirtschaftspolitischen Ziele zu erreichen. Nach Schumpeter[1] steht der Begriff „Unternehmer" bzw. „Unternehmerin" nur **innovativen, schöpferischen Persönlichkeiten** zu. Bloße „Betriebsleiter" werden durch die Kraft des Marktes[2] gezwungen, unternehmerisch tätig zu werden.

Um die volle Marktmacht zu entfalten, müssen alle wettbewerbsbeschränkenden Verhaltensweisen[3] verhindert werden. Dazu zählen

- alle Kartellarten,
- Fusionen, bei denen eine Marktbeherrschung entsteht oder verstärkt wird,
- jede Form des Missbrauchs der Marktmacht (z. B. durch Knebelungsverträge),
- Abbau jeglicher überzogener administrativer Hürden (z. B. Bauvorschriften) und
- Protektionismus.[4]

> ➔ Um die volle Marktmacht zu entfalten, müssen alle wettbewerbsbeschränkenden Verhaltensweisen verhindert werden.

Probleme einer angebotsorientierten Wirtschaftspolitik

- Preise sind nicht nur marktbestimmt, sondern auch kostenbestimmt. Wälzen Unternehmen höhere Importpreise oder Personalkosten auf die Preise ab (Kostenstoßtheorie) oder erhöhen sie ihre Gewinnspanne, so hat dies trotz knapper Geldmenge einen preistreibenden Effekt (anspruchsorientierte Inflationstheorie).
- Jede noch so erfolgreiche Geldpolitik wird unterlaufen, wenn der Staat sich als Preistreiber betätigt (z. B.: Erhöhung der Mehrwertsteuer).
- Die Tarifparteien orientieren sich in ihrem Verhalten oft an der Vergangenheit. Gestiegene Umsätze und Gewinne des Vorjahres sind für die Gewerkschaften Anlass, einen neuen Verteilungskampf einzuleiten, obwohl in diesem Jahr Zurückhaltung geboten wäre. Oder umgekehrt, trotz massiver Verbesserung der Auftragslage machen sich die Arbeitgeber die schlechten Ergebnisse des Vorjahres (der Vorjahre) zunutze, um die Lohn- und Gehaltssteigerungen in diesem Jahr gering zu halten.
- Es wird die Mitarbeit der Gewerkschaften vorausgesetzt. Jedoch werden diese einen lohnflexiblen Arbeitsmarkt nicht dulden.
- Unter einer Wirkungsverzögerung versteht man die Zeit zwischen konjunktureller Eingriffsnotwendigkeit und Wirkung des monetären Instrumenteneinsatzes. Je größer der Zeitraum der Wirkungsverzögerung (time lag) ist, desto größer ist die Gefahr, dass die Geldpolitik zum konjunkturell falschen Zeitraum greift.

---

1 *Joseph Alois Schumpeter (1883–1950), bedeutender österreichischer Nationalökonom und Soziologe.*
2 *Siehe Kapitel 3.2.*
3 *Siehe Kapitel 6.3.2.*
4 *Außenwirtschaftspolitik, die dem Schutz der Binnenwirtschaft vor ausländischen Konkurrenten dient.*

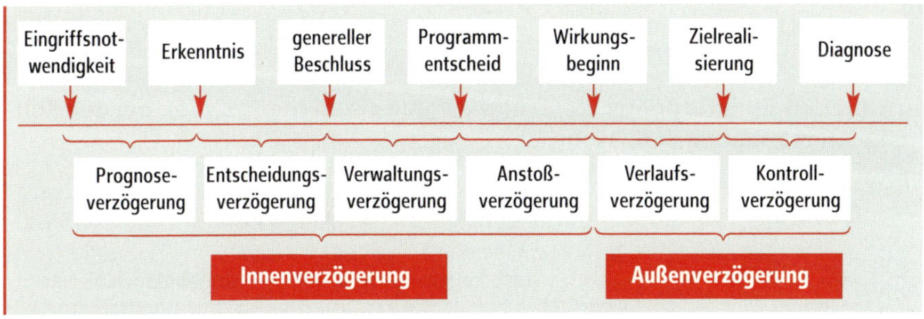

vgl. Teichmann: Grundriss der Konjunkturpolitik, Vahlen-Verlag München 1976, S. 143

- Wenn die Wirtschaftssubjekte kein Vertrauen in die Konjunktur haben, werden auch niedrige Zinsen sie nicht bewegen können, zu investieren bzw. teure Wirtschaftsgüter zu konsumieren. Oder wie Samuelson[1] es ausdrückt: „Die Zentralbank kann zwar am Strick ziehen (um den Boom zu dämpfen), aber sie kann mit ihm nicht stoßen (um eine Depression zu überwinden)."
- Nach der Angebotstheorie soll der Markt die mit einer Wirtschaftskrise verbundenen sozialen Probleme lösen. Die Vergangenheit hat gezeigt, dass dies Zeit benötigt. In dieser Zeit könnten sich soziale Spannungen mit all ihren Gefahren und Nachteilen entwickeln.
- Einer erfolgreichen Wettbewerbspolitik sind durch die Globalisierung Grenzen gesetzt.

Elemente angebotsorientierter Wirtschaftspolitik

- **Stabilitätshypothese:** Ein funktionierender Markt schafft immer ein wirtschaftliches Gleichgewicht.
- Die Angebotstheorie vertrauen auf die Kraft des Marktes. Ihr Motto ist: **mehr Markt und weniger Staat.**
- Konjunkturpolitik beschränkt sich auf die **Steuerung der Geldmenge**.
- Die Geldpolitik muss stetig und berechenbar sein. Die Geldmenge muss sich im Verhältnis zur Gütermenge entwickeln.
- Der Staat darf keine antizyklische Fiskalpolitik betreiben.
- Der Staat soll unabhängig von der Konjunktursituation sein Ausgabenniveau halten.
- Hauptaufgabe des Staates ist die Konsolidierung der öffentlichen Finanzen und Verhinderung von Wettbewerbsbeschränkungen.
- Subsidiaritätsprinzip: Sozialpolitik bedeutet Stärkung der Eigenverantwortung.
- Zurückhaltende Lohnpolitik: Die Lohn- und Gehaltsentwicklung soll unterhalb der Produktivitätsentwicklung liegen.
- Die Tarifparteien müssen das Ziel Vollbeschäftigung erreichen.
- Der Leistungswettbewerb soll sich frei entfalten.

---

1 *Paul A. Samuelson: Volkswirtschaftslehre, Band I, Bund-Verlag, Köln*
Samuelson war einer der führenden Wirtschaftswissenschaftler des angelsächsischen Sprachraums. 1970 wurde er mit dem Nobelpreis für Wirtschaft ausgezeichnet.

Zusammenfassung

Unter **Konjunkturpolitik** versteht man jede staatliche Aktivität, die den Konjunkturverlauf beeinflussen soll.

Kriterien	**Konjunkturpolitik**	
	nachfrageorientierte	**angebotsorientierte**
wirtschaftliches Gleichgewicht	Instabilitätshypothese	Stabilitätshypothese
staatliche Eingriffe	Ja	Nein/Gering
Basis	Stabilitätsgesetz	Markt
staatliche Maßnahmen	• Nachfragesteuerung über eine antizyklische Fiskalpolitik • marktkonforme Eingriffe • Globalsteuerung • Verstärkung des Wettbewerbs	• Geldmengensteuerung • Förderung der Rahmenbedingungen: – funktionierender Wettbewerb – Leistungshonorierung – Personalkostenentwicklung orientiert sich an der Produktivität. – Förderung der Flexibilität und Eigenverantwortung
Finanzierung	• Auflösung einer Konjunkturausgleichsrücklage • deficit spending	• konstantes Ausgabenniveau • Konsolidierung des öffentlichen Haushalts
Kritik	• Konjunkturindikatoren haben Schwächen. • Subventionen können zukünftige Investitionen vorziehen, die dann fehlen (Investitionsloch). • Schwächung der Eigeninitiative • Staatsverschuldung belastet zukünftige Generationen.	• Preise sind markt- und kostenbestimmt. • Staat betätigt sich als Preistreiber (Steuererhöhungen). • Tarifpartner sind autonom. • Durch die Marktsteuerung nimmt man soziale Probleme in Kauf. • Die Globalisierung hat starken Einfluss auf den Markt.

Prüfen Sie Ihr Wissen

1. Was verstehen Sie unter Fiskalpolitik?
2. Warum wirken Variationen der Staatsausgaben direkter auf die Konjunkturentwicklung als Variationen der einkommensabhängigen Steuern?
3. Welche Möglichkeiten enthält das Stabilitätsgesetz, um den Konjunkturverlauf zu dämpfen?
4. Wer oder was fordert vom Staat eine antizyklische Konjunkturpolitik? (Begründung)
5. Wie verhält sich der Staat in einer Rezessionsphase bei einer antizyklischen Konjunkturpolitik und welche Probleme können dabei entstehen?
6. Was bedeutet deficit spending und welche Probleme sind damit verbunden?
7. Unterscheiden Sie die angebotsorientierte Wirtschaftspolitik von der nachfrageorientierten anhand von drei Merkmalen.
8. Warum ist die Angebotstheorie strikt gegen eine antizyklische Konjunkturpolitik?
9. Ordnen Sie folgende Aussagen der Angebots- bzw. Nachfragetheorie zu.
   a) Arbeitslosigkeit ist immer die Folge nachlassender Nachfrage.
   b) Marktwirtschaftliche Systeme tendieren immer zum Gleichgewicht.
   c) Geldmengenpolitik ist Konjunkturpolitik.
   d) Konjunkturschwankungen sind immer eine Folge staatlicher Eingriffe.
   e) Der Staat hat vor allem die Aufgabe der Haushaltskonsolidierung und der Verhinderung von Wettbewerbsbeschränkungen.
   f) Ein wichtiges wirtschaftspolitisches Ziel ist die Preisniveaustabilität.
   g) Konjunkturpolitik ist Fiskalpolitik.
   h) Die Konjunkturpolitik muss antizyklisch betrieben werden.
10. Beschreiben Sie, was nach Ansicht der Angebots- bzw. Nachfragetheorie gegen Arbeitslosigkeit getan werden sollte.
11. Was kritisieren Angebotstheoretiker vor allem an einer nachfrageorientierten Wirtschaftspolitik?
12. Welche Kritik muss eine angebotsorientierte Wirtschaftspolitik gegen sich gelten lassen?

Weiterführende Aufgaben

1. Versuchen Sie anhand von konkreten Beispielen, die Art von Wirtschaftspolitik zu bestimmen, die von der aktuellen Regierung der Bundesrepublik Deutschland verfolgt wird.

2.

Mietpreisbremse gemäß Landesverordnung

Die neue Verordnung der Landesregierung zur Bestimmung der Gebiete mit Begrenzung der zulässigen Miethöhe bei Mietbeginn (Mietpreisbremse) ist am 4. Juni 2020 in Kraft getreten. In der Folge darf die Miete in 89 Städten und Gemeinden in Baden-Württemberg mit angespannten Wohnungsmärkten zu Beginn des Mietverhältnisses die ortsübliche Vergleichsmiete höchstens um 10 Prozent übersteigen. Dies gilt nach den Regelungen des Bürgerlichen Gesetzbuchs allerdings nicht für Neubauten und für umfassend modernisierten Wohnungen.

Ministerium Landesentwicklung und Wohnen Baden-Württemberg, https://mlw.baden-wuerttemberg.de/de/bauen-wohnen/wohnungsbau/mietpreisbremse, abgerufen 03.02.2024

Diskutieren Sie, ob die Bundesregierung oder Landesregierungen in den Wohnungsmarkt regulierend eingreifen sollten.

3. Wie würden jeweils Anhänger der beiden Wirtschaftstheorien die Frage 2 beantworten?
4. Warum ist das Stabilitätsgesetz ein Angriff auf eine prozyklische (Staatsausgaben orientieren sich an den Staatseinnahmen) Konjunkturpolitik?
5. Begründen Sie, wer folgende Karikatur erstellt haben könnte, ein Nachfragetheoretiker oder ein Angebotstheoretiker?

6. Im Stabilitätsgesetz stehen vier wirtschaftspolitische Ziele. Welches dieser Ziele hätte bei einer nachfrageorientierten Wirtschaftspolitik Priorität und welches bei einer angebotsorientierten Wirtschaftspolitik?
7. Mit welchen Problemen hat jede Konjunkturpolitik zu kämpfen?

Literaturverzeichnis:

Baßler, Heinrich, Utecht: Grundlagen und Probleme der Volkswirtschaft, Schäffer-Poeschel Verlag Stuttgart, 2010

Benölken, H.; Greipel: Dienstleistungsmanagement: Service als strategische Erfolgsposition, Gabler Verlag, Wiesbaden, 1994

Bofinger, Peter: Wir sind besser, als wir glauben, Pearson Education Deutschland, München, 2005

Blank/Murzin/Schilz: Handlungsfeld Marketing, Köln, München 1995

Buchholz, A.; Wördemann, W.: Was Siegermarken anders machen, Econ Verlag, Düsseldorf, München, 1998

Castel, R.: Die Metamorphosen der sozialen Frage, deutsche Ausgabe, Universitätsverlag, Konstanz, 2000

Castel, R.: Die Stärkung des Sozialen, deutsche Ausgabe by Hamburger Edition, 2005

Clement, R.; Terlau, W.; KiY, M.: Grundlagen der Angewandten Makroökonomie, 3. Aufl., Vahlen Verlag, München, 2004

Corsten, H.: Betriebswirtschaftslehre der Dienstleistungsunternehmungen, Oldenbourg Verlag, München, 1997 Dahrendorf, R.: Der moderne soziale Konflikt - Essay zur Politik der Freiheit, Deutsche Verlags-Anstalt, Stuttgart, 1992

Dehr, G.; Biermann, T.: Marketing Management – Management Praxis, Hanser-Verlag München, Wien, 1998

Di Fabio, U.: Die Kultur der Freiheit, C. H. Beck Verlag, München, 2005

Etzioni, A.: Die Entdeckung des Gemeinwesens, übers. v. Wolfgang Ferdinand Müller, Schäffer-Poeschel Verlag, Stuttgart, 1995

Fehmel T.: Sozialpolitik für Soziale Arbeit, Nomos Verlagsgesellschaft, Baden-Baden, 2019

Gaettens, R.: Geschichte der Inflationen: Vom Altertum bis zur Gegenwart, Ernst Battenberg Verlag, München, Nachdruck der 2. 1957 erschienenen Auflage

Hein, M.: Einführung in die Bankbetriebslehre, 2. Aufl., Vahlen Verlag, München, 1993

Hickel, R.: Die Risikospirale, Eichborn Verlag, Frankfurt, 2001

Homburg, C.; Krohmer, H.: Marketingmanagement, 11. Aufl., Springer Gabler, Wiesbaden, 2020

Homburg, C.: Quantitative Betriebswirtschaftslehre, Gabler Verlag, Wiesbaden, 2. Aufl., 1998

Jung, H.: Allgemeine Betriebswirtschaftslehre, 10. Aufl., Oldenbourg Verlag, München, 2006

Koch, K.-D.: Reiz ist geil, Orell Füssli Verlag, Zürich, 2006, 2. Aufl.

Köllmann, W.: Die industrielle Revolution, Bevölkerung – Technik, Wirtschaft, Industrie-Unternehmer, Arbeiterschaft – Sozialreform, Sozialpolitik. Stgt. 1972, S. 39 f.; [Nachdruck] Stuttgart, 2000

Korte, K.-R.; Weidenfeld, W. (Hrsg.): Deutschland-TrendBuch, Fakten und Orientierungen, Leske und Budrich, Opladen, 2001

Kroeber-Riel, W.: Bildkommunikation, Vahlen-Verlag, München, 1996

Krugmann, P.; Wells, R.: Volkswirtschaftslehre, Schäffer-Pöschel Verlag, Stuttgart 2010

Kuczynski, J.: „Die Geschichte der Lage der Arbeiter in Deutschland von 1800 bis in die Gegenwart", Berlin : Verlag Freie Gewerkschaft, 1948, Bd. 1

Lehner, F.; Schmidt-Bleek, F.: Die Wachstumsmaschine, Droemer Verlag, München, 1999

Luckmann, T.; Sprondel, W.M. (Hrsg.): Berufssoziologie, Kiepenheuer & Witsch, Köln, 1972

Meffert, H.; Bruhn M.: Dienstleistungsmarketing, 6. Aufl., Gabler Verlag, Wiesbaden, 2009

Miegel, M.: Die deformierte Gesellschaft, 6. Aufl., Ullstein List Verlag, München, 2002

Miegel, M.: Epochenwende, 2. Aufl., Ullstein Verlag, München, 2005

Münkler, H. u. M.: Die neuen Deutschen – Ein Land vor seiner Zukunft –, Rowohlt Berlin, 2016

Mussel, G.: Volkswirtschaftslehre: Eine Einführung, 3. Aufl., Vahlen Verlag, München, 2002

Nefiodow, L. A.: Der fünfte Kondratieff. Strategien zum Strukturwandel in Wirtschaft und Gesellschaft, Gabler Verlag, Wiesbaden, 1991

Nieschlag/Dichtl/Hörschgen: Marketing, Duncker & Humblot, Berlin, 2002

Nissen, H.-P.: Das Europäische System Volkswirtschaftlicher Gesamtrechnungen, Physica- Verlag, Heidelberg, 2003

Pierenkemper, T.: Beschäftigung und Arbeitsmarkt – Entstehung und Entwicklung der modernen Erwerbsgesellschaft in Deutschland (1800–2000) –, Franz Steiner Verlag, Stuttgart, 2017

Pfeifer, T.: Qualitätsmanagement, 3. Aufl., Hanser Verlag, München, Wien, 2001

Priddat, B. P.: Strukturierter Individualismus, Metropolis Verlag, Marburg, 2005

Rolf, G., Spahn, B. P, Wagner, G. (Hrsg.): Sozialvertrag und Sicherung – Zur Ökonomischen Theorie staatlicher Versicherung und Umverteilungssysteme, Campus Verlag, Frankfurt, New York, 1988

Raffèe, H.; Fritz, W.; Wiedmann; K.-P.: Marketing für öffentliche Betriebe, Kohlhammer Verlag, Stuttgart, Berlin, Köln, 1994

Rügg-Stürm, J.: Das neue St. Galler Management-Modell, 2. durchges. Aufl., Haupt Verlag, Bern, Stuttgart, Wien, 2003

Rushkoff, Douglas: Der Anschlag auf die Psyche, Deutsche Verlags-Anstalt, Stuttgart, 2000

Samuelson, P. A.: Volkswirtschaftslehre I und II, Bund-Verlag, Köln, 1972

Schmalenbach, E.: Der Freien Wirtschaft zum Gedächtnis, Westdeutscher Verlag, Köln, Opladen, 1949

Schmid, A.: Beschäftigung und Arbeitsmarkt, Campus Verlag Frankfurt, New York, 1984

Schulze, G.: Die Erlebnisgesellschaft, 8. Aufl., Studienausgabe, Campus Verlag, Frankfurt, 2000

Siebert, H.: Das Wagnis der Einheit – Eine wirtschaftspolitische Therapie, Deutsche Verlags-Anstalt, Stuttgart, 1992

Siebert, H.: Einführung in die Volkswirtschaftslehre, 13. Aufl., Kohlhammer Verlag, Stuttgart, Berlin, Köln, 2000

Spitzer, M.: Selbstbestimmen, Spektrum Akademischer Verlag, Heidelberg, Berlin, 2004

Stobbe, A.: Volkswirtschaftliches Rechnungswesen, 8. Aufl., Springer, Berlin, 1994

Teichmann, U.: Grundriss der Konjunkturpolitik, Wachstum in Stabilität als Ziel, Vahlen Verlag, München, 1997

Vester, F.: Ausfahrt Zukunft, 2. korr. Aufl., Heyne Verlag, München, 1999

Weber, Guido W.: Marketing in der gesetzlichen Krankenversicherung, (Diss.) Shaker Verlag, Aachen 2012

Wöhe, G.; Döring, U.: Einführung in die allgemeine Betriebswirtschaftslehre, 23. Aufl., Vahlen, Verlag München, 2008; ders. 27. Aufl. 2020

Winkler, H. A.: Zerbricht der Westen? – Über die gegenwärtige Krise in Europa und Amerika –, Verlag C. H. Beck, München 2017

Woll, A.: Volkswirtschaftslehre, 15. Aufl., Vahlen Verlag, München, 2007

Zoche, P.; Kimpeler S.; Joepgen, M.: Virtuelle Mobilität: ein Phänomen mit physischen Konsequenzen?, Hrsg.: Institut für Mobilitätsforschung, Springer Verlag, Berlin, 2002

Sachwortverzeichnis

Z

Bildquellenverzeichnis

Baaske Cartoons, Müllheim: Plaßmann, Thomas 486.1. |Brauner, Angelika, Hohenpeißenberg: 55.1. |fotolia.com, New York: alexandre zveiger 377.1; Anne Katrin Figge 189.1; chestra 192.1; Concept web Studio 153.1; FM2 373.1; fotandy 201.2; froxx 201.1; gandolf 257.1; Gina Sanders 148.1; Ingo Bartussek 379.1; iwave 254.1; Jürgen Fälchle 316.1; Kzenon 58.1; littlebell 366.1; Marc Dietrich 381.1; Mick Tabuh 94.1; thomasmuessig 28.1; tournee 362.1; Violetstar 385.1; XtravaganT 62.1. |Haitzinger, Horst, München: 467.1. |Harhoff, Bernd, Untergruppenbach: 9.1, 16.1, 17.1, 26.1, 34.1, 38.1, 43.1, 45.1, 66.1, 66.2, 70.1, 70.2, 71.1, 73.1, 73.2, 75.1, 85.2, 86.1, 89.1, 96.1, 99.1, 101.1, 111.1, 115.2, 125.2, 126.1, 127.1, 131.1, 135.1, 136.1, 143.1, 144.1, 144.2, 145.1, 152.1, 160.1, 161.1, 161.2, 162.1, 163.1, 163.2, 164.1, 165.1, 165.2, 166.1, 168.2, 169.1, 171.1, 173.1, 174.1, 175.1, 178.1, 182.1, 330.1, 348.1, 402.1, 404.1, 452.1, 453.2, 454.1, 456.1, 457.1, 457.2, 460.1, 462.1, 468.1, 471.1, 473.1, 474.1, 474.2, 476.1, 477.1, 478.1, 480.1. |Infografik Pilavas Heller, Menden: 363.1. |integra Software Services PVT Ltd, Pondicherry: 11.1, 11.2, 14.1, 14.2, 14.3, 16.2, 64.1, 68.1, 76.1, 83.1, 85.1, 91.1, 92.1, 92.2, 92.3, 94.2, 95.1, 96.2, 100.1, 101.2, 103.1, 106.1, 107.1, 107.2, 108.1, 109.1, 110.1, 112.1, 113.1, 113.2, 114.2, 115.1, 117.1, 122.1, 124.1, 137.1, 140.1, 141.1, 146.1, 181.1, 183.1, 193.1, 196.1, 204.1, 216.1, 217.1, 219.1, 221.1, 226.1, 227.1, 235.1, 237.1, 241.1, 246.1, 249.1, 251.1, 259.1, 262.1, 264.1, 277.1, 287.1, 292.1, 294.1, 303.1, 306.1, 308.1, 309.1, 309.2, 310.1, 311.1, 323.1, 333.1, 335.1, 341.1, 350.1, 352.1, 353.1, 354.1, 357.1, 361.1, 393.1, 418.1, 419.1, 419.2, 420.1, 423.1, 432.2, 436.1, 437.1, 437.2, 448.1, 461.1, 483.1. |Janson, Jürgen, Landau: 37.1. |Lumina Datamatics GmbH, München: 49.1, 60.1, 65.1, 114.1, 125.1, 128.1, 153.2, 156.1, 168.1, 176.1, 190.1, 248.1, 279.1, 284.1, 313.1, 321.1, 324.1, 327.1, 329.1, 330.2, 332.1, 336.1, 337.1, 337.2, 352.2, 392.1, 395.1, 396.1, 397.1, 411.1, 412.1, 416.1, 417.1, 427.1, 431.1, 432.1, 433.1, 433.2, 434.1, 438.1, 439.1, 439.2, 441.1, 443.1, 443.2, 446.1. |Picture-Alliance GmbH, Frankfurt a.M.: 453.1; David Ebener 78.2; dpa 387.1; dpa-infografik 30.1, 35.1, 39.1, 81.1, 84.1, 90.1, 112.2, 119.1, 305.1, 360.1, 390.1; dpa-infografik GmbH 139.1, 276.1, 278.1, 299.1, 425.1; Kurt Rohwedder 23.1; Pleul, Patrick 74.1; Stefan Sauer 78.1. |Shutterstock.com, New York: Phonlamai Photo 59.1. |sozialpolitik-aktuell.de - Uni Duisburg-Essen, Duisburg: 322.1, 327.2, 328.1, 398.1. |stock.adobe.com, Dublin: deagreez 1.1; Marla 275.1; nsdpower 1.2; Stockfotos-MG Titel. |Zahlenbilder, Bergmoser + Höller Verlag AG, Aachen: 301.1. |© Statistisches Bundesamt (Destatis), Wiesbaden: 52.1.